RALF KRIEGER

Betriebsindividuelle Gestaltung der Kostenrechnung

Abhandlungen aus dem Industrieseminar der Universität Mannheim

früher unter dem Titel
Abhandlungen aus dem Industrieseminar der Universität zu Köln
begründet von Prof. Dr. Dr. h. c. Theodor Beste

Herausgegeben von

Prof. Dr. Gert v. Kortzfleisch, Prof. Dr. Heinz Bergner
und Prof. Dr. Peter Milling

Heft 46

Betriebsindividuelle Gestaltung der Kostenrechnung

Ein Beitrag zur Weiterentwicklung der situativen Kostenrechnungstheorie unter besonderer Berücksichtigung der Industriebetriebe

Von

Ralf Krieger

Duncker & Humblot · Berlin

Die Deutsche Bibliothek – CIP-Einheitsaufnahme

Krieger, Ralf:
Betriebsindividuelle Gestaltung der Kostenrechnung :
ein Beitrag zur Weiterentwicklung der situativen
Kostenrechnungstheorie unter besonderer Berücksichtigung
der Industriebetriebe / von Ralf Krieger. –
Berlin : Duncker und Humblot, 1995
(Abhandlungen aus dem Industrieseminar der Universität Mannheim ;
H. 46)
Zugl.: Mannheim, Univ., Diss., 1995
ISBN 3-428-08575-2
NE: Universität ⟨Mannheim⟩ / Seminar für Allgemeine
Betriebswirtschaftslehre und Betriebswirtschaftslehre der Industrie:
Abhandlungen aus dem ...

Fotoprint: Berliner Buchdruckerei Union GmbH, Berlin
Printed in Germany

ISSN 0935-381X
ISBN 3-428-08575-2

Gedruckt auf alterungsbeständigem (säurefreiem) Papier
entsprechend ISO 9706 ♾

Brigitte und
meinen Eltern

Vorwort

Die vorliegende Schrift entstand am Lehrstuhl für Allgemeine Betriebswirtschaftslehre und Industriebetriebslehre II der Universität Mannheim. Es ist mir ganz besonders daran gelegen, an dieser Stelle dem Inhaber dieses Lehrstuhls, meinem hochverehrten akademischen Lehrer, Herrn Professor Dr. Heinz Bergner, zu danken. Er hat mir diese Arbeit ermöglicht und sie in vielfältiger Weise gefördert. Als sein Assistent durfte ich erfahren, wie sich fachliche Kompetenz und menschliche Größe auf vorbildliche Weise in seiner Person vereinen. Mein Dank gilt weiterhin den Herren Professoren Dr. Gert von Kortzfleisch und Dr. Peter Milling für ihre freundliche Unterstützung.

Zum Gelingen der Arbeit haben auch meine Kollegen am Lehrstuhl einen großen Beitrag geleistet. Für die freundschaftliche Atmosphäre und die unermüdliche Bereitschaft zu fruchtbaren Diskussionen danke ich daher den Herren Diplom-Kaufleuten Dr. Ulrich Brecht, Dr. Thomas Brittinger, Dr. Thomas Hänichen, Dr. Gerhard Kloos, Dr. Gerhard Moroff, Dr. Michael Schehl und Dr. Ulrich Schwarzmaier sowie Frau Irmgard Stefani. Weiterhin danke ich allen Famulanten des Lehrstuhls, die mich durch ihre fleißige Arbeit unterstützt haben. Frau Gisela Wismann bin ich für ihre Hilfe bei der Organisation des Rigorosums zu tiefem Dank verpflichtet.

Einen unschätzbaren Verdienst an der Entstehung dieser Arbeit haben sich die Herren Diplom-Kaufleute Dr. Thomas Hänichen und Dr. Michael Schehl erworben. Für die kritische Durchsicht des Manuskripts, ihre jederzeitige Bereitschaft, mit wertvollen Anregungen den Entwicklungsstand der Arbeit voranzubringen, sowie die aufmunternden Worte in schwierigen Zeiten bin ich Ihnen zu immerwährendem Dank verpflichtet. Herrn Professor Dr. h. c. Simon und Frau Burmeister vom Verlag Duncker & Humblot danke ich für die gute Zusammenarbeit bei der Veröffentlichung.

Zum Schluß, aber nicht zuletzt danke ich Brigitte und meinen Eltern. Sie haben stets Verständnis für mein Vorhaben aufgebracht, mich immer und in jeder Hinsicht unterstützt und - oftmals auch im stillen wirkend - ganz erheblich zum Gelingen dieses Werkes beigetragen.

Mannheim, im Juni 1995 *Ralf Krieger*

Inhaltsverzeichnis

Abbildungsverzeichnis

A. Zur Notwendigkeit betriebsindividueller Gestaltung der Kostenrechnung

I. Problemstellung und Zielsetzung der Arbeit

Die Kostenrechnung stellt nach wie vor eines der wichtigsten Instrumente des betrieblichen Informationssystems dar. Auf der Grundlage der Ideen *Schmalenbachs*, die Kostenrechnung als Lenkungsinstrument des Betriebes zu gestalten,[1] ist die Kostenrechnung im Laufe der zurückliegenden Jahrzehnte "zu einem der bedeutsamsten Instrumente für die Informationsversorgung der Unternehmensführung und damit zu einem der wichtigsten *Controlling-Instrumente*"[2] entwickelt worden. Durch die Bereitstellung von relevanten Kosteninformationen soll sie die Unternehmensführung bei der Erfüllung ihrer Führungsfunktionen, insbesondere hinsichtlich der Planung und Kontrolle des Betriebsgeschehens, unterstützen. Die Aufgaben der Kostenrechnung leiten sich damit vornehmlich aus dem Informationsbedarf betriebsinterner Adressaten ab. Zudem hat sie Informationen für externe Adressaten zur Verfügung zu stellen, z.B. für die Ermittlung der handels- und steuerrechtlichen Herstellungskosten.

Diesem Anspruch, als wichtiges Informationsinstrument zur zieloptimalen Führung des Betriebes beizutragen, kann die Kostenrechnung nur dann uneingeschränkt gerecht werden, wenn sie einerseits den Informationsbedarf der Kostenrechnungsadressaten berücksichtigt und andererseits ein möglichst getreues Abbild der Realität, der betrieblichen Leistungserstellungs- und Leistungsverwertungsprozesse, wiedergibt. Die Kostenrechnung ist folglich nicht nur als ein Instrument zur zieloptimalen Gestaltung der Betriebsabläufe aufzufassen, sondern sie ist selbst Gestaltungsobjekt, das auf den Informationsbedarf der Adressaten auszurichten und an die Besonderheiten des Abbildungsobjektes, den betrieblichen Gegebenheiten und

---

[1] Vgl. hierzu *Schmalenbach*, E.: Kostenrechnung und Preispolitik, 8., erweiterte und verbesserte Auflage, bearbeitet von R. Bauer, Köln/Opladen 1963, S. 1 ff. sowie die dort auf S. 1 genannten Aufsätze. Zur Bedeutung des Beitrages *Schmalenbachs* zur Entwicklung der Kostenrechnung vgl. auch *Kilger*, W.: Schmalenbachs Beitrag zur Kostenlehre, in: ZfbF, 25. Jg. 1973, S. 522 ff. sowie die dort angegebene Literatur.

[2] *Männel*, W.: Stand und Weiterentwicklung der Kostenrechnung, in: krp, o. Jg. 1992, S. 40.

Vorgängen, anzupassen ist. Da sich der Informationsbedarf der Adressaten sowie die betrieblichen Gegebenheiten von Betrieb zu Betrieb unterscheiden und individuellen Charakter besitzen, ergibt sich die Schlußfolgerung, daß sich die Kostenrechnungen als Modelle der zugrundeliegenden betrieblichen Realitäten ebenfalls durch eine Individualität hinsichtlich ihres Aufbaus und Ablaufs auszeichnen müssen, um den an sie gestellten Anforderungen gerecht werden zu können. Bei der praktischen Gestaltung einer zweckmäßigen Kostenrechnung sind daher die besonderen Bedingungen und Eigenheiten des betrachteten Betriebes zu berücksichtigen. Diese betriebsindividuelle Gestaltungsaufgabe stellt sich dabei nicht nur bei der Neueinführung einer Kostenrechnung, sondern es ist eine laufende Überprüfung bestehender Kostenrechnungen auf ihre zweckmäßige Gestaltung sowie gegebenenfalls deren Anpassung an veränderte Anforderungen und Bedingungen erforderlich.[3] Die Kostenrechnung ist demnach als ein fakultatives Informationssystem aufzufassen, das einer ständigen Anpassung an veränderte betriebliche Gegebenheiten bedarf, so daß "das Beibehalten 'bewährter' Kostenrechnungskonzepte kein Verdienst, sondern im Zweifel ein Versäumnis darstellt."[4]

Die Forderung nach einer betriebsindividuellen Gestaltung der Kostenrechnung ist nicht neu. Beispielsweise wird in den 1939 erlassenen "Allgemeinen Grundsätzen der Kostenrechnung" trotz der mit diesem Erlaß angestrebten Vereinheitlichung der betrieblichen Kostenrechnungen bereits die Erfordernis einer Anpassung der Kostenrechnung an bestimmte betriebliche Gegebenheiten hervorgehoben.[5] Ähnliche Äußerungen finden sich bei *Kalveram*,[6] *Kosiol*[7] und *Nowak*,[8] die ebenfalls auf die Notwendigkeit

---

[3] Vgl. *Brink*, H.-J.: Einflußfaktoren auf die Gestaltung der Kostenrechnungssysteme, in: Männel, W. (Hrsg.): Handbuch der Kostenrechnung, Wiesbaden 1992, S. 167 f.

[4] *Weber*, J.: Change-Management für die Kostenrechnung - Zur Notwendigkeit des ständigen Wandels der Kostenrechnung, in: Scheer, A.-W. (Hrsg.): Rechnungswesen und EDV, 10. Saarbrücker Arbeitstagung 1989, Rechnungswesen im Unternehmen der 90er Jahre, Heidelberg 1989, S. 35.

[5] Vgl. *Erlaß des Reichswirtschaftsministers und des Reichskommissars für die Preisbildung vom 16. Januar 1939*: Allgemeine Grundsätze der Kostenrechnung, abgedruckt in: Fischer, J./Heß, O./Seebauer, G. (Hrsg.): Buchführung und Kostenrechnung, Leipzig 1939, S. 417. Als Einflußfaktoren werden dabei die Betriebsgröße, die Art des Betriebsablaufs und die Art der Leistungen genannt.

[6] Vgl. *Kalveram*, W.: Industrielles Rechnungswesen, Doppelte Buchhaltung und Kontenrahmen - Betriebsabrechnung - Kostenrechnung, 6., überarbeitete Auflage, Wiesbaden 1968, S. 175.

[7] Vgl. *Kosiol*, E.: Kalkulatorische Buchhaltung (Betriebsbuchhaltung), Systematische Darstellung der Betriebsabrechnung und der kurzfristigen Erfolgsrechnung, 5., durchgesehene Auflage, Wiesbaden 1953, S. 32.

einer Anpassung der Kostenrechnung an die speziellen Gegebenheiten des Betriebes hinweisen.

Eine Untersuchung der bisherigen Auseinandersetzung der betriebswirtschaftlichen Literatur mit dem Bereich der Kostenrechnung zeigt indessen, daß eine Erforschung von Einflußfaktoren auf die Gestaltung der Kostenrechnung und deren individualisierenden Auswirkungen bislang in unzureichendem Maße erfolgt. Der Schwerpunkt der bisherigen betriebswirtschaftlichen Forschung im Bereich der Kostenrechnung liegt auf der Erarbeitung theoretisch einwandfreier Kostenrechnungskonzepte und -systeme. Hierzu sind Veröffentlichungen, die sich mit Sonderfragen und Spezialproblemen der Kostenrechnung wie dem Verursachungsprinzip, dem Kostenbegriff oder den Verfahren der innerbetrieblichen Leistungsverrechnung auseinandersetzen, ebenso zu zählen wie die vielfältigen Versuche, die bisherigen kostenrechnungstheoretischen Erkenntnisse in einem Gesamtwerk systematisch darzustellen. Diese vom Einzelfall abstrahierende Vorgehensweise steht dabei zu Recht im Mittelpunkt wissenschaftlicher Betätigung, da sie für die Erforschung und Durchdringung kostenrechnerischer Zusammenhänge sowie zur konzeptionellen Weiterentwicklung der Kostenrechnung unerläßlich ist und als die Hauptaufgabe der Betriebswirtschaftslehre überhaupt angesehen werden muß.[9]

Des weiteren finden sich differenzierende Ansätze in der betriebswirtschaftlichen Kostenrechnungsliteratur. Eine Vielzahl von Autoren versucht beispielsweise die Anwendbarkeit bestimmter Kostenrechnungssysteme auf ausgewählte Anwendungsbereiche der Praxis - meist handelt es sich dabei um Wirtschaftszweige oder Branchen - zu überprüfen.[10] Zu dieser Vorge-

---

[8] Vgl. *Nowak*, P.: Kostenrechnungssysteme in der Industrie, 2., ergänzte Auflage, Köln/Opladen 1961, S. 40 f.

[9] Aufgrund der Forschungs- und Lehrfunktion der auf hohem Abstraktionsniveau stattfindenden kostentheoretischen und kostenrechnungstheoretischen Untersuchungen beeinflußt der Entwicklungsstand der Kostentheorie und der Kostenrechnungstheorie das Wesen einzelbetrieblicher Kostenrechnungen und wird daher bei der Beschreibung von Einflußfaktoren der Kostenrechnungsgestaltung anzusprechen sein. Vgl. hierzu Kapitel C.-II.-1.-e) dieser Untersuchung.

[10] Innerhalb des industriellen Bereiches treten weitere auf die Besonderheiten einzelner Branchen ausgerichtete Darstellungen der Kostenrechnung auf. Vgl. etwa *Büchner*, S.: Die Auswertung der Kostenrechnung in der Eisen schaffenden Industrie, Diss., Köln 1958; *Friedrich*, E.: Die Wirtschaftlichkeit der Plankostenrechnung in der garnbearbeitenden Industrie, Diss., Darmstadt 1961; *Grahl*, F.-W.: Moderne Kostenrechnung und Kalkulation in der Holzindustrie, Mering bei Augsburg 1963; *Kiebel*, W.: Die Standardkostenrechnung in der Papierindustrie, Diss., Biberach a.d.R. 1940; *Mayer*, L./*Steurer*, R. u.a.: Die Selbstkostenrechnung in der Papier-, Zellstoff-, Holzstoff- und Pappenindustrie, Wiesbaden 1959; *Weblus*, B.: Produk-

hensweise ist allerdings kritisch anzumerken, daß die Art des Wirtschaftszweiges oder der Branche in nur sehr begrenztem Maße Anhaltspunkte für die betriebsindividuelle Gestaltung der Kostenrechnung geben können, da diese Faktoren nur wenig über die tatsächlichen Abläufe der Leistungserstellung und -verwertung aussagen.[11] Eine andere Gruppe von Autoren betreibt eine differenzierende Kostenrechnungsforschung dahingehend, daß sie sich mit der Verfeinerung von Kostenrechnungssystemen und -verfahren beschäftigt, indem sie eine Anpassung kostenrechnungstheoretischer Modelle an die speziellen Bedingungen ganz bestimmter Einzelfälle der Praxis vornimmt und dabei meist die Kostenrechnung eines ausgewählten Beispielbetriebes beschreibt.[12] Derartige Untersuchungen haben zwar einerseits den Vorteil, daß sie die Anwendung und Umsetzung kostenrechnerischer Modelle und Konzeptionen durch den Bezug auf einen exemplarischen Einzelbetrieb sehr detailliert und anschaulich darstellen können. Sie besitzen jedoch andererseits den Nachteil, daß eine Ableitung allgemeingültiger Erkenntnisse, die sich auch auf andere Betriebe übertragen ließen, nicht ohne weiteres möglich ist.[13]

Wissenschaftliche Untersuchungen, die dem Anspruch auf Allgemeingültigkeit genügen und dennoch auf die betriebsindividuelle Gestaltung der Kostenrechnung unter Berücksichtigung gestaltungsrelevanter Einflußfaktoren gerichtet sind, finden sich in der Literatur jedoch selten. Eine frühe Veröffentlichung ist beispielsweise jene von *Heber/Nowak*, die die Frage nach der Wahl des Kalkulationsverfahrens in Abhängigkeit von der Art der Verwirklichung des Massenprinzips in der industriellen Produktion diskutieren.[14] Weiterhin sind in den 50er und 60er Jahren einige wenige Dissertatio-

---

tionseigenarten der chemischen Industrie, Ihr Einfluß auf Kalkulation und Programmgestaltung, Zugleich eine Studie für Vielprodukt-Betriebe, Berlin 1958.

[11] Hierauf weisen bereits *Heber/Nowak* und *Henzel* hin. Vgl. *Heber*, A./*Nowak*, P.: Betriebstyp und Abrechnungstechnik in der Industrie, Ein Beitrag zur Branchenerforschung, in: Festschrift für Eugen Schmalenbach, Dr. rer. pol., Dr. jur. h. c., Dr. oec. h. c., Professor der Betriebswirtschaftslehre Köln, gewidmet von Schülern und vom Verlage, Leipzig 1933, S. 143 f.; *Henzel*, F.: Nachdenkliches zur Plankostenrechnung, in: ZfB, 23. Jg. 1953, S. 529.

[12] Vgl. etwa *Haferkorn*, G.: Die Plankostenrechnung in Maschinenbaubetrieben mit Einzelfertigung, Diss., Hannover 1953; *Hellwig*, H.-J.: Die Grenz-Plankostenrechnung als Mittel der Betriebsüberwachung unter Berücksichtigung der Kabelindustrie, Diss., Hannover 1959; *Nährig*, W./*Ziegler*, H.: Kosten- und Leistungsrechnung bei langfristiger Einzelfertigung, Darstellung und kritische Betrachtung von Planungs-, Organisations- und Abrechnungsmethoden unter Anwendung lochkartentechnischer Hilfsmittel im Schwermaschinenbau, Wiesbaden 1961; *Pfeiffer*, P.: Die Grenzplankostenrechnung in der Einzelfertigung, Diss., München 1964.

[13] Vgl. *Lehmann*, M.R.: Die industrielle Kalkulation, Berlin/Wien 1925, S. 10; *Dorn*, G.: Die Entwicklung der industriellen Kostenrechnung in Deutschland, Berlin 1961, S. 97.

[14] Vgl. *Heber/Nowak*, S. 141 ff.

nen erschienen, die sich mit den Zusammenhängen einzelbetrieblicher Erscheinungsformen und der Ausgestaltung der Kostenrechnung beschäftigen.[15] Diese Veröffentlichungen sind allerdings auf die Untersuchung bestimmter Kostenrechnungssysteme - meist der Plankostenrechnung - beschränkt und beziehen nur wenige ausgewählte Einflußfaktoren in die Untersuchung mit ein. Erst in jüngerer Zeit erscheinen wieder einige wenige Veröffentlichungen zur Problematik der betriebsindividuellen Gestaltung der Kostenrechnung.[16] In diesen erfolgt allerdings primär eine Darstellung der grundlegenden Problematik sowie eine lose Beschreibung einiger weniger Einflußfaktoren, ohne daß eine systematische Erarbeitung derselben vorgenommen wird.

Mit der vorliegenden Untersuchung soll daher ein Beitrag zur Weiterentwicklung der Kostenrechnungstheorie in Richtung einer nach den Besonderheiten der Betriebe differenzierenden Betrachtung der Kostenrechnung geleistet werden. Hierzu ist eine systematische Erarbeitung und Darstellung von Einflußfaktoren, die bei der betriebsindividuellen Gestaltung der Kostenrechnung grundsätzlich von Bedeutung sind, erforderlich. Weiterhin sind konkrete Empfehlungen für die betriebsindividuelle Kostenrechnungsgestaltung abzuleiten, indem zu untersuchen ist, wie sich die Berücksichtigung der Einflußfaktoren auf den Aufbau sowie auf den Ablauf der Kostenrechnung auswirken. In Anlehnung an die Phasen des kostenrechnerischen Gestaltungsprozesses stehen dabei die Auswahl eines die Grundmerkmale der Kostenrechnung festlegenden Kostenrechnungssystems sowie die detaillierte Ausgestaltung des gewählten Kostenrechnungssystems, dargestellt am Beispiel der Grenzplankostenrechnung, im Mittelpunkt der Betrachtungen.

Wie gezeigt, steht die Kostenrechnungstheorie erst am Anfang einer eingehenden Erforschung von Einflußfaktoren der Kostenrechnungsgestaltung. Die vorliegende Untersuchung ist damit als Beitrag anzusehen, die methodischen Grundlagen einer solchen Forschungsentwicklung zu erarbeiten, Vorschläge zur Systematisierung von Einflußfaktoren zu unterbreiten und die Anwendung kostenrechnungstheoretischer Erkenntnisse zur Entwicklung konkreter Empfehlungen und Handlungsanweisungen für die praktische

---

[15] Vgl. beispielhaft *Chladek*, G.: Fertigungstyp und Plankostenrechnung, Versuch einer Typenbildung innerhalb der Plankostenrechnung gemäß den unterschiedlichen Produktionsverhältnissen und vergleichende Untersuchung der Typen, Diss., Mannheim 1955; *Fassbender*, W.: Betriebsindividuelle Kostenerfassung und Kostenauswertung, Eine Studie unter betriebsinternen Gesichtspunkten auf der Grundlage statistischer Methoden und ausschließlich direkter Kostenzuordnung, Diss., Frankfurt a.M. 1964; *Marek*, O.: Die industrielle Plankostenrechnung in typologischer Sicht, Diss., Nürnberg 1969; *Moews*, D.: Zur Aussagefähigkeit neuerer Kostenrechnungsverfahren, Berlin 1969.

[16] Vgl. z.B. *Brink*, Einflußfaktoren, S. 167 ff.; *Weber*, J., Change-Management, S. 30 ff.

Kostenrechnungsgestaltung beispielhaft aufzuzeigen. Hierzu ist es erforderlich, mit der Eingrenzung der Untersuchung auf Industriebetriebe aus der Vielzahl betrieblicher Erscheinungsformen einen Bereich auszuwählen, in dem sich betriebsindividuelle Besonderheiten der Betriebe besonders deutlich hinsichtlich einer Differenzierung des Wesens der Kostenrechnung auswirken. Weiterhin sind auch die wesensbestimmenden Merkmale der betrieblichen Kostenrechnung in der Praxis zu umfangreich, als daß sie im Rahmen dieser Untersuchung vollständig Berücksichtigung finden könnten. Die nachfolgenden Betrachtungen erfahren daher eine Eingrenzung dahingehend, daß bei der Erörterung von Auswirkungen, die sich bei der Berücksichtigung betriebsspezifischer Besonderheiten im Rahmen der Kostenrechnungsgestaltung ergeben, die Gestaltung der kostenrechnerischen Grundrechnung im Mittelpunkt steht, während die Gestaltung von Sonderrechnungen aus der Betrachtung ausgeschlossen wird.[17] Organisatorische und arbeitstechnische Aspekte der Ein- und Durchführung der Kostenrechnung wie z.B. Fragestellungen, die die Errichtung von Kostenrechnungsabteilungen oder den Einsatz von technischen Hilfsmitteln zur Bewältigung von Datenerfassungs- und Datenverarbeitungsprozessen betreffen, werden ebenfalls nicht angesprochen.

II. Gang der Untersuchung

Um die vorangehend erläuterte Zielsetzung der vorliegenden Untersuchung zu erreichen, werden in *Kapitel B.* die methodischen Grundlagen für eine systematische Ableitung kostenrechnerischer Gestaltungseinflüsse gelegt. Hierzu ist es erforderlich, das allgemeine Wesen der Kostenrechnung aufzuzeigen, das zum einen durch die Funktion der Kostenrechnung als Informationsinstrument der Unternehmensführung beschrieben werden kann und zum anderen seinen Niederschlag in der Vorgehensweise der Informationsermittlung und -bereitstellung und damit im Modellcharakter der Kostenrechnung findet. Die Erarbeitung einer allgemeingültigen Systematik, die zur Gewinnung von kostenrechnerischen Gestaltungseinflüssen geeignet ist, erfordert weiterhin die Auseinandersetzung mit den Anforderungen, die an die Durchführung der Kostenrechnungsgestaltung zu stellen sind. Die Systematisierung und kritische Betrachtung von Grundsätzen der Kostenrechnungsgestaltung sowie die Auswahl einer wissenschaftlichen Methodik, die eine allgemeingültige und dennoch auf betriebsspezifische

---

[17] Zur Unterscheidung von Grund- und Sonderrechnungen vgl. *Schmalenbach*, Kostenrechnung, S. 268 ff.

Besonderheiten gerichtete Untersuchung der Kostenrechnungsgestaltung ermöglicht, bilden daher einen weiteren Schwerpunkt dieses Abschnitts.

Auf der Grundlage der in Kapitel B. gewonnenen Erkenntnisse wird in *Kapitel C.* dieser Untersuchung eine Systematisierung erarbeitet, die neben der Beschreibung und Gliederung von Einflußfaktoren in erster Linie einen Beitrag zur Erklärung und Entdeckung gestaltungsrelevanter Einflußfaktoren leisten soll. Anschließend erfolgt eine eingehende Darstellung verschiedener Einflußfaktoren, denen für die zweckmäßige Gestaltung von Kostenrechnungen industrieller Betriebe eine besondere Bedeutung zukommt.

In den darauffolgenden Kapiteln erfolgt eine Konkretisierung der Auswirkungen einzelner Einflußfaktoren auf das Wesen der betrieblichen Kostenrechnung. In Anlehnung an die Phasen der Implementierung einer Kostenrechnung in der Praxis wird dies zunächst in *Kapitel D.* für die Auswahl eines unter Berücksichtigung der betriebsspezifischen Gegebenheiten sinnvollen Kostenrechnungssystems vorgenommen. Mit der Entscheidung für ein bestimmtes Kostenrechnungssystem legt sich der Betrieb für die tendenzielle Ausgestaltung einer Grundrechnung, die im Sinne *Schmalenbachs* die regelmäßige und stetige Ermittlung und Bereitstellung von Informationen für laufend wiederkehrende Kostenrechnungszwecke sowie für die Durchführung von Sonderrechnungen zu gewährleisten hat,[18] fest. Die Berücksichtigung betriebsspezifischer Besonderheiten ist bei der Auswahl des Kostenrechnungssystems von besonderer Bedeutung, da die Qualität der Grundrechnung nachhaltig den Erfolg der Kostenrechnung als Führungsinstrument bestimmt. Dabei werden Ist-, Normal- und Plankostenrechnungen, Voll- und Teilkostenrechnungen sowie starre und flexible Kostenrechnungen als das Wesen der Grundrechnung in besonderem Maße festlegende Kostenrechnungssysteme einer eingehenden betriebsspezifischen Betrachtung unterzogen.[19]

An die Entscheidung für ein bestimmtes Kostenrechnungssystem schließt sich seine detaillierte Ausgestaltung zu einer voll funktionsfähigen Grundrechnung an. In *Kapitel E.* wird am Beispiel der Grenzplankostenrechnung,

---

[18] Vgl. *Schmalenbach*, Kostenrechnung, S. 268 ff.

[19] Auf "neuere" Verfahren der Kostenrechnung wie die Prozeßkostenrechnung oder die Logistikkostenrechnung wird in diesem Zusammenhang nicht näher eingegangen, da sie entweder spezielle Ausprägungen der hier beschriebenen Kostenrechnungssysteme darstellen oder nicht als eigenständige Grundrechnungen anzusehen sind. Sofern sich zwischen der Anwendung dieser Verfahren und den Ausprägungen von Einflußfaktoren der Kostenrechnungsgestaltung ein Zusammenhang herstellen läßt, wird dies in Kapitel C.-II. dieser Untersuchung angesprochen. Außerdem wird auf eine eingehende Betrachtung der Einzelkosten- und Deckungsbeitragsrechnung verzichtet, da ihr in der industriellen Praxis zu wenig Bedeutung zukommt. Vgl. hierzu auch die Ausführungen in Kapitel D.-II. dieser Untersuchung.

die als das in der Wissenschaft am weitesten erforschte und allgemein anerkannte sowie auch in der Praxis sehr häufig einsetzbare Kostenrechnungssystem gilt, die konkrete betriebsindividuelle Gestaltung der Grundrechnung erörtert. Dabei werden die Merkmale des Aufbaus der Grenzplankostenrechnung, zu denen etwa die Festlegung von Planungs- und Abrechnungsperioden, die Einteilung des Betriebes in Kostenstellen oder die Wahl zweckmäßiger Bezugsgrößen zu zählen sind, unter Berücksichtigung ablaufbezogener Aspekte untersucht.

B. Grundlagen der Untersuchung

Die Auseinandersetzung mit der betriebsindividuellen Gestaltung der Kostenrechnung erfordert zunächst eine eingehende Erarbeitung und Kennzeichnung ihrer grundlegenden Wesensmerkmale. Nur mit Hilfe solcher allgemeinen Überlegungen können sämtliche Einflüsse auf eine betriebsindividuelle Gestaltung der Kostenrechnung erkannt und beim Aufbau und bei der Durchführung der Kostenrechnung berücksichtigt werden. Die Kostenrechnung kann dabei primär durch ihre grundlegende Aufgabenstellung und den Weg, den sie bei der Erfüllung dieser Aufgaben einschlägt, d.h. durch ihren Instrumental- bzw. Modellcharakter, gekennzeichnet werden. Auf der Grundlage der gewonnenen Erkenntnisse über das Wesen der Kostenrechnung werden anschließend Anforderungen an die Gestaltung der Kostenrechnung abgeleitet. Dabei sind insbesondere die methodischen Voraussetzungen für eine wissenschaftliche Auseinandersetzung mit der betriebsindividuellen Gestaltung der Kostenrechnung zu schaffen.

I. Wesensmerkmale der Kostenrechnung

1. Die betriebliche Kostenrechnung als Instrument der Unternehmensführung

Die Auseinandersetzung mit den allgemeinen, für alle Betriebe geltenden Aufgaben der Kostenrechnung erfordert neben der Betrachtung betrieblicher Strukturen zur Kennzeichnung des Anwendungsbereichs der Kostenrechnung eine Erörterung der Beziehungen zwischen der Kostenrechnung und der Unternehmensführung sowie eine Darstellung der grundlegenden Informationszwecke der Kostenrechnung.

a) Die wirtschaftlichen Aufbau- und Ablaufstrukturen des Betriebes

Der Betrieb, der in dieser Untersuchung als produktive Wirtschaftseinheit verstanden wird und sich aus mehreren Teileinheiten, den Gliedbetrieben, zusammensetzen kann,[1] stellt ein komplexes Gebilde dar, dessen wirtschaftliche Aufbau- und Ablaufstrukturen durch zahlreiche Zusammenhänge in seinem Inneren sowie durch Beziehungen zu seiner Umwelt gekennzeichnet sind.[2] Beziehungen zur Umwelt ergeben sich beispielsweise dadurch, daß der Betrieb Werkstoffe, Betriebsmittel sowie Arbeits- und Dienstleistungen von den Beschaffungsmärkten aufnimmt, diese einem internen Transformationsprozeß zuführt und sie in mehr oder weniger veränderter Form als Güter und Dienstleistungen über die Absatzmärkte wieder an die Umwelt abgibt. Dieser Realgüterstrom wird begleitet durch einen entgegengesetzt verlaufenden Nominalgüterstrom, der den realen Güterstrom ergänzt.[3]

Innerhalb des Betriebes lassen sich in Anlehnung an die Phasen des Transformationsprozesses der betrieblichen Leistungserstellung und -verwertung[4] die Funktionsbereiche Beschaffung, Lagerhaltung, Fertigung und

---

[1] Vgl. *Nicklisch*, H.: Die Betriebswirtschaft, 7. Auflage, Stuttgart 1932, S. 166 ff.; *Gutenberg*, E.: Grundlagen der Betriebswirtschaftslehre, Erster Band: Die Produktion, 24., unveränderte Auflage, Berlin/Heidelberg/New York 1983, S. 510 ff.; *Kosiol*, E.: Unternehmung, in: Seischab, H./Schwantag, K. (Hrsg.): HWB, 3., völlig neu bearbeitete Auflage, Bd. IV, Stuttgart 1962, Sp. 5540 ff. Die Begriffe "Betrieb", "Unternehmung" und "Unternehmen" werden im folgenden synonym verwendet. Zur Abgrenzung dieser Begriffe im Schrifttum vgl. etwa *Busse von Colbe*, W.: Die Planung der Betriebsgröße, Wiesbaden 1964, S. 17 ff.; *Grochla*, E.: Betrieb, Betriebswirtschaft und Unternehmung, in: Grochla, E./Wittmann, W. (Hrsg.): HWB, 4., völlig neu gestaltete Auflage, Stuttgart 1974, Sp. 541 ff.

[2] Vgl. hierzu ausführlich *Schäfer*, E.: Die Unternehmung, Einführung in die Betriebswirtschaftslehre, 9., durchgesehene Auflage, Wiesbaden 1978, S. 1 ff.; *Kosiol*, E.: Einführung in die Betriebswirtschaftslehre, Die Unternehmung als wirtschaftliches Aktionszentrum, Wiesbaden 1968, S. 142 ff.; *Ulrich*, H.: Die Unternehmung als produktives soziales System, Grundlagen der allgemeinen Unternehmungslehre, 2., überarbeitete Auflage, Bern/Stuttgart 1970, S. 153 ff.

[3] Der Nominalgüterstrom ist Ausdruck einer Geldwirtschaft, in der Naturaltausch oder unentgeltliche Lieferungen nur geringe Bedeutung besitzen. Außer zu den Beschaffungs- und Absatzmärkten unterhält der Betrieb auch Nominalgüterströme zur übrigen Umwelt, insbesondere zu Eigen- und Fremdkapitalgebern und dem Staat. Im Falle der Kreditgewährung oder -aufnahme und dessen Rückzahlung stehen sich zwei entgegengesetzt verlaufende Nominalgüterströme gegenüber, die hinsichtlich der Beziehungen zu Beschaffungs- oder Absatzmärkten als rein zeitliche Verschiebung zu Realgüterbewegungen interpretiert werden können. Vgl. *Kosiol*, Betriebswirtschaftslehre, S. 143.

[4] Die Zweiteilung des Transformationsprozesses in die Leistungserstellung (Produktion im weiteren Sinne), welche die Teilfunktionen Beschaffung, Lagerhaltung sowie Fertigung von Gütern (Produktion im engeren Sinne) oder Ausführung von Dienstleistungen umfaßt, und in die Leistungsverwertung (Absatz) geht auf *Gutenberg* zurück. Der Begriff "Produktion" wird in dieser Arbeit mit dem Begriff "Fertigung", der in der betriebswirtschaftlichen Literatur für die industrielle Herstellung von Sachgütern steht, hier aber auch die Rohstoffgewinnung (Urproduktion) und die Veredelung von Sachgütern durch unwesentliche Form- oder Substanzveränderungen umfassen soll, gleichgesetzt, da die Dienstleistungserstellung aus der

Absatz unterscheiden, die untereinander über Realgüterströme verbunden sind. Neben die Bereiche der Leistungserstellung und -verwertung tritt eine weitere betriebliche Teilfunktion, die Finanzsphäre, die sich mit den bereits angesprochenen Nominalgüterströmen befaßt und die Realisierung der Leistungserstellungs- und Leistungsverwertungsprozesse ermöglicht.[5]

Die Gestaltung und Steuerung dieser vielfältigen Real- und Nominalgüterströme im Sinne einer bestmöglichen Erreichung der gesetzten Unternehmensziele ist die allgemeine Aufgabe der Unternehmensführung, die als dispositiver Produktionsfaktor "die eigentlich bewegende Kraft des betrieblichen Geschehens"[6] bildet. Um dieser Funktion gerecht werden zu können, benötigt sie Informationen[7] über die bereits erreichten und noch anzustrebenden Zustände der Gestaltungsobjekte sowie über die dabei zu beachtenden gegenwärtigen und zukünftigen Umweltbedingungen. Darüber hinaus besteht auch ein betriebsextern begründeter Informationsbedarf, der sich aus den Beziehungen des Betriebes zu seiner Umwelt und damit aus einem Interesse der Umwelt am Betrieb ergibt. Als bedeutende externe Informationsadressaten sind Eigen- und Fremdkapitalgeber, Lieferanten und Kunden sowie der Staat und die Gesellschaft zu nennen.

Zu den beschriebenen Real- und Nominalgüterströmen kommt demnach ein umfassender Informationsgüterstrom hinzu, der entweder die Real- und Nominalgüterströme begleitet und erst ermöglicht oder unabhängig von ihnen auftritt.[8] Die Bereitstellung dieser Informationen erfolgt durch das betriebliche Informationssystem, das als selbständiger Teilbereich des Betriebes[9] aufgefaßt werden kann. Die Zusammenhänge zwischen den Auf-

---

Betrachtung ausgeschlossen wird. Vgl. hierzu *Gutenberg*, Produktion, S. 1 f.; *Kosiol*, Betriebswirtschaftslehre, S. 124.

[5] Vgl. *Gutenberg*, Produktion, S. 2.

[6] *Gutenberg*, Produktion, S. 131.

[7] Unter Information (lat.: Gestalt geben, formen, bilden) ist allgemein eine räumliche oder zeitliche Folge von physikalischen Signalen zu verstehen, die beim Empfänger ein bestimmtes (Denk-)Verhalten auslöst. Aus der Sicht des Informationsempfängers stellt die Information zweckorientiertes Wissen um Sachverhalte und Vorgänge dar. Vgl. *Nater*, P.: Das Rechnungswesen als Informationssystem, Diss., St. Gallen 1977, S. 20 ff.; *Szyperski*, N.: Rechnungswesen als Informationssystem, in: Kosiol, E./Chmielewicz, K./Schweitzer, M. (Hrsg.): HWR, 2., völlig neu gestaltete Auflage, Stuttgart 1981, Sp. 1426.

[8] Es ist denkbar, daß Informationen auch zu einem Unterlassen von Real- und Nominalgüterströmen führen, z.B. wenn die Information "Einkaufspreis eines Rohstoffes" den Nichteinkauf des Rohstoffes zur Folge hat.

[9] Obwohl Informationen zu den immateriellen Realgütern gerechnet werden können, sollen sie hier als eigenständige Güterart betrachtet werden. Zur Einteilung der Güterarten vgl. *Kosiol*, Betriebswirtschaftslehre, S. 136 ff., insbesondere dort die Abbildung 4, S. 138.

gaben der Unternehmensführung und dem betrieblichen Informationssystem sollen in den folgenden Kapiteln näher untersucht werden.

b) Begriff und Aufgaben der Unternehmensführung

Wie bereits erwähnt, besteht die allgemeine Aufgabe der Unternehmensführung in der zieladäquaten Gestaltung der in der Unternehmung und zwischen Unternehmung und Umwelt stattfindenden Real- und Nominalgüterströme. Bevor hieraus spezielle, für die Gestaltung der betrieblichen Kostenrechnung relevante Führungsteilfunktionen abgeleitet werden können, ist eine Definition und Abgrenzung des in der Literatur uneinheitlich verwendeten Führungsbegriffs vorzunehmen.[10]

aa) Zum Begriff der Unternehmensführung

Der Begriff "Führung" kann in zweierlei Weise gesehen werden. Im institutionellen Sinne bezeichnet Führung ein Element der Aufbauorganisation der Unternehmung. Unternehmensführung stellt hiernach die Gesamtheit der Träger von Führungstätigkeiten dar, wobei sich Führungstätigkeiten nicht nur auf der obersten Hierarchieebene der Unternehmung, sondern auf allen hierarchischen Ebenen vollziehen können.[11]

In funktioneller Hinsicht werden mit Führung die Führungstätigkeiten selbst bezeichnet. Nach der Art des Führungsobjektes lassen sich dabei zwei Aspekte unterscheiden, die Führung von Personen und die Führung von Organisationen.[12] Bei der personenbezogenen Führungskomponente steht die Gestaltung der zwischenmenschlichen Beziehungen zwischen Führer und Geführtem im Vordergrund der Überlegungen, und zwar mit dem Ziel, das menschliche Verhalten so zu beeinflussen, daß die Unternehmensziele erreicht werden.[13] Bei der Führung von Organisationen wird dagegen pri-

---

[10] Zu den unterschiedlichen Definitionen des Führungsbegriffs in der Literatur vgl. *Staehle*, W.H.: Management, Eine verhaltenswissenschaftliche Perspektive, 6., überarbeitete Auflage, München 1991, S. 65 f., S. 303 ff. u. S. 771 ff.; *Wunderer*, R./*Grunwald*, W.: Führungslehre, Bd. I: Grundlagen der Führung, Berlin/New York 1980, S. 52 ff.

[11] Vgl. hierzu *Frese*, E.: Ziele als Führungsinstrumente - Kritische Anmerkungen zum "Management by Objektives" -, in: ZfO, 40. Jg. 1971, S. 227.

[12] Vgl. *Baugut*, G./*Krüger*, S.: Unternehmensführung, Modelle - Strategien - Techniken, Opladen 1976, S. 6 f.

[13] Da dieser Führungsaspekt den Menschen in den Mittelpunkt der Betrachtungen stellt, wird auch von Menschenführung oder vom funktionell-anthropozentrischen Führungsbegriff

mär auf die sachbezogenen Führungstätigkeiten abgestellt, d.h. auf den "*Prozeß der Willensbildung und Willensdurchsetzung*, um Probleme im Hinblick auf bestimmte Ziele - die selbst Gegenstand dieses Prozesses sein können - zu lösen".[14] Das Führen einer Organisation schließt gleichzeitig die Menschenführung mit ein, da sich eine Organisation aus einer mehr oder weniger großen Anzahl von Menschen zusammensetzt. Unternehmensführung bezieht sich demnach immer sowohl auf die Führung der Unternehmung als Ganzes als auch auf die Führung von Teileinheiten der Unternehmung, deren kleinstes Organisationselement der Mensch ist.

Mit Unternehmensführung soll einerseits der Vorgang der Willensbildung und Willensdurchsetzung in der Unternehmung und andererseits die Gesamtheit der Träger dieser Tätigkeit bezeichnet werden. Der Führungsbegriff wird folglich sehr weit gefaßt und umschließt sowohl die sachbezogene als auch die personenbezogene Führungskomponente. Die dem Führungsbegriff verwandten Begriffe "Leitung" und "Management", die in der Literatur ebenfalls eine uneinheitliche Anwendung erfahren,[15] sollen in Übereinstimmung mit *Mellerowicz* synonym mit Führung verwendet werden, da die geringfügigen Unterschiede keinen konsequenten und einwandfrei abgrenzbaren Begriffsgebrauch zulassen.[16]

bb) Aufgaben der Unternehmensführung

Im Rahmen des Führungsprozesses der Willensbildung und Willensdurchsetzung hat die Unternehmensführung die für die Unternehmung relevanten Probleme zu erkennen und entsprechend der Unternehmenszielsetzung zu lösen. Aus dieser originären Aufgabe lassen sich konkrete Führungsteilfunktionen ableiten, indem der Führungsprozeß in einzelne Phasen gegliedert wird. Die Phaseneinteilung des Führungsprozesses lehnt sich dabei an den Ablauf des Problemlösungsvorgangs an, bei dem sich die Phasen der

---

gesprochen. Vgl. hierzu *Rühli*, E.: Unternehmungsführung und Unternehmungspolitik, Bd. I, 2., veränderte Auflage, Bern/Stuttgart 1985, S. 17 f.

[14] *Hahn*, D.: Führung des Systems Unternehmung, in: ZfO, 40. Jg. 1971, S. 161 (Hervorhebungen im Original gesperrt). Die durch formale Regelungen fixierte sachbezogene Führungskomponente wird auch als Organisationsfunktion bezeichnet. Vgl. *Ulrich*, E./*Fluri*, P.: Management, 5., durchgesehene Auflage, Bern/Stuttgart 1988, S. 139 f.

[15] Zu den verschiedenen Abgrenzungsversuchen der Begriffe "Führung", "Leitung" und "Management" siehe *Bürgin*, U.O.: Der kooperative Führungsstil, Ansatz zu einem Führungsmodell, Bern/Stuttgart 1972, S. 14 ff.; *Wunderer/Grunwald*, Bd. I, S. 63 ff.

[16] Vgl. *Mellerowicz*, K.: Unternehmenspolitik, Bd. I: Grundlagen, 3. Auflage, Freiburg i.Br. 1976, S. 47. Ähnlicher Auffassung ist auch *Rühli*, Unternehmungsführung 1985, S. 29 ff.

Problemstellung, Alternativensuche, Alternativenbeurteilung, Entscheidungsfestlegung, Realisation und Kontrolle abgrenzen lassen.[17] Wie Abbildung 1 zeigt, können diesen Phasen einzelne Führungsaufgaben der Unternehmensführung zugeordnet werden, die wiederum den vier Führungsteilfunktionen Planung, Entscheidung, Veranlassung und Kontrolle zurechenbar sind. Die Aufeinanderfolge der Phasen und Führungsteilfunktionen ist dabei nicht in erster Linie als eine zeitliche zu verstehen, sondern sie verdeutlicht primär die sachlichen Zusammenhänge der Aufgaben.[18]

Problemstellungsphase Suchphase Beurteilungsphase	Entscheidungs-vorbereitung	Planung
Entscheidungsphase	Entscheidungsfällung	Entscheidung
Realisationsphase	Detaillierte Festlegung und Veranlassung der Durchführung	Veranlassung
Kontrollphase	Feststellung der Durchführungsresultate und Vergleich mit den Entscheidungsresultaten	Kontrolle

Abbildung 1: Aufgaben der Unternehmensführung

Quelle: In Anlehnung an *Hahn*, Führung, S. 163.

Planung umfaßt demnach alle Tätigkeiten der systematischen Entscheidungsvorbereitung zur Gestaltung zukünftiger Prozesse und Zustände (Phasen 1 bis 3 der Abbildung 1). Auch der Prozeß der Unternehmenszielbildung und die Bewertung der zu ihrer Erreichung notwendigen Maßnah-

---

17 Vgl. *Heinen*, E.: Industriebetriebslehre als Entscheidungslehre, in: Heinen, E. (Hrsg.): Industriebetriebslehre, Entscheidungen im Industriebetrieb, 7., vollständig überarbeitete und erweiterte Auflage, Wiesbaden 1983, S. 45 ff.; *Hahn*, Führung, S. 161 ff.

18 Vgl. *Kosiol*, E.: Organisation der Unternehmung, 2., durchgesehene Auflage, Wiesbaden 1976, S. 56.

men sind damit Bestandteile der Planung.[19] Die Entscheidungsfällung wird hingegen nicht der Planung zugeordnet,[20] sondern stellt eine eigenständige Führungsteilfunktion dar, "da das Fällen der Entscheidungen selbst ... als nicht methodisch und rational faßbarer Vorgang im Bereich menschlicher Intuition"[21] verbleibt. In diesem Sinne wird Planung als die Gesamtheit der Tätigkeiten im Rahmen der systematischen Vorbereitung von Entscheidungen zur zielorientierten Gestaltung zukünftiger Vorgänge oder Zustände verstanden.[22]

Hat sich der Entscheidungsträger für die Realisation einer Handlungsalternative entschieden, müssen die erforderlichen Maßnahmen zur Durchführung der Handlungsalternative bestimmt und die Ausführung veranlaßt werden.[23] Dazu ist es notwendig, die Ausführungsaufgaben zu verteilen und entsprechende Befugnisse zu übertragen. Die Veranlassung erfolgt letztlich durch initiierende Informationen, wobei der Vorgang der Veranlassung je

---

[19] Vgl. *Beste*, Th.: Planung in der Unternehmung, in: Kongreß-Archiv 1938 des V. Internationalen Prüfungs- und Treuhand-Kongresses, Berlin 1938, Bd. B, Fachthema 2: Planung, S. 68 f.; *Hahn*, Führung, S. 163.

[20] Zu einer anderen Auffassung vgl. etwa *Mellerowicz*, K.: Planung und Plankostenrechnung, Bd. I: Betriebliche Planung, 3., überarbeitete Auflage, Freiburg i.Br. 1979, S. 21.

[21] *Bergner*, H.: Zur betrieblichen Planung und ihrer frühen literarischen Behandlung, in: v. Kortzfleisch, G./Bergner, H. (Hrsg.): Betriebswirtschaftliche Unternehmensführung, Gedächtnisschrift für Theodor Beste, Berlin 1975, S. 11.

[22] Vgl. *Beste*, Planung in der Unternehmung, S. 68 ff. Wird eine Entscheidung ohne systematische Entscheidungsvorbereitung getroffen, liegt Improvisation vor. Vgl. *Hahn*, Führung, S. 163.

[23] Für die Bezeichnung dieser Führungsteilfunktion werden in der Literatur auch die Termini "Anordnung" und "Steuerung" verwendet. Vgl. *v. Kortzfleisch*, G.: Anordnung, in: Grochla, E. (Hrsg.): HWO, Stuttgart 1969, Sp. 72 ff.; *Rühli*, E.: Beiträge zur Unternehmungsführung und Unternehmungspolitik, Bern/Stuttgart 1971, S. 10; *Hahn*, Führung, S. 163. Anordnung besitzt im Sinne des militärischen Befehls eine autoritäre Konnotation und ist damit in erster Linie im Zusammenhang mit dem autoritären Führungsstil anzuwenden. Steuerung - ein Begriff aus der Kybernetik - bezeichnet die zielgerichtete Verhaltensbeeinflussung ohne Rückkopplungsvorgänge, wobei es sich nicht nur um die Beeinflussung menschlichen Verhaltens, sondern ganz allgemein auch um das Verhalten von Prozessen handeln kann. Steuerung ist demnach ein Vorgang, der sich mit dem oben definierten allgemeinen Führungsbegriff deckt und nicht nur eine Führungsteilfunktion darstellt. Aus diesen Gründen ist die Bezeichnung "Veranlassung" vorzuziehen. Zum Begriff der Steuerung im kybernetischen Sinne vgl. *Flechtner*, H.-J.: Grundbegriffe der Kybernetik, Eine Einführung, Stuttgart 1966, S. 27 ff.; *Krieg*, W.: Kybernetische Grundlagen der Unternehmungsgestaltung, Bern/Stuttgart 1971, S. 72. Zur synonymen Verwendung der Begriffe "Steuerung" und "Unternehmensführung" vgl. *Baugut/Krüger*, S. 7; *Wild*, J.: Betriebswirtschaftliche Führungslehre und Führungsmodelle, in: Wild, J. (Hrsg.): Unternehmungsführung, Festschrift für Erich Kosiol zu seinem 75. Geburtstag, Berlin 1974, S. 157.

nach der Art des zugrundeliegenden Führungsstils oder -modells unterschiedlich gestaltet sein kann.[24]

Der Durchführung folgt die Phase der Kontrolle, bei der den bei der Durchführung erreichten Istwerten normative Vergleichswerte (Sollwerte i.w.S.) gegenübergestellt werden, um so Informationen über das Ergebnis des betrieblichen Handelns und über die Erreichung der in der Planung festgelegten Ziele zu bekommen.[25] Die Kontrolle setzt damit in jedem Fall den wenigstens teilweisen Abschluß der Durchführungsphase voraus, da die zur Kontrolle benötigten Istwerte erst mit der Durchführung realisiert werden können. Als Vergleichswerte können sowohl geplante oder aus Planwerten abgeleitete Größen (Sollwerte i.e.S.) als auch zur Norm erhobene Ist- oder Prognosewerte herangezogen werden.[26]

Einen Überblick über die Zusammenhänge zwischen Führung, dem Prozeß der Willensbildung und Willensdurchsetzung, sowie den Führungsteilfunktionen gibt Abbildung 2.

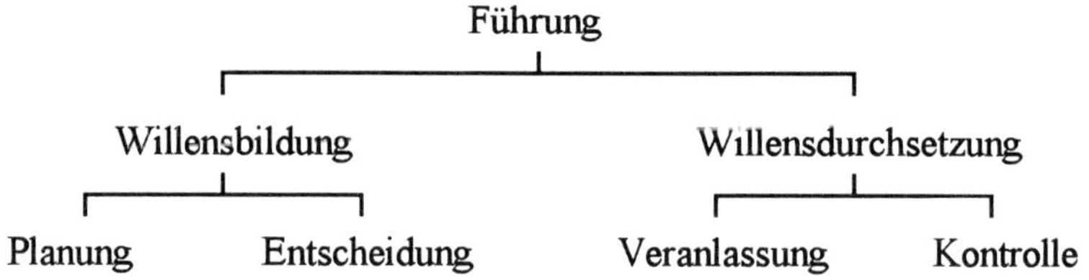

Abbildung 2: Führung und Führungsteilfunktionen

Quelle: In Anlehnung an *Rühli*, Unternehmungsführung 1971, S. 10.

---

[24] Vgl. *Bleicher*, K./*Meyer*, E.: Führung in der Unternehmung, Formen und Modelle, Hamburg 1976, S. 63 f.

[25] Vgl. hierzu *Frese*, E.: Kontrolle und Unternehmungsführung, Entscheidungs- und organisationstheoretische Grundfragen, Wiesbaden 1968, S. 53.

[26] Vgl. *Hahn*, D.: Planungs- und Kontrollrechnung - PuK - Integrierte ergebnis- und liquiditätsorientierte Planungs- und Kontrollrechnung als Führungsinstrument in Industrieunternehmungen mit Massen- und Serienfertigung, Wiesbaden 1974, S. 29. Die Maßgeblichkeit der Vergleichswerte für die Istwerte ist als wesentliches Merkmal der Kontrolle anzusehen. Während Plan- oder Sollwerte i.e.S. implizit normativen Charakter besitzen, muß diese Eigenschaft den Ist- und Prognosewerten explizit zuerkannt werden. Fehlt den Ist- und Prognosewerten die normative Funktion, liegt keine Kontrolle, sondern lediglich ein Vergleich vor. Zur Bedeutung des normativen Charakters von Vergleichswerten für den Kontrollbegriff vgl. *Frese*, E.: Kontrolle und Rechnungswesen, in: Kosiol, E./Chmielewicz, K./Schweitzer, M. (Hrsg.): HWR, 2., völlig neu gestaltete Auflage, Stuttgart 1981, Sp. 916; *Schweitzer*, M.: Industriebetriebslehre, Das Wirtschaften in Industrieunternehmungen, München 1990, S. 869.

Der Gesamtführungsprozeß der Willensbildung und Willensdurchsetzung, aber auch die Führungsteilfunktionen sind eng verknüpft mit einem umfassenden Informationsermittlungs- und Informationsverarbeitungsprozeß, ohne den eine zielgerechte Führung nicht möglich ist. Der Führungsträger benötigt beispielsweise Informationen über die der Problemlösung zugrundeliegende Ausgangssituation oder über mögliche Handlungsalternativen und deren zu erwartenden Auswirkungen auf das Gestaltungsobjekt. Diese Ausgangsinformationen werden in einem Informationsverarbeitungsprozeß verwertet und führen zu Ergebnissen der Führungsaktivität wie Zielformulierungen, Pläne, Anweisungen oder Kontrolldaten, die selbst auch wieder Informationen darstellen. Aus dieser Sichtweise kann Führung auch "als die Verarbeitung von Informationen und ihre Verwendung zur zielorientierten Steuerung von Menschen und Prozessen in soziotechnischen Systemen"[27] definiert werden. Die Bereitstellung führungsrelevanter Informationen, deren zielorientierte Verwertung im Rahmen der Führungsaktivitäten sowie die informatorische Verarbeitung der Führungsergebnisse stellen das Kernproblem der Unternehmensführung dar. Deshalb kommt der Information im Rahmen des Gesamtsystems der Unternehmung eine beträchtliche Bedeutung zu. Das für die Bereitstellung und Verarbeitung von Führungsinformationen zuständige betriebliche Informationssystem soll daher im folgenden näher betrachtet werden.

c) Die Kostenrechnung als Bestandteil des betrieblichen Informationssystems

Die Ermittlung, Verarbeitung und Bereitstellung von Informationen im Betrieb erfolgt durch das betriebliche Informationssystem, wobei nicht alle im Betrieb vorzufindenden Informationen dem betrieblichen Informationssystem zugerechnet werden. Nach Maßgabe der zwischen den Kommunikationsteilnehmern[28] bestehenden Beziehungen lassen sich formale und informale Informationen unterscheiden. Während formale Informationen bewußt und adressatenbezogen zum Zwecke einer bedarfsgerechten, funktions- und zieladäquaten Informationsversorgung[29] den betrieblichen Aufgabenträgern oder den unternehmensexternen Informationsempfängern zur

---

[27] *Wild*, J.: Management-Prozesse und Informationsverarbeitung, in: Datascope, 2. Jg. 1971, H. 4, S. 1.

[28] Unter Kommunikation wird die Übermittlung von Informationen verstanden. Kommunikationsteilnehmer sind die informationsabgebende Stelle (Sender) und der Informationsempfänger. Vgl. hierzu *Coenenberg*, A.G.: Die Kommunikation in der Unternehmung, Wiesbaden 1966, S. 36; *Flechtner*, S. 13.; *Nater*, S. 27 f.

[29] Vgl. *Wild*, Management-Prozesse, S. 2.

Verfügung gestellt werden sollen, beruhen informale Informationen auf den persönlichen und sozialen Beziehungen der Kommunikationsteilnehmer.[30] Als betriebliches Informationssystem wird nur die Gesamtheit der organisatorisch geschaffenen Informationswege und -verbindungen mit dem Ziel der Bereitstellung formaler Informationen angesehen.[31]

Die Gestaltung des betrieblichen Informationssystems hat sich am Informationsbedarf der Informationsempfänger zu orientieren, der ganz allgemein auf Informationen über die Realität[32] der im Betrieb und zwischen Betrieb und Umwelt vorzufindenden Prozesse und Zustände gerichtet ist.[33] Die Komplexität und Vielgestaltigkeit dieser Realität auf der einen Seite sowie die Unterschiedlichkeit der durch die Interessengruppen nachgefragten Informationen auf der anderen Seite führen dazu, daß sich innerhalb des betrieblichen Informationssystems verschiedene Subinformationssysteme herausbilden, die jeweils auf die Befriedigung eines bestimmten Informationsbedarfs spezialisiert sind.[34]

Bedingt durch die Knappheit natürlicher Ressourcen und die gesamtwirtschaftliche Arbeitsteilung, kommt Informationen, die sich mit der *wirt-*

---

[30] Vgl. *Coenenberg*, Kommunikation, S. 137.

[31] Vgl. *Elm*, W.A.: Das Informationssystem als Mittel der Unternehmensführung, Diss., Berlin 1971, S. 11.

[32] Im pragmatischen Sinne soll hier die Realität als die Welt der Gegenstände, Zustände und Ereignisse aufgefaßt werden, als das unabhängig von Wünschen und Vorstellungen Bestehende, Wirkliche. Realität und Wirklichkeit stehen damit im Gegensatz zur Idealität, der rein gedanklichen Möglichkeit, der Idee. Vgl. *Meyers Enzyklopädisches Lexikon*: Stichwort: Realität, Bd. 19, 9., völlig neu bearbeitete Auflage, Mannheim/Wien/Zürich 1977, S. 652. Die Bestimmung oder Beschreibung dessen, was unter Realität letztendlich genau zu verstehen ist, stellt vorwiegend eine philosophische Angelegenheit dar, worauf hier verzichtet werden kann, da es für die Zwecke der Betriebswirtschaftslehre wie auch für die Mehrzahl anderer Wissenschaften, insbesondere der Naturwissenschaften, von nicht unerheblicher Bedeutung ist, "den Begriff der 'Wirklichkeit' bewußt vage (zu; A.d.V.) halten, schon um überhaupt voranzukommen." *Bergner*, H.: Zum Modellcharakter des Kontenrahmens, in: Bergner, H. (Hrsg.): Planung und Rechnungswesen in der Betriebswirtschaftslehre, Festgabe für Gert v. Kortzfleisch zum 60. Geburtstag, Berlin 1981, S. 422.

[33] Dabei kann es sich sowohl um eine in der Vergangenheit tatsächlich eingetretene als auch um eine für die Zukunft angenommene Realität handeln.

[34] Die Gestaltung des betrieblichen Informationssystems zu einem Totalsystem, d.h. zu einem in sich geschlossenem Gebilde mit einer vollständigen und durchgängigen Verknüpfung aller relevanten Informationen, ist trotz intensiver Nutzung der modernen Datenverarbeitung bislang noch nicht realisierbar und wird es aufgrund der angesprochenen Komplexität der Realität wohl auch in absehbarer Zeit nicht sein. Vgl. *Köhler*, R.: Informationssysteme für die Unternehmensführung, Der allgemeine Bezugsrahmen und eine empirische Bestandsaufnahme, mit besonderer Berücksichtigung des Absatzsektors, in: ZfB, 41. Jg. 1971, S. 37; *Nater*, S. 38.

schaftlichen Dimension der betrieblichen Wirklichkeit auseinandersetzen, eine besondere Bedeutung sowohl für eine rationale Unternehmensführung als auch für die verschiedensten Zwecke unternehmensexterner Adressaten zu. Innerhalb des betrieblichen Informationssystems nimmt daher das betriebliche Rechnungswesen[35], das im folgenden als ein "System zur Ermittlung, Darstellung und Auswertung von Zahlen über die gegenwärtigen und zukünftigen wirtschaftlichen Tatbestände und Vorgänge im Betrieb sowie die gegenwärtigen und zukünftigen wirtschaftlichen Beziehungen des Betriebes zu seiner Umwelt"[36] verstanden werden soll, eine besondere Stellung ein.

Die Eingrenzung der informatorischen Betrachtung auf die wirtschaftlichen Auswirkungen betrieblicher Vorgänge und Tatbestände ist demnach ein wesentliches Kennzeichen des betrieblichen Rechnungswesens. Es stellt weiterhin eine Wertrechnung dar, d.h., auf der Grundlage einer mengenmäßigen Erfassung der Bestände und Bewegungen knapper Güter wird durch die Bewertung mit einem Preis der relativen Knappheit der Güter Rechnung getragen.[37] Reine Mengenrechnungen sind damit nur dann zum Rechnungswesen zu zählen, wenn sie direkt als Grundlage einer Wertrechnung im Sinne des Rechnungswesens dienen. Zwar wäre es denkbar, auch allein anhand von Mengengrößen Aussagen über den rationellen Einsatz der Produktionsfaktoren zu treffen, doch sobald sich betriebswirtschaftliche Überlegungen auf verschiedenartige Güter beziehen, kann die relative Knappheit der Güter nicht mehr durch Mengengrößen, sondern nur noch mittels Wertgrößen ausgedrückt werden. Erst durch die Überführung der Mengeneinheiten in eine in Geldeinheiten ausgedrückte Werteinheit wird die für Rechenoperationen notwendige Addierbarkeit sowie die Vergleichbarkeit der Untersuchungsobjekte erreicht.

---

[35] Anstelle des Begriffes "betriebliches Rechnungswesen" wird in der Literatur häufig auch der Begriff des "betriebswirtschaftlichen Rechnungswesens" vorgezogen, da das Wort "betrieblich" nur unvollkommen die Tatsache wiedergebe, "daß im Rechnungswesen neben den Vorgängen innerhalb des Betriebes auch diejenigen zwischen dem Betrieb und seiner Umwelt erfaßt werden" (*Weber*, H.K.: Betriebswirtschaftliches Rechnungswesen, München 1974, S. 4). Dieser Auffassung kann entgegengehalten werden, daß der Begriff "betrieblich" sich nicht zwangsweise nur auf betriebsinterne Vorgänge bezieht, sondern daß er gleichwohl auch die den Betrieb betreffenden, betriebsexternen Vorgänge umschließt.

[36] *Weber*, H.K., Rechnungswesen 1974, S. 5.

[37] Vgl. *Menrad*, S.: Rechnungswesen, Göttingen 1978, S. 19; *Dellmann*, K.: Rechnungswesen, Systematik des, in: Kosiol, E./Chmielewicz, K./Schweitzer, M. (Hrsg.): HWR, 2., völlig neu gestaltete Auflage, Stuttgart 1981, Sp. 1416; *Weber*, H.K.: Betriebswirtschaftliches Rechnungswesen, Bd. 1: Bilanz und Erfolgsrechnung, 3., neubearbeitete Auflage, München 1988, S. 3.

Das Rechnungswesen ist folglich von anderen betrieblichen Informationssubsystemen abzugrenzen, die sich beispielsweise mit der Ermittlung, Darstellung und Auswertung rein technischer Informationen, wie sie in Konstruktionszeichnungen, Stücklisten, Arbeitsplänen usw. enthalten sind, oder auch betrieblich-organisatorischer Informationen, wie Arbeitsplatz- und Stellenbeschreibungen, Maschinenbesetzungs- und Terminpläne, Ausschreibungen zum betrieblichen Vorschlagswesen, Speisepläne der Kantine usw., beschäftigen.

Die Vielfalt der durch das Rechnungswesen informatorisch darzustellenden Realität findet ihren Niederschlag in der Vielzahl seiner Systematisierungsansätze.[38] Eine frühe, auf den Kontenrahmen von *Schmalenbach*[39] zurückgehende und in der Praxis für die organisatorische Gliederung des Rechnungswesens nach wie vor übliche Zweiteilung unterscheidet die Rechnungszweige Finanz- oder Geschäftsbuchhaltung und Betriebsbuchhaltung.[40] Die Finanzbuchhaltung erfaßt alle ausgabenbezogenen Vorgänge zwischen Betrieb und Umwelt sowie innerhalb des Betriebes, die zu einem Wertezuwachs oder Werteverbrauch sowie zu Änderungen der Vermögens- und Kapitalstruktur des Betriebes führen,[41] während sich die Betriebsbuchhaltung als kalkulatorische Rechnung weitgehend von den finanziellen Vorgängen löst und die im Rahmen der betrieblichen Leistungserstellung und -verwertung auftretenden Realgüterströme abbildet.[42]

Eine weitere, in der betriebswirtschaftlichen Literatur weit verbreitete Systematisierung des Rechnungswesens unterscheidet die vier Bereiche

---

[38] Einen Überblick über bedeutende Gliederungsversuche der Literatur geben *Dellmann*, Rechnungswesen, Sp. 1415 ff.; *Weber*, H.K., Rechnungswesen 1974, S. 5 ff.; *Lechner*, K.: Rechnungstheorie der Unternehmung, in: Kosiol, E./Chmielewicz, K./Schweitzer, M. (Hrsg.): HWR, 2., völlig neu gestaltete Auflage, Stuttgart 1981, Sp. 1410 ff.

[39] Der Kontenrahmen *Schmalenbachs* stellt erstmals eine vollständige buchungstechnische Integration der beiden Rechnungszweige unter Berücksichtigung inhaltlicher Unterscheidungs- und Abgrenzungserfordernisse dar. Vgl. *Schmalenbach*, E.: Der Kontenrahmen, in: ZfhF, 21. Jg. 1927, S. 385 ff. u. S. 433 ff. sowie *Bergner*, Modellcharakter, S. 425.

[40] Neben dem Begriff "Buchhaltung" wird oftmals auch der Begriff "Buchführung" verwendet. Obwohl Buchführung meist im funktionalen Sinne als die Tätigkeit der Erfassung und Verbuchung von Geschäftsvorfällen angesehen und mit Buchhaltung in der Regel die entsprechende organisatorische Einrichtung bezeichnet wird, sollen beide Begriffe synonym verwendet werden, da eine einheitliche und eindeutige Abgrenzung zwischen Buchhaltung und Buchführung in der Literatur fehlt. Vgl. *Vormbaum*, H.: Grundlagen des betrieblichen Rechnungswesens, Stuttgart/Berlin/Köln/Mainz 1977, S. 15.

[41] Vgl. *Wöhe*, G.: Das betriebliche Rechnungswesen, München 1990, S. 3 f.

[42] Vgl. *Kosiol*, E.: Kostenrechnung der Unternehmung, 2., überarbeitete und ergänzte Auflage, Wiesbaden 1979, S. 18.

(Finanz-)Buchhaltung, Kostenrechnung, (Betriebs-)Statistik und Planung.[43] Diese Einteilung, der zur Zeit ihrer Entstehung sicherlich ein hoher praktischer Bezug zuzusprechen war,[44] weist kein einheitliches Gliederungskriterium auf. Der Abgrenzung liegen vielmehr inhaltliche (Finanzbuchhaltung und Kostenrechnung), führungsfunktionsbezogene (Planung) und methodische Kriterien (Statistik) zugrunde.[45] Durch die Anwendung verschiedener Gliederungsgesichtspunkte auf einer Gliederungsstufe treten Überschneidungen auf, die weder befriedigend noch praktikabel sind. Beispielsweise wird diese Systematik nicht der Tatsache gerecht, daß auch in der Kostenrechnung häufig Planungstätigkeiten durchgeführt werden oder daß auch in der Finanzbuchhaltung mit Planbilanzen oder Plangewinn- und Planverlustrechnungen gearbeitet wird.[46]

Eine zweckmäßige Systematisierung des Rechnungswesens ergibt sich, wenn hinsichtlich der Stellung der primär anzusprechenden Informationsadressaten zum Betrieb nach externem und internem Rechnungswesen unterschieden wird.[47] Das externe Rechnungswesen mit seinen Hauptbestandteilen Finanzbuchhaltung, Jahresabschluß (Bilanz und Gewinn- und Verlustrechnung) und Lagebericht nimmt in erster Linie eine Dokumentationsfunktion gegenüber den außerhalb der Unternehmung stehenden Interessengruppen wahr. Um den Informationsbedarf der externen Personen und Organisationen zu gewährleisten und zu schützen, unterliegt die externe Berichterstattung der Beachtung gesetzlicher Vorschriften oder auch allgemeiner gesellschaftlicher Normen. Neben dieser primären Aufgabe kann das externe Rechnungswesen auch unternehmensinternen Adressaten wichtige Informationen zur Verfügung stellen. Beispielsweise unterstützt es die Unternehmensführung bei der Vorbereitung wichtiger Ent-

---

[43] Vgl. beispielhaft *Kalveram*, Rechnungswesen, S. 17 f.; *Lehmann*, M.R., Kalkulation, S. 14; *Schönfeld*, H.-M.: Grundlagen des Rechnungswesens, 2., neubearbeitete und erweiterte Auflage, Stuttgart 1969, S. 16 ff.

[44] Diese Einteilung geht zurück auf den *Erlaß des Reichs- und Preuß. Wirtschaftsministers und des Reichskommissars für die Preisbildung vom 11. November 1937*: Richtlinien zur Organisation der Buchführung (Im Rahmen eines geordneten Rechnungswesens), abgedruckt in: Fischer, J./Heß, O./Seebauer, G. (Hrsg.): Buchführung und Kostenrechnung, Leipzig 1939, S. 383 ff.

[45] Vgl. *Dellmann*, Rechnungswesen, Sp. 1417.

[46] Vgl. *Menrad*, Rechnungswesen, S. 21.

[47] Die Unterscheidung in externes und internes Rechnungswesen wird in der Literatur auch hinsichtlich des Merkmals "Rechnungsinhalt" vorgenommen, wobei die Finanzbuchhaltung dem externen Rechnungswesen und die Betriebsbuchhaltung dem internen Rechnungswesen zugeordnet wird. Vgl. *Schneider*, E.: Industrielles Rechnungswesen, Grundlagen und Grundfragen, 5. Auflage, Tübingen 1969, S. 7; *Lehmann*, M.R., Kalkulation, S. 15 f. Dieser Einteilung wird hier nicht gefolgt.

scheidungen oder bei der Kontrolle der wirtschaftlichen Entwicklung des Betriebes, was historisch betrachtet der ursprünglichen Zwecksetzung des externen Rechnungswesens entspricht.[48]

Die Versorgung der Unternehmensführung mit führungsrelevanten Informationen ist die vorrangige Aufgabe des internen Rechnungswesens. Durch seine weitgehende Gestaltungsfreiheit[49] ist es in der Lage, auf den spezifischen Informationsbedarf der Unternehmensführung einzugehen und alle für die zieloptimale Führung erforderlichen Daten bereitzustellen. Die entsprechend dieser Aufgabe sehr detailliert und genau aufzubereitenden Informationen über die wirtschaftliche Lage und Entwicklung der Unternehmung sind für interne Adressaten bestimmt. Lediglich in Ausnahmefällen, in denen es freiwillig oder aufgrund gesetzlicher Vorschriften und privatrechtlicher Vereinbarungen zu einer Offenlegung kommt, erhalten auch ausgewählte externe Interessenten Einblick in die Daten des internen Rechnungswesens.

Die wirtschaftliche Ausprägung der betrieblichen Realität ist weiterhin noch zu umfangreich und vielseitig, als daß sie mittels eines einzigen Informationsinstruments des internen Rechnungswesens der Unternehmensführung nahegebracht werden könnte. Innerhalb des internen Rechnungswesens haben sich daher verschiedene Instrumente herausgebildet, die sich mit ganz bestimmten Teilbereichen der betrieblichen Wirtschaftsrealität befassen. Beispielsweise bildet die Investitionsrechnung Ein- und Auszahlungsströme ab, die beim Erwerb und bei der Nutzung von materiellen oder immateriellen Realgütern (Sachinvestition) oder auch von abgeleiteten Nominalgütern, d.h. von Eigen- oder Fremdkapitalanteilen an anderen Betrieben (Finanzinvestition), voraussichtlich auftreten werden.[50] Die Aufgabe der Investitionsrechnung ist es dabei, die Unternehmensführung über die Vorteilhaftigkeit einzelner Investitionsobjekte zu informieren und Investitionsentscheidungen vorzubereiten. Die Finanzplanung als weiterer Bestandteil des internen Rechnungswesens versucht, durch die Darstellung

---

48 Vgl. *Menrad*, Rechnungswesen, S. 20.

49 Eine Einschränkung der Gestaltungsfreiheit erfährt das interne Rechnungswesen durch den Gesetzgeber bei der Ermittlung der handelsrechtlichen Herstellungskosten für die Bewertung der zu aktivierenden selbsterstellten Leistungen sowie bei der Preisbestimmung für nicht marktgängige Leistungen, die an öffentliche Auftraggeber geliefert werden. Ferner versuchen Marktpartner, die aufgrund ihrer besonderen Position wirtschaftlichen Druck auf die Unternehmung ausüben können, die Gestaltung des internen Rechnungswesens zu beeinflussen.

50 Vgl. *Schneider*, D.: Investition und Finanzierung, Lehrbuch der Investitions-, Finanzierungs- und Ungewißheitstheorie, 5., neu bearbeitete Auflage, Wiesbaden 1980, S. 148; *Schwarz*, H.: Investition, in: Grochla, E./Wittmann, W. (Hrsg.): HWB, 4., völlig neu gestaltete Auflage, Stuttgart 1975, Sp. 1975.

zukünftig zu erwartender Geld- und Kreditströme sowie der entsprechenden Bestände der Unternehmensführung eine zieloptimale Steuerung des Nominalgüterstroms sowie die Aufrechterhaltung der Liquidität zu ermöglichen.[51]

Die Kostenrechnung grenzt den betrachteten Realitätsausschnitt der betrieblichen Wirtschaftsrealität in zweierlei Hinsicht ein. Erstens werden nicht sämtliche Real- und Nominalgüterströme, sondern lediglich Güterverbrauchs- und Güterentstehungsströme berücksichtigt,[52] und zweitens kommen nicht alle Güterverbrauchs- und Güterentstehungsvorgänge in Frage, sondern nur diejenigen, die im Rahmen der betrieblichen Leistungserstellung und -verwertung anfallen[53] und damit im Zusammenhang mit dem unternehmerischen Sachziel, "den Ergebnissen der planmäßigen Erzeugungstätigkeit",[54] stehen. Das mengenmäßige Ergebnis dieser betrieblichen Tätigkeit, die Leistung, erfährt in der Kostenrechnung eine Bewertung durch die Kosten, die den zur Erstellung der Leistung eingesetzten Produktionsfaktoren beigemessen werden.[55] Dabei werden nicht nur Güterverbräuche, die im Rahmen der Fertigung anfallen, sondern sämtliche Güterverbräuche, die bei der Leistungserstellung und -verwertung auftreten, berücksichtigt.

Die Kostenrechnung hat sich bei der Frage nach der Art der bereitzustellenden Informationen am Informationsbedarf ihrer Adressaten, als Bestandteil des internen Rechnungswesens in erster Linie am Bedarf der Unternehmensführung, auszurichten. Die Zwecke, die die Kostenrechnung

---

[51] Vgl. *Lücke*, W.: Finanzplanung, in: Büschgen, H.E. (Hrsg.): HWF, Stuttgart 1976, Sp. 547.

[52] Vgl. *Kosiol*, E.: Kritische Analyse der Wesensmerkmale des Kostenbegriffes, in: Kosiol, E./Schlieper, F. (Hrsg.): Betriebsökonomisierung durch Kostenanalyse, Absatzrationalisierung und Nachwuchserziehung, Festschrift für Professor Dr. Dr. h. c. Rudolf Seyffert zu seinem 65. Geburtstag, Köln/Opladen 1958, S. 11 ff.

[53] Vgl. *Schmalenbach*, Kostenrechnung, S. 6.

[54] *Kosiol*, E.: Kostenrechnung und Kalkulation, 2., überarbeitete Auflage, Berlin/New York 1972, S. 29.

[55] Der durch die Bewertung der Leistung als mengenmäßiges Ergebnis der betrieblichen Tätigkeit entstehende rechnerische Ausdruck wird in der Betriebswirtschaftslehre ebenfalls als "Leistung" bezeichnet. Vgl. *Beste*, Th.: Was ist Leistung in der Betriebswirtschaftslehre?, in: ZfhF, 38. Jg. 1944, S. 7 ff.; *Mellerowicz*, K.: Leistung, in: Seischab, H./Schwantag, K. (Hrsg.): HWB, 3., völlig neu bearbeitete Auflage, Bd. III, Stuttgart 1960, Sp. 3775; *Menrad*, S.: Kosten und Leistung, in: Grochla, E./Wittmann, W. (Hrsg.): HWB, 4., völlig neu gestaltete Auflage, Stuttgart 1975, Sp. 2287 f. Da sich die vorliegende Untersuchung mit der betriebsspezifischen Gestaltung der Kostenrechnung beschäftigt, werden primär Kosten als Bewertungsgrundlage der Leistungen zugrunde gelegt. Erfolgt die Bewertung der Leistungen mit Absatzpreisen, wird speziell von "Erlösen" gesprochen.

aufgrund des Informationsbedarfs der Unternehmensführung gewöhnlich zu erfüllen hat, sollen im folgenden dargestellt werden.

d) Zwecke der Kostenrechnung

Aus der Informationsfunktion der Kostenrechnung lassen sich allgemeine, grundsätzlich für alle Betriebe relevante Zwecke der Kostenrechnung ableiten. In Anlehnung an die Phasen des oben erläuterten Problemlösungsvorgangs hat die Kostenrechnung verschiedene Arten von Informationen bereitzustellen.[56]

Im Rahmen der Planungsfunktion ist es zunächst erforderlich, die Unternehmensführung mittels *Anregungsinformationen* auf die Existenz eines Entscheidungsproblems aufmerksam zu machen. Erst wenn die zuständigen Entscheidungsträger Kenntnis von der Existenz und Bedeutung des Problems erlangen, sind sie in der Lage, den Problemlösungsprozeß in Gang zu setzen.[57] Anregungsinformationen können auf zwei verschiedene Arten entstehen. Zum einen kann bereits die alleinige Dokumentation der betrieblichen Wirklichkeit Anhaltspunkte für das Einleiten von Handlungsmaßnahmen geben. Zum anderen vermitteln Kontrollinformationen Erkenntnisse darüber, ob die Wirklichkeit dem gewünschten Sollzustand entspricht, und lösen bei auftretenden Abweichungen gegebenenfalls Anregungen zur Durchführung von Gegenmaßnahmen aus.[58] Weiterhin ist die Unternehmensführung im Rahmen ihrer Planungsfunktion auf *Alternativeninformationen* angewiesen. Diese zeigen die zur Wahl stehenden Handlungsalternativen auf und geben Aufschluß über die Konsequenzen der Handlungsalternativen.[59] Nachdem sich die Unternehmensführung für die Durchführung einer bestimmten Handlungsmöglichkeit entschieden hat, müssen im

---

[56] Zur Systematisierung der Informationsarten nach den Phasen des Führungsprozesses vgl. *Heinen*, E./*Fahn*, E./*Wegenast*, C.: Informationswirtschaft, in: Heinen, E. (Hrsg.): Industriebetriebslehre, Entscheidungen im Industriebetrieb, Wiesbaden 1972, S. 687 ff.; *Börner*, D.: Grundprobleme des Rechnungswesens, in: WiSt, 2. Jg. 1973, S. 153 ff. u. S. 205 ff.; *Virkkunen*, H.: Das Rechnungswesen im Dienste der Leitung, Systematisch-Theoretische Untersuchung der Bereiche, Zweige und Aufgaben des Rechnungswesens unter besonderer Beachtung der Leitungsfunktionen, Helsinki 1956, S. 47 ff.

[57] Vgl. *Börner*, Grundprobleme, S. 155.

[58] Vgl. *Heinen/Fahn/Wegenast*, S. 687.

[59] Bei den Alternativeninformationen handelt es sich genauer um Prognoseinformationen, da die Beurteilung der Handlungsalternativen auf der Basis von Aussagen über die zukünftige Veränderung des Entscheidungsfeldes der Unternehmung erfolgt. Vgl. *Frese*, Kontrolle, S. 34 ff.; *Meffert*, H.: Betriebswirtschaftliche Kosteninformationen, Ein Beitrag zur Theorie der Kostenrechnung, Wiesbaden 1968, S. 19.

Zusammenhang mit der Durchführungsveranlassung die mit der Realisation beauftragten Stellen durch *Vorgabeinformationen* über die zu treffenden Maßnahmen in Kenntnis gesetzt werden.[60] Um die planmäßige Durchführung der gewählten Handlungsalternative sicherstellen und die Richtigkeit der getroffenen Entscheidung überprüfen zu können, sind des weiteren *Kontrollinformationen* zur Feststellung des Durchführungserfolges erforderlich. Hierzu müssen die tatsächlich erzielten Durchführungsresultate erfaßt und mit den im Soll vorgegebenen Entscheidungsresultaten verglichen werden.[61]

Zur Bereitstellung der genannten Informationsarten haben sich verschiedene spezielle Zwecke der Kostenrechnung entwickelt. Als ursprünglicher und nach wie vor sehr bedeutender Zweck der Kostenrechnung ist die *Selbstkostenkalkulation der Erzeugnisse* zu nennen.[62] Die Kalkulationsergebnisse stellen Anregungs- und Alternativeninformationen dar, wenn die vom Markt vorgegebenen Absatz- und Beschaffungspreise dahin gehend beurteilt werden sollen, ob sie dem Betrieb zur Selbstkostendeckung der Produkte und zur Erzielung eines erwünschten Mindestgewinns ausreichen. Darüber hinaus erfüllen die Kalkulationsergebnisse auch die Funktion einer Vorgabeinformation, wie z.B. bei der selbständigen Preisfestsetzung oder als Grundlage für Preisverhandlungen, wenn kein allgemeiner Marktpreis festzustellen ist.[63] Selbstkosteninformationen sind schließlich auch für Kontrollaufgaben heranzuziehen. Beispielsweise dienen sie der Überprüfung der tatsächlich erzielten Istpreise mit den geplanten Preisen von Absatz- und Beschaffungsgütern. Sie erfüllen damit gleichzeitig eine Anregungsfunktion für eventuell notwendig gewordene Anpassungsmaßnahmen, wie z.B. hinsichtlich der Art und Qualität der einzusetzenden Rohstoffe, des Lieferantenkreises oder der zu wählenden Absatzmethode.

Ein weiterer Zweck der Kostenrechnung, der im Zusammenhang mit der informatorischen Unterstützung von Führungsfunktionen zu nennen ist,

---

[60] Vgl. *Meffert*, Kosteninformationen, S. 20.

[61] Vgl. *Frese*, Rechnungswesen, Sp. 916 ff.

[62] Vgl. *Schmalenbach*, Kostenrechnung, S. 21; *Kosiol*, Kalkulation, S. 66 ff.; *Weber*, H.K.: Betriebswirtschaftliches Rechnungswesen, Bd. 2: Kosten- und Leistungsrechnung, 3., neubearbeitete Auflage, München 1991, S. 7 f.; *Coenenberg*, A.G.: Kostenrechnung und Kostenanalyse, Landsberg am Lech 1992, S. 36 f.

[63] Vgl. *Bergner*, H./*Schehl*, M.: Zur Ermittlung der Herstellungskosten in Handels- und Steuerbilanz aus der Kostenrechnung, in: Milling, P. (Hrsg.): Systemmanagement und Managementsysteme, Festgabe für Gert v. Kortzfleisch zum 70. Geburtstag, Berlin 1991, S. 299 f.; *Henzel*, F.: Die Kostenrechnung, 4., erweiterte und veränderte Auflage, Essen 1964, S. 13 ff.

besteht in der *Ermittlung des kurzfristigen Betriebserfolgs.*[64] Im Vergleich zur handelsrechtlichen Gewinn- und Verlustrechnung, die in der Regel lediglich einmal jährlich im Rahmen der Jahresabschlußrechnung aufgestellt wird und alle erfolgswirksamen Geschäftsvorfälle der Unternehmung erfaßt, soll das Betriebsergebnis in kürzeren, meistens monatlichen oder wenigstens quartalsweisen Zeitabständen Auskunft über den Erfolg der dem eigentlichen Sachzweck der Unternehmung entsprechenden Tätigkeiten geben. Des weiteren ermöglicht die Betriebsergebnisrechnung[65] eine auf Leistungseinheiten bezogene Erfolgsrechnung[66] und ist damit in der Lage, die Erfolgsbeiträge einzelner Absatzregionen, Produktgruppen, Produktarten oder Kundengruppen aufzuzeigen. Eine derartige Erfolgsspaltung findet in der Gewinn- und Verlustrechnung[67] in der Regel nicht statt, sondern es wird vielmehr ein undifferenzierter Periodengewinn ermittelt.[68] Ein detaillierter Ausweis des Periodenerfolgs, gegliedert nach einzelnen Produkten oder Produktgruppen, ist durch die Wahlmöglichkeit des Umsatzkostenverfahrens nach § 275 Abs. 3 Handelsgesetzbuch[69] auch in der Gewinn- und Verlustrechnung denkbar,[70] gesetzlich jedoch nicht vorgeschrieben.[71] Eine frei-

---

[64] Vgl. *Bergner/Schehl*, S. 300.

[65] Die Betriebsergebnisrechnung als Erfolgsrechnung der Kostenrechnung wird in der Literatur zuweilen auch als "Kurzfristige Erfolgsrechnung" bezeichnet. Vgl. etwa *Kilger*, W.: Einführung in die Kostenrechnung, 3., durchgesehene Auflage, Wiesbaden 1987, S. 392 ff. Die Kurzfristige Erfolgsrechnung ist aber nicht als Bestandteil der Kostenrechnung, sondern als eine eigenständige Rechnung aufzufassen, die zur Erreichung ihres Zieles, kurzperiodische (z.B. monatliche, wöchentliche) Abschlüsse zu erstellen, in erster Linie auf kostenrechnerische und/oder finanzbuchhalterische Daten, aber auch auf Informationen anderer, unregelmäßig oder unsystematisch durchgeführter Rechnungen zurückgreift. Vgl. hierzu *Beste*, Th.: Die Kurzfristige Erfolgsrechnung, 2., erweiterte Auflage, Köln/Opladen 1962; *Bergner/Schehl*, S. 300.

[66] Vgl. *Schmalenbach*, Kostenrechnung, S. 16.

[67] Einen Überblick über die grundsätzlichen Möglichkeiten der Erfolgsspaltung in der Gewinn- und Verlustrechnung gibt *Küting*, K.: Die Erfolgsspaltung - ein Instrument der Bilanzanalyse, Ein Vergleich der Erfolgsspaltung auf der Grundlage des Aktienrechts und des Bilanzrichtlinie-Gesetzes, in: BB, 36. Jg. 1981, S. 529.

[68] Vgl. *Chmielewicz*, K.: Anmerkungen zum Umsatzkostenverfahren, in: DBW, 47. Jg. 1987, S. 165 f.

[69] *Handelsgesetzbuch* in der Fassung der Bekanntmachung vom 10. Mai 1897, in: RGBl. S. 219, mit allen späteren Änderungen einschließlich der Änderungen durch das Rechtspflege-Vereinfachungsgesetz vom 17. Dezember 1990 (BGBl. I, S. 2847), künftig zitiert als HGB.

[70] Vgl. *Egner*, H.: Gegenüberstellung Gesamtkosten- und Umsatzkostenverfahren, in: Castan, E. u.a. (Hrsg.): Beck'sches Handbuch der Rechnungslegung, Bd. 1, Erg.Lief. 1, München 1987, B 310, Rz. 26.

[71] Große Kapitalgesellschaften haben jedoch unter bestimmten Voraussetzungen eine Aufgliederung der Umsatzerlöse nach Tätigkeitsbereichen sowie nach geographisch bestimmten Märkten im Anhang vorzunehmen. Vgl. § 285 Nr. 4 HGB i.V.m. § 288 HGB.

willige Offenlegung der Erfolgsbeiträge einzelner Absatzmärkte oder Produktgruppen wäre für die Zwecke der Bilanzanalyse für Außenstehende zwar wünschenswert, dürfte aber in der Praxis eher die Ausnahme bleiben.[72] Die Kostenrechnung stellt mit der Betriebsergebnisrechnung der Unternehmensführung in erster Linie Kontrollinformationen zur Verfügung. Durch die Beobachtung der zeitlichen Entwicklung des Betriebsergebnisses oder durch zwischenbetriebliche Vergleiche lassen sich negative Einflüsse auf den Betriebsgewinn der Unternehmung feststellen. Weiterhin ermöglicht die detaillierte Erfolgsspaltung eine genaue Analyse der Erfolgsbeiträge einzelner Zurechnungsobjekte, so daß Anregungs- und Alternativeninformationen für wichtige Entscheidungen, wie z.B. hinsichtlich des gewinnoptimalen Sortiments- und Produktionsprogramms, zur Verfügung gestellt werden können. Darüber hinaus treten im Rahmen der Betriebsergebnisrechnung auch Vorgabeinformationen auf, und zwar dann, wenn für den Gesamtbetrieb, für Gliedbetriebe oder einzelne Sparten Plan- oder Sollerfolge vorgegeben werden, die durch die jeweiligen Verantwortungsbereiche möglichst zu erreichen sind.[73]

Im Rahmen der *Wirtschaftlichkeitskontrolle* des betrieblichen Handelns als weiterer Zweck der Kostenrechnung werden den mit der Durchführung einer gewählten Handlungsalternative betrauten Verantwortungsbereichen Maßkosten[74] vorgegeben, die am Ende der Abrechnungsperiode den tatsächlich erreichten Istwerten gegenübergestellt werden. Die Abgrenzung der Verantwortungsbereiche kann sich dabei auf den gesamten Betrieb, auf einzelne Gliedbetriebe und auf Kostenstellen beziehen. Findet die Kostenkontrolle für den zuletzt genannten Verantwortungsbereich statt, wird von einer kostenstellenweisen Kostenkontrolle gesprochen. Mit Hilfe der auftretenden Abweichungen zwischen Vorgabewerten und erreichten Istwerten

---

[72] Gegenteiliger Ansicht ist *Niehus*, R.J.: Die Gliederung der Ergebnisrechnung nach der 4. EG-Richtlinie bzw. nach dem Entwurf eines Bilanzrichtlinie-Gesetzes, in: DB, 35. Jg. 1982, S. 663.

[73] Ist eine organisatorisch selbständige Teileinheit einer Unternehmung für den dieser Teileinheit zurechenbaren Gewinn verantwortlich, so wird sie als Profit-Center bezeichnet. Zur Profit-Center-Organisation vgl. *Poensgen*, O.H.: Profit Center, in: Kosiol, E./Chmielewicz, K./Schweitzer, M. (Hrsg.): HWR, 2., völlig neu gestaltete Auflage, Stuttgart 1981, Sp. 1378 ff.; *Welge*, M.K.: Profit Center, in: Grochla, E./Wittmann, W. (Hrsg.): HWB, 4., völlig neu gestaltete Auflage, Stuttgart 1975, Sp. 3179 ff.; *Schweitzer*, M.: Profit-Center, in: Frese, E. (Hrsg.): HWO, 3., völlig neu gestaltete Auflage, Stuttgart 1992, Sp. 2078 ff.

[74] Auf die Verwendung des Begriffes "Sollkosten" wird an dieser Stelle bewußt verzichtet, da mit Sollkosten eine speziell in der flexiblen Plankostenrechnung auftretende Kostenkategorie - die an die Istbeschäftigung angepaßten Plankosten - bezeichnet wird. Maßkosten in dem hier verwandten Sinne stellen allgemeine normative Vergleichskostenwerte dar und umfassen neben den genannten Sollkosten beispielsweise auch zur Norm erklärte Ist- oder Prognosekosten.

läßt sich feststellen, "ob die betrieblichen Aufgaben gemäß dem ökonomischen Prinzip durchgeführt worden sind."[75] Die Kostenrechnung stellt der Unternehmensführung somit wichtige Kontrollinformationen bezüglich des gesamten Leistungserstellungs- und Leistungsverwertungsbereichs zur Verfügung und ermöglicht ein lenkendes Eingreifen in die Durchführungsphase. Darüber hinaus kann im Rahmen der Kostenkontrolle eine Abweichungsanalyse durchgeführt werden, mit dem Ziel, die Ursachen für unwirtschaftliches Verhalten im Betrieb aufzudecken und auszuschalten. Kostenkontrollinformationen sind mithin wichtige Anregungsinformationen für nachfolgende Problemlösungsvorgänge, da sie Korrektur- oder Anpassungsmaßnahmen im Hinblick auf eine zieloptimale Gestaltung der Betriebsabläufe auslösen können.[76]

Die *Bereitstellung von Kosteninformationen für die betriebliche Planung* ist ein weiterer, immer mehr an Bedeutung gewinnender Zweck der Kostenrechnung.[77] Dabei sind für die verschiedenartigsten Entscheidungssituationen der Unternehmensführung Alternativeninformationen zu erstellen, indem die zur Auswahl stehenden Handlungsmaßnahmen hinsichtlich ihrer kostenmäßigen Auswirkungen auf das Zielsystem der Unternehmung bewertet werden. Um die für das jeweils zugrundeliegende Entscheidungsproblem relevanten Informationen zu ermitteln, ist es wichtig, daß in die Alternativeninformationen lediglich solche Informationen einfließen, die eine Änderung im Grad der Zielverwirklichung gegenüber einer gegebenen Situation darstellen.[78] Die Kostenrechnung hat zur Beurteilung möglicher Handlungsalternativen damit nur solche Kosten in die Alternativeninforma-

---

[75] *Bergner/Scheh1*, S. 301.

[76] Vgl. *Hänichen*, Th./*Nagel*, Th.: Stellung und Aussagefähigkeit der Abweichungsanalyse im System der Kostenkontrolle, in: Milling, P. (Hrsg.): Systemmanagement und Managementsysteme, Festgabe für Gert v. Kortzfleisch zum 70. Geburtstag, Berlin 1991, S. 245; *Kosiol*, E.: Verfahren der Vorgabekostenrechnung, Untersuchungsbericht, in: Kosiol, E. (Hrsg.): Plankostenrechnung als Instrument moderner Unternehmungsführung, Erhebungen und Studien zur grundsätzlichen Problematik, 3. Auflage, Berlin 1975, S. 89 f.

[77] Die Bedeutung der Kostenrechnung als Datenlieferant für betriebliche Entscheidungen wird zwar vor allem im Zusammenhang mit den moderneren Verfahren der (Grenz-)Plankostenrechnung hervorgehoben, doch war es bereits *Schmalenbach*, der auf die dispositiven Zwecke der Kostenrechnung hingewiesen und durch seine Kostenlehre die Grundlage für eine entscheidungsorientierte Betriebswirtschaftslehre gelegt hat. Vgl. hierzu *Schmalenbach*, Kostenrechnung, S. 129 ff. sowie *Kilger*, Schmalenbachs Beitrag zur Kostenlehre, S. 533 ff. Zu den dispositiven Zwecken der Kostenrechnung vgl. ferner *Adam*, D.: Entscheidungsorientierte Kostenbewertung, Wiesbaden 1970, S. 169 ff.; *Haberstock*, L.: Kostenrechnung I, Einführung, mit Fragen, Aufgaben und Lösungen, 8., durchgesehene Auflage, Hamburg 1987, S. 21; *Hummel*, S./*Männel*, W.: Kostenrechnung 1, Grundlagen, Aufbau und Anwendung, 4., völlig neu bearbeitete und erweiterte Auflage, Wiesbaden 1986, S. 33 ff.

[78] Vgl. *Börner*, Grundprobleme, S. 156.

tionen einzubeziehen, die durch das jeweils zugrundeliegende Entscheidungsproblem beeinflußt werden können.

Über die genannten internen Informationszwecke hinaus ist die Kostenrechnung auch ein wichtiger *Datenlieferant für das externe Rechnungswesen*. Die Kostenrechnung stellt dabei Kostendaten für die bilanzielle Bewertung zu aktivierender selbsterstellter Vermögensgegenstände des Sachanlagevermögens sowie unfertiger und fertiger Erzeugnisse des Vorratsvermögens bereit. Weiterhin kann sie zur Bestimmung der Herstellungskosten im Sinne von § 275 Abs. 3 HGB im Rahmen der Gewinn- und Verlustrechnung nach dem Umsatzkostenverfahren beitragen.[79] Auf eine ausführliche Auseinandersetzung mit der Informationsfunktion der Kostenrechnung für das externe Rechnungswesen kann an dieser Stelle verzichtet werden, da es sich hierbei in der Regel um einen Nebenzweck der Kostenrechnung handelt.[80] Ergeben sich aus der Bereitstellung von Informationen für das externe Rechnungswesen Einflüsse auf die Gestaltung der Kostenrechnung, werden diese im Rahmen der Systematisierung von Einflußfaktoren in Kapitel C. dieser Untersuchung erörtert.

2. Zum Modellcharakter der Kostenrechnung

In den vorangehenden Ausführungen wurde die Hauptaufgabe der Kostenrechnung, als Bestandteil des internen Rechnungswesens die Unternehmensführung bei der Ausübung ihrer Führungsteilfunktionen durch die Bereitstellung von Informationen über die betriebliche Realität zu unterstützen, allgemein dargestellt. Neben der Betrachtung, welche Informationen der Unternehmensführung bereitzustellen sind, ist insbesondere die Frage, wie die Kostenrechnung bei der Ermittlung dieser Informationen vorgeht, von besonderem Interesse für die Ableitung von Gestaltungsanforderungen und -einflüssen. Die grundsätzliche Methodik, derer sich die Kostenrechnung bei der Informationsgenese bedient, soll daher im folgenden näher erörtert werden. Hierzu sind der Beitrag der Modellbildung zur Erkenntnisgewinnung sowie die Modellfunktionen und -eigenschaften der Kostenrechnung zu untersuchen.

---

[79] Vgl. *Bergner/Schehl*, S. 303.

[80] Zu einer detaillierten Darstellung der Ermittlung handelsrechtlicher Herstellungskosten aus der Kostenrechnung vgl. *Bergner/Schehl*, S. 307 ff.

a) Modellbildung als Voraussetzung für die Erkenntnisgewinnung

Trotz Eingrenzung des informatorisch darzustellenden Realitätsausschnitts auf die betrieblichen Leistungserstellungs- und Leistungsverwertungsprozesse besteht für die Kostenrechnung das Problem, daß sich dieser Realitätsausschnitt weiterhin durch eine große Vielfalt und Komplexität auszeichnet. Die Kostenrechnung kann daher nur durch eine Abstraktion,[81] die sich auf die wesentlichen Erscheinungen der betrachteten Realität bezieht, zur Gewinnung von Erkenntnissen über die Wirklichkeit beitragen. Beispielsweise kann die Unternehmensführung die wirtschaftliche Situation des Betriebes nur dann hinreichend erkennen und entsprechende Handlungsmaßnahmen ergreifen, wenn die für die Informationszwecke unwesentlichen Aspekte betrieblicher Vorgänge vernachlässigt werden. Die Kostenrechnung hat folglich die wirtschaftliche Realität durch Modellbildung auf ein vereinfachtes gedankliches Gebilde zu reduzieren, "indem unbedeutende Eigenschaften weggelassen und nur die für das Betrachtungsziel wesentlichen Merkmale von Sachverhalten in den Blickpunkt gezogen werden."[82] Die modellhafte Abbildung der betrieblichen Realität durch die Kostenrechnung verdeutlicht Abbildung 3.

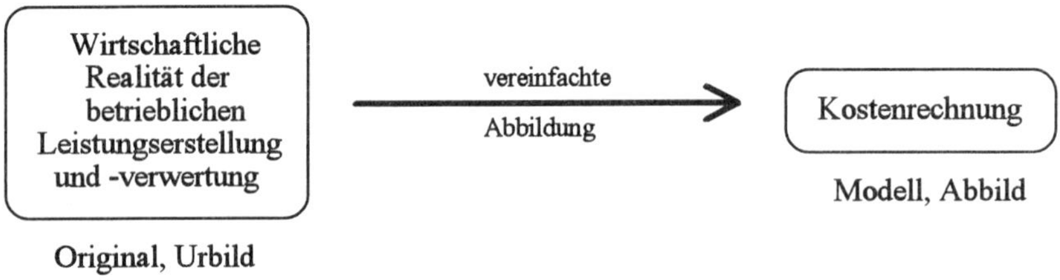

Abbildung 3: Die Kostenrechnung als Modell

[81] Unter Abstraktion wird der Prozeß der Verallgemeinerung verstanden, bei der durch das Heraussondern des unter einem bestimmten Gesichtspunkt Wesentlichen vom Unwesentlichen und Zufälligen ein abnehmender Bezug zur Realität in Kauf genommen wird. Vgl. *Meyers Enzyklopädisches Lexikon*: Stichwort: Abstraktion, Bd. 1, 9., völlig neu bearbeitete Auflage, Mannheim/Wien/Zürich 1971, S. 175 f. Zur Bedeutung der Abstraktion für die wissenschaftliche Erkenntnisgewinnung siehe *v. Kempski*, J.: Zur Logik der Ordnungsbegriffe, besonders in den Sozialwissenschaften, in: Albert, H. (Hrsg.): Theorie und Realität, Ausgewählte Aufsätze zur Wissenschaftslehre der Sozialwissenschaften, Tübingen 1964, S. 217 ff.

[82] *Kosiol*, E.: Modellanalyse als Grundlage unternehmerischer Entscheidungen, in: ZfhF, Neue Folge, 13. Jg. 1961, S. 319.

Die Bedeutung des Modellcharakters für den Erfolg der Kostenrechnung als betriebliches Informationsinstrument wird ersichtlich, wenn die Stellung der Modellbildung im Rahmen der Modellanalyse als Methode der Erkenntnisgewinnung sowohl der Praxis als auch der pragmatisch orientierten Wissenschaft näher betrachtet wird.[83]

Die Modellanalyse verläuft grundsätzlich in vier Stufen: In der ersten Stufe ist der zu untersuchende Wirklichkeitsausschnitt von der Gesamtrealität abzugrenzen. Diese Abgrenzung erfolgt im Rahmen der betrieblichen Kostenrechnung in mehrfacher Hinsicht: erstens durch die Bezugnahme auf einen ganz bestimmten, individuell zu kennzeichnenden Betrieb, zweitens durch die einschränkende Betrachtung nur wirtschaftlicher Tatbestände dieses Betriebes und drittens durch die alleinige Abbildung der betriebszweckbezogenen Leistungserstellungs- und Leistungsverwertungsprozesse. In der zweiten Stufe wird der verbleibende Realitätsausschnitt in einem Modell durch Abstraktion von dieser Realität abgebildet, um in der dritten Stufe aus den anhand des Modells vereinfacht dargestellten Zusammenhängen Schlußfolgerungen über die Realität zu ziehen. Schließlich wird in der vierten Stufe versucht, das erworbene Wissen wiederum auf die Wirklichkeit zu übertragen und die Wirklichkeit entsprechend der zugrun-

---

[83] Daneben hat die Modellbildung auch in der Wissenschaftstheorie eine nicht unbeträchtliche, wenngleich auch sehr umstrittene Bedeutung erlangt. Die hier dargestellte Anwendung von Modellen als Ausgangspunkt für die Erkenntnisgewinnung der Praxis sowie der pragmatisch orientierten Wissenschaft erfolgt aber nicht zum Zwecke der Theorienbildung, sondern zur Lösung praktischer betriebswirtschaftlicher Fragestellungen. Auf eine Verwendung wissenschaftstheoretischer Begriffe, die in engem Zusammenhang zur Theorienbildung stehen, wird daher unter Berücksichtigung des pragmatischen Modellverständnisses dieser Untersuchung bewußt verzichtet. Des weiteren ist zu beachten, daß diese praktisch orientierten Modelle einen absoluten Wahrheitsanspruch, der an eine Theorie zu stellen ist, von vornherein nicht für sich in Anspruch nehmen können und wollen. Während also Theorien ihre Gültigkeit und damit ihre Anwendbarkeit durch Falsifizierung verlieren, können Modelle im Sinne dieser Arbeit, für die gewisse Ungenauigkeiten oder auch Fehlerhaftigkeiten nicht auszuschließen sind, dennoch in sehr vielen Fällen zur Problemlösung in der Praxis beitragen. Zur Kritik am Modelldenken zum Zwecke der Theoriengewinnung siehe *Albert*, H.: Modell-Platonismus, Der neoklassische Stil des ökonomischen Denkens in kritischer Beleuchtung, in: Karrenberg, F./Albert, H. (Hrsg.): Sozialwissenschaft und Gesellschaftsgestaltung, Festschrift für Gerhard Weisser, Berlin 1963, S. 45 ff.; *Albert*, H.: Probleme der Theoriebildung; Entwicklung, Struktur und Anwendung sozialwissenschaftlicher Theorien, in: Albert, H. (Hrsg.): Theorie und Realität, Ausgewählte Aufsätze zur Wissenschaftslehre der Sozialwissenschaften, Tübingen 1964, S. 27 ff.; *Fischer-Winkelmann*, W.F.: Methodologie der Betriebswirtschaftslehre, München 1971, S. 78 ff.; *Schanz*, G.: Einführung in die Methodologie der Betriebswirtschaftslehre, Köln 1975, S. 41 f.; *König*, R.: Grundlagenprobleme der soziologischen Forschungsmethoden (Modelle, Theorien, Kategorien), in: Karrenberg, F./Albert, H. (Hrsg.): Sozialwissenschaft und Gesellschaftsgestaltung, Festschrift für Gerhard Weisser, Berlin 1963, S. 23 ff.

degelegten Zielsetzungen zu gestalten oder zu beeinflussen.[84] Somit führt "denkendes Begreifen des realen Geschehens ... zum handelnden Eingreifen in diese Welt."[85]

Es kann festgehalten werden, daß die Modellbildung einen wesentlichen Bestandteil der Modellanalyse darstellt. Soll die Kostenrechnung einen Beitrag zur Erkenntnisgewinnung leisten, indem sie sich als betriebswirtschaftliches Modell insbesondere in den Dienst der Unternehmensführung stellt und ihr die geistige Durchdringung der komplexen betrieblichen Abläufe ermöglicht, sind bei der Gestaltung der Kostenrechnung die Grundfunktionen und Merkmale, durch die ein derartiges Modell gekennzeichnet ist, zu beachten. Im folgenden werden daher die Funktionen und Wesensmerkmale des Modells dargestellt und deren Bedeutung für die Gestaltung der Kostenrechnung aufgezeigt.

b) Modellfunktionen der Kostenrechnung

Wie aus dem erläuterten Modellbegriff ersichtlich wird, zeichnet sich ein Modell vor allem durch drei wesensbestimmende Aspekte aus, dem Abbildungsmerkmal, dem Verkürzungsmerkmal und dem Subjektivierungsmerkmal.[86] Im folgenden werden die Abbildungsfunktion, die Verkürzungsfunktion und die Subjektivierungsfunktion der Kostenrechnung näher betrachtet, da sich die Kostenrechnung als Modell durch die genannten Merkmale charakterisieren läßt.

aa) Die Abbildungsfunktion

Ein Modell erfüllt seine Abbildungsfunktion, wenn es die Repräsentation eines natürlichen oder künstlichen Originals darstellt.[87] In diesem Sinne nimmt es den Platz des Originals ein, um dem Modellbetrachter oder -benutzer Erkenntnisse über das Original zu verschaffen. Diese Erkenntnisse lassen sich aber erst dann gewinnen, wenn durch die Abbildung die Beziehungen und Funktionen der Elemente des Originals deutlich werden. Zwischen Modell und Original muß eine Analogiebeziehung in der Art

---

[84] Vgl. *Kosiol*, Modellanalyse, S. 318.

[85] *Kosiol*, Modellanalyse, S. 318.

[86] Vgl. hierzu *Stachowiak*, H.: Gedanken zu einer allgemeinen Theorie der Modelle, in: Studium Generale, 18. Jg. 1965, S. 438 ff.

[87] Vgl. *Stachowiak*, H.: Allgemeine Modelltheorie, Wien/New York 1973, S. 131.

bestehen, daß beide strukturell identisch sind und daß das Modell bestimmte Einzelaspekte des Originals und ihre Relationen untereinander abbildet. Diese Strukturgleichheit zwischen Original und Modell wird als Isomorphie bezeichnet.[88] Modelle sind folglich im Sinne ihrer Abbildungsfunktion als isomorphe Abbildungen eines Originals zu verstehen.

Auch beim Aufbau der betrieblichen Kostenrechnung ist die Isomorphiebedingung der Modelle zu beachten. Die originalseitigen Strukturbeziehungen, d.h. die Zusammenhänge und Abhängigkeiten der betriebsindividuellen Leistungserstellungs- und Leistungsverwertungsprozesse, müssen möglichst genau abgebildet werden, damit die Kostenrechnung die betrieblichen Strukturen verschiedenster Art widerzuspiegeln vermag.

Über diese Abbildungsfunktion hinaus kann ein Modell auch selbst Vorbild für etwas sein, also selbst an die Stelle des abzubildenden Originals treten.[89] Umgangssprachlich werden gelegentlich Originale selbst dann als Modelle bezeichnet, wenn das Original eine Vorbildfunktion, aber keine Repräsentationsfunktion erfüllt[90] oder auch wenn ihm weder Vorbild- noch Repräsentationsfunktion zukommt.[91] Um eine einheitliche Begriffsverwendung zu erreichen, wird im weiteren Verlauf der Untersuchung von der umgangssprachlichen Verwendung des Modellbegriffs abgesehen und die Repräsentationseigenschaft zum notwendigen Merkmal des Modellbegriffs erhoben, während die Vorbildfunktion des Modells als ergänzendes Merkmal im Einzelfall hinzutreten kann. Demzufolge wird davon ausgegangen, daß ein Modell über seine Abbildungsfunktion hinaus zwar auch als Vorlage für eine (weitere) Modellbildung eingesetzt werden kann, daß ein Modell aber niemals nur diese Vorbildfunktion erfüllt.

Die mögliche Doppelfunktion des Modells kann auch der individuellen betrieblichen Kostenrechnung zukommen. Einmal stellt sie stets ein Abbild

---

[88] Zur Isomorphieeigenschaft der Modelle vgl. *Berthel*, J.: Modelle, allgemein, in: Kosiol, E. (Hrsg.): HWR, Stuttgart 1970, Sp. 1122; *Dinkelbach*, W.: Modell - ein isomorphes Abbild der Wirklichkeit?, in: Grochla, E./Szyperski, N. (Hrsg.): Modell- und computer-gestützte Unternehmungsplanung, Wiesbaden 1973, S. 151 ff.; *Kosiol*, E.: Betriebswirtschaftslehre und Unternehmensforschung, Eine Untersuchung ihrer Standorte und Beziehungen auf wissenschaftlicher Grundlage, in: ZfB, 34. Jg. 1964, S. 755; *Stachowiak*, Modelltheorie, S. 142 f.

[89] Vgl. *Bergner*, Modellcharakter, S. 418 f. Modelle mit Vorbildfunktion können auch als Originalmodelle bezeichnet werden.

[90] Modelle, die zwar eine Vorbildfunktion, aber nicht unbedingt eine Repräsentationsfunktion besitzen, finden sich beispielsweise in der Kunst. Hier werden Gegenstände oder auch Menschen, die z.B. einem Bildhauer, Maler oder Fotografen als Vorlage für ihr Kunstwerk (Plastik, Gemälde, Fotografie) dienen, als "Modell" bezeichnet.

[91] Beispielsweise werden in der Textilbranche Kleidungsstücke, die nur ein einziges Mal hergestellt werden, "Modelle" (z.B. "Modellkleider", "Modellkostüme") genannt.

wirtschaftlicher Auswirkungen betrieblicher Vorgänge dar und ist auch primär in diesem Sinne zu verstehen. Darüber hinaus kann sie aber auch Modell im Sinne von Vorbild sein, beispielsweise wenn sich ein Betrieb beim Aufbau einer Kostenrechnung an der bereits existierenden Kostenrechnung eines anderen Betriebes orientiert.

bb) Die Verkürzungsfunktion

Der zweite Wesensaspekt, durch den sich ein Modell auszeichnet, ist die Verkürzungsfunktion. Hierdurch wird zum Ausdruck gebracht, daß ein Modell eine *vereinfachte* Abbildung des Originals darstellt, d.h. nicht alle Eigenschaften des repräsentierten Urbildes erfaßt, sondern nur diejenigen, die aufgrund der gegebenen Abbildungsaufgabe für relevant erscheinen. Diese Beschränkung auf Teilzusammenhänge ist gleichbedeutend mit einer Abstraktion,[92] durch die der Wert und Sinn der Modellbetrachtung im Vergleich zu einer Direktuntersuchung des Originals erst zustande kommt.[93] Je höher der Abstraktionsgrad[94] bei der Modellbildung gewählt wird, desto einfacher sind die durch das Modell abgebildeten Zusammenhänge der Wirklichkeit zu verstehen, desto vager und ungenauer werden jedoch auch die Aussagen über die Gesamtrealität. Der Abstraktionsgrad bestimmt demnach die Kompliziertheit und Aussagefähigkeit des Modells und damit auch die Gültigkeit und Anwendbarkeit der Ergebnisse. Liegt ein minimaler Abstraktionsgrad vor, d.h., werden sämtliche im Original vorhandenen Merkmale und Aspekte sowie sämtliche im Original auftretenden Zusammenhänge vollständig durch das Modell abgebildet (Abstraktionsgrad gleich null), liegt eine Kopie vor. In diesem Fall geht der Grundzweck des Modells, durch Abstraktion die realen Zusammenhänge zu vereinfachen und dadurch Erkenntnisse über die Realität zu gewinnen, verloren. Von Modellen soll deshalb nur dann gesprochen werden, wenn bei der Modellbildung auch tatsächlich eine vereinfachende Abbildung vorliegt, also ein Abstraktionsgrad größer als null gewählt wird.

---

[92] Da diese Abstraktion selektiv vorgeht, indem nur die untersuchungsrelevanten Teilzusammenhänge in den Abbildungsvorgang einbezogen und andere, scheinbar unwichtige Aspekte ausgeklammert werden, handelt es sich genau genommen um eine isolierende Abstraktion. Vgl. hierzu Kosiol, Modellanalyse, S. 319.

[93] Vgl. *Grochla*, E.: Modelle als Instrumente der Unternehmungsführung, in: ZfbF, 21. Jg. 1969, S. 384 f.; *Stachowiak*, Modelle, S. 438; *Berthel*, Modelle, Sp. 1122.

[94] Der Abstraktionsgrad a kann durch die Beziehung $a = 1 - m/o$ bestimmt werden, wobei m/o das Verhältnis der im Modell abgebildeten Strukturen (m) zur Gesamtstruktur des abgebildeten Originals (o) angibt. Ein hoher (niedriger) Abstraktionsgrad bedeutet demnach, daß das Modell relativ wenige (viele) Strukturbeziehungen des Originals abbildet.

Aus der Vereinfachungsfunktion der Modelle resultiert weiterhin die Erkenntnis, daß mit der oben beschriebenen Isomorphieforderung für Modelle nur eine partielle Strukturgleichheit gemeint sein kann. Eine totale Isomorphie scheint mithin kaum möglich zu sein.[95] Da mit der Aufgabe der strengen Isomorphiebedingung eine für den Erkenntniszweck der Modellbildung *hinreichende Ähnlichkeit* zwischen Original und Modell nicht nur als zulässig, sondern als notwendig zu erachten ist, wird in diesem Zusammenhang auch von *homomorphen Modellen* gesprochen.[96] Homomorphie ist demnach gegeben, wenn eine ausreichende Ähnlichkeit zwischen Modell und Original vorliegt, d.h., wenn Modell und Original eine analoge, aber nicht unbedingt dieselbe Struktur aufweisen.[97]

In der Betriebswirtschaftslehre lassen sich häufig Modelle finden, zwischen denen alterale Beziehungen bestehen, d.h., es wird mit Hilfe eines Originalmodells M1 ein weiteres Modell M2 geschaffen, wobei sich das Originalmodell M1 durch einen höheren Abstraktionsgrad auszeichnet als das abgeleitete Modell M2.[98] Bei alleiniger Betrachtung dieser Modellbeziehung liegt keine Verkürzung, sondern eine Verlängerung der abgebildeten Originalattribute vor. Das Verkürzungsmerkmal scheint demnach keine zwingende Eigenschaft des Modells zu sein. Eine genaue Betrachtung der Vorgehensweise bei der zu alteralen Modellbeziehungen führenden Modellbildung zeigt jedoch, daß eine alleinige Ableitung des Modells M2 aus dem Originalmodell M1 bei abnehmendem Abstraktionsgrad ohne Rückgriff auf ein zweites Original nicht möglich ist. Denn ausgehend von einer gegebenen Merkmalsmenge des Originalmodells M1 kann bei der Ableitung des Modells M2 eben nur aus dieser Merkmalsmenge geschöpft werden, so daß die Merkmalsmenge des Modells M2 durch die Merkmalsmenge von Modell M1 begrenzt wird und nicht größer sein kann als die von M1 vorgegebene Merkmalsmenge.[99] Eine größere Attributenmenge kann bei Modell

---

[95] Vgl. *Berthel*, Modelle, Sp. 1123.

[96] Vgl. *Stählin*, W.: Theoretische und technologische Forschung in der Betriebswirtschaftslehre, Stuttgart 1973, S. 105 f.

[97] Vgl. *Köhler*, R.: Modelle, in: Grochla, E./Wittmann, W. (Hrsg.): HWB, 4., völlig neu gestaltete Auflage, Stuttgart 1975, Sp. 2706.

[98] Ein Beispiel hierfür sind die Kontenrahmenmodelle, die zur Gestaltung betriebsindividueller Kontenpläne herangezogen werden können und sich dabei gewöhnlich durch einen höheren Abstraktionsgrad als die abgeleiteten Kontenpläne auszeichnen. Weitere Beispiele aus der Betriebswirtschaftslehre sind die Modelle der Unternehmensforschung, Organisationspläne, Programmablaufpläne oder Stücklistensätze. Vgl. *Bergner*, Modellcharakter, S. 429.

[99] Analog zu dieser Argumentation ist die Eigenschaft der logischen Deduktion zu sehen, niemals zusätzliche Informationen zu liefern, die nicht schon in der zugrundeliegenden Aussagenmenge enthalten wären. Vgl. *Albert*, Modell-Platonismus, S. 50; *Wild*, J.: Methodenpro-

M2 nur dann entstehen, wenn zumindest ein Attribut aus einem zweiten, anderen Original bei der Bildung des Modells M2 berücksichtigt wird. Ein Vergleich des Modells M2 mit den zugrundeliegenden Originalen hat folglich zu ergeben, daß insgesamt eine Verkürzung der Originale vorliegt.

Zur Verdeutlichung des vorangehenden Sachverhaltes kann folgendes Beispiel aus dem Bereich der Kostenrechnung herangezogen werden. Orientiert sich ein Betrieb beim Aufbau seiner Kostenrechnung (M2) an den allgemeinen Gestaltungsempfehlungen eines ähnlich strukturierten Betriebes oder des Branchenverbandes (M1), wird sich die entstehende betriebsspezifische Kostenrechnung (M2) durch einen geringeren Abstraktionsgrad auszeichnen als das Vergleichsmodell M1, d.h., es liegt eine alterale Modellbeziehung vor. Bei der Gestaltung dieser betriebsspezifischen Kostenrechnung kann sich der Betrieb jedoch nicht allein am Kostenmodell M1 ausrichten, sondern es ist notwendig, bestimmte Merkmale des eigentlichen Originals, der speziellen betriebsindividuellen Leistungserstellungs- und Leistungsverwertungsprozesse, in die Gestaltung des Modells M2 einfließen zu lassen. Werden alle an der Modellbildung beteiligten Originale in die Betrachtung einbezogen, muß die Verkürzungsfunktion als zwingende Charaktereigenschaft des Modells angesehen werden.

cc) Die Subjektivierungsfunktion

Die Entscheidung, welche originalseitigen Aspekte durch das Modell abgebildet werden sollen, richtet sich in erster Linie nach dem Informationsbedarf und den Erkenntnisinteressen des Modellbenutzers. Modelle haben keinen Selbstzweck, sondern stehen stets im Dienste eines Subjektes zum Zwecke der Erkenntnisgewinnung und erfüllen in diesem Sinne eine Subjektivierungsfunktion.[100] Auch die Kostenrechnung hat diese Subjektivierungsfunktion zu erfüllen, indem sie der Unternehmensführung Erkenntnisse über die betriebliche Realität vermittelt und damit eine zielgerichtete Gestaltung und Beeinflussung dieser Realität ermöglicht.[101] Es entsteht

---

bleme in der Betriebswirtschaftslehre, in: Grochla, E./Wittmann, W. (Hrsg.): HWB, 4., völlig neu gestaltete Auflage, Stuttgart 1975, Sp. 2660.

[100] Vgl. *Stachowiak*, Modelle, S. 438.

[101] Die Abbildung der Realität zum Zwecke ihrer Gestaltung oder Beeinflussung ist aber keine allgemeingültige Modellfunktion. Zwar hat im Grunde jedes Modell eine Erkenntnisgewinnungsfunktion zu erfüllen, doch es ist nicht in jedem Fall erforderlich, das erworbene Wissen im Sinne der Modellanalyse zur Beeinflussung oder Gestaltung der abgebildeten Realität zu verwenden. Beispielsweise vermittelt ein Stadtplan als vereinfachtes geographi-

damit ein Beziehungszusammenhang zwischen den betrieblichen Leistungserstellungs- und Leistungsverwertungsprozessen als Original, der Kostenrechnung als Modell und der Unternehmensführung als zielorientiertem Subjekt, der in Abbildung 4 schematisch verdeutlicht werden soll.

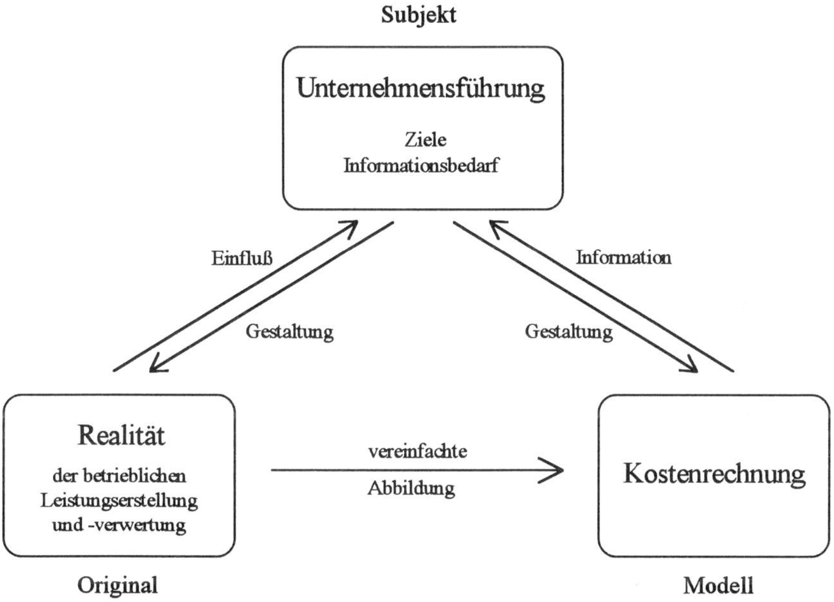

Abbildung 4: Beziehungen zwischen kostenrechnerischem Modell, Original und Subjekt

Die vereinfachte Abbildung wirtschaftlicher Auswirkungen betrieblicher Abläufe durch die Kostenrechnung ermöglicht es der Unternehmensführung, modellanalytische Erkenntnisse über die zielorientierte Gestaltung dieser Abläufe zu gewinnen und entsprechende Handlungsmaßnahmen zu ergreifen. Der Unternehmensführung kommt damit als Modellbenutzerin eine große Bedeutung bei der Frage der Modellkonstruktion und -verwendung zu. Sie beeinflußt durch ihren Informationsbedarf und ihre Erkenntnisinteressen die Entscheidung, welche Originalbestandteile mit welchem Abstraktionsgrad durch die Kostenrechnung abzubilden sind.

---

sches Bild der Realität dem Betrachter durchaus wertvolle Informationen, ohne daß dieser einen Einfluß auf die geographische Gestaltung der Stadt zu beabsichtigen braucht.

Der Informationsbedarf der Unternehmensführung wird wiederum durch verschiedene Faktoren bestimmt. Einen wesentlichen Einfluß auf das Erkenntnisinteresse haben die realen Betriebsabläufe, auf die die Unternehmensführung gestaltend einwirken soll. Weiterhin wird der Wissensbedarf durch die Ziele der Entscheidungsträger beeinflußt. Die Festlegung dieser Ziele erfolgt im Rahmen eines Zielbildungsprozesses,[102] wobei wiederum den realen Leistungserstellungs- und Leistungsverwertungsprozessen hinsichtlich der Festlegung von Sachzielinhalten, der angestrebten Zielausmaße und der Zielgeltungsdauer eine große Bedeutung zukommt.[103]

Aus der Subjektivierungsfunktion der Modelle ergeben sich ferner die im Zusammenhang mit der Modellbildung auftretenden Fragestellungen nach den speziellen Zwecken und der Geltungsdauer des Modells.[104] Die durch die Kostenrechnung zu erfüllenden speziellen Zwecke sowie der Zeitbezug der Kostenrechnung werden damit ebenfalls von der Unternehmensführung und ihrem Informationsbedarf mitbestimmt.

c) *Modelleigenschaften der Kostenrechnung*

Die modellhafte Abbildung der Realität kann auf unterschiedliche Art und Weise erfolgen.[105] Durch welche grundsätzlichen Eigenschaften sich ein Modell letztlich auszeichnet, hängt davon ab, welche speziellen Aufgaben einem Modell im Zusammenhang mit der Erfüllung der Subjektivierungsfunktion zugesprochen werden. Daneben wird das Modell durch das abzubildende Original selbst beeinflußt. Ausgehend von einer allgemeinen Darstellung grundsätzlich denkbarer Modelleigenschaften sollen in diesem Abschnitt die für die Aufgaben der Kostenrechnung in Frage kommenden Modellcharaktere erarbeitet werden. Als Eigenschaftsmerkmale werden dabei die Bildhaftigkeit der Abbildung, die Art des Realitätsbezugs, der

---

[102] Zur Beschreibung und Erklärung des Zielbildungsvorgangs siehe *Cyert*, R.M./*March*, J.G.: A Behavioral Theory of the Firm, Englewood Cliffs, New Jersey 1963, S. 29 ff.; *Gutenberg*, Produktion, S. 486 ff.; *Grün*, O.: Zielbildung, Prozesse der, in: Grochla, E./Wittmann, W. (Hrsg.): HWB, 4., völlig neu gestaltete Auflage, Stuttgart 1976, Sp. 4719 ff.

[103] Zu den Zieldimensionen Inhalt, angestrebtes Ausmaß und zeitlicher Bezug siehe *Heinen*, E.: Grundlagen betriebswirtschaftlicher Entscheidungen, Das Zielsystem der Unternehmung, 3., durchgesehene Auflage, Wiesbaden 1976, S. 59 ff.

[104] Vgl. *Stachowiak*, Modelltheorie, S. 133.

[105] Ein systematischer Überblick über die vielfältigen Alternativen der Modellbildung findet sich bei *Köhler*, Modelle, Sp. 2701 ff. Zu einer pragmatischen, auf die äußere Darstellungsform bezogenen Einteilung der Modelle, die in der Unterscheidung von wortsprachlichen, formalen, graphischen und plastischen Modellen zum Ausdruck kommt, vgl. *Bergner*, Modellcharakter, S. 408 ff.

Sicherheitsgrad der abgebildeten Realität, die Berücksichtigung der Fortentwicklung von Modellgrößen sowie die Funktion im Rahmen unternehmerischer Entscheidungsprozesse untersucht.

aa) Die Bildhaftigkeit der Abbildung

Nach der Bildhaftigkeit der Abbildung lassen sich *ikonische* und *symbolische Modelle* unterscheiden.[106] Ikonische Modelle zeichnen sich durch eine sinnlich wahrnehmbare Gleichheit oder Ähnlichkeit mit dem repräsentierten Original aus. Beispiele für ikonische Modelle sind Zeichnungen (z.B. Konstruktionszeichnungen, Landkarten), Malereien, Photographien oder Plastiken[107] (z.B. Fahrzeugmodelle, architektonische Modelle). Bei symbolischen Modellen besteht dagegen keine unmittelbare bildhafte Ähnlichkeit mit dem Original, sondern hier wird durch die Verwendung abstrakter Zeichen und durch deren Interpretation mit Hilfe syntaktischer und semantischer Regeln eine Repräsentationsbeziehung zum Urbild hergestellt. Symbolische Modelle bedienen sich also stets der Sprache, die sowohl von natürlicher als auch von künstlicher Art sein kann. Die modellhafte Anwendung natürlicher Sprachen wie Alltags- oder Fachsprachen führt zu verbalen Modellen, während künstliche Sprachen wie die Mathematik als Kalküle bezeichnet werden.[108]

Die Anwendung von ikonischen Modellen zur Abbildung des Wirtschaftsgeschehens ist indessen kaum vorstellbar, da die wirtschaftliche Dimension der Realität ein sinnlich nicht direkt wahrnehmbares Phänomen darstellt. Die in den Wirtschaftswissenschaften vorherrschende Modellart ist das sprachliche Modell, wobei neben der Fachsprache auch der mathematischen Sprache eine große Bedeutung zukommt. Auch die Kostenrechnung geht bei der Vergegenständlichung betrieblicher Leistungserstellungs- und Leistungsverwertungsprozesse den Weg der Quantifizierung, die durch verbale Beschreibungen der Realität unterstützt und erläutert wird.

---

[106] Vgl. *Frey*, G.: Symbolische und ikonische Modelle, in: Freudenthal, H. (Hrsg.): The Concept and the Role of the Model in Mathematics and Natural and Social Sciences, Dordrecht 1961, S. 89 ff.

[107] Plastiken, die sich im Vergleich zu anderen Modellarten durch ihre Dreidimensionalität auszeichnen, können auch symbolischen Charakter haben, wie beispielsweise die aus einem Werkstoff hergestellten Atommodelle, die zu Lehrzwecken gedankliche Vorstellungen über chemische oder physikalische Gegebenheiten und Zusammenhänge veranschaulichen sollen. Vgl. hierzu *Bergner*, Modellcharakter, S. 417 f.

[108] Vgl. *Kosiol*, Modellanalyse, S. 320; *Berthel*, Modelle, Sp. 1124 f.; *Grochla*, Modelle, S. 384.

bb) Die Art des Realitätsbezugs

Nach der Art des Realitätsbezugs können *Real-* und *Idealmodelle* unterschieden werden. Während Realmodelle Gegenstände der empirischen Realität erfassen und zu faktischen Erkenntnissen führen sollen, erheben Idealmodelle keinen Anspruch auf empirische Gültigkeit. Idealmodelle bauen vielmehr auf rein gedanklichen Annahmen auf, aus denen Folgerungen abgeleitet werden.[109] Sie entspringen damit einem sehr weiten Modellverständnis, das die Modellbildung auch zum Zwecke der Theoriengewinnung anwendbar sieht.[110] Für die betriebliche Kostenrechnung ergibt sich hieraus der Anspruch, als Realmodell aufgefaßt und entsprechend gestaltet zu werden. Denn nur wenn die Kostenrechnung einerseits einen engen Bezug zur betrieblichen Realität aufweist und andererseits auch in der Lage ist, empirisch gehaltvolle Aussagen über diese Realität treffen zu können, ist sie ein brauchbares Informationsinstrument für die Unternehmensführung.

cc) Der Sicherheitsgrad der abgebildeten Realität

Weiterhin lassen sich nach dem Sicherheitsgrad der abgebildeten Realitätszusammenhänge *deterministische* und *stochastische Modelle* unterscheiden. Ein deterministisches Modell zeichnet sich durch eindeutig bestimmbare Größen aus, während bei einem stochastischen Modell Ungewißheit über die erfaßten Originalbestandteile besteht.[111] Die von der Kostenrechnung zu erfassende Realität kann sowohl sichere als auch unsichere Züge tragen. Bildet die Kostenrechnung in der Vergangenheit liegende Ereignisse und Zustände ab, sind eindeutig und sicher zu bestimmende Modellgrößen gegeben. Die Kostenrechnung ist in diesem Fall als deterministisches Modell zu verstehen. Sollen durch die Kostenrechnung in der Zukunft liegende und mit Risiko behaftete Tatbestände berücksichtigt werden, kann die Kostenrechnung auch als stochastisches Modell gestaltet sein, das die zukünftigen Gegebenheiten unter Angabe von Eintrittswahrscheinlichkeiten abbildet.[112] Die Ausgestaltung der Kostenrechnung als stochastisches

---

[109] Vgl. *Kosiol*, Unternehmensforschung, S. 755.

[110] Vgl. hierzu auch Fn. 83 in diesem Hauptteil der vorliegenden Untersuchung.

[111] Vgl. *Angermann*, A.: Industrielle Planungsrechnung, Erster Band: Entscheidungsmodelle, Frankfurt a.M. 1963, S. 37 f.; *Berthel*, Modelle, Sp. 1125.

[112] Zur Quantifizierbarkeit ungewisser Ereignisse durch die Angabe von Eintrittswahrscheinlichkeiten als Voraussetzung für das Vorliegen stochastischer Modelle vgl. *Angermann*, S. 37; *Dinkelbach*, W.: Entscheidungstheorie, in: Wittmann, W. u.a. (Hrsg.): HWB, 5., völlig neu gestaltete Auflage, Teilband 1, Stuttgart 1993, Sp. 935.

Modell ist insbesondere bei Plankostenrechnungen denkbar, da sich diese im besonderen Maße mit zukünftigen Sachverhalten auseinandersetzen. Aber auch Ist- oder Normalkostenrechnungen können stochastische Elemente enthalten, wenn sich diese Kostenrechnungssysteme wenigstens teilweise an zukünftigen Entwicklungen orientieren.[113] Die in der Kostenrechnungstheorie bislang entwickelten zukunftsgerichteten Kostenrechnungssysteme wie die Plankostenrechnung sind als quasi-deterministische Modelle aufgebaut, bei denen zukünftig erwartete Zustände als eindeutig gegeben angenommen werden. Die Gestaltung der Kostenrechnung als stochastisches Modell der zukünftigen Realität betrieblicher Leistungserstellungs- und Leistungsverwertungsprozesse kann mithin eine zweckmäßige Weiterentwicklung der Plankostenrechnung darstellen und zu einem wichtigen Forschungsgebiet der Kostenrechnungstheorie werden.

dd) Die Abbildung der Fortentwicklung von Modellgrößen

Erfolgt eine Abbildung der laufenden Fortentwicklung modellseitig erfaßter Originalattribute, indem die Zeit als Variable in das Modell einbezogen wird, liegt ein *dynamisches Modell* vor.[114] *Statische Modelle* sind dagegen Betrachtungen des Originals zu einem bestimmten Zeitpunkt oder auch innerhalb eines genau festgelegten Zeitraumes, wobei zeitliche Entwicklungen innerhalb dieses Zeitraumes nicht abgebildet werden.[115] Die Unterscheidung in statische und dynamische Modelle spielt in der Betriebswirtschaftslehre insbesondere bei der Darstellung von Bilanztheorien[116] sowie bei den Investitionsrechenverfahren[117] eine wesentliche Rolle. Hinsichtlich

---

[113] Beispielsweise können bereits in der traditionellen Istkostenrechnung und in der Normalkostenrechnung die Einzelkosten auf geplanten Preis- und Mengengrößen beruhen. Weiterhin wird in der Normalkostenrechnung zur Bestimmung der Normalkostenverrechnungssätze der Kostenstellen das Verfahren der aktualisierten Mittelwertbildung vorgeschlagen, mit dessen Hilfe versucht wird, zukünftige Entwicklungen und Ereignisse vorauszusagen und deren Auswirkungen auf die Kostenentstehung zu berücksichtigen. Vgl. hierzu *Kilger*, W.: Flexible Plankostenrechnung und Deckungsbeitragsrechnung, bearbeitet durch K. Vikas, 10., vollständig überarbeitete und erweiterte Auflage, Wiesbaden 1993, S. 24 sowie die Ausführungen in den Kapiteln D.-III.-1. und D.-III.-2. dieser Untersuchung.

[114] Vgl. hierzu *Berthel*, Modelle, Sp. 1125; *Stachowiak*, Modelltheorie, S. 240 f.

[115] Vgl. *Angermann*, S. 35 ff.

[116] Zu den statischen und dynamischen Bilanzauffassungen vgl. *Heinen*, E.: Handelsbilanzen, 10., verbesserte und erweiterte Auflage, Wiesbaden 1982, S. 40 ff.; *Schmalenbach*, E.: Dynamische Bilanz, 13. Auflage, Köln/Opladen 1962.

[117] Zur Bedeutung dynamischer Modelle in der Investitionsrechnung vgl. *Schneider*, D., Investition, S. 43 f. Zu den dynamischen Verfahren der Investitionsrechnung vgl. etwa *Blohm*,

der betrieblichen Kostenrechnung besteht ebenfalls die Möglichkeit, ein Modell mit statischem oder dynamischem Charakter zu gestalten. Die herkömmlichen Kostenrechnungssysteme sind als statische Modelle konzipiert,[118] was mit der relativ geringen Bedeutung des dynamischen Modellansatzes für die vorwiegend kurzfristige Betrachtungsweise der Kostenrechnung zu begründen ist. Der periodische Wiederholungscharakter der Kostenrechnung ermöglicht dabei durch den Vergleich statisch abgebildeter Modellgrößen, die sich auf verschiedene Zeitpunkte oder Zeiträume beziehen, eine komparativ-statische Modellbetrachtung.[119] Für die Weiterentwicklung der Kostenrechnung zu einem längerfristig ausgerichteten Informationsinstrument, das in einer engen Beziehung zu anderen Planungsrechnungen wie etwa der Investitionsrechnung stehen soll,[120] kann es indessen erforderlich sein, dynamische Elemente in die Kostenrechnung zu integrieren, da bei längerfristigen Betrachtungen die zeitliche Entwicklung nicht vernachlässigt werden kann.[121] Beispielsweise können wichtige Produktionsfaktoren durch die Einbeziehung von Preisentwicklungsvariablen oder auch bestimmte periodenübergreifende Kostenarten, wie die zeitabhängigen

---

H./*Lüder*, K.: Investition, Schwachstellen im Investitionsbereich des Industriebetriebes und Wege zu ihrer Beseitigung, 6., überarbeitete und erweiterte Auflage, München 1988, S. 54 ff.

[118] Die von *Kilger* vorgeschlagene und als "dynamische Grenzplankostenrechnung" bezeichnete Weiterentwicklung der herkömmlichen Grenzplankostenrechnung sieht eine flexible Anpassung der Plankalkulationen an kurzfristige Preis- und Lohnsatzschwankungen, den gesonderten Ausweis der von den Vorabentscheidungen der Produktionsplanung abhängigen Kosten (relevante Kosten zweiten Grades) sowie eine nach mehreren Fristigkeitsgraden differenzierte Kostenauflösung und Verrechnungssatzbildung vor. Vgl. *Kilger*, W.: Die Entstehung und Weiterentwicklung der Grenzplankostenrechnung als entscheidungsorientiertes System der Kostenrechnung, in: Jacob, H. (Hrsg.): Neuere Entwicklungen in der Kostenrechnung (I), Schriften zur Unternehmensführung, Bd. 21, Wiesbaden 1976, S. 30 ff. Durch eine derartige Weiterentwicklung der herkömmlichen Grenzplankostenrechnung entsteht indessen kein dynamisches Kostenrechnungsmodell, da die Zeit innerhalb der (kürzeren) Planungsperioden nicht als Variable, sondern als eine die Länge der jeweils betrachteten Periode bestimmende Größe abgebildet wird. Bei der "dynamischen Grenzplankostenrechnung" nach *Kilger* handelt es sich folglich vielmehr um einen statischen Ansatz, der komparativ-statische Auswertungen ermöglicht. Vgl. hierzu auch *Maltry*, H.: Plankosten- und Prospektivkostenrechnung, Diss., Bergisch Gladbach/Köln 1989, S. 17.

[119] Vgl. *Kosiol*, Modellanalyse, S. 323. In diesem Zusammenhang wird auch von komparativ-statischen Modellen gesprochen. Vgl. *Schweitzer*, M./*Küpper*, H.-U.: Systeme der Kostenrechnung, 5. Auflage, Landsberg 1991, S. 78.

[120] Vgl. *Küpper*, H.-U.: Verknüpfung von Investitions- und Kostenrechnung als Kern einer umfassenden Planungs- und Kontrollrechnung, in: BFuP, 42. Jg. 1990, S. 255 ff.

[121] Vgl. *Küpper*, H.-U.: Gegenstand und Ansätze einer dynamischen Theorie der Kostenrechnung, in: Hax., H./Kern, W./Schröder, H.-H. (Hrsg.): Zeitaspekte in betriebswirtschaftlicher Theorie und Praxis, 50. Wissenschaftliche Jahrestagung des Verbandes der Hochschullehrer für Betriebswirtschaftslehre e.V., Köln, 24.-28. Mai 1988, Stuttgart 1989, S. 46 ff.

kalkulatorischen Abschreibungen oder die kalkulatorischen Wagnisse, dynamisch bewertet werden.

ee) Die Funktion im Rahmen unternehmerischer Entscheidungsprozesse

Eine insbesondere für die Betriebswirtschaftslehre bedeutende Klassifikation von Modellen orientiert sich an deren Einsatzmöglichkeiten im Rahmen unternehmerischer Entscheidungsvorgänge. Eine rationell getroffene Entscheidung kann als Erkenntnisprozeß aufgefaßt werden, der in drei Phasen verläuft: Zunächst wird das Entscheidungsfeld erfaßt, indem Informationen über die Mittel- und Umweltsituation sowie über die Handlungsalternativen generiert werden. Anschließend erfolgt eine Prognose der Konsequenzen der Handlungsmöglichkeiten auf das Entscheidungsfeld, und schließlich wird eine den Zielvorstellungen des Entscheidungsträgers konforme Handlungsmaßnahme ausgewählt.[122]

Die Komplexität der Mittel- und Umweltsituation sowie die Vielzahl möglicher Handlungsalternativen erfordern eine modellhafte Beschreibung des Entscheidungsfeldes. Modelle, die für diese Aufgabe herangezogen werden, stellen *Beschreibungs*- oder *Erfassungsmodelle* dar.[123] Sie sind ferner dadurch gekennzeichnet, daß sie die Ergebnisse bereits realisierter Handlungen wiedergeben und damit gegebenenfalls Anhaltspunkte für zukünftige Entscheidungen liefern können. Eine Sonderform der Beschreibungsmodelle stellen die *Ermittlungsmodelle* dar. Ermittlungsmodelle bedienen sich der mathematischen Sprache und bilden die Realität mittels eines Kalküls ab.[124] Auch die Kostenrechnung hat die Funktion von Ermittlungsmodellen zu erfüllen, wenn sie als adäquate Informationsgrundlage für unternehmerische Entscheidungen konzipiert werden soll. Durch die quantitative Erfassung und Beschreibung des betrieblichen Wirtschaftsgeschehens muß sie der Unternehmensführung einen Handlungsbedarf anzeigen und Informationen über die bisher in der Vergangenheit realisierten Sachverhalte des zugrundeliegenden Entscheidungsbereiches zur Verfügung stellen.

---

[122] Vgl. *Grochla*, Modelle, S. 385.

[123] Vgl. *Grochla*, Modelle, S. 385 ff.; *Köhler*, Modelle, Sp. 2710 f. Wie in den vorstehenden Ausführungen bereits gezeigt, ist die vereinfachte Beschreibung der Realität eine Grundfunktion eines jeden Modells, so daß alle Modelle als Beschreibungsmodelle bezeichnet werden könnten. Von Beschreibungsmodellen soll in dieser Arbeit jedoch nur dann gesprochen werden, wenn Modelle ihre deskriptive Funktion als Grundlage für unternehmerische Entscheidungen erfüllen.

[124] Vgl. *Kosiol*, Modellanalyse, S. 322.

Der Anwendung von Beschreibungs- und Ermittlungsmodellen als Grundlage für unternehmerische Entscheidungen sind Grenzen gesetzt, die sich weitgehend aus ihrem rein deskriptiven Charakter ergeben. So sind die Ergebnisse dieser Modelle stets auf individuelle Entscheidungssituationen bezogen und damit nur für die jeweils gegebene Situationen gültig. Allgemeine Aussagen zu Entscheidungsproblemen oder Prognosen über die Auswirkungen einzelner Maßnahmen auf das Entscheidungsfeld lassen sich nicht treffen. Aufbauend auf den Beschreibungsmodellen werden daher zur Erklärung der beschriebenen Sachverhalte und zur Prognose der realen Auswirkungen der verschiedenen Handlungsalternativen *Erklärungs-* bzw. *Prognosemodelle* herangezogen. Erklärungsmodelle gehen über die Angabe von Einzeltatbeständen hinaus und versuchen, durch die Bildung nomologischer Hypothesen allgemeingültige empirisch gehaltvolle Aussagen über die Beschaffenheit der Realität zu treffen.[125] Diese nomologischen Hypothesen der Erklärungsmodelle, die an Hand der Wirklichkeit auf Falsifizierbarkeit zu überprüfen sind, gestatten es den Prognosemodellen, durch logische Schlußfolgerungen die Konsequenzen einzelner Handlungsalternativen vorauszusagen.

Erklärungs- und Prognosemodelle bilden damit ebenso wie die Beschreibungsmodelle eine wichtige Grundlage für das Treffen unternehmerischer Entscheidungen. Insbesondere wenn Erklärungs- und Prognosemodelle auf Ermittlungsmodellen aufbauen, die zugrundeliegende Realität also quantitativ abgebildet wird, lassen sich Entscheidungsprozesse unterstützen. Zum einen können durch den Vergleich der prognostizierten oder geplanten Werte mit geeigneten Vergleichsgrößen (z.B. Vergangenheits- oder Sollwerte) die absolute Vorteilhaftigkeit geplanter Aktivitäten bestimmt und Anhaltspunkte für die rationelle Gestaltung des Betriebsgeschehens gewonnen werden. Zum anderen läßt sich aus einer Mehrzahl möglicher Handlungsalternativen die unter den gegebenen Zielvorstellungen des Entscheidungsträgers günstigste auswählen, indem die relative Vorteilhaftigkeit durch eine Gegenüberstellung der sich für die verschiedenen Handlungsmöglichkeiten ergebenden Größen ermittelt wird.[126]

Die Kostenrechnung kann ihre Aufgabe als Informationsinstrument der Unternehmensführung nur dann zufriedenstellend lösen, wenn es ihr über die wirtschaftliche Beschreibung der betrieblichen Vorgänge hinaus gelingt, die Ursachen der Kostenentstehung aufzudecken und den Zusammenhang zwischen den betrieblichen Abläufen und der Kostenentstehung zu erklären. Des weiteren muß die Kostenrechnung in der Lage sein, auf der Grundlage

---

[125] Vgl. *Albert*, Theoriebildung, S. 22 ff.

[126] Vgl. *Kosiol*, Modellanalyse, S. 322.

ihrer Erklärungsfunktion die kostenmäßigen Konsequenzen zukünftiger Handlungen zu prognostizieren. Erst mit dieser Prognosefunktion kann die Kostenrechnung als ein echtes Führungsinstrument konzipiert werden, das einen wichtigen Beitrag zur Entscheidungsvorbereitung zu leisten vermag. Eine diesen Anforderungen gerecht werdende Kostenrechnung ist folglich als Modell zu gestalten, dem neben den Eigenschaften eines Ermittlungsmodells auch die Merkmale von Erklärungs- und Prognosemodellen zuzusprechen ist.

Modelle, bei denen die Erklärungs- und Prognoseaussagen mit dem Zielsystem des Entscheidungsträgers modellintern verknüpft sind und eine bestimmte Handlungsalternative unter Berücksichtigung von Nebenbedingungen als Optimallösung auf mathematischem Wege ausgewählt wird, werden als *Entscheidungsmodelle* bezeichnet. Als aus der Betriebswirtschaftslehre bekannte Beispiele sind hierfür die Modelle der Entscheidungstheorie und der Unternehmensforschung sowie die Modelle zur Bestimmung des optimalen Produktionsprogramms, der optimalen Bestellmenge, der optimalen Losgröße und des optimalen Unternehmensstandorts anzuführen.[127] Auch die Kostenrechnung kann als Entscheidungsmodell gestaltet werden, wenn es gelingt, die Ziele der Unternehmensführung als Zielfunktion zu formulieren, die für die jeweiligen Entscheidungsprobleme zu beachtenden Nebenbedingungen zu bestimmen und beide Komponenten mathematisch mit dem erfaßten Entscheidungsfeld (Mittel- und Umweltsituation sowie Handlungsalternativen) zu verbinden. Mit den betrieblichen Leistungserstellungs- und Leistungsverwertungsprozessen hat die Kostenrechnung jedoch einen sehr breiten und komplexen Realitätsausschnitt abzubilden und zu erklären. Die mit der Gestaltung der betrieblichen Realität auftretenden unternehmerischen Entscheidungsprobleme zeichnen sich weiterhin durch eine große Vielfalt und Verschiedenartigkeit aus. Eine vollständige Erfassung und Integration aller denkbaren Entscheidungssituationen würde das kostenrechnerische Modell daher abrechnungstechnisch schwerfällig und für die Zwecke der Ermittlung, Erklärung und Prognose von Sachverhalten unbrauchbar machen. Zudem sind an den durch die Kostenrechnung informatorisch unterstützten Entscheidungsprozessen oftmals verschiedene Entscheidungsträger beteiligt, was die Ableitung von für längere Zeiträume gültigen und einheitlichen Zielfunktionen erschwert oder gar als unmöglich erscheinen läßt. Es ist daher zweckmäßig, die Kostenrechnung als Ermittlungs-, Erklärungs- und Prognosemodell zu konzipieren und nicht mit den Bestandteilen von Entscheidungsmodellen zu belasten. Gleichwohl sollte die betriebliche Kostenrechnung in der Lage sein, einen Beitrag zur Vorbereitung unternehmerischer Entscheidungsfindung zu lei-

---

[127] Vgl. *Berthel*, Modelle, Sp. 1127 f.

sten, etwa indem den unabhängig von der Kostenrechnung durchzuführenden und mit Kostengrößen arbeitenden Entscheidungsmodellen Informationen bereitgestellt werden.

Wie Abbildung 5 zusammenfassend zeigt, stellt die betriebliche Kostenrechnung ein reales Ermittlungs-, Erklärungs- und Prognosemodell dar, welches die betrieblichen Leistungserstellungs- und Leistungsverwertungsvorgänge sprachlich-symbolisch abbildet. Je nach konkreter Aufgabenstellung kann die Kostenrechnung alternativ als deterministisches oder stochastisches sowie als statisches oder dynamisches Modell gestaltet werden.

Eigenschaftsmerkmal	Merkmalsausprägungen		
Bildhaftgkeit der Abbildung	ikonisches Modell	**symbolisches Modell**	
Art des Realitätsbezugs	Idealmodell	**Realmodell**	
Sicherheitsgrad der abgebildeten Realität	**deterministisches Modell**	*stochastisches Modell*	
Abbildung der Fortentwicklung von Modellgrößen	**statisches Modell**	*dynamisches Modell*	
Funktion im Rahmen unternehmerischer Entscheidungsprozesse	**Beschreibungs-, Erfassungs- und Ermittlungsmodell**	**Erklärungs- und Prognosemodell**	Entscheidungsmodell

übliche Modelleigenschaft heutiger Kostenrechnungen

in Weiterentwicklungen heutiger Kostenrechnungen zu berücksichtigende Modelleigenschaft

unmögliche oder unzweckmäßige Modelleigenschaft

Abbildung 5: Modelleigenschaften der Kostenrechnung

Resümierend ist festzuhalten, daß die Kostenrechnung als Informationsinstrument zu kennzeichnen ist, das in erster Linie die Unternehmensführung bei der Erfüllung ihrer Führungsaufgaben unterstützen und darüber hinaus Informationen für das externe Rechnungswesen bereitstellen soll. Um dieser Aufgabenstellung gerecht zu werden, bedient sich die Kostenrechnung der modellhaften Abbildung der betrieblichen Leistungserstellungs- und Leistungsverwertungsprozesse. Durch die Verkürzung der realen Tatbestände auf die wesentlichen Erscheinungsformen und Strukturen versucht sie, einen Beitrag zur Erkenntnisgewinnung über die Vorgänge in der Realität zu leisten. Dabei kommt der Kostenrechnung neben der Ermittlung und Erklärung beobachtbarer Realität eine Prognosefunktion zukünftiger realer Erscheinungen zu. Sie dient somit der Gestaltung der Leistungserstellungs- und Leistungsverwertungsprozesse im Betrieb und hat hierzu Informationen zur Unterstützung unternehmerischer Entscheidungen zur Verfügung zu stellen.

II. Anforderungen an die betriebsindividuelle Gestaltung der Kostenrechnung

Auf der Grundlage der aus der vorangehenden Erörterung des Instrumental- und Modellcharakters der Kostenrechnung gewonnenen Erkenntnisse sind im folgenden Anforderungen an die betriebsindividuelle Gestaltung der Kostenrechnung abzuleiten. Dabei sind zum einen grundsätzliche Gestaltungsanforderungen zu ermitteln, die als allgemeine Prinzipien für jeden Betrieb Gültigkeit besitzen und bei der Kostenrechnungsgestaltung betriebsindividuelle Berücksichtigung zu finden haben. Zum anderen ist es notwendig, Anforderungen an die wissenschaftliche Auseinandersetzung mit der betriebsindividuellen Kostenrechnungsgestaltung zu entwickeln, um theoriegeleitete Empfehlungen für die praktische Kostenrechnungsgestaltung geben zu können. Im Mittelpunkt dieser Überlegungen stehen die Strukturierung des kostenrechnerischen Gestaltungsprozesses sowie die Auswahl einer für das vorliegende Untersuchungsziel geeigneten wissenschaftlichen Methodik.

1. Allgemeine Grundsätze der Kostenrechnung als betriebsübergreifende Gestaltungsanforderungen

a) Die Zweckbestimmtheit und die Wirtschaftlichkeit als übergeordnete Gestaltungsgrundsätze

Die in der Literatur vorzufindenden Aufzählungen, Beschreibungen und Systematisierungsversuche von grundsätzlichen Anforderungen an die Gestaltung der Kostenrechnung zeichnen sich gewöhnlich dadurch aus, daß der wichtigste und zentrale Gestaltungsgrundsatz, die *Zweckbestimmtheit* der Kostenrechnung, entweder nicht als solcher erkannt oder als selbstverständlich angesehen und daher nicht explizit aufgeführt wird.[128] Vornehmlich die Zweckbestimmtheit ist beim Aufbau und bei der Durchführung der Kostenrechnung stets zu beachten. Erfassungsprozesse und Verrechnungsvorgänge, die nur um ihrer selbst willen und nicht zur Ermittlung betrieblicher Informationen für autorisierte Adressaten durchgeführt werden, sind nutzlos und damit zu vermeiden. Die Kostenrechnung ist ein reines Zweckinstrument, das die oben beschriebenen Informationen bereitzustellen hat und entsprechend dieser Aufgabenstellung zu gestalten ist.[129] Der Grundsatz der Zweckbestimmtheit ist damit als übergeordnetes Gestaltungsprinzip der Kostenrechnung anzusehen, aus dem sich weitere Gestaltungsanforderungen ableiten lassen.

Eine bei der Anwendung des Zweckbestimmtheitsgrundsatzes und daraus abgeleiteter Grundsätze zu beachtende Restriktion ist das Prinzip der *Wirtschaftlichkeit*. Es ist das Grundprinzip jeden wirtschaftlichen Handelns, d.h. jeder Disposition über knappe Mittel, und ist als generelle Norm sparsamster Mittelverwendung zu verstehen.[130] Wie bei jedem anderen Informa-

---

[128] Eine Beschreibung von grundsätzlichen Anforderungen an die Gestaltung der Kostenrechnung - jedoch meist in unsystematischer Form und ohne explizite Nennung des Grundsatzes der Zweckbestimmtheit - findet sich z.B. bei *Kalveram*, Rechnungswesen, S. 173 ff.; *Nowak*, Kostenrechnungssysteme, S. 40 ff.; *Schweitzer*, M.: Prinzipien der Kostenrechnung, in: WiSt, 6. Jg. 1977, S. 482 ff.; *Weber*, J./*Kalaitzis*, D.: Aufgaben, Zwecke und Grundanforderungen einer entscheidungsorientierten Kosten- und Leistungsrechnung, in: WISU, 13. Jg. 1984, S. 449 ff.; *Mellerowicz*, K.: Kosten und Kostenrechnung, Bd. II: Verfahren, Erster Teil: Allgemeine Fragen der Kostenrechnung und Betriebsabrechnung, 5., durchgesehene Auflage, Berlin/New York 1974, S. 51 ff.

[129] Auf die besondere Bedeutung, die dem Grundsatz der Zweckbestimmtheit bei der Kostenrechnungsgestaltung zukommt, weist vor allem *Schmalenbach* an vielen Stellen ausdrücklich hin. Vgl. z.B. *Schmalenbach*, Kostenrechnung, S. 5 ff., S. 13 f. u. S. 16.

[130] Vgl. *Bohr*, K.: Wirtschaftlichkeit, in: Kosiol, E./Chmielewicz, K./Schweitzer, M. (Hrsg.): HWR, 2., völlig neu gestaltete Auflage, Stuttgart 1981, Sp. 1795.

tionsinstrument ist dieses Prinzip auch bei der Kostenrechnung, deren Informationsfunktion nicht nur zur Erstellung eines Nutzens führt, sondern auch Kosten verursacht, im Rahmen der Gestaltung und Anwendung zu beachten. Dies bedeutet, daß Informationen nur dann bereitgestellt werden sollen, wenn der zusätzliche Nutzen die zusätzlichen Kosten dieser Informationen übersteigt.[131] Bei der Anwendung des Wirtschaftlichkeitsprinzips treten Probleme dadurch auf, daß die Quantifizierung des Informationsnutzens in der Praxis äußerst schwierig, meistens sogar unmöglich ist.[132] Aufgrund dieser stark eingeschränkten Operationalität des Wirtschaftlichkeitsprinzips als Gestaltungsgrundsatz der Kostenrechnung lassen sich die Auswirkungen dieses Prinzips auf die Anwendung des Grundsatzes der Zweckbestimmtheit nur unzureichend bestimmen.

Die vorangehenden Ausführungen zeigen, daß die Grundsätze der Zweckbestimmtheit und der Wirtschaftlichkeit einerseits die zentralen Richtlinien der Kostenrechnungsgestaltung angeben. Andererseits stellen sie sehr vage formulierte und für die praktische Anwendung und Umsetzung wenig geeignete Handlungsanweisungen dar, die einer Konkretisierung durch Einzelgrundsätze bedürfen. Hierzu werden im folgenden aus den übergeordneten Grundsätzen der Zweckbestimmtheit und der Wirtschaftlichkeit genauer bestimmte Einzelgrundsätze abgeleitet, entsprechend ihrer Anwendung im kostenrechnerischen Gestaltungsprozeß systematisiert und hinsichtlich ihrer Bedeutung für die Kostenrechnungsgestaltung untersucht.

b) Einzelgrundsätze der Kostenrechnungsgestaltung

Zur Systematisierung der nachfolgend darzustellenden Grundsätze werden die in der Kostenrechnung ablaufenden Vorgänge in Anlehnung an die Phasen des betrieblichen Transformationsprozesses gedanklich zunächst in die Phasen der Informationsbeschaffung, Informationsverarbeitung und Informationsabgabe gegliedert. Im Rahmen der Informationsbeschaffung werden die verbrauchten und erstellten Güter mengenmäßig ermittelt und die Güterverbrauchsmengen mit Kosten bewertet.[133] Anschließend sind in

---

[131] Vgl. *Pfeiffer*, W./*Preißler*, P.: Zum Informationsgehalt "neuerer" Kostenrechnungsverfahren, in: WiSt, 2. Jg. 1973, S. 323.

[132] Vgl. *Weber/Kalaitzis*, S. 451; *Lackes*, R.: EDV-orientiertes Kosteninformationssystem, Flexible Plankostenrechnung und neue Technologien, Wiesbaden 1989, S. 51; *Hummel*, S.: Wirklichkeitsnahe Kostenerfassung, Neue Erkenntnisse für eine eindeutige Kostenermittlung, Berlin 1970, S. 79 f. sowie die dort angegebene Literatur.

[133] Der kostenrechnerische Bewertungsvorgang verläuft dabei grundsätzlich in zwei Schritten: Zunächst sind die zur Bewertung der Gütermengen heranzuziehenden Preise zu ermit-

der Phase der Informationsverarbeitung die Kosten des Güterverbrauchs auf Zurechnungsobjekte, d.h. auf Kalkulationsobjekte aller Art wie Kostenstellen, Kostenträger, Abrechnungsperioden usw., zu verrechnen. Die somit erstellten Grundinformationen müssen weiterhin aufbereitet werden, indem bestimmte Grunddaten miteinander in Beziehung gesetzt oder verknüpft werden, beispielsweise durch Gegenüberstellung in Soll-Ist-Vergleichen oder durch Datenverdichtungen. Der Informationsverarbeitung folgt schließlich die Phase der Informationsabgabe, in der den autorisierten Informationsadressaten die nachgefragten Informationen bereitzustellen sind.

Wie Abbildung 6 zeigt, kann die geschilderte dreiteilige Phasengliederung unter Berücksichtigung des Modellcharakters der Kostenrechnung in eine zweiteilige Gliederung überführt werden, indem die Teilphasen Informationsbeschaffung und -verarbeitung zur Phase der Informationserstellung zusammengefaßt werden. Die Informationserstellung ist dabei als der eigentliche Abbildungsvorgang aufzufassen, durch den die Kosteninformationen als zahlenmäßiges Abbild der betrieblichen Realität geschaffen werden. Im Rahmen der Informationsverwertung, die der Phase der Informationsabgabe entspricht, kommt es dann zu einer adressatenbezogenen Präsentation der Kostenrechnungsinformationen, d.h., zu der bereits erfolgten materialen Gestaltung des Abbildes tritt die formale hinzu, die eine zweckorientierte Verwendung der ermittelten Informationen erst ermöglicht.

Informationserstellung	Informationsbeschaffung	Mengenermittlung
		Bewertung
	Informationsverarbeitung	Kostenzurechnung
		Aufbereitung
Informationsverwertung	Informationsabgabe	Bereitstellung

Abbildung 6: Ablaufphasen der Kostenrechnungsdurchführung

teln, um anschließend durch Multiplikation der Mengen mit den Preisen den Kostenwert der Gütermengen zu erhalten.

Entsprechend der vorgenommenen Zweiteilung in die Phasen der Informationserstellung und -verwertung werden im folgenden konkrete, sich aus dem Obergrundsatz der Zweckbestimmtheit und unter Berücksichtigung des Wirtschaftlichkeitsprinzips ergebende grundsätzliche Gestaltungsanforderungen abgeleitet und erläutert. Zwischen den Grundsätzen der Informationserstellung einerseits und den Grundsätzen der Informationsverwertung andererseits besteht dabei ein hierarchischer Beziehungszusammenhang, der umgekehrt zur zeitlichen Abfolge der beiden Phasen verläuft: Ausgehend von den übergeordneten Grundsätzen der Zweckbestimmtheit und der Wirtschaftlichkeit sind zuerst die Anforderungen an die Informationsverwertung zu bestimmen, da die Art der Informationsverwertung einen wesentlichen Einfluß auf die Art der Informationserstellung hat. Erst wenn durch die Berücksichtigung des Informationsbedarfs die Grundsätze für eine zweckmäßige und wirtschaftliche Informationsbereitstellung festgelegt sind, können konkrete Anforderungen an die Erstellung der benötigten Informationen abgeleitet und formuliert werden. Daher sollen im folgenden zunächst die Grundsätze der Informationsverwertung und darauf aufbauend die Grundsätze der Informationserstellung erörtert werden.

aa) Grundsätze der Informationsverwertung

Um unter Beachtung des Wirtschaftlichkeitsprinzips eine zweckbezogene Verwertung der ermittelten Informationen zu gewährleisten, müssen im Rahmen der Informationsabgabe sowohl die Art der zu lösenden Führungs- oder Dokumentationsaufgabe sowie die personenindividuellen Besonderheiten des Informationsempfängers berücksichtigt werden. Eine Erläuterung dieser beiden Aspekte wird durch die Beschreibung der Grundsätze der Relevanz, der Rechtzeitigkeit und der Adäquanz vorgenommen.

(1) Relevanz

Der Grundsatz der Relevanz ergibt sich unmittelbar aus dem Grundsatz der Zweckbestimmtheit und besagt, daß den Kostenrechnungsadressaten alle für einen Auswertungszweck erforderlichen Informationen zur Verfügung gestellt werden sollen. Damit sind aus der Vielzahl der durch die Kostenrechnung ermittelten Daten stets nur diejenigen herauszugreifen und an die Informationsnachfrager abzugeben, die für die jeweilige Untersuchung unentbehrlich sind.[134] Der in dieser Untersuchung verwendete Begriff der relevanten Kosten bezieht sich dabei nicht nur auf die zur Unterstützung dispositiver Entscheidungen bereitzustellenden Informationen,[135] sondern auf sämtliche der Kostenrechnung zugewiesenen Zwecke. Damit können je nach Auswertungszweck sowohl die zur Lösung betrieblicher Führungsaufgaben erforderlichen Kosteninformationen, zu denen die entscheidungsrelevanten Kosten zu zählen sind, als auch die für Dokumentationszwecke bereitzustellenden Kosten, wie z.B. die nach handelsrechtlichen Vorschriften zur Ermittlung der bilanziellen Herstellungskosten notwendigen oder in Frage kommenden Kostenbestandteile, relevant sein.

Der Grad der Relevanz einer Information für eine bestimmte Führungsaufgabe ist allgemein davon abhängig, in welchem Maße diese Information durch die Unterstützung der Führungsaufgabe zur Gesamtzielerreichung des Unternehmens beiträgt.[136] In diesem Sinne erfüllt eine Kostenrechnung dann den Grundsatz der Relevanz, wenn sie "der Art und dem Umfang nach Zahlen liefert, welche die Leitungsinstanzen zu optimalen Dispositionen befähigen."[137] Andere, nicht für die Erfüllung der speziellen Führungsaufgabe des Empfängers relevante Informationen sind aus Wirtschaftlichkeitsgründen, zur Gewährleistung der noch anzusprechenden Adäquanz von Kosteninformationen sowie zur Verhinderung der Informationsabgabe an nicht autorisierte Stellen von der jeweiligen zweckindividuellen Informationsverwertung auszuschließen. Welche Kosteninformationen für eine bestimmte Führungsaufgabe als relevant zu erachten sind, hängt demnach von den Besonderheiten des jeweils verfolgten Auswertungszwecks und damit von der Art der Führungsaufgabe ab. Von der Vielzahl der Faktoren, die die Relevanz einer Kosteninformation bestimmen können, werden im folgenden mit der Kostenbeeinflußbarkeit und der Aktualität zwei Aspekte näher betrachtet, die in der Literatur oftmals als zwingend für die Relevanzeigenschaft von Kostendaten herausgestellt oder als eigenständige Gestaltungsgrundsätze der Kostenrechnung angeführt werden .

Wird die Kostenrechnung in erster Linie als Instrument zur Unterstützung der Unternehmensführung angesehen, das einen informatorischen Beitrag zur zieloptimalen Gestaltung der betrieblichen Vorgänge zu leisten hat, liegt

---

[134] Vgl. *Weber/Kalaitzis*, S. 450.

[135] Gelegentlich werden in der Literatur nur die zur Lösung eines Entscheidungsproblems erforderlichen Kosteninformationen als relevante Kosten bezeichnet. Vgl. etwa *Kilger*, Flexible Plankostenrechnung, S. 191 ff.; *Haberstock*, Kostenrechnung I, S. 21; *Vormbaum*, H./*Rautenberg*, G.: Kostenrechnung III für Studium und Praxis, Plankostenrechnung, Baden-Baden/Bad Homburg v.d.H. 1985, S. 20.

[136] Vgl. *Börner*, Grundprobleme, S. 208; *Meffert*, Kosteninformationen, S. 72.

[137] *Meffert*, Kosteninformationen, S. 73.

es nahe, beeinflußbare Kosten als relevanter zu erachten als nicht beeinflußbare Kosten. Beispielsweise sind im Rahmen der monatlichen kostenstellenweisen Kostenkontrolle Informationen über beeinflußbare Kosten von größerer Bedeutung als nicht beeinflußbare Kosten.[138] Vor allem bei der Vorbereitung betrieblicher Dispositionen kommt der Unterscheidung in beeinflußbare und nicht beeinflußbare Kosten große Bedeutung zu, da nur diejenigen Kosten entscheidungsrelevant sind, die durch die Entscheidung beeinflußt und verändert werden. Einige Autoren sehen sogar unabhängig vom Auswertungszweck lediglich die beeinflußbaren Kosten als relevante Kosten an.[139] Dieser Auffassung kann indessen nicht zugestimmt werden, da es für eine Reihe von Auswertungszwecken erforderlich ist, auch nicht beeinflußbare Kosten zu berücksichtigen, z.B. im Rahmen von Kalkulationen zur Preisermittlung oder -beurteilung, bei der Ermittlung des Betriebsergebnisses und zur Bestimmung der handels- und steuerrechtlichen Herstellungskosten. Die Kostenbeeinflußbarkeit ist mithin keineswegs als allgemein zwingende Relevanzeigenschaft zu betrachten. Sie kann jedoch für bestimmte Auswertungszwecke, insbesondere für Entscheidungsrechnungen, ein sehr bedeutendes Merkmal zur Bestimmung der Relevanz von Kosteninformationen sein.

Die Aktualität ist ein weiterer Faktor, durch den die Relevanz einer Kosteninformation beeinflußt werden kann. Für bestimmte Zwecke, insbesondere für die dispositiven Aufgaben, ist die Unternehmensführung auf die Bereitstellung von Informationen angewiesen, die einen möglichst engen Bezug zur Gegenwart aufweisen. Werden zur Unterstützung unternehmerischer Entscheidungen, wie der Ermittlung kurzfristiger Preisuntergrenzen oder des optimalen Produktionsprogramms, der Verfahrenswahl oder der Entscheidung zwischen Eigenfertigung oder Fremdbezug, veraltete Kostendaten herangezogen, so können Fehlentscheidungen die Folge sein. Eine zwingende Relevanzeigenschaft ist der Aktualität aber sicherlich nicht zuzusprechen. Für eine ganze Reihe von Kostenrechnungszwecken sind gerade die Informationen, die die Vergangenheit beschreiben, von großem Nutzen. Beispielsweise erfordern alle Formen von Zeit- und Soll-Ist-Vergleichen, die durch die Sichtbarmachung von Kostenentwicklungen und -abweichungen wertvolle führungsrelevante Informationen liefern können, die Bereitstellung vergangenheitsbezogener Kostendaten. Die Aktualität ist damit wie die

---

[138] Vgl. *Streitferdt*, L.: Entscheidungsregeln zur Abweichungsauswertung, Ein Beitrag zur betriebswirtschaftlichen Abweichungsanalyse, Würzburg/Wien 1983, S. 34 f.

[139] Vgl. z.B. *Weber/Kalaitzis*, S. 451. *Weber/Kalaitzis* verwenden den Begriff der relevanten Kosten dabei nicht im engeren Sinne hinsichtlich des Auswertungszweckes Entscheidungsrechnung, sondern ganz allgemein im Sinne einer rechnungszweckbezogenen Auswertung. Vgl. *Weber/Kalaitzis*, S. 450.

Kostenbeeinflußbarkeit als mögliche Relevanzeigenschaft von Kosteninformationen aufzufassen. In Abhängigkeit vom zugrundeliegenden Auswertungszweck kann ihr zwar eine große Bedeutung bei der Bestimmung der relevanten Kosten zukommen, und sie hat dann auch wesentliche Auswirkungen auf die Gestaltung der kostenrechnerischen Informationserstellungs- und Informationsverwertungsprozesse, doch die Erhebung der Aktualität zu einem eigenständigen Grundsatz der Kostenrechnung[140] erscheint aus den genannten Gründen als unzweckmäßig.

(2) Rechtzeitigkeit

Führungs- und Dokumentationsaufgaben sind stets unter zeitlichen Restriktionen zu treffen, so daß die relevanten Informationen rechtzeitig, d.h. in einem für den jeweiligen Auswertungszweck ausreichenden Zeitabstand vor der Aufgabenerfüllung, zur Verfügung stehen müssen. Die Anforderung einer rechtzeitigen Informationsbereitstellung ist insbesondere für die Unterstützung betrieblicher Entscheidungen von großer Bedeutung. Informationen, die erst nach Entscheidungsfindung und Realisation bereitgestellt werden, sind für die Lösung des Entscheidungsproblems wertlos und können allenfalls zur Entscheidungskontrolle herangezogen werden. Besonders problematisch ist es, wenn die Unternehmensführung bei rechtzeitiger Kenntnis verspäteter Informationen zu einer anderen, richtigen Entscheidung gelangt wäre.

Die Rechtzeitigkeit der Informationsbereitstellung wird in der Literatur zuweilen als eine Eigenschaft relevanter Kosten aufgefaßt,[141] stellt bei genauer Betrachtung allerdings einen eigenständigen Grundsatz dar. Während die Relevanz qualitative Anforderungen an die Art der bereitzustellenden Informationen betrifft und Antwort auf die Frage gibt, welche Informationen im Hinblick auf einen bestimmten Auswertungszweck heranzuziehen sind, wird mit dem Grundsatz der Rechtzeitigkeit die Problematik erörtert, bis zu welchem Zeitpunkt diese Informationen dem Adressaten spätestens vorliegen müssen, damit sie für den jeweiligen Auswertungszweck verwendet werden können.

Gelegentlich wird die Rechtzeitigkeit mit der Aktualität von Kosteninformationen gleichgesetzt.[142] Im Unterschied zur Aktualität, die als mögliche

---

[140] Die Aktualität wird als eigenständiger Grundsatz der Kostenrechnung aufgeführt bei *Nowak*, Kostenrechnungssysteme, S. 43 f.; *Schweitzer/Küpper*, S. 135; *Weber/Kalaitzis*, S. 449.

[141] Vgl. etwa *Börner*, Grundprobleme, S. 208.

[142] Vgl. *Schweitzer*, Prinzipien, S. 482 f.

Relevanzeigenschaft einen für bestimmte Auswertungszwecke qualitativen Aspekt des kostenrechnerischen Abbildes bestimmt, ist die Rechtzeitigkeit der Informationsbereitstellung als eine von der Kostenrechnung grundsätzlich zu berücksichtigende Anforderung zu verstehen, die sich aus den übergeordneten Grundsätzen der Zweckbestimmtheit und der Wirtschaftlichkeit ableitet.

(3) Adäquanz

Neben der Berücksichtigung der Anforderungen, den Adressaten nur die für den jeweiligen Untersuchungszweck relevanten Informationen rechtzeitig bereitzustellen, ist im Rahmen der Informationsverwertung weiterhin darauf zu achten, daß die Informationsempfänger die erhaltenen Kostennachrichten verstehen. Die als Adäquanz bezeichnete "Eignung, Verständlichkeit oder Wirksamkeit einer Information für einen bestimmten Empfänger"[143] ist dann gegeben, wenn der Empfänger die Nachricht richtig interpretiert und daraufhin auch richtig reagiert.[144]

Eine fehlende oder ungenügende Adäquanz von Kosteninformationen kann im wesentlichen auf zwei Faktoren zurückgeführt werden. Einmal wird der Grad der Adäquanz durch die Eigenschaften der Information selbst bestimmt. Hier wirken sich beispielsweise die Häufigkeit der Informationsbereitstellung sowie der Detaillierungsgrad der Informationen auf die Adäquanz aus. Zu häufig, aber auch zu selten zur Verfügung gestellte Kostenauswertungen und zu gering oder zu stark detaillierte Informationen können die Verständlichkeit der Informationen beeinträchtigen.[145] Als Beispiel ist die in der Praxis häufig vorzufindende Überinformation durch die Kostenrechnung zu nennen, die eine Anwendungsmüdigkeit bei den Adressaten hervorrufen kann. Inadäquate Informationen können somit den Wert der Kostenrechnung als wichtiges Informationsinstrument der Unternehmensführung in Frage stellen. Zur Verbesserung der Adäquanz von Kosteninformationen trägt insbesondere die Übersichtlichkeit der Darstellung bei. Komplizierte Aufbauformen, unklare Formulierungen und nicht nachvollziehbare Ergebnisausweise sind zu vermeiden.[146] Zur schnellen Orientierung sind vor allem tabellarische oder schaubildhafte Aufbereitun-

---

[143] *Hummel*, Kostenerfassung, S. 104.

[144] Vgl. *Hummel*, Kostenerfassung, S. 105.

[145] Vgl. *Meffert*, Kosteninformationen, S. 74.

[146] Vgl. *Kalveram*, Rechnungswesen, S. 175.

gen der Kosteninformationen geeignet.[147] Darüber hinaus kann auch eine Ergänzung der rein quantitativen Kosteninformationen durch verbale Erklärungen und Beschreibungen von kostenrechnerischen Zusammenhängen zu einer Verbesserung des Adäquationsniveaus beitragen.

Als zweiter Einflußfaktor der Adäquanz von Kosteninformationen ist der benutzerindividuelle kostenrechnerische Wissensstand der Informationsempfänger zu nennen. Durch eine entsprechende Ausbildung und Schulung läßt sich das Wissens- und Fähigkeitspotential der Mitarbeiter so weit verbessern, daß eine Beeinträchtigung des Informationsnutzens durch fehlendes oder mangelhaftes Verständnis der Kosteninformationen vermieden wird.[148]

bb) Grundsätze der Informationserstellung

Nachdem mit den Grundsätzen der Informationsverwertung die Anforderungen an eine zweckorientierte Bereitstellung von Kosteninformationen aufgezeigt sind, lassen sich nunmehr konkrete Prinzipien zur Gestaltung der Informationserstellung bestimmen. Eine rechtzeitige Abgabe relevanter und adäquater Kosteninformationen kann nur dann gewährleistet werden, wenn sich sowohl der Abbildungsinhalt[149] als auch der Abbildungsvorgang[150] an den Zwecken der Kostenrechnung und am Wirtschaftlichkeitsprinzip orientieren. Entsprechend dieser Zweiteilung werden im folgenden die Grundsätze der Informationserstellung näher untersucht, wobei die Grundsätze zur Bestimmung des Abbildungsinhalts vor den Gestaltungsgrundsätzen der Abbildungsvorgänge zu erläutern sind, da der angestrebte Abbildungsinhalt die zu seiner Erstellung erforderlichen Verfahren und Methoden beeinflußt.

(1) Grundsätze zur Bestimmung des Abbildungsinhalts

Um Anhaltspunkte für die materiale Gestaltung des Abbildungsergebnisses im Rahmen der Informationserstellung gewinnen zu können, ist es

---

147 Vgl. hierzu *Bergner*, Modellcharakter, S. 411 ff.

148 Vgl. *Meffert*, Kosteninformationen, S. 79.

149 Unter Abbildungsinhalt wird hierbei der materiale Aspekt des Abbildungsergebnisses, der Kosteninformationen, verstanden.

150 Mit Abbildungsvorgang ist der modelltechnische Ablauf zur Schaffung des Abbildungsinhalts, d.h. die rechentechnischen Verfahren und organisatorischen Abläufe der Kostenrechnung, gemeint.

erforderlich, auf den Modellcharakter der Kostenrechnung und ihre Modellfunktionen zurückzugreifen, wonach die Kostenrechnung ein wirklichkeitsnahes Abbild der betrieblichen Leistungserstellungs- und Leistungsverwertungsprozesse liefern soll. Von der Kostenrechnung wird also keineswegs Strukturgleichheit mit der abzubildenden Realität (Isomorphie), sondern eine hinreichende Strukturähnlichkeit (Homomorphie) verlangt.[151]

Zur Begründung und näheren Inhaltsbestimmung der Forderung nach einer homomorphen Abbildung des Betriebsgeschehens läßt sich der Problemkreis in einen zweckbestimmten und in einen wirtschaftlichen Aspekt der Wirklichkeitsnähe differenzieren.[152] Bei der Frage nach der zweckbestimmten Wirklichkeitsnähe der Kostenrechnung geht es zunächst um die Frage, welche Kostendaten den betrieblichen Gegebenheiten entsprechen und inwieweit diese in der Lage sind, ein richtiges, der Realität entsprechendes Bild vom Betrieb zu vermitteln. In der wirtschaftlichen Komponente der Wirklichkeitsnähe sind dagegen diejenigen Faktoren zusammengefaßt, die den Annäherungsgrad des ermittelten Wertes an den richtigen Wert festlegen und die logisch-syntaktische Korrektheit des Rechnungssystems, d.h. die korrekte Anwendung der mathematischen Operationsregeln, betreffen.[153] Die zweckbestimmten und die wirtschaftlichen Aspekte der wirklichkeitsnahen Abbildung des Betriebsgeschehens werden im folgenden als Grundsatz der Richtigkeit bzw. als Grundsatz der Genauigkeit einer eingehenderen Betrachtung unterzogen.

(a) Richtigkeit

Mit dem Grundsatz der Richtigkeit wird die Aufgabe der Isomorphieforderung zugunsten einer lediglich homomorphen Abbildung aus Gründen der Zweckbestimmtheit der Kostenrechnung angesprochen. Denn aus der Grundaufgabe der Kostenrechnung, zur Erkenntnisgewinnung der Informa-

---

[151] Vgl. *Hummel*, Kostenerfassung, S. 73 ff.; *Weber/Kalaitzis*, S. 449 f.; *Riebel*, P.: Richtigkeit, Genauigkeit und Wirtschaftlichkeit als Grenzen der Kostenrechnung, in: NB, 12. Jg. 1959, S. 41. Siehe hierzu auch die Ausführungen in Kapitel B.-I.-2. dieser Untersuchung. Anderer Meinung sind *Schweitzer/Küpper*, die die Isomorphie als grundlegende Anforderung an die Kostenerfassung und folglich auch an die Bewertung verstehen. Vgl. *Schweitzer/Küpper*, S. 135.

[152] *Lutz* und *Hummel* sprechen in diesem Zusammenhang von einem materiellen und einem formellen Aspekt der Realitätsnähe. Vgl. *Lutz*, B.: Die Aussagefähigkeit des Rechnungswesens, Zürich/St. Gallen 1963, S. 18; *Hummel*, Kostenerfassung, S. 85 ff. Da die Realitätsnähe nur den Inhalt einer Information betreffen kann und mithin ausschließlich materialen Charakter besitzt, wird dieser Unterscheidung nicht gefolgt.

[153] Vgl. *Lutz*, S. 18; *Lackes*, EDV-orientiertes Kosteninformationssystem, S. 42 u. S. 47.

tionsadressaten beizutragen, ergibt sich die notwendige Konsequenz, daß der strenge Isomorphieanspruch zugunsten einer annähernden Strukturgleichheit aufgegeben werden *muß*.[154] Mit dem Grundsatz der Richtigkeit ist also keine absolute Richtigkeit im Sinne der Isomorphie, sondern vielmehr eine sich in hinreichendem Maße der absoluten Richtigkeit annähernde relative Richtigkeit im Sinne der Homomorphie gemeint.[155] Für die Richtigkeit einer Kostenrechnung ist es damit als hinreichend, für die Zweckbestimmtheit der Kostenrechnung sogar als notwendig zu erachten, daß sie ein "nur" wirklichkeits*nahes* Abbild der Realität darstellt, wobei die Erkenntnisinteressen der Informationsempfänger die als abbildungsrelevant zu erachtenden Realitätszusammenhänge festlegen.

Gleichzeitig bedeutet die Auslegung der Richtigkeit im Sinne der Homomorphie, daß keine für den Abbildungszweck wesentlichen Zusammenhänge der Realität in der Kostenrechnung unberücksichtigt bleiben dürfen.[156] Diese Anforderung findet ihren Niederschlag im Grundsatz der *Vollständigkeit*, dem zufolge alle kostenrechnerischen Sachverhalte lückenlos abzubilden sind.[157] Weiterhin bedingt der Grundsatz der Richtigkeit auch die Forderung nach der *Einmaligkeit* der Kostenerfassung und Verrechnung. "Eine Doppelverrechnung von Kosten, die oft unbewußt geschieht, führt zu ihrer Aufblähung und macht die Kostenrechnung ungeeignet zur Erreichung der von ihr verfolgten Ziele."[158]

Zur Bestimmung dessen, was für die Kostenrechnung als "richtig" anzusehen ist, sowie zur Verdeutlichung des Verhältnisses zwischen der absoluten und der relativen Richtigkeit ist es nützlich, den kostenrechnerischen Abbildungsvorgang gemäß den in Abbildung 6 dargestellten Ablaufphasen "Mengenermittlung", "Bewertung", "Kostenzurechnung" und "Aufbereitung" näher zu betrachten und den Grundsatz der Richtigkeit auf diese vier Phasen beispielhaft anzuwenden.

Bei der Ermittlung der Verbrauchsmengen ist zwischen der Erfassung von in der Vergangenheit tatsächlich erfolgten Istmengenbewegungen einerseits und der Planung von in der Zukunft erwarteten Planmengenbewegungen

---

154 Zur Homomorphie der Modelle als Voraussetzung der Erkenntnisgewinnung im Rahmen der Modellanalyse vgl. die Ausführungen in Kapitel B.-I.-2.-a) sowie in Kapitel B.-I.-2.-b)-bb) dieser Untersuchung.

155 Vgl. *Riebel*, Richtigkeit, S. 41.

156 Vgl. *Mrosek*, D.: Zurechnungsprobleme in einer entscheidungsorientierten Kostenrechnung, Diss., München 1983, S. 38.

157 Vgl. *Mellerowicz*, Kostenrechnung, Bd. II, Erster Teil, S. 52; *Lackes*, EDV-orientiertes Kosteninformationssystem, S. 48.

158 *Kalveram*, Rechnungswesen, S. 174.

andererseits zu unterscheiden. Die Istmengenerfassung hat den Vorteil, daß sie sich auf empirisch nachprüfbare Daten stützen kann,[159] so daß es grundsätzlich möglich ist, absolut richtige Mengendaten im Sinne der Isomorphie durch die physikalische Messung der tatsächlich verbrauchten oder erstellten Gütermengen anzugeben. Da es für die Verfolgung der kostenrechnerischen Zwecke erforderlich ist, möglichst richtige Informationen über die Wirklichkeit bereitzustellen, sind in diesem Fall das zweckbestimmte, relativ richtige und das tatsächliche, absolut richtige Abbildungsergebnis identisch. Probleme bei der Beurteilung der Richtigkeit können jedoch im Rahmen der Kostenplanung auftreten, da hier für die Mengenangaben aufgrund ihres Prognosecharakters keine absolute Richtigkeit existieren kann. Wird der Grundsatz der Zweckbezogenheit in die Überlegungen einbezogen, können die Plandaten je nach verfolgtem Kostenrechnungszweck eine unterschiedliche Höhe aufweisen. Dabei kann von einer relativen Richtigkeit der Planmengen dann gesprochen werden, wenn sie die für den jeweiligen Zweck angemessene Höhe erreichen.[160] Die Existenz einer absoluten Richtigkeit ist damit nicht Voraussetzung für die Beurteilung der relativen Richtigkeit der Kostenrechnung und ihrer Informationen, sondern der Zweck der Kostenrechnung bestimmt, was als richtig zu gelten hat.

Weitere Schwierigkeiten bei der Bestimmung der absoluten Richtigkeit treten in der Bewertungsphase auf. Da eine Bewertung stets ein subjektives Element enthält, läßt sich ein absolut richtiger Wert grundsätzlich nicht feststellen. Vielmehr bestehen mehrere Wertansatzmöglichkeiten nebeneinander, z.B. Anschaffungswerte, aktuelle Tageswerte oder Wiederbeschaffungswerte. Welcher Wert als der "richtige" Wert anzusehen ist, wird wiederum durch den jeweils zugrundeliegenden Zweck bestimmt. Erfordern verschiedene Zwecke unterschiedliche Wertansätze, kann es sinnvoll sein, Parallelrechnungen durchzuführen.

Bei der Verrechnung der Kosten auf Zurechnungsobjekte, insbesondere im Rahmen der Kalkulation auf Leistungseinheiten, treten weitere Schwierigkeiten der Bestimmung der kostenrechnerischen Richtigkeit zutage. Im

---

[159] Vgl. *Lackes*, EDV-orientiertes Kosteninformationssystem, S. 45.

[160] *Lackes* nennt für geplante Kostendaten zwei Zwecke, die Disposition und die Kontrolle. Plandaten sind für dispositive Zwecke als relativ richtig zu bezeichnen, wenn sie den in der Zukunft eintretenden Istwerten entsprechen. Für Kontrollzwecke sind dagegen Daten vorstellbar, die sich an ökonomischen Idealwerten orientieren und/oder motivationsfördernd wirken. Relative Richtigkeit ist in diesen Fällen dann gegeben, wenn die Planmengen mit den Idealmengen bzw. den motivationsoptimierenden Mengen identisch sind. Vgl. *Lackes*, EDV-orientiertes Kosteninformationssystem, S. 45 f. Darüber hinaus sind Plandaten auch dann als relativ richtig zu bezeichnen, wenn sie zwar mit den später realisierten Istwerten nicht übereinstimmen, aber unter Berücksichtigung der zum Zeitpunkt der Planung bekannten Umstände tatsächlich eingetroffen wären.

Hinblick auf die Frage der Richtigkeit einer Zurechnung wird in der Literatur häufig die Beachtung des sogenannten "Verursachungsprinzips" gefordert. Beispielsweise sieht *Rodenstock* die Richtigkeit der Kostenrechnung dann als gegeben an, "wenn alle kostenbeeinflussenden Größen gemäß ihrer *Verursachung* auf die Erzeugnisse (= Kostenträger) verrechnet werden."[161] Das Verursachungsprinzip wird weiterhin "als das grundlegende Kriterium der Kostenzurechnung,"[162] als "Grundpfeiler ..., auf dem von betriebswirtschaftlicher Seite die Behauptung der Übereinstimmung von Kostenrechnung und Kostenwirklichkeit fußt,"[163] angesehen. Darüber hinaus wird das Verursachungsprinzip sogar zum allein richtigen und einzig zulässigen Verrechnungsgrundsatz erhoben. So verlangt *Nowak*, "daß jeder Kostenstelle und jedem Kostenträger nur diejenigen Kosten zugerechnet werden, die durch die Leistungserstellung verursacht worden sind,"[164] und *Rodenstock* fordert, daß "*jedes Erzeugnis ... nur diejenigen Kosten tragen* (darf; A.d.V.), *die es verursacht hat*."[165]

Bei einer derartigen Auslegung wird indessen übersehen, daß es sich bei der Interpretation und Anwendung des Verursachungsprinzips um den Versuch handelt, absolut richtige, strukturisomorphe Zurechnungsgrundsätze abzuleiten.[166] Abgesehen von der unklaren und weitgehend inhaltsleeren Formulierung des Verursachungsprinzips, jedem Kostenträger die Kosten zuzurechnen, die er "verursacht" hat, deutet auch die Vielzahl unterschiedlicher Interpretationsversuche zur Konkretisierung des Verursachungsprin-

---

161 *Rodenstock*, R.: Die Genauigkeit der Kostenrechnung industrieller Betriebe, München 1950, S. 13. Ähnlich äußern sich auch *Heinen*, E.: Reformbedürftige Zuschlagskalkulation, in: ZfhF, Neue Folge, 10. Jg. 1958, S. 2; *Meffert*, Kosteninformationen, S. 76; *Mellerowicz*, Kostenrechnung, Bd. II, Erster Teil, S. 51; *Kilger*, W.: Die Produktions- und Kostentheorie als theoretische Grundlage der Kostenrechnung, in: ZfhF, Neue Folge, 10. Jg. 1958, S. 555.

162 *Ehrt*, R.: Die Zurechenbarkeit von Kosten auf Leistungen auf der Grundlage kausaler und finaler Beziehungen, Stuttgart/Berlin/Köln/Mainz 1967, S. 7. Ähnlich bei *Dorn*, S. 57; *Kilger*, W.: Die Verrechnung von Material-, Verwaltungs- und Vertriebsgemeinkosten in Kalkulationen zur Bestimmung von Selbstkostenpreisen für Aufträge mit atypischer Kostenstruktur, in: ZfB, 39. Jg. 1969, S. 476.

163 *Haas*, G.: Beitrag zur Gestaltung der Kosten in Theorie, Rechnung und Wirklichkeit, Diss., Mannheim 1950, S. 44.

164 *Nowak*, Kostenrechnungssysteme, S. 41.

165 *Rodenstock*, S. 13 f. In ähnlicher Form auch bei *Haberstock*, Kostenrechnung I, S. 56 f.

166 Dies wird z.B. in den Ausführungen *Hohenbilds* zum Verursachungsprinzip deutlich. Vgl. *Hohenbild*, R.: Das Verursachungsdenken in der betriebswirtschaftlichen Kostenlehre, Diss., Bern/Frankfurt a.M. 1974, S. 264. Weitere Anhaltspunkte dafür liefern *Schweitzer/Küpper*, S. 135; *Schubert*, W./*Hohenbild*, R.: Kostenverursachung, Prinzipien und Probleme, in: Grochla, E./Wittmann, W. (Hrsg.): HWB, 4., völlig neu gestaltete Auflage, Stuttgart 1975, Sp. 2367.

zips,[167] zu denen auch das Identitätsprinzip zu zählen ist,[168] darauf hin, daß das Verursachungsprinzip in seiner allgemeinen Form als ein für die praktische Gestaltung der Kostenrechnung weitgehend untaugliches Abbildungsprinzip anzusehen ist.[169] In diesem Zusammenhang ist auch die Frage zu stellen, ob es überhaupt möglich ist, absolut richtige Zurechnungsgrundsätze - sei es mit oder ohne Hilfe des Verursachungsprinzips - zu ermitteln. Auf diese primär philosophische Problematik soll hier nicht näher eingegangen werden.

Unabhängig von der Beurteilung, ob das Verursachungsprinzip dazu geeignet ist, eine absolute Richtigkeit ermitteln zu können und damit Handlungsanweisungen für die Gestaltung einer wirklichkeitsgetreuen Kostenrechnung zu geben, stellt sich die Frage, ob unter dem Gesichtspunkt der Zweckbestimmtheit der Kostenrechnung eine derartig heftige Diskussion, wie sie über das Verursachungsprinzip geführt wird, überhaupt notwendig ist. Wie oben festgestellt, ist es für die zweckorientierte Gestaltung der Kostenrechnung vielmehr erforderlich, von der absoluten Richtigkeit zu abstrahieren und primär an den kostenrechnerischen Zwecksetzungen orientierte, relativ richtige Zurechnungsprinzipien zu ermitteln.

Selbst unter Annahme der Zulässigkeit des Verursachungsprinzips in einer entsprechenden Interpretationsausprägung und der Ableitbarkeit einer absoluten Richtigkeit der Kostenzurechnung dürften andere, mit dem Verursachungsprinzip nicht vereinbare Verrechnungsvorgänge nicht ohne weiteres als falsch beurteilt werden. Beispielsweise zeigt eine Betrachtung der Fixkosten, die sich nach weitgehend übereinstimmender Literaturmeinung nicht verursachungsgerecht auf Erzeugniseinheiten,[170] sondern bestenfalls auf Abrechnungsperioden zurechnen lassen,[171] daß es für bestimmte

---

[167] Einen Überblick über die verschiedenen Interpretationsmöglichkeiten des Verursachungsprinzips bieten *Mrosek*, S. 109 ff.; *Ehrt*, S. 17 ff.; *Hohenbild*, S. 222 ff.

[168] Zum Identitätsprinzip vgl. *Riebel*, P.: Die Fragwürdigkeit des Verursachungsprinzips im Rechnungswesen, in: Layer, M./Strebel, H. (Hrsg.): Rechnungswesen und Betriebswirtschaftspolitik, Festschrift für Gerhard Krüger zu seinem 65. Geburtstag, Berlin 1969, S. 60 ff. Zur Einordnung des Identitätsprinzips in den Gesamtzusammenhang des Verursachungsprinzips vgl. *Hohenbild*, S. 256 f.; *Kilger*, Flexible Plankostenrechnung, S. 4 f.; *Haberstock*, Kostenrechnung I, S. 57 f.

[169] Vgl. *Hummel*, Kostenerfassung, S. 112; *Schubert/Hohenbild*, Sp. 2367.

[170] Vgl. *Kilger*, Verrechnung, S. 477; *Mrosek*, S. 111 f., 116 f. u. 127 f.; *Koch*, H.: Grundprobleme der Kostenrechnung, Köln/Opladen 1966, S. 67 und die dort angegebene Literatur; *Ehrt*, S. 51.

[171] In der Literatur wird gewöhnlich davon ausgegangen, daß die Fixkosten kalenderzeitproportionale Periodenkosten darstellen, da die Bereitstellung der Kapazitäten für eine bestimmte Kalenderzeit erfolgt. Siehe hierzu *Rummel*, K.: Einheitliche Kostenrechnung auf der Grundlage einer vorausgesetzten Proportionalität der Kosten zu betrieblichen Größen, 3.,

Rechnungszwecke, z.B. zur Ermittlung von vollkostendeckenden Selbstkostenpreisen, durchaus sinnvoll sein kann, eine bezugsgrößenproportionale Verrechnung auf die Kostenträger vorzunehmen.[172] Eine derartige, nicht mit dem Verursachungsprinzip konformgehende, aber durchaus zweckmäßige Verrechnung ist zwar nicht als absolut richtig im Sinne einer isomorphen Abbildung der Realität, aber dennoch als relativ richtig hinsichtlich der Zweckbestimmtheit der Kostenrechnung anzusehen. Verrechnungsprinzipien sind folglich nicht unter Zuhilfenahme des Verursachungsprinzips, sondern unter Berücksichtigung des jeweils verfolgten Rechnungszwecks auf Richtigkeit und Zulässigkeit zu untersuchen. Es ist somit festzuhalten, "daß es gar *kein einheitliches Kostenzurechnungsprinzip geben kann. Die einzige allgemeingültige Aussage ist die, daß der Rechnungszweck das Zurechnungsprinzip und damit den Rechnungsinhalt festlegt.*"[173] In diesem Zusammenhang ist auch die Aussage *Kilgers* zu sehen, die Anwendung des Verursachungsprinzips habe "in der Praxis ... nie zu ernsthaften Verständnisschwierigkeiten geführt."[174] Dies liegt sicherlich weniger in der Klarheit und einfachen Handhabbarkeit des Verursachungsprinzips, sondern in erster Linie in dem Bemühen der Praxis begründet, zweckorientierte und in diesem Sinne richtige Verrechnungsgrundsätze aufzustellen und anzuwenden.

Der Grundsatz der Richtigkeit ist schließlich auch in der vierten Phase des kostenrechnerischen Abbildungsvorgangs, der Informationsaufbereitung, zu beachten. Aus der Vielzahl der Informationsaufbereitungsmöglichkeiten soll hier am Beispiel der Vergleichsrechnungen aufgezeigt werden, welche

---

durchgesehene und erweiterte Auflage, Düsseldorf 1949, S. 29; *Agthe*, K.: Stufenweise Fixkostendeckung im System des Direct Costing, in: ZfB, 29. Jg. 1959, S. 405 f.; *Kilger*, Flexible Plankostenrechnung, S. 48 ff.; *Matz*, A.: Planung und Kontrolle von Kosten und Gewinn, Handbuch der Planungsrechnung, Wiesbaden 1964, S. 27; *Hummel/Männel*, S. 107. Die von den Befürwortern der Teilkostenrechnung vorgeschlagene strikte Periodenbehandlung der Fixkosten ist bei genauer Betrachtung allerdings ebensowenig wie die Fixkostenproportionalisierung auf Erzeugniseinheiten als verursachungsgerecht zu bezeichnen, da ein Zeitabschnitt unabhängig von der zugrundeliegenden Interpretation des Verursachungsprinzips nicht ursächlich für die Kostenentstehung verantwortlich sein kann. "Konsequenterweise dürfte man den durch eine Disposition verursachten (bewerteten) Faktorverbrauch nur pauschal der Gesamtzeit zurechnen, während der die Disposition wirkt." *Haberstock*, L.: Kostenrechnung II, (Grenz-)Plankostenrechnung, mit Fragen, Aufgaben und Lösungen, 7., durchgesehene Auflage, Hamburg 1986, S. 28. Vgl. hierzu auch *Koch*, Grundprobleme, S. 67, insbesondere Fn. 10; *Riebel*, Richtigkeit, S. 42.

172 Die Zweckmäßigkeit einer derartigen Vorgehensweise erkennt auch *Riebel*. Vgl. *Riebel*, Richtigkeit, S. 42.

173 *Schneider*, D.: Kostentheorie und verursachungsgemäße Kostenrechnung, in: ZfhF, Neue Folge, 13. Jg. 1961, S. 693.

174 *Kilger*, Einführung, S. 75.

Aspekte bei der Beurteilung der Informationsaufbereitung hinsichtlich ihrer Richtigkeit zu beachten sind. Von einer richtigen Informationsaufbereitung kann bei Kostenvergleichsrechnungen[175] gesprochen werden, wenn die materielle Vergleichbarkeit[176] der Kostendaten gegeben ist. Eine absolute Richtigkeit der Vergleichsrechnung liegt vor, wenn strukturisomorph abgebildete Vergleichsobjekte überhaupt in irgendeiner Hinsicht miteinander verglichen werden können, was das Vorhandensein mindestens eines Vergleichsmaßstabes voraussetzt.[177] Diese absolute Vergleichbarkeit führt allerdings in der Regel nicht zu einem sinnvollen Erkenntnisfortschritt, da sich die Vergleichsobjekte in einer unüberschaubaren Vielzahl von Merkmalen, die in der Kostentheorie und in der Kostenrechnung als Wirkungen von Kosteneinfluß- oder Kostenbestimmungsfaktoren[178] bezeichnet werden, unterscheiden können. Um zu einer zweckorientierten Erkenntnisgewinnung zu gelangen, ist es vielmehr erforderlich, den Untersuchungszweck bei der Kostenvergleichsrechnung zu berücksichtigen.[179] Dazu müssen diejenigen Kosteneinflußfaktoren, die nicht Gegenstand der Untersuchung sind, bei der Ermittlung der Kostendaten übereinstimmen. Erfolgt keine Gleichsetzung nicht untersuchungsrelevanter Kostenbestimmungsfaktoren, wirken diese als (materielle) Störfaktoren[180] und beeinträchtigen die Aussagefähigkeit des Vergleiches. Wird aber eine Differenziertheit der Vergleichsobjekte nur für solche Kosteneinflußfaktoren zugelassen, die im Rahmen des Aus-

---

[175] Als Kostenvergleichsrechnungen sind Zeitvergleiche, Soll-Ist-Vergleiche, Verfahrensvergleiche und Betriebsvergleiche (zwischenbetriebliche Vergleiche) denkbar. Vgl. *Schmalenbach*, Kostenrechnung, S. 435 ff.

[176] Das Phänomen der Vergleichbarkeit läßt sich in einen materiellen und in einen formellen Aspekt differenzieren, wobei die materielle Vergleichbarkeit durch die inhaltlichen Voraussetzungen der Vergleichsobjekte bestimmt wird, während die formelle Vergleichbarkeit die rechentechnische Möglichkeit der Durchführung eines Vergleiches betrifft. Vgl. hierzu *Schnettler*, A.: Betriebsvergleich, Grundlagen und Praxis zwischenbetrieblicher Vergleiche, 3., völlig neu bearbeitete Auflage, Stuttgart 1961, S. 5; *Buddeberg*, H.: Über die Vergleichbarkeit der Handelsbetriebe, Köln/Opladen 1955, S. 6 f. Auf die formelle Vergleichbarkeit wird im Rahmen des Grundsatzes der Stetigkeit näher einzugehen sein.

[177] Vgl. *Hauck*, W.Ch.: Der Betriebsvergleich, Lehr- und Handbuch des Betriebsvergleichs für Theorie und Praxis, Erster Band: Betriebsvergleichslehre, Theorie und Methodik, Bühl-Baden 1933, S. 73 ff.; *Schott*, G.: Grundlagen des Betriebsvergleichs, Frankfurt a.M. 1950, S. 26 ff.; *Buddeberg*, S. 4 ff. Dieser Vergleichsmaßstab ist bei Kostenvergleichen bereits dann gegeben, wenn bei der kostenrechnerischen Abbildung der Vergleichsobjekte derselbe Kostenbegriff zugrunde gelegt wird.

[178] Zu den Kosteneinflußfaktoren vgl. *Schmalenbach*, Kostenrechnung, S. 41 ff.; *Gutenberg*, Produktion, S. 344 ff.

[179] Vgl. *Schnettler*, S. 6 ff.; *Lehmann*, M.R.: Industrielle Betriebsvergleiche, Wiesbaden 1958, S. 27.

[180] Vgl. *Schnettler*, S. 7 u. 29 ff.

wertungszweckes untersucht werden sollen, ist die relative, zweckabhängige Vergleichbarkeit der Kostendaten als Voraussetzung für eine relativ richtige Kostenaufbereitung gegeben.

Wie die vorangehenden Ausführungen zeigen, richtet sich die Bestimmung der kostenrechnerischen Richtigkeit in allen vier Phasen des Abbildungsprozesses nach dem jeweils zugrundeliegenden Zweck. Was für den jeweiligen Zweck als richtig zu erachten ist, ergibt sich durch den Konsens mehrerer qualifizierter Fachleute, der gegeben ist, "wenn vertrauenswürdige, fachlich qualifizierte Beobachter, die unabhängig voneinander denselben wirtschaftlichen Sachverhalt erfassen, zu übereinstimmenden oder ähnlichen zahlenmäßigen Ergebnissen kommen."[181] Voraussetzung hierfür ist, daß die Erfassung und die Weiterverrechnung der Kosten intersubjektiv nachprüfbar gestaltet werden, insbesondere daß die einzelnen Güterverbräuche durch Belege nachgewiesen und die Mengenbewertung und Kostenweiterverrechnung durch die Angabe von Vorgehensweise und Methodik nachvollzogen werden können.[182]

(b) Genauigkeit

Nachdem mit dem Grundsatz der Richtigkeit die zweckbestimmten Aspekte des Abbildungsinhalts bestimmt sind, stellt sich die Frage, mit welchem Grad sich die Kostenrechnung an die relative Richtigkeit annähern soll,[183] d.h. mit welcher Genauigkeit die Datenerfassung und -verarbeitung zu erfolgen hat. Die absolute Obergrenze der Genauigkeit wird dabei durch den nach den Grundsätzen der relativen Richtigkeit anzustrebenden Wert bestimmt. Inwieweit es angebracht erscheint, einen sich in hinreichendem Maße dieser Obergrenze annähernden, ungenauen Wert zu akzeptieren, wird durch die Wirtschaftlichkeit der Abbildungsvorgänge beeinflußt, denn "eine vollkommene Kostenrechnung ist nicht eine solche mit höchster

---

[181] *Hummel*, Kostenerfassung, S. 102. Vgl. auch *Weber/Kalaitzis*, S. 450. Diese Vorgehensweise der Wahrheitsfindung entspricht der konstruktivistischen Grundkonzeption, die im Gegensatz zum kritischen Rationalismus von einem pragmatischen Wahrheitsmodell ausgeht. Vgl. hierzu *Raffée*, H./*Abel*, B.: Aufgaben und aktuelle Tendenzen der Wissenschaftstheorie in den Wirtschaftswissenschaften, in: Raffée, H./Abel, B. (Hrsg.): Wissenschaftstheoretische Grundfragen der Wirtschaftswissenschaften, München 1979, S. 6.

[182] Vgl. *Lackes*, EDV-orientiertes Kosteninformationssystem, S. 45; *Schweitzer*, Prinzipien, S. 482.

[183] Vgl. *Becker*, H.D.: Die Anforderungen der Preispolitik an die Gestaltung der Kostenrechnung, Diss., Frankfurt a.M. 1962, S. 118; *Hummel*, Kostenerfassung, S. 90.

Genauigkeit, sondern eine solche mit ökonomischer Begrenzung der Genauigkeit."[184]

Ungenauigkeiten etwa bei der Erfassung der Verbrauchsmengen, bei der Bewertung oder bei der Kostenverrechnung sind im Sinne des Grundsatzes der Wirtschaftlichkeit zu rechtfertigen.[185] Hierzu zählen nicht nur jene Ungenauigkeiten, die sich auf die in der Kostenrechnung angewandten Methoden und Verfahren zurückführen lassen, sondern auch solche, die aufgrund organisatorischer oder menschlicher Mängel entstehen. Ungenauigkeiten der Datenerfassung oder -verrechnung, die beispielsweise aus Schreib-, Zähl- oder Kontierungsfehlern resultieren, sollten nach Möglichkeit vermieden werden. Die Minderung dieser Schwächen stellt weitgehend ein Wirtschaftlichkeitsproblem dar,[186] da hierzu kostenverursachende Maßnahmen wie der Einsatz qualifizierter Mitarbeiter oder der Aufbau eines internen Kontrollsystems erforderlich sind.

Es bleibt damit festzuhalten, daß neben der Zweckbestimmtheit der Kostenrechnung auch die Beachtung des Wirtschaftlichkeitsprinzips unweigerlich zu einer Aufgabe der Isomorphieforderung zugunsten einer homomorphen Abbildung des Betriebsgeschehens führt. Bezogen auf die Grundsätze zur Bestimmung des Abbildungsinhalts kann gesagt werden, daß sowohl der Grundsatz der Richtigkeit als auch der Grundsatz der Genauigkeit durch die Homomorphie der Kostenrechnung geprägt werden. Folglich ist es möglich, die Grundsätze der Richtigkeit und der Genauigkeit zum Grundsatz der Homomorphie zusammenzufassen.

(2) Grundsätze zur Gestaltung der Abbildungsvorgänge

Über die Festlegung des Abbildungsinhalts der Kostenrechnung durch die Bestimmung der relativen Richtigkeit und des Genauigkeitsmaßes der Abbildung hinaus sind auch die eigentlichen Abbildungsvorgänge, d.h. die (buchungs-)technische und organisatorische Umsetzung und Realisierung der Abbildungsaufgaben, zweckorientiert zu gestalten. Dabei sind sowohl die Grundsätze der Informationsverwertung als auch die Grundsätze zur Bestimmung des Abbildungsinhalts zu beachten, wobei sich insbesondere aus den Grundsätzen der Relevanz und der Adäquanz die Gestaltungsforde-

---

[184] *Schmalenbach*, Kostenrechnung, S. 24.

[185] Damit sind auch die aus dem Grundsatz der Richtigkeit ableitbaren Anforderungen nach Vollständigkeit und Einmaligkeit der Kostenerfassung und Verrechnung entsprechend zu relativieren.

[186] Vgl. *Riebel*, Richtigkeit, S. 44.

rungen nach einer flexiblen, schnellen und stetigen Kostenrechnung ableiten lassen.

(a) Flexibilität

Eine adäquate Bereitstellung relevanter Kosteninformationen wird vor allem durch eine flexible Gestaltung der Auswertungs- und Nutzungsmöglichkeiten sowie durch die Anpassungsfähigkeit des Kostenrechnungssystems an Änderungen der betrieblichen Gegebenheiten begünstigt. Aufgrund der Individualität des Informationsbedarfs und der Vielfalt möglicher Auswertungszwecke ist es sinnvoll, im Rahmen der Kostenermittlung und -verrechnung keine vorzeitigen Datenverdichtungen vorzunehmen, sondern erst bei der Informationsaufbereitung und -bereitstellung den nachfragespezifischen Informationsbedarf zu berücksichtigen.[187] Weiterhin sollte sich die Kostenrechnung durch eine universelle Aufbaustruktur auszeichnen, die auch ursprünglich nicht vorgesehene Nutzungsmöglichkeiten zuläßt.[188]

(b) Schnelligkeit

Der Grundsatz der Schnelligkeit steht in enger Verbindung mit dem Grundsatz der Rechtzeitigkeit der Informationsbereitstellung. Die Rechtzeitigkeit der Informationsbereitstellung wird insbesondere durch eine ausreichende Schnelligkeit der Informationsbeschaffung und -verarbeitung erzielt. Die Schnelligkeit der Kostenrechnung wird dabei durch verschiedene Größen beeinflußt, so z.B. durch die Art der Datenerfassung sowie durch die Qualität und Leistungsfähigkeit der Datenverarbeitungstechnik, aber auch durch die Art des gewählten Kostenrechnungssystems[189] oder der angewandten Kostenrechnungsverfahren, wie beispielsweise der Methoden der innerbetrieblichen Leistungsverrechnung oder der Kalkulationsverfahren.

---

[187] Vgl. *Hummel*, Kostenerfassung, S. 133 ff.; *Weber/Kalaitzis*, S. 450.

[188] Vgl. *Lackes*, EDV-orientiertes Kosteninformationssystem, S. 49.

[189] Beispielsweise kann als einer der Hauptgründe für die Entwicklung der Normalkostenrechnung ihre erhöhte Abrechnungsgeschwindigkeit im Vergleich zur traditionellen Istkostenrechnung angeführt werden. Vgl. *Müller*, A.: Grundsätzliches zur Plan- und Normalkostenrechnung, Zur Frage der Kostennormalisierung, in: Stahl und Eisen, 69. Jg. 1949, S. 602 f.; *Nowak*, Kostenrechnungssysteme, S. 74; *Kilger*, Flexible Plankostenrechnung, S. 22 f.

(c) Stetigkeit

Wiederum eng mit der Forderung nach der Zweckbestimmtheit der Kostenrechnung verbunden ist der Grundsatz der Stetigkeit. Sämtliche Kostenauswertungen, die auf einem Vergleich von Kosteninformationen beruhen, können nur dann zu richtigen Erkenntnissen bei den Informationsadressaten führen, wenn die kostenrechnerischen Verfahrensweisen und Methoden bei der Ermittlung der Vergleichsgrößen dieselben sind.[190] Eine mangelnde Stetigkeit, beispielsweise hervorgerufen durch eine Änderung der Abschreibungsverfahren, der Art der Bezugsgrößen für die Gemeinkostenverrechnung oder des Kalkulationsverfahrens, führt zwangsweise zu einer Auswertungsillusion, "weil sich mit jeder Änderung die Vergleichsgrundlagen verschieben."[191] Eine Anpassung der Kostenrechnung sollte daher nur dann vorgenommen werden, wenn die bisherigen Verfahren zu einer undurchsichtigen oder unrichtigen Kostenrechnung führen oder durch technische oder organisatorische Änderungen eine Anpassung der Kostenrechnung an die neuen Betriebsbedingungen erforderlich wird. Erfolgt aus den genannten Gründen eine Durchbrechung des Stetigkeitsgrundsatzes, ist zu beachten, daß ein Vergleich der Kostenrechnungszahlen nach der Umstellung mit den Zahlen vor der Umstellung nur eingeschränkt aussagefähig ist.[192]

Zusammenfassend kann festgehalten werden, daß mit den vorangehend dargestellten Einzelgrundsätzen eine Konkretisierung der Zweckbestimmtheit und der Wirtschaftlichkeit erfolgt und damit eine bessere Umsetzung dieser übergeordneten Prinzipien der Kostenrechnungsgestaltung in der Praxis möglich wird. Neben den in dieser Untersuchung dargestellten Einzelgrundsätzen werden in der Literatur weitere Grundsätze genannt,[193] die sich - wie in den Ausführungen zu den Einzelgrundsätzen teilweise gezeigt - bei genauer inhaltlicher Betrachtung in der Regel als Untergrundsätze der hier dargestellten Einzelgrundsätze erweisen. Durch die Gliederung der Einzelgrundsätze nach den Ablaufphasen der Kostenrechnungsdurchfüh-

---

190 Mit dem Grundsatz der Stetigkeit wird der formelle Aspekt der Vergleichbarkeit angesprochen. Vgl. hierzu *Schnettler*, S. 46 ff.; *Buddeberg*, S. 6 f. Zu den materiellen Aspekten der Vergleichbarkeit siehe die Ausführungen im Rahmen des Grundsatzes der Richtigkeit in Kapitel B.-II.-1.-b)-bb)-(1)-(a).

191 *Kalveram*, Rechnungswesen, S. 174.

192 Vgl. *Nowak*, Kostenrechnungssysteme, S. 42 f.; *Kalveram*, Rechnungswesen, S. 174.

193 Beispielhaft seien die Belegbarkeit, die Ordnungsmäßigkeit, die Realitätstreue, die Verständlichkeit, die Übersichtlichkeit, die Praktikabilität und die Transparenz genannt. Vgl. hierzu *Weber/Kalaitzis*, S. 449; *Kalveram*, S. 173 ff.; *Lackes*, EDV-orientiertes Kosteninformationssystem, S. 41 ff.

rung ist mithin eine Systematisierung gegeben, die eine Zuordnung weiterer Einzelgrundsätze erlaubt.

c) Die betriebsindividuelle Kostenrechnungsgestaltung als sekundärer und zugleich übergeordneter Gestaltungsgrundsatz

Die konsequente Anwendung und Beachtung der vorangehend erläuterten Grundsätze zur Gestaltung der Kostenrechnung in der Praxis führt zwangsläufig zur Entwicklung betriebsindividueller Kostenrechnungen. Die Richtigkeit dieser These läßt sich beispielhaft an den Grundsätzen der Relevanz, der Adäquanz und der Richtigkeit aufzeigen.

Die in der Realität auftretenden Betriebe sind durch eine große Differenziertheit hinsichtlich ihrer Ziele gekennzeichnet. Diese Vielfältigkeit wirkt sich wiederum auf die Art der Informationen aus, die zur Erreichung dieser Ziele der Unternehmensführung und darüber hinaus auch den externen Informationsempfängern bereitgestellt werden müssen. Die Individualität der Betriebsziele führt somit auch zu einer betriebsindividuellen Ausrichtung der von der Kostenrechnung zu erfüllenden Informationsaufgaben und zu einer betriebsspezifischen Auslegung des Grundsatzes der Relevanz. Bei genauer und konsequenter Beachtung dieses Grundsatzes, der eine strenge Berücksichtigung der Informationszwecke bei der Informationsbereitstellung und - unter Berücksichtigung des Grundsatzes der Wirtschaftlichkeit - auch bei der Informationserstellung fordert, ergeben sich gleichsam zwangsläufig betriebsindividuelle Kostenrechnungen.

Real existierende Betriebe zeichnen sich weiterhin dadurch aus, daß ihnen als Mitarbeiter menschliche Individuen angehören, die unterschiedliche Ansprüche an die Art der Bereitstellung und Aufbereitung der Kosteninformationen stellen. Die Art des Informationsbedarfs der Mitarbeiter wird damit zu einem die Besonderheiten des einzelnen Betriebes bestimmenden Faktor, so daß sich im zwischenbetrieblichen Vergleich unterschiedliche Anforderungen an die Kostenrechnung als Informationssystem ergeben. Die Berücksichtigung des betriebsspezifischen Bedarfs hinsichtlich der Art der Informationsbereitstellung nach dem Grundsatz der Adäquanz führt damit ebenso wie die Beachtung des Grundsatzes der Relevanz automatisch zu einer betriebsindividuellen Ausgestaltung der Kostenrechnung.

Die Existenz betriebsspezifischer Kostenrechnungen als Folge einer konsequenten Anwendung der Gestaltungsgrundsätze im praktischen Einzelfall zeigt sich auch bei näherer Betrachtung des Grundsatzes der Richtigkeit, der eine homomorphe Abbildung des Betriebsgeschehens, der betrieblichen

Leistungserstellungs- und Leistungsverwertungsprozesse, fordert. Dieses dem Modell Kostenrechnung zugrundeliegende Original ist wiederum nicht bei allen Betrieben gleichermaßen ausgeprägt, sondern zählt zu den besonderen Eigenheiten und individuellen Eigenschaften des in der Praxis vorzufindenden Betriebes. Insbesondere der Fertigungsbereich als das Hauptabbildungsobjekt der Kostenrechnung trägt durch die Vielfältigkeit der fertigungstechnischen Abläufe und Prozesse zu einem stark heterogenen Erscheinungsbild der Realität bei. Will die Kostenrechnung im Sinne des Grundsatzes der Richtigkeit ein adäquates Abbild dieser Realität zeigen, muß bei ihrem Aufbau, aber auch bei ihrem laufenden Einsatz dieser betriebsspezifischen Realität Rechnung getragen werden.

Die Forderung nach betriebsindividueller Gestaltung der Kostenrechnung ist damit nicht als Einzelgrundsatz aufzufassen, der neben den in Kapitel B.-II.-1.-b) dargestellten Prinzipien einzuordnen ist,[194] sondern es handelt sich um einen sekundären Grundsatz, der bei richtiger Anwendung der Einzelgrundsätze quasi zwangsläufig beachtet wird. Gleichzeitig stellt der Grundsatz der betriebsindividuellen Gestaltung der Kostenrechnung einen übergeordneten Grundsatz dar, dem eine besondere Bedeutung für die Kostenrechnungsgestaltung zukommt. Diese Bedeutung resultiert einmal aus der Kontrollfunktion, die der Grundsatz der betriebsindividuellen Kostenrechnungsgestaltung hinsichtlich der Einhaltung der Einzelgrundsätze zu erfüllen hat. Unterscheidet sich die Kostenrechnung eines Betriebes nicht oder nur unwesentlich von der eines anderen, so deutet dies darauf hin, daß die Gestaltungsgrundsätze nicht in gebührendem Maße beachtet worden sind. Lediglich in solchen Fällen, in denen sich - bezogen auf alle wesentlichen gestaltungsbestimmenden Merkmale - ähnliche Betriebe gegenüberstehen, können entsprechend ähnlich aufgebaute Kostenrechnungen erwartet werden. Aufgrund der Vielfalt der das Wesen einer Kostenrechnung prägenden Einflüsse sind aber derart ähnliche Betriebe in der Praxis kaum anzutreffen, so daß die betrieblichen Kostenrechnungen bei sinnvoller Gestaltung und richtiger Anwendung der Grundsätze meist in wesentlichen Punkten differieren.

Von besonderer Bedeutung ist der Grundsatz der betriebsindividuellen Kostenrechnungsgestaltung weiterhin deshalb, weil er die mit der Einführung oder Durchführung einer Kostenrechnung betrauten Personen und Institutionen darauf aufmerksam macht, daß standardisierte Kostenrech-

---

[194] In der Literatur zu den Kostenrechnungsgrundsätzen wird der Grundsatz der betriebsindividuellen Gestaltung der Kostenrechnung nur selten genannt. Seine Berücksichtigung als eigenständiges und den anderen Grundsätzen gleichgestelltes Gestaltungsprinzip erfolgt beispielsweise bei *Kosiol*, *Kalveram* und *Nowak*. Vgl. *Kosiol*, Buchhaltung, S. 32; *Kalveram*, Rechnungswesen, S. 175; *Nowak*, Kostenrechnungssysteme, S. 40 f.

nungssysteme, -verfahren und -methoden, wie sie z.B. in Form von kostenrechnungstheoretischen Ansätzen und Modellen, Verbands- und Konzernrichtlinien oder Softwareprodukten vorliegen, nicht ohne weiteres für den Einzelbetrieb übernommen werden können, sondern daß deren Anwendbarkeit im Einzelfall zu überprüfen ist und - falls die Anwendbarkeit gegeben ist - gewisse Anpassungen an die Besonderheiten des Betriebes vorgenommen werden müssen. Auf die Notwendigkeit einer Anpassung standardisierter Kostenrechnungskonzeptionen an die betriebsspezifischen Gegebenheiten verweist beispielsweise der *Bundesverband der Deutschen Industrie e.V.* in seinen "Empfehlungen zur Kosten- und Leistungsrechnung" von 1988, in denen die Anpassung der Kostenrechnung insbesondere an die Vielgestaltigkeit der betrieblichen Fertigungsstruktur gefordert wird.[195] Auch bereits in den "Allgemeinen Grundsätzen der Kostenrechnung" nach dem Erlaß des Reichswirtschaftsministers vom 16. Januar 1939 finden sich Hinweise auf das Erfordernis einer betriebsindividuellen Gestaltung der Kostenrechnung, und zwar in Form eines eigenständig aufgeführten Grundsatzes, der die Anpassung der Kostenrechnung an die Betriebsgröße, die Art des Betriebsablaufs und die Art der Leistungen vorschreibt.[196] Besondere Beachtung verdient diese Quelle vor allem deshalb, weil hier der Hinweis auf die betriebsspezifische Gestaltung der Kostenrechnung in gewisser Weise im Widerspruch zum zentralen Ziel des Erlasses, der rigorosen zwangsweisen Vereinheitlichung betrieblicher Kostenrechnungen, steht. Daraus schließen *Fischer/Heß/Seebauer*, daß "die Vereinheitlichung ... nie so weit gehen (darf; A.d.V.), daß die Güte der Kostenrechnung für einen Betrieb durch nicht ausreichende Berücksichtigung seiner Besonderheiten leidet."[197]

Eine herausragende Stellung kommt dem Grundsatz der betriebsspezifischen Gestaltung der Kostenrechnung vor allem für die praktische Umsetzung der einzelnen Kostenrechnungsgrundsätze zu. Obwohl diese Grundsätze mehr oder weniger eindeutig und klar formuliert sind, mangelt es ihnen an unmittelbarer Anwendbarkeit in der Praxis, da sie noch viel zu abstrakt und allgemeingültig sind und keine konkreten Handlungsanweisungen an die Kostenrechnungsgestalter oder Systembetreuer enthalten. Auf-

---

[195] Vgl. *Bundesverband der Deutschen Industrie e.V.* (Hrsg.): Empfehlungen zur Kosten- und Leistungsrechnung, Bd. 1, Kosten- und Leistungsrechnung als Istrechnung, 2. Auflage, überarbeitet in Anpassung an die Neufassung '86 des Industriekontenrahmens, Köln/Bergisch Gladbach 1988, S. 21.

[196] Vgl. *Erlaß des Reichswirtschaftsministers und des Reichskommissars für die Preisbildung vom 16. Januar 1939*, S. 417. Vgl. hierzu auch *Kosiol*, Buchhaltung, S. 32; *Kalveram*, Rechnungswesen, S. 175; *Nowak*, Kostenrechnungssysteme, S. 40 f.

[197] *Fischer*, J./*Heß*, O./*Seebauer*, G.: Buchführung und Kostenrechnung, Leipzig 1939, S. 224.

bauend auf dem Grundsatz der betriebsindividuellen Kostenrechnungsgestaltung läßt sich ein Instrumentarium entwickeln, das es dem Kostenrechnungsgestalter erlaubt, eine für den jeweiligen Betrieb maßgeschneiderte Kostenrechnung aufzubauen und zur Anwendung zu bringen. Hierzu sind die Bedingungen und Einflüsse, die die Individualität der betrieblichen Kostenrechnungen bestimmen, abzuleiten und deren Wirkungen auf die Art des Aufbaus und der Durchführung der Kostenrechnung zu ermitteln. Auf der Grundlage derartiger Erkenntnisse können der Prozeß der Kostenrechnungsgestaltung operationalisiert und praktikablere Handlungsanweisungen an die Kostenrechnungsentwickler gegeben werden. Ferner wird durch die Berücksichtigung der Gestaltungseinflüsse die Beachtung der Einzelgrundsätze wesentlich erleichtert, da mit der Beachtung betriebsindividueller Gegebenheiten die Berücksichtigung der Einzelgrundsätze eng verbunden ist. Die Erforschung von Gestaltungseinflüssen und deren Wirkungen auf das Wesen der Kostenrechnung sind daher Gegenstand der folgenden Untersuchungen. Einen zusammenfassenden Überblick über die in diesem Kapitel beschriebenen grundsätzlichen Anforderungen an die Gestaltung der Kostenrechnung, in dem insbesondere die Stellung des Grundsatzes der betriebsindividuellen Kostenrechnungsgestaltung hervorgehoben wird, gibt Abbildung 7.

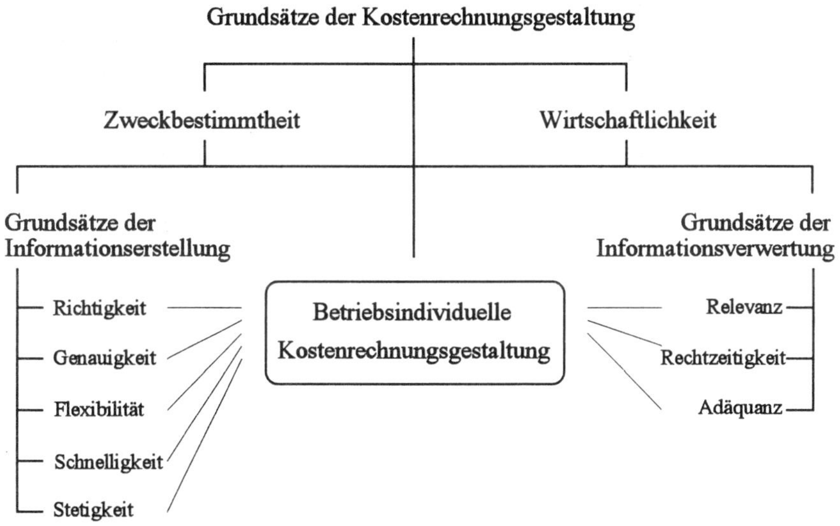

Abbildung 7: Grundsätze der Kostenrechnungsgestaltung

2. Anforderungen an die wissenschaftliche Auseinandersetzung mit der betriebsindividuellen Gestaltung der Kostenrechnung

Wie die Ausführungen zum Grundsatz der betriebsindividuellen Gestaltung der Kostenrechnung zeigen, kann es für den Aufbau und die Durchführung der Kostenrechnung in der Praxis kein uniformes Modell geben, sondern jeder Betrieb hat seine besonderen Gegebenheiten, Eigenheiten und speziellen Situationen bei der Gestaltung einer zweckadäquaten Kostenrechnung zu berücksichtigen. Die Festlegung des Aufbaus und des Ablaufs einzelbetrieblicher Kostenrechnungen ist dabei als eine wichtige strategische Führungsaufgabe anzusehen, da die Kostenrechnung eine bedeutende Stellung innerhalb des betrieblichen Informationssystems einnimmt und als bedeutendes Führungsinstrument eine langfristige Wirkung auf das Erreichen der Unternehmensziele besitzt. Die Erarbeitung von Gestaltungsempfehlungen, die in konkreterer Weise als die oben dargestellten allgemeinen Grundsätze die Kostenrechnungsgestalter in ihrer Führungsaufgabe unterstützen sollen, erfordert eine Strukturierung dieser Führungsaufgabe. Ist der Ablauf des kostenrechnerischen Gestaltungsvorgangs bekannt, können die in den einzelnen Gestaltungsphasen auftretenden Frage- und Problemstellungen, denen die Kostenrechnungsgestalter gegenüberstehen, erkannt und Empfehlungen für die Bewältigung dieser Probleme erarbeitet werden.

Im folgenden soll daher mit der Strukturierung des Gestaltungsprozesses die Grundlage für die Ableitung von Handlungsempfehlungen geschaffen werden, die die zweckmäßige Ausrichtung der Kostenrechnung an den betriebsindividuellen Bedingungen und Gegebenheiten aufzeigen und erleichtern. Weiterhin wird auf zwei Problemkreise einzugehen sein, die sich bei der Analyse des Gestaltungsvorgangs als bedeutend für die vorliegende Untersuchung erweisen können. Es stellt sich erstens die Frage, inwieweit die Kostentheorie und die Kostenrechnungstheorie als für die untersuchte Problematik relevant erscheinende Forschungsgebiete der Betriebswirtschaftslehre in der Lage sind, Erkenntnisse für die Ermittlung von Gestaltungsempfehlungen beizutragen und sich an der Erforschung einer differenzierten Betrachtung der Kostenrechnung zu beteiligen. Zweitens sind der situative Ansatz und die Typologie daraufhin zu untersuchen, inwieweit sie geeignete Methoden für die differenzierte Betrachtung der Kostenrechnungsgestaltung darstellen und im weiteren Verlauf der Untersuchung angewandt werden können.

a) *Strukturierung des kostenrechnerischen Gestaltungsvorgangs*

Die strategische Führungsaufgabe der Gestaltung einer auf die speziellen Gegebenheiten des individuellen Betriebes ausgerichteten Kostenrechnung kann mittels verschiedener formaler Ansätze strukturiert werden.[198] Nach dem handlungsorientierten Ansatz ist die Gestaltung der Kostenrechnung als Handlung aufzufassen, die mittels allgemeiner Merkmale (Ziel, Träger, Objekt, Verrichtung, Mittel, Zeit, Ort, Bedingung, Wirkung) beschrieben werden kann.[199] Wird der entscheidungsorientierten Betrachtungsweise gefolgt, kann zum einen nach den Elementen der Entscheidung, den Zielen, Bedingungen und Instrumenten, und zum anderen nach den Phasen des Problemlösungsprozesses, d.h. nach dem sachlich-zeitlichen Ablauf des Gestaltungsvorgangs, strukturiert werden.[200] Ein Vergleich des handlungsorientierten Ansatzes mit dem entscheidungsorientierten Ansatz zeigt, daß der erstgenannte einen allgemeinen Ansatz darstellt, der den zweiten umfaßt.

Aufgrund der für die vorliegende Untersuchung unzweckmäßigen Breite des handlungsorientierten Ansatzes kommt im folgenden der entscheidungsorientierte Ansatz zur Anwendung. Dabei erfolgt die Problemstrukturierung in einem ersten Schritt in Anlehnung an den oben geschilderten Ablauf des Führungsprozesses. Weiterhin wird die Phase der Kostenrechnungskonzeptgestaltung, die den Schwerpunkt des Gestaltungsproblems darstellt und daher im Mittelpunkt der weiteren Untersuchungen steht, nach dem Entscheidungselementenansatz strukturiert, so daß sich der in Abbildung 8 schematisch veranschaulichte Gestaltungsvorgang ergibt.

Wie aus Abbildung 8 ersichtlich wird, steht am Anfang des kostenrechnerischen Gestaltungsprozesses die Problemstellungsphase, in der durch bestimmte Anlässe die Notwendigkeit einer Einführung oder Umgestaltung der Kostenrechnung erkannt wird. Als bedeutendster Aspekt, der einen kostenrechnerischen Gestaltungsprozeß in Gang bringen kann, ist die Divergenz zwischen dem Informationsbedarf der Nachfrager und dem Informationsangebot der Kostenrechnung zu nennen. Ein solches Mißverhältnis äußert sich häufig in der Unzufriedenheit der Informationsempfänger mit der Art und dem Umfang der bereitgestellten Kosteninformationen,

---

[198] Einen Überblick über die Anwendung formaler Ansätze der Problemstrukturierung im Zusammenhang mit der Kostenrechnungsgestaltung bietet *Brink*, Einflußfaktoren, S. 168 ff.

[199] Vgl. *Brink*, Einflußfaktoren, S. 168 f.

[200] Vgl. *Brink*, H.-J.: Die Kosten- und Leistungsrechnung (KLR) als Element des betrieblichen Planungs- und Kontrollsystems in deutschen Unternehmungen, in: Dams, Th./Mizuno, M. (Hrsg.): Entscheidungsprozesse auf mikro- und makroökonomischer Ebene, dargestellt an ausgewählten Beispielen in Japan und in der Bundesrepublik Deutschland, Berlin 1985, S. 284.

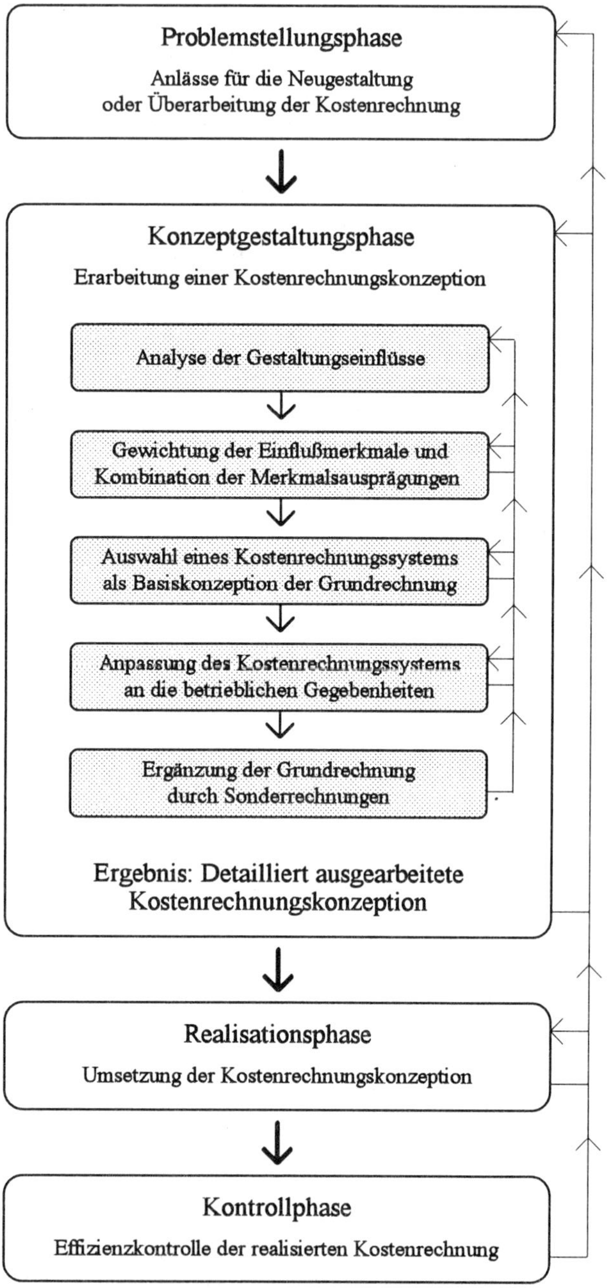

Abbildung 8: Ablauf der Kostenrechnungsgestaltung

wobei die Unzufriedenheit in wirtschaftlich angespannten Situationen meist besonders deutlich hervortritt. Eine bessere Vorgehensweise, Diskrepanzen zwischen Informationsbedarf und Informationsangebot aufzuspüren, ist ein unmittelbarer Vergleich des mittels einer Informationsbedarfsanalyse festgestellten Informationsbedarfs einerseits und der Qualität und Quantität der tatsächlich bereitgestellten Informationen andererseits.[201] Weiterhin können Erkenntnisse, die betriebliche Mitarbeiter z.B. in externen Seminar- und Kongreßveranstaltungen gewinnen oder die sich aus der Kritik von Unternehmensberatern ergeben, den kostenrechnerischen Gestaltungsvorgang auslösen. Ferner sind auch Anlässe denkbar, die weniger einer rationalen Kostenrechnungsgestaltung zuzurechnen sind, sondern die aus einer Motivation resultieren, die Kostenrechnung als Prestige- und Alibiobjekt zu betrachten. Dies ist etwa der Fall, wenn Betriebe eine bestimmte Kostenrechnung nur deshalb betreiben, weil die Konkurrenz eine solche durchführt, bzw. wenn die Kostenrechnung in erster Linie zur nachträglichen Absicherung und Bestätigung von zuvor auf anderer Datenbasis getroffenen Entscheidungen eingesetzt wird.[202]

Nach Feststellung der Notwendigkeit einer Neueinführung oder Umgestaltung der betrieblichen Kostenrechnung ist in einem nächsten Schritt ein Konzept zu entwerfen, in welchem die Aufbau- und die Ablaufstruktur der Kostenrechnung, d.h. die Art und das Wesen der Informationserstellung und -verwertung, möglichst detailliert festgelegt sein sollte. Diese Konzeptgestaltungsphase zeichnet sich durch einen komplexen Vorgang der Alternativensuche und -bewertung aus, bei dem dem Entscheidungsträger nur in sehr begrenztem Maße eine von außen vorgegebene Menge an detailliert ausgearbeiteten Kostenrechnungsalternativen zur Auswahl steht[203] und statt dessen ein hohes Maß an kreativer Eigengestaltung und innovativer Arbeit erforderlich wird, bei der sich aus der richtigen Kombination einer Vielzahl von Kostenrechnungsmerkmalen die zweckmäßigste Alternative ergibt. Um

---

[201] Zur Informationsbedarfsanalyse als Basis für die Gestaltung betrieblicher Informationssysteme vgl. *Meindl*, U.: Überlegungen zur Informationsbedarfsanalyse bei der Entwicklung von Informationssystemen, München-Pullach/Berlin 1972; *Berthel*, J.: Informationsbedarf, in: Frese, E. (Hrsg.): HWO, 3., völlig neu gestaltete Auflage, Stuttgart 1992, Sp. 877 ff.; *Kraus*, H.: Elementare Probleme betrieblicher Informationssysteme, in: Lechner, K. (Hrsg.): Analysen zur Unternehmenstheorie, Festgabe für Leopold L. Illetschko zum 70. Geburtstag, Berlin 1972, S. 159 f.

[202] Vgl. *Weber*, J.: Einführung in das Rechnungswesen: Kostenrechnung, Stuttgart 1990, S. 280 u. S. 295.

[203] Damit sind beispielsweise die von Unternehmensberatern und Softwareherstellern angebotenen sowie die in der Kostenrechnungsliteratur beschriebenen Kostenrechnungssystemlösungen gemeint, die in der Regel Standardlösungen darstellen und somit eine Anpassung an die Besonderheiten des Einzelbetriebes erfordern.

den Prozeß der Alternativensuche und -bewertung dennoch in einer handlungsorientierten und der theoretischen sowie praktischen Anwendung gleichermaßen dienlichen Struktur beschreiben und analysieren zu können, wird die konzeptionelle Gestaltung der Kostenrechnung im folgenden nach dem elementenorientierten-situativen Ansatz betrachtet. Danach ist die rationale Auswahl einer zu implementierenden Kostenrechnung unter Orientierung an den verfolgten Gestaltungszielen, die durch die zu erfüllenden Informationszwecke konkretisiert werden, und den betriebsspezifischen Gegebenheiten vorzunehmen.[204] Sowohl die verfolgten Kostenrechnungszwecke als auch die betriebsspezifischen Gegebenheiten sind damit als Gruppen von Gestaltungsfaktoren zu begreifen, die den individuellen Charakter der Kostenrechnung begründen.

Für den Ablauf der Konzeptgestaltung ergibt sich folglich die Konsequenz, daß zunächst zu analysieren ist, welche Einflüsse im jeweils vorliegenden Betrieb bei der Gestaltung der Kostenrechnung zu berücksichtigen sind und wie sie sich gegebenenfalls auf den Charakter der Kostenrechnung auswirken. Neben einer isolierten Betrachtung einzelner Einflußfaktoren hat dabei auch eine kombinierte Analyse der für den betrachteten Betrieb als gestaltungsrelevant erachteten und entsprechend ihrer Bedeutung gewichteten Merkmale unter Berücksichtigung von Interdependenzen zu erfolgen.

Anschließend kann unter Beachtung der festgestellten Merkmalskombination des Betriebes und mittels Rückgriff auf kostenrechnerische Erfahrungen und Erkenntnisse ein konkretes Kostenrechnungskonzept entwickelt werden, das die gegebenen Informationszwecke optimal erfüllt. Dabei ist es sinnvoll, daß zunächst eine den Erfordernissen des Betriebes entsprechende Grundrechnung aufgebaut wird, die in systematischer und stetiger Weise die Grundinformationen für die Erfüllung der verschiedenen Zwecke ermittelt und bereitstellt.[205] Diese Grundrechnung basiert auf einem Kostenrechnungssystem, mit dessen Hilfe die Kostenerfassung und -verrechnung im Betrieb standardisiert werden soll. Das gewählte Kostenrechnungssystem, das das Wesen der Grundrechnung sehr grob und nur in den Grundzügen der Kostenerfassungs- und Kostenabrechnungsvorgänge festlegt, ist weiterhin zu verfeinern und an die besonderen Gegebenheiten des Betriebes anzupassen. Schließlich ist die Grundrechnung noch durch verschiedene Sonderrechnungen zu ergänzen, die - entweder wie die Grundrechnung in systematischer oder in fallweiser und behelfsmäßiger Art - auf der Grund-

[204] Vgl. *Brink*, Einflußfaktoren, S. 171.

[205] Zur Bedeutung der Grundrechnung vgl. *Schmalenbach*, Kostenrechnung, S. 268 ff.

lage des Zahlenmaterials der Grundrechnung für besondere Auswertungszwecke spezielle Rechenvorgänge durchführen.[206]

Dem Entwurf einer konkreten und detailliert ausgearbeiteten Kostenrechnungskonzeption folgt deren Umsetzung in ein reales Informationssystem. Mit Beginn der Realisierungsphase ist die Konzeptgestaltung indessen nicht zwingend beendet, da sich oftmals erst bei der Umsetzung des Konzeptes dessen Realisierbarkeit und Zweckmäßigkeit vollständig feststellen läßt. Es ist daher möglich, daß im Rahmen der Realisierungsphase Rückkopplungen zu vorgelagerten Phasen auftreten, um eine Anpassung des Konzeptes an veränderte oder vorher nicht richtig oder unvollständig erkannte Bedingungen und Situationen vorzunehmen.

Schließlich erfolgt eine Kontrolle der Kostenrechnungsgestaltung. Sie kann einmal der Überprüfung dienen, ob die im Rahmen der Entscheidungsphase festgelegte Ausgestaltungsform der Kostenrechnung entsprechend realisiert wurde. Daneben ist sie auch als Effizienzkontrolle denkbar, bei der durch die Gegenüberstellung von Nutzen und Kosten der Kostenrechnung deren Vorteilhaftigkeit festgestellt werden kann. Durch eine derartige Kostenrechnungskontrolle lassen sich einerseits Fehlentscheidungen zur Kostenrechnungsgestaltung aufzeigen, andererseits können negative Auswirkungen der im Laufe der kostenrechnerischen Betriebszeit auftretenden Änderungen des Entscheidungsfeldes auf die Effizienz der Kostenrechnung erkannt und eventuell notwendig gewordene Gestaltungsänderungsmaßnahmen eingeleitet werden. Durch die Wandelbarkeit der betriebsspezifischen Gegebenheiten und Anforderungen, die den Charakter einer zweckadäquaten Kostenrechnung bestimmen, ist der Prozeß der Kostenrechnungsgestaltung nicht nur bei der Neueinführung einer Kostenrechnung zu beachten, sondern jede betrieblich bereits installierte Kostenrechnung ist laufend darauf zu überprüfen, ob sie noch am Informationsbedarf orientiert ist und den eventuell veränderten Gestaltungsbedingungen noch gerecht wird.

b) Die Kostentheorie und die Kostenrechnungstheorie als theoretische Grundlagen der betriebsindividuellen Kostenrechnungsgestaltung

Wie bereits eingehend dargelegt, ist die Kostenrechnung als Modell zu gestalten, das die Mengen- und Wertbewegungen der betrieblichen Leistungserstellungs- und Leistungsverwertungsprozesse homomorph widerspiegelt, um den Informationsadressaten - und hierbei insbesondere der

[206] Vgl. *Schmalenbach*, Kostenrechnung, S. 268 ff.

Unternehmensführung - die für die jeweiligen Informationszwecke relevanten Informationen zur Verfügung stellen zu können. Da die Modellgenerierung im Rahmen des kostenrechnerischen Gestaltungsprozesses wie jedes rationale Handeln im Betrieb unter Beachtung des Postulates der Wirtschaftlichkeit zu erfolgen hat, ist ein Rückgriff auf bereits vorhandene kostenrechnerische Erfahrungen und Erkenntnisse unerläßlich. Zwei Forschungsbereiche der Betriebswirtschaftslehre, die für die Bereitstellung von Erkenntnissen für die praktische Kostenrechnungsgestaltung in Frage kommen, sind die Kostentheorie und die Kostenrechnungstheorie. Beide versuchen ebenso wie die einzelbetriebliche Kostenrechnung, die komplexe empirische Realität der Mengen- und Wertbewegungen der betrieblichen Faktorkombination in einem Modell vereinfacht abzubilden, um zu Erkenntnissen über die zieloptimale Gestaltung dieses Kombinationsprozesses zu gelangen.[207] Da aber Kostentheorie, Kostenrechnungstheorie und einzelbetriebliche Kostenrechnung unterschiedliche Erkenntnisziele und Zwecksetzungen verfolgen, müssen sie im Rahmen der Modellbildung mehr oder weniger stark vom realen Erkenntnisobjekt abstrahieren.[208] Wie Abbildung 9 verdeutlicht, stehen die vereinfachten gedanklichen Vorstellungen, die das jeweilige Modell vermittelt, je nach Erkenntnisziel auf einer bestimmten Abstraktionsstufe der komplexen Wirklichkeit gegenüber.

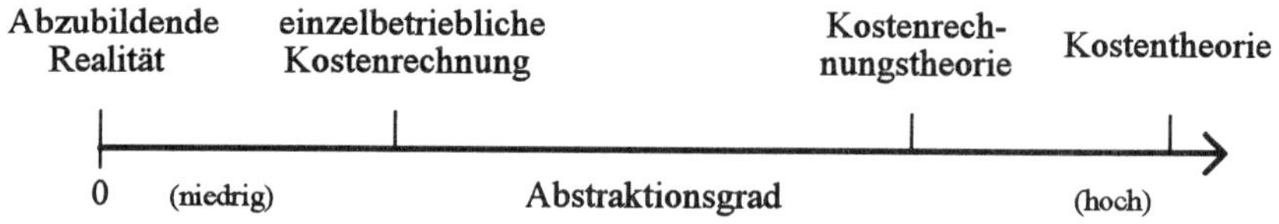

Abbildung 9: Vergleich der Abstraktionsgrade von einzelbetrieblicher Kostenrechnung, Kostenrechnungstheorie und Kostentheorie

Die Kostentheorie macht es sich zur Aufgabe, "die Mengen- und Wertbewegungen des Kombinationsprozesses zu erforschen und mit Hilfe von theoretischen Modellen darzustellen"[209] und dabei insbesondere die auf die

---

207 Vgl. *Kilger*, Kostentheorie als theoretische Grundlage, S. 555; *Meffert*, H.: Beziehungen zwischen der betriebswirtschaftlichen Kostentheorie und der Kostenrechnung, Diss., München 1964, S. 58; *Jacobs*, O.H.: Die Produktions- und Kostentheorie als theoretische Grundlage der industriellen Kostenrechnung unter Berücksichtigung der unternehmerischen Zielvorstellungen, Diss., Aachen 1966, S. 11.

208 Vgl. *Meffert*, Kostentheorie, S. 68 f.

209 *Kilger*, Kostentheorie als theoretische Grundlage, S. 553.

Kostenhöhe des Betriebes wirkenden Einflußgrößen zu erklären und die Bedingungen für eine optimale Kostengestaltung aufzuzeigen.[210] Die in der Kostentheorie entwickelten Aussagen zeichnen sich durch einen allgemeingültigen Charakter aus und wollen den Modellbenutzern ein generelles Bild über die Struktur und das Verhalten der Kosten in Abhängigkeit ausgewählter Einflußfaktoren vermitteln.[211] "Um aber derartige Allaussagen ableiten zu können, muß man in kostentheoretischen Untersuchungen von der empirischen Kostenbasis konkreter Betriebe in hohem Maße abstrahieren."[212] Die Kostentheorie weist daher im Vergleich zur Kostenrechnungstheorie und zu den einzelbetrieblichen Kostenrechnungen den größten Abstraktionsgrad auf und verzichtet bewußt auf die Berücksichtigung spezieller Gegebenheiten und Verhältnisse der Einzelbetriebe im Rahmen der Modellbildung. Weiterhin bemüht sie sich nicht um "eine konkret-rechnerische Erklärung und Bestimmung der auf die Kostenhöhe wirkenden Einflußfaktoren,"[213] sondern sie will auf dem Wege der logischen und allgemeingültigen Analyse aufzeigen, unter welchen Voraussetzungen die unternehmerischen Dispositionen zur optimalen Zielerreichung führen.[214]

Die Kostenrechnungstheorie zeichnet sich im Vergleich zur Kostentheorie durch einen geringeren Abstraktionsgrad von der betrieblichen Realität aus. Sie versucht wirklichkeitsnähere Kostenrechnungsmodelle zu entwickeln und zu analysieren sowie Gestaltungsanforderungen an die Kostenrechnung in Abhängigkeit von den Zwecksetzungen und sonstigen Einflußgrößen zu erarbeiten, um konkretere Aussagen über den Inhalt der Rechnung treffen zu können.[215] Als Problem- und Gegenstandsbereich einer Theorie der Kostenrechnung ergeben sich damit die in den Betrieben praktizierten Kostenrechnungen.[216] Der Theoriecharakter der Kostenrechnungstheorie ist in der Betriebswirtschaftslehre aufgrund der unterschiedlichen Verwendung des Theoriebegriffs umstritten.[217] In der Literatur hat sich die Auffassung

---

[210] Vgl. *Heinen*, E.: Betriebswirtschaftliche Kostenlehre, Kostentheorie und Kostenentscheidungen, 6., verbesserte und erweiterte Auflage, Wiesbaden 1983, S. 141.

[211] Vgl. *Meffert*, Kostentheorie, S. 76 f.; *Jacobs*, Kostentheorie, S. 11.

[212] *Meffert*, Kostentheorie, S. 76.

[213] *Meffert*, Kostentheorie, S. 76.

[214] Vgl. *Haller*, H.: Kostentheorie und Kostenrechnung, in: Zeitschrift für die gesamte Staatswissenschaft, 106. Bd. 1950, S. 510; *Jacobs*, Kostentheorie, S. 15; *Meffert*, Kostentheorie, S. 81.

[215] Vgl. *Kosiol*, Kalkulation, S. 9; *Meffert*, Kosteninformationen, S. 59.

[216] Vgl. *Dellmann*, K.: Zum Stand der betriebswirtschaftlichen Theorie der Kostenrechnung, in: ZfB, 49. Jg. 1979, S. 321; *Illetschko*, L.L.: Kostenrechnung, Theorie der, in: Kosiol, E. (Hrsg.): HWR, Stuttgart 1970, Sp. 958.

[217] Zu einer ausführlichen Auseinandersetzung mit dieser Diskussion vgl. *Meffert*, Kostentheorie, S. 9 ff.

durchgesetzt, daß unter der Bezeichnung "Kostenrechnungstheorie" ein betriebswirtschaftlicher Forschungsbereich zu verstehen ist, in welchem sowohl ein theoretisches als auch technologisch gerichtetes, praktisch-normatives Wissenschaftsziel verfolgt wird,[218] indem unter Rückgriff auf realtheoretische Erkenntnisse der Kostentheorie und anderer Forschungsbereiche wie der Verhaltenswissenschaft oder der Ingenieurwissenschaften versucht wird, eigene realtheoretische Aussagen abzuleiten und technologische Gestaltungsempfehlungen für die Praxis aufzustellen.[219]

Eine solchermaßen als Bestandteil der realwissenschaftlichen Betriebswirtschaftslehre verstandene Kostenrechnungstheorie hat folglich empirisch gehaltvolle und nachprüfbare Aussagen über ihren Gegenstandsbereich zu machen, so daß ihr in diesem Sinne sowohl eine Erklärungs- als auch eine Prognosefunktion zukommt, indem sie durch die wertmäßige Abbildung des betrieblichen Leistungserstellungs- und Leistungsverwertungsprozesses den Informationsadressaten bestehende Zusammenhänge und Abhängigkeiten aufzeigt und die Konsequenzen, die sich aus den Änderungen des betrieblichen Geschehens im allgemeinen und den unternehmerischen Entscheidungen im besonderen ergeben, vorhersagt.[220] Dabei befaßt sich die Kostenrechnungstheorie ausschließlich mit den Abbildungs- und Verrechnungsproblemen, die bei der Frage nach dem Inhalt und dem Umfang der Rechnung sowie der zweckmäßigen Wahl von Rechenformen und -verfahren auftreten, nicht dagegen mit rein organisatorischen und arbeitstechnischen Problemen,[221] die mit der praktischen Durchführung der Kostenrechnung und ihrer Institutionalisierung im Einzelbetrieb verknüpft sind.[222] Insbeson-

---

[218] Zu dieser wissenschaftlichen Zielsetzung vgl. insbesondere *Schmalenbach*, E.: Die Privatwirtschaftslehre als Kunstlehre, in: ZfhF, 6. Jg. 1911/12, S. 304-316, wiederabgedruckt in: ZfbF, 22. Jg. 1970, S. 491 ff.

[219] Diese Auffassung, der auch in dieser Arbeit gefolgt werden soll, findet sich beispielsweise bei *Meffert*, Kosteninformationen, S. 60 f.; *Dellmann*, Theorie, S. 319 f.; *Turner*, G.: Entscheidungsorientierte Kostenrechnungsdifferenzierung, Diss., Thun/Frankfurt a.M. 1980, S. 2 f.; *Schweitzer/Küpper*, S. 82; *Illetschko*, Sp. 966 f. Zum allgemeinen Theoriebegriff und zum heutigen Verständnis des Verhältnisses zwischen theoretischem und pragmatischem Wissenschaftsziel vgl. *Stählin*, S. 9 ff.; *Wild*, J.: Theorienbildung, betriebswirtschaftliche, in: Grochla, E./Wittmann, W. (Hrsg.): HWB, 4., völlig neu gestaltete Auflage, Stuttgart 1976, Sp. 3891; *Abel*, B.: Denken in theoretischen Modellen als Leitidee der Wirtschaftswissenschaften, in: Raffée, H./Abel, B. (Hrsg.): Wissenschaftstheoretische Grundfragen der Wirtschaftswissenschaften, München 1979, S. 155 ff.; *Chmielewicz*, K.: Forschungskonzeptionen der Wirtschaftswissenschaft, 2., überarbeitete und erweiterte Auflage, Stuttgart 1979, S. 181 ff.

[220] Vgl. *Turner*, S. 2 f.; *Meffert*, Kosteninformationen, S. 60 f.

[221] Vgl. *Kosiol*, Kalkulation, S. 13.

[222] Hierzu zählen beispielsweise Fragen, die im Zusammenhang mit der Bildung der mit der Durchführung der Kostenrechnung betrauten Abteilungen oder dem Einsatz von techni-

dere die Lösung von Abgrenzungs- und Bewertungsproblemen, die Erarbeitung von Meß- und Rechenverfahren, die Erörterung der Zurechnung und Periodisierung von Kosten und Leistungen[223] sowie die Berücksichtigung der Unsicherheit von Kostenrechnungsinformationen und deren Auswirkungen auf das menschliche Verhalten[224] sind als spezielle Aufgabengebiete der Kostenrechnungstheorie zu nennen. Darüber hinaus ist ihr ein instrumentaler Charakter zuzusprechen, da sie die theoretischen Erkenntnisse in eine technologische Form bringt und die Basis für die Gestaltung von Kostenrechnungen in der Praxis bildet. Im Rahmen dieser Gestaltungsfunktion sind beispielsweise mögliche Ziele, Zwecke und Aufgaben der Kostenrechnung zu untersuchen sowie Kostenrechnungssysteme und -verfahren zu entwickeln, die den Anforderungen der Praxis gerecht werden.[225]

Damit bleibt festzuhalten, daß sowohl die Kostentheorie als auch die Kostenrechnungstheorie zwei betriebswirtschaftliche Forschungsbereiche darstellen, die als theoretische Grundlagen für den Aufbau und die Durchführung zweckadäquater einzelbetrieblicher Kostenrechnungen unentbehrlich sind. Denn ohne die Kenntnis funktionaler Kostenabhängigkeiten und der Wirkung verschiedenster Kosteneinflußfaktoren, wie sie im Rahmen kostentheoretischer Untersuchungen erforscht werden, sowie ohne das Wissen und die Erfahrungen um die zieloptimale Gestaltung und die Aussagefähigkeit von Kostenrechnungssystemen sowie der rechentechnischen Umsetzung theoretischer Erkenntnisse, wie sie die Kostenrechnungstheorie anstrebt, sind der Aufbau und der Einsatz einer einzelbetrieblichen Kostenrechnung, die den ihr gestellten Anforderungen genügen soll, nicht vorstellbar. Kostentheorie und Kostenrechnungstheorie stehen damit im Dienste der Kostenrechnungspraxis und müssen ihren Wert daran messen lassen, inwiefern sie den Erfordernissen einer aussagefähigen Kostenrechnung entsprechen.[226] Hierzu hat die Kostentheorie die Einzelvorgänge des betrieblichen Kombinationsprozesses zu erhellen, indem sie die Zusammenhänge zwischen Faktoreinsatz und der jeweiligen Leistungserstellung aufdeckt, was die Aufteilung des Betriebes in Bereiche einheitlicher Leistungserstellung und die Kenntnis technologischer Einzelgesetzmäßigkeiten voraussetzt.[227]

schen Hilfsmitteln zur Bewältigung anfallender Informationsprozesse auftreten. Vgl. *Schweitzer/Küpper*, S. 27.

[223] Vgl. *Dellmann*, Theorie, S. 324 ff.

[224] Vgl. *Turner*, S. 8.

[225] Vgl. *Meffert*, Kosteninformationen, S. 69; *Turner*, S. 9 f.; *Dellmann*, Theorie, S. 326 f.

[226] Vgl. *Jacobs*, Kostentheorie, S. 12; *Kilger*, Kostentheorie als theoretische Grundlage, S. 556.

[227] Vgl. *Kosiol*, Kalkulation, S. 53; *Jacobs*, Kostentheorie, S. 21.

Der Kostenrechnungstheorie stellt sich neben den bereits beschriebenen Aufgabenfeldern, aus denen die Behandlung rechentechnischer Einzelprobleme und die Entwicklung aussagefähiger Kostenrechnungssysteme hervorzuheben sind, vor allem die konkrete Unterstützung der Praxis bei der Gestaltung zweckmäßiger und auf den Informationsbedarf des Einzelbetriebes ausgerichteter Kostenrechnungen.

Damit trägt die Kostenrechnungstheorie aufgrund ihrer realitätsnäheren Betrachtungsweise im Vergleich zur Kostentheorie eine besondere Verantwortung bei der Ableitung konkreter Empfehlungen für die praktische Gestaltung zweckadäquater Kostenrechnungen und der Erhellung der im Rahmen des Gestaltungsprozesses zu beachtenden betriebsspezifischen Besonderheiten.[228] Die folgenden Ausführungen werden sich daher vornehmlich mit kostenrechnungstheoretischen Überlegungen befassen. Wie in der Einführung dieser Untersuchung bereits gezeigt, ist der Stand der Kostenrechnungstheorie trotz einiger weniger Ansätze in Richtung einer Kostenrechnungsdifferenzierung[229] in erster Linie durch eine stark generalisierende Forschung, die sich unter weitgehender Abstraktion von einzelbetrieblichen Bedingungen die Erarbeitung allgemeingültiger Verfahren, Methoden und Systeme der Kostenrechnung zum Ziel setzt, sowie durch eine Orientierung an einigen wenigen betriebstypischen Bedingungen - häufig unter Rückgriff auf die aus der beispielhaften Betrachtung von Einzelbetrieben gewonnenen Erkenntnisse - zu charakterisieren. Die Kostenrechnungstheorie bedarf folglich einer verstärkten Zuwendung der Erforschung von Einflußfaktoren, die auf das Wesen einzelbetrieblicher Kostenrechnungen individualisierend wirken, wenn sie im Sinne des ihr gestellten pragmatisch-normativen Wissenschaftsziels Handlungsempfehlungen für die zweckmäßige und rationale Gestaltung einzelbetrieblicher Kostenrechnungen geben will.

Mit der vorliegenden Untersuchung soll ein Beitrag zur Weiterentwicklung der Kostenrechnungstheorie in Richtung einer differenzierenden, betriebsspezifische Besonderheiten berücksichtigenden Betrachtung der Kostenrechnung geleistet werden. Wie Abbildung 10 verdeutlicht, ist hierzu der in kostenrechnungstheoretischen Untersuchungen gewählte Abstraktionsgrad so zu verringern, daß zum einen durch die Annäherung an den Abstraktionsgrad einzelbetrieblicher Kostenrechnungen betriebsspezifische Aussagen über die zweckmäßige Gestaltung der Kostenrechnung möglich werden. Zum anderen hat die Verringerung des Abstraktionsgrades nur so weit zu gehen, wie noch vom Einzelfall abstrahierende und auf eine endliche

---

[228] Vgl. *Meffert*, Kosteninformationen, S. 59; *Turner*, S. 9.

[229] Vgl. hierzu die in Kapitel A.-I. dieser Untersuchung angegebene Literatur.

Vielzahl von Betrieben zutreffende Untersuchungen durchgeführt werden können. Im folgenden ist eine Untersuchungsmethode zu wählen, die diesen Anforderungen an eine Weiterentwicklung der Kostenrechnungstheorie in Hinsicht auf eine Kostenrechnungsdifferenzierung gerecht wird.

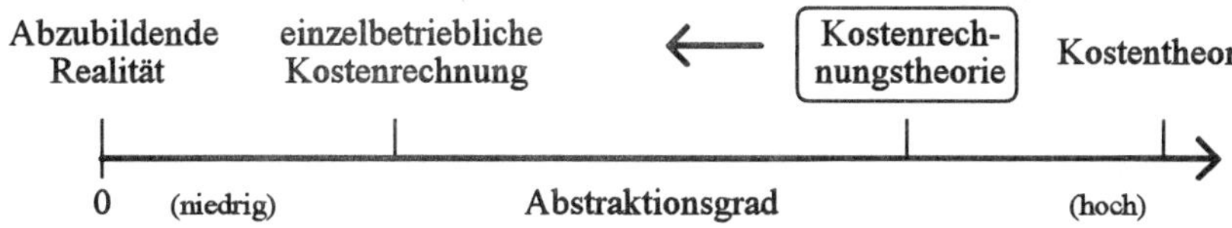

Abbildung 10: Orientierung der Kostenrechnungstheorie hinsichtlich einer betriebsspezifischen Betrachtung der Kostenrechnung

c) Der situative Ansatz und die typologische Methode als Bezugsrahmen für die Erarbeitung kostenrechnungstheoretischer Gestaltungsempfehlungen

Wie die vorangehenden Ausführungen zeigen, ist die zweckadäquate Gestaltung einzelbetrieblicher Kostenrechnungen eine Aufgabe, zu deren Lösung insbesondere die Kostenrechnungstheorie durch die Analyse und Präzisierung von Einflußfaktoren und deren Auswirkungen auf das Wesen der Kostenrechnung beitragen kann. Als methodische Grundlage für die Erforschung derartiger Einflüsse und ihrer Wirkungen eignet sich in besonderem Maße der situative Ansatz.[230] Danach erfordert die rationale Gestaltung der einzelbetrieblichen Kostenrechnung die Berücksichtigung der mit der Kostenrechnung verfolgten Informationszwecke sowie der Bedingungen, unter denen die Kostenrechnung diese Zwecke zu erfüllen hat. Die betriebsindividuellen Zwecke und sonstigen Gestaltungsbedingungen stellen die Situation des Betriebes dar, die die Art des Aufbaus und der Durchführung einer effizienten Kostenrechnung bestimmt. Die vernünftige Entwicklung einer Kostenrechnungskonzeption und deren Umsetzung in die Realität erfordert folglich Wissen darüber, welche Situationsbedingungen zu beachten sind und auf welche Weise sie sich auf das Wesen einer zweck-

[230] Ein guter Überblick über den situativen Ansatz, der bislang insbesondere in der Organisationslehre zur Anwendung kommt und in dieser Arbeit auf die Problematik einer rationalen Kostenrechnungsgestaltung übertragen werden soll, findet sich bei *Kieser*, A./*Kubicek*, H.: Organisation, 3., völlig neubearbeitete Auflage, Berlin/New York 1992, S. 45 ff.; *Staehle*, Management, S. 47 ff.; *Hill*, W./*Fehlbaum*, R./*Ulrich*, P.: Organisationslehre 1, Ziele, Instrumente und Bedingungen der Organisation sozialer Systeme, 4., durchgesehene Auflage, Bern/Stuttgart 1989, S. 319 ff.

mäßigen Kostenrechnung auswirken. Der situative Ansatz tritt damit der Vorstellung entgegen, es gäbe eine Kostenrechnungsform, die für alle Situationen und damit für alle in der Realität auftretenden Betriebe als die geeignetste zu bewerten ist,[231] und versucht der Tatsache gerecht zu werden, daß es sich bei der Kostenrechnung um ein fakultatives Informationsinstrument handelt, das in Abstimmung mit der im jeweils betrachteten Betrieb vorliegenden individuellen Situation zu konstruieren ist.[232]

Die situative Denkweise kann nicht nur im Rahmen der Konzeptgestaltungsphase zur Anwendung kommen, sondern sie eignet sich auch zu einem besseren Verständnis der Kostenrechnungskontrolle. Weichen die festgestellten Informationswirkungen einer bereits installierten Kostenrechnung (Ist) oder die erwarteten Informationswirkungen einer ausgewählten Kostenrechnungskonzeption (Prognose) von den angestrebten Informationswirkungen (Soll) ab, entsprechen die gewählten Kostenrechnungsmerkmale nicht der zugrundeliegenden Situation. Aus dieser Diagnose ergibt sich die Therapie, entweder die Kostenrechnung an die tatsächliche Situation anzupassen, oder zu versuchen, die Situation entsprechend der bestehenden oder geplanten Kostenrechnung zu gestalten.[233] Da die Situation des Betriebes kein statisches Phänomen darstellt, sondern vielfachen Änderungen im Zeitablauf unterliegen kann, wird auch die Notwendigkeit ersichtlich, in gewissen Zeitabständen eine Effizienzkontrolle bestehender Kostenrechnungen durchzuführen. Die Ergebnisse der Kostenrechnungskontrolle können also gegebenenfalls Auslöser für die Einleitung des kostenrechnerischen Gestaltungsprozesses sein.

Bei der hier dargelegten Denkweise handelt es sich um die handlungsorientierte Variante des situativen Ansatzes, die im Gegensatz zur analytischen Variante nicht von einem streng deterministisch-mechanistischen Verhältnis zwischen dem beobachtbaren Situationsgefüge und den meßbaren Kostenrechnungsmerkmalen eines bestimmten Betriebes ausgeht.[234] Damit soll hier auch nicht der Versuch einer situativ-empirischen Erklärung des Zusammenhangs zwischen der Situation von Betrieben und den Gestaltungsmerkmalen der Kostenrechnung, wie ihn beispielsweise *Turner* fordert,[235] unternommen werden. Im übrigen vernachlässigt ein derartiger

---

[231] Vgl. *Staehle*, Management, S. 47.

[232] Vgl. analog zur Organisationsgestaltung *Kieser/Kubicek*, S. 60 ff.; *Wollnik*, M.: Einflußgrößen der Organisation, in: Grochla, E. (Hrsg.): HWO, 2., völlig neu gestaltete Auflage, Stuttgart 1980, Sp. 593.

[233] Vgl. *Kieser/Kubicek*, S. 60 f.; *Brink*, Einflußfaktoren, S. 171.

[234] Zur Gegenüberstellung der analytischen und der handlungsbezogenen Variante des situativen Ansatzes vgl. *Kieser/Kubicek*, S. 55 ff.

[235] Vgl. *Turner*, S. 4 f.

mechanistischer Ansatz, der einen einseitigen, streng deterministischen Ursache-Wirkungs-Zusammenhang zwischen den empirisch feststellbaren betrieblichen Einflußfaktoren und den gegebenenfalls meßbaren Ausprägungen der Kostenrechnung unterstellt, die Tatsache, daß es sich bei der Kostenrechnungsgestaltung um einen komplexen Metaentscheidungsprozeß handelt,[236] bei dem auch nicht empirisch ermittelbare Einflußfaktoren, wie z.B. die persönlichen Charakteristika und die zum Teil irrationalen Präferenzen der Gestaltungsträger,[237] eine nicht unbeträchtliche Rolle spielen können.

Bei der pragmatischeren handlungsorientierten Variante des situativen Ansatzes wird indessen davon ausgegangen, daß die Situation nicht unmittelbar die in der Realität vorzufindende Kostenrechnung determiniert, sondern die Situation bestimmt die Art und Weise, wie eine *zweckmäßige und rationale Kostenrechnung* auszusehen hat. Die in die Untersuchungen einbezogenen situativen Faktoren sind dabei "*nicht aus einer Theorie abgeleitet*, sondern stützen sich lediglich auf Plausibilitätsannahmen,"[238] d.h., es findet eine subjektive Einschätzung der in Frage kommenden Situationen statt.[239] Die hohen Ansprüche allgemeiner Theorien werden aufgegeben, und es wird versucht, auf einem mittleren Abstraktionsniveau operationale Aussagen über die Beziehungen zwischen der Situation, den Gestaltungsmerkmalen der Kostenrechnung und ihrer Effizienz zu treffen,[240] um Empfehlungen an die Träger des kostenrechnerischen Gestaltungsprozesses geben zu können. Obwohl sich der situative Ansatz damit den Vorwurf der Theorielosigkeit gefallen lassen muß,[241] kann er im Sinne der technologischen Forschung zur Gewinnung von Erkenntnissen über eine vernünftige Kostenrechnungsgestaltung beitragen und steht damit ganz in der Tradition des praktisch-normativen Wissenschaftsziels der Kostenrechnungstheorie.

Der situative Ansatz stellt damit eine Erkenntnismethode dar, mit deren Hilfe die oben geforderte Verringerung des Abstraktionsgrades kostenrechnungstheoretischer Untersuchungen über die zweckmäßige Gestaltung der Kostenrechnung erreicht werden kann. Um bei der Verringerung des Abstraktionsgrades nicht auf die Stufe der reinen Beschreibung der vielfälti-

---

236 Vgl. hierzu *Zettl*, H.: Der Prozeß der Entwicklung und Einführung betriebswirtschaftlicher Informationssysteme, Diss., München 1969, S. 13 ff.

237 Vgl. *Kieser*, A.: Der Situative Ansatz, in: Kieser, A. (Hrsg.): Organisationstheorien, Stuttgart/Berlin/Köln 1993, S. 185.

238 *Kieser*, S. 167.

239 Vgl. hierzu auch *Weber*, J., Change-Management, S. 36; *Bertsch*, L.H.: Expertensystem-gestützte Dienstleistungskostenrechnung, Diss., Stuttgart 1991, S. 23.

240 Vgl. *Staehle*, Management, S. 48.

241 Vgl. *Kieser*, S. 181.

gen Merkmale und Merkmalsausprägungen einzelbetrieblicher Situationen zu geraten, sondern auf einem mittleren Abstraktionsniveau allgemeingültige Gestaltungsempfehlungen ableiten zu können, sind die realen Erscheinungsformen einzelbetrieblicher Situationen mit Hilfe der typologischen Methode[242] in eine für das vorliegende Untersuchungsziel geeignete Ordnung zu bringen. Denn erst durch eine Ordnung, die das Gemeinsame realer Erscheinungsformen herausstellt, können Aussagen, die für eine endliche Mehrzahl von Betrieben Gültigkeit besitzen, gewonnen werden. Die Anwendung der Typologie ermöglicht dabei eine zielgerichtete systematische Verdichtung der für die Kostenrechnungsgestaltung als relevant zu erachtenden einzelbetrieblichen Situationen zu wesentlichen Erscheinungsformen.[243] Die somit entstehenden betriebstypischen Situationen können entweder eindimensionaler oder mehrdimensionaler Art sein, je nachdem, ob zu ihrer Bildung ein oder mehrere Situationsmerkmale herangezogen werden.[244] Die Bezeichnungen der Situationstypenreihen stellen dabei die Einflußfaktoren der Kostenrechnungsgestaltung dar, die bei eindimensionalen Situationstypen dem Situationsmerkmal entsprechen.

Durch die Verknüpfung der handlungsorientierten Variante des situativen Ansatzes mit der Typologie ist somit eine methodische Grundlage für eine Überbrückung der Kluft zwischen der bisherigen weitgehenden Generalisierung in der Kostenrechnungstheorie und der Individualisierung einzelbetrieblicher Untersuchungen geschaffen. Mit den folgenden Ausführungen wird der Versuch unternommen, eine für die kostenrechnungstheoretische Untersuchung der betriebsspezifischen Kostenrechnungsgestaltung geeignete Systematisierung von Einflußfaktoren zu erarbeiten, einzelne Einfluß-

---

[242] Zur typologischen Methode vgl. *Eisfeld*, C.: Zur Lehre von der Gestaltung der Unternehmung, in: ZfhF, Neue Folge, 3. Jg. 1951, S. 289 ff. u. S. 337 ff.; *Knoblich*, H.: Die typologische Methode in der Betriebswirtschaftslehre, in: WiSt, 1. Jg. 1972, S. 141 ff.; *Lehmann*, H.: Typologie und Morphologie in der Betriebswirtschaftslehre, in: Grochla, E./Wittmann, W. (Hrsg.): HWB, 4., völlig neu gestaltete Auflage, Stuttgart 1976, Sp. 3941 ff.; *Leitherer*, E.: Die typologische Methode in der Betriebswirtschaftslehre - Versuch einer Übersicht, in: ZfbF, 17. Jg. 1965, S. 650 ff.

[243] Vgl. *Große-Oetringhaus*, W.F.: Fertigungstypologie unter dem Gesichtspunkt der Fertigungsablaufplanung, Berlin 1974, S. 22.

[244] Hinsichtlich der Frage, ob bereits die verschiedenen Ausprägungen eines Situationsmerkmals typische Situationen darstellen oder ob zur Bildung eines Typus mehrere Merkmale heranzuziehen sind, besteht in der Literatur keine einheitliche Meinung. Vgl. hierzu beispielhaft die Auffassungen von *Tietz*, B.: Bildung und Verwendung von Typen in der Betriebswirtschaftslehre, dargelegt am Beispiel der Typologie der Messen und Ausstellungen, Köln/Opladen 1960, S. 25 u. S. 29 f.; *Kosiol*, Betriebswirtschaftslehre, S. 35; *Lehmann*, H., Sp. 3945, die die Bildung von Typen mit einem Merkmal als zulässig erachten. Anderer Meinung sind *Haller*, H.: Typus und Gesetz in der Nationalökonomie, Stuttgart/Köln 1950, S. 17; *Eisfeld*, S. 304; *Knoblich*, S. 142.

faktoren vorzustellen und deren grundsätzliche Relevanz für die Entwicklung betriebsspezifischer Kostenrechnungen aufzuzeigen. Weiterhin werden für die Entwicklung einer konzeptionellen Grundrechnung als Hauptbestandteil des oben beschriebenen kostenrechnerischen Gestaltungsprozesses die Wirkungen einzelner Einflußfaktoren auf das Wesen einer rationalen Kostenrechnung diskutiert.

C. Die Einflußfaktoren der Kostenrechnungsgestaltung

Die prozessuale Betrachtung des kostenrechnerischen Gestaltungsvorgangs sowie die Ausführungen zum situativen Ansatz zeigen, daß die betriebliche Kostenrechnung unter Orientierung an den angestrebten Informationszwecken und den sonstigen betriebsindividuellen Gestaltungsbedingungen zu entwickeln ist. Um eine rationale Kostenrechnungsgestaltung zu erreichen, ist diese Vorgehensweise bereits im Rahmen der Phase des Konzeptentwurfs zu beachten. Erfolgt die Berücksichtigung der betriebsindividuellen Gegebenheiten erst bei der Umsetzung des Konzeptes in ein real existierendes Informationssystem, sind vielfältige und aufwendige Rückkopplungsvorgänge zu einzelnen Teilabschnitten der Konzepterarbeitung erforderlich. Je früher und detaillierter die speziellen Informationsziele und die sonstigen relevanten Besonderheiten des Betriebes Berücksichtigung finden, desto einfacher und wirtschaftlicher wird der Gesamtablauf der Kostenrechnungsgestaltung.

Weiterhin können konkrete Handlungsanweisungen für den Aufbau einer den gestellten Anforderungen gerecht werdenden und erfolgversprechenden Kostenrechnung erst gegeben werden, wenn im Rahmen der Konzepterarbeitung alle wesentlichen Gestaltungseinflüsse und ihre Auswirkungen auf die Gestaltung der Kostenrechnung bekannt sind und sich entsprechend berücksichtigen lassen. Bleiben wesentliche Einflüsse und deren Auswirkungen auf die Gestalt der Kostenrechnung unerkannt oder unberücksichtigt, besteht die Gefahr, daß die implementierte Kostenrechnung nicht den erwarteten Informationsnutzen stiftet, da sie nicht in der Lage ist, führungsrelevante Informationen zu liefern, oder sogar falsche Informationen bereitstellt, was zu Fehlentscheidungen im Rahmen der Erfüllung von Führungsaufgaben führen kann.

Die damit ersichtliche Bedeutung der Analyse kostenrechnerischer Gestaltungseinflußfaktoren für den Aufbau einer effizienten Kostenrechnung macht es erforderlich, daß im Rahmen der Konzeptgestaltungsphase alle wesentlichen Gestaltungseinflüsse und deren Auswirkungen auf die Aufbau- und Ablaufstruktur der Kostenrechnung erkannt werden. Die vollständige Bestimmung aller gestaltungsrelevanten Einflußgrößen kann dadurch erleichtert werden, daß dem Gestalter eine Systematik der Einflußfaktoren zur Verfügung gestellt wird, aus der sich alle relevanten Gestaltungsfaktoren ableiten lassen. Die Erarbeitung einer derartigen

Systematik soll Untersuchungsgegenstand des folgenden Abschnitts sein. Anschließend werden einzelne Einflußfaktoren, denen eine besondere Relevanz für die betriebsspezifische Kostenrechnungsgestaltung des Industriebetriebes zugeschrieben werden kann, in die gewählte Systematisierung eingeordnet und nach Einflußgrößenausprägungen differenziert erläutert.

I. Ansatzpunkte zur Systematisierung der Einflußfaktoren

1. Notwendigkeit und Anforderungen einer zweckmäßigen Systematisierung

Die theoretische und praktische Auseinandersetzung mit den Einflußfaktoren der Kostenrechnungsgestaltung setzt eine Systematisierung der Einflußfaktoren voraus, denn erst durch eine Ordnung der Einflußfaktoren lassen sich die vielfältigen und komplexen Wirkungsbeziehungen, die zwischen der Realität und der Kostenrechnung als zweckmäßigem Modell zur Abbildung der Realität bestehen, in einen logischen Zusammenhang bringen und dem Erkenntnisfortschritt zugänglich machen. Der Ordnung der zu untersuchenden Zusammenhänge kommt dabei eine Beschreibungsfunktion zu, indem sie die Einflußfaktoren voneinander abgrenzt und die grundsätzliche Relevanz der zugeordneten Einflußfaktoren für die Gestaltung der Kostenrechnung zum Ausdruck bringt. Daneben sollte eine Systematisierung zur Entdeckung und Erklärung relevanter Einflußfaktoren beitragen, indem sie unmittelbar auf die genetischen Zusammenhänge zwischen der Realität und der Kostenrechnung Bezug nimmt und damit aus der Vielzahl realer Erscheinungen die für die kostenrechnerische Gestaltungsaufgabe maßgeblichen Einflußfaktorquellen aufzeigt.

Eine Betrachtung der literarischen Auseinandersetzung mit den Einflüssen auf die Kostenrechnungsgestaltung zeigt, daß bislang nur wenige Ansätze zur Erarbeitung einer allgemeingültigen, für die grundsätzliche Auseinandersetzung mit der Kostenrechnungsgestaltung geeigneten Systematisierung von Einflußfaktoren zu finden sind. Dabei werden die Untersuchungen von vornherein auf die Auseinandersetzung mit einem ausgewählten Einflußfaktor eingeschränkt, so daß sich die Notwendigkeit einer Systematisierung nicht unmittelbar stellt,[1] oder die Autoren verzichten bei der Untersuchung mehrerer Einflußfaktoren auf deren Ordnung und begnügen

---

[1] Vgl. z.B. *Schulz*, Th.: Die Anpassung der Kostenrechnung an das Wachstum des Unternehmens, Kostenrechnerische Gestaltungsalternativen und ihre organisatorische Realisierung in der Praxis, Diss., Berlin 1970.

sich mit einer losen Aufzählung der Einflüsse.[2] Daneben stellen die in der Literatur vorzufindenden Systematisierungen zum Teil Versuche dar, einzelne Einflußfaktoren, die zunächst unter Rücksicht auf die notwendige Einschränkung des Untersuchungsfeldes, z.B. hinsichtlich ausgewählter Kostenrechnungssysteme oder einzelner abrechnungstechnischer Bestandteile der Kostenrechnung, als relevant erachtet und ausgewählt werden, nachträglich in eine gewisse Ordnung zu bringen.[3] Eine derartige Vorgehensweise führt jedoch in der Regel nicht zu einem allgemeingültigen, für alle Untersuchungszwecke geeignet erscheinenden Systematisierungsansatz, da die Ordnungskriterien an der ausgewählten und daher begrenzten Merkmalsmenge ansetzen und somit eine Zuordnungsmöglichkeit weiterer Merkmale nicht zwingend gegeben ist.

Eine Untersuchung, die sich im Unterschied zu den oben genannten nicht auf ein spezielles Untersuchungsfeld der einflußgrößenorientierten Kostenrechnungsgestaltung bezieht, sondern sich in allgemeiner Weise mit der Kostenrechnungsgestaltung befaßt, ist jene von *Bertsch*. Er unterteilt die Einflußfaktoren der Kostenrechnungsgestaltung in vier Gruppen: umfeldbedingte, leistungsbedingte, strukturbedingte und kulturbedingte Faktoren.[4] An dieser Einteilung ist zu kritisieren, daß ihr kein einheitliches Unterscheidungskriterium zugrunde liegt. Unter den umfeldbedingten Faktoren werden offensichtlich Einflüsse verstanden, die außerhalb der betrachteten Unternehmung liegen, während sich die übrigen drei Einflußkategorien auf unternehmensinterne Bereiche beziehen. Weiterhin ist die Zuordnung einzelner Einflußgrößen zu den genannten Einflußgruppen nicht eindeutig bestimmt. Beispielsweise wird der Einfluß der Unternehmensorganisation zu den strukturbedingten Faktoren gezählt,[5] obgleich eine Zuordnung zu den kulturbedingten oder den leistungsbedingten Einflüssen ebenso möglich und sinnvoll wäre, da die Organisationsform einer Unternehmung stets auch durch die Unternehmenskultur und durch die Art der Leistungserstellung geprägt wird. Ein weiteres Beispiel für die nicht überschneidungsfreie Systematisierung der Einflußfaktoren durch *Bertsch* zeigt die Zuordnung der

---

[2] Vgl. etwa *Heber/Nowak*, S. 145 ff.; *Nowak*, P.: Betriebstyp und Kalkulationsverfahren, Ein Beitrag zur Vereinheitlichung der industriellen Selbstkostenrechnung, Diss., Wuppertal-Elberfeld 1936, S. 28 ff.; *Marek*, S. 100 ff.

[3] Beispielsweise werden in einer Arbeit von *Moews*, die sich mit der Beschreibung von Einflußfaktoren auf die Auswahl eines Kostenrechnungssystems befaßt, die untersuchten Gestaltungsfaktoren in drei Gruppen eingeteilt: Merkmale der betrieblichen Situation, das Merkmal der Beschäftigungssituation und Merkmale, die den Verlauf der individuellen Preis-Absatz-Kurve der Unternehmung bestimmen. Vgl. *Moews*, S. 47 ff.

[4] Vgl. *Bertsch*, S. 22 ff.

[5] Vgl. *Bertsch*, S. 27.

Unternehmensziele zu den umfeldbedingten Faktoren.[6] Vielmehr müßte die Zuordnung des Einflusses "Unternehmensziele" auch auf eine der drei unternehmensinternen Einflußkategorien erfolgen, da die Unternehmensziele in einem komplexen Zielbildungsprozeß ausgehandelt werden, an welchem neben den unternehmensexternen Koalitionen (z.B. Fremdkapitalgeber, Kunden und Lieferanten) in besonderem Maße auch unternehmensinterne Interessengruppen (z.B. Unternehmer, Management und Belegschaft) teilnehmen.[7]

Eine weitere, auf Allgemeingültigkeit ausgerichtete Systematisierung von kostenrechnerischen Gestaltungsfaktoren findet sich bei *Weber*. Er legt seiner Unterscheidung die Effizienzmessungskriterien Kosten und Nutzen zugrunde, durch die die Wirtschaftlichkeit einer Kostenrechnung beschrieben werden kann, und bildet drei Merkmalsklassen: nutzenbestimmende, kostenbestimmende sowie zugleich kosten- und nutzenbestimmende Faktoren.[8] Zunächst ist an den Bezeichnungen dieser drei Einflußgrößengruppen zu kritisieren, daß sie unpräzise sind. Unter nutzen- und kostenbestimmend sind jeweils zwei Ausprägungen denkbar, nutzensteigernd und nutzensenkend bzw. kostensteigernd und kostensenkend. Einflüsse, die nur nutzensenkende oder kostensteigernde, nicht aber zugleich kostensenkende bzw. nutzensteigernde Auswirkungen auf die Kostenrechnung haben, sind von vornherein von den Einflußfaktoren der Kostenrechnungsgestaltung auszuschließen, da sie nach dem Grundsatz der Wirtschaftlichkeit in jedem Fall bei der Kostenrechnungsgestaltung unberücksichtigt zu bleiben haben. Folglich wäre es genauer, von nutzensteigernden und kostensenkenden Gestaltungsfaktoren zu sprechen.

Die darüber hinausgehende Kritik am Systematisierungsansatz von *Weber* setzt an den zur Klassifizierung herangezogenen Größen "Nutzen" und "Kosten" an, die die positive bzw. negative Komponente der Wirtschaftlichkeit einer Kostenrechnung darstellen. Durch die Beachtung eines Gestaltungsmerkmals im Rahmen der Kostenrechnungsgestaltung läßt sich ganz allgemein die Wirtschaftlichkeit der Kostenrechnung positiv beeinflussen. Eine nähere Betrachtung, auf welche Bestimmungsgröße der Wirtschaft-

---

[6] Vgl. *Bertsch*, S. 24, Abbildung 4.

[7] Zum Ablauf des Zielbildungsprozesses, insbesondere zu seinen Teilnehmern, vgl. beispielhaft *Bidlingmaier*, J./*Schneider*, D.J.G.: Ziele, Zielsysteme und Zielkonflikte, in: Grochla, E./Wittmann, W. (Hrsg.): HWB, 4., völlig neu gestaltete Auflage, Stuttgart 1976, Sp. 4732; *Cyert*, R.M./*March*, J.G.: A Behavioral Theory of Organizational Objectives, in: Haire, M. (Hrsg.): Modern Organization Theory, A Symposium of the Foundation for Research on Human Behavior, 4. Printing, New York/London/Sydney 1965, S. 76 ff.; *Gutenberg*, Produktion, S. 486 ff.; *Grün*, Sp. 4721.

[8] Vgl. *Weber*, J., Change-Management, S. 37.

lichkeit diese Verbesserung zurückzuführen ist, muß jedoch scheitern, da Aussagen über die Wirtschaftlichkeit einer Handlungsmaßnahme stets entweder im Sinne des Maximumprinzips oder im Sinne des Minimumprinzips zu treffen sind. Ausgehend von einer gegebenen Kostenverursachung der Kostenrechnung kann durch die Beachtung eines Gestaltungsmerkmals der Nutzen der Kostenrechnung bei gleicher Kostenentstehung erhöht werden. Umgekehrt lassen sich bei gegebenem Nutzenniveau durch die Berücksichtigung eines Gestaltungseinflusses die Kosten der Kostenrechnung senken. Je nach Blickrichtung wirken also alle Gestaltungsfaktoren sowohl nutzenerhöhend als auch kostensenkend. Eine strenge Systematisierung der Faktoren in nutzenerhöhende auf der einen Seite und in kostensenkende auf der anderen ist damit nicht haltbar.

Zu den nur nutzenbestimmenden Faktoren sei nach *Weber* beispielsweise die Wettbewerbsstrategie zu rechnen,[9] obwohl er bei der Beschreibung der Kostenführerschaft als eine mögliche Ausprägungsform der Wettbewerbsstrategie bemerkt, daß diese zu einer Vereinfachung und Umfangsbeschränkung der Kostenrechnung, also zu einer Kostenverringerung bei der Kostenrechnung führen kann.[10] Zu den nur kostenbestimmend wirkenden Faktoren rechnet *Weber* beispielsweise den Stand der betrieblichen Leistungserfassungssysteme,[11] wenngleich durch den Leistungsstand der Datenerfassung sicherlich nicht nur die Informationskosten, sondern im wesentlichen Maße die Abbildungs- und Auswertungsmöglichkeiten und damit auch der Informationsnutzen der Kostenrechnung bestimmt wird. Selbst bei einem Einflußfaktor wie den gesetzlichen Vorschriften, bei dessen Berücksichtigung primär ein kostensteigernder Effekt zu vermuten ist, findet zugleich eine Nutzensteigerung statt, da die betriebliche Kostenrechnung durch die Beachtung der Vorschriften für die Erfüllung der mit den Vorschriften verbundenen Informationsaufgaben eingesetzt werden kann und dadurch eine Nutzensteigerung erfährt. Anhand der genannten Beispiele kann somit gezeigt werden, daß sich die Berücksichtigung von Einflußfaktoren bei der Kostenrechnungsgestaltung je nach Blickrichtung kostenbestimmend, nutzenbestimmend oder sowohl kosten- als auch nutzenbestimmend auswirken kann. Der Systematisierungsansatz von *Weber* ist folglich als wenig geeignet für eine allgemeingültige, überschneidungsfreie und logisch nachvollziehbare Ordnung von Einflußfaktoren der Kostenrechnungsgestaltung anzusehen.

---

[9] Vgl. *Weber*, J., Change-Management, S. 37.

[10] Vgl. *Weber*, J., Change-Management, S. 38.

[11] Vgl. *Weber*, J., Change-Management, S. 37.

Über die genannten Systematisierungsversuche hinaus existieren in der Literatur in geringem Umfang Ansätze einer zweckmäßigen und für die allgemeine Auseinandersetzung mit der Problematik der Kostenrechnungsgestaltung geeignet erscheinenden Ordnung von Einflußfaktoren. Die dabei zur Anwendung kommenden Ordnungskriterien, die primär zur formalen Einteilung und Beschreibung denkbarer Einflußfaktoren eingesetzt werden können, sollen Gegenstand der folgenden Ausführungen sein.

2. Formal-beschreibende Systematisierungskriterien

a) Einteilung der Gestaltungseinflüsse nach ihrer örtlichen Herkunft

Nach ihrer örtlichen Herkunft lassen sich die kostenrechnerischen Gestaltungseinflüsse in betriebsinterne und betriebsexterne Einflußfaktoren unterscheiden. Betriebsinterne Einflüsse liegen innerhalb der institutionellen Grenzen des Betriebes. Sie werden vom Betrieb frei gewählt, sind als solche in gewissem Maße durch betriebliche Entscheidungen veränderbar[12] und zeichnen sich aufgrund der Vielfalt realer Erscheinungsformen des Betriebes durch einen individuellen Charakter aus. Durch die Berücksichtigung dieser betriebsindividuellen Ausprägungen der Einflußfaktoren bei der Gestaltung des Aufbaus und Ablaufs der Kostenrechnung wird die Individualität des Betriebes auf die Kostenrechnung übertragen. Den betriebsinternen Faktoren ist damit eine grundsätzliche individualisierende Gestaltungswirkung für die betriebliche Kostenrechnung zuzusprechen.[13]

Wird der Betrieb in einzelne Funktionsbereiche gegliedert, lassen sich die betriebsinternen Gestaltungseinflüsse weiterhin unterteilen in (mono-)funktionsbezogene und funktionsübergreifende Faktoren. Funktionsbezogene Einflüsse betreffen nur bestimmte Funktionsbereiche des Betriebes, z.B. technologische Einflußfaktoren im Bereich der Fertigung. Funktionsübergreifende Einflußfaktoren besitzen entweder allgemeinen Charakter, so daß sie sich auf den Gesamtbetrieb beziehen, wie z.B. der Führungsstil, oder sie sind zwar einzelnen Betriebsfunktionen zuordenbar, kommen aber nicht nur innerhalb einer Funktion, sondern in mehreren Funktionen vor, z.B. die Organisationsstruktur der Beschaffung, der Fertigung, des Absatzes usw.[14]

Die betriebsexternen Faktoren sind dem Umfeld des Betriebes zuzurechnen und entziehen sich im Gegensatz zu den internen Gestaltungsmerkma-

---

[12] Vgl. *Wollnik*, Sp. 595.

[13] Vgl. *Kosiol*, Kostenrechnung der Unternehmung, S. 119.

[14] Vgl. *Fassbender*, S. 36 f.

len weitgehend dem betrieblichen Einflußbereich.[15] Weiterhin lassen sich bei den betriebsexternen Einflußfaktoren unterschiedliche Wirkungen auf den Individualitätsgrad der Kostenrechnung feststellen. Durch die Beachtung betriebsexterner Einflüsse können sich ebenfalls wie bei den internen Einflüssen individualisierende Tendenzen ergeben, wenn diese Einflüsse selbst individuelle Züge tragen. Beispielsweise ist bei den Faktoren "Struktur der Absatzmärkte" und "Struktur der Beschaffungsmärkte" eine derartige betriebliche Individualität der Ausprägungen denkbar, was bei Berücksichtigung dieser Einflüsse zu einer Individualisierungstendenz der Kostenrechnung führt.

Aus der Berücksichtigung betriebsexterner Gestaltungsfaktoren kann aber auch eine Vereinheitlichung der Kostenrechnung resultieren, wenn diese Faktoren für alle oder zumindest für einen Großteil der Betriebe gleichermaßen Bedeutung erlangen und zu den gleichen Auswirkungen auf das Wesen der Kostenrechnung führen. Die Tendenz zur Vereinheitlichung kann dabei verschiedenartig begründet sein. Als ökonomische Gründe sind beispielsweise die Verbesserung der Aussagefähigkeit zwischenbetrieblicher Wirtschaftlichkeitsvergleiche auf der Basis von Kostenrechnungsinformationen,[16] die Erhöhung der (gesamt-)wirtschaftlichen Leistungsfähigkeit durch Rationalisierung der Kostenrechnung sowie die Erleichterung der staatlichen Wirtschaftslenkung zu nennen.[17] Daneben existieren betriebsexterne Einflußfaktoren auch aus Gründen nichtökonomischer Art, z.B. staatliche Bestimmungen, politische, kulturelle oder religiöse Einflüsse sowie konzernrechtliche Vorschriften.

---

[15] Vgl. *Becker*, H.P.: Verwendung und Gestaltung der Kosten- und Leistungsrechnung in mittelgroßen Industrieunternehmen, Darmstadt 1984, S. 42. Dem Betrieb sind lediglich strategisch-langfristige Einflußmöglichkeiten auf externe Gestaltungsfaktoren gegeben. Vgl. *Wollnik*, Sp. 595.

[16] Vgl. *Kosiol*, Kostenrechnung der Unternehmung, S. 119.

[17] Vgl. *Schulze*, H.H.: Kostenrechnungsvorschriften, -richtlinien und -regeln, in: Grochla, E./Wittmann, W. (Hrsg.): HWB, 4., völlig neu gestaltete Auflage, Stuttgart 1975, Sp. 2332; *Berger*, K.-H.: Grundsätze und Richtlinien für das Rechnungswesen der Unternehmung, in: Kosiol, E./Chmielewicz, K./Schweitzer, M. (Hrsg.): HWR, 2., völlig neu gestaltete Auflage, Stuttgart 1981, Sp. 715. Rationalisierungseffekte externer Gestaltungsfaktoren können sich beispielsweise in Bezug auf die Entwicklung von Kostenrechnungsverfahren, -methoden und -software sowie die Ausbildung von Kostenrechnungsfachkräften ergeben. Vgl. *Kühnau*, M.: Kontenrahmen und Kontenplan, in: Grochla, E./Wittmann, W. (Hrsg.): HWB, 4., völlig neu gestaltete Auflage, Stuttgart 1975, Sp. 2200.

b) Einteilung der Gestaltungseinflüsse nach dem Umfang ihres Wirkungsbereichs

Werden die Einflußfaktoren der Kostenrechnungsgestaltung nach dem Umfang ihres Wirkungsbereichs unterschieden, erfährt der Umstand Berücksichtigung, daß sich bestimmte Kriterien jeweils nur auf einen, genau abgegrenzten Bereich der Kostenrechnung beziehen, während andere Einflüsse entweder mehrere dieser Teilbereiche oder gar das Gesamtsystem der Kostenrechnung betreffen.[18] Danach lassen sich (mono-)subsystembezogene und subsystemübergreifende[19] Gestaltungseinflüsse unterscheiden.

Je nachdem, nach welchem Kriterium das Gesamtsystem der Kostenrechnung gegliedert wird, lassen sich die subsystembezogenen Merkmale weiter spezifizieren. Erfolgt die Gliederung der Kostenrechnung nach Abrechnungsbestandteilen, können Merkmale unterschieden werden, die sich nur auf die Kostenartenrechnung, nur auf die Kostenstellenrechnung oder nur auf die Kostenträgerrechnung auswirken. Weiterhin kann die Kostenrechnung gedanklich im Sinne des Informationserstellungs- und Informationsverwertungsprozesses unterteilt werden. Dabei besteht die Möglichkeit, weitere Untergliederungen vorzunehmen, z.B. in die Phasen der Informationsbeschaffung, -verarbeitung und -abgabe oder in die Teilbereiche Verbrauchsmengenermittlung, Bewertung, Verrechnung, Aufbereitung und Bereitstellung.[20] Sowohl bei der Unterteilung nach Abrechnungsbestandteilen als auch bei der Gliederung nach dem Informationserstellungs- und Informationsverwertungsprozeß lassen sich tiefergehendere Differenzierungen vornehmen, jedoch entsteht mit zunehmender Gliederungstiefe das Problem, daß die Anzahl der eindeutig einem Subsystem zuordenbaren Einflüsse abnimmt, so daß ab einer bestimmten Gliederungstiefe nur noch subsystemübergreifende Gestaltungsfaktoren auftreten.

c) Einteilung der Gestaltungseinflüsse nach ihrer Relevanz für einzelne Phasen der Kostenrechnungskonzeptgestaltung

Die Einflußfaktoren der Kostenrechnungsgestaltung lassen sich überdies danach unterscheiden, ob sie sich nur auf einzelne Phasen des Konzept-

---

[18] Ähnlich bei *Brink*, Einflußfaktoren, S. 172.

[19] Subsystemübergreifende Gestaltungseinflüsse beziehen sich im Extremfall auf das Gesamtsystem der Kostenrechnung.

[20] Siehe hierzu auch die Einteilung in Kapitel B.-II.-1.-b), insbesondere dort die Abbildung 6.

gestaltungsprozesses beziehen, oder ob sie bei mehreren oder allen Gestaltungsphasen zu berücksichtigen sind. Beispielsweise ist es denkbar, daß bestimmte Einflüsse lediglich für die Auswahl eines bestimmten Kostenrechnungssystems als Grundrechnung relevant sind, während ihnen für andere Abschnitte der Konzeptgestaltung, z.B. für die Anpassung von Sonderrechnungen an die betrieblichen Gegebenheiten, keine Bedeutung beizumessen ist. Demgegenüber sind auch Fälle denkbar, in denen Einflüsse einen allgemeingültigen Charakter haben und dadurch für mehrere Konzeptgestaltungsphasen oder im Extremfall für die gesamte Konzeptgestaltung Relevanz besitzen.

Das mit der Relevanz für einzelne Gestaltungsphasen angesprochene Unterscheidungskriterium findet in dieser Arbeit dadurch Berücksichtigung, daß die Beschreibung betriebsindividueller Besonderheiten und ihrer Auswirkungen auf die Gestaltung der Kostenrechnung getrennt nach den genannten Konzeptgestaltungsphasen verläuft. Besitzen einzelne Gestaltungsfaktoren phasenübergreifenden Einfluß, werden sie im Verlauf der Untersuchung mehrmals angesprochen.

d) Einteilung der Gestaltungseinflüsse nach ihrem Verbindlichkeitsgrad

Nach ihrem Verbindlichkeitsgrad für die Kostenrechnungsgestaltung können die Einflüsse in abdingbare und in unabdingbare Faktoren unterschieden werden.[21] Die unabdingbaren Einflüsse sind bei der Kostenrechnungsgestaltung als gegebene Parameter anzusehen, die durch den einzelnen Betrieb nicht revidiert werden können und daher unbedingt zu beachten sind. Hierzu zählen beispielsweise gesetzliche Bestimmungen, wie die handelsrechtlichen Bewertungsvorschriften oder die Leitsätze zur Preisbestimmung bei öffentlichen Aufträgen. Daneben gibt es unabdingbare Vorabentscheidungen des Betriebes, die zwar prinzipiell revidierbar sind, deren Revision aber aus anderen Gründen als zur Verbesserung oder Vereinfachung der Kostenrechnungsgestaltung vorgenommen wird.[22] Als Beispiele seien die Anzahl der hergestellten Produktarten, die Organisation der Leistungserstellungs- und Leistungsverwertungsprozesse und die Kostenstruktur genannt.

---

[21] Vgl. *Brink*, Einflußfaktoren, S. 172.

[22] Im Vergleich zu der in Kapitel C.-I.-2.-a) im Zusammenhang mit den betriebsexternen und betriebsinternen Faktoren beschriebenen allgemeinen Beeinflußbarkeit der Gestaltungsmerkmale durch den Betrieb bezieht sich die hier vorgenommene Differenzierung in abdingbare und unabdingbare Faktoren also speziell auf die Merkmalsbeeinflussung allein zum Zwecke der Kostenrechnungsgestaltung.

Abdingbar sind jene Faktoren, die zwar vorab als gegeben angenommen werden und insoweit normativen Charakter haben, deren Verbindlichkeit jedoch durch Entscheidungsrevision mit dem Ziel der kostenrechnerischen Effizienzverbesserung zurückgenommen werden kann. Zu den abdingbaren Gestaltungsfaktoren ist beispielsweise der Kenntnisstand der internen Informationsadressaten zu zählen. Dieser ist zunächst als vorgegebene Bedingung für die Kostenrechnungsgestaltung anzunehmen, kann aber durch geeignete Personalentwicklungsmaßnahmen so weit verändert werden, daß der Aufbau und Betrieb einer anspruchsvollen Kosteninformationsverwertung möglich wird.

Damit wird deutlich, daß die unabdingbaren Gestaltungseinflüsse das Wesen der betrieblichen Kostenrechnung prägen, ohne daß sich unmittelbare Rückwirkungen des Charakters der Kostenrechnung auf diese Faktoren feststellen lassen. Bei den abdingbaren Faktoren sind dagegen wechselseitige Wirkungsbeziehungen zwischen der Ausprägung der Gestaltungseinflüsse und dem Wesen der Kostenrechnung denkbar. Wie auch am Beispiel des Einflusses "Entwicklungsstand vorgelagerter Datenerfassungssysteme" gezeigt werden kann, sind abdingbare Faktoren zunächst zwar als gegeben anzunehmen und bei der Kostenrechnungsgestaltung entsprechend zu berücksichtigen. Es kann jedoch unter Umständen auch sinnvoll und angebracht sein, nicht die Kostenrechnung an den gegebenen Entwicklungsstand anzupassen, sondern den Entwicklungsstand der Datenerfassung an die Anforderungen einer angestrebten Kostenrechnung anzugleichen. Die betriebliche Kostenrechnung wird dann selbst zu einem Einfluß auf die Gestaltung der abdingbaren Gestaltungsfaktoren. Diesen Wirkungszusammenhang zwischen der Kostenrechnung auf der einen und den abdingbaren und unabdingbaren Einflußfaktoren auf der anderen Seite verdeutlicht Abbildung 11.

e) Einteilung der Gestaltungseinflüsse nach ihrer betriebsindividuellen Bedeutung für das Wesen der Kostenrechnung

Werden die kostenrechnerischen Gestaltungseinflüsse nach ihrer Bedeutung für einen bestimmten Betrieb differenziert, lassen sich bedeutende und unbedeutende Merkmale unterscheiden.[23] Bedeutende Betriebsmerkmale sind solche, die einen wesentlichen Einfluß auf die Gestaltung der Kostenrechnung haben und daher bei der Kostenrechnungsgestaltung nicht unberücksichtigt bleiben dürfen, wenn die Kostenrechnung den an sie gestellten

[23] Vgl. *Fassbender*, S. 37.

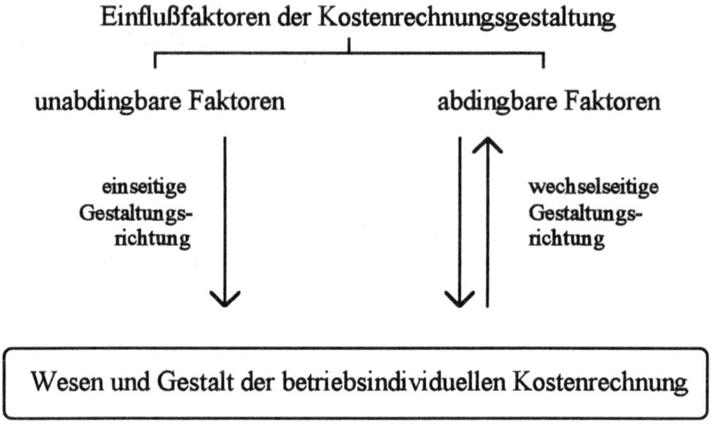

Abbildung 11: Gestaltungsrichtungen abdingbarer und unabdingbarer Einflußfaktoren

Anforderungen und Zwecken gerecht werden soll. Unbedeutende Merkmale haben für den betrachteten Betrieb dagegen nur geringen oder überhaupt keinen Einfluß auf die Gestaltung der Kostenrechnung und sind daher zu vernachlässigen.

Ob ein Merkmal als für die Kostenrechnungsgestaltung des Betriebes bedeutsam oder unbedeutsam einzustufen ist, hängt von den besonderen Gegebenheiten und der individuellen Situation des jeweils betrachteten Betriebes ab. "Ein bestimmtes Merkmal kann in einem Betrieb ein bedeutendes und im anderen ein unbedeutendes sein."[24] Bei dieser Merkmalsdifferenzierung handelt es sich folglich nicht um eine allgemeine, objektiv durchführbare Systematisierung, sondern um eine nur durch das die Kostenrechnungsgestaltung vornehmende Subjekt beantwortbare Klassifikation. Dennoch ist sie von großer Wichtigkeit und Nützlichkeit für die Praxis der Kostenrechnungsgestaltung, erlaubt sie es doch, die Wirtschaftlichkeit des Gestaltungsvorgangs durch die Vermeidung unnötiger Arbeit und unergiebiger Überlegungen zu verbessern.

Aufgrund des individuellen Charakters der Differenzierung in bedeutende und unbedeutende Gestaltungsfaktoren kann das genannte Unterscheidungskriterium in dieser Arbeit, die allgemeingültige Aussagen und Erkenntnisse zur betriebsindividuellen Kostenrechnungsgestaltung zu gewinnen versucht, nicht in der geschilderten, streng betriebsindividuellen Ausle-

[24] *Fassbender*, S. 37.

gung weiter verfolgt werden. Denkbar ist es jedoch, eine Vorauswahl von bedeutenden und unbedeutenden Merkmalen mit Hilfe der typologischen Methode vorzunehmen, nach der zwar nicht die für einen speziellen Einzelbetrieb mit Sicherheit zutreffende Unterscheidung angegeben werden kann, die aber zumindest Tendenzaussagen über die Bedeutsamkeit oder Unbedeutsamkeit von Einflußfaktoren für eine durch typologische Merkmale zu kennzeichnende Gruppe von Betrieben ermöglicht.[25]

Die Bedeutung der typologischen Methode für eine effiziente Kostenrechnungsgestaltung zeigt sich insbesondere dann, wenn die durch den individuellen Betrieb vorzunehmende Aufteilung in bedeutende und unbedeutende Faktoren in den Gesamtablauf der Konzeptgestaltung eingeordnet wird. Danach ist eine betriebsindividuelle Unterscheidung erst dann möglich, wenn zuvor eine Untersuchung aller denkbaren Merkmale erfolgt. Erst dann, wenn der Träger der Kostenrechnungsgestaltungsaufgabe alle grundsätzlich in Frage kommenden Einflüsse kennt, kann er deren Bedeutung für den betrachteten Betrieb abschätzen und eine dieser Bedeutung entsprechende Merkmalsgewichtung vornehmen. Liegen betriebstypbezogene Erkenntnisse über die Gestaltungsrelevanz einzelner Faktoren vor, kann eine Vorauswahl hinsichtlich bedeutsamer und unbedeutsamer Merkmale erfolgen, was die Kostenrechnungsgestaltung erleichtert und zur Verbesserung der Wirtschaftlichkeit dieses Vorgangs beiträgt.

Zusammenfassend ist festzuhalten, daß sich die dargestellten Kriterien zur Systematisierung von Einflußfaktoren der Kostenrechnungsgestaltung primär für eine formale Ordnung und beschreibende Kennzeichnung gegebener Einflußfaktoren eignen. Für die Ableitung und Entdeckung von für die Kostenrechnungsgestaltung allgemeingültig relevanten, d.h. unabhängig von einem spezifizierten Untersuchungsziel oder den Gegebenheiten eines Einzelbetriebes bedeutsamen Einflüssen sind diese Kriterien indessen ungeeignet. Im folgenden soll mit den modelltheoretischen Zusammenhängen, die zwischen der Realität und der Kostenrechnung als Modell zur Abbildung der Realität bestehen, eine Systematisierung entwickelt werden, die über eine beschreibende Ordnung von Einflußgrößen hinaus zur Entdeckung und Erklärung relevanter Einflußgrößen beiträgt.

---

[25] Zur typologischen Methode und ihrer Bedeutung für die theoretische Auseinandersetzung mit der betriebsspezifischen Kostenrechnungsgestaltung vgl. auch die Ausführungen in Kapitel B.-II.-2.-c) dieser Untersuchung.

3. Die Einteilung der Gestaltungseinflüsse nach ihrem modelltheoretischen Zusammenhang als entdeckungs- und erklärungsfunktionaler Systematisierungsansatz

Aus der Kritik an den formal-beschreibenden Ordnungskriterien, nicht zur Ableitung von Einflußgrößen der Kostenrechnungsgestaltung beizutragen, ergibt sich die Konsequenz einer Besinnung auf die modelltheoretischen Zusammenhänge, die zwischen der Realität und der Kostenrechnung als Modell zur Abbildung der Realität bestehen. Allein die Orientierung an den modelltheoretischen und damit an den sachlogischen und materiellen Grundlagen der Kostenrechnung kann zu einer generell zweckmäßigen Systematisierung führen, die über eine beschreibende Ordnung von Einflußgrößen hinaus zur Entdeckung und Erklärung relevanter Einflußgrößen beiträgt und damit sowohl für die theoretisch-abstrakte als auch für die praktisch-betriebsindividuelle Auseinandersetzung mit der Kostenrechnungsgestaltung eingesetzt werden kann.

Wie die Ausführungen zur Subjektivierungsfunktion und zum Grundsatz der Zweckbestimmtheit der Kostenrechnung zeigen,[26] verfolgt die Kostenrechnung keinen Selbstzweck, sondern sie ist ein Führungsinstrument, dessen Informationserstellungs- und Informationsverwertungsprozesse am Informationsbedarf seiner Adressaten auszurichten sind. Der Informationsbedarf, der sich in den durch die Kostenrechnung zu verfolgenden Zwecken niederschlägt, bestimmt demnach die Art der bereitzustellenden Informationen, wodurch wiederum die Art und Weise des Aufbaus und des Ablaufs der Kostenrechnung beeinflußt wird. Damit bleibt festzuhalten, daß der Informationsbedarf als die primäre Kategorie an Einflußfaktoren aufzufassen ist, an der sich die Gestaltung der Kostenrechnung zu orientieren hat. Die Ermittlung des betriebsindividuellen Informationsbedarfs muß daher der erste Schritt der Kostenrechnungsgestaltung sein. Erst wenn das Informationsziel der Kostenrechnung bekannt ist und die Aufgaben und Zwecke der Kostenrechnung konkretisiert sind, können weitere Überlegungen zum Aufbau einer zweckmäßigen Kostenrechnung angestellt werden.

Eine zweite, modelltheoretisch ableitbare Einflußgrößenkategorie der Kostenrechnungsgestaltung stellt das durch die Kostenrechnung abzubildende Original, die betriebliche Realität der Leistungserstellungs- und Leistungsverwertungsprozesse, dar. Nach der Abbildungsfunktion der Kostenrechnung, die sich im Grundsatz der Homomorphie niederschlägt, hat die Kostenrechnung eine für die Informationszwecke hinreichende Strukturähnlichkeit zur betrachteten Realität aufzuweisen. Diese Forderung nach

---

[26] Siehe hierzu die Ausführungen zu Kapitel B.-I.-2.-b)-cc) sowie zu Kapitel B.-II.-1.-a).

Strukturähnlichkeit bewirkt, daß zwischenbetriebliche Unterschiede in der Struktur der Leistungserstellung und -verwertung auch zu Strukturunterschieden zwischen den jeweiligen Kostenrechnungen führen können - ja sogar müssen, sofern diese Strukturunterschiede nach dem Grundsatz der Homomorphie von Bedeutung sind und daher nicht vernachlässigt werden dürfen.

Das Wesen der Kostenrechnung wird über den Informationsbedarf und die Eigenschaften des abzubildenden Originals hinaus durch Faktoren beeinflußt, die der technischen Umsetzung und methodisch-wissenschaftlichen Unterstützung der Modellgestaltung und -durchführung zuzuordnen sind und im folgenden kurz als "Rahmenbedingungen der Kostenrechnungsgestaltung" bezeichnet werden. Bei diesen Rahmenbedingungen handelt es sich um Einflüsse, die beim Aufbau oder bei der Umsetzung und Durchführung des Kostenrechnungsmodells und seiner Informationserstellungs- und Informationsverwertungsprozesse Berücksichtigung finden müssen und sich weder dem abzubildenden Original noch dem Modellsubjekt und seinem Informationsbedarf zuordnen lassen. Hierzu sind beispielsweise der Stand der Kostenrechnungstheorie sowie der Stand der Datenverarbeitungstechnik, aber auch die Auswirkungen der Beachtung des Wirtschaftlichkeitsprinzips, die beispielsweise im Hilfskriterium "Betriebsgröße" zum Ausdruck kommt, zu zählen.

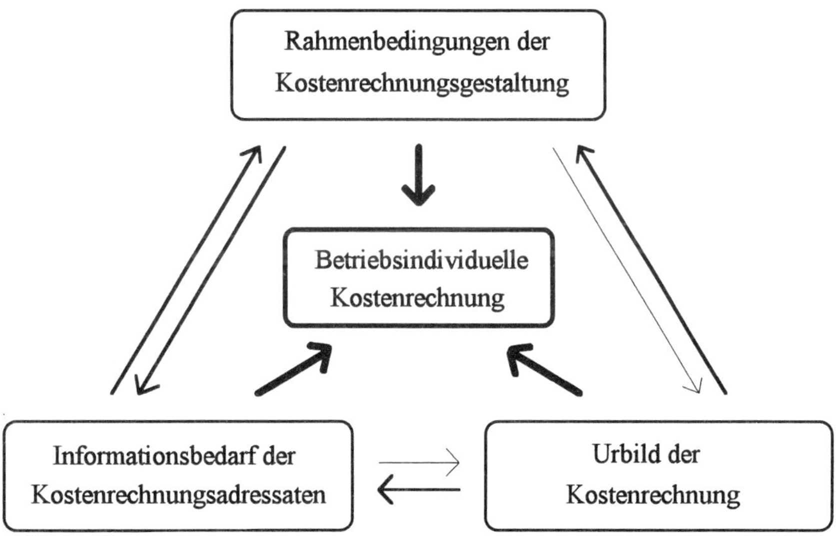

Abbildung 12: Modelltheoretische Einflußquellen der Kostenrechnungsgestaltung

Wie aus Abbildung 12 zu erkennen ist, wird das Wesen der Auf- und Ablaufstruktur der Kostenrechnung durch verschiedene situative Merkmale bestimmt, die sich einer der drei Merkmalsquellen "Informationsbedarf der Kostenrechnungsadressaten", "Urbild der Kostenrechnung" und "Rahmenbedingungen der Kostenrechnungsgestaltung" zuordnen lassen.

Diese drei modelltheoretischen Einflußquellen der Kostenrechnungsgestaltung entfalten ihre Wirkung auf das Wesen der Kostenrechnung nicht unabhängig voneinander, sondern es bestehen vielfältige Wechselbeziehungen. Beispielsweise läßt sich der Informationsbedarf der Unternehmensführung auf eine Reihe von Faktoren zurückführen, die ursprünglich der betrieblichen Leistungserstellung und -verwertung zuzurechnen sind, denn der sich aus den Führungsaufgaben der Unternehmensführung ergebende Informationsbedarf wird zu einem beträchtlichen Teil aus den besonderen Umständen der betrieblichen Leistungserstellung und -verwertung bestimmt. Sind die betrieblichen Gegebenheiten z.B. durch konkurrierende Fertigung bei ausgeschöpften Kapazitäten charakterisiert, bedingt dieser Umstand gegebenenfalls einen Informationsbedarf seitens der Unternehmensführung nach relativen Deckungsbeiträgen der Produktarten, um eine rationale Produktionsprogrammplanung durchführen zu können. Umgekehrt besteht eine mittelbare Beziehung zwischen Informationsbedarf und Urbild insofern, als durch die Befriedigung des Informationsbedarfs mit Kostenrechnungsinformationen Gestaltungsprozesse am Urbild ausgelöst werden können. Kosteninformationen über fertigungsorganisatorische Alternativen können beispielsweise zu Änderungen der Fertigungsorganisation führen.

Wechselwirkungen bestehen weiterhin zwischen dem Informationsbedarf der Kostenrechnungsadressaten und den Rahmenbedingungen der Kostenrechnungsgestaltung. Der Informationsbedarf wird einerseits durch die technischen und methodischen Umsetzungsmöglichkeiten, z.B. durch die Auswertungs- und Darstellungsmöglichkeiten der Datenverarbeitung oder durch den Entwicklungsstand der Kostentheorie, bestimmt. Andererseits kann ein unbefriedigter Informationsbedarf zur Verbesserung technisch-methodischer Voraussetzungen, z.B. zur Steigerung der Leistungsfähigkeit der Betriebsdatenerfassung oder zur Förderung kostenrechnungstheoretischer Forschung, beitragen.

Ferner treten zwischen den betrieblichen Leistungserstellungs- und Leistungsverwertungsprozessen als dem Urbild der Kostenrechnung und den Rahmenbedingungen der Kostenrechnungsgestaltung unmittelbare Zusammenhänge auf. Beispielsweise stellen komplexe Fertigungsprozesse, in denen vielfältige Verbundenheitsbeziehungen zwischen den Verbrauchsvorgängen und/oder der Leistungsentstehung existieren, in der Regel höhere

Anforderungen an die Betriebsdatenerfassung als einfache und überschaubare Fertigungsvorgänge ohne Verbundenheitsbeziehungen. Einflußwirkungen von Rahmenbedingungen der Kostenrechnungsgestaltung auf das Urbild der Kostenrechnung sind zwar ebenfalls vorstellbar, treten aber in der Praxis kaum in Erscheinung, da sich die betrieblichen Leistungserstellungs- und Leistungsverwertungsprozesse nicht nach den technischen und methodischen Möglichkeiten der Gestaltung und Durchführung der Kostenrechnung zu richten haben.

Mit dem dargelegten modelltheoretisch orientierten Systematisierungsansatz ist eine Grundstruktur gegeben, die eine sachlich-logische Auseinandersetzung mit den Einflußgrößen der Kostenrechnungsgestaltung gewährleistet. Durch den Bezug auf die modelltheoretischen Zusammenhänge kann sowohl für die Kostenrechnungstheorie als auch für die Praxis eine Ordnung geschaffen werden, die zur Entdeckung und Erklärung gestaltungsrelevanter Einflußfaktoren beiträgt und bei zusätzlicher Anwendung formal-beschreibender Systematisierungskriterien auf untergeordneten Gliederungsebenen zu einer umfassenden und übersichtlichen Darstellung führt. Für die Gliederung der nachfolgend zu erörternden Einflußfaktoren der Kostenrechnungsgestaltung wird daher der modelltheoretische Zusammenhang als primäres Ordnungskriterium angewandt und teilweise durch überbetrieblich geeignete formal-beschreibende Kriterien ergänzt.

II. Die Einflußfaktoren der Kostenrechnungsgestaltung im einzelnen

Nach der Erarbeitung möglicher Ansatzpunkte zur Systematisierung der im Rahmen der Kostenrechnungsgestaltung zu beachtenden situativen Einflußfaktoren werden in diesem Abschnitt einzelne Gestaltungseinflüsse dargestellt und ihre grundsätzliche Bedeutung für den betriebsspezifischen Aufbau und Einsatz der Kostenrechnung erläutert. Die gewählte Systematisierung erfolgt in der obersten Ordnungsstufe nach dem modelltheoretischen Zusammenhang der situativen Einflüsse, wonach sich drei Einflußgruppen unterscheiden lassen: die Rahmenbedingungen der Kostenrechnungsgestaltung, die sich aus dem Informationsbedarf der Kostenrechnungsadressaten ergebenden Einflüsse sowie die urbildbedingten Einflußfaktoren.

Wie oben dargelegt, treten zwischen diesen drei modelltheoretisch ableitbaren Einflußgrößenkategorien wechselseitige Beziehungen auf, so daß einzelne Einflußgrößen im Rahmen mehrerer Einflußgrößenkategorien angesprochen werden können. Beispielsweise lösen die "Art der zeitlichen und örtlichen Zuordnung der Aufträge zu den Fertigungsanlagen" sowie die

"Intensität der eingesetzten originären Produktionsfaktoren" in der Regel einen speziellen Informationsbedarf der Unternehmensführung aus, wodurch diesen Einflußfaktoren über ihren urbildbedingten Charakter hinaus indirekt auch hinsichtlich des Informationsbedarfs betriebsinterner Kostenrechnungsadressaten ein kostenrechnungsdifferenzierender Einfluß zuzusprechen ist. Um im folgenden Mehrfachdarstellungen zu vermeiden, werden die Einflußfaktoren im Rahmen ihrer originären modelltheoretisch zuordenbaren Einflußgrößenkategorie erörtert.

1. Rahmenbedingungen der Kostenrechnungsgestaltung

Unter den Rahmenbedingungen der Kostenrechnungsgestaltung sollen Einflüsse verstanden werden, die dem Bereich der technischen und methodisch-wissenschaftlichen Unterstützung der Modellgestaltung und -anwendung zuzuordnen sind. Es handelt sich dabei um Einflüsse, die die konkrete Umsetzung eines allein aus der Beachtung des Informationsbedarfs und urbildbedingter Einflüsse resultierenden idealen Modellentwurfs bestimmen. Die Rahmenbedingungen wirken dabei grundsätzlich restriktiv, da bei der praktischen Umsetzung des idealen Modellentwurfs die abbildungs- und rechentechnischen sowie methodisch-wissenschaftlichen Gegebenheiten, in denen teilweise die Beachtung des Grundsatzes der Wirtschaftlichkeit zum Ausdruck kommt, zu beachten sind.

In den folgenden Ausführungen sollen Gestaltungsfaktoren dargestellt und diskutiert werden, die einen direkten Einfluß auf den methodischen Aufbau und die technische Durchführung der Kostenrechnung haben und deren Bedeutung sich vor allem aus der Beachtung des Wirtschaftlichkeitsprinzips im Rahmen der Kostenrechnungsgestaltung ergibt. Hierzu zählen im einzelnen der Entwicklungsstand vorgelagerter Datenerfassungssysteme sowie der Datenverarbeitungstechnik, der Grad der Fachkenntnisse der Informationsadressaten und der Kostenrechnungsbetreiber, die Betriebsgröße, der Entwicklungsstand der Kostentheorie und der Kostenrechnungstheorie sowie Kostenrechnungsrichtlinien.

a) Der Entwicklungsstand vorgelagerter Datenerfassungssysteme

Die Beachtung des Wirtschaftlichkeitsprinzips bei der Gestaltung der betrieblichen Kostenrechnung führt zu der Forderung, daß die Kostenrechnung zur Ermittlung der für die Durchführung ihrer Verarbeitungsaufgaben erforderlichen Daten nach Möglichkeit Informationen zu nutzen hat, die bereits in anderen Datensystemen vorhanden sind. Lediglich dann, wenn eine Datenübernahme von vorgelagerten Systemen nicht möglich ist, muß die Kostenrechnung die für ihren Informationserstellungs- und Informationsverwertungsprozeß notwendigen Daten selbständig erheben und verwalten.[27] Beispielsweise kann die Kostenrechnung bei der Ermittlung des kalkulatorischen Unternehmerlohns oder auch bei der Bestimmung der kalkulatorischen Miete in der Regel nicht auf vorgelagerte Informationssysteme zurückgreifen, sondern muß die erforderlichen Daten in eigener Regie beschaffen.

Als Datenlieferant der Kostenrechnung kommen einmal die anderen Zweige des Rechnungswesens in Frage. Hier ist insbesondere die Finanzbuchhaltung zu nennen, auf deren Grundlage sich die aufwandsgleichen Kosten (Grundkosten) durch eine Abgrenzungsrechnung ermitteln lassen.[28] Aber auch die den einzelnen Zweigen des Rechnungswesens vorgelagerten Hilfsrechnungen, wie etwa die Lohn- und Gehaltsabrechnung, die Lagerbuchhaltung und die Anlagenkartei, sind wichtige Datenlieferanten der Kostenrechnung.[29] Die Lohn- und Gehaltsabrechnung dient insbesondere der Erfassung der Personalkosten und der Vorbereitung ihrer Verteilung auf Kostenstellen und Kostenträger. Die Lagerbuchhaltung stellt Daten über Werkstoffverbräuche und Bestände zur Verfügung, während die Anlagenkartei wichtige Informationen für die Ermittlung der kalkulatorischen Abschreibungen von Betriebsmitteln sowie über das betriebsnotwendige Vermögen zur Bestimmung der kalkulatorischen Zinsen bereitstellt.[30]

Die Wirtschaftlichkeit einer Datenübertragung aus vorgelagerten Informationssystemen wird durch die Kompatibilität der beteiligten Datensysteme bestimmt. Treten Inkompatibilitäten zwischen den Systemen auf, kann eine Datenübernahme oftmals nur mittels aufwendiger Transforma-

---

27 Vgl. *Link*, E.: Betriebsdatenerfassung, Grundlegende Kennzeichnung und Gestaltungsmerkmale im Rahmen der zeitlichen und qualitativen Lenkung der industriellen Produktion, Diss., Pfaffenweiler 1990, S. 294 f.

28 Der enge datenbezogene Zusammenhang zwischen der Finanzbuchhaltung und der Kostenrechnung wird auch durch die buchhalterisch-organisatorische Verknüpfung beider Rechnungskreise dokumentiert, wie sie beispielsweise in einer erstmals vollständig integrierten Form im Kontenrahmen von *Schmalenbach* zum Ausdruck kommt. Vgl. *Bergner*, Modellcharakter, S. 425; *Kosiol*, E.: Kontenrahmen und Kontenpläne der Unternehmungen, Essen 1962, S. 38 f. Vgl. hierzu auch *Schmalenbach*, Kontenrahmen, S. 385 ff. u. S. 433 ff. Zu den Gestaltungsmöglichkeiten der Übernahme von kostenrechnerisch relevanten Daten aus der Finanzbuchhaltung vgl. *Hummel/Männel*, S. 138 ff.

29 Vgl. *Kilger*, Einführung, S. 17; *Schmalenbach*, Kostenrechnung, S. 33 ff. Diese vorgelagerten Hilfsrechnungen des Rechnungswesens werden zuweilen auch als "Nebenbuchhaltungen" bezeichnet. Vgl. hierzu *Kosiol*, Kalkulation, S. 101.

30 Vgl. *Kosiol*, Kalkulation, S. 101 ff.; *Kilger*, Einführung, S. 17 f.

tionsprozesse durchgeführt werden. Beispiele für solche Transformationsprozesse sind die oben angesprochene Abgrenzungsrechnung zwischen der Finanzbuchhaltung und der Kostenrechnung sowie die sogenannten Brückenprogramme, die Daten aus der Produktionsplanung und -steuerung für die Rechnungszwecke der Kostenrechnung umformatieren.[31] Integrierte Datenerfassungs- und Datenverarbeitungskonzepte versuchen, die Wirtschaftlichkeit des betrieblichen Informationssystems durch den Aufbau einer einheitlichen Datenbasis und der Verlagerung der Datenerfassungsfunktion an den Anfang der Informationsprozesse zu verbessern.[32] Die Beachtung des Prinzips der einmaligen Erfassung von Daten zur Nutzung für alle in Frage kommenden Verarbeitungsaufgaben[33] und die Vereinheitlichung der Datenorganisation sollen zu einer Vermeidung von Inkompatibilitäten zwischen den Informationssubsystemen beitragen. Dies bedeutet, daß bereits im Rahmen der dem betrieblichen Rechnungswesen und seiner Nebenbuchhaltungen vorgelagerten Datenerfassungssysteme alle Kontierungsschlüssel als Erfassungskriterien angegeben werden, die für eine spätere Nutzung von Bedeutung sind.[34]

Eine hinsichtlich der Ermittlung kostenrechnerisch relevanter Grunddaten herausragende Stellung unter den vorgelagerten Datenerfassungssystemen nimmt die Betriebsdatenerfassung ein. Sie hat die technischen und organisatorischen Daten, die im Laufe des Leistungserstellungs- und Leistungsverwertungsprozesses anfallen, in maschinell verarbeitungsfähiger Form zu erfassen, aufzubereiten und bereitzustellen.[35] Für die Zwecke der Kosten-

---

[31] Vgl. *Link*, S. 295.

[32] Vgl. *Scheer*, A.-W.: Das Rechnungswesen in den Integrationstrends der Datenverarbeitung, in: Scheer, A.-W. (Hrsg.): Rechnungswesen und EDV, 9. Saarbrücker Arbeitstagung 1988, Integrierte Informationsverarbeitung, Heidelberg 1988, S. 8 f.

[33] Vgl. *Studienkreis Prof. Dr. Meller*: Grundlagen und organisatorische Möglichkeiten der Datenerfassung, Ergebnisse eines Studienkreises des Betriebswirtschaftlichen Instituts für Organisation und Automation an der Universität zu Köln, Wiesbaden 1972, S. 191; *Link*, S. 296.

[34] Allein für die Zwecke der Kostenrechnung gibt es hier eine Vielzahl denkbarer Erfassungskriterien, wie z.B. die Verbrauchsstelle, der Zeitraum des Verbrauchs, die Verbrauchsgüterart und -menge, die verbrauchsbestimmenden Einflußgrößen oder der verbrauchende Kostenträger. Vgl. hierzu *Laßmann*, G.: Kostenerfassung, Prinzipien und Technik, in: Kosiol, E./Chmielewicz, K./Schweitzer, M. (Hrsg.): HWR, 2., völlig neu gestaltete Auflage, Stuttgart 1981, Sp. 1021; *Kurrle*, S.: Integration von Informations- und Produktionstechnologien im Industriebetrieb, Unter besonderer Berücksichtigung der Problematik in der Elektroindustrie, Diss., Pfaffenweiler 1988, S. 194.

[35] Das Aufgabengebiet der Betriebsdatenerfassung wird in dieser Arbeit nicht nur auf den Produktionsprozeß, sondern auf den gesamten Vorgang der Leistungserstellung und -verwertung bezogen. Zur Abgrenzung des Begriffes "Betriebsdatenerfassung" vgl. *Roschmann*, K. u.a.: Betriebsdatenerfassung in Industrieunternehmen, Ein Leitfaden zur Einfüh-

rechnung liefert die Betriebsdatenerfassung beispielsweise wichtige Grunddaten über Anwesenheitszeiten und Leistungen der Mitarbeiter, über die Maschinenbelegung und Maschinenlaufzeiten, über Lagerbestandsveränderungen und Materialverbräuche sowie über Ausbringungs- und Leistungsmengen von Aggregaten und Kostenstellen.[36] Die Kostenrechnung ist damit nicht nur hinsichtlich der Kostenerfassung, sondern vor allem auch im Hinblick auf die Ermittlung von (Ist-)Bezugsgrößen zur Kalkulation und Kostenkontrolle auf Informationen aus der Betriebsdatenerfassung angewiesen. Indem sie die genaue Verfolgbarkeit der Kostenentstehung gewährleistet, ermöglicht die Betriebsdatenerfassung eine empirische Überprüfung von Kostenabhängigkeiten und -funktionen und somit auch die Beurteilung der Wirkungsweise einzelner Kostenbestimmungsfaktoren.[37]

Der Entwicklungsstand des betrieblichen Informationssystems, der sich insbesondere im Integrations-, Kompatibilitäts- und Automatisierungsgrad der Informationssubsysteme widerspiegelt, beeinflußt das Wesen der Kostenrechnung nachhaltig. Die Genauigkeit und Aussagefähigkeit der Kostenrechnung wird dadurch verbessert, daß die größere Wirtschaftlichkeit eines technisch hoch entwickelten Informationssystems im Vergleich zu einem niedrigentwickelten die Anwendung detaillierterer und genauerer Erfassungsmethoden ermöglicht, was bei unveränderten Informationskosten zu einer Verfeinerung der Kostenrechnung führt. Weiterhin wird ein integriertes Informationssystem mit hohem Kompatibilitätsgrad der Systemdaten und hochautomatisierten Datenerfassungssystemen mit einer Vereinfachung und Beschleunigung der kostenrechnerischen Informationserstellung verbunden sein, was zu einer Verbesserung des Aktualitätswertes der Informationsbereitstellung beiträgt.

Sind die der Kostenrechnung vorgelagerten Informationssysteme durch einen geringen Kompatibilitätsgrad zur Kostenrechnung gekennzeichnet, müssen entweder aufwendige Datentransformationsprozesse durchgeführt werden, oder es wird eine eigens für die Kostenrechnung organisierte Datenerfassung und -verwaltung erforderlich. Die dabei zu berücksichtigenden Überlegungen zur Wirtschaftlichkeit dieser Datentransformations-,

---

rung und Anwendung der Betriebsdatenerfassung, Arbeitsergebnis der Gemeinschaftsarbeit AWV - Fachausschuß Organisation und Datenverarbeitung - Arbeitskreis Datenerfassung - Projektgruppe Betriebsdatenerfassung, München 1979, S. 14 ff.; *Link*, S. 42 ff.; *Müller*, P.: BDE oder UDE?, in: Fortschrittliche Betriebsführung und Industrial Engineering, 35. Jg. 1986, S. 194.

[36] Vgl. *Link*, S. 291; *Mertens*, P.: DV-Unterstützung der Kostenrechnung, in: Männel, W. (Hrsg.): Handbuch der Kostenrechnung, Wiesbaden 1992, S. 1199 f.

[37] Vgl. *Lackes*, R.: Herausforderungen an ein fortschrittliches Kosteninformationssystem, in: krp, o. Jg. 1990, S. 330.

Datenerfassungs- und Datenverwaltungsoperationen können dazu führen, daß sich eine Kostenrechnung bei niedrigem Kompatibilitätsgrad des Informationssystems mit ungenaueren und weniger detaillierten Daten begnügen muß als eine Kostenrechnung bei vergleichsweise hohem Kompatibilitätsgrad vorgelagerter Informationssysteme. Konkret kann sich dieser Zusammenhang beispielsweise im Rahmen der Kostenerfassung hinsichtlich der Detailliertheit einzelner Kostenarten, der Genauigkeit der Periodenzurechnung von Verbrauchsvorgängen oder des Anteils der unechten Gemeinkosten an den Gesamtkosten bemerkbar machen. Der Entwicklungsstand vorgelagerter Informationssysteme kann sich weiterhin auf die Bezugsgrößenwahl im Rahmen der Kostenstellenrechnung auswirken. Der Einsatz einer Bezugsgröße als Maßstab der Kostenverursachung sowohl für die Zwecke der Kalkulation als auch der Kostenkontrolle ist unter anderem davon abhängig, ob diese Bezugsgröße in ihrer tatsächlichen (Ist-)Ausprägung gemessen werden kann. Ist die Ermittlung der Bezugsgrößenhöhe aufgrund des mangelhaften Standes der Betriebsdatenerfassung nicht möglich, scheidet diese Bezugsgrößenart für eine Anwendung in der Kostenrechnung aus.

b) Der Entwicklungsstand der betrieblichen Datenverarbeitungstechnik

Ein weiterer Einflußfaktor, der das Wesen und die Gestalt der Kostenrechnung als Rahmenbedingung beeinflussen kann, ist der Entwicklungsstand der für die Durchführung der Kostenrechnung eingesetzten Datenverarbeitungstechnik. "So erleichtern strukturierte Datenverwaltungsmethoden den Aufbau und den Ablauf eines funktionsfähigen Kosteninformationssystems."[38] Da die Kostenrechnung besondere Anforderungen an eine quantitative Massendatenverarbeitung stellt, können insbesondere durch den Einsatz elektronischer Datenverarbeitungssysteme im Vergleich zu manuellen Datenverarbeitungstechniken komplexere und umfangreichere Datenverwaltungs- und Rechenaufgaben wirtschaftlich durchgeführt werden.[39] Die mit der Anwendung von Computertechnik im Informations- und Kommunikationsbereich einhergehenden Rationalisierungseffekte erlauben es den entsprechend ausgestatteten Betrieben, die bislang aus Wirtschaftlichkeits- und Praktikabilitätsgründen vorhandenen Restriktionen bei der

---

[38] *Lackes*, EDV-orientiertes Kosteninformationssystem, S. 73.

[39] Der starke Preisverfall und die Leistungssteigerung bei der EDV-Hard- und Software führen zu einer Verbesserung der Wirtschaftlichkeit von Investitionen in diesen Bereich und machen den Einsatz der EDV auch für Klein- und Mittelbetriebe rentabel. Wie eine empirische Untersuchung zeigt, führen bereits 1981 rund 75 % der Klein- und Mittelbetriebe, die eine regelmäßige Kostenrechnung betreiben, ihre Kostenrechnung zumindest teilweise mit Hilfe der EDV durch. Vgl. hierzu *Becker*, H.P., S. 101.

Anwendung rechentechnisch aufwendiger Kostenrechnungssysteme, -verfahren und -methoden abzubauen.[40] Beispielsweise stellen die Verrechnung innerbetrieblicher Leistungen mit Hilfe simultaner Verfahren, die parallele Durchführung mehrerer Kostenrechnungssysteme - z.B. die gleichzeitige Anwendung einer Voll- und einer Teilkostenrechnung - oder auch die flexible und schnelle Abfrage von Daten für Sonderrechnungen beim Einsatz moderner Datenverarbeitungssysteme[41] nicht länger Gestaltungselemente der betrieblichen Kostenrechnung dar, die zwar theoretisch wünschenswert sind, aus technischen oder Wirtschaftlichkeitsgründen aber als undurchführbar angesehen werden.

Bei der Diskussion über den Einfluß der Datenverarbeitungstechnik auf die Gestaltung der Kostenrechnung stellt sich die Frage, ob der EDV über die betriebsindividuelle Implementierung und Realisierung von Kostenrechnungssystemen und -modellen hinaus auch konzeptionelle, d.h. kostenrechnungstheoretische Einflüsse auf das Wesen der Kostenrechnung zugesprochen werden müssen.[42] Hierbei ist zu bedenken, daß die Datenverarbeitung grundsätzlich nur ein Instrument zur praktischen Umsetzung kostenrechnungstheoretischer Modelle, Verfahren und Konzeptionen darstellt, denn für die theoretische Beschäftigung mit der Kostenrechnung ist es gleichgültig, ob das Rechnungswesen manuell oder mit irgendeiner Datenverarbeitung betrieben wird. Die Art und Qualität der Datenverarbeitung betreffen in erster Linie die Effizienz der Ermittlung, Darstellung und Verwaltung von Daten.[43] Sie können aber über diesen Zusammenhang in zweierlei Hin-

---

[40] Vgl. *Lackes*, Herausforderungen, S. 328. Die Rationalisierungseffekte werden vor allem durch eine verbesserte Rechenintensität, eine erhöhte Auswertungsflexibilität, die Vereinfachung der Aktualisierung von Informationen und die Entlastung bei Routinearbeiten erzielt. Vgl. *Schweitzer/Küpper*, S. 457 f.; *Becker*, H.P., S. 101.

[41] Zu weiteren Beispielen vgl. *Schehl*, M.: Die Kostenrechnung der Industrieunternehmen vor dem Hintergrund unternehmensexterner und -interner Strukturwandlungen, Eine theoretische und empirische Untersuchung, Diss., Berlin 1994, S. 279 ff. sowie die dort angegebene Literatur.

[42] Einen derartigen Einfluß sehen *Wedekind*, H.: Strukturveränderung im Rechnungswesen unter dem Einfluß der Datenbanktechnologie, in: ZfB, 50. Jg. 1980, S. 663; *Lackes*, EDV-orientiertes Kosteninformationssystem, S. 73; *Mertens*, S. 1199; *Grochla*, E.: Die Auswirkungen der Automatisierung auf das Rechnungswesen, in: Studienkreis Finanzpräsident Schröder (Hrsg.): Das Rechnungswesen bei automatisierter Datenverarbeitung, Ergebnisse eines Studienkreises des Betriebswirtschaftlichen Instituts für Organisation und Automation an der Universität zu Köln, Wiesbaden 1971, S. 17.

[43] Dies wird z.B. bei *Mertens* deutlich, der auf die Beeinflussung der Kostenrechnung durch Weiterentwicklungen der Datenverarbeitung vor allem in der Unterstützung entscheidungsorientierter Kostenrechnungssysteme durch den Einsatz von Daten- und Methodenbanken und Expertensystemen sowie in den Anwendungsmöglichkeiten elektronischer Berichts- und Präsentationssysteme hinweist. Vgl. *Mertens*, S. 1210 ff.

sicht mittelbar auch Auswirkungen auf Entwicklungstendenzen in der Kostenrechnungstheorie haben. Einerseits kann die Effizienzsteigerung durch die Automatisierung der Datenverarbeitung die theoretische Auseinandersetzung mit Kostenrechnungskonzeptionen, die aufgrund bislang fehlender Realisierbarkeit und Praktikabilität nicht weiter verfolgt wurden, fördern und beleben.[44] Andererseits können sich durch die Entwicklung neuerer Datenverarbeitungskonzeptionen innerbetriebliche und zwischenbetriebliche Strukturveränderungen ergeben, die wiederum eine Umorientierung der Kostenrechnungstheorie durch das Auftreten veränderter Probleme und die Entwicklung neuartiger Problemlösungsansätze erforderlich machen.[45]

Die Qualität und die Leistungsfähigkeit der für die Durchführung der Kostenrechnung eingesetzten Datenverarbeitungstechnik bestimmen in jedem Fall die Wirtschaftlichkeit der kostenrechnerischen Informationserstellungs- und Informationsverarbeitungsprozesse und wirken sich somit individualisierend auf das Wesen und die Gestalt der betrieblichen Kostenrechnung sowie auf die Art und Qualität der Kosteninformationen aus. Die Kostenrechnungen zweier Betriebe können sich also allein schon aufgrund der Tatsache unterscheiden, daß sich die in diesen Betrieben eingesetzte Datenverarbeitungstechnik auf unterschiedlichem Entwicklungsstand befindet.

---

[44] Beispielsweise wird ein Nachteil der relativen Einzelkosten- und Deckungsbeitragsrechnung, aufgrund des Konzeptes einer zweckneutralen Grundrechnung und der differenzierten Kostenzurechnung auf eine Vielzahl von Zurechnungsobjekten für die Realisierung in der Praxis zu aufwendig zu sein, durch den Einsatz relationaler Datenbanken und die hohe Leistungsfähigkeit der heutigen Datenverarbeitungssysteme abgeschwächt. Vgl. *Coenenberg*, Kostenrechnung, S. 250.

[45] Durch die verstärkte Dezentralisierung der Datenverarbeitungsaufgaben und durch die Anwendung der Dialogverarbeitung können beispielsweise die Auf- und Ablauforganisation der Betriebe und damit indirekt auch die Aufgaben der Kostenrechnung beeinflußt werden, was sich z.B. in einem tendenziellen Übergang von einer mehr zeitraumbezogenen hin zu einer mehr fallbezogenen Betrachtung äußern würde. Vgl. *Scheer*, A.-W.: Einsatz von Datenbanksystemen im Rechnungswesen - Überblick und Entwicklungstendenzen, in: ZfbF, 33. Jg. 1981, S. 504. Dabei handelt es sich jedoch keineswegs um konzeptionelle Neuentwicklungen der Kostenrechnung, sondern um bereits bekannte Ansätze, die aufgrund ihrer verbesserten Realisierungsmöglichkeit wieder aufgegriffen und weiterverfolgt werden. Die angesprochene fallweise Betrachtung der Kostenrechnung ist beispielsweise ein Ansatz, der wohl schon immer im Rechnungswesen und auch in der Kostenrechnung, spätestens jedoch seit der Unterscheidung in Grund- und Sonderrechnungen nach *Schmalenbach* als Bestandteil betriebswirtschaftlicher Überlegungen gilt. Vgl. hierzu *Schmalenbach*, Kostenrechnung, S. 268 ff.

c) Der Grad der Fachkenntnisse der Informationsadressaten und der Systembetreiber

Die betriebsindividuelle Gestaltung der Kostenrechnung wird weiterhin vom Grad der Fachkenntnisse der betriebsinternen Informationsadressaten[46] sowie der Systembetreiber beeinflußt. Nach den Grundsätzen der Adäquanz und der Wirtschaftlichkeit bestimmt unter anderem der kostenrechnerische Kenntnisstand der internen Informationsempfänger Qualität und Quantität der bereitzustellenden Informationen und damit auch die Art der Informationserstellung, insbesondere der Informationsaufbereitung. Aufbau und Durchführung der Kostenrechnung sind also qualitativ und quantitativ auf das kostenrechnerische Fachwissen der internen Informationsadressaten abzustimmen. Betriebe, deren Kosteninformationsempfänger ein vergleichsweise gutes Verständnis für kostenrechnerische Zusammenhänge und die Aussagefähigkeit bereitgestellter Informationen besitzen, werden daher eine komplizierter strukturierte und aufwendigere Kostenrechnung effizient durchführen und somit auch detailliertere und aussagefähigere Informationen als Grundlage für die Erfüllung von Führungsaufgaben liefern können als Betriebe mit kostenrechnerisch schlechter ausgebildeten Mitarbeitern.

Verfügen die Informationsempfänger nicht über die erforderlichen Kenntnisse, um die nach dem Grundsatz der Relevanz bereitzustellenden Informationen richtig zu interpretieren und die richtigen Entscheidungen zu treffen, ergeben sich für den Betrieb einerseits die Möglichkeiten, seine Kostenrechnung dem gegebenen Kenntnisstand der Adressaten anzupassen und nur eine einfach strukturierte Kostenrechnung einzusetzen oder gänzlich auf sie zu verzichten.[47] "Es erweist sich beispielsweise geradezu als gefährlich, einzelnen dezentral agierenden Verkäufern die (niedrigen) Einzelkosten der von ihnen vertriebenen Produkte als Informationen an die Hand zu geben: Es besteht eine hohe Wahrscheinlichkeit dafür, daß es zu einer zu nachgiebigen Preisstellung kommt."[48] Andererseits - und dies dürfte sicherlich in den meisten Fällen die zu präferierende Alternative darstellen - können die Fachkenntnisse der Informationsempfänger auch an eine dem

[46] Der Grad der Fachkenntnisse *externer* Informationsempfänger ist dagegen kein betriebsindividualisierender Gestaltungseinfluß, da die Kostenrechnung bei der Erfüllung ihrer externen Informationsaufgaben zwar bestimmte Vorschriften und Richtlinien zu beachten hat, auf den Kenntnisstand der externen Adressaten dabei aber keine Rücksicht zu nehmen braucht.

[47] Nach einer empirischen Untersuchung aus dem Jahre 1981 führen rund 20 % der befragten Industrieunternehmen keine Kostenrechnung durch, von denen wiederum 7,4 % den Mangel an qualifiziertem Personal als Verzichtsgrund angeben. Vgl. *Becker*, H.P., S. 82 u. S. 84.

[48] *Weber*, J., Change-Management, S. 43.

Relevanzprinzip genügende Kostenrechnung angepaßt werden, indem beispielsweise Schulungsmaßnahmen ergriffen werden oder bereits bei der Personaleinstellung auf kostenrechnerisches Wissen geachtet wird.[49] Auch die Kostenrechnung selbst kann durch die graphische Darstellung von Kostenentwicklungen und -strukturen oder durch verbale Erläuterungen von Kosteninformationen, wie z.B. des Betriebsergebnisses, der Kostenstellenabweichungen oder der Preisuntergrenzen, einen wichtigen Beitrag zum besseren Verständnis kostenrechnerischer Zusammenhänge leisten.

Zur Lösung des Adäquanzproblems von Kosteninformationen können in wesentlichem Maße auch die Betreiber des Kosteninformationssystems, also die für den reibungslosen Ablauf der Kostenrechnung zuständigen Kostenrechnungsfachleute und Controller beitragen, indem sie gemeinsam mit den Adressaten die zur Verfügung gestellten Informationen diskutieren und auf deren richtige Interpretation hinwirken. Darüber hinaus haben diese Fachleute einen unmittelbaren Einfluß auf das Wesen der betrieblichen Kostenrechnung, wenn sie entweder bereits bei der Einführung oder bei Änderungen und Erweiterungen der vorhandenen Kostenrechnung ihr individuelles Kostenrechnungsverständnis in den Gestaltungsaufbau einbringen. Hier sind nicht selten die Art der Ausbildung und der Hochschulort Merkmale, die z.B. die Art des gewählten Kostenrechnungssystems mitbestimmen.

d) Die Betriebsgröße

Wie bereits erläutert, stellt der Grundsatz der Wirtschaftlichkeit ein wichtiges Prinzip dar, das es bei der Gestaltung der Kostenrechnung zu beachten gilt. Die Probleme, die bei der Nutzenmessung von Kosteninformationen generell auftreten und die Anwendung des Wirtschaftlichkeitsprinzips bei der Kostenrechnungsgestaltung erschweren, erfordern die Ableitung praktischer Ersatzkriterien, die es dem Kostenrechnungsgestalter erlauben sollen, Wirtschaftlichkeitsaspekte bei der Einführung von Kostenrechnungen oder bei der Anpassung bestehender Kostenrechnungen an veränderte Gestaltungseinflüsse zu berücksichtigen.

---

[49] Das Fachwissen der Informationsadressaten stellt damit ebenso wie die Kostenrechnungskenntnisse der Systembetreiber (vgl. hierzu nachfolgenden Absatz) einen abdingbaren Gestaltungseinfluß dar.

Ein derartiges Ersatzkriterium ist die Betriebsgröße,[50] die in zweierlei Hinsicht einen Einfluß auf das Wesen der Kostenrechnung haben kann: Zum einen liegt es nahe, "daß das Rechnungswesen einen um so größeren Umfang annimmt, je größer das Unternehmen ... ist,"[51] d.h., mit steigender Betriebsgröße gehen meist sowohl ein steigender Informationsbedarf als auch eine Vergrößerung des Abbildungsobjektes einher, was durch eine quantitative Anpassung der Kostenrechnung auszugleichen ist. Dies zeigt sich beispielsweise in einer Erhöhung der Häufigkeit des Informationsbedarfs, der sich wiederum in der Art der Informationsaufbereitung und in der Art der Informationsbereitstellung niederschlagen kann, oder auch in der Vergrößerung der darzustellenden Kostenartenpositionen, der Anzahl abzurechnender Kostenstellen oder der Art der Kostenträgergliederung.

Zum anderen ist mit steigender Betriebsgröße auch eine qualitative Verbesserung der Kostenrechnung zu erwarten. Eine Erhöhung der Kostenrechnungsqualität, die sich z.B. in einer verfeinerten und detaillierteren Erfassung und Gliederung der Kostenarten, einer genaueren Durchführung der innerbetrieblichen Leistungsverrechnung oder auch in einer differenzierteren Bezugsgrößenwahl für die Kalkulation und Kostenkontrolle äußern kann, stellt erhöhte Anforderungen an die Kenntnisse des eingesetzten Kostenrechnungspersonals sowie an die Qualität der Datenverarbeitung, was in der Regel mit einem Anstieg der kurzfristig fixen Kosten der Kostenrechnung verbunden ist. Da sich diese zusätzlichen Fixkosten bei einem größeren Betrieb mit entsprechend höherem Informationsbedarf auf eine größere Anzahl zusätzlich bereitzustellender Informationseinheiten verteilen, also ein Fixkostendegressionseffekt bei steigender Betriebsgröße zu beobachten ist, stellt sich das Nutzen-Kosten-Verhältnis qualitativer Verbesserungen der Kostenrechnung bei einem Großbetrieb günstiger dar als bei kleineren Betrieben. In Kleinbetrieben müssen die Verfeinerungen daher aus Wirtschaftlichkeitsgründen auf ein Minimum beschränkt werden, wobei "die Kontrolle durch das Rechnungswesen weitgehend durch persönliche Inaugenscheinnahme ergänzt wird."[52] Dies kann in vielen Fällen dazu führen, daß ganz auf die Durchführung einer systematischen Kostenrechnung verzichtet und dafür auf einfachere und kostengünstigere Behelfsrechnungen zurückgegriffen wird. "Selbst ganz kleine Unternehmer ... sitzen manche Stunde wiegend, messend, rechnend, um festzustellen, ob die

[50] Auf die Notwendigkeit einer Anpassung der Kostenrechnung an die Betriebsgröße verweisen beispielsweise *Kalveram*, Rechnungswesen, S. 175; *Kosiol*, Buchhaltung, S. 32; *Nowak*, Kostenrechnungssysteme, S. 40; *Schulz*, S. 11 ff.

[51] *Nowak*, Kostenrechnungssysteme, S. 43.

[52] *Nowak*, Kostenrechnungssysteme, S. 43.

gebotenen Preise ausreichen, und was sie an den einzelnen Gegenständen verdienen."[53]

Trotz der Klarheit und Einfachheit der beschriebenen Zusammenhänge zwischen der Größe des Betriebes und der Ausgestaltung seiner Kostenrechnung hat die Betriebsgröße als praktikabler Einflußfaktor eine weit geringere Bedeutung, als es zunächst erscheinen mag. Denn die Beachtung des Wirtschaftlichkeitsprinzips wird bei der Bestimmung der betriebsindividuellen Qualität und Quantität der Kostenrechnung nicht nur durch die vorliegende Betriebsgröße bestimmt, sondern die betriebsindividuell richtige Ausgestaltung der Kostenrechnung wird weitgehend durch andere Faktoren beeinflußt, z.B. durch die Art des Informationsbedarfs oder durch die Besonderheiten des Fertigungsablaufes. Ein kleiner Betrieb, der es mit komplizierten fertigungstechnischen Abläufen, einer Vielzahl verschiedener Produkte und einer besonderen Konkurrenzsituation auf den Absatzmärkten zu tun hat, bedarf einer detaillierteren, umfangreicheren und umständlicheren Kostenrechnung als ein Großbetrieb, der einen einfach strukturierten Produktionsablauf, nur wenige Erzeugnisse und gesicherte Absatzmöglichkeiten aufweist.

Weiterhin stellt sich die Frage, wie die Betriebsgröße gemessen werden soll, damit sie ein sinnvolles und praktikables Ersatzkriterium für die Anwendung des Wirtschaftlichkeitsprinzips bei der Kostenrechnungsgestaltung sein kann. Hier sind als Maßgrößen beispielsweise die Häufigkeit und die Größe der Informationsnachfrage, die Kostensumme des Betriebes, die Höhe der Umsatzerlöse oder auch die Anzahl der Mitarbeiter denkbar.[54] Diese Maßgrößen können allerdings nicht einen unmittelbaren Zusammenhang zur Kostenrechnungsgestaltung für sich in Anspruch nehmen. Ein Versuch, Dimensionen für die Betriebsgröße zu finden, die einen direkten Bezug zum Wesen der Kostenrechnung aufweisen, führt unweigerlich zu den Gestaltungseinflüssen, die in den folgenden Abschnitten noch darzustellen sind.

Die Betriebsgröße stellt damit weder hinsichtlich des Informationsbedarfs noch hinsichtlich des kostenrechnerischen Urbildes einen eigenständigen Einflußfaktor der Kostenrechnungsgestaltung, sondern bestenfalls eine Rahmenbedingung dar, die erste Anhaltspunkte dafür liefert, wie umfangreich, detailliert und genau eine Kostenrechnung bei dem von der Betriebsgröße in qualitativer und quantitativer Hinsicht abhängigen Informationsbe-

---

[53] *Schmalenbach*, Kostenrechnung, S. 267.

[54] Vgl. hierzu sowie zu weiteren Maßstäben der Betriebsgröße *Beste*, Th.: Die optimale Betriebsgröße als betriebswirtschaftliches Problem, Leipzig 1933, S. 39 ff.; *Busse von Colbe*, S. 35 ff.; *Schulz*, S. 13 ff.

darf zu gestalten ist. Ferner dient die Betriebsgröße als Möglichkeit zur Überprüfung bestehender Kostenrechnungen auf deren Übersteigerung oder Vernachlässigung. Treten dabei Diskrepanzen zwischen den der Betriebsgröße angemessenen und den tatsächlich vorgefundenen Kostenrechnungsbemühungen auf, müssen die sonstigen Betriebsverhältnisse und -gegebenheiten genauer untersucht werden, um eine sicherere Aussage über das betriebsindividuell richtige Ausmaß der Kostenrechnung treffen zu können.

e) Der Entwicklungsstand der Kostentheorie und der Kostenrechnungstheorie

Weitere Faktoren, die als Rahmenbedingungen einen großen Einfluß auf das Wesen der Kostenrechnung in der Praxis ausüben, sind der Entwicklungsstand der Kostentheorie sowie der Kostenrechnungstheorie. Ihre Aufnahme in den Einflußgrößenkatalog der Kostenrechnungsgestaltung scheint in einem gewissen Widerspruch zur Zielsetzung dieser Arbeit zu stehen, die bisherige, auf hohem Abstraktionsniveau stattfindende Betrachtungsweise der Kostentheorie und der Kostenrechnungstheorie zu verlassen und statt dessen nach den Besonderheiten der Einzelbetriebe differenzierende Aussagen über die zweckmäßige Kostenrechnungsgestaltung zu treffen. Es kann indessen nicht geleugnet werden, daß aufgrund der aus Wirtschaftlichkeitsgründen notwendigen Orientierung der Kostenrechnungsgestalter an den Erkenntnissen und Gestaltungsvorschlägen der Theorie das Wesen der einzelbetrieblichen Kostenrechnung durch den Entwicklungsstand der Kostentheorie und der Kostenrechnungstheorie beeinflußt wird.[55]

Durch diese institutionalisierte Beratungsfunktion wirken die Kostentheorie und die Kostenrechnungstheorie zum einen einer Differenzierung der betrieblichen Kostenrechnungen entgegen, indem sie durch die Erforschung der Mengen- und Wertbewegungen des betrieblichen Kombinationsprozesses, die Kennzeichnung der auf die Kostenhöhe wirkenden Einflußgrößen, die Entwicklung von Kostenrechnungsverfahren und -systemen sowie die Gewinnung neuer Erkenntnisse über die Aussagefähigkeit von Kosteninformationen ein einheitliches qualitatives Erscheinungsbild der einzelbetrieblichen Kostenrechnungen fördern. Zum anderen können sie aber auch die Grundlage für eine Individualisierung bilden, indem sie durch die Entwicklung verschiedener Kostenrechnungsmodelle zu einer Erweiterung der

---

[55] Vgl. hierzu auch Kapitel B.-II.-2.-b) dieser Untersuchung.

den Betrieben zur Auswahl stehenden Gestaltungsalternativen beitragen[56] und durch die Erforschung der situativen Gestaltungsfaktoren Empfehlungen für die Durchführung einer an den speziellen Bedürfnissen und Gegebenheiten des einzelnen Betriebes orientierten Kostenrechnung geben.

Die Entwicklungen in der Kostentheorie und in der Kostenrechnungstheorie werden dabei in erster Linie durch die Kritik der Praxis an den bisher angebotenen Lösungsvorschlägen der betriebswirtschaftlichen Forschung getragen. Diese Kritik kann dadurch entstehen, daß die Theorie bereits bekannte Probleme bislang nicht oder in nur unzureichender Weise berücksichtigt und einer Lösung zugeführt hat. Beispielsweise war es insbesondere die Unzufriedenheit mit der Grenzplankostenrechnung in Standardform, die viele Autoren zur Weiterentwicklung von Kostenrechnungsmodellen veranlaßte.[57] Daneben ist es denkbar, daß durch den Wandel anderer Gestaltungseinflüsse bislang unbedeutende oder gar völlig neue Gestaltungsanforderungen an eine zweckadäquate Kostenrechnung von praktischem Interesse werden und entsprechende Forschungsaktivitäten der Kostentheorie und Kostenrechnungstheorie auslösen. Als Beispiele seien hier Änderungen in den Kostenrechnungszwecken[58] und staatliche Einflußnahme genannt.

---

[56] Dies zeigt sich z.B. an der Entstehungsgeschichte der Kostenrechnungssysteme ausgehend von der Ist- über die Normal- zur Plankostenrechnung oder auch in der Erarbeitung verschiedener Teilkostenrechnungssysteme.

[57] Vgl. *Kloock*, J.: Umweltkostenrechnung, in: Scheer, A.-W. (Hrsg.): Rechnungswesen und EDV, 11. Saarbrücker Arbeitstagung 1990, Wandel der Kalkulationsobjekte, Heidelberg 1990, S. 131. Als ein Beispiel aus jüngerer Zeit ist die Prozeßkostenrechnung zu nennen, deren Entwicklung durch die Unzufriedenheit nordamerikanischer Betriebe mit den dort bekannten und angewandten Kalkulationsformen ausgelöst wurde. Es ist indessen fraglich, ob eine Übertragung der Prozeßkostenrechnung auf deutsche Verhältnisse wesentliche Impulse für die Weiterentwicklung der Kostentheorie oder der Kostenrechnungstheorie in Deutschland auszulösen vermag, da die Prozeßkostenrechnung aus deutscher Sicht keinen neuen kostenrechnerischen Entwicklungsansatz darstellt, sondern hinsichtlich einiger Merkmale, wie etwa dem der Vollkostenkonzeption, eher als Rückschritt denn als Fortschritt angesehen werden kann. Zur Diskussion um die Prozeßkostenrechnung vgl. beispielhaft *Horváth*, P./*Mayer*, R.: Prozeßkostenrechnung, Der neue Weg zu mehr Kostentransparenz und wirkungsvolleren Unternehmensstrategien, in: Controlling, 1. Jg. 1989, S. 214 ff.; *Franz*, K.-P.: Die Prozeßkostenrechnung, Darstellung und Vergleich mit der Plankosten- und Deckungsbeitragsrechnung, in: Ahlert, D./Franz, K.-P./Göppl, H. (Hrsg.): Finanz- und Rechnungswesen als Führungsinstrument, Herbert Vormbaum zum 65. Geburtstag, Wiesbaden 1990, S. 109 ff.; *Glaser*, H.: Prozeßkostenrechnung - Darstellung und Kritik, in: ZfbF, 44. Jg. 1992, S. 275 ff.; *Schehl*, S. 409 ff.

[58] Beispielsweise haben die gestiegenen Chancen und Risiken der liberalisierten Märkte in der Zeit nach dem ersten Weltkrieg die Bedürfnisse der Praxis nach einem Ausbau der betrieblichen Planung geweckt und damit zur Entwicklung der Plankostenrechnung beigetra-

f) Kostenrechnungsrichtlinien

Ferner können als Rahmenbedingung bei der Kostenrechnungsgestaltung Kostenrechnungsrichtlinien zu beachten sein. Im Gegensatz zu den Kostenrechnungsgrundsätzen, die als allgemeingültige und sehr abstrakt formulierte Gestaltungsprinzipien von jedem Betrieb zu beachten sind,[59] handelt es sich bei den Kostenrechnungsrichtlinien um genaue Durchführungshinweise, die häufig Gliederungsmuster, Verfahrens- und Organisationshinweise sowie möglichst plausible Zahlenbeispiele enthalten.[60] Solche Richtlinien können einerseits verbindliche Vorschriften sein, die meist vom Staat zur Erleichterung der Wirtschaftslenkung erlassen[61] oder auch innerhalb von Konzernen zur Vereinheitlichung der Kostenrechnung und zur besseren Steuerung der Konzerngesellschaften eingesetzt werden. Andererseits haben Kostenrechnungsrichtlinien häufig auch den Charakter privatrechtlicher Vereinbarungen über eine einheitliche Ausgestaltung der Kostenrechnung und stellen dann in der Regel unverbindliche Empfehlungen, z.B. auf Branchenebene, dar.[62]

Kostenrechnungsrichtlinien weisen grundsätzlich eine Tendenz zur Vereinheitlichung betrieblicher Kostenrechnungen auf. Mit der Vereinheitlichung werden in erster Linie ökonomische Zwecke wie die Verbesserung der Aussagefähigkeit zwischenbetrieblicher Vergleiche oder die Erhöhung der gesamtwirtschaftlichen und einzelbetrieblichen Leistungsfähigkeit durch Rationalisierung der Kostenrechnung verfolgt.[63] In diesen Fällen findet eine unmittelbare Einflußnahme auf die Art der Kostenrechnung direkt aus der

---

gen. Vgl. *Kilger*, Flexible Plankostenrechnung, S. 30 f. Zum Bedeutungswandel innerhalb der kostenrechnerischen Zwecksetzungen vgl. auch *Schehl*, S. 271 ff.

[59] Siehe hierzu insbesondere die Ausführungen in Kapitel B.-III. dieser Arbeit.

[60] Vgl. *Berger*, Grundsätze, Sp. 715.

[61] Hier sind beispielhaft die "Allgemeinen Grundsätze der Kostenrechnung" nach dem *Erlaß des Reichswirtschaftsministers und des Reichskommissars für die Preisbildung vom 16. Januar 1939* sowie die darauf aufbauenden "Allgemeinen Regeln zur industriellen Kostenrechnung", herausgegeben von der Reichsgruppe Industrie (Berlin), bearbeitet von A. *Müller*, Stuttgart 1942, anzuführen.

[62] Als Beispiele für Kostenrechnungsrichtlinien einzelner Wirtschaftszweige können die Empfehlungen des Bundesverbandes der Deutschen Industrie (BDI), die Richtlinien des Bundesverbandes deutscher Banken (BdB) sowie die Richtlinien der Wirtschaftsvereinigung Eisen- und Stahlindustrie genannt werden. Vgl. hierzu *Bundesverband der Deutschen Industrie e.V.*; *Bundesverband deutscher Banken e.V.* (Hrsg.): Fragen der Bankkostenrechnung, Arbeitspapiere der Kommission für Kostenrechnung des Bundesverbandes deutscher Banken, Köln 1977/1980; *Wirtschaftsvereinigung Eisen- und Stahlindustrie* (Hrsg.): Richtlinien für das Betriebliche Rechnungswesen der Eisen- und Stahlindustrie, bearbeitet vom Betriebswirtschaftlichen Institut der Eisenhüttenindustrie, Düsseldorf 1976.

[63] Vgl. *Schulze*, Sp. 2332 f.

Zwecksetzung der Veröffentlichung heraus statt.[64] Daneben werden Kostenrechnungsrichtlinien auch aus Gründen nichtökonomischer Art eingesetzt. Hierzu zählen staatliche Bestimmungen, z.B. die Leitsätze für die Preisermittlung auf Grund von Selbstkosten (LSP) oder die Regelungen zur handels- und steuerrechtlichen Bestandsbewertung, die bei der Verfolgung bestimmter Kostenrechnungszwecke zur Anwendung kommen und der Umsetzung des in Art. 3 Abs. 1 GG manifestierten Grundrechtes auf Gleichheit vor dem Gesetz dienen, das z.B. bei der Ermittlung fiskalischer Bemessungsgrundlagen für Steuererhebungen zu berücksichtigen ist.[65] Diese primär juristisch motivierten Richtlinien wirken dabei indirekt auf das Wesen der betrieblichen Kostenrechnungen, da die Anwendung der Regelungen durch die betroffenen Betriebe eine entsprechend ausgestaltete Kostenrechnung verlangt.[66]

Damit wird deutlich, daß Kostenrechnungsrichtlinien zum einen auf einem konkreten Informationsbedarf außenstehender Kostenrechnungsadressaten beruhen können. Hierzu sind z.B. die LSP, die Bestimmungen zur handels- und steuerrechtlichen Bestandsbewertung und zum Teil auch Konzernrichtlinien zu rechnen, die aufgrund der gewählten Systematik der kostenrechnerischen Einflußfaktoren zu den aus dem Informationsbedarf resultierenden Gestaltungseinflüssen zu zählen sind und auf die folglich an entsprechender Stelle noch ausführlicher einzugehen sein wird.[67] Kostenrechnungsrichtlinien können zum anderen auch als Rahmenbedingung der Kostenrechnungsgestaltung zu beachten sein, wenn ihnen kein unmittelbarer Informationsbedarf betriebsexterner Adressaten zugrunde liegt. Dies ist insbesondere bei jenen Richtlinien gegeben, die aus Gründen der Rationalisierung einzelbetrieblicher Kostenrechnungen aufgestellt werden und meist vom Staat, von einzelnen Wirtschaftsverbänden oder von Konzernen mehr oder weniger verbindlich vorgegeben werden. Rationalisierungswirkungen von Kostenrechnungsrichtlinien lassen sich vor allem hinsichtlich der Ausnutzung von Erfahrungen einzelner Betriebe, der praktischen Umsetzung kostenrechnungstheoretischer Erkenntnisse, der Ausbildung von Kostenrechnungsfachleuten und der Entwicklung von Standardsoftware vermuten.[68] Als weiterer Grund für die Veröffentlichung von Kostenrechnungsrichtlinien, die als Rahmenbedingung der Kostenrech-

---

[64] Vgl. *Grochla*, E.: Kostenrechnungsvorschriften, -richtlinien und -regeln, in: Seischab, H./Schwantag, K. (Hrsg.): HWB, 3., völlig neu bearbeitete Auflage, Bd. II, Stuttgart 1958, Sp. 3450.

[65] Vgl. *Kosiol*, Kostenrechnung der Unternehmung, S. 119.

[66] Vgl. *Grochla*, Kostenrechnungsvorschriften, Sp. 3454; *Schulze*, Sp. 2336.

[67] Siehe hierzu Kapitel C.-II.-2.-b) dieser Untersuchung.

[68] Vgl. *Berger*, Grundsätze, Sp. 715; *Kühnau*, Sp. 2200.

nungsgestaltung einzustufen sind, kann der Aufbau sogenannter Kalkulationskartelle angeführt werden, die nur durch die Vereinheitlichung der Kalkulationen aller am Kartell beteiligten Betriebe erfolgreich durchgeführt werden können.[69]

Zusammenfassend läßt sich festhalten, daß sich Kostenrechnungsrichtlinien grundsätzlich vereinheitlichend auf das Wesen der betrieblichen Kostenrechnungen auswirken. Betriebe, die aufgrund der Verschiedenartigkeit ihrer Gegebenheiten individuelle und heteromorphe Kostenrechnungen haben müßten, werden durch Richtlinien zu einer dieser Individualität entgegenlaufenden Vereinheitlichung der Kostenrechnung veranlaßt. Um die zweifelsfrei vorhandenen positiven Wirkungen von Richtlinien auf die breite Umsetzung erprobter und gesicherter kostenrechnungstheoretischer Erkenntnisse in der Praxis zu verbessern, sollten indessen nicht zu detaillierte Gestaltungsempfehlungen betriebstypunabhängiger Art gegeben werden, da diese eine Berücksichtigung betriebsindividueller Besonderheiten erschweren und häufig die Ausnahme zur Regel machen.[70] Vielmehr ist es erforderlich, aufbauend auf allgemeinen Grundsätzen Empfehlungen zu entwickeln, die auf die Bedeutung betriebsspezifischer Situationen für die Gestaltung der Kostenrechnung hinweisen und wichtige Einflußquellen und deren Gestaltungswirkungen aufzeigen.

g) Sonstige Rahmenbedingungen

Neben den angesprochenen Rahmenbedingungen sind weitere Einflußfaktoren denkbar, die die rechentechnische Umsetzung oder die methodisch-wissenschaftliche Unterstützung des Kostenrechnungsmodells betreffen und damit einen Einfluß auf die Kostenrechnungsgestaltung ausüben. Beispielsweise ist dem betriebsindividuellen Zustand der bestehenden Kostenrechnung ein Einfluß auf die Gestaltung der zukünftigen Kostenrechnungskonzeption zuzusprechen.[71] Während bei Neueinführung der Kostenrechnung ein relativ hoher Freiheitsgrad der Kostenrechnungsgestaltung besteht, sind bei Überarbeitung und Weiterentwicklung bereits bestehender Kostenrechnungen vorhandene Systemstrukturen aus Wirtschaftlichkeits- und Akzeptanzgründen in gewissem Umfang zu berücksich-

---

[69] Vgl. *Fassbender*, S. 11 sowie die dort angegebene Literatur, deren Titel deutliche Hinweise auf die Kartellbestrebungen von Kostenrechnungsrichtlinien geben.

[70] Vgl. *Berger*, Grundsätze, Sp. 716.

[71] Vgl. hierzu *Luczkowski*, E.: Einführung einer Kosten- und Leistungsrechnung aus der Sicht der Unternehmensberatung, in: krp, o. Jg. 1989, S. 219.

tigen.[72] Daneben können sich kulturelle, ethische oder religiöse Normen auf die Definition des Kostenbegriffs, auf den Umfang des Kostenartenkatalogs oder auf die Art der als "richtig" anzusehenden Kostenzurechnung auswirken und damit über die methodisch-wissenschaftlichen Rahmenbedingungen einen mittelbaren Einfluß auf die Kostenrechnungsgestaltung besitzen.

2. Primär über den betriebsindividuellen Informationsbedarf der Kostenrechnungsadressaten wirkende Gestaltungseinflüsse

Die Erarbeitung einer auf die besonderen Gegebenheiten des Einzelbetriebes ausgerichteten Kostenrechnungskonzeption sowie deren Umsetzung in ein reales Informationsinstrument hat nicht nur unter Berücksichtigung von Rahmenbedingungen zu erfolgen, sondern es ist für den Aufbau und den Einsatz einer zweckadäquaten und dem Postulat der Wirtschaftlichkeit genügenden Kostenrechnung von herausragender Bedeutung, daß im Rahmen der Gestaltungsfunktion der Informationsbedarf der Kostenrechnungsadressaten Berücksichtigung findet. Dieser Informationsbedarf wiederum wird durch eine Vielzahl von Faktoren beeinflußt, die hinsichtlich der Art ihrer Ausprägung, der Stärke ihres Einflusses sowie der Kombination ihres Auftretens situationsspezifischen und damit betriebsindividuellen Charakter besitzen können. Die situationsspezifischen und betriebsindividuellen Erscheinungsformen der auf den Informationsbedarf der Kostenrechnungsadressaten wirkenden Faktoren führen damit zu einer betriebsindividuellen Ausprägung des Informationsbedarfs und somit über die Berücksichtigung der Subjektivierungsfunktion und der Zweckbestimmtheit der Kostenrechnung im Rahmen der Konzeptgestaltung und -umsetzung zu einer betriebsindividuellen Kostenrechnung.

Im folgenden sollen Gestaltungseinflüsse, die über den Informationsbedarf der Kostenrechnungsadressaten betriebsindividualisierend auf das Wesen der Kostenrechnung wirken können, beschrieben und ihre generelle Bedeutung für die Kostenrechnungsgestaltung aufgezeigt werden. Dabei sollen die Gestaltungseinflüsse weiter nach der betrieblichen Zuordnung der Kostenrechnungsadressaten differenziert werden in solche, die zu einer

---

[72] Der Einfluß der bislang realisierten Kostenrechnungskonzeption auf das Wesen der weiterentwickelten Konzeption wird durch eine empirische Untersuchung bestätigt, nach der rund 90 % der weiterentwickelten Konzeptionen lediglich geringfügige Modifikationen der bisherigen Kostenrechnung darstellen, während die restlichen Weiterentwicklungskonzeptionen als echte Neukonzeptionen im Sinne eines Wechsels des Kostenrechnungssystems zu bezeichnen sind. Vgl. hierzu *Witt*, F.-J.: Deckungsbeitragsmanagement, München 1991, S. 111 f.

Individualisierung der Informationsbedarfs *betriebsinterner Adressaten* und damit zu einer Kostenrechnungsdifferenzierung führen, und in solche, die über den Informationsbedarf *betriebsexterner Adressaten* zur Gestaltung betriebsindividueller Kostenrechnungen beitragen.

a) Über den Informationsbedarf betriebsinterner Adressaten wirkende Einflüsse

Der Informationsbedarf betriebsinterner Kostenrechnungsadressaten, die allesamt der Unternehmensführung zuzurechnen sind, kann auf eine Reihe von Einflußfaktoren zurückgeführt werden, die entweder aus der Umwelt des Betriebes stammen, d.h. im Sinne der Systematisierung nach Kapitel C.-I.-2.-a) betriebsexterne Einflußfaktoren darstellen, wie "die Art der Absatzstruktur" oder "die Stellung des Betriebes im gesamtwirtschaftlichen Leistungszusammenhang", oder von betriebsinterner Natur sind. Hinsichtlich der Darstellung betriebsinterner Faktoren beschränken sich die folgenden Ausführungen auf jene Faktoren, die unmittelbar aufgrund ihres Einflusses auf den betriebsinternen Informationsbedarf Bedeutung für die Kostenrechnungsgestaltung erlangen, wie z.B. "die Art der Gliederung von Führungsaufgaben" oder "der Führungsstil". Originär dem Urbild zuordenbare Faktoren, die mittelbar über den Informationsbedarf einen Gestaltungseinfluß besitzen können, z.B. "die Kontinuität der Beschäftigung im Zeitablauf", werden im Rahmen der urbildbedingten Einflußfaktoren angesprochen. Auf eine weitere Untergliederung der nachfolgenden Einflüsse hinsichtlich ihrer örtlichen Herkunft in betriebsinterne und -externe Faktoren wird verzichtet.

aa) Die Art der Wettbewerbsstrategie

Ein Einflußfaktor, der sich auf die Art des Informationsbedarfs interner Kostenrechnungsadressaten und damit auf die Gestaltung der Kostenrechnung auswirkt, ist die vom Unternehmen gewählte Wettbewerbsstrategie.[73] Aus der Fülle denkbarer und in der betrieblichen Praxis zur Anwendung gelangender Wettbewerbsstrategien, zu denen etwa die Preisdifferenzierung, die Patentpolitik sowie die Vereinheitlichung des Produktionsprogramms zu zählen sind, werden im folgenden die Kostenführerschaft und

---

[73] Auf den Zusammenhang, der zwischen der Art der Wettbewerbsstrategie und der Kostenrechnungsgestaltung besteht, verweist beispielsweise *Albach*, H.: Kosten, Transaktionen und externe Effekte im betrieblichen Rechnungswesen, in: ZfB, 58. Jg. 1988, S. 1155 ff.

die Produktdifferenzierung, die nach einem Ansatz von *Porter* als Basisstrategien bezeichnet werden,[74] als Beispiele ausgewählt, um den von Wettbewerbsstrategien ausgehenden Einfluß auf die Gestaltung der betrieblichen Kostenrechnung aufzuzeigen.

Kostenführerschaft ist durch das Streben nach einem umfassenden Kostenvorsprung gegenüber den Branchenkonkurrenten gekennzeichnet, um durch niedrigere Preise Marktanteile und Markterfolg erzielen zu können. Das Erreichen eines Kostenvorteils erfordert begleitende Maßnahmen, z.B. das konsequente Ausnutzen von Erfahrungskurven- und Größendegressionseffekten, die Einschränkung des Produktions- und Absatzsortimentes auf wenige standardisierte Produkte sowie eine strenge Kostenminimierung in allen Betriebsbereichen.[75] Unternehmen, die Kostenführerschaft anstreben, benötigen damit sehr detaillierte und genaue Informationen über die Kosten ihrer Produkte, sowohl hinsichtlich kurzfristiger Preisuntergrenzen, um im Preiskampf mit Konkurrenten bestehen zu können, als auch in langfristiger Hinsicht zur Gewährleistung der Unternehmensexistenz. Von besonderer Bedeutung für das Erreichen und die langfristige Sicherung eines Kostenvorsprungs ist ferner die Kenntnis über die betriebseigene Kostenstruktur sowie über die Kosteneinflußgrößen und deren Wirkungsweisen,[76] denn nur wenn die kostenbestimmenden Faktoren und ihre Auswirkungen auf die Produktkosten erkannt werden, lassen sich Kostensenkungspotentiale und mögliche Ansatzpunkte zur Beeinflussung der Kosten aufspüren. Weiterhin erfordert die Kostenführerschaft eine aussagefähige laufende Kostenkontrolle, um die Gewinnung und die langfristige Absicherung dieser Strategie gewährleisten zu können.[77] Darüber hinaus kommt der Bereitstellung kostenrechnerischer Informationen zur Unterstützung dispositiver Entscheidungen - hier sind insbesondere die Wahl zwischen Eigenfertigung und Fremdbezug, welche zur kostenoptimalen Gestaltung einzelner Wertschöpfungsstufen herangezogen wird, die Verfahrenswahl sowie die Ermittlung von Preisobergrenzen im Beschaffungsbereich zu nennen - eine große Bedeutung bei der informatorischen Unterstützung der Kostenführerschaftstrategie zu.

---

[74] Vgl. *Porter*, M.E.: Wettbewerbsstrategie (Competitive Strategy), Methoden zur Analyse von Branchen und Konkurrenten, 7. Auflage, Frankfurt a.M. 1992, S. 62 ff.

[75] Vgl. hierzu *Stein*, H.-G.: Kostenführerschaft als strategische Erfolgsposition, in: Henzler, H.A. (Hrsg.): Handbuch Strategische Führung, Wiesbaden 1988, S. 401 ff.; *Porter*, S. 63 f.; *Ghemawat*, P.: Dauerhafte Wettbewerbsvorteile aufbauen, in: Harvard Manager, 9. Jg. 1987, H. 2, S. 105 f.

[76] Vgl. *Stein*, S. 408 ff.

[77] Vgl. *Weber*, J., Change-Management, S. 38.

Die Wettbewerbsstrategie der Kostenführerschaft kann "auch zu einer Reduzierung von Umfang und/oder Differenzierung der Kostenrechnung führen, und zwar um mit den damit eingesparten Kosten der Kostenrechnung einen Beitrag zum Kostenvorteil gegenüber Konkurrenten zu leisten."[78] Derartige Entscheidungen sind nach dem Wirtschaftlichkeitsprinzip allerdings nicht nur anhand der Kosten zu treffen, sondern es ist stets das Nutzen-Kosten-Verhältnis der Kosteninformationen heranzuziehen. Fällt die Entscheidung allein unter dem Aspekt der Kostensenkung, besteht die Gefahr, daß in der Folge Fehlentscheidungen aufgrund fehlender Kosteninformationen getroffen werden oder daß Kostenfehlentwicklungen innerhalb einzelner Betriebsbereiche nicht oder nicht rechtzeitig erkannt werden, was eventuell den Verlust der Kostenführerschaft bedeuten könnte.

Hat ein Unternehmen die Kostenführerschaft innerhalb einer Branche erlangt, indem es die Betriebsabläufe mit Hilfe von Kosteninformationen soweit optimiert und standardisiert hat, daß kaum noch Kostensenkungspotentiale durch die Kostenrechnung zu erwarten sind, kann der Nutzen von Kostenrechnungsinformationen derart abnehmen, daß unter Beachtung des Wirtschaftlichkeitsgrundsatzes eine Reduzierung der Kostenrechnungsaktivitäten angebracht ist. Die Einschränkung des Umfangs und/oder der Differenzierung der Kostenrechnung im Rahmen der Verfolgung der Kostenführerschaftstrategie ist also weniger eine Folge des generellen Kosteneinsparungszieles, als vielmehr die Konsequenz des abnehmenden Informationsnutzens der Kostenrechnung bei standardisierten und optimierten Betriebsabläufen.

Nach *Porter* ist neben der Kostenführerschaft die *Produktdifferenzierung* als Grundform der Wettbewerbsstrategie zu nennen.[79] Hier versucht das Unternehmen Wettbewerbsvorteile gegenüber der Konkurrenz zu erzielen, indem durch die Berücksichtigung der individuellen Bedürfnisse des Kunden ein Zusatznutzen[80] des Produktes geschaffen wird, der zu einer Unterscheidung des Produktes von den Produkten der Konkurrenz führen soll. Die Besonderheit und Einmaligkeit des Zusatznutzens, der sich beispielsweise in einer hohen Produktqualität, einem besonderen Design, einem guten Markennamen und Image sowie einem umfassenden Lieferservice und Kundendienst äußern kann, ermöglicht es dem Unternehmen, höhere Marktpreise

---

[78] *Weber*, J., Change-Management, S. 38.

[79] Vgl. *Porter*, S. 65 f.

[80] Zur Einteilung des Produktnutzens in Grund- und Zusatznutzen vgl. *Vershofen*, W.: Die Marktentnahme als Kernstück der Wirtschaftsforschung, Neuausgabe des ersten Bandes des Handbuchs der Verbrauchsforschung, Berlin/Köln 1959, S. 86 ff.

durchzusetzen, als es die Konkurrenz vermag.[81] Die Anwendung der Produktdifferenzierungsstrategie bedeutet indessen nicht, daß das Unternehmen die Kostenwirkungen der Leistungserstellung und -verwertung ignorieren oder vernachlässigen darf, sondern Kostenminimierung stellt lediglich nicht das primäre strategische Ziel des Unternehmens dar.[82] Der kostenrechnerische Informationsbedarf der Unternehmensführung kann sich grundsätzlich auf alle Bereiche der Kostenrechnung erstrecken. Tendenziell ist jedoch zu erwarten, daß die Ermittlung der eigentlichen Produktkosten, die zur Erstellung des Grundnutzens anfallen, bei Anwendung der Produktdifferenzierungsstrategie eine vergleichsweise untergeordnete Rolle spielt. Im Vordergrund steht vielmehr die Kalkulation des Zusatznutzens, zumindest zum Zeitpunkt der Entscheidung über die Art und über das Ausmaß des anzubietenden Zusatznutzens,[83] sowie die ständige Überwachung der Wirtschaftlichkeit der Zusatznutzenerstellung.

bb) Die Art der Absatzstruktur

Neben der Art der Wettbewerbsstrategie beeinflußt auch die Art der Absatzstruktur den Bedarf der Unternehmensführung an Kosteninformationen. Die Absatzstruktur kennzeichnet das Verhältnis zwischen dem Absatzmarkt des Betriebes und der Vorbereitung des Produktionsprozesses durch die Produktionsplanung, insbesondere der Produktionsprogrammplanung.[84] Es lassen sich dabei die Produktion auf Bestellung[85] sowie die Produktion für den anonymen Markt unterscheiden.[86]

---

[81] Vgl. *Porter*, S. 65 f.; *Wilhelm*, H.: Produktdifferenzierung, in: Tietz, B. (Hrsg.): HWA, Stuttgart 1974, Sp. 1713 ff.

[82] Vgl. *Männel*, W.: Anpassung der Kostenrechnung an moderne Unternehmensstrukturen, in: Männel, W. (Hrsg.): Handbuch der Kostenrechnung, Wiesbaden 1992, S. 105.

[83] Vgl. *Weber*, J., Change-Management, S. 38 f.

[84] *Riebel* sieht zwar das primäre Merkmal zur Kennzeichnung der Absatzstruktur in der Orientierung der Programmplanung, führt aber in seinen Ausführungen stets auch die zeitliche Verteilung der Produktion als ein die Absatzstruktur charakterisierendes Kriterium auf. Vgl. *Riebel*, P.: Typen der Markt- und Kundenproduktion in produktions- und absatzwirtschaftlicher Sicht, in: ZfbF, 17. Jg. 1965, S. 666 ff. Das konstituierende Merkmal des Einflußfaktors "Absatzstruktur" wird daher - auch im Hinblick auf den Zweck der vorliegenden Untersuchung - ausgeweitet auf "das Verhältnis zwischen Absatzmarkt und Produktionsplanung", d.h. auf "den Einfluß des Kunden auf die Produktionsplanung".

[85] Unter "Bestellung" soll in dieser Arbeit der Auftrag eines Kunden verstanden werden. Von diesen Kundenaufträgen sind die "Innenaufträge" zu unterscheiden, die einen (innerbetrieblichen) Fertigungsauftrag bezeichnen. Dabei können mehrere gleichartige Kundenaufträge zu einem Fertigungsauftrag zusammengefaßt werden. Ferner ist es denkbar, daß ein Kundenauftrag in mehrere Fertigungsaufträge aufgeteilt wird. Vgl. hierzu *Mellerowicz*, K.:

Bei der *Produktion auf Bestellung* orientiert sich die Produktionsplanung an der konkret vorliegenden Bestellung des Produktes durch den Kunden. Die Absatzleistung liegt zeitlich vor dem Fertigungsbeginn, denn sowohl die Programmplanung als auch die anderen Aufgaben der Produktionsplanung, wie die zeitliche Verteilung der Produktion oder die Maschinenbelegung, können erst dann vorgenommen werden, wenn der Kunde durch den Bestellvorgang die hierfür erforderlichen Informationen, wie die Art der Produktgestaltung, die Produktionsmenge oder den Liefertermin,[87] bereitstellt.[88] Die mit der Produktion auf Bestellung verbundenen besonderen Anforderungen an die Produktionsplanung wirken sich auch auf die für die Produktionsplanung bereitzustellenden Kosteninformationen aus. So müssen die günstigsten Produktionsbedingungen meist sehr kurzfristig und von Fall zu Fall neu ermittelt werden, beispielsweise dann, wenn sich Kundenwünsche erst kurze Zeit vor dem geplanten Fertigungsbeginn oder sogar während der Fertigung ändern oder wenn sich Lieferterminverschiebungen aufgrund neu eintreffender Bestellungen ergeben. Dies erfordert eine flexible und schnelle Versorgung der Arbeitsvorbereitung mit Kosteninformationen, um Entscheidungen über optimale Losgrößen, die optimale Verfahrenswahl oder die richtige Maschinenbelegung treffen zu können.

Weiterhin stellt die Produktion auf Bestellung besondere Anforderungen an die Kalkulation der Produkte. In der Regel ist der Verkäufer bereits bei der unverbindlichen Anfrage des Kunden, spätestens jedoch bei der Ange-

---

Betriebswirtschaftslehre der Industrie, Bd. I: Grundfragen und Führungsprobleme industrieller Betriebe, 7., neubearbeitete Auflage, Freiburg i.Br. 1981, S. 503; *Gabler Wirtschaftslexikon*: Stichwort: Auftrag, Bd. 1, 11., neubearbeitete Auflage, Wiesbaden 1983, S. 330 f.

[86] In der Literatur finden sich zur Kennzeichnung der Absatzstruktur der Betriebe auch andere Typenbezeichnungspaare, beispielsweise Kunden-/Marktproduktion (vgl. *Riebel*, Kundenproduktion, S. 663 ff.), auftragsorientierte/marktorientierte Betriebe (vgl. *Gutenberg*, Produktion, S. 165; *Kern*, W.: Industrielle Produktionswirtschaft, 3., völlig neu bearbeitete Auflage von Industriebetriebslehre, Grundlagen einer Lehre von der Erzeugungswirtschaft, Stuttgart 1980, S. 83) sowie Auftragsproduktion/Lager(Vorrats-)produktion (vgl. *Hahn*, D.: Industrielle Fertigungswirtschaft in entscheidungs- und systemtheoretischer Sicht, in: ZfO, 41. Jg. 1972, S. 276; *v. Kortzfleisch*, G.: Systematik der Produktionsmethoden, in: Jacob, H. (Hrsg.): Industriebetriebslehre, 2., überarbeitete und erweiterte Auflage, Wiesbaden 1983, S. 142 f.; *Brankamp*, K.: Leitfaden zur Einführung einer Fertigungssteuerung, Methoden, Hilfsmittel, Fallstudien, Essen 1977, S. 26 f.) Die Bezeichnung "Auftragsproduktion" ist aufgrund der nicht eindeutigen Abgrenzung zum Begriff der Bestellung abzulehnen, während gegen die Bezeichnungen "Lager-" und "Vorratsproduktion" der Umstand spricht, daß auch bei Produktion auf Bestellung auf Lager produziert werden kann, oder umgekehrt, daß nicht bei jeder Produktion für den anonymen Markt zwingend eine Einlagerung der Erzeugnisse erfolgt. Vgl. hierzu *Riebel*, Kundenproduktion, S. 666 f.

[87] Vgl. *Große-Oetringhaus*, S. 127.

[88] Vgl. *Riebel*, Kundenproduktion, S. 667.

botserstellung und dem Vertragsabschluß auf kostenträgerstückbezogene Kosteninformationen angewiesen, um auf einen Anhaltspunkt für Preisstellung und -verhandlungen zurückgreifen zu können. Es müssen daher seitens der Kostenrechnung bereits vor Fertigungsbeginn möglichst genaue Informationen über die Kosten des zu verhandelnden Kundenauftrags zur Verfügung gestellt werden. Als entscheidungsrelevante Informationen sind dabei sowohl die Selbstkosten als auch kurzfristige Preisuntergrenzen, z.B. bei der Entscheidung über Annahme oder Ablehnung eines Zusatzauftrags, denkbar. Der Kostenrechnung kommt im Fall der Bestellproduktion demnach eine wichtige Aufgabe bei der Preisermittlung zu.

Ferner wirkt sich die Art der Absatzstruktur auf den Charakter der von der Unternehmensführung benötigten Kostenkontrollinformationen aus. Da bei der Produktion auf Bestellung der Betrieb besonders daran interessiert ist, den einzelnen Kundenauftrag mit positivem Erfolg abzuschließen, der positive Faktor des Erfolges, der Erlös,[89] aber bereits vor der Produktion weitgehend determiniert ist,[90] muß das Hauptaugenmerk nach Annahme eines Kundenauftrages - unter Beachtung der Qualitäts- und Lieferbedingungen - auf die Kosten der Auftragsabwicklung gerichtet sein. Dies erfordert einerseits eine zur Auftragsbearbeitung parallel verlaufende Kostenkontrolle, um bei auftretenden Kostenüberschreitungen rechtzeitig Gegenmaßnahmen ergreifen zu können, andererseits auch eine auftragsbezogene Erfolgskontrolle, um Anhaltspunkte und Erfahrungswerte für die Kalkulation zukünftiger, ähnlich strukturierter Kundenaufträge zu erhalten.

Bei der *Produktion für den anonymen Markt* wird die Produktionsplanung grundsätzlich ohne Berücksichtigung von Kundenbestellungen durchgeführt, d.h., nicht der Kunde, sondern der Unternehmer löst die Fertigung aus.[91] Anders als bei der Produktion auf Bestellung ist hier kein zwingender zeitlicher Zusammenhang zwischen dem Verkaufsakt und dem Beginn der Pro-

---

[89] Dem hier verwendeten Erfolgsbegriff liegen Kosten und Erlöse als Rechengrößen zugrunde, da es sich bei den betrachteten Leistungen speziell um Absatzleistungen handelt. Zum Erfolgsbegriff und seinen Ausprägungen bei verschiedenen Erfolgsrechnungen vgl. *Jacobs*, O.H.: Erfolgsrechnung und Erfolgsanalyse, in: Grochla, E./Wittmann, W. (Hrsg.): HWB, 4., völlig neu gestaltete Auflage, Stuttgart 1974, Sp. 1317 ff. Die hier angesprochene Besonderheit der Produktion auf Bestellung besteht folglich darin, daß nicht nur die Wertkomponente des Erlöses, der Absatzpreis, vorab festgelegt wird, sondern daß auch das Mengengerüst, d.h. die Absatzleistung, vor Fertigungsbeginn bekannt ist.

[90] Um den Erfolgsrisiken einer vor der Fertigung eingegangenen Preisverbindlichkeit auszuweichen, werden in der Praxis zumindest bei langfristiger Bestellfertigung häufig Preisgleitklauseln vertraglich vereinbart. Diese ermöglichen nach Fertigungsende Preisanpassungen an die tatsächliche Kostenentstehung insoweit, als das liefernde Unternehmen Kostensteigerungen nicht zu verantworten hat, z.B. bei unvorhersehbaren Preissteigerungen der Rohstoffe.

[91] Vgl. *Große-Oetringhaus*, S. 127 f.

duktion gegeben, d.h., eine Produktion für den anonymen Markt kann auch dann vorliegen, wenn vor Fertigungsbeginn Bestellungen eingegangen sind. Für die Kennzeichnung der Absatzstruktur eines Betriebes ist es unerheblich, ob bei Aufnahme des Produktionsprozesses der Abnehmer bereits bekannt ist oder nicht.[92] Entscheidend für das Vorliegen der Merkmalsausprägung "Produktion für den anonymen Markt" ist vielmehr, daß die Produktionsplanung auf Verdacht erfolgt.[93] Die kurzfristige Produktionsplanung bleibt damit weitgehend unabhängig von marktlichen Rahmendaten, eine Anpassung der Produktion an Marktveränderungen erfolgt lediglich auf längerfristige Sicht.[94] Die Produktionsplanung bedarf in diesem Fall folglich weniger der Unterstützung mit kurzfristigen Kosteninformationen. Im Vordergrund steht vielmehr die Bereitstellung von Informationen für die allgemeine, langfristige Produktionsplanung, in der beispielsweise für Investitionsentscheidungen Daten über die Kostenvorteilhaftigkeit verschiedener Fertigungsverfahren und -technologien benötigt werden, für die kostenoptimale Produktgestaltung sowie über die Kostenwirkungen von Lerneffekten.

Unterschiede im Vergleich zur Bestellproduktion lassen sich auch hinsichtlich der Art des Bedarfs an Kalkulationsinformationen feststellen. Die Kalkulation dient bei der Produktion für den anonymen Markt weniger der Ermittlung eines konkret mit dem Kunden auszuhandelnden Absatzpreises. Vielmehr kommt der Kalkulation dadurch, daß der Preis durch den Markt fest vorgegeben und meist auch langfristig nur unwesentlich durch das einzelne Unternehmen beeinflußbar ist, die Aufgabe der Überprüfung und

---

[92] Damit wird deutlich, daß die Absatzstruktur nicht durch das zeitliche Verhältnis von Verkaufsvorgang und Produktion, sondern durch das zeitliche Verhältnis von Verkauf und Produktionsplanung und des sich daraus ergebenden Einflusses des Kunden auf den Produktionsablauf zu kennzeichnen ist. Anderer Auffassung ist offenbar *Kern*, Produktionswirtschaft, S. 83.

[93] Vgl. hierzu die Argumentation und die sehr eingängigen Beispiele bei *Riebel*, Kundenproduktion, S. 667 ff.; *Schäfer*, E.: Der Industriebetrieb, Betriebswirtschaftslehre der Industrie auf typologischer Grundlage, 2., erweiterte Auflage, Wiesbaden 1978, S. 87 ff.

[94] Auswirkungen bereits vorliegender Kundenaufträge auf die kurzfristige Produktionsplanung sind zweifelsohne auch bei der Produktion für den anonymen Markt denkbar, aber nicht typisch. Vielmehr handelt es sich in diesen Fällen um eine der mannigfaltigen Übergangsformen zwischen den beiden hier dargestellten Extremausprägungen der Absatzstruktur. Diese Übergangsformen sollen in dieser Arbeit jedoch nicht im einzelnen behandelt werden, da sie keinen wesentlichen Erkenntnisfortschritt für die Beschreibung und Erklärung kostenrechnerischer Einflußfaktoren liefern. Näheres zu den Abstufungen und Mischformen zwischen den Grenzfällen der Absatzstruktur findet sich bei *Riebel*, Kundenproduktion, S. 672 ff.; *Kilger*, W.: Industriebetriebslehre, Bd. I, Wiesbaden 1986, S. 22 ff.; *Schäfer*, Industriebetrieb, S. 88 ff.; *Große-Oetringhaus*, S. 128 f.

Beurteilung dieses Marktpreises und damit eine Unterstützungsfunktion zur Gestaltung des gewinnoptimalen Produktionsprogramms zu.

Weitere Auswirkungen der Produktion für den anonymen Markt auf den Informationsbedarf der Unternehmensführung ergeben sich hinsichtlich der Wirtschaftlichkeitskontrolle des Betriebsgeschehens. Im Vordergrund steht weniger die kostenrechnerische Betreuung und Beobachtung der einzelnen Kundenaufträge, sondern die kostenstellen-, produkt- und periodenbezogene Kostenkontrolle.

Zusammenfassend kann festgestellt werden, daß sich die Art der Absatzstruktur in vielfältiger Weise auf den Informationsbedarf der Unternehmensführung auswirkt. Insbesondere für die informatorische Unterstützung der Produktionsplanung, aber auch hinsichtlich der Kalkulation und der Kostenkontrolle ergeben sich unterschiedliche Anforderungen an die Gestaltung der Kostenrechnung, je nachdem, ob in dem betrachteten Betrieb die Produktion auf Bestellung oder für den anonymen Markt erfolgt.

cc) Die Stellung des Betriebes im gesamtwirtschaftlichen Leistungszusammenhang

Weitere Unterschiede in der Art des betriebsinternen Bedarfs an Kosteninformationen lassen sich in Abhängigkeit von der Stellung des Betriebes im gesamtwirtschaftlichen Leistungszusammenhang feststellen. Werden die Betriebe nach ihrer Position innerhalb des makroökonomischen Güterentstehungsprozesses geordnet, lassen sich in einer groben Einteilung naturnahe und konsumnahe Betriebe differenzieren.

Naturnahe Betriebe stehen am Anfang des gesamtwirtschaftlichen Leistungserstellungsvorgangs und sind durch eine grundsätzliche Beeinflussung durch die Naturgegebenheiten gekennzeichnet. Daraus ergibt sich wiederum eine tendenzielle Abhängigkeit dieser Betriebe von den wechselnden Mengen und/oder Qualitäten der einzusetzenden Roh- und Hilfsstoffe,[95] was mit starken Preisschwankungen dieser Stoffe verbunden sein kann. Die

---

[95] Vgl. *Schäfer*, Industriebetrieb, S. 17 f. Aus der Sicht der die Roh- und Hilfsstoffe abbauenden und gewinnenden Betriebe (Urproduktion) handelt es sich dabei um Enderzeugnisse. Bei diesen Betrieben sind in der Regel ebenfalls und ganz besonders starke Abhängigkeiten von den natürlichen Bedingungen festzustellen, seien diese klimatischer Natur, z.B. die Niederschlagsmengen und deren zeitliche Verteilung in der Landwirtschaft, oder auch konstitutioneller Art der Abbau- oder Gewinnungsobjekte, z.B. die mengenmäßigen oder qualitativen Eigenschaften eines Erdölfeldes.

große Bedeutung, die der Beschaffung von Roh- und Hilfsstoffen für diese Betriebe zukommt, muß sich auch in der Schwerpunktsetzung der Kostenrechnung widerspiegeln. Wird beispielsweise von gegebenen Absatzpreisen naturnaher Betriebe ausgegangen, ist der Ermittlung von Preisobergrenzen im Beschaffungsbereich eine besondere Bedeutung beizumessen. Darüber hinaus stellt auch der kostenmäßige Vergleich alternativ einsetzbarer Roh- und Hilfsstoffe ein Schwerpunkt im Informationsbedarf naturnaher Betriebe dar, wobei nicht nur allein Einstandspreisdifferenzen dieser Stoffe zu berücksichtigen sind, sondern auch eventuelle Kostenwirkungen im Lager-, Fertigungs- oder Absatzbereich, die beispielsweise aus Qualitätsunterschieden der Stoffe resultieren.[96] Weiterhin sind bei naturnahen Betrieben größere Anforderungen an die Ermittlung der optimalen Bestellmenge zu stellen als bei anderen Betrieben, da die Preisentwicklung bei den Roh- und Hilfsstoffen oftmals nur sehr vage vorherzusehen ist.

Konsumnahe Betriebe befinden sich im Unterschied zu den naturnahen am Ende des gesamtwirtschaftlichen Leistungserstellungsprozesses und sind damit durch eine relativ starke Abhängigkeit vom individuellen Bedarf und Verhalten des Konsumenten gekennzeichnet.[97] Folglich steht der Absatzbereich im Vordergrund des betrieblichen Interesses, was sich in der Art der für die Unternehmensführung bereitzustellenden Kosteninformationen niederschlägt. Beispielsweise rückt im Vergleich zu den naturnahen Betrieben die kostenrechnerische Unterstützung des absatzpolitischen Instrumentariums, insbesondere die Beurteilung der Absatzpreise, die Bestimmung des optimalen Angebotssortiments oder die Wahl der Absatzmethode, in den Vordergrund des unternehmerischen Interesses.

dd) Der gesamtwirtschaftliche Reifegrad der Erzeugnisse

Die Differenzierung in naturnahe und konsumnahe Betriebe ist aufgrund ihrer mangelnden Trennschärfe nur wenig geeignet, betriebsindividuelle Unterschiede im Informationsbedarf der Unternehmensführung kenntlich zu machen. Wird der gesamtwirtschaftliche Leistungserstellungsvorgang hinsichtlich des makroökonomischen Reifegrades der Erzeugnisse näher betrachtet, lassen sich detailliertere Aussagen zu betriebsindividuellen Aus-

---

[96] Im Lagerwesen können sich Qualitätsunterschiede der Roh- und Hilfsstoffe z.B. auf die Häufigkeit von technisch bedingten Umlagerungsvorgängen und damit auf die Höhe der Materialgemeinkosten auswirken. Vgl. *Brecht*, U.: Die Materialwirtschaft industrieller Unternehmungen, Kennzeichnung ihrer Aufgaben, Ziele und Rahmenbedingungen, Diss., Berlin 1993, S. 122.

[97] Vgl. *Schäfer*, Industriebetrieb, S. 17 f.

gestaltungsformen der Kostenrechnung treffen. Wird der gesamtwirtschaftliche Reifegrad der Erzeugnisse zugrunde gelegt, lassen sich Gewinnungs-, Zwischenerzeugnis- und Fertigerzeugnisbetriebe unterscheiden.

Gewinnungsbetriebe, auch Betriebe der Grundstoffindustrie oder Betriebe der Rohstoff- oder Urproduktion genannt,[98] sind naturnahe Betriebe und daher durch eine starke Abhängigkeit vom Beschaffungsmarkt gekennzeichnet. In den Vordergrund treten hier aber die Abbau- oder Lagerstätten, "die es zu finden, zu erwerben und auszubeuten gilt."[99] Entsprechend hat sich auch die Kostenrechnung mit den daraus ergebenden betriebswirtschaftlichen Fragestellungen und Entscheidungsproblemen zu befassen und die hierfür relevanten Kosteninformationen bereitzustellen. Bei Gewinnungsbetrieben liegt der Schwerpunkt der betrieblichen Planung allgemein im langfristigen Bereich, sowohl die Absatz- als auch die Beschaffungs-, Produktions-(Nutzungs-) und Finanzplanung betreffend. Der Investitionsrechnung kommt damit eine große Bedeutung als Informationsinstrument der Unternehmensführung zu, und die Kostenrechnung hat hierzu einen wesentlichen Beitrag zur Bereitstellung entsprechender Daten zu leisten. In diesem Zusammenhang sind insbesondere die kostenrechnerische Abbildung des Nutzenverzehrs der abzubauenden Naturvorkommen oder auch das Aufzeigen kostenmäßiger Konsequenzen eventuell entstehender Umweltschäden als besondere Aufgabenstellungen der Kostenrechnung von Gewinnungsbetrieben anzusehen.

Auf der den Gewinnungsbetrieben nachfolgenden Stufe des gesamtwirtschaftlichen Reifegrades der Erzeugnisse stehen die *Zwischenerzeugnisbetriebe*, die auch als Betriebe der Zwischenproduktion bezeichnet werden.[100] Es handelt sich dabei um Betriebe, die aus gesamtwirtschaftlicher Sicht gesehen unfertige Erzeugnisse herstellen oder bearbeiten und diese Erzeugnisse zur Weiterbearbeitung oder Weiterverarbeitung an nachfol-

---

[98] Vgl. hierzu *Gutenberg*, Produktion, S. 1; *Mellerowicz*, Betriebswirtschaftslehre, Bd. I, S. 63; *v. Kortzfleisch*, Produktionsmethoden, S. 110 ff.

[99] *v. Kortzfleisch*, Produktionsmethoden, S. 111.

[100] Vgl. *v. Kortzfleisch*, Produktionsmethoden, S. 113 ff. Betriebe der Zwischenproduktion werden in der Literatur auch als "Veredelungsbetriebe" bezeichnet (vgl. etwa *Mellerowicz*, Betriebswirtschaftslehre, Bd. I, S. 63), obwohl die Veredelung im Sinne einer unwesentlichen Form- oder Substanzveränderung nur einen Ausschnitt der von Zwischenerzeugnisbetrieben einsetzbaren Produktionstechniken darstellt. Zu den Begriffen "Veredelung" und "Veredelungsbetriebe" siehe insbesondere *Hasenack*, W.: Veredelung und Veredelungsindustrie, in: Seischab, H./Schwantag, K. (Hrsg.): HWB, 3., völlig neu bearbeitete Auflage, Bd. IV, Stuttgart 1962, Sp. 5652 ff.; *Gutenberg*, Produktion, S. 1 f. sowie die Ausführungen zur durchlaufenden Stoffverwertung in Kapitel C.-II.-3.-b)-bb)-(3) dieser Untersuchung.

gende Betriebe liefern.[101] Zwischenerzeugnisbetriebe sehen sich im Unterschied zu den Gewinnungs- und Fertigerzeugnisbetrieben einer Abhängigkeit sowohl vom Beschaffungs- als auch vom Absatzmarkt ausgesetzt. Produziert der Zwischenerzeugnisbetrieb mit einer Technologie, die auch dem Kunden grundsätzlich zugänglich ist, kann er am Markt nur dann bestehen, wenn er kostengünstiger und leistungsfähiger als der Kunde fertigt.[102] Wird der Kunde zum Konkurrenten, ist der Zwischenerzeugnisbetrieb einer ständigen Entscheidung des Kunden über Eigenfertigung oder Fremdbezug ausgesetzt. Die Kenntnis von kurz- und langfristigen Preisuntergrenzen sowie eine laufende Wirtschaftlichkeitskontrolle zur Gewährleistung einer kostenminimalen Leistungserstellung und -verwertung stehen daher im Mittelpunkt des Informationsinteresses der Unternehmensführung. Weiterhin bestehen zwischen den Betrieben der Zwischenproduktion und ihren Abnehmern häufig langfristige Lieferverträge, in denen hohe Konventionalstrafen für qualitative, quantitative und zeitliche Fehlleistungen vereinbart werden.[103] Die Vermeidung derartiger Fehlleistungen rückt dadurch in den Vordergrund der Produktionsplanung und -steuerung des Lieferanten, welche durch entsprechend flexible und schnell zugängliche Kosteninformationen, z.B. zur Ermittlung eines kostenoptimalen Sicherheitslagerbestandes oder für logistische Entscheidungen, unterstützt werden muß.

Den höchsten gesamtwirtschaftlichen Reifegrad erhalten die Produkte in den *Fertigerzeugnisbetrieben*, die auch Verarbeitungsbetriebe und Betriebe der Fertigwaren- oder Fabrikationsindustrie genannt werden.[104] Zu den Fertigerzeugnissen sind einerseits die Konsumgüter zu rechnen, die sowohl von kurzlebiger (z.B. Verzehrsgüter und Bekleidung) als auch von langlebi-

---

[101] Es wird deshalb in diesem Zusammenhang auch von Zulieferbetrieben gesprochen. Anstelle der in dieser Arbeit synonym gebrauchten Bezeichnungen "Zwischenprodukte" und "unfertige Erzeugnisse" werden in der Literatur und vor allem in der Praxis auch die Termini "Halberzeugnisse" und "Halbfabrikate" verwandt, die jedoch aufgrund ihrer spezifischen Angabe des Fertigkeitsgrades des Produktes (Reifegrad = 50 %) nur in Ausnahmefällen zutreffen würden und daher für den hier gebrauchten allgemeingültigen Sinn abzulehnen sind. Zu den unfertigen Erzeugnissen gehören aus gesamtwirtschaftlicher Sicht auch die sogenannten "Fertigteile". Es handelt sich dabei um (fertige) Bestandteile eines zumeist in Montageprozessen erst noch zu erstellenden Gesamtproduktes, z.B. ein fertigerstellter Benzinmotor, der durch den Einbau in ein Automobil in einem Gesamterzeugnis untergeht und dadurch erst seine Verwendungsbestimmung erfährt.

[102] Vgl. *v. Kortzfleisch*, Produktionsmethoden, S. 114. Darüber hinaus bestehen auch die bekannten Wettbewerbsbeziehungen zur Konkurrenz aus dem Bereich der Zwischenerzeugnisbetriebe. Siehe hierzu die Ausführungen zum Einfluß der Wettbewerbsstrategie in Kapitel C.-II.-2.-a)-aa) dieser Arbeit.

[103] Vgl. *v. Kortzfleisch*, Produktionsmethoden, S. 114.

[104] Vgl. hierzu *Mellerowicz*, Betriebswirtschaftslehre, Bd. I, S. 63; *Gutenberg*, Produktion, S. 2.

ger Natur (z.B. Wohngebäude und ihre Einrichtungen, Personenkraftwagen) sein können, andererseits aber auch die Investitionsgüter, die als langlebige Produktionsfaktoren in anderen Betrieben zum Einsatz kommen.[105] Fertigerzeugnisbetriebe sind allgemein durch eine starke Abhängigkeit vom Absatzmarkt gekennzeichnet. Der Gestaltung und dem Einsatz des absatzpolitischen Instrumentariums kommt daher eine vorrangige Bedeutung im Aufgabenspektrum der Unternehmensführung zu, die hierbei durch entsprechende Kosteninformationen unterstützt werden muß. Insbesondere Entscheidungen über optimale Absatzwege und -methoden, die Produktprogrammpolitik sowie die Angebotspreisermittlung oder -beurteilung treten bei Fertigerzeugnisbetrieben in den Vordergrund des kostenrechnerischen Interesses. Während die Betriebe der Konsumgüterproduktion meist einem weitläufigen, anonymen Markt gegenüberstehen, ist der Kreis der Marktpartner bei den Investitionsgüterbetrieben begrenzt. Hier findet in der Regel eine Produktion auf Bestellung statt. Die kostenrechnerischen Besonderheiten der Konsum- und Investitionsgüterbetriebe ergeben sich also aufgrund ihrer Absatzstrukturmerkmale, so daß auf die Ausführungen in Kapitel C.-II.-2.-a)-bb) verwiesen werden kann.

ee) Die Art der Gliederung von Führungsaufgaben

Wie bereits gezeigt, ist die Kostenrechnung in erster Linie ein Informationsinstrument zur Führungsunterstützung, das den sich aus den Führungsaufgaben unternehmensinterner Adressaten ergebenden Informationsbedarf zu befriedigen hat. Die Art des Informationsbedarfs ist dabei nicht nur von der jeweiligen Führungsaufgabe selbst, sondern auch von der betriebsindividuell realisierten Art der Gliederung von Führungsaufgaben abhängig, was im folgenden an den zwei Grundformen der Aufgabenzentralisation, der funktionalen und der divisionalen Organisation, gezeigt werden soll.

Bei der *funktionalen Organisation* erfolgt die Aufgabengliederung nach typischen Verrichtungsarten,[106] wobei z.B. Funktionsbereiche wie Forschung und Entwicklung, Beschaffung, Produktion, Absatz und Allgemeine Verwaltung unterschieden werden. Da die funktionale Organisation eine Tendenz zur Entscheidungszentralisation aufweist und vor allem in Betrieben mit überschaubarem und homogenem Leistungsprogramm Anwendung fin-

---

[105] Vgl. *Kilger*, Industriebetriebslehre, S. 25; *Kern*, Produktionswirtschaft, S. 82. Kurzlebige Produktionsgüter (Roh-, Hilfs- und Betriebsstoffe, Fertigteile) werden von den oben bereits dargestellten Gewinnungsbetrieben und Zwischenbetrieben erstellt.

[106] Vgl. *Grochla*, E.: Grundlagen der organisatorischen Gestaltung, Stuttgart 1982, S. 131; *Staehle*, Management, S. 693.

det,[107] ist der Bedarf an aufwendigen Koordinationsinstrumenten, insbesondere jenen des betrieblichen Rechnungswesens, relativ gering. Die Kostenrechnung kann daher im Rahmen ihrer innerbetrieblichen Leistungsverrechnung einen ausreichenden Beitrag zur Koordinationsaufgabe leisten. Weiterhin ist die funktionale Organisation durch ein hohes Maß an Spezialisierung ihrer organisatorischen Teileinheiten gekennzeichnet.[108] Um den speziellen Informationsbedarf der einzelnen Funktionsbereiche befriedigen zu können, bietet es sich an, die in der Regel primär fertigungsorientierte Grundrechnung auf die Gegebenheiten indirekt-produktiver Funktionsbereiche auszudehnen. Beispielsweise können mit Hilfe von Logistik-,[109] Vertriebs-[110] sowie Forschungs- und Entwicklungskostenrechnungen[111] die dort anfallenden Tätigkeiten genauer erfaßt, analysiert und gesteuert werden.[112] Daneben besteht die Möglichkeit, die einzelnen Funktionsbereiche des Betriebes durch speziell auf den Informationsbedarf dieser Bereiche zugeschnittenen Sonderrechnungen zu unterstützen.

Die *divisionale Organisation* zeichnet sich durch eine Gliederung nach Objektbereichen aus, wobei als Gliederungskriterien z.B. Produkte und Produktgruppen, Projekte, Kunden und Kundengruppen oder auch Regionen herangezogen werden können.[113] Im Gegensatz zur funktionalen Organisation weist die divisionale eine Tendenz zur Entscheidungsdezentralisation auf, bei der die Divisionen, Sparten oder regionalen Geschäftsbereiche relativ selbständige und nahezu autonome organisatorische Teileinheiten darstellen.[114] Entsprechend dieser relativen Autonomie der Gliedbetriebe, deren Bedarf an Führungsinformationen weitgehend demjenigen eines rechtlich selbständigen Betriebes entspricht, sollte auch die Kostenrechnung so organisiert sein, daß jeder Gliedbetrieb eine eigenständige, von der

---

[107] Vgl. *Staehle*, Management, S. 693; *Grochla*, Grundlagen, S. 131.

[108] Vgl. *Staehle*, Management, S. 693 f.

[109] Vgl. *Weber*, J.: Logistikkostenrechnung, Berlin u.a. 1987 sowie die dort auf S. 50 f. angegebene Literatur.

[110] Vgl. etwa *Fischer*, K.-P.: Industrielle Vertriebskostenrechnung, Diss., Stuttgart 1963; *Weigand*, Ch.: Entscheidungsorientierte Vertriebskostenrechnung, Diss., Wiesbaden 1989.

[111] Vgl. z.B. *Martin*, Th.A.: Operatives Forschungs- und Entwicklungscontrolling in Industriebetrieben, Eine betriebswirtschaftliche Untersuchung unter besonderer Berücksichtigung der Kosten- und Leistungsrechnung sowie anderer ausgewählter operativer Planungs- und Kontrollinstrumente, Diss., Pfaffenweiler 1992, S. 196 ff.; *Tanski*, J.: Kostenplanung und Kostenkontrolle im Forschungs- und Entwicklungsbereich industrieller Unternehmungen, Diss., Bern/Stuttgart 1984, S. 110 ff.

[112] Einen umfassenden Überblick über die angesprochenen sowie weitere Funktions- oder Partialkostenrechnungen bietet *Schehl*, S. 339 ff.

[113] Vgl. *Grochla*, Grundlagen, S. 137.

[114] Vgl. *Hill/Fehlbaum/Ulrich*, S. 178 ff.

Gesamtorganisation unabhängige und auf die besonderen Gegebenheiten der Teileinheit ausgerichtete Kostenrechnung betreibt. Daneben bedarf es des Einsatzes vielfältiger Koordinationsinstrumente, die eine Lenkung der Teileinheiten im Sinne einer gesamtbetrieblich optimierten Zielerreichung gestatten, da die quasi-autonome Stellung der Divisionen die Gefahr ihrer zu weitreichenden Verselbständigung in sich birgt.[115] Die Koordination erfolgt dabei in der Regel über Verrechnungspreise[116] sowie über die Ergebnisverantwortung, indem der Erfolg der Teileinheiten, die in der Form von sogenannten Cost-, Profit- oder Investmentcentern[117] geführt werden, mit Hilfe von Kurzfristigen Erfolgsrechnungen kontrolliert[118] oder anhand bestimmter Kriterien wie der Budgeteinhaltung oder dem Return-on-Investment beurteilt wird.[119] Hierzu hat die Kostenrechnung einen wichtigen Beitrag zu leisten, indem sie einerseits die Grundlage für die Ermittlung von im Sinne der Gesamtbetriebslenkung richtigen Verrechnungspreisen bildet und andererseits auch für die Vorgabe und Kontrolle von Erfolgsgrößen - z.B. für die Budgetierung und die Kurzfristige Erfolgsrechnung - wichtige Informationen liefert. Der Kostenrechnung kommt damit bei divisional gegliederten Organisationen eine bedeutend höhere Koordinationsfunktion zu als bei funktionalen Organisationen. Die aufgrund der relativen Autonomie der divisionalen Gliedbetriebe zunächst als plausibel erscheinende Vorteilhaftigkeit selbständiger teilbetrieblicher Kostenrechnungen ist der aufgrund der gesamtbetrieblichen Koordinationsaufgabe erforderlichen Zentralisierung und Vereinheitlichung der Kostenrechnung gegenüberzustellen. Als Lösungsmöglichkeit dieses Dilemmas bietet sich gegebenenfalls eine Ergänzung der teilbetrieblichen Kostenrechnungen durch eine an den Koordinationsaufgaben orientierte gesamtbetriebliche Kostenrechnung an.

---

[115] Vgl. *Grochla*, Grundlagen, S. 139.

[116] Zur generellen Bedeutung des Verrechnungspreises als Instrument zur zielorientierten Lenkung des Betriebes vgl. *Schmalenbach*, E.: Pretiale Wirtschaftslenkung, Bd. 2, Pretiale Lenkung des Betriebes, Bremen-Horn 1948; *Beste*, Th.: Die Verrechnungspreise in der Selbstkostenrechnung industrieller Betriebe, Berlin 1924, S. 27 ff. Zur Bedeutung der Verrechnungspreise als Lenkungs- und Koordinationsinstrument in divisional organisierten Unternehmen vgl. weiterhin *Albach*, H.: Innerbetriebliche Lenkpreise als Instrument dezentraler Unternehmensführung, in: ZfbF, 26. Jg. 1974, S. 216 ff.

[117] Zu den genannten Koordinationskonzepten der divisionalen Organisation vgl. *Hill/Fehlbaum/Ulrich*, S. 180 ff.; *Poensgen*, Sp. 1378 ff.

[118] Zu der besonderen Bedeutung und den Gestaltungsmöglichkeiten der Kurzfristigen Erfolgsrechnung für die Kontrolle dezentral geführter betrieblicher Teileinheiten vgl. *Beste*, Th.: Verwaltungsaufbau und betriebliches Rechnungswesen, in: Festschrift für Eugen Schmalenbach, Dr. rer. pol., Dr. jur. h. c., Dr. oec. h. c., Professor der Betriebswirtschaftslehre Köln, gewidmet von Schülern und vom Verlage, Leipzig 1933, S. 117 ff.

[119] Vgl. *Grochla*, Grundlagen, S. 137.

Zusammenfassend kann festgehalten werden, daß die Art der Aufgabenzentralisation betriebsindividuelle Unterschiede vor allem im koordinationsbedingten Informationsbedarf der Unternehmensführung hervorruft und damit die Art der bereitzustellenden Kosteninformationen sowie die Art und Weise ihrer Ermittlung und Aufbereitung beeinflußt.

ff) Der betriebliche Führungsstil

Die Qualität und die Quantität des Bedarfs an Führungsinformationen wird weiterhin durch den bei der Lösung von Führungsaufgaben angewandten Führungsstil bestimmt, unter dem "ein zeitlich überdauerndes und in bestimmten Situationen relativ konsistentes Führungsverhalten eines Vorgesetzten gegenüber Mitarbeitern"[120] verstanden wird. Innerhalb eines Betriebes können ebensoviele Ausprägungen dieses individuellen Führungsstils auftreten, wie es Führungskräfte in diesem Betrieb gibt. Da im Rahmen der Kostenrechnungsgestaltung nicht alle im Betrieb auftretenden Führungsstile berücksichtigt werden können, sondern nur derjenige Führungsstil, der tendenziell als repräsentativ für den Gesamtbetrieb anzusehen ist, wird im folgenden von einem betrieblichen Führungsstil ausgegangen. Dieser betriebliche Führungsstil, in dem sich die geistige Grundhaltung der Führungskräfte zu bestimmten Formen und Techniken der Bewältigung von Führungsaufgaben sowie die verwendeten Führungsmittel und -techniken zu einer organischen Einheit verbinden,[121] gibt eine längerfristig feststellbare Tendenz im Führungsverhalten der betrieblichen Mitarbeiter an, wobei das tatsächliche Führungsverhalten in Abhängigkeit von bestimmten situati-

---

[120] *Wunderer/Grunwald*, S. 218. Ähnliche Definitionen des Führungsstils finden sich bei *Lattmann*, Ch.: Führungsstil und Führungsrichtlinien, Bern/Stuttgart 1975, S. 9; *Rahn*, H.-J.: Betriebliche Führung, 2., überarbeitete Auflage, Ludwigshafen a.Rh. 1992, S. 78. *Bleicher* versteht unter einem Führungsstil dagegen die allgemeine raum- und epochenspezifische Art der Ausübung von Führungsfunktionen, während er die personenspezifische Ausübung von Führungsfunktionen durch den Vorgesetzten als Führungsform bezeichnet. Vgl. *Bleicher*, K.: Führungsstile, Führungsformen und Organisationsformen, in: ZfO, 38. Jg. 1969, S. 31.

[121] Vgl. *Gaugler*, E.: Elemente des kooperativen Führungsstils, in: Gaugler, E. (Hrsg.): Verantwortliche Betriebsführung, Stuttgart 1969, S. 114. Der betriebliche Führungsstil wird insbesondere durch die Führungsphilosophie des oberen Managements beeinflußt, die über die schriftliche Niederlegung in Führungsgrundsätzen und -anweisungen transparent gemacht und somit leichter umgesetzt werden kann. Vgl. hierzu *Wunderer*, R.: Führungsgrundsätze, in: Kieser, A./Reber, G./Wunderer, R. (Hrsg.): HWFü, Stuttgart 1987, Sp. 559; *Ulrich*, H.: Führungsphilosophie, in: Kieser, A./Reber, G./Wunderer, R. (Hrsg.): HWFü, Stuttgart 1987, Sp. 640.

ven und personalen Einflüssen vom betrieblichen Führungsstil abweichen kann.[122]

Um die Bedeutung des betrieblichen Führungsstils als Einflußfaktor für die Kostenrechnungsgestaltung aufzeigen zu können, wird im folgenden von zwei grundsätzlich verschiedenen Führungsstiltypen ausgegangen, dem autoritären und dem kooperativen Führungsstil.[123] Beide Führungsstile stellen nach *Tannenbaum/Schmidt* Extrempunkte auf einem Führungsstilkontinuum dar, in das sich alle real auftretenden Führungsstilausprägungen einordnen lassen.[124] In der Literatur werden zur Verdeutlichung und Beschreibung dieses Führungsstilkontinuums verschiedene Abstufungen zwischen den Extremausprägungen vorgenommen. Beispielsweise ordnen *Likert* zehn,[125] *Tannenbaum/Schmidt* fünf[126] und *Häusler* vier[127] weitere Führungsstile zwischen den Extremausprägungen auf dem Kontinuum ein. Auf eine solchermaßen detaillierte Unterscheidung von Führungsstilen soll an dieser Stelle verzichtet werden, da es für die Beschreibung und Erklärung der

---

[122] Vgl. *Staehle*, W.H.: Organisation und Führung sozio-technischer Systeme, Grundlagen einer Situationstheorie, Stuttgart 1973, S. 96 f.; *Rühli*, Unternehmungsführung 1985, S. 50 f. Die personalen Einflüsse lassen sich einerseits auf Persönlichkeitsmerkmale des Vorgesetzten und andererseits auf solche der Mitarbeiter zurückführen. Vgl. *Tannenbaum*, R./*Schmidt*, W.H.: How to Choose a Leadership Pattern, in: Harvard Business Review, 36. Jg. 1958, H. 2, S. 98 ff.

[123] Diese Zweiteilung geht auf die klassische Führungsstiltypologie der Forschergruppe um *Lewin* zurück, die in Anlehnung an die möglichen Gestaltungsformen der Staatsgewalt autokratische (autoritäre), demokratische (kooperative) und laissez-faire Führungsstile unterscheidet. Vgl. *Lewin*, K./*Lippitt*, R./*White*, R.K.: Patterns of Aggressive Behavior in Experimentally Created "Social Climates", in: The Journal of Social Psychology, 10. Jg. 1939, S. 271 ff. Auf die Berücksichtigung des laissez-faire Führungsstils soll im weiteren verzichtet werden, da erstens beim laissez-faire Führungsstil kein Führungswille ausgeübt wird und keine Zielvorgabe erfolgt, so daß eigentlich gar keine Führung vorliegt, und zweitens der laissez-faire Stil als wenig erfolgreich und für die betriebliche Praxis als weitgehend irrelevant einzuordnen ist. Zur Beurteilung des laissez-faire Führungsstils vgl. *Bürgin*, S. 17; *Liebel*, H.J.: Psychologie der Mitarbeiterführung - Aspekte, Ergebnisse und Perspektiven sozialer Interaktion -, in: Gabele, E./Oechsler, W.A./Liebel, H.J. (Hrsg.): Führungsgrundsätze und Mitarbeiterführung, Führungsprobleme erkennen und lösen, Wiesbaden 1992, S. 115; *Häusler*, J.: Führungsstile und Führungsverhalten, in: Grochla, E./Wittmann, W. (Hrsg.): HWB, 4., völlig neu gestaltete Auflage, Stuttgart 1974, Sp. 1587.

[124] Vgl. *Tannenbaum/Schmidt*, S. 96 ff. Während *Tannenbaum/Schmidt* von einem eindimensionalen Ansatz ausgehen, bei dem als Unterscheidungskriterium der Grad der Entscheidungsbeteiligung der Geführten herangezogen wird, soll im folgenden der Grad der personalen Trennung der Führungsteilfunktionen Willensbildung und -durchsetzung einerseits und der Durchführung andererseits zur Bestimmung des Führungsstils verwendet werden.

[125] Vgl. *Likert*, R.: New Patterns of Management, New York/Toronto/London 1961, S. 243.

[126] Vgl. *Tannenbaum/Schmidt*, S. 96 f.

[127] Vgl. *Häusler*, Sp. 1586.

grundsätzlichen kostenrechnerischen Gestaltungsrelevanz des Führungsstils zweckmäßiger ist, dies am Beispiel der Extremausprägungen zu tun.[128]

Der *autoritäre Führungsstil* zeichnet sich dadurch aus, daß eine strikte personale Trennung zwischen den Führungsteilfunktionen Planung, Entscheidung, Durchführungsveranlassung und Kontrolle einerseits sowie der Durchführung andererseits erfolgt.[129] Der Vorgesetzte legt ohne vorherige Information seiner Untergebenen die Ziele fest und trifft eigenmächtig die hierzu nötigen Mittelentscheidungen.[130] Die Einhaltung des Planes und die Arbeit der Geführten wird vom Vorgesetzten streng kontrolliert, wobei ihm die erforderliche Vollmacht durch seine hierarchische Stellung verliehen wird.[131] Die von der Kostenrechnung bereitzustellenden Informationen sind beim autoritären Führungsstil vollkommen auf den Informationsbedarf des Vorgesetzten auszurichten, da sämtliche Führungsteilfunktionen vollständig durch den Vorgesetzten selbst durchgeführt werden. Den Mitarbeitern werden lediglich Anordnungs- und Durchführungsinformationen mitgeteilt, ohne daß irgendeine Einflußnahme ihrerseits auf Planungs-, Entscheidungs- oder Kontrollinformationen möglich ist. Dies hat zur Folge, daß sich die Kosteninformationen durch einen relativ hohen Aggregationsgrad auszeichnen und daß bei der kosteninformatorischen Unterstützung von Planungs-, Entscheidungs- und Kontrollaufgaben Aspekte, die sich auf die unternehmenszieloptimale Motivation der Untergebenen beziehen, vernachlässigt werden können.

Beim *kooperativen Führungsstil* werden die Mitarbeiter an den Willensbildungs- und Willensdurchsetzungsvorgängen beteiligt, weshalb oftmals auch von einem partizipativen Führungsstil gesprochen wird.[132] Das Ausmaß der Führungsbeteiligung gibt dabei die Lage des Führungsstils auf dem Führungsstilkontinuum an. Da im folgenden am Beispiel der beiden Pole des

---

128 Ungeachtet dieser Vorgehensweise ist *Wunderer/Grunwald* zuzustimmen, wenn sie an der ausschließlichen Betrachtung von Extremausprägungen der Führungsstile kritisieren, daß damit keine brauchbare Führungsforschung und keine zuverlässige Erklärung und Vorhersage von Führungsverhalten möglich sei. Vgl. *Wunderer/Grunwald*, S. 224. In dieser Arbeit geht es jedoch nicht darum, Führungsverhalten zu erklären oder hinsichtlich seiner Erfolgswirksamkeit zu beurteilen, sondern darum, Zusammenhänge zwischen einem gegebenen Führungsverhalten und dessen Berücksichtigung im Rahmen der Kostenrechnungsgestaltung aufzuzeigen, was am deutlichsten durch die Gegenüberstellung von Führungsstilextremen gelingen kann.

129 Vgl. *Bleicher/Meyer*, S. 153 f.

130 Vgl. *Zepf*, G.: Kooperativer Führungsstil und Organisation, Zur Leistungsfähigkeit und organisatorischen Verwirklichung einer kooperativen Führung in Unternehmungen, Wiesbaden 1972, S. 26.

131 Vgl. *Häusler*, Sp. 1586.

132 Vgl. hierzu *Lattmann*, Führungsstil, S. 10; *Vroom*, V.H./*Jago*, A.G.: Flexible Führungsentscheidungen, Management der Partizipation in Organisationen, Stuttgart 1991, S. 15.

Führungsstilkontinuums die grundsätzliche Gestaltungsrelevanz des Führungsverhaltens für die Kostenrechnung diskutiert werden soll, wird kooperative Führung im Sinne von Mitbestimmung in allen Führungsteilfunktionen aufgefaßt.[133] Danach wird den Mitarbeitern die Befugnis eingeräumt, an allen Führungsteilfunktionen, die ihren Tätigkeitsbereich betreffen, mitzuwirken, indem sie zu einzelnen Führungsaufgaben Ideen einbringen und diese bei eventuell auftretenden Konfliktsituationen mit dem Vorgesetzten wenigstens teilweise auch durchsetzen, z.B. durch Kompromißbildung oder durch Überstimmung in einem Wahlakt.[134] Ziel des kooperativen Führungsstils ist neben der besseren Nutzung des Wissens- und Erfahrungspotentials durch die Beteiligung der Mitarbeiter an betrieblichen Führungsaufgaben das Herbeiführen einer Motivationswirkung. Denn durch die weitreichende Delegation von Führungsaufgaben werden den Geführten Freiräume für die persönliche Entfaltung und die Befriedigung ihrer Leistungs- und Eigenständigkeitsbedürfnisse gewährt, was zu einer aktiven Teilnahme am Unternehmensgeschehen und damit zu einer effizienten Erreichung der Unternehmensziele führen soll.[135] Die Anwendung des kooperativen Führungsstils steht damit in enger Verbindung mit dem in der Literatur als "Management-by-Objectives" bezeichneten Führungsmodell, in dessen Mittelpunkt die Führung durch Zielvereinbarung, die Beteiligung der Mitarbeiter an allen, ihren Aufgabenbereich betreffenden Führungsteilfunktionen sowie die Bevorzugung der Eigenkontrolle gegenüber der Fremdkontrolle stehen.[136] Das Management-by-Objectives ist dabei als eine umfassende Führungskonzeption aufzufassen, welche andere Management-by-Prinzipien, wie das Management-by-Results, das Management-by-Motivation, das Management-by-Participation oder das Management-by-Exception, zumindest teilweise enthalten kann.[137]

Die Anwendung des kooperativen Führungsstils erfordert über die Einrichtung einer den Prinzipien des Management-by-Objectives gerecht werdenden Führungsorganisation hinaus die Bereitstellung von Führungsinformationsinstrumenten, die den besonderen Anforderungen des kooperativen

---

[133] Vgl. *Bleicher/Meyer*, S. 154; *Bürgin*, S. 20. Zum Begriff der Mitbestimmung vgl. *Kundt*, J.: Mitbestimmung und Gewinnbeteiligung der Arbeitnehmer (eine betriebswirtschaftliche Untersuchung), Diss., Zürich 1970, S. 19 ff.

[134] Vgl. *Bürgin*, S. 20.

[135] Vgl. *Lattmann*, Ch.: Die verhaltenswissenschaftlichen Grundlagen der Führung des Mitarbeiters, Bern/Stuttgart 1982, S. 354.

[136] Vgl. *Frese*, Führungsinstrumente, S. 230 f.; *Baugut/Krüger*, S. 61 ff.; *Fuchs-Wegner*, G.: Management by ... Eine kritische Betrachtung moderner Managementprinzipien und -konzeptionen, in: BFuP, 25. Jg. 1973, S. 687 ff.; *Gaugler*, S. 122 f.

[137] Zu diesen Management-by-Prinzipien vgl. im einzelnen *Fuchs-Wegner*, S. 681 ff.; *Baugut/Krüger*, S. 58 ff.; *Wunderer/Grunwald*, S. 285 ff.

Führungsstils genügen.[138] Folglich hat die Kostenrechnung bei Vorliegen eines kooperativen Führungsstils die Durchführung von Zielvereinbarungsprozessen, die relative Autonomie der Geführten bei Entscheidungen sowie die Eigenkontrolle der Geführten durch die Bereitstellung entsprechender Führungsinformationen zu unterstützen. Insbesondere der Berücksichtigung von Motivationswirkungen der Führungsinformationen kommt - anders als beim autoritären Führungsstil - eine große Bedeutung bei der Ermittlung und Aufbereitung von Kosteninformationen zu. Weiterhin wirkt sich die Art des Führungsstils nicht nur auf die Art der Kosteninformationen, sondern auch auf die organisatorische Durchführung der Kostenrechnung aus. Beispielsweise werden beim kooperativen Führungsstil den Mitarbeitern die führungsrelevanten Kosteninformationen nicht nur von hierarchisch höherer Stufe bereitgestellt, sondern die Mitarbeiter sind in gewissem Maße am Zustandekommen von Kosteninformationen zu beteiligen und damit auch in den organisatorischen Ablauf der Kostenrechnung zu integrieren.

b) Über den Informationsbedarf betriebsexterner Adressaten wirkende Einflüsse

Die Kostenrechnung ist als Instrument des internen Rechnungswesens im bisherigen Verlauf der Arbeit vor allem hinsichtlich ihrer vorrangigen Zwecksetzung, führungsrelevante Informationen an betriebsinterne Adressaten bereitzustellen, erörtert worden. Daneben kann der Kostenrechnung die Aufgabe zukommen, den Informationsbedarf externer Interessenten zu befriedigen, sofern dieser Informationsbedarf in den Abbildungsbereich der Kostenrechnung fällt und die Informationsabgabe durch die Unternehmensführung autorisiert wird. Als potentielle betriebsexterne Informationsnachfrager kommen insbesondere der Staat, die Eigenkapitalgeber sowie Marktpartner (Lieferanten, Kunden, Fremdkapitalgeber) in Frage. Im folgenden sollen die primär über den Informationsbedarf betriebsexterner Adressaten wirkenden Einflußfaktoren gegliedert nach der *Begründungsart des Informationsanspruches* dargestellt und ihre grundsätzliche Bedeutung für die Gestaltung der Kostenrechnung herausgearbeitet werden.

---

[138] Vgl. *Wild*, Führungslehre, S. 173.

aa) Einflüsse aufgrund gesetzlicher Bestimmungen

Der Informationsanspruch betriebsexterner Kostenrechnungsadressaten kann sich aufgrund staatlicher/gesetzlicher Vorschriften ergeben, die den Betrieb unter bestimmten, noch darzulegenden Voraussetzungen zu einer Offenlegung von Kostenrechnungsinformationen verpflichten. Hierzu zählen die im Handelsgesetzbuch und in den Einkommensteuer-Richtlinien[139] verankerten Bestimmungen zur Ermittlung der *bilanziellen Herstellungskosten*, die zur Bestandsbewertung selbsterstellter unfertiger und fertiger Erzeugnisse nach § 255 Abs. 2 HGB i.V.m. § 253 Abs. 1 HGB sowie nach Abschn. 33 und Abschn. 33a EStR heranzuziehen sind, sowie die hinsichtlich ihrer Zusammensetzung nicht näher bestimmten *Herstellungskosten der handelsrechtlichen Gewinn- und Verlustrechnung*, die nach § 275 Abs. 3 Nr. 2 HGB auf die Erzielung der Umsatzerlöse erbrachten Leistungen entfallen und als solche bei der Aufstellung der Gewinn- und Verlustrechnung nach dem Umsatzkostenverfahren zum Ansatz kommen. Diesen Vorschriften ist grundsätzlich nur dann ein gestalterischer Einfluß auf die Kostenrechnung zuzusprechen, wenn sich die Unternehmensführung dazu entschließt, zur Ermittlung der geforderten Informationen die Kostenrechnung heranzuziehen.[140]

Welche grundsätzlichen Wirkungen von den genannten Vorschriften zur Ermittlung der handels- und steuerrechtlichen Herstellungskosten auf die Gestaltung des Aufbaus und des Ablaufs der Kostenrechnung ausgehen, soll im folgenden am Beispiel der bilanziellen Herstellungskosten nach § 255 Abs. 2 HGB und nach Abschn. 33 EStR erörtert werden.[141] Danach sind in die bilanziellen Herstellungskosten Pflichtbestandteile einzurechnen, wobei

---

[139] *Einkommensteuer-Richtlinien* in der Fassung der Bekanntmachung vom 10. November 1990, BStBl. I, Sondernummer 4, künftig zitiert als EStR.

[140] Dem Grundsatz der Methodenfreiheit entsprechend ist es dem von den gesetzlichen Regelungen Betroffenen freigestellt, welche Verfahren oder Instrumente er zur Informationsermittlung einsetzt, solange sie mit den Grundsätzen ordnungsmäßiger Buchführung und Bilanzierung vereinbar sind. In diesem Fall kommen neben der Kostenrechnung insbesondere die Schätzung sowie eine auf diesen speziellen Zweck ausgerichtete buchhalterische Sonderrechnung, die in Analogie zur Kostenrechnung als eine auf die Erzeugniseinheit bezogene Rechnung aufzubauen wäre, aber mit pagatorischen Größen zu arbeiten hätte, in Betracht. Vgl. *Bergner/Schehl*, S. 307 f.

[141] Auf eine Berücksichtigung der Herstellungskosten der Gewinn- und Verlustrechnung nach § 275 Abs. 3 Nr. 2 HGB muß an dieser Stelle verzichtet werden, da weder die genaue Bedeutung noch der Umfang dieser Herstellungskosten im Gesetzestext bestimmt wird und sich auch in der Literatur noch keine diesbezügliche Auffassung durchgesetzt hat. Vgl. *Bergner/Schehl*, S. 303; *Borchert*, D.: § 275, in: Küting, K./Weber, C.-P. (Hrsg.): Handbuch der Rechnungslegung, Kommentar zur Bilanzierung und Prüfung, 3., grundlegend überarbeitete und wesentlich erweiterte Auflage, Stuttgart 1990, Rn. 130 ff.

es in der Handelsbilanz in jedem Fall zum Ansatz der Material- und der Fertigungseinzelkosten sowie der Sondereinzelkosten der Fertigung kommt, wogegen für die Steuerbilanz zusätzlich noch Material- und Fertigungsgemeinkosten zwingend[142] einzubeziehen sind. Weiterhin bestehen Wahlrechte für die handelsrechtlichen Herstellungskosten hinsichtlich des Ansatzes von angemessenen Teilen der notwendigen Material- und Fertigungsgemeinkosten, Verwaltungsgemeinkosten, Aufwendungen für soziale Einrichtungen, freiwillige soziale Leistungen und Altersversorgung sowie für Fremdkapitalzinsen, sofern letztere zur Herstellungsfinanzierung des zu bilanzierenden Vermögensgegenstandes aufgewendet werden und auf den Zeitraum der Herstellung entfallen. Mit Ausnahme der Material- und Fertigungsgemeinkosten, die wie oben beschrieben steuerrechtliche Pflichtbestandteile darstellen, ergeben sich für die steuerrechtlichen Herstellungskosten die gleichen Ansatzwahlrechte wie für die handelsrechtlichen. Da auch die Vertriebskosten in beiden Bilanzen die gleiche Behandlung erfahren - für Vertriebskosten besteht ein generelles Ansatzverbot -, ergibt sich formal für beide Abschlüsse die gleiche Herstellungskostenobergrenze.[143]

Die Festlegung von Unter- und Obergrenze sowie die genaue Angabe einzelner, zur Wahl stehender Ansatzpositionen führt dazu, daß beim Einsatz der Kostenrechnung zur Ableitung der bilanziellen Herstellungskosten bestimmte Anforderungen zu berücksichtigen sind, die ansonsten nicht oder nicht in diesem Maße Beachtung finden würden. Beispielsweise erfordert ein Ansatz der handelsrechtlichen Untergrenze eine Trennung der Kosten in Einzel- und Gemeinkosten auch bei Betrieben, die aufgrund ihres einfach strukturierten Produktionsprogramms ansonsten auf eine derartige Differenzierung verzichten könnten.[144] Dies ist regelmäßig bei Einproduktbetrie-

---

[142] Inwiefern sich die Umkehrung des Maßgeblichkeitsprinzips auf die Ansatzpflicht der genannten Gemeinkostenbestandteile auswirkt, ist in der Literatur bislang noch nicht abschließend geklärt. Zu dieser Diskussion vgl. *Bauch*, G./*Oestreicher*, A.: Handels- und Steuerbilanzen, Einschließlich der Systematik betrieblicher Ertrag- und Substanzsteuern und der Vermögensaufstellung, 5., neubearbeitete und erweiterte Auflage, Heidelberg 1993, S. 272 f. sowie die dort angegebene Literatur.

[143] Mit Recht weisen *Bergner/Scheht* darauf hin, "daß in steuerrechtliche Herstellungskosten nur solche Aufwendungen einbezogen werden dürfen, die als steuerlich *abzugsfähige Betriebsausgaben* anerkannt werden und sich wegen dieses Umstandes gegebenenfalls die Obergrenze (der steuerrechtlichen Herstellungskosten im Vergleich zu jener der handelsrechtlichen; A.d.V.) nach unten verschiebt." *Bergner/Scheht*, S. 307, Fn. 7. Vgl. hierzu sowie zur Abgrenzung von Aufwand und Betriebsausgaben auch *Wöhe*, G.: Bilanzierung und Bilanzpolitik, Betriebswirtschaftlich - Handelsrechtlich - Steuerrechtlich, Mit einer Einführung in die verrechnungstechnischen Grundlagen, 8., völlig neubearbeitete und erweiterte Auflage, München 1992, S. 399 sowie S. 24 ff.

[144] Zur Aufteilung der Kosten in Einzel- und Gemeinkosten für die Ermittlung der handelsrechtlichen Herstellungskostenuntergrenze vgl. *Knop*, W./*Küting*, K.: § 255, in: Küting,

ben und bei Betrieben mit Sortenfertigung der Fall, die im Grunde mit einer ein- oder mehrstufigen Divisions- bzw. Äquivalenzziffernkalkulation auskommen würden, für die Ermittlung der handelsrechtlichen Herstellungskostenuntergrenze aber eine nach Einzel- und Gemeinkosten differenzierende Divisionskalkulation bzw. eine sogenannte Äquivalenzziffernkalkulation mit mehreren Zahlenreihen zur Anwendung bringen müßten.[145] Ferner erfordert der Ansatz der handelsrechtlichen Untergrenze eine genaue Ermittlung der Einzelkosten, was entweder durch eine Rückführung unechter Gemeinkosten in Einzelkosten mittels geeigneter Schätzverfahren oder durch den Einsatz von Aufschreibungsverfahren, die eine Einzelerfassung und -zurechnung aller wesensmäßigen Einzelkosten in der Kostenrechnung ermöglichen, zu gewährleisten ist.[146]

Unabhängig vom gewählten Umfang der anzusetzenden Herstellungskosten wird durch das Einrechnungsverbot der Vertriebskosten eine getrennte Behandlung derselben notwendig. Rechentechnisch erfordert eine solche Absonderung die Einrichtung einer Kostenstelle, auf die diese Kostenbestandteile zugerechnet werden können, oder - bei Anwendung einer Divisionskalkulation, zu deren Gruppe auch die Äquivalenzziffernkalkulation gezählt werden kann - die Durchführung einer mehrstufigen Variante. Der Ansatz eines Wertes zwischen Unter- und Obergrenze führt zu weiteren Abgrenzungserfordernissen, was die Einrichtung weiterer Kostenstellen als Zurechnungsbereiche dieser Kostenbestandteile oder die Berücksichtigung zusätzlicher Abrechnungsstufen bei der Divisionskalkulation nach sich zieht.

Von besonderer Bedeutung für die Gestaltung der Kostenrechnung ist die Problematik der Einberechnung von Unterbeschäftigungskosten (Leerkosten) in die Herstellungskosten. Liegt eine offensichtliche Unterbeschäftigung vor, ist eine Aufspaltung der Gesamtkosten in fixe und variable Bestandteile vorzunehmen, und zwar zum einen, wenn bei den handels- und steuerrechtlichen Herstellungskosten die Obergrenze gewählt werden soll, weil dazu die nicht ansatzfähigen Leerkosten zu eliminieren sind, und zum anderen, wenn die Untergrenze der steuerrechtlichen Herstellungs-

---

K./Weber, C.-P. (Hrsg.): Handbuch der Rechnungslegung, Kommentar zur Bilanzierung und Prüfung, 3., grundlegend überarbeitete und wesentlich erweiterte Auflage, Stuttgart 1990, Rn. 180 ff.

[145] Zur Eignung unterschiedlicher Kalkulationsverfahren zur Ermittlung der bilanziellen Herstellungskosten vgl. *Bergner/Schehl*, S. 319 ff. Zu den genannten Kalkulationsformen siehe *v. Kortzfleisch*, G.: Divisionskalkulation, in: Kosiol, E. (Hrsg.): HWR, Stuttgart 1970, Sp. 420 ff.; *v. Kortzfleisch*, G.: Äquivalenzziffernkalkulation, in: Kosiol, E. (Hrsg.): HWR, Stuttgart 1970, Sp. 45 ff.

[146] Vgl. *Bergner/Schehl*, S. 313.

kosten angesetzt werden soll, da hierzu die Kenntnis der verrechnungspflichtigen Unterbeschäftigungskosten erforderlich ist.[147] Die notwendige Kostenspaltung zur Ermittlung offensichtlicher Unterbeschäftigungskosten läßt damit starre Normal- und Plankostenrechnungssysteme sowie die Istkostenrechnung ohne Kostenspaltung als ungeeignet für die Ermittlung der bilanziellen Herstellungskosten erscheinen.

Neben den Vorschriften zur Ermittlung handels- und steuerrechtlicher Herstellungskosten können auch die Leitsätze für die Preisermittlung aufgrund von Selbstkosten (LSP) einen Informationsbedarf betriebsexterner Adressaten nach Kostenrechnungsinformationen begründen und somit einen Einfluß auf die Gestaltung der Kostenrechnung ausüben. Die LSP sind Bestandteil der am 01.01.1954 in Kraft getretenen Verordnung über die Preise bei öffentlichen Aufträgen[148] und kommen dann zum Einsatz, wenn keine staatlich festgesetzten Festpreise existieren und keine Marktpreise ermittelbar sind.[149] Von den Anforderungen, die die LSP an die Kostenrechnung des Auftragnehmers stellen, sind insbesondere die Vorschriften zu den Mengen- und Wertansätzen der eingesetzten Produktionsfaktoren (Nr. 7 u. 8 LSP),[150] zur Durchführung bestimmter Kalkulationsverfahren (Nr. 5 LSP)[151] und zur Mindestgliederung der Preiskalkulation (Nr. 10

---

[147] Zur Problematik des Ansatzes von Leerkosten in den bilanziellen Herstellungskosten vgl. *Bergner/Schehl*, S. 314 ff.; *Knop/Küting*, Rn. 292 ff.

[148] Die LSP befinden sich in der Anlage zur *Verordnung PR Nr. 30/53* über die Preise bei öffentlichen Aufträgen vom 21. November 1953, BAnz. Nr. 244, zuletzt geändert durch Verordnung PR Nr. 1/86 vom 15. April 1986, BGBl. I, S. 435. Daneben sind auch noch die Leitsätze für die Ermittlung von Preisen für Bauleistungen aufgrund von Selbstkosten (LSP-Bau) zu nennen, die in der Anlage zur *Verordnung PR Nr. 1/72* über die Preise für Bauleistungen bei öffentlichen oder mit öffentlichen Mitteln finanzierten Aufträgen vom 6. März 1972, BGBl. I, S. 293 enthalten sind. Auf die LSP-Bau und ihren Einfluß auf die Ausgestaltung der Kostenrechnung kann hier nicht näher eingegangen werden. Es sei daher verwiesen auf *Ebisch*, H./*Gottschalk*, J.: Preise und Preisprüfungen bei öffentlichen Aufträgen einschließlich Bauaufträge, Kommentar, 5., neubearbeitete Auflage, München 1987, S. 548 ff.

[149] Vgl. *Zur*, E.: Kalkulation im öffentlichen Auftragswesen, in: Männel, W. (Hrsg.): Handbuch der Kostenrechnung, Wiesbaden 1992, S. 610. Die LSP können im übrigen nicht nur bei öffentlichen Aufträgen im Sinne der VO PR Nr. 30/53, sondern auch im rein privatrechtlichen Bereich zur Anwendung kommen, wenn Auftraggeber und Auftragnehmer dies preisrechtlich zulässig vereinbaren (Nr. 1 Abs. 1 LSP).

[150] Beispielsweise sind zur Bewertung der eingesetzten oder einzusetzenden Güter und Dienstleistungen historische Anschaffungspreise und verschieden bestimmte Tagespreise anzusetzen (Nr. 8 Abs. 2 LSP).

[151] Genannt werden hier die Vor- und Nachkalkulation sowie die Divisions- und Zuschlagskalkulation (Verrechnungssatzverfahren) und deren Mischformen.

LSP)[152] sowie Bestimmungen über die Ansatzmöglichkeit einzelner Kostenarten (Nr. 11-50 LSP) zu nennen. Als von besonderer Bedeutung für die konzeptionelle Gestaltung der Kostenrechnung ist die Ausrichtung der LSP auf die Ermittlung eines Selbstkostenpreises im Sinne des Vollkostenansatzes zuzüglich eines kalkulatorischen Gewinnes (Nr. 4 Abs. 3 LSP) einzuschätzen, da dies die Anwendung einer Vollkostenrechnung fördert.[153]

bb) Einflüsse aufgrund privatrechtlicher Vereinbarungen

Neben gesetzlichen Regelungen oder gesellschaftlichen Normen können auch privatrechtliche Vereinbarungen zu einem Informationsbedarf betriebsexterner Adressaten führen, der sich wiederum auf das Wesen einer zweckadäquaten Kostenrechnung auswirkt und eine entsprechende Berücksichtigung im Rahmen der Kostenrechnungsgestaltung verlangt. Hier sind insbesondere die im Rahmen eines Konzernverbundes auftretenden Bestrebungen zur Vereinheitlichung der Kostenrechnungen einzelner Konzernbetriebe zum Zwecke der besseren Konzernsteuerung zu nennen. Die Vereinheitlichung, die meist mittels verbindlicher Konzernrichtlinien erreicht werden soll, ist dabei unabdingbare Voraussetzung zum Aufbau einer konsolidierten Konzernkostenrechnung, an der zumindest jene Konzernbetriebe beteiligt werden sollten, die wegen Lieferungsverflechtungen, Ressourceninterdependenzen oder Marktüberschneidungen voneinander abhängig sind,[154] und bezieht sich sowohl auf den grundsätzlichen strukturellen Aufbau der Abrechnungsfolge und die Art des verwendeten Kostenrechnungssystems als auch auf einzelne Teilbereiche der Kostenrechnungsgestaltung, wie der Kostenartenbezeichnung, der Methoden der innerbetrieblichen Leistungsverrechnung, dem Aufbau des Betriebsabrechnungsbogens oder der

---

[152] Die Selbstkosten umfassen danach die Fertigungsstoffkosten, die Fertigungskosten, die Entwicklungs- und Entwurfskosten, die Verwaltungskosten sowie die Vertriebskosten und sind dementsprechend zu gliedern (Nr. 10 Abs. 3 LSP).

[153] Zu den Anforderungen, die die Anwendung der LSP zur Preisermittlung an die Gestaltung der betrieblichen Kostenrechnung des Auftragnehmers stellt, sowie insbesondere zur Diskussion über die Anwendbarkeit verschiedener Kostenrechnungssysteme vgl. *Ebisch/Gottschalk*, S. 213 ff., insbesondere S. 247 ff.; *Zur*, S. 612 ff., insbesondere S. 615 f.; *Müller*, R.: Preisgestaltung bei Bundeswehraufträgen, Preisbildung, Preisprüfung, vertragliche Preisvereinbarungen, 2., neubearbeitete Auflage, Rheinbreitbach 1990, S. 86 ff.; *Däumler*, K.-D./*Grabe*, J.: Kalkulationsvorschriften bei öffentlichen Aufträgen, Einführung und Wortlaut der wichtigsten Bestimmungen, Herne/Berlin 1984, S. 26 ff., insbesondere S. 50 ff.

[154] Vgl. *Rein*, M.: Konsolidierte Grenzplankostenrechnung, Instrument der Konzernplanung und -steuerung, Diss., Wiesbaden 1993, S. 149.

Kalkulationsverfahren.[155] Der privatrechtlich autorisierte Informationsbedarf betriebsexterner, insbesondere über den Konsolidierungskreis eines Konzerns verbundener Adressaten führt damit in der Regel zu einer Beeinflussung der einzelbetrieblichen Kostenrechnung dahingehend, daß sie Gestaltungsmerkmale annimmt, die sie ohne Existenz dieses (Konzern-) Einflusses nicht aufweisen würde und die die Verfolgung anderer kostenrechnerischer Informationszwecke behindern oder gar gänzlich in Frage stellen können.

cc) Einflüsse aufgrund der Machtposition von Marktpartnern

Ein weiterer, aber im Vergleich zu den beiden oben genannten Gruppen in der Praxis wenig bedeutsamer Einfluß auf das Wesen einzelbetrieblicher Kostenrechnungen ergibt sich aufgrund des Informationsbedarfs von Marktpartnern, wenn diese mittels ihrer besonderen Machtposition die Gestaltung der Kostenrechnung mitbestimmen. Abhängigkeitsverhältnisse des Betriebes zu Abnehmern oder Lieferanten, wie dies z.B. bei den Zulieferern der Automobilindustrie oder im Dienstleistungsbereich bei den Tankstellen- und Gastronomiebetrieben gelegentlich der Fall ist, aber auch zwischen Betrieb und (potentiellen) Fremdkapitalgebern können dazu führen, daß der Marktpartner über die Einsichtnahme in betriebsinterne Informationen hinaus auch konkret gestalterischen Einfluß auf die Kostenrechnung ausübt, indem er z.B. die Art des Kalkulationsverfahrens vorschreibt oder auch die Verwendung bestimmter Bezugsgrößen verlangt. "Im Extremfall führt diese Ausrichtung auf externe Adressaten dazu, zwei unterschiedliche Varianten von Kostenrechnung parallel zu führen: Die Rechnung, die für den Marktpartner bestimmt und entsprechend gestaltet und beeinflußt ist, und das System, das Daten an unternehmensinterne Führungskräfte liefert."[156] Abhängigkeitsverhältnisse zu Marktpartnern und deren Informationsbedarf sind zuweilen sogar der dominierende Grund dafür, überhaupt eine Kostenrechnung einzuführen und zu betreiben.[157]

---

[155] Vgl. hierzu auch *Meyer*, A.: Einführung der Analytischen Kostenplanung in einer Produktionsstätte eines internationalen Konzerns, in: krp, o. Jg. 1988, Sonderheft 1/88, S. 53 f.; *Lederle*, H.: Aktuelle Probleme der Kosten- und Erlösrechnung - dargestellt am Beispiel der Volkswagenwerk AG, in: Volkswagenwerk AG (Hrsg.): Wolfsburger Fachgespräche (WFG), Dialog zwischen Wissenschaft und Praxis über aktuelle Fragen des Finanzmanagements, Aktuelle Probleme der Kosten- und Erlösrechnung bei weitgehend automatisierter Serienfertigung, Dokumentation der Tagung am 25. und 26. Mai 1984, Wolfsburg 1985, S. 71; *Rein*, S. 155 f.

[156] *Weber*, J., Change-Management, S. 45.

[157] Vgl. *Weber*, J., Change-Management, S. 45.

3. Urbildbedingte Gestaltungseinflüsse

Nachdem mit den Rahmenbedingungen und dem Informationsbedarf der Kostenrechnungsadressaten erste modelltheoretische Einflußquellen der Kostenrechnungsgestaltung dargestellt wurden, sollen im folgenden anhand der durch die Kostenrechnung abzubildenden Realität weitere situative Merkmale betrachtet werden, die je nach betriebsindividueller Ausprägung besondere Gestaltungsanforderungen an die Kostenrechnung stellen. Um die sich aus der abzubildenden Realität, dem Urbild der Kostenrechnung, ergebenden Einflußfaktoren ableiten und erklären zu können, ist es erforderlich, sich in allgemeiner und abstrakter Weise mit den Wesensmerkmalen des Urbildes sowie mit der Abbildungsaufgabe und dem Abbildungsvorgang der Kostenrechnung zu beschäftigen.

a) Zuordnungsbeziehungen als Bezugsrahmen zur Ableitung urbildbedingter Gestaltungseinflüsse

Wie in den Ausführungen zum Modellcharakter und zu den grundsätzlichen Gestaltungsanforderungen der Kostenrechnung gezeigt, stellt sich die betriebliche Realität als ein wenig geordnetes, durch vielfache Beziehungen seiner Elemente gekennzeichnetes Gebilde dar. Die Kostenrechnung hat die Aufgabe, einen Ausschnitt dieser Realität durch die Bewertung von Güterverbrauchsmengen und der Zurechnung dieser Werte (Kosten) auf Leistungen[158] als den realen Erkenntnisobjekten der Informationsadressaten abzubilden, wobei nach dem Grundsatz der Homomorphie nur die für die gegebenen Abbildungszwecke relevanten Zuordnungsbeziehungen zu berücksichtigen sind. Als Zurechnungsobjekte kommen dabei nicht nur die Kostenträger mit ihren verschiedenen Ordnungsgrößen (z.B. Erzeugniseinheit, -gruppe, -sparte) in Betracht, sondern unter Leistungen sind alle denkbaren und zweckmäßigen Zurechnungsobjekte, beispielsweise auch Abrechnungsperioden, funktionale Betriebsbereiche oder Prozesse, zu verstehen.[159]

Die homomorphe Abbildung relevanter Beziehungen des Urbildes durch die Kostenrechnung führt dazu, daß aus zwischenbetrieblichen Unterschie-

---

[158] Anstelle von Leistung als dem Ergebnis der betrieblichen Tätigkeit werden im folgenden die Begriffe Zuordnungs-, Zurechnungs- und Kalkulationsobjekt synonym verwendet.

[159] Vgl. *Börner*, D.: Einzelkosten und ihre Verrechnung, in: Kosiol, E. (Hrsg.): HWR, Stuttgart 1970, Sp. 442; *Menrad*, S.: Die Problematik der Kostenzurechnung, in: WiSt, 1. Jg. 1972, S. 488; *Sertl*, W./*Kotek*, H.: Kosten, Einzel- und Gemein-, in: Kosiol, E./Chmielewicz, K./Schweitzer, M. (Hrsg.): HWR, 2., völlig neu gestaltete Auflage, Stuttgart 1981, Sp. 948.

den bei den urbildbedingten Zuordnungsbeziehungen entsprechende Wesensunterschiede beim Abbildungsmittel, d.h. unterschiedliche Gestaltungsmerkmale der Kostenrechnung, resultieren. Folglich können betriebsindividuelle Wesensmerkmale einer zweckmäßig gestalteten Kostenrechnung auf Besonderheiten des Urbildes, insbesondere auf betriebsspezifische Beziehungen seiner Elemente, zurückgeführt werden. Die Ableitung betriebsindividueller urbildbedingter Einflußfaktoren der Kostenrechnungsgestaltung unter Orientierung an den Zuordnungsbeziehungen des Urbildes erfordert eine nähere Kennzeichnung dieser Zuordnungsbeziehungen. Hierzu werden im folgenden mit den Arten der Zuordnungsbeziehungen und den auf das Ausmaß der Zuordnungsbeziehungen einwirkenden Faktoren Ansatzpunkte zur Ableitung gestaltungsrelevanter urbildbedingter Einflußfaktoren aufgezeigt.

aa) Arten von Zuordnungsbeziehungen

Die Zuordnungsbeziehungen zwischen Güterverbrauch und Leistungen können von unterschiedlicher Art sein. Für die aus dem modelltheoretischen Zusammenhang heraus betrachtete Kostenrechnungsgestaltung ist die Unterscheidung in isomorph abgebildete und homomorph abgebildete Zuordnungsbeziehungen von Bedeutung. Wie aus Abbildung 13 ersichtlich, finden die direkten, isomorph abbildbaren und die indirekten, homomorph abbildbaren realen Zuordnungsbeziehungen zwischen dem Faktoreinsatz und der erstellten Leistung eine modellseitige Abbildung durch ihre Behandlung als Einzel- oder Gemeinkosten. Dabei werden die wesensmäßigen Einzel- und Gemeinkosten entweder tatsächlich als Einzel- bzw. Gemeinkosten oder als unechte Gemeinkosten bzw. unechte Einzelkosten behandelt.

(1) Isomorph abgebildete Zuordnungsbeziehungen

Eindeutig erkennbare und damit isomorph abbildbare Beziehungen liegen vor, wenn der Güterverbrauch für das betrachtete Kalkulationsobjekt einzeln erfaßt und diesem daher auch direkt zugerechnet werden kann. Kosten, die sich durch diese Eigenschaft auszeichnen, werden wesensmäßige Einzelkosten genannt.[160] Einzelerfassung und direkte Zurechnung ist nach herrschender Meinung dann möglich, wenn zwischen Kosten und Leistungen

[160] Vgl. *Kosiol*, Kalkulation, S. 74; *Menrad*, Kostenzurechnung, S. 490; *Börner*, Einzelkosten, Sp. 440 f.

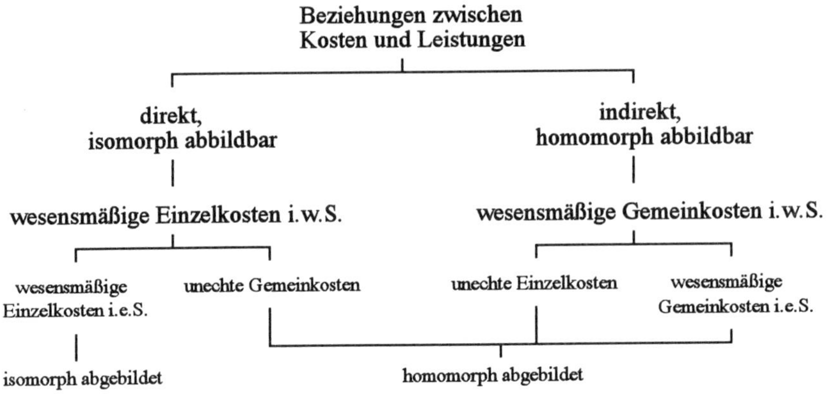

Abbildung 13: Arten von Zuordnungsbeziehungen zwischen Kosten und Leistungen

eindeutige quantitative Zusammenhänge bestehen und die Menge des leistungsverbundenen Güterverbrauchs eindeutig zu erfassen und zu bewerten ist.[161] Die Einzelerfassung des Verbrauchs und seine direkte Zurechenbarkeit zu den Kalkulationsobjekten führt aufgrund der Abbildungsisomorphie zum höchsten Grad an Genauigkeit, woraus die Forderung nach möglichst weitgehender Anwendung der direkten Kostenzurechnung resultiert.[162]

(2) Homomorph abgebildete Zuordnungsbeziehungen

Die Eindeutigkeit der direkten Zuordnungsbeziehung zwischen Güterverbrauch und Leistungserstellung ist in der Realität in vielen Fällen nicht gegeben. Neben den direkten, isomorph abbildbaren Zuordnungsbeziehungen, die zur Entstehung von Einzelkosten führen und den aus Sicht des Grundsatzes der Richtigkeit idealtypischen Fall darstellen, können in der Realität vielfältige indirekte Beziehungen auftreten, die nach dem Grund-

161 Vgl. *Kilger*, Einführung, S. 74; *Börner*, Einzelkosten, Sp. 440.

162 Vgl. *Börner*, Einzelkosten, Sp. 440. Das Prinzip der direkten Kostenzurechnung verfolgt *Riebel* mit seinem Konzept der Einzelkosten- und Deckungsbeitragsrechnung in besonders strenger Weise, indem er alle Kosten als Einzelkosten zu erfassen und zu verrechnen versucht. Dazu verwendet er ein hierarchisch gegliedertes System an Zurechnungsobjekten und rechnet die Kosten nur jenen Objekten zu, für die die Kosten gerade noch als Einzelkosten erfaßt werden können. Vgl. hierzu *Riebel*, P.: Das Rechnen mit Einzelkosten und Deckungsbeiträgen, in: ZfhF, Neue Folge, 11. Jg. 1959, S. 214 ff.

satz der Homomorphie abzubilden sind und zur Entstehung wesensmäßiger Gemeinkosten, unechter Gemeinkosten und unechter Einzelkosten führen.

(a) Wesensmäßige Gemeinkosten

Homomorphe Zuordnungsbeziehungen liegen grundsätzlich vor, wenn die Zurechnungsobjekte einen oder mehrere Produktionsfaktoren gemeinsam in Anspruch nehmen, was zur Folge hat, daß die Kosten des Verbrauchs nicht einem Zurechnungsobjekt allein eindeutig zugerechnet werden können, sondern nur den betroffenen Zurechnungsobjekten in ihrer Gemeinsamkeit. Durch die Gemeinsamkeit des Verbrauchs entstehen Gemeinkosten,[163] die als "echte" oder besser wesensmäßige Gemeinkosten bezeichnet werden, wenn eine direkte Ermittlung des Verbrauchs je Zurechnungsobjekt zwangsweise unmöglich ist.[164]

(b) Unechte Gemeinkosten

Weiterhin liegen eine Gemeinsamkeit des Verbrauchs und damit Gemeinkosten vor, wenn die Einzelerfassung des Verbrauchs und folglich die direkte Zurechnung zu den Leistungen grundsätzlich zwar möglich ist, auf die Einzelkostenverrechnung aber aus Wirtschaftlichkeitsgründen verzichtet wird.[165] Es wird bewußt von der möglichen isomorphen Abbildung der Betriebsgeschehnisse abgesehen und eine homomorphe Abbildung als für die Informationszwecke ausreichend erachtet. Die aus den genannten Gründen wie Gemeinkosten behandelten wesensmäßigen Einzelkosten werden daher auch als "unechte", wesensfremde Gemeinkosten bezeichnet.[166]

(c) Unechte Einzelkosten

Schließlich sind noch Zuordnungsbeziehungen zu nennen, bei denen Gemeinkosten als Einzelkosten angesehen und entsprechend behandelt

---

[163] Vgl. *Kosiol*, Kalkulation, S. 74.

[164] Vgl. *Börner*, D.: Gemeinkosten und ihre Verrechnung, in: Kosiol, E. (Hrsg.): HWR, Stuttgart 1970, Sp. 563.

[165] Vgl. *Mellerowicz*, K.: Kosten und Kostenrechnung, Bd. I: Theorie der Kosten, 5., durchgesehene und veränderte Auflage, Berlin/New York 1973, S. 40.

[166] Vgl. *Mellerowicz*, Kostenrechnung, Bd. I, S. 40; *Kilger*, Einführung, S. 75.

werden.[167] Beispielsweise schließen nach allgemeiner Anerkennung Einzelerfassung und direkte Zurechnung auch den Fall ein, daß die Kosten für eine Gruppe von Kalkulationsobjekten ermittelt und anschließend mittels Divisionsrechnung auf die Objekteinheiten verteilt werden.[168] Diese indirekten Zuordnungsbeziehungen treten insbesondere hinsichtlich der Abgrenzung der Zurechnungsobjekte Erzeugnisart und Erzeugniseinheit auf.[169] Eine Reihe von Kosten wird zwar der Erzeugnisart als Gesamtheit eindeutig zugerechnet und stellt insoweit Einzelkosten der Erzeugnisart dar, nicht aber der Erzeugniseinheit. Wie sich am Beispiel des Rohstoffverbrauchs zeigen läßt, können diese Kosten streng genommen nur dann direkt einer Erzeugniseinheit zugerechnet werden, wenn der Rohstoffverbrauch für jede Erzeugniseinheit einzeln erfaßt wird.

Eine Einzelerfassung führt bei Rohstoffen, deren Mengengerüst in Stückzahlen gemessen wird (z.B. Einbauteile), zu keinen Erfassungsproblemen, da die verbrauchte Stückzahl je Erzeugniseinheit einer Erzeugnisart eindeutig bestimmt und konstant ist.[170] Werden aber Rohstoffe verbraucht, die in Gewichts-, Längen-, Flächen- oder Volumeneinheiten gemessen werden, lassen sich die Verbräuche bei Einsatz entsprechender Meßvorrichtungen zwar ebenfalls je Erzeugniseinheit ermitteln, jedoch der Rohstoffverbrauch je Erzeugniseinheit kann - wenn auch nur minimal - innerhalb bestimmter Bandbreiten schwanken.[171] Werden die Kosten dieses Rohstoffverbrauchs als wesensmäßige Einzelkosten verrechnet, ergibt sich für jede individuelle Erzeugniseinheit ein spezieller Kalkulationswert. Ein derartiges Höchstmaß an Genauigkeit ist in den meisten Fällen unwirtschaftlich und vor allem unzweckmäßig, da sich die Kostenrechnungsadressaten nur für den statisti-

---

[167] Analog zum Begriff der unechten Gemeinkosten soll hierbei von unechten Einzelkosten gesprochen werden.

[168] Vgl. *Bergner*, H.: Sonderkosten, in: Kosiol, E. (Hrsg.): HWR, Stuttgart 1970, Sp. 1596.

[169] An dieser Stelle ist auf die Relativität der Begriffe Einzel- und Gemeinkosten hinzuweisen, da die Interpretation und die Höhe der Einzel- und Gemeinkosten vom zugrundegelegten Zurechnungsobjekt abhängen. Zur Verdeutlichung der Begriffsverwendung von Einzel- und Gemeinkosten ist es daher erforderlich, stets das gewählte Zurechnungsobjekt anzugeben. Vgl. hierzu *Kosiol*, Kalkulation, S. 74 f.; *Riebel*, Rechnen mit Einzelkosten, S. 215. Werden im weiteren Verlauf der Untersuchung die Begriffe Einzel- und Gemeinkosten ohne Angabe des Bezugsobjektes verwendet, wird stets die Mengeneinheit eines Kostenträgers als Zurechnungsobjekt unterstellt.

[170] In diesem Fall kann ausgehend von den hergestellten oder herzustellenden Mengen einer Erzeugnisart und unter Verwendung von Stücklisten eindeutig auf die Einzelkosten je Erzeugniseinheit geschlossen werden, ohne daß eine tatsächliche Einzelerfassung zu erfolgen hat.

[171] Beispielsweise können Dosiereinrichtungen (z.B. automatisch gesteuerte Ventile) eine Abgabemenge nicht zu 100 % genau, sondern nur innerhalb bestimmter Toleranzen einhalten.

schen Durchschnitt der Materialeinzelkosten von Erzeugniseinheiten einer Erzeugnisart interessieren. Es werden daher zunächst die Rohstoffkosten der Erzeugnisart erfaßt, wodurch die Individualität des Verbrauchs je Erzeugniseinheit verlorengeht,[172] um anschließend nach dem Durchschnittsprinzip gleichmäßig auf die hergestellten Erzeugniseinheiten verteilt zu werden. Die durch diese Divisionsrechnung wiederhergestellte Individualität des Rohstoffverbrauchs einer Erzeugniseinheit ist keine natürliche, sondern eine rein rechnerisch-statistische, künstliche Individualität. Bezogen auf die Erzeugniseinheit als Zurechnungsobjekt handelt es sich folglich um unechte Gemeinkosten, die aus den genannten Gründen als unechte Einzelkosten der Erzeugniseinheit aufzufassen und entsprechend zu behandeln sind.

Indirekte Zuordnungsbeziehungen, die zur Entstehung unechter Einzelkosten führen können, sind weiterhin gegeben, wenn die Kosten für eine Gruppe von Verbrauchsgütern erfaßt und ebenfalls durch Divisionsrechnung die Kosten je Verbrauchsgütereinheit bestimmt werden. Diese Zuordnungsprobleme entstehen, wenn die Verbrauchsgüter mit Preisbestandteilen zu bewerten sind, die nicht eindeutig einer Verbrauchsmengeneinheit zugerechnet werden können, sondern für eine Gruppe von Verbrauchsgütern gemeinsam anfallen. Als Beispiele sind hier Mengenrabatte oder Grundpreisbestandteile zu nennen.

Treten derartige Gemeinsamkeiten bei der Bewertung von Kostengütern auf, sind zwei Vorgehensweisen ihrer kostenrechnerischen Behandlung denkbar, wobei die Entscheidung für einen dieser Wege von den verfolgten Kostenrechnungszwecken abhängig ist: Wird die kostenrechnerische Abbildung der Preisverbundenheit als für die Zwecke der Kostenrechnung erforderlich angesehen, können Preisverbundenheiten[173] aus der Einzelbewertung der Kostengüter ausgeklammert und als Gemeinkosten verrechnet werden, wie z.B. der Grundpreis bei fremdbezogener Energie.[174] Ist die Abbildung von Preisverbundenheiten für die Informationsaufgabe der Kostenrechnung irrelevant, können gemeinsame Preisbestandteile gleichmäßig auf die betroffenen Kostengüter mittels Divisionsrechnung verteilt werden. Die Preisverbundenheit geht in diesem Fall durch die Verrechnungspreisbildung unter, und für die Bewertung der Verbrauchsgütermen-

---

[172] Einzelkosten der Erzeugniseinheit werden dabei zu unechten Gemeinkosten der Erzeugniseinheit, stellen aber weiterhin Einzelkosten der Erzeugnisart dar.

[173] *Krömmelbein* spricht hier von beschaffungswirtschaftlichen Verbundenheiten. Vgl. *Krömmelbein*, G.: Leistungsverbundenheit im Verkehrsbetrieb, Berlin 1967, S. 20.

[174] Vgl. *Kilger*, Flexible Plankostenrechnung, S. 212; *Arbeitskreis Diercks der Schmalenbach-Gesellschaft*: Der Verrechnungspreis in der Plankostenrechnung, in: ZfbF, 16. Jg. 1964, S. 633 f.

geneinheiten stehen Preise im Sinne der Einzelerfassung und -bewertung zur Verfügung. Die Beschaffungspreisunverbundenheit der Verbrauchsgüter ist demnach keine Voraussetzung für das Vorliegen der Einzelerfassung im Sinne der Einzelkosten, da die Bewertung in der Kostenrechnung grundsätzlich nicht zu historischen Anschaffungswerten, sondern zu zweckorientierten Verrechnungspreisen erfolgt. Die Festsetzung der Verrechnungspreise kann sich, falls dies der Zweck erfordert, zwar an den Marktpreisen orientieren, jedoch dürfen auch in diesem Falle Verrechnungspreis und Marktpreis ihrem Wesen nach nicht gleichgesetzt werden, da sie verschiedene Aufgaben zu erfüllen haben.[175]

Die Verwendung unternehmenspolitisch geprägter Verrechnungspreise ist damit ein weiteres Beispiel dafür, daß sich die Kostenrechnung im Rahmen ihrer Abbildungsaufgabe nicht im Sinne einer strengen Abbildungsisomorphie, sondern hinsichtlich einer zweckorientierten Homomorphie mit der Realität auseinanderzusetzen hat. Durch die Bewertung der Verbrauchsgüter mit Verrechnungspreisen ist folglich davon auszugehen, daß die Werte je Verbrauchsmengeneinheit eindeutig gegeben sind und daß die Behandlung eventueller Preisgemeinsamkeiten der Kostengüter als Einzelkosten zu rechtfertigen ist, sofern dies dem jeweils zugrundeliegenden Zweck gerecht wird.

Unechte Einzelkosten als Ausdruck indirekter Zuordnungsbeziehungen können ferner vorliegen, wenn beim Produktionsfaktorverbrauch Lerneffekte auftreten, die sich darin äußern, "daß nach der Einführung eines neuen Produktes oder eines neuen Produktionsverfahrens die Fertigungszeit und der Materialverbrauch je Fertigungseinheit ... mit wachsender Fertigungsmenge abnehmen."[176] Aus diesem Ergebnis des Erfahrungskurvenkonzeptes[177] ergibt sich die Erkenntnis, daß zugleich mit jeder produzierten Mengeneinheit eine immaterielle innerbetriebliche Leistung in Form von Übungs- und Erfahrungsgewinnen erstellt wird, die in zukünftigen Produktionsprozessen eingesetzt werden kann.[178]

---

[175] Zum Begriff und Wesen des Verrechnungspreises, insbesondere zu seiner Zweckorientiertheit und Abgrenzung zu Marktpreisen vgl. *Beste*, Verrechnungspreise, S. 1 ff.; *Arbeitskreis Diercks der Schmalenbach-Gesellschaft*, S. 615; *Kilger*, Flexible Plankostenrechnung, S. 203.

[176] *Coenenberg*, A.G.: Die Bedeutung fertigungswirtschaftlicher Lernvorgänge für Kostentheorie, Kostenrechnung und Bilanz, in: krp, o. Jg. 1970, S. 111.

[177] Zum Erfahrungskurvenkonzept und seiner Bedeutung für die Kostentheorie, die Kostenrechnungstheorie sowie die praktische Kostenrechnung vgl. *Schneider*, D.: "Lernkurven" und ihre Bedeutung für Produktionsplanung und Kostentheorie, in: ZfbF, 17. Jg. 1965, S. 501 ff.; *Ihde*, G.-B.: Lernprozesse in der betriebswirtschaftlichen Produktionstheorie, in: ZfB, 40. Jg. 1970, S. 451 ff.

[178] Vgl. *Maltry*, Prospektivkostenrechnung, S. 96.

Treten bei einem Produktionsprozeß Lerneffekte auf, entsteht ein Produktbündel, das sich aus mindestens zwei Leistungsarten, der hergestellten Erzeugniseinheit und dem Übungs- und Erfahrungsgewinn der betrieblichen Mitarbeiter,[179] zusammensetzt. Zwischen diesen Leistungsarten bestehen folglich Gemeinsamkeitsbeziehungen hinsichtlich aller im Rahmen des Leistungserstellungsprozesses eingesetzten Produktionsfaktoren. Zeigen sich die Wirkungen von Lerneffekten etwa in einem sinkenden Rohstoffverbrauch je Erzeugniseinheit im Zeitablauf, ist die Behandlung dieses Faktorverzehrs als erzeugniseinheitsbezogene Einzelkosten nach dem Grundsatz der Richtigkeit nicht haltbar. Vielmehr handelt es sich hierbei um Gemeinkosten, die aus Zweckmäßigkeits- und Wirtschaftlichkeitsgründen, z.B. zur Ermittlung kurzfristiger Preisuntergrenzen[180] bzw. zur Vermeidung aufwendiger Untersuchungsmethoden,[181] als Einzelkosten behandelt werden und damit als unechte Einzelkosten zu bezeichnen sind.

Zusammenfassend ist festzuhalten, daß die vielfältigen Beziehungen zwischen den Elementen des betrieblichen Urbildes in der Kostenrechnung eine isomorphe oder homomorphe Abbildung zu erfahren haben, um die der Kostenrechnung zugewiesenen Informationszwecke gewährleisten zu können. Die direkten und indirekten originalen Zuordnungsbeziehungen zwischen Kosten und Leistungen erfahren eine rechentechnische Umsetzung durch ihre Behandlung als Einzel- oder Gemeinkosten, wobei die direkten und indirekten Beziehungen entweder als wesensmäßige Einzel- bzw. Gemeinkosten oder - aus Zweckmäßigkeits- und Wirtschaftlichkeitsgründen - als unechte Gemeinkosten bzw. unechte Einzelkosten behandelt werden. Die Art der im Original auftretenden Zuordnungsbeziehungen wirkt sich damit betriebsindividualisierend auf das Verhältnis von Einzel- zu Gemeinkosten aus. Zudem wird das Wesen der kostenrechnerischen Abbildungsmittel und -vorgänge vor allem durch die Entstehungsart homomorpher Abbildungsbeziehungen, insbesondere durch die unterschiedlichen Ursachen der Gemeinkostenentstehung, beeinflußt. Werden hierbei nicht nur Erzeugniseinheiten und Erzeugnisarten als mögliche Zurechnungsobjekte angesehen, sondern z.B. auch Kostenstellen, Perioden und Aufträge, so wird deutlich, daß betriebsindividuelle Besonderheiten hinsichtlich der Art von Zuordnungsbeziehungen zu entsprechenden Besonderheiten bei der Kostenrechnungsgestaltung führen, beispielsweise bei der Kostenstellen-

---

[179] Der Lerneffekt der Arbeitskräfte kann dabei als Qualitätssteigerung des Faktors Arbeit interpretiert werden. Vgl. *Coenenberg*, Lernvorgänge, S. 113.

[180] Vgl. *Schehl*, S. 300.

[181] Vgl. *Müller*, H.: Entwicklungstendenzen in der Grenzplankostenrechnung und in der Deckungsbeitragsrechnung, in: Seicht, G./Müller, H./Kagermann, H. (Hrsg.): Die Zukunft des Rechnungswesens, Wien 1990, S. 87.

bildung und der Kostenzurechnung auf Kostenstellen, der Wahl von Planungs- und Abrechnungsperioden sowie der Wahl von Verfahren und Bezugsgrößen zur Kalkulation von Erzeugnissen und Aufträgen.

bb) Ausmaß der Zuordnungsbeziehungen

Die betrieblichen Leistungserstellungs- und Leistungsverwertungsprozesse als das Urbild der Kostenrechnung sind außer durch die Art der Beziehungen zwischen Faktoreinsatz und Zurechnungsobjekt auch durch das Ausmaß dieser Beziehungen, d.h. durch die Höhe der direkt oder indirekt zurechenbaren Kosten, gekennzeichnet. Das Ausmaß der Kostenbeziehungen, die Kostenhöhe, wird durch eine Vielzahl von Faktoren beeinflußt, die laufenden Veränderungen unterliegen können und als Kostenbestimmungsfaktoren oder Kosteneinflußgrößen bezeichnet werden. Der Kostenrechnung kommt als wertmäßigem Modell der betrieblichen Leistungserstellungs- und Leistungsverwertungsprozesse nicht nur die Beschreibung originalseitiger Beziehungsstrukturen, sondern auch die Erklärung und Prognose von Kostenbeziehungen und deren Veränderungen zu, um Hinweise für eine zielorientierte Gestaltung des Urbildes liefern zu können. Hierzu sind die Wirkungen der Kostenbestimmungsfaktoren aufzuzeigen, wodurch eine modellseitige Abbildung der auf die Kostenhöhe wirkenden Faktoren, etwa durch die Ermittlung und Anwendung von Kostenfunktionen, erforderlich wird.

Die Kostenbestimmungsfaktoren treten hinsichtlich ihrer Art und Wirkung betriebsindividuell verschieden in Erscheinung. Beispielsweise können sich zwischenbetriebliche Unterschiede in der Bedeutung, der situativen Ausprägung, der Art ihrer Veränderung und dem Grad der betrieblichen Beeinflußbarkeit einzelner Kostenbestimmungsfaktoren ergeben. Eine isomorphe oder homomorphe Abbildung von Kostenbestimmungsfaktoren in der Kostenrechnung kann damit eine individualisierende Wirkung auf das Wesen der einzelbetrieblichen Kostenrechnung haben. Umgekehrt können zwischenbetriebliche Merkmalsunterschiede einer zweckmäßig gestalteten Kostenrechnung auf die betriebsspezifischen Eigenschaften und Wirkungen der Kostenbestimmungsfaktoren zurückgeführt werden. Die betriebsspezifischen Eigenschaften der Kostenbestimmungsfaktoren und die Besonderheiten ihrer Wirkung auf das Ausmaß der Kostenzuordnungsbeziehungen sind damit neben der Art der Zuordnungsbeziehungen ein zweiter modelltheoretisch ableitbarer Anhaltspunkt, um relevante Einflußfaktoren der Kostenrechnungsgestaltung erkennen und erklären zu können.

cc) Zusammenfassende Würdigung der Zuordnungsbeziehungen als Bezugsrahmen für die Ableitung urbildbedingter Gestaltungseinflüsse

Es ist festzuhalten, daß sich das Urbild des Modells Kostenrechnung, die betrieblichen Leistungserstellungs- und Leistungsverwertungsprozesse, durch vielfältige Erscheinungen und Beziehungen seiner Abbildungselemente auszeichnet und daß diese Beziehungen vornehmlich durch die Art der Zuordnung von Kosten auf Leistungen sowie durch den Einfluß von Kostenbestimmungsfaktoren auf die Höhe zuordenbarer Kosten betriebsindividuell geprägt werden.

Hinsichtlich der Art von Zuordnungsbeziehungen ergeben sich betriebsindividuelle Besonderheiten neben dem Verhältnis von Einzel- zu Gemeinkosten vorwiegend aus den verschiedenen Ursachen der Gemeinsamkeit des Produktionsfaktorverbrauchs mehrerer Zurechnungsobjekte. Die Abbildung dieser Gemeinsamkeit, die sich in einer Kostengemeinsamkeit (Kostenverbundenheit) der Zurechnungsobjekte widerspiegelt,[182] stellt den Schwerpunkt der kostenrechnerischen Bemühungen dar. Dies zeigt sich z.B. darin, daß die im Laufe der Zeit entwickelten Kostenrechnungsmodelle, -verfahren und -methoden als Versuche zu bezeichnen sind, die Abbildung von Kostengemeinsamkeitsbeziehungen zu ermöglichen oder zu verbessern.

Wie die Überlegungen zu den Zurechnungsobjekten Erzeugnisart und Erzeugniseinheit zeigen, treten praktisch in jedem Betrieb Gemeinsamkeiten zwischen Zurechnungsobjekten auf, die zu entsprechenden Kostengemeinsamkeiten führen. Dies gilt um so mehr, wenn neben den Erzeugnissen andere Zurechnungsobjekte wie Organisationsbereiche oder Abrechnungsperioden in die Betrachtung einbezogen werden. Nur wenn in einem Betrieb von jeder Zurechnungsobjektart lediglich eine Ausprägung vorzufinden ist, wie z.B. ein organisatorisch ungegliederter Einproduktbetrieb, der während seiner gesamten Existenz lediglich eine Einheit dieses Erzeugnisses erstellt, treten keine Gemeinsamkeiten zwischen Zurechnungsobjekten und damit keine Gemeinkosten irgendeiner Art auf. Abgesehen von diesem in der Praxis eher seltenen Fall, können die Existenz und das Problem gemeinsamer Kosten nicht als betriebsspezifische Besonderheit gelten. Betriebsspezifische Unterschiede in der Gemeinsamkeit von Kosten können indessen hinsichtlich der Art, des Umfangs und der Intensität dieser

[182] *Krömmelbein* spricht hier von Leistungsverbundenheit, worunter er die Verbundenheit mehrerer Leistungen über gemeinsame Kosten versteht. Vgl. *Krömmelbein*, Leistungsverbundenheit, S. 21. Er orientiert sich demnach bei der näheren Bezeichnung der Verbundenheit auf die verbundenen Objekte (Leistungen) und nicht, wie in der Literatur üblich, auf die Art der Verbundenheit. Vgl. etwa *Mellerowicz*, Kostenrechnung, Bd. I, S. 140 ff.; *Sertl/Kotek*, Sp. 947.

Gemeinsamkeit auftreten, was sich wiederum auf die Art ihrer kostenrechnerischen Behandlung auswirkt und sich z.B. in den verschiedenen Methoden und Verfahren der Zurechnung gemeinsamer Kosten auf die Zurechnungsobjekte äußert. Urbildbedingte Einflußfaktoren der Kostenrechnungsgestaltung sind damit in erster Linie im Zusammenhang mit der Gemeinsamkeit des Produktionsfaktorverzehrs und der Entstehung von Kostenverbundenheiten zu finden. Der Aufdeckung von Gemeinsamkeitsbeziehungen beim Faktorverzehr ist damit eine große Bedeutung für die Entdeckung urbildbezogener Einflußfaktoren der Kostenrechnungsgestaltung zuzusprechen.

Weiterhin konnte gezeigt werden, daß neben der Art der Zuordnungsbeziehungen die Kostenhöhe, die sich als Ausmaß einer Zuordnungsbeziehung interpretieren läßt, einen zweckmäßigen Bezugsrahmen zur Ableitung und Erklärung relevanter Einflußfaktoren der Kostenrechnungsgestaltung darstellt, indem die auf die Kostenhöhe wirkenden Faktoren auf betriebsspezifische Besonderheiten untersucht werden.

Mit der Art und dem Ausmaß der Zuordnungsbeziehungen sind damit zwei Anhaltspunkte gegeben, um im folgenden urbildbedingte Einflußfaktoren ableiten zu können. Die sich aus der Art der Zuordnungsbeziehungen ergebenden Einflußfaktoren werden dabei als statisch-strukturelle Faktoren bezeichnet, da sie längerfristig gegebene und kaum Veränderungen unterliegende Beziehungsstrukturen des Urbildes umschreiben. Die im Zusammenhang mit dem situativen Auftreten und der betriebsindividuellen Wirkung von Kostenbestimmungsfaktoren auf die Kostenhöhe ableitbaren urbildbedingten Einflußfaktoren werden demgegenüber als dynamisch-funktionelle Faktoren aufgefaßt, da sie im Zeitablauf ständigen Veränderungen unterliegen können und betriebsspezifische Besonderheiten der funktionalen Abhängigkeit zwischen Kostenhöhe und Kostenbestimmungsfaktoren betreffen.

b) Statisch-strukturelle Einflußfaktoren des Urbildes - dargestellt am Beispiel des Fertigungsbereichs

Kostenrechnerisch bedeutsame Beziehungsstrukturen des Urbildes, insbesondere Kostenverbundenheiten von Zurechnungsobjekten, können sich in allen betrieblichen Funktionsbereichen ergeben, also sowohl im Beschaffungs-, Fertigungs- und Absatzbereich als auch in der Lagerhaltung, beim Transport, in der Verwaltung oder in der Forschung und Entwicklung. Die nachfolgenden Ausführungen beziehen sich auf den Fertigungsbereich, da sich in diesem Bereich betriebsspezifische Unterschiede in den Beziehungsverhältnissen der Zurechnungsobjekte besonders deutlich auf Kostenverbundenheiten auswirken und dem Fertigungsbereich für die Abbildungsaufgabe der Kostenrechnung eine große Bedeutung zukommt. Die urbildbedingten Merkmale des Fertigungsbereichs werden dabei in zwei Gruppen unterschieden: fertigungsorganisatorische und fertigungstechnische Gegebenheiten.

aa) Fertigungsorganisatorische Merkmale

Die Beziehungsstrukturen des Urbildes werden zu einem großen Teil durch die organisatorische Gestaltung der Leistungserstellungs- und Leistungsverwertungsvorgänge geprägt. Dabei wirken sich insbesondere die Art der zeitlichen und örtlichen Zuordnung der Fertigungsaufträge zu den Betriebsmitteln, die Art der Leistungswiederholung sowie der Weg, auf dem die Erzeugnisse den Betrieb im Rahmen ihrer Erstellung durchlaufen, auf das Wesen realer Zuordnungsbeziehungen und somit auf die Abbildungsstrukturen und -vorgänge der Kostenrechnung aus.

(1) Die Art der zeitlichen und örtlichen Zuordnung der Aufträge zu den Fertigungsanlagen

Eine für die Gestaltung der Kostenrechnung als bedeutend anzusehende Gemeinsamkeitsbeziehung zwischen Zurechnungsobjekten ergibt sich im Fertigungsbereich dadurch, daß die in einer Periode herzustellenden Erzeugnisarten organisatorisch in Fertigungsaufträgen zusammenzufassen oder zu gliedern sind und im Rahmen dieser Aufträge auf die zur Verfügung stehenden Fertigungsanlagen zugeordnet werden müssen. Unter einem Fertigungsauftrag soll in diesem Zusammenhang jener innerbetriebliche Auftrag verstanden werden, der durch die endgültige Angabe des Fertigungsloses als der "Zahl der Erzeugniseinheiten ..., die hintereinander ohne Umschaltung oder Unterbrechung des Fertigungsprozesses hergestellt werden sollen,"[183] mengenmäßig eindeutig bestimmt ist.[184] Im Rahmen der Pro-

[183] *Gutenberg*, Produktion, S. 201.

[184] Die Fertigungsaufträge können dabei verschiedene Präzisierungsgrade hinsichtlich Losgrößenbildung, Terminierung und Zuordnung zu Betriebsmitteln annehmen und werden dann in der Literatur häufig auch spezifizierter als Bearbeitungs- oder Werkstattaufträge bezeichnet. Vgl. etwa *Mellerowicz*, K.: Betriebswirtschaftslehre der Industrie, Bd. II: Die Funktionen des Industriebetriebes, 7., neubearbeitete Auflage, Freiburg i.Br. 1981, S. 452; *REFA - Verband für Arbeitsstudien und Betriebsorganisation e.V.*: Methodenlehre der Planung und Steue-

duktionsplanung ist somit festzulegen, zu welchen Zeitpunkten und für welche Zeiträume die Betriebsmittel einem bestimmten Auftrag zuzuweisen sind, wobei die Zuordnung stets hinsichtlich zweier Dimensionen zu erfolgen hat, einer zeitlichen und einer örtlichen. Diese können wiederum in jeweils zwei Ausprägungen vorliegen: In zeitlicher Hinsicht werden die Aufträge entweder gleichzeitig gefertigt, oder die Produktion erfolgt zeitlich nacheinander. Bei der örtlichen Zuordnung können die Aufträge entweder unter Verwendung verschiedener oder unter Benutzung derselben Fertigungsanlagen hergestellt werden.[185] Durch die Kombination der beiden Zuordnungsdimensionen ergeben sich, wie Abbildung 14 zeigt, vier theoretische Merkmalsausprägungen der Zuordnung, von denen sich zwei als für betriebswirtschaftliche Untersuchungen weitgehend irrelevant oder wenig sinnvoll erweisen.

Werden die Aufträge zu unterschiedlichen Anlagen zugeordnet, können die betrachteten Aufträge gleichzeitig (*Parallelfertigung*) oder zeitlich nacheinander angeordnet werden. Dieser zweite Fall führt jedoch zu keinen betriebswirtschaftlich bedeutsamen Unterschieden im Vergleich zur Parallelfertigung,[186] so daß auf seine weitere Berücksichtigung verzichtet werden kann. Für die Gestaltung der Kostenrechnung ist bei der Parallelfertigung von Bedeutung, daß hier keine auftragsbezogenen Gemeinsamkeitsbeziehungen hinsichtlich der Inanspruchnahme von Fertigungsanlagen bestehen, so daß auch keine diesbezüglichen Kostenverbundenheiten zwischen zwei parallel geschalteten Aufträgen denkbar sind. Lediglich dann, wenn der

---

rung, Teil 3, Steuerung, 2. Auflage, München 1975, S. 32 ff.; *Kern*, Produktionswirtschaft, S. 300 f. Ein Fertigungsauftrag muß sich dabei nicht stets auf Enderzeugniseinheiten beziehen, sondern kann auch hinsichtlich Zwischenerzeugniseinheiten, für die jeweils eine eigenständige Zuordnung zu Fertigungsanlagen zu erfolgen hat, angewandt werden. Vgl. hierzu *REFA - Verband für Arbeitsstudien und Betriebsorganisation e.V.*, Steuerung, S. 32 ff.

[185] Die Darstellung der Problematik einer Zuordnung verschiedenartiger Erzeugnisse auf die Fertigungskapazitäten erfolgt in Anlehnung an *Große-Oetringhaus* und *Zimmermann*, die allerdings nicht die Zuordnungsverhältnisse verschiedener Fertigungsaufträge, sondern diejenigen der Erzeugungsprozesse untersuchen. Vgl. hierzu *Große-Oetringhaus*, S. 304 ff. sowie *Zimmermann*, W.: Modellanalytische Verfahren zur Bestimmung optimaler Fertigungsprogramme, Anwendungsmöglichkeiten und -grenzen der Operations-Research Verfahren im Bereich der Programmplanung, Berlin 1966, S. 50 ff. Auf der Grundlage der gewählten Definition des Fertigungsauftrags ist jedem Fertigungsauftrag genau ein abgeschlossener Fertigungsprozeß zuzuordnen, so daß es sich letztlich um die gleiche Betrachtungsweise handelt.

[186] Werden zwei Aufträge auf verschiedenen Anlagen gefertigt, besteht keine Veranlassung zur Einhaltung einer strengen Reihenfolge, da der eine Auftrag nicht auf das Fertigungsende des anderen warten muß. Als untersuchungsrelevant ist bei Fertigung auf getrennten, örtlich "parallel" geschalteten Anlagen grundsätzlich nur die zeitlich parallele Zuordnung und damit die Parallelfertigung anzusehen. Vgl. hierzu *Große-Oetringhaus*, S. 309.

zeitliche Zuordnung / örtliche Zuordnung	zeitlich nacheinander (sukzessive)	gleichzeitig (simultan)
verschiedene Anlagen	atypisch aufgrund fehlender Untersuchungsrelevanz	Parallelfertigung
dieselben Anlagen	Wechselfertigung	atypisch aufgrund definitorischen Ausschlusses

Abbildung 14: Zeitliche und örtliche Zuordnung der Aufträge zu den Fertigungsanlagen

betrachtete Betrieb vollständig auf eine Dokumentation der geplanten oder tatsächlichen Belegung der Betriebsmittel durch einzelne Aufträge verzichtet, was allerdings in der Praxis eher selten der Fall sein dürfte, können unechte betriebsmittelbezogene Gemeinkosten zwischen parallel gefertigten Aufträgen entstehen. Parallelfertigung stellt damit hinsichtlich der Abbildung von Gemeinsamkeitsbeziehungen von Fertigungsaufträgen grundsätzlich keine besonderen Anforderungen an die Gestaltung der Kostenrechnung.[187]

Die zeitliche Zuordnung der Aufträge zu den Fertigungsanlagen wird erst dann zu einem kostenrechnerisch relevanten Gestaltungsmerkmal, wenn dieselben Betriebsmittel von mehreren Aufträgen in Anspruch genommen werden, also Gemeinsamkeitsbeziehungen zwischen den Aufträgen und damit auftragsbezogene Gemeinkosten hinsichtlich der Betriebsmittelkosten vorliegen. Denn in diesem Fall bestimmt die Art der zeitlichen Zuordnung graduelle Unterschiede in den Gemeinsamkeitsbeziehungen,[188] die sich wiederum auf die Möglichkeiten und Verfahren der rechentechnischen Behandlung dieser Gemeinsamkeitsbeziehungen im Rahmen der Gemeinkostenverrechnung auswirken können. Werden die Aufträge auf denselben

---

[187] Dies bedeutet allerdings nicht, daß bei Parallelfertigung keine betriebsmittelbezogenen Auftragsgemeinkosten auftreten können, denn zwei parallel gefertigte Aufträge können jeweils durch dritte Aufträge im Sinne der nachfolgend zu behandelnden Wechselfertigung abgelöst werden, so daß hinsichtlich dieser dritten Aufträge sehr wohl Fertigungsgemeinsamkeiten und damit auch Gemeinkosten entstehen können.

[188] Vgl. *Mellerowicz*, Kostenrechnung, Bd. I, S. 140 f.

Anlagen zeitlich nacheinander hergestellt, dann liegt *Wechselfertigung* vor, für die sich zwei wesentliche kostenrechnerisch relevante Besonderheiten feststellen lassen:

Erstens läßt sich die durch die gemeinsame Nutzung von Betriebsmitteln entstehende Kostenverbundenheit allein auf die Unteilbarkeit des gemeinsam genutzten Produktionsfaktors und damit auf das Problem zurückführen, daß eine genaue Erfassung des Verbrauchs an Nutzungspotentialen je Auftrag nicht möglich ist. Durch die zeitliche Trennung der Zuordnung zu den gemeinsam genutzten Anlagen läßt sich allerdings bei der Wechselfertigung zumindest ebendiese Zuordnungsgröße als Hilfsmaßstab für die Verrechnung der Auftragsgemeinkosten einsetzen.[189]

Zweitens treten bei Wechselfertigung Gemeinkosten besonderer Art auf, die durch den Auftragswechsel und die dabei erforderlichen Umrüstvorgänge verursacht und daher auch Rüstkosten genannt werden.[190] Rüstkosten zeichnen sich besonders dadurch aus, daß nicht nur das mit ihnen verbundene Zurechnungsproblem, sondern auch ihre Existenz auf die gemeinsame Nutzung von Fertigungsanlagen zurückzuführen ist. Denn wenn nur einer von mehreren Aufträgen produziert wird, kann auf die Durchführung von Rüstprozessen verzichtet und der Anfall von Rüstkosten vermieden werden. Während also im ersten Fall die (Auftragsgemein-)Kosten auch dann nicht wegfallen, wenn nur einer von mehreren Aufträgen gefertigt wird, handelt es sich im zweiten Fall um (Auftragsgemein-)Kosten, die bei Fertigung nur eines Auftrages erst gar nicht entstehen.[191]

Weiterhin ist es nach rein kombinativer Vorgehensweise bei der Typenbildung denkbar, daß mehrere Fertigungsaufträge gleichzeitig auf denselben Anlagen hergestellt werden. Diese Kombinationsausprägung der beiden Zuordnungsdimensionen Raum und Zeit ist indessen für die vorliegende Betrachtung irrelevant, da nach der vorgenommenen Definition des Fertigungsauftrags die in diesem Fall getrennt betrachteten Teilaufträge zu *einem* Auftrag verschmelzen. An dieser Stelle wird deutlich, weshalb bei der

---

[189] Dabei sind gleichzeitig auch noch andere, die Inanspruchnahme von Nutzungspotentialen bestimmende Größen wie die Intensität zu berücksichtigen.

[190] Zu den verschiedenen Rüstoperationen und den daraus resultierenden Rüstkosten, die in der Literatur oftmals ungenau auch als Erzeugniswechselkosten - genauer wäre der Terminus "Fertigungsauftragswechselkosten" - bezeichnet werden, vgl. *Bergner*, H.: Vorbereitung der Produktion, physische, in: Kern, W. (Hrsg.): HWProd, Stuttgart 1979, Sp. 2174 ff.

[191] *Krömmelbein* spricht in diesem Zusammenhang im ersten Fall von alternativbedingten und im zweiten Fall von kumulativbedingten Gemeinkosten. Vgl. *Krömmelbein*, G.: Gemeinkosten und Gemeinerlös als Begriffe im entscheidungsorientierten Rechnungswesen, in: DB, 28. Jg. 1975, S. 461 f.

Bildung von Prozeßzuordnungstypen nicht auf die Erzeugnisarten,[192] sondern auf die Fertigungsaufträge abzustellen ist. Würden die Erzeugnisarten als Kriterium herangezogen, wäre eine gleichzeitige Produktion verschiedener Erzeugnisarten auf denselben Anlagen durchaus ein sinnvolles und in der Praxis recht häufig anzutreffendes Phänomen, welches der Wechselfertigung konträr gegenüberzustellen wäre. Die Kuppelfertigung, auf die an anderer Stelle noch ausführlicher einzugehen sein wird und hier als Beispiel für die gleichzeitige Produktion verschiedener Erzeugnisse auf denselben Fertigungsanlagen angeführt werden soll, würde damit neben der Wechselfertigung stehen, d.h., beide Typen könnten nicht gleichzeitig auftreten. Die wesentliche Eigenschaft der Merkmalsausprägung "Wechselfertigung", die Notwendigkeit der Durchführung von Rüstoperationen anzuzeigen, wäre damit unnötig auf die Betrachtung nur des Wechsels einer Erzeugnisart als Rüstkosten verursachendes Moment beschränkt, obwohl doch beispielsweise auch bei Kuppelfertigung nach Fertigungsende eines Erzeugnisbündels Rüstoperationen zur späteren Neubelegung der Anlagen durch ein nachfolgendes Erzeugnis oder Erzeugnisbündel anfallen.

(2) Die Art der Leistungswiederholung

Eine typologische Ordnung realer betrieblicher Erscheinungsformen, der zur Kennzeichnung von betriebsindividuellen Gestaltungsmerkmalen der Kostenrechnung eine große Bedeutung beizumessen ist,[193] ergibt sich, wenn hinsichtlich der Art der Leistungswiederholung,[194] d.h. nach der Menge gleicher Erzeugnisse, die in einem Betrieb innerhalb eines Zeitraumes ohne Unterbrechung hergestellt werden,[195] unterschieden wird. Danach kann

---

[192] Diesen Weg gehen beispielsweise *Ohse*, H.: Wirtschaftliche Probleme industrieller Sortenfertigung, Bd. I, Köln/Opladen 1963, S. 39; *Hahn*, D./*Laßmann*, G.: Produktionswirtschaft - Controlling industrieller Produktion, Bd. 1, Grundlagen, Führung und Organisation, Produkte und Produktprogramm, Material und Dienstleistungen, 2., vollständig überarbeitete Auflage, Heidelberg 1990, S. 45; *Hahn*, Fertigungswirtschaft, S. 277.

[193] Die relativ große Bedeutung dieser Typenreihe für die Betriebswirtschaftslehre zeigt sich auch daran, daß sie in der Literatur häufig auch als "die Betriebstypen" oder "die Produktionstypen" bezeichnet wird, obwohl sich noch eine Vielzahl anderer Betriebs- und Produktionstypen bilden läßt. Vgl. z.B. *Heber/Nowak*, S. 154 ff.; *Mellerowicz*, Betriebswirtschaftslehre, Bd. II, S. 326; *Reisch*, K.: Industriebetriebslehre, Wiesbaden 1979, S. 99.

[194] Vgl. *Mellerowicz*, Betriebswirtschaftslehre, Bd. II, S. 326.

[195] Vgl. *Beste*, Th.: Fertigungswirtschaft und Beschaffungswesen, in: Hax, K./Wessels, Th. (Hrsg.): Handbuch der Wirtschaftswissenschaften, Bd. 1, Betriebswirtschaft, 2., überarbeitete und erweiterte Auflage, Köln/Opladen 1966, S. 144. Der hier betrachteten Typenreihe liegen mehrere Merkmale zugrunde: das Merkmal des Verwandtschafts- oder Verschiedenheitsgra-

zunächst in die Einzelfertigung und in die Mehrfachfertigung differenziert werden.[196]

Bei der *Einzelfertigung* wird im Prinzip von einem Erzeugnis innerhalb der betrachteten Periode jeweils nur eine Einheit, z.B. ein Stück, hergestellt. Eine Wiederholung der gleichen Leistungserstellung ist aufgrund fehlender Lagerfähigkeit oder wegen der Individualität des Erzeugnisses grundsätzlich unmöglich oder zumindest nicht beabsichtigt, kann aber dennoch auftreten.[197] Entscheidend dabei ist, daß bei der Herstellung des Erzeugnisses eine Wiederholung ungewiß ist.[198] Einzelfertigung, die nach der Länge der Produktionszeit der Erzeugniseinheit weiter unterschieden wird in die kurzfristige und die langfristige Einzelfertigung, tritt insbesondere im Handwerk sowie im industriellen Bereich bei sogenannten Baubetrieben, z.B. im Anlagen-, Schiffs-, Wohnungs-, Industrie- und Brückenbau, auf.[199] Darüber hinaus ist Einzelfertigung praktisch in jedem industriellen Betrieb anzutreffen, denn "auch in industriellen Betrieben, die keine Einzelfertigung für das Enderzeugnis haben, finden sich regelmäßig Abteilungen mit Einzelfertigung: die Reparaturwerkstatt, der Modellbau, die Werkzeugmacherei, die Versuchsanstalt."[200] Weiterhin zeichnet sich die Einzelfertigung dadurch aus, daß die Produktion in der Regel auf Bestellung erfolgt, daß große Anforderungen an die Produktionsplanung und -steuerung gestellt werden[201] und daß der Einsatz universell verwendbarer Maschinen und Arbeitskräfte erforderlich ist.[202]

---

des der Erzeugnisse, die Häufigkeit des Erzeugniswechsels und die Auflagenhöhe. Vgl. *Heber/Nowak*, S. 151; *Kosiol*, Betriebswirtschaftslehre, S. 43.

[196] Vgl. *Beste*, Fertigungswirtschaft, S. 144 ff.

[197] Vgl. *Beste*, Fertigungswirtschaft, S. 144 f.; *Mellerowicz*, Betriebswirtschaftslehre, Bd. II, S. 330.

[198] Die Möglichkeit einer Leistungswiederholung greift *Ellinger* auf, indem er die Einzelfertigung weiter unterscheidet einerseits in die einmalige Fertigung, bei der keine Wiederholung stattfindet, und andererseits in die erstmalige und die wiederholte Einzelfertigung, wobei zum Zeitpunkt der erstmaligen Einzelfertigung noch nicht feststeht, ob es zu einer Wiederholung kommen wird, d.h., ob es sich tatsächlich um eine erstmalige oder um eine einmalige Einzelfertigung handelt. Vgl. *Ellinger*, Th.: Ablaufplanung, Grundfragen der Planung des zeitlichen Ablaufs der Fertigung im Rahmen der industriellen Produktionsplanung, Stuttgart 1959, S. 71 ff.

[199] Vgl. *Beste*, Th.: Fertigungsverfahren, in: Seischab, H./Schwantag, K. (Hrsg.): HWB, 3., völlig neu bearbeitete Auflage, Bd. I, Stuttgart 1956, Sp. 1766.

[200] *Beste*, Fertigungsverfahren, Sp. 1766.

[201] Die Schwierigkeiten, die sich für die Produktionsplanung und -steuerung ergeben, können dadurch gemildert werden, daß die verschiedenartigen Erzeugnisse nach dem Baukastenprinzip aufgebaut werden, so daß für die einzelnen Teile der Erzeugnisse eine häufige Fertigungswiederholung möglich wird. Vgl. hierzu *Schäfer*, Industriebetrieb, S. 74; *Beste*, Fertigungsverfahren, Sp. 1767. Zu einer Rationalisierung der Einzelfertigung trägt auch die Nor-

Besonderheiten der Kostenrechnungsgestaltung ergeben sich bei Einzelfertigung beispielsweise hinsichtlich der Kostenträgerbildung. Durch die Individualität der erstellten Erzeugnisse, die sich in der Regel in einer Individualität der Kostenverursachung widerspiegelt, ist jede einzelne Erzeugniseinheit als selbständiger Kostenträger zu führen. Die Erzeugniseinheit ist dabei meist identisch mit dem Kundenauftrag. Der Ermittlung selbstkostenorientierter Angebotspreise, der Erstellung einer Auftragsvorkalkulation sowie der Auftragsabrechnung und -nachkalkulation kommen bei Einzelfertigung daher eine große Bedeutung zu. Die Orientierung am Kundenauftrag kann insbesondere bei langfristiger Einzelfertigung dazu führen, daß eine feste Abrechnungsperiodeneinteilung zugunsten einer projektorientierten Betrachtungsweise in den Hintergrund des Informationsbedarfs betriebsinterner Kostenrechnungsadressaten tritt.[203]

Mehrfachfertigung liegt vor, wenn "das gleiche Erzeugnis regelmäßig in mehreren Einheiten gleichzeitig oder unmittelbar hintereinander"[204] hergestellt wird. Im Unterschied zur Einzelfertigung treten bei Mehrfachfertigung mehrere Einheiten einer Erzeugnisart, die ununterbrochen hintereinander gefertigt werden, auf. Damit lassen sich Gemeinkosten der Erzeugniseinheit, die dem Fertigungslos oder der Erzeugnisart direkt zurechenbar sind, z.B. der gemeinsame Verbrauch von Betriebsstoffen oder Rüstkosten, gleichmäßig auf die Erzeugniseinheiten verteilen. Bei Mehrfachfertigung besteht damit die Möglichkeit, wesensmäßige Gemeinkosten mittels Divisionsrechnung als unechte Einzelkosten zu verrechnen. Weiterhin gewinnen bei Mehrfachfertigung aufgrund des Wiederholungscharakters der Leistungserstellung Lerneffekte an Bedeutung, die es z.B. im Rahmen der Kostenplanung, der Kostenkontrolle und der Vorkalkulation zu berücksichtigen gilt.[205]

Je nachdem, ob die Erzeugnisse bei Mehrfachfertigung in unbegrenzter oder begrenzter Auflagenhöhe hergestellt werden, wird von Massen- bzw. von Reihenfertigung gesprochen.[206] Bei *Massenfertigung* wird meist eine sehr

---

mung bei, da sie zu einer Vereinheitlichung der Bauteile führt. Vgl. *Mellerowicz*, Betriebswirtschaftslehre, Bd. II, S. 330.

202 Vgl. *Beste*, Fertigungswirtschaft, S. 145.

203 Vgl. hierzu *Plinke*, W.: Kosten- und Erlösplanung im industriellen Anlagengeschäft auf der Grundlage eines projektorientierten Rechnungswesens, in: Backhaus, K. (Hrsg.): Planung im industriellen Anlagengeschäft, Düsseldorf 1984, S. 265 ff.

204 *Beste*, Fertigungswirtschaft, S. 145.

205 Vgl. hierzu *Coenenberg*, Lernvorgänge, S. 113 ff.

206 Vgl. *Beste*, Fertigungswirtschaft, S. 145.

große Zahl gleicher Erzeugnisse hergestellt,[207] was das Vorhandensein eines entsprechend großen Marktes voraussetzt. Massenfertigung ist damit in der Regel durch Produktion für den anonymen Markt gekennzeichnet. Ferner stellt sie im Vergleich zur Einzelfertigung relativ geringe Anforderungen an die Produktionsplanung und -steuerung und erlaubt durch die ständige Wiederholung der gleichen Leistungserstellungsprozesse den Einsatz spezialisierter Arbeitskräfte und Betriebsmittel.[208] Obwohl bei Massenfertigung kein Wechsel der Erzeugnisart beabsichtigt oder vorhersehbar ist, kann die Auflagenhöhe begrenzt sein. Erfolgt auf lange Sicht kein Erzeugnisartenwechsel, ist gleichbleibende Massenfertigung gegeben. Muß aus bestimmten Gründen, z.B. aufgrund von Nachfrageveränderungen oder wegen technologischer Fortentwicklung des Erzeugnisses, ein Erzeugnisartenwechsel vorgenommen werden, liegt wechselnde Massenfertigung vor, wobei der Übergang zur Reihenfertigung fließend ist.[209] Weiterhin ist - wie noch zu zeigen sein wird - eine Differenzierung in die einheitliche und die mehrfache Massenfertigung von Bedeutung für die Kostenrechnungsgestaltung. Während bei einheitlicher Massenfertigung in einem Betrieb zur gleichen Zeit nur eine Erzeugnisart hergestellt wird, werden bei mehrfacher Massenfertigung gleichzeitig mehrere Erzeugnisarten nebeneinander erstellt.[210]

Reihenfertigung ist gegeben, wenn in einem Betrieb zwar mehrere Einheiten eines Erzeugnisses gleichzeitig oder unmittelbar hintereinander hergestellt werden (Reihe), die Zahl gleicher Einheiten aber begrenzt ist, so daß während der Planungsperiode ein Erzeugniswechsel, d.h. eine Umstellung auf eine andere Reihe, erfolgt. Nach dem Verwandtschaftsgrad der Erzeugnisreihen läßt sich die Reihenfertigung weiter in die Serien- und in die Sortenfertigung differenzieren.[211] Bei der *Serienfertigung* unterscheiden sich die

---

[207] Die große Menge der hergestellten Erzeugnisse ist dabei aber nicht als typbildendes Merkmal, sondern als eine Voraussetzung für die Anwendung der Massenfertigung anzusehen. Vgl. *Mellerowicz*, Betriebswirtschaftslehre, Bd. II, S. 326; *Heber/Nowak*, S. 155.

[208] Vgl. *Beste*, Fertigungsverfahren, Sp. 1768.

[209] Vgl. *Heber/Nowak*, S. 155; *Mellerowicz*, Betriebswirtschaftslehre, Bd. II, S. 327; *Schäfer*, Industriebetrieb, S. 64 f. Zur Abgrenzung der wechselnden Massenfertigung von der Reihenfertigung ist wiederum zu überlegen, ob in der Planungsperiode ein Wechsel vorgesehen ist (Reihenfertigung) oder ob überhaupt irgendwann ein Wechsel abzusehen ist (wechselnde Massenfertigung). Auf die Bedeutung des betrachteten Zeitraumes als Abgrenzungsmerkmal weist *Kosiol* hin. Vgl. *Kosiol*, Betriebswirtschaftslehre, S. 43.

[210] Vgl. *Mellerowicz*, Betriebswirtschaftslehre, Bd. II, S. 327; *Beste*, Fertigungswirtschaft, S. 145.

[211] Vgl. *Beste*, Fertigungswirtschaft, S. 145 f. Die Bezeichnung "Reihenfertigung" wird in der Literatur häufig auch im Zusammenhang mit den Organisationstypen der Produktion angewandt und steht dort - als Synonym für die Straßen- oder Linienfertigung - für einen Zwischentyp zwischen Werkstatt- und Fließfertigung, bei dem die Betriebsmittel und Arbeitsplätze zwar grundsätzlich nach dem Fließprinzip in der Reihenfolge des Herstellungs-

Reihen durch die Verschiedenartigkeit ihrer Erzeugnisse (Serien), so daß die Serien in der Regel auf verschiedenen Straßen gefertigt werden, d.h., die Umstellung von der einen Serie auf die nachfolgende erfordert aufgrund der Erzeugnisverschiedenheit meist umfangreiche Umstellungsarbeiten bei den Produktionsmitteln, zum Teil sogar eine vollständige Neubeschaffung derselben. Nur in Ausnahmefällen, wenn die Geringfügigkeit der Unterschiede nicht artgleicher Erzeugnisse dies gestattet[212] oder die Fertigungsanlagen durch eine hohe Flexibilität gekennzeichnet sind,[213] kann auf denselben Betriebsmitteln gefertigt werden. Nach der Zahl der eine Serie ausmachenden Erzeugnisse wird weiterhin in die Großserien- und in die Kleinserienfertigung unterschieden.[214] Im Unterschied zur Serienfertigung sind bei *Sortenfertigung* die Reihen durch artgleiche Erzeugnisse (Sorten) gekennzeichnet, die sich nur in unwesentlichen Eigenschaften voneinander unterscheiden.[215] Der große Verwandtschaftsgrad der Sorten ermöglicht dabei die Fertigung auf denselben Fertigungsanlagen, wobei bei einem Sortenwechsel im Vergleich zum Serienwechsel weniger aufwendige Rüstoperationen durchzuführen sind.

Durch den bei Reihenfertigung stattfindenden Erzeugniswechsel liegen die Verhältnisse der oben beschriebenen Wechselfertigung vor, so daß hinsichtlich der Besonderheiten der Kostenrechnungsgestaltung grundsätzlich auf diese verwiesen werden kann. Bei Serienfertigung ist zusätzlich zu beachten, daß mit der Artverschiedenheit der Erzeugnisse in der Regel eine verschiedenartige Kostenverursachung zwischen den Serien verbunden ist, so daß von Serie zu Serie unterschiedliche Bezugsgrößen zur Abbildung der Kosteneinflußfaktoren eingesetzt werden müssen. Bei Sortenfertigung besteht dagegen durch die Artverwandtschaft der Erzeugnisse meist auch

---

ganges der Produkte angeordnet sind, bei dem aber zumindest nicht für alle Produkte ein kontinuierlicher Materialfluß erfolgt. Vgl. hierzu *Kern*, Produktionswirtschaft, S. 91; *Reisch*, S. 109 sowie die Ausführungen in Kapitel C.-II.-3.-b)-aa)-(3). Um unnötige Doppelbelegungen von Bezeichnungen zu vermeiden, wird Reihenfertigung in dieser Arbeit im Sinne der Leistungswiederholung verstanden. Zu einer ähnlichen Auffassung vgl. *Mellerowicz*, Betriebswirtschaftslehre, Bd. II, S. 334, Fn. 146.

[212] Vgl. *Beste*, Fertigungsverfahren, Sp. 1768.

[213] Zur Verringerung der Erzeugniswechselschwere bei Serienfertigung durch den Einsatz flexibler Fertigungssysteme vgl. *Kaluza*, B.: Erzeugniswechsel als unternehmenspolitische Aufgabe, Integrative Lösungen aus betriebswirtschaftlicher und ingenieurwissenschaftlicher Sicht, Berlin 1989, S. 145.

[214] Vgl. *Beste*, Fertigungswirtschaft, S. 146.

[215] Die Sorten sind dabei Varianten eines Grunderzeugnisses, denen das gleiche Ausgangsmaterial zugrunde liegt und die die gleiche Bearbeitung erfahren, sich aber beispielsweise hinsichtlich Form, Farbe oder Qualität unterscheiden. Vgl. *Beste*, Fertigungswirtschaft, S. 146; *Ohse*, S. 27.

eine Ähnlichkeit in der Kostenverursachung, die die Anwendung einheitlicher Bezugsgrößen, gegebenenfalls unter Berücksichtigung von Äquivalenzziffern, gestattet.

Im Zusammenhang mit den Leistungswiederholungstypen werden oftmals auch die Chargen- und die Partiefertigung sowie die Kuppelproduktion genannt.[216] Diese Fertigungstypen sind allerdings weder als Sonderfall der Sortenfertigung aufzufassen noch zu den Grundtypen der Leistungswiederholung zu zählen. Zwar führen die genannten Typen zur Sortenbildung - bei der Chargen- und Partiefertigung aufgrund fertigungstechnischer bzw. einsatzstoffqualitativer Besonderheiten,[217] bei der Kuppelproduktion durch den zwangsläufigen Anfall verschiedener Erzeugnisse in einem Produktionsprozeß[218] -, doch diese Sortenbildung ist nicht beabsichtigt, sondern ungewollt. Von Sortenfertigung soll hier nicht in allgemeinem Sinne als der Fertigung von Sorten gesprochen werden, sondern der Begriff der Sortenfertigung bezieht sich lediglich auf die Fertigung bei gewollter Sortenbildung.[219] Unabhängig von der Abgrenzung der Sortenfertigung von der Chargen-, Partie- und Kuppelfertigung sind die drei letztgenannten nicht in die Reihe der Leistungswiederholungstypen einzuordnen, sondern stellen auf andere Merkmale ab. Diese Typen können mithin bei allen Leistungswiederholungstypen auftreten, d.h. bei Massenfertigung ebenso wie bei Reihen- oder Einzelfertigung,[220] und sollen daher an anderer Stelle ausführlicher beschrieben werden.[221]

Zusammenfassend ist festzuhalten, daß den Leistungswiederholungstypen eine besondere Bedeutung für die betriebsindividuelle Gestaltung der Kostenrechnung beizumessen ist, was sich vor allem daran zeigt, daß die Beschreibung, Beurteilung und Systematisierung von Kalkulationsverfahren in der Literatur häufig im Zusammenhang mit den Arten der Leistungswie-

---

[216] So z.B. bei *Heber/Nowak*, S. 150; *Mellerowicz*, Betriebswirtschaftslehre, Bd. II, S. 326; *Reisch*, S. 100 ff.

[217] Näheres hierzu vgl. Kapitel C.-II.-3.-b)-bb)-(5) dieser Untersuchung.

[218] Siehe hierzu die Ausführungen zur Kuppelproduktion in Kapitel C.-II.-3.-b)-bb)-(1). Bei der Kuppelproduktion kommt es dabei nur in Ausnahmefällen zur Sortenbildung. In der Regel entstehen verschiedenartige Erzeugnisse.

[219] Vgl. hierzu *Ohse*, S. 26 ff., insbesondere S. 27 u. 33 f.; *Mellerowicz*, Betriebswirtschaftslehre, Bd. II, S. 328.

[220] Vgl. *Riedelbauch*, H.: Partie- und Chargenfertigung in betriebswirtschaftlicher Sicht, in: ZfhF, Neue Folge, 9. Jg. 1957, S. 545 ff.; *Riebel*, P.: Industrielle Erzeugungsverfahren in betriebswirtschaftlicher Sicht, Wiesbaden 1963, S. 25; *Binnewies*, J.: Betriebswirtschaftliche Besonderheiten bei der Chargenfertigung unter besonderer Berücksichtigung der Kostenabhängigkeiten, Diss., Münster 1957, S. 11 ff.

[221] Vgl. Kapitel C.-II.-3.-b)-bb)-(5) sowie Kapitel C.-II.-3.-b)-bb)-(1) dieser Untersuchung.

derholung erfolgt.[222] Ferner hat die Art der Leistungswiederholung einen wichtigen Einfluß auf die Wirtschaftlichkeit der Kostenrechnung. Häufigkeit und Dauer der Leistungswiederholung bestimmen beispielsweise maßgeblich die Wirtschaftlichkeit der Kostenerfassung. Je öfter sich die gleichen Leistungserstellungsvorgänge wiederholen, desto eher können speziell auf den Leistungserstellungsvorgang ausgerichtete Istdatenerfassungsmethoden eingesetzt oder detaillierte Planungsverfahren angewandt werden. Den Leistungswiederholungstypen ist damit eine besondere Relevanz für die Aussagefähigkeit der Kostenkontrolle und die Entscheidung über eine Ist-, Normal- oder Plankostenrechnung beizumessen.

(3) Der Weg der Erzeugnisse durch den Betrieb

Die Realität der industriellen Leistungserstellungs- und Leistungsverwertungsprozesse ist des weiteren durch die organisatorische Beziehung der Produkte zu den Betriebsmitteln gekennzeichnet. Um einen reibungslosen Ablauf der Produktionsprozesse zu gewährleisten, müssen die Produkte und die Betriebsmittel einander zugeordnet werden. Die Art dieser Zuordnung bestimmt damit weitgehend den Charakter der betrieblichen Abläufe und ist bei der Gestaltung der Kostenrechnung zu berücksichtigen. Dies betrifft nicht nur die naheliegende Abbildung einer Kostenbeziehung zwischen den in Anspruch genommenen Betriebsmitteln und den Erzeugnissen, wie sie beispielsweise mit den zeitlichen und örtlichen Zuordnungstypen der Parallel- und Wechselfertigung bereits beschrieben worden ist. Die organisatorischen Beziehungen zwischen Betriebsmitteln und Erzeugnissen legen durch ihre Bedeutung für die betrieblichen Leistungserstellungs- und Leistungsverwertungsprozesse auch eine Vielzahl anderer fertigungsorganisatorischer Rahmenbedingungen, wie die Art der Bereitstellung von Roh-, Hilfs- und Betriebsstoffen, die Zuweisung von Arbeitskräften oder die Gestaltung indirekter Produktionsabläufe (z.B. Transport- und Lagervorgänge, Art der Planungstätigkeiten des dispositiven Faktors), fest. Diese bedürfen ebenfalls der kostenrechnerischen Abbildung und beeinflussen somit die Gestaltung der Kostenrechnung. Weiterhin ergeben sich durch die organisatorischen Beziehungen zwischen Betriebsmitteln und Erzeugnissen über die reinen abbildungsbezogenen Gestaltungsmerkmale hinaus auch betriebsindividualisierende Einflüsse hinsichtlich des Informationsbedarfs der Kostenrechnungsadressaten. Im folgenden sollen diese Organisationstypen beschrieben

[222] Vgl. etwa *Heber/Nowak*, S. 141 ff.; *Mellerowicz*, K.: Kosten und Kostenrechnung, Bd. II: Verfahren, Zweiter Teil: Kalkulation und Auswertung der Kostenrechnung und Betriebsabrechnung, 5., neubearbeitete Auflage, Berlin/New York 1980, S. 247 ff.

und ihr Wesen und ihre grundsätzliche Bedeutung für eine betriebsindividuelle Gestaltung der Kostenrechnung aufgezeigt werden.

Die fertigungsorganisatorischen Zuordnungsbeziehungen zwischen den Betriebsmitteln und den Erzeugnissen können näher gekennzeichnet werden, wenn der Weg betrachtet wird, den die Erzeugnisse im Laufe ihres Entstehungsprozesses durch den Betrieb zurücklegen.[223] Danach lassen sich die bewegliche und die unbewegliche Fertigung unterscheiden. Bei der *beweglichen Fertigung* wird das Erzeugnis durch den Betrieb bewegt, d.h., es findet eine räumliche Zuordnung der Produkte zu den Betriebsmitteln statt.[224] Der Weg des Erzeugnisses durch den Betrieb wird folglich "durch den Standort der Produktionsmittel und Arbeitsplätze bestimmt, an denen es vorbeigeführt werden muß."[225] Zur näheren Beschreibung dieses Weges kann die bewegliche Fertigung nach der Art der räumlichen Anordnung der Betriebsmittel und Arbeitsplätze weiter unterschieden werden in die Werkstattfertigung und in die Fließfertigung.[226]

Werkstattfertigung liegt vor, wenn die Betriebsmittel und Arbeitsplätze nach dem Verrichtungsprinzip angeordnet sind, d.h., es werden solche Fertigungsanlagen und Maschinen örtlich zu einer Werkstatt zusammengefaßt, die sich durch gleichartige Arbeitsabläufe (Verrichtungen) auszeichnen.[227]

---

[223] Vgl. *Beste*, Fertigungsverfahren, Sp. 1770. Die hier zu beschreibenden Typen werden in der Literatur häufig auch vereinfachend als Organisationstypen der Produktion bezeichnet. Vgl. *Mellerowicz*, Betriebswirtschaftslehre, Bd. II, S. 331 ff.; *Kern*, Produktionswirtschaft, S. 90 ff.; *Reisch*, S. 102 ff.; *Berger*, K.-H.: Organisationstypen der Produktion, in: Agthe, K./Blohm, H./Schnaufer, E. (Hrsg.): Industrielle Produktion, Baden-Baden/Bad Homburg v.d.H. 1967, S. 177 ff.

[224] Vgl. *Beste*, Fertigungswirtschaft, S. 147. Ähnlich auch bei *Große-Oetringhaus*, S. 250.

[225] *Beste*, Fertigungswirtschaft, S. 147.

[226] Die Werkstatt- und die Fließfertigung stellen dabei die beiden Extremtypen der beweglichen Fertigung dar. Zwischentypen, die durch die kombinierte Anwendung des Verrichtungs- und des Prozeßfolgeprinzips entstehen, z.B. die Gruppen- oder Fließinselfertigung sowie die Straßen- oder Linienfertigung, bieten für eine betriebsindividuelle Betrachtung der Kostenrechnungsgestaltung keinen wesentlichen über die Extremtypen hinausgehenden Erkenntnisfortschritt. Näheres zu den Zwischenformen der beweglichen Fertigung siehe beispielsweise bei *Kilger*, Industriebetriebslehre, S. 84 f.; *Berger*, Organisationstypen, S. 185 ff.

[227] Dieser Umstand kann auch zur Bezeichnung der Werkstätten herangezogen werden, z.B. Lackiererei, Dreherei oder Fräserei. Vgl. *Schäfer*, Industriebetrieb, S. 160 f.; *Mellerowicz*, Betriebswirtschaftslehre, Bd. II, S. 335. Darüber hinaus können Betriebsmittel sinnvollerweise auch aus anderen Gründen als nach der Gleichheit der Verrichtung zu Werkstätten zusammengefaßt werden, z.B. Maschinen, die aufgrund ihrer Lärm-, Abgase- oder Hitzeentwicklung andere Betriebsteile in ihrer Funktion beeinträchtigen würden und daher an abgegrenzten Orten untergebracht werden müssen, wobei sich die dann zusammengefaßten Maschinen untereinander nicht negativ beeinflussen dürfen. Vgl. hierzu *Beste*, Fertigungswirtschaft, S. 147. In diesen Fällen liegen zwar auch Werkstätten vor, doch von Werkstattfertigung soll in

Das Produkt wandert im Zeitablauf seiner Entstehung von Werkstatt zu Werkstatt und kehrt - falls erforderlich - zu einzelnen, bereits durchlaufenen Werkstätten zurück. Das Transport- und das Lagerwesen nehmen einen bedeutenden Stellenwert ein, da die Produkte meist einen langen Weg durch den Betrieb vor sich haben und bei der Be- und Verarbeitung in den Werkstätten häufig Wartezeiten in Kauf nehmen müssen, was die Bildung von Zwischenläger erforderlich macht.[228] Weiterhin werden bei Werkstattfertigung durch die unterschiedliche Häufigkeit, Dauer, Intensität und Reihenfolge der Inanspruchnahme der Werkstätten durch die Erzeugnisse große Anforderungen an die kurzfristige Produktionsplanung und -steuerung gestellt.[229] Die Abbildung der durch den Transport und die Lagerung der Zwischenerzeugnisse verursachten Kosten sowie die Bereitstellung weiterer Kosteninformationen für die optimale Gestaltung des Produktionsablaufes können daher als besondere Aufgabe der Kostenrechnung bei Betrieben mit Werkstattfertigung angesehen werden. Durch die Fertigungsorganisation nach Werkstätten sind ferner günstige Voraussetzungen für die Durchführung der Wirtschaftlichkeitskontrolle mit Hilfe der Kostenrechnung gegeben, da sich durch die räumliche Zusammenfassung gleichartiger Verrichtungen leicht abgrenzbare Verantwortungsbereiche bilden lassen. Weiterhin ist mit der Gleichartigkeit der Verrichtung häufig eine Homogenität der Kostenverursachung in diesen Werkstätten verbunden, was die Anwendung einheitlicher und leicht erfaßbarer Bezugsgrößen für die Kalkulation und die Kostenkontrolle begünstigt.

Bei der *Fließfertigung* kommt das Prozeßfolgeprinzip (Fließprinzip, Objektprinzip) zur Anwendung, d.h., die Produktionsmittel und Arbeitsplätze werden so angeordnet, wie es der Herstellungsgang der Erzeugnisse erfordert. Die Erzeugnisse werden in einer Richtung durch den Betrieb geleitet.[230] Die Arbeitsplätze und Fertigungsanlagen sind zeitlich und/oder kapazitätsmäßig derart aufeinander abzustimmen, daß sich eine "ununterbrochene, gleichmäßige und gleichartige Aufeinanderfolge der an jedem einzelnen Punkt vorzunehmenden Arbeitsgänge"[231] ergibt, so daß im Vergleich zur Werkstattfertigung grundsätzlich keine Wartezeiten vor den

---

dieser Arbeit nur dann gesprochen werden, wenn die Werkstätten streng nach dem Verrichtungsprinzip gebildet werden.

[228] Vgl. *Beste*, Fertigungswirtschaft, S. 147; *Mellerowicz*, Betriebswirtschaftslehre, Bd. II, S. 335; *Reisch*, S. 103.

[229] Vgl. *Reisch*, S. 104.

[230] Vgl. *Beste*, Fertigungsverfahren, Sp. 1772; *Kilger*, Industriebetriebslehre, S. 83. *Hasenack*, W.: Zum Begriff der Fließfertigung, in: ZfB, 46. Jg. 1976, S. 410.

[231] *Mellerowicz*, Betriebswirtschaftslehre, Bd. II, S. 333.

Betriebsmitteln und damit auch keine oder - falls zur zeitlichen Abstimmung Puffer eingerichtet werden müssen - nur geringe Zwischenläger auftreten.[232] Weiterhin stellt die Fließfertigung hohe Ansprüche an die langfristige Produktionsplanung, da durch den Herstellungsvorgang der Erzeugnisse der Produktionsablauf und damit die Art der zu beschaffenden Betriebsmittel und einzustellenden Arbeitskräfte fest vorbestimmt ist, wohingegen die kurzfristige Produktionsplanung weitgehend entfällt.[233] Folglich liegt ein Aufgabenschwerpunkt der Kostenrechnung bei Fließfertigung in der Bereitstellung von Kosteninformationen zur Unterstützung langfristiger (Investitions-)Entscheidungen. Ferner erfordert die Fließfertigung im Vergleich zur Werkstattfertigung hohe Investitionen in die meist als Spezialmaschinen gekennzeichneten Betriebsmittel, was zu einem großen Anteil fixer Kosten an den Gesamtkosten des Betriebes führt.[234] Die Behandlung von Fixkosten, insbesondere die Lösung der mit ihnen verbundenen rechentechnischen Probleme, kann somit als eine besondere Aufgabe für die Gestaltung der Kostenrechnung bei Fließfertigung angesehen werden.

Die *unbewegliche Fertigung* ist dadurch charakterisiert, daß die Produktionsmittel und Arbeitskräfte an den Ort gebracht werden, an dem das Erzeugnis entsteht. Es findet somit nicht wie bei der beweglichen Fertigung eine Hinordnung der Erzeugnisse zu den Potentialfaktoren, sondern umgekehrt eine Hinordnung der Potentialfaktoren zum Erzeugnis statt. Die unbewegliche Fertigung wird daher auch ortsgebundene Fertigung oder Baustellenfertigung genannt.[235] Die unbewegliche Fertigung, die meist als Einzelfertigung auftritt, aber auch als Serien- oder Sortenfertigung vor-

---

[232] Vgl. *Beste*, Fertigungswirtschaft, S. 148. Die zeitliche Abstimmung kann dabei organisatorisch durch die Einrichtung von Arbeitstakten erfolgen oder naturbedingt durch den technischen Prozeß gegeben sein, wie z.B. bei chemischen Prozessen. Vgl. *Mellerowicz*, Betriebswirtschaftslehre, Bd. II, S. 333. Nach der Art der räumlichen, kapazitativen, zeitlichen und fördertechnischen Organisation des Arbeitsablaufes können Untertypen der Fließfertigung unterschieden werden, auf die hier nicht im einzelnen eingegangen werden soll. Vgl. hierzu *Kilger*, Industriebetriebslehre, S. 84 ff.; *Mellerowicz*, Betriebswirtschaftslehre, Bd. II, S. 338 ff.; *Hasenack*, Fließfertigung, S. 415 ff.

[233] Vgl. *v. Kortzfleisch*, Produktionsmethoden, S. 168. Betriebe mit Fließfertigung sind aufgrund der hohen Spezialisierung ihrer Betriebsmittel und Arbeitskräfte relativ unflexibel bei Nachfrageschwankungen, was die Anwendung des Fließprinzips oftmals auf die Herstellung von standardisierten, technisch ausgereiften Erzeugnissen im Rahmen der Massen-, Sorten- oder Großserienfertigung begrenzt. Vgl. *Mellerowicz*, Betriebswirtschaftslehre, Bd. II, S. 337 f.; *Berger*, Organisationstypen, S. 180.

[234] Vgl. *Beste*, Fertigungswirtschaft, S. 148; *v. Kortzfleisch*, Produktionsmethoden, S. 169.

[235] Vgl. *Beste*, Fertigungswirtschaft, S. 150; *Schäfer*, Industriebetrieb, S. 168; *Große-Oetringhaus*, S. 250 f.; *Reisch*, S. 109.

kommt,[236] kann nach dem Ort der Fertigung weiter unterschieden werden in die externe und die interne Baustellenfertigung. Bei der *externen Baustellenfertigung* wird das Erzeugnis außerhalb des Betriebes an seinem späteren Verwendungsort hergestellt, da ein Transport des Erzeugnisses technisch unmöglich oder unwirtschaftlich ist.[237] *Interne Baustellenfertigung* ist gegeben, wenn bewegliche Erzeugnisse nach den Grundsätzen der Baustellenfertigung innerhalb des Betriebes hergestellt werden. Trotz grundsätzlicher Beweglichkeit der Erzeugnisse wird hier die Baustellenfertigung als Organisationsform gewählt, da die Erzeugnisse zu groß oder zu schwer sind, als daß ein Transport durch den Betrieb wirtschaftlich wäre. Hierzu zählen großdimensionale Transportmittel, wie Schiffe, Flugzeuge, Lokomotiven, Kräne und Raumfähren, sowie große Erzeugnisteile, die innerhalb des Betriebes hergestellt und betriebsextern in das Endprodukt eingebaut werden, z.B. Brückenpfeiler, Turbinen für Wasserkraftwerke oder Teleskope für Sternwarten.[238] Beim zuletzt genannten Fall handelt es sich um eine Kombination von interner und externer Baustellenfertigung, bei der die Kostenrechnung Informationen für die Entscheidung bereitzustellen hat, an welcher Stelle des Produktionsvollzugs die Fertigung von der internen auf die externe Baustelle zu verlegen ist.[239]

Durch die Hinordnung der Produktionsfaktoren zum Erzeugnis ergeben sich bei der Baustellenfertigung insbesondere hinsichtlich der Einteilung des Betriebes in Abrechnungs- und Verantwortungsbereiche Besonderheiten für die Kostenrechnungsgestaltung. Denn die bei der beweglichen Fertigung, insbesondere bei der Werkstattfertigung übliche Einteilung des Betriebes in räumlich abgegrenzte Kostenstellen ist nicht ohne weiteres auf die Baustellenfertigung übertragbar, da hier der Ort der Kostenentstehung das Erzeugnis selbst ist und Kostenträger und herkömmliche Kostenstelle damit identisch wären. Auf eine für die Baustellenfertigung angemessene Kostenstelleneinteilung wird daher an anderer Stelle noch näher einzugehen sein. Unabhängig vom gewählten Ansatz der Kostenstellenbildung ist bei der Baustellenfertigung weiterhin festzustellen, daß hier im Unterschied zur beweglichen Fertigung keine nennenswerten innerbetrieblichen Leistungsbeziehungen zwischen einzelnen Betriebsbereichen auftreten, so daß die innerbetriebliche Leistungsverrechnung stark vereinfacht wird. Ferner ist

---

236 Vgl. *Schäfer*, Industriebetrieb, S. 169 f.; *Große-Oetringhaus*, S. 251.

237 Hierzu sind alle Werke des Hoch- und Tiefbaus zu zählen. Vgl. *Beste*, Fertigungsverfahren, Sp. 1770; *v. Kortzfleisch*, Produktionsmethoden, S. 167. Eine Besonderheit der externen Baustellenfertigung stellt der Straßenbau dar, bei dem der Produktionsort abschnittsweise verlegt wird.

238 Vgl. *Beste*, Fertigungswirtschaft, S. 150; *Schäfer*, Industriebetrieb, S. 168.

239 Vgl. *v. Kortzfleisch*, Produktionsmethoden, S. 167.

bei der externen Baustellenfertigung der Umstand zu berücksichtigen, daß hier oftmals auch andere Betriebe an der Herstellung des Endproduktes beteiligt sind, was zu Besonderheiten bei der Bestimmung und Abgrenzung der Kostenträger führen kann oder eventuell die Durchführung von Sonderrechnungen, z.B. die Ermittlung von Schadensersatzansprüchen für von externen Betrieben verursachte Produktionsverzögerungen, erforderlich macht.

bb) Fertigungstechnische Merkmale des Betriebes

Die Zuordnungsbeziehungen des kostenrechnerischen Urbildes werden außer durch die Organisation der betrieblichen Leistungserstellungsvorgänge durch Einflüsse bestimmt, die den stofflichen und qualitativen Eigenschaften des Erzeugnisses und den naturgesetzlichen Bedingungen seiner Erstellung zuzuordnen sind und im folgenden als fertigungstechnische Merkmale bezeichnet werden. Hierzu zählen im einzelnen die Art der fertigungstechnischen Verbundenheit, die Art der Mengenkorrelation der Erzeugnisse, die Art der Stoffverwertung, die Fertigungsdauer, die Wiederholbarkeit der Leistungsqualität, die Intensität der eingesetzten originären Produktionsfaktoren sowie die Zahl der Fertigungsstufen.

(1) Die Art der fertigungstechnischen Verbundenheit der Erzeugnisse

Aus der Vielfalt denkbarer Wechselwirkungen zwischen Zurechnungsobjekten sind insbesondere den erzeugnisbezogenen Interdependenzen im Fertigungsbereich, die in erster Linie durch fertigungstechnische Abhängigkeiten entstehen,[240] eine große Bedeutung für die realitätsadäquate Gestaltung der Kostenrechnung zuzusprechen, sofern die fertigungstechnischen Abhängigkeiten zu entsprechenden Kostenbeziehungen zwischen den Erzeugnissen führen. Liegen in einem Betrieb keinerlei Erzeugnisinterdependenzen im Fertigungsbereich vor, können auch keine die Fertigung betreffenden Kostenabhängigkeiten zwischen den betrachteten Erzeugnissen auftreten.

Als für die Kostenrechnungsgestaltung besonders relevant einzustufende Typen von Fertigungsabhängigkeiten sollen im folgenden jene näher

---

[240] Dagegen resultieren beispielsweise Verbundeffekte der Erzeugnisse im Absatzbereich hauptsächlich aus Abhängigkeiten des Bedarfs der Nachfrager. Vgl. *Kilger*, Industriebetriebslehre, S. 28.

betrachtet werden, die durch die gleichzeitige Hervorbringung verschiedenartiger Erzeugnisse in einem Fertigungsprozeß gekennzeichnet sind und in der betriebswirtschaftlichen Literatur unter dem Stichwort der *verbundenen Produktion* diskutiert werden. Da dieser Terminus in der Betriebswirtschaftslehre nicht einheitlich verwendet wird, bedarf es zunächst einer Klärung und Verdeutlichung des hier verwendeten Begriffes und einer Abgrenzung desselben zu anderslautenden Auffassungen in der Literatur. Einerseits erfolgt in der Literatur eine enge Sichtweise der Produktionsverbundenheit dahingehend, daß nur die technologisch-zwangsweise Verbundenheit als verbundene Produktion angesehen und mit der *Kuppelproduktion*, bei der aus ein und demselben Produktionsprozeß mehrere verschiedenartige Produkte zwangsläufig hervorgehen,[241] gleichgesetzt wird.[242] Andererseits wird von verbundener Produktion bereits dann gesprochen, wenn mehrere Erzeugnisarten mindestens einen Produktionsfaktor gemeinsam beanspruchen,[243] was bei Mehrproduktunternehmen stets der Fall sein wird, da die Erzeugnisse eines Betriebes zumindest das eingesetzte Kapital und den dispositiven Faktor gemeinsam in Anspruch nehmen.[244] Einigkeit besteht in der Literatur hinsichtlich der Auffassung, daß Produktionsverbundenheitsbeziehungen nur bei Mehrproduktbetrieben auftreten können.[245]

Im folgenden werden zur Kennzeichnung der verbundenen Produktion lediglich die fertigungstechnischen Prozesse herangezogen und die *gleichzeitige* Inanspruchnahme von Betriebsmitteln durch verschiedenartige Erzeugnisse als typbildendes Merkmal betrachtet.[246] Danach werden bei *unverbun-*

---

[241] Vgl. *Merian*, J.R.: Die betriebswirtschaftliche Preisbildung der Kuppelprodukte, in: ZfhF, 25. Jg. 1931, S. 225; *Riebel*, P.: Die Kuppelproduktion, Betriebs- und Marktprobleme, Köln/Opladen 1955, S. 27.

[242] Vgl. z.B. *Schneider*, E.: Bemerkungen zum Kalkulationsproblem bei verbundener Produktion, in: Nordisk Tidsskrift for Teknisk Ökonomi, 4. Jg. 1938, H. 4, S. 21; *Hahn*, Fertigungswirtschaft, S. 277; *Kern*, Produktionswirtschaft, S. 84.; *Kilger*, Industriebetriebslehre, S. 28; *Abromeit*, G.: Erzeugnisplanung und Produktionsprogramm im Lichte der Produktions-, Absatz- und Wettbewerbspolitik, Wiesbaden 1955, S. 22.

[243] Diese Auffassung vertritt z.B. *Bohr*, K.: Zur Produktionstheorie der Mehrproduktunternehmung, Traditionelle Theorie und Lineare sowie Nichtlineare Programmierung, Köln/Opladen 1967, S. 6.

[244] Vgl. *Hummel*, S.: Produktion, verbundene, in: Grochla, E./Wittmann, W. (Hrsg.): HWB, 4., völlig neu gestaltete Auflage, Stuttgart 1975, Sp. 3082.

[245] Vgl. *Hummel*, Produktion, Sp. 3082.

[246] Die hier gewählte Begriffsbestimmung ist nicht nur hinsichtlich der vorliegenden Untersuchung sowie einer sinnvollen Abgrenzung zu anderen, nachfolgend noch darzustellenden Fertigungstypen zweckmäßig, sondern entspricht auch jener Auffassung, die sich in der deutschsprachigen Literatur heute weitgehend durchgesetzt hat, auch wenn das Merkmal der Gleichzeitigkeit nicht immer deutlich herausgestellt, sondern Gleichzeitigkeit meinend von Gemeinsamkeit gesprochen wird. Vgl. *Mellerowicz*, Kostenrechnung, Bd. I, S. 140 ff.; *Große-*

dener Produktion die betrachteten Erzeugnisse entweder auf getrennten Anlagen gefertigt, so daß diesbezüglich keine Kostenverbundenheiten zwischen den Erzeugnissen auftreten können, oder die Erzeugnisse beanspruchen zwar dieselben Anlagen, entstehen aber nicht in ein und demselben Prozeß gleichzeitig, sondern zeitlich nacheinander. Durch die bei unverbundener Produktion denkbare Gemeinsamkeit der Inanspruchnahme von Betriebsmitteln durch verschiedene Erzeugnisse können auch bei unverbundener Produktion betriebsmittelbezogene Kostengemeinsamkeitsbeziehungen zwischen den einzelnen Erzeugnissen und damit Erzeugnisgemeinkosten auftreten.[247]

Die *verbundene Produktion* läßt sich nach der Art der Verbundenheit untergliedern in die zwangsweise, fertigungstechnisch bedingte, naturgesetzliche oder primäre Verbundproduktion und in die freiwillige, wirtschaftlich bedingte oder sekundäre Verbundproduktion.[248] Bei der *zwangsweisen Verbundproduktion*, die nach vorliegender Auffassung mit der *Kuppelproduktion* identisch ist, gehen "aus natürlichen oder technisch-organisatorischen Gründen zwangsläufig verschiedenartige Produkte oder Leistungen aus ein und demselben Prozeß"[249] hervor. Die mit der Durchführung dieses Produktionsprozesses zusammenhängenden Kosten können aufgrund dieser engen Gemeinsamkeitsbeziehung, die zwischen den Kuppelprodukten besteht, nur für die Gemeinschaft der Produkte, nicht aber für die einzelnen Erzeugnisarten eindeutig bestimmt werden.[250] Eine Auflösung und Entwirrung des Beziehungsgeflechtes ist unmöglich, da keine unmittelbare Beziehung einer einzelnen Erzeugnisart zu den im Kuppelprozeß verbrauchten Kostengütern besteht, sondern nur die Gesamtheit der hervorgebrachten Erzeugnisse mit den verbrauchten Gütern eindeutig in Verbindung gebracht werden kann. Das Fehlen erkennbar vorhandener Beziehungen in der Realität muß schon aus modelltheoretischen Überlegungen heraus zu der Einsicht führen, daß die Kostenrechnung als Modell dieser Realität nicht in der Lage sein kann, fehlende Beziehungen isomorph abzubilden. Dennoch kann es im Sinne des Zweckmäßigkeitsgrundsatzes der Kostenrechnung angebracht sein, eine

---

Oetringhaus, S. 240; *Messmann*, H.: Anschauliche Theorie der verbundenen Produktion, Diss., Mannheim 1952, S. 6 ff.; *Hummel*, Produktion, Sp. 3082; *Pressmar*, D.B.: Kosten- und Leistungsanalyse im Industriebetrieb, Wiesbaden 1971, S. 38.

[247] *Mellerowicz* spricht in diesem Zusammenhang von einer "Gemeinschaftlichkeit der Produktion". *Mellerowicz*, Kostenrechnung, Bd. I, S. 140 f. Siehe auch *Pressmar*, S. 36 ff.

[248] Vgl. *Mellerowicz*, Kostenrechnung, Bd. I, S. 140; *Albrecht*, K.: Verbundene Kosten, Diss., Berlin 1934, S. 17 ff.; *Hummel*, Produktion, Sp. 3082.

[249] *Riebel*, Kuppelproduktion, S. 11. Vgl. auch *Beste*, Erfolgsrechnung, S. 293; *Merian*, S. 225.

[250] Vgl. *Schmalenbach*, Kostenrechnung, S. 25; *Schneider*, E., Kalkulationsproblem, S. 21; *Riebel*, Kuppelproduktion, S. 16; *Merian*, S. 229.

Zurechnung von in Kuppelproduktionsprozessen angefallenen Kosten auf die beteiligten Erzeugnisse im Sinne einer Bewertung vorzunehmen,[251] eine Zuordnung, die zwar nicht der Realität im Sinne der absoluten Richtigkeit, d.h. im Sinne des Verursachungsprinzips entsprechen kann, die aber unter Heranziehung von zweckmäßigen Hilfskriterien, z.B. nicht-fertigungstechnischen Erzeugnisbeziehungen, eine sinnvolle und somit relativ richtige Verrechnung gekuppelter Kosten ermöglicht. Die Wahl der Hilfskriterien hängt dabei primär vom verfolgten Rechnungszweck selbst sowie eventuell von anderen betriebsspezifischen Gegebenheiten, z.B. von absatztypologischen Merkmalen, ab.

Von kostenrechnerischer Bedeutung erweist sich weiterhin eine Differenzierung der primären Verbundproduktion nach der Variierbarkeit der Mengenverhältnisse von an Kuppelprozessen beteiligten Erzeugnissen in die starre und die elastische Kuppelproduktion.[252] Bei der *starren Kuppelproduktion* fallen die Erzeugnisse in einem unbeeinflußbaren, konstanten Mengenverhältnis an,[253] so daß das Erzeugnisbündel als ein Produkt aufgefaßt werden kann und alle Zurechnungsoperationen, z.B. zur Ermittlung von Informationen für dispositive Entscheidungen, stets auf das Produktbündel auszurichten sind.[254] Für bestimmte Zwecke der Kostenrechnung, z.B. für die Ermittlung bilanzieller Herstellungskosten[255] oder für die Selbstkostenermittlung bei öffentlichen Aufträgen, ist es dennoch erforderlich, das Produktbündel aufzubrechen und eine Verrechnung der gekuppelten Kosten auf die Erzeugnisse vorzunehmen. Bei der *elastischen Kuppelproduktion*, bei der die Mengenverhältnisse der Kuppelprodukte innerhalb bestimmter Grenzen durch die Verwendung qualitativ unterschiedlicher

---

[251] Vgl. hierzu insbesondere *Schmalenbach*, Kostenrechnung, S. 25 sowie S. 249 ff.; *Merian*, S. 231; *Riebel*, Kuppelproduktion, S. 16.

[252] Vgl. *Riebel*, Kuppelproduktion, S. 92; *Hummel*, Produktion, Sp. 3085.

[253] Als Beispiel ist hier die chemische Umwandlung oder Zerlegung einfacher Verbindungen wie bei der Elektrolyse von Wasser in die Elemente Wasserstoff und Sauerstoff zu nennen. Vgl. *Riebel*, Kuppelproduktion, S. 92.

[254] Diese Vorgehensweise geht auf *v. Stackelberg* zurück, der die Kuppelprodukte bei starrer Kuppelproduktion als "Päckchen" auffaßt und die kostentheoretischen Erkenntnisse über den Einproduktbetrieb auf diesen Spezialfall des Mehrproduktbetriebes überträgt. Vgl. *v. Stackelberg*, H.: Grundlagen einer reinen Kostentheorie, Wien 1932, S. 53 ff., insbesondere S. 57.

[255] Durch die Verschiedenartigkeit der Kuppelprodukte ist die Gleichartigkeit der Vermögensgegenstände des Vorratsvermögens als eine der Voraussetzungen für die Anwendung der Gruppenbewertung nach § 240 Abs. 4 HGB, die eventuell für den Ansatz eines gemeinsamen Wertes gekoppelter Produkte in Frage kommen würde, nicht gegeben, so daß nach § 252 Abs. 1 Nr. 3 HGB eine Einzelbewertung und damit eine Verrechnung gekoppelter Kosten auf die einzelnen Kuppelprodukte erforderlich ist.

Einsatzstoffe und/oder durch Variation der Verfahrens- und Prozeßbedingungen, z.B. bei chemischen Reaktionen durch Temperatur- und/oder Druckveränderungen, gesteuert werden können,[256] lassen sich gegebenenfalls funktionale Beziehungen zwischen der Mengenveränderung und einer daraus resultierenden Kostenveränderung feststellen, die dann zur Verrechnung dieser Kostenänderung auf die veränderten Mengen genutzt werden können. Wird beispielsweise die Mengenrelation gekuppelter Produkte ausgehend von einer definierten Ausgangssituation derart verändert, daß sich die absolute Menge eines Produktes unter Konstanz der Absolutmengen der restlichen Produkte erhöht, lassen sich die zusätzlich entstandenen Kosten eindeutig diesen zusätzlichen Mengen zurechnen, vorausgesetzt, die Höhe des Kostenzuwachses ist nicht vom Kostenniveau und damit vom Mengenverhältnis der Ausgangssituation abhängig.[257] Selbst wenn eine derartige Abhängigkeit besteht, kann die funktionale Beziehung zwischen Mengenveränderung und Kostenänderung ein zweckmäßiges Kriterium für die Zurechnung von Kosten auf einzelne Erzeugnisse sein, z.B. für die Zwecke der Selbstkostenermittlung. Zusammenfassend ist festzuhalten, daß "die Elastizität der Mengenverhältnisse ... außer für die Beschäftigungsökonomik für den Verlauf der Kosten und Erträge und die Anwendbarkeit der Kalkulationsverfahren entscheidend wichtig"[258] ist.

Im Fall der *sekundären Produktionsverbundenheit* der Erzeugnisse fehlt das Merkmal der naturgesetzlichen Verkoppelung. Das Mengenverhältnis der Produkte ist beliebig veränderbar, jedoch besteht eine wirtschaftliche Notwendigkeit der gleichzeitigen Produktion verschiedenartiger Erzeugnisse auf denselben Anlagen, um die Ausnutzung der Kapazität zu verbessern.[259] Als Beispiele können hier das gleichzeitige Brennen verschiedener Sorten Ziegel in einem Ofen, die gleichzeitige Erzeugung von Nieder- und Mittelspannungsstrom, die gleichzeitige Bearbeitung unterschiedlicher Werk-

---

256 Der theoretische Grenzfall der vollkommen elastischen Kuppelproduktion, bei der die Mengenverhältnisse beliebig veränderbar sind, also auf die Produktion unerwünschter Produkte gänzlich verzichtet werden kann, ist nicht mehr der Kuppelproduktion im hier verstandenen Sinne zuzurechnen, da das definitorische Merkmal der technologisch-zwangsweisen Gleichzeitigkeit des Produktanfalls nicht gegeben ist. Vielmehr handelt es sich um eine freiwillige, sekundäre Verbundproduktion. Im folgenden soll unter elastischer Kuppelproduktion nur die unvollständig elastische, innerhalb bestimmter Grenzen variable Kuppelproduktion verstanden werden.

257 *v. Stackelberg* versucht, die Abhängigkeit der Kosten vom Mengenverhältnis der Produkte mittels Vektoren abzubilden und somit rechenbar zu machen. Vgl. *v. Stackelberg*, S. 58 ff.

258 *Riebel*, P.: Verbund-(Kuppel-)produktion, in: Seischab, H./Schwantag, K. (Hrsg.): HWB, 3., völlig neu bearbeitete Auflage, Bd. IV, Stuttgart 1962, Sp. 5645 f.

259 Vgl. *Mellerowicz*, Kostenrechnung, Bd. I, S. 144.

stücke in einem flexiblen Fertigungssystem[260] oder der gleichzeitige Transport verschiedener Güter in einem Transportmittel[261] angeführt werden. Nicht zur sekundären Produktionsverbundenheit sind dagegen nach obiger Definition jene Fälle zu rechnen, bei denen verschiedene Erzeugnisse dieselben Produktionsanlagen nacheinander, d.h. in unterschiedlichen Prozessen, belegen.[262] Die sekundär verbundene Produktion zeichnet sich im Vergleich zur primär verbundenen dadurch aus, daß die Kosten des gemeinsamen Prozesses nicht allesamt nur der Produktgemeinschaft zugerechnet werden können, sondern es treten in mehr oder weniger großem Umfang Produktionsfaktorverbräuche auf, die nur durch eine Erzeugnisart ausgelöst werden. "Kosten, die nur eines der Produkte verursacht, ... sind höher bei sekundär als bei primär verbundenen Produkten."[263] Weiterhin ergeben sich bei sekundärer Verbundproduktion Sonderfragen hinsichtlich der Ausnutzung gleichzeitig beanspruchter Kapazitäten, zu deren Beantwortung die Kostenrechnung einen Beitrag zu leisten hat. In diesem Zusammenhang lassen sich auch aufgrund der Freiwilligkeit der Verbundproduktion Kriterien ableiten, anhand derer eine zweckmäßige Verrechnung nicht verursachungsgerecht zurechenbarer Kosten erfolgen kann. Beispielsweise können die Kosten der gleichzeitig genutzten Kapazitäten beim Brennen von Ziegeln oder bei Transportvorgängen entsprechend der räumlichen Kapazitätsbeanspruchung auf die einzelnen Erzeugnisarten aufgeteilt werden.

---

260 Vgl. *Kaluza*, Erzeugniswechsel, S. 136.

261 Vgl. *Tillmann*, K.-H.: Die Bewertung von marktpreislosen Kuppelprodukten in der Kostenrechnung der chemischen Industrie, Diss., Köln 1952, S. 16.

262 In der Literatur werden häufig derartige Beispiele zur sekundären Verbundenheit oder zur Kuppelproduktion angeführt, z.B. die Hin- und Rückfahrt bei Transportunternehmen oder die getrennte Beförderung unterschiedlicher Leistungen in Verkehrsbetrieben. Vgl. etwa *Mellerowicz*, Kostenrechnung, Bd. I, S. 146 sowie die Problematisierung derartiger Beispiele bei *Riebel*, Kuppelproduktion, S. 58 ff. Dabei handelt es sich bei genauer Betrachtung um einen der Wechselfertigung zuzurechnenden Fall. Die latente Erhebung der Gleichzeitigkeit der Produktion zum typbildenden Merkmal durch die genannten Autoren zeigt sich darin, daß zur Beschreibung der sekundären Verbundenheit meist Beispiele aus dem Dienstleistungsbereich angeführt werden. Wäre mit Gemeinsamkeit auch eine zeitlich-sukzessive Inanspruchnahme derselben Anlagen durch verschiedene Erzeugnisse gemeint, ließen sich auch und gerade in Industriebetrieben genügend entsprechende Beispiele finden, z.B. in allen Betrieben mit Einzel-, Sorten- und Serienfertigung.

263 *Mellerowicz*, Kostenrechnung, Bd. I, S. 147.

(2) Die Art der Mengenkorrelation der Erzeugnisse im Fertigungsbereich

Ein weiteres typologisches Merkmal, das für die Gestaltung der Kostenrechnung als relevant zu erachtende betriebsspezifische Besonderheiten bei den Zuordnungsbeziehungen des Urbildes kennzeichnet, ist die Mengenkorrelation der Erzeugnisse im Fertigungsbereich. Es handelt sich dabei um Erzeugnisbeziehungen, die in enger Verbindung mit dem zuvor genannten Merkmal stehen, die aber nicht mit ihm gleichgesetzt oder - was in der Literatur oftmals geschieht[264] - vermischt werden dürfen, da es sonst zu Fehlinterpretationen bei typologischen Untersuchungen kommen kann. Nach der Mengenkorrelation der Erzeugnisse im Fertigungsbereich[265] können die neutrale, die konkurrierende und die komplementäre Fertigung unterschieden werden.[266]

Bei der *neutralen Fertigung* bestehen keine wechselseitigen Einflüsse der Produktionsmengen eines Erzeugnisses auf die eines anderen. Ein Erzeugnis A kann folglich unabhängig von der Produktionsmenge eines Erzeugnisses B gefertigt werden.[267] Voraussetzung für das Vorliegen der neutralen Fertigung ist entweder die Herstellung der Erzeugnisse auf verschiedenen oder die Verwendung gemeinsamer, aber nicht vollständig genutzter Fertigungskapazitäten.[268] Durch das Fehlen von Produktionsmengenbeziehungen

---

[264] Beispielsweise bei *Große-Oetringhaus*, S. 233 ff.; *Männel*, W.: Verbundwirtschaft, in: Kern, W. (Hrsg.): HWProd, Stuttgart 1979, Sp. 2088 ff.; *Kern*, Produktionswirtschaft, S. 84.

[265] An dieser Stelle sollen aus oben bereits dargelegten Gründen die Mengenbeziehungen der Erzeugnisse am Beispiel des Fertigungsbereiches dargestellt und ihre Bedeutung für die Gestaltung der Kostenrechnung aufgezeigt werden. Die hierbei angestellten Überlegungen und gewonnenen Erkenntnisse lassen sich unter Berücksichtigung der jeweiligen Besonderheiten auch auf andere Funktionsbereiche des Betriebes übertragen, z.B. auf den Beschaffungs-, Absatz- oder Forschungs- und Entwicklungsbereich.

[266] Es soll hier vereinfachend von neutraler, konkurrierender und komplementärer *Fertigung* gesprochen werden, um den beispielhaften Bezug des gewählten Merkmals auf den Fertigungsbereich deutlicher herauszustellen. Richtigerweise müßte von neutralen, konkurrierenden und komplementären *Erzeugnismengen im Fertigungsbereich* die Rede sein.

[267] Dieser Fertigungstyp wird in der Literatur auch als simultane, unabhängige, independente oder unverbundene Fertigung bezeichnet, wobei aber meist die Produktionsmengenabhängigkeit der Erzeugnisse mit deren fertigungstechnischen Verbundenheiten und/oder der zeitlichen Zuordnung der Aufträge zu Betriebsmitteln verknüpft wird. Vgl. hierzu *Große-Oetringhaus*, S. 233 ff.; *Messmann*, S. 9 f.; *Männel*, Verbundwirtschaft, Sp. 2089.

[268] Neutrale Fertigung tritt also nicht nur bei Parallelfertigung auf, sondern kann auch bei Wechselfertigung gegeben sein. Die Gemeinsamkeit der Fertigungsprozesse ist damit kein definierendes, sondern lediglich ein beschreibendes Merkmal für die Art der Fertigungsmengenabhängigkeit von Erzeugnissen. Anderer Meinung ist *Große-Oetringhaus*, S. 233. Weiterhin kann neutrale Fertigung sowohl bei unverbundener als auch bei primär und sekundär verbun-

zwischen Erzeugnissen treten bei neutraler Fertigung keine produktionsmengenbezogenen Kostenabhängigkeiten zwischen den betrachteten Erzeugnissen auf, so daß diesbezüglich keine besonderen Anforderungen an die Gestaltung der Kostenrechnung bestehen. Entscheidungen über die gewinnoptimale Produktionsmenge eines Erzeugnisses können demzufolge unabhängig von den Produktionsmengen anderer, neutral verbundener Erzeugnisse getroffen werden.

Bei der *konkurrierenden Fertigung* kann die Produktionsmenge eines Erzeugnisses nur dadurch erhöht werden, daß bei mindestens einem anderen Erzeugnis die Produktionsmenge verringert wird. Erzeugnis A kann somit nur zu Lasten von Erzeugnis B gefertigt werden.[269] Eine Konkurrenzbeziehung zweier Erzeugnisse tritt im Fertigungsbereich auf, wenn die Fertigung der Erzeugnisse nur unter Verwendung derselben, vollständig ausgelasteten Fertigungskapazitäten möglich ist, d.h., wenn die Erzeugnisse um einen Engpaßfaktor im Fertigungsbereich konkurrieren. Falls diese Voraussetzung gegeben ist, wirkt sich die Höhe der Produktionsmenge des einen Erzeugnisses negativ auf diejenige anderer Erzeugnisse aus. Konkurrenzbeziehungen zwischen Erzeugnissen können einerseits bei Wechselfertigung, andererseits auch bei allen Formen der Fertigungsverbundenheit - auch bei unverbundener Produktion[270] - auftreten, nicht aber bei Parallelfertigung, da hier die Voraussetzung der Nutzung gemeinsamer Kapazitäten nicht gegeben ist. Liegt konkurrierende Fertigung vor, ist zu entscheiden, welchem Erzeugnis die Nutzung der umworbenen Kapazität eingeräumt werden soll. Die Kostenrechnung hat für dieses Entscheidungsproblem die relevanten Kosten- und Erlöswerte bereitzustellen.[271] Ferner ist vorstellbar, daß die Konkurrenzbeziehungen zwischen den Erzeugnissen auch eine entspre-

---

dener Produktion gegeben sein, sofern die Fertigungskapazitäten nicht vollständig ausgelastet sind.

[269] Anstelle der Bezeichnung "konkurrierende Fertigung" wird in der Literatur zum Teil auch von alternativer Produktion gesprochen, wobei wie bei der neutralen Fertigung meist eine Vermischung mit anderen Fertigungstypen erfolgt. Vgl. hierzu *Messmann*, S. 6 f.; *Hummel*, Produktion, Sp. 3083; *Große-Oetringhaus*, S. 235.

[270] Es sei an dieser Stelle nochmals darauf hingewiesen, daß der Begriff der unverbundenen Produktion in dieser Arbeit im Sinne einer nicht gleichzeitigen Inanspruchnahme derselben Produktionsanlagen durch verschiedene Erzeugnisse gebraucht wird, so daß der Fall der sukzessiven Belegung derselben Anlagen durch verschiedene Erzeugnisse zur unverbundenen Produktion zu zählen ist.

[271] Dabei kann die Lösung dieses Entscheidungsproblems auch zu dem Ergebnis führen, daß entweder nur Erzeugnis A oder nur Erzeugnis B gefertigt werden sollte. Diesen Spezialfall der Konkurrenzbeziehung zweier Erzeugnisse bezeichnet *Bohr* als alternative Produktion - ein weiteres Beispiel für die in diesem Zusammenhang anzutreffende Begriffsvielfalt in der Literatur. Vgl. *Bohr*, Produktionstheorie, S. 6.

chende Abbildung in den Kostenbeziehungen erfahren, z.B. in Form von Opportunitätskosten bei erzeugnisbezogenen Entscheidungen im Rahmen der Produktionsprogrammplanung.

Wird durch die Erhöhung der Produktionsmenge eines Erzeugnisses zwangsläufig auch die Produktionsmenge mindestens eines oder mehrerer weiterer Erzeugnisse gesteigert, liegt *komplementäre Fertigung* vor.[272] Die Herstellung eines Erzeugnisses A begünstigt automatisch die Herstellung eines anderen Erzeugnisses B. Die Zwangsläufigkeit der Produktentstehung kann nur bei Kuppelproduktion auftreten,[273] wenngleich die Kuppelproduktion nicht in jedem Fall komplementären Charakter besitzen muß.[274] Bei der starren Kuppelproduktion läßt sich die Produktmengensteigerung eines Erzeugnisses nur durch eine, dem gegebenen Mengenverhältnis entsprechende Produktmengensteigerung der gekoppelten Produkte erreichen, weshalb die starre Kuppelproduktion als klassischer Fall der komplementären Fertigung bezeichnet werden kann. Bei der elastischen Kuppelproduktion sind die Produktionsmengenrelationen dagegen innerhalb bestimmter Grenzen veränderbar, so daß zur Beurteilung der Produktionsmengenabhängigkeit der beteiligten Erzeugnisse danach unterschieden werden muß, ob die Elastizitätsgrenze bereits erreicht ist oder ob noch Variationsmöglichkeiten bestehen. Ist die Variationsgrenze erreicht, liegen der starren Kuppelproduktion vergleichbare Verhältnisse vor: Eine Produktmengenerhöhung des gewünschten Produktes kann nur durch eine gleichzeitige Produktmengenerhöhung aller anderen beteiligten Produkte erreicht werden. In diesem Fall sind die betrieblichen Verhältnisse wiederum durch eine komplementäre Fertigung gekennzeichnet. Solange die Variationsgrenze noch nicht erreicht ist, muß zur endgültigen Klärung der Verbundenheits-

---

[272] Vgl. *Messmann*, S. 7. Der hier verwendete Komplementaritätsbegriff geht von gegebenen Kapazitäten aus. Eine andere Art von Komplementarität liegt vor, wenn die Steigerung der Produktionsmenge des einen Erzeugnisses mit einer Kapazitätserhöhung verbunden ist und dadurch auch die Produktionsmenge von Erzeugnis B erhöht werden *kann*. Es wird demnach nicht auf die tatsächlichen Produktionsmengen, sondern auf die Produktionsmöglichkeiten abgestellt. Als Beispiele sind die Erzeugung von Tag- und Nachtstrom oder die Hin- und Rückfahrt bei Transportbetrieben zu nennen. Vgl. hierzu *Abromeit*, S. 39 ff.; *Große-Oetringhaus*, S. 235 f.; *Männel*, Verbundwirtschaft, Sp. 2091. Im folgenden sollen bei der Kennzeichnung von Produktionsmengenbeziehungen nur tatsächlich auftretende, d.h. zwangsweise entstehende Mengenabhängigkeiten betrachtet werden.

[273] Eine zwangsweise positive Verknüpfung der tatsächlichen Produktionsmengen mehrerer Erzeugnisse ist nur denkbar, wenn die Erzeugnisse in einem Prozeß, d.h. gleichzeitig hergestellt werden.

[274] *Vormbaum* und *Messmann* verwenden den Begriff der komplementären Produktion als Oberbegriff über die Kuppelproduktion bzw. synonym mit Kuppelproduktion. Vgl. *Vormbaum*, H.: Differenzierte Preise, Differenzierte Preisforderungen als Mittel der Betriebspolitik, Köln/Opladen 1960, S. 28 ff.; *Messmann*, S. 7 ff.

beziehung zusätzlich der Beschäftigungsgrad herangezogen werden. Sind die verfügbaren Kapazitäten noch nicht voll ausgeschöpft, kann durch eine entsprechende Wahl der Einsatzstoffe und/oder der Prozeßbedingungen die Produktionsmenge des gewünschten Erzeugnisses erhöht werden, ohne daß sich dies auf die absoluten Produktionsmengen der gekoppelten Produkte auswirkt. In diesem Fall liegt neutrale Fertigung vor. Sind die Produktionskapazitäten bereits vollkommen ausgelastet, kann die Produktionsmenge des gewünschten Produktes nur dadurch erhöht werden, daß bei mindestens einem Kuppelprodukt eine Produktionsmengensenkung hingenommen wird. In diesem Fall ist die Kuppelproduktion als konkurrierende Fertigung zu bezeichnen. Damit kann festgehalten werden, daß streng genommen nur die starre und die an eine Variationsgrenze angelangte elastische Kuppelproduktion als komplementäre Fertigung bezeichnet werden können.

Liegen komplementäre Produktionsmengenbeziehungen zwischen Erzeugnissen vor, hat die Kostenrechnung diese Abhängigkeiten kostenmäßig abzubilden und darzustellen. Vor allem bei der Bereitstellung von Kosteninformationen zur Unterstützung dispositiver Entscheidungen sind komplementäre Erzeugnisbeziehungen und deren kostenmäßige Auswirkungen zu berücksichtigen, wenn Fehlentscheidungen vermieden werden sollen. Komplementäre Erzeugnismengenbeziehungen können insbesondere hinsichtlich der Zurechnung von Gemeinkosten auf Kostenträger von Bedeutung sein und sich auf die Kostenhöhe der Erzeugniseinheiten auswirken. Es stellt sich beispielsweise die Frage, ob die mit der Produktionsmengensteigerung eines Produktes A zusammenhängenden Kostensteigerungen nur diesem Produkt A oder eventuell auch einem komplementären Produkt B zuzurechnen sind. Wird etwa bei starrer Kuppelproduktion die Erzeugnismenge des Erzeugnisses A erhöht, um verbesserte Absatzmöglichkeiten für dieses Produkt ausschöpfen zu können, sind sämtliche Kosten der Produktionssteigerung diesem Produkt ursächlich zuzurechnen. Gleichzeitig wird die Produktionsmenge eines anderen Produktes B zwangsweise erhöht, ohne daß zusätzliche Kosten auf diese Erzeugnisart zugerechnet werden, so daß ein Kostendegressionseffekt bei Produkt B zu erwarten ist.

(3) Die Art der Stoffverwertung

Von Bedeutung für die Charakterisierung der durch die Kostenrechnung abzubildenden Betriebsverhältnisse und urbildbedingten Zuordnungsbeziehungen ist weiter die Art der Stoffverwertung. Unter diesem Aspekt lassen sich die durchlaufende, die analytische, die synthetische und die austauschende Fertigung unterscheiden,[275] wobei als Merkmalskriterien die Anzahl der eingesetzten Werkstoffarten sowie die Anzahl der ausgebrachten Endproduktarten herangezogen werden. Die dabei auftretenden Beziehungen zwischen Input und Output werden durch die Art des Fertigungsverfahrens bedingt, d.h., die technischen Besonderheiten einzelner Produktionsabläufe sind als ursächlich für die Art der Stoffverwertung anzusehen.[276]

Wird beim Einsatz nur einer Werkstoffart lediglich eine Endproduktart ausgebracht, liegt *durchlaufende* oder *durchgängige Stoffverwertung* vor. Dabei wird ein Einsatzstoff zu einem Erzeugnis umgeformt oder umgewandelt, wobei der eingesetzte Werkstoff in seiner chemisch-physikalischen Zusammensetzung vollständig erhalten bleibt[277] oder nur unwesentliche Form- oder Substanzveränderungen erfährt.[278] Bei der letztgenannten Form der durchlaufenden Fertigung handelt es sich um Veredelungsvorgänge, "die ihrem Wesen nach eine *substantiell unerhebliche*, nur für den individuellen, verfeinerten Geschmack wesentliche *Form- oder Qualitätsverbesserung* darstellen oder bewirken, die aber keinesfalls ... zu einer eigentlichen Stoffumwandlung führen."[279] Veredelungsbetriebe befassen sich demnach mit "*Stoffverfeinerungen und Formverbesserungen von an sich technisch und hinsichtlich des Grundgebrauchs 'fertigen' Rohprodukten oder Fabrikaten, deren Gebrauchs- und (oder) Marktwert mittels einer stofflichen Zutat oder durch Oberflächenbearbeitung bei grundsätzlicher Nichtveränderung der Wesensart des Grundstoffes und der Grundform erhöht wird.*"[280]

Bei der *analytischen Stoffverwertung* werden beim Einsatz nur einer Werkstoffart mehrere Endproduktarten nebeneinander gewonnen. Die analytische Stoffverwertung wird daher auch als zerlegende, divergierende oder aufschließende Fertigung bezeichnet.[281] Als typische industrielle Beispiele sind die Erdölverarbeitung, die Wasserelektrolyse, die Luftzerlegung, die Erzaufbereitung und die Fleischverarbeitung zu nennen. Darüber hinaus können Demontageprozesse, die durch das verstärkte Aufkommen der Recyclingindustrie an Bedeutung gewinnen, wie z.B. die Zerlegung langlebiger Konsumgüter in ihre Bestandteile zur anschließenden Wiederverwertung, als analytische Fertigung aufgefaßt werden. Betriebe mit analytischer

---

[275] Vgl. *Riebel*, Erzeugungsverfahren, S. 55 ff.; *Schäfer*, Industriebetrieb, S. 19 ff.

[276] Vgl. *Große-Oetringhaus*, S. 169 f.

[277] Als Beispiele sind das Pressen von Karosserieteilen aus Blechen, Schmieden, Walzwerke, Drahtziehereien und Biegebetriebe zu nennen.

[278] Hierzu zählen Fertigungsverfahren wie Sintern, Rösten, Härten, Galvanisieren oder Lackieren.

[279] *Hasenack*, Veredelung, Sp. 5656. Siehe hierzu auch *Gutenberg*, Produktion, S. 1 f.

[280] *Hasenack*, Veredelung, Sp. 5658.

[281] Vgl. *Kern*, Produktionswirtschaft, S. 89.

Fertigung sind dennoch meist den naturnahen Betrieben zuzurechnen und zeichnen sich oft durch umfangreiche und hochtechnologisierte Fertigungsprozesse aus.

Synthetische Stoffverwertung ist gegeben, wenn mehrere verschiedenartige Einsatzstoffe zu einem Erzeugnis zusammengefügt werden. In diesen Fällen, zu denen Montageprozesse aller Art, chemische Syntheseverfahren sowie Misch- und Verpackungsvorgänge zu rechnen sind, wird auch von zusammenfügenden oder konvergierenden Fertigungsverfahren gesprochen.[282]

Bei der *austauschenden* oder *umgruppierenden Stoffverwertung* werden aus mehreren Einsatzstoffen während eines Produktionsprozesses mehrere verschiedene Erzeugnisse hergestellt, die sich von den Einsatzstoffen artmäßig differenzieren.[283] Es handelt sich um eine Kombination von analytischer und synthetischer Stoffverwertung,[284] wobei die Gleichzeitigkeit von Analyse und Synthese als wesentliches Kennzeichen der austauschenden Stoffverwertung deren betriebswirtschaftliche Untersuchungsrelevanz begründet und die Eigenständigkeit als typologische Merkmalsausprägung rechtfertigt.[285] Austauschende Stoffverwertung findet sich insbesondere bei einer Vielzahl chemischer Prozesse sowie bei biologischen Umwandlungsvorgängen, z.B. in der Landwirtschaft.

Die Art der Stoffverwertung kann unter zwei Aspekten betrachtet werden, den Industriebetrieb als ganzes betreffend oder - in einer engeren Sichtweise - auf einzelne Fertigungsverfahren und -prozesse bezogen. Wird das Merkmal der Stoffverwertungsart auf den gesamten Betrieb angewandt,[286] läßt sich für Betriebe mit analytischer, synthetischer und austauschender Stoffverwertung die Tendenz feststellen, daß sowohl der Beschaffungs- als auch der Absatzbereich Schwerpunkte des betrieblichen Interesses darstellen, die durch entsprechende Kosteninformationen unterstützt werden müssen.

---

[282] Vgl. *Riebel*, Erzeugungsverfahren, S. 55 f.; *Kilger*, Industriebetriebslehre, S. 38; *Kosiol*, Betriebswirtschaftslehre, S. 190.

[283] Vgl. *Riebel*, Erzeugungsverfahren, S. 56.

[284] Vgl. *Schäfer*, Industriebetrieb, S. 20, Fn. 2.

[285] Vgl. *Kosiol*, Betriebswirtschaftslehre, S. 190; *Große-Oetringhaus*, S. 173.

[286] Diese Betrachtungsweise wird beispielsweise von *Schäfer* bevorzugt. Vgl. *Schäfer*, Industriebetrieb, S. 21. Es ist dabei zu beachten, daß mit dem Merkmal "Art der Stoffverwertung" grundsätzlich neue Erkenntnisse nur aus der Gegenüberstellung der beiden miteinander verknüpften Grundmerkmale "Anzahl der Werkstoffarten" und "Anzahl der Erzeugnisarten" gewonnen werden können.

Die analytischen Stoffverwertungsbetriebe sind allgemein dem naturnahen Bereich zuzuordnen. Sie zeichnen sich als solche durch eine relativ starke Abhängigkeit vom einzusetzenden Werkstoff aus, was sich in einer intensiven kostenrechnerischen Betreuung des Beschaffungsbereiches niederschlägt. Durch die Vielzahl der aus dem Einsatzstoff hervorgebrachten Erzeugnisse rückt bei der analytischen Stoffverwertung zudem der Absatzbereich in den Mittelpunkt des Interesses, insbesondere dann, wenn der Betrieb auf verschiedenen Absatzmärkten tätig ist und sein absatzpolitisches Instrumentarium auf jedes einzelne Erzeugnis detailliert ausrichten muß. Entsprechende Erkenntnisse ergeben sich auch für die synthetische Stoffverwertung, die meist bei konsumnahen Betrieben anzutreffen ist. Die sich aus der Nähe zum Konsum ergebende große Bedeutung des Absatzmarktes wird dabei ergänzt durch die aus der Vielzahl der einzusetzenden Werkstoffarten resultierenden Wichtigkeit der Beschaffungsaktivitäten. Insbesondere Fragen nach der Substituierbarkeit von Einsatzstoffen und deren Konsequenzen für die Kostenentstehung sind hier von großem Interesse. Für die austauschende Stoffverwertung läßt sich ebenfalls keine Bedeutungsgewichtung für den Absatz- oder den Beschaffungsmarkt feststellen. Bei der durchlaufenden Stoffverwertung fallen Absatz- und Beschaffungsmarkt sogar häufig zusammen.

Weiterhin ergeben sich bei der analytischen, der synthetischen und der durchlaufenden Stoffverwertung Unterschiede in der ökonomischen Blickrichtung des Gesamtbetriebes. Ausgangspunkt ist bei der analytischen Stoffverwertung der Einsatzstoff, aus dem es verschiedene Erzeugnisse zu gewinnen und zu verwerten gilt. Alle betrieblichen Aktivitäten lassen sich letztlich auf diesen einen Einsatzstoff zurückführen. Umgekehrt verhält es sich bei der synthetischen Stoffverwertung. Hier bildet das Erzeugnis den Ausgangspunkt der betrieblichen Überlegungen. Alle Aktivitäten sind an der Herstellung und dem Absatz des Erzeugnisses ausgerichtet, insbesondere auch die Frage, welche Einsatzstoffe zur Erreichung des Produktionszieles beschafft und bereitgestellt werden müssen. Bei der durchlaufenden Stoffverwertung kommt es aufgrund der zwischen Einsatzstoff und Erzeugnis bestehenden körperlichen und stofflichen Identitätsbeziehung, die bei der Veredelung deutlich erkennbar ist, zu der Besonderheit, daß nicht der Ausgangsstoff oder das Erzeugnis im Vordergrund des betrieblichen Interesses stehen, sondern das Fertigungsverfahren. Die Absatzleistung dieser Betriebe besteht dabei meist nicht im Verkauf von Produkten, sondern im Verkauf von Bearbeitungsvorgängen. Die zu bearbeitenden Produkte werden in der Regel vom Kunden selbst geliefert, d.h., Lieferant des Einsatzstoffes und Abnehmer des Erzeugnisses sind meist identisch, so daß Betriebe mit durchlaufender Stoffverwertung Dienstleistungscharakter besitzen. Die geschilderten Unterschiede in der grundsätzlichen ökonomischen Blickrichtung der Betriebe mit analytischer, synthetischer oder durchlaufender Stoffverwertung können sich auch auf die Blickrichtung der Kostenrechnung, d.h. auf die Art des Zurechnungsobjektes und somit auf die Zurechnungsrichtung, auswirken.

Der Einfluß, den die Art der Stoffverwertung auf die Gestaltung der Kostenrechnung ausüben kann, zeigt sich auch bei der vom Gesamtbetrieb losgelösten, auf einzelne Fertigungsverfahren bezogenen Betrachtungsweise. Während die synthetischen und die durchlaufenden Fertigungsprozesse keine besonderen Anforderungen an die Gestaltung der Kostenrechnung stellen, treten sowohl bei den analytischen als auch bei den umgruppierenden Prozessen generell Probleme der Zurechnung von Kosten der eingesetzten Faktoren auf die ausgebrachten Produkte auf, und zwar nicht nur hinsichtlich der gemeinsam genutzten Betriebsmittel, sondern auch hinsichtlich der Roh- und Hilfsstoffe, die in diesem Fall - im Unterschied zur synthetischen oder durchlaufenden Fertigung - echte Gemeinkosten darstellen. Da der analytische und der umgruppierende Fertigungsprozeß eng mit der Kuppelproduktion verwandt sind und deshalb hinsichtlich ihrer kostenrechnungsgestalterischen Konsequenzen dieser weitgehend entsprechen, sei hier auf die Ausführungen in Kapitel C.-II.-3.-b)-bb)-(1) verwiesen.

(4) Die Fertigungsdauer

Die betrieblichen Leistungserstellungs- und Leistungsverwertungsprozesse als das Urbild der Kostenrechnung stellen Vorgänge dar, die nicht nur durch die produktive Umwandlung von Einsatzfaktoren zu neuen Produkten, sondern auch durch ihren Ablauf in der zeitlichen Dimension, d.h. durch zeitliche Beziehungsstrukturen, zu kennzeichnen sind. Das betriebliche Geschehen verläuft in einem zeitlichen Kontinuum, das zunächst nur durch einen Anfangs- und einen Endzeitpunkt, der Aufnahme der Produktion bei Gründung bzw. der Beendigung der Produktion bei Aufgabe des Betriebes, begrenzt wird. Da die Informationsadressaten der Kostenrechnung weniger an Informationen über diese Totalperiode des Betriebes interessiert sind, sondern bereits während dieser Periode auf Kosteninformationen angewiesen sind, um beispielsweise die betrieblichen Abläufe hinsichtlich der Erreichung der gesetzten Ziele steuern zu können, muß die betriebliche Totalperiode in für den jeweiligen Informationsbedarf zweckmäßige Teilperioden gegliedert werden. Die Kostenrechnung ist deshalb als *Periodenrechnung* zu konzipieren, die den betrieblichen Transformationsprozeß über einen gewissen, möglichst nach Zweckmäßigkeitsüberlegungen gewählten Zeitraum hinweg zahlenmäßig abbildet.[287]

Nachdem die grundsätzliche Notwendigkeit einer Zäsur des zeitlichen Kontinuums des betrieblichen Geschehens aus Gründen des Informationsbedarfs geklärt ist, stellt sich die Frage, an welchen Kriterien sich eine Einteilung der Totalperiode in einzelne Teilphasen orientieren soll. Hierbei ist zu beachten, daß der betriebliche Kombinationsprozeß in einen übergeordneten wirtschaftlichen Gesamtzusammenhang eingebettet ist, der in weiten Teilen periodisch organisiert ist und entsprechende Einflüsse auf die betrieblichen Abläufe ausübt.[288] Eine Vielzahl von Kostenarten, wie z.B. Personalkosten, Miete, Steuern oder Abgaben, fällt in regelmäßigen periodischen Abständen an oder ist zumindest von der Länge des betrachteten Zeitraumes abhängig, wie z.B. ein Großteil der Wagniskosten. Daneben werden die Kosten des betriebsnotwendigen Anlagevermögens auf die Dauer der Nutzung verteilt und zeichnen sich ebenfalls durch eine Periodisierung aus. Die Kostenrechnung kann sich folglich bei der Wahl ihrer Periodisierungskriterien an solchermaßen bereits durch das Umfeld der von ihr abzubildenden Realität vorgegebenen Zeiteinteilungen orientieren.

Weitere, für die Abbildungszwecke der Kostenrechnung interessante Zäsurkriterien ergeben sich, wenn das Abbildungs- und Erkenntnisobjekt selbst, d.h. der betriebliche Faktorkombinationsprozeß, herangezogen wird. Hier bietet es sich insbesondere an, "die Kontraktion der zeitlich verteilten Beobachtungsgrößen (z.B. Faktoreinsätze) nicht über eine konventionell vereinbarte Periodendauer (z.B. Monat) hinweg, sondern über diejenige Zeitspanne, die zum Erledigen der Aufgabe (tatsächlich) benötigt wurde oder wird,"[289] vorzunehmen. Da sich die Kostenrechnung mit der Abbildung des Transformationsprozesses beschäftigt, liegt es nahe, die im jeweiligen Betrieb für die Leistungserstellung und -verwertung einer Leistungseinheit

---

[287] Dem steht es nicht entgegen, die Kostenrechnung auch als eine *Stückrechnung* - besser in allgemeiner Form als Erzeugnis-, Kostenträger- oder Leistungseinheitsrechnung - zu bezeichnen, denn die Leistungseinheitsrechnung ist als eine spezifische Unterart der Periodenrechnung aufzufassen, da sich die Hervorbringung einer Leistungseinheit stets in einem Zeitraum - wenngleich bei manchen Leistungen innerhalb nur weniger Sekunden - vollzieht.

[288] Der wirtschaftliche Gesamtzusammenhang wiederum ist als ein Ausschnitt der komplexen Realität zu sehen, in der eine Vielzahl z.B. natur- oder gesellschaftsbedingter Periodisierungen beobachtet werden kann, wie beispielsweise Klimaperioden, Jahres- und Tageszeiten, Lebensphasen und Tagesrhythmen. Diesen Zeiteinteilungen kommt ein bedeutender Einfluß auf die im Wirtschaftsleben relevanten Zäsuren zu, was sich z.B. im monatlichen Anfall von Zahlungsvorgängen (Löhne, Gehälter, Mieten) oder auch im jährlichen Aufstellen des Jahresabschlusses zeigt.

[289] *Kern*, W.: Die Zeit als Dimension betriebswirtschaftlichen Denkens und Handelns, in: DBW, 52. Jg. 1992, S. 42.

benötigte Zeitspanne als Zäsurkriterium heranzuziehen.[290] Ausgehend von dieser Elementarperiodisierung können durch Unterteilung nach einzelnen Teilphasen des Transformationsprozesses, z.B. nach Prozessen oder funktionalen Betriebsbereichen, oder durch die Zusammenfassung mehrerer Einheiten der gleichen Leistungsart, z.B. Lose, Aufträge oder Chargen, weitere zweckmäßige Periodeneinteilungen abgeleitet werden. Da im Industriebetrieb insbesondere dem Fertigungsbereich großes Interesse gilt, erscheint es sinnvoll, die Zeitspanne, die zur Herstellung einer Leistungseinheit oder - bei ununterbrochener Herstellung mehrerer Einheiten derselben Leistungsart - der Serie oder dem Los aufgewendet wird oder werden soll, als Periodisierungsmaßstab zu wählen, auf dessen Grundlage je nach Fertigungsdauer und Auswertungszweck übergeordnete Periodeneinteilungen, wie etwa Schicht, Tag, Woche, Monat, Quartal oder Jahr, möglich sind.

Der Fertigungsdauer einer Leistungseinheit oder einer Vielzahl ununterbrochen hintereinander gefertigter Einheiten derselben Leistungsart ist damit ein besonderer Einfluß auf die Abbildung der zeitlichen Dimension der betrieblichen Leistungserstellung und -verwertung zuzusprechen. Zur näheren Kennzeichnung sollen im weiteren Verlauf der Arbeit die kurzfristige, die mittelfristige und die langfristige Fertigung unterschieden werden. Bei *kurzfristiger Fertigung* vollzieht sich die Herstellung einer Leistungseinheit oder eines ununterbrochen gefertigten artgleichen Leistungsbündels (Serie, Los) in einem Zeitraum bis zu einem Monat, während sich die *mittel-* und *langfristige Fertigung* auf eine Periode von einem Monat bis zu einem Jahr bzw. auf eine mehr als einjährige Periode bezieht.

(5) Die Wiederholbarkeit der Leistungsqualität

Ein weiterer fertigungstechnisch und damit urbildbedingter Einflußfaktor ergibt sich, wenn das Kriterium der Wiederholbarkeit der Leistungsqualität herangezogen wird. Danach lassen sich Betriebsbedingungen, die eine Wiederholung der Leistungsqualität gestatten, sowie Gegebenheiten, die eine Qualitätswiederholung verhindern, unterscheiden. Während die Möglichkeit der Qualitätswiederholung den Normalfall der betrieblichen Leistungserstellung repräsentiert und daher nicht weiter betrachtet werden soll, steht die Nicht-Wiederholbarkeit der Leistungsqualität im Mittelpunkt dieses Abschnitts und soll im folgenden durch die weitere Differenzierung nach

---

[290] Vgl. hierzu auch *Heinen*, Kostenlehre, S. 246, der mit der Vollzugsdauer der Faktorkombination die Zeitdimension in die Produktionsfunktion einbezieht.

der Ursache für die Unmöglichkeit einer Qualitätswiederholung weiter in die Partie- und die Chargenfertigung unterschieden werden.[291]

Bei der *Partiefertigung* beruht die Unmöglichkeit der Qualitätswiederholung auf Qualitätsunterschieden der Einsatzstoffe. Leistungseinheiten derselben Qualität sind nur dann herstellbar, wenn die Einsatzstoffe derselben, quantitativ begrenzten und qualitativ homogenen Menge (Partie) entstammen.[292] Für die Gestaltung der Kostenrechnung ist die Partiefertigung vor allem von Bedeutung, wenn durch die Qualitätsunterschiede der Leistungen Kosten- und/oder Erlösunterschiede entstehen. Kostenunterschiede zwischen Leistungen verschiedener Partien können durch Unterschiede in den Einsatzstoffkosten der Partien selbst entstehen oder durch zusätzliche Fertigungsverfahren, z.B. durch zusätzliche Veredelungsstufen, hervorgerufen werden, die die entstandenen Qualitätsunterschiede ausgleichen sollen. Treten durch Qualitätsdifferenzen Erlösunterschiede auf, kann eine an der Qualität orientierte Kostenträgerdifferenzierung als zweckmäßig erachtet werden. Ferner hat die Kostenrechnung durch eine entsprechende Abbildung der Zusammenhänge Antwort auf besondere Fragestellungen zu geben. Beispielsweise ist es bei Partiefertigung von Interesse, wie sich die unterschiedlichen Einsatzstoffqualitäten auf die Erfolgsbeiträge der jeweiligen Leistungen auswirken, welche Kombination unterschiedlicher Partien und welche Kostenträgerkombination für den Gesamtbetrieb als optimal anzusehen sind und ob, bis zu welcher Stufe und welche Art von zusätzlichen Fertigungsverfahren zum Qualitätsausgleich eingesetzt werden sollen.

Die *Chargenfertigung* zeichnet sich gegenüber der Partiefertigung dadurch aus, daß die Ursache der Unmöglichkeit einer Qualitätswiederholung in bestimmten Besonderheiten des zugrundeliegenden Fertigungsprozesses zu suchen ist. Bei der Chargenfertigung handelt es sich um einen diskontinuierlichen Vorgang, bei dem aufgrund mangelnder Beherrschbarkeit der Produktionsbedingungen und dem räumlich begrenzten Fassungsvermögen der Betriebsmittel eine homogene Qualität nur für diejenigen Leistungen erzielt werden kann, die gemeinsam und gleichzeitig denselben Produk-

---

[291] Vgl. *Große-Oetringhaus*, S. 165 ff. Von Partie- und Chargenfertigung soll nur gesprochen werden, wenn die Qualitätsunterschiede der Leistungen von betriebswirtschaftlicher Bedeutung sind, beispielsweise wenn sie sich auf den Absatz auswirken oder bestimmte fertigungstechnische Besonderheiten wie etwa zusätzlich erforderliche Produktionsstufen hervorrufen. Zur Abgrenzung der Partie- und der Chargenfertigung von den Leistungswiederholungstypen vgl. die Ausführungen in Kapitel C.-II.-3.-b)-aa)-(2) dieser Untersuchung.

[292] Zur Kennzeichnung der Partiefertigung vgl. *Riebel*, Erzeugungsverfahren, S. 97, Fn. 8; *Riedelbauch*, S. 532 ff. Eine Partie kann naturbedingt sein, z.B. Nahrungsmittel gleicher Ernte oder Rohstoffe gleicher Lagervorkommen, oder auch fertigungsbedingt auftreten, wenn die Einsatzstoffe aus derselben Charge stammen. Vgl. *Große-Oetringhaus*, S. 161 f.

tionsvorgang durchlaufen (Charge).[293] Durch diese Eigenheiten des Produktionsvollzugs ergeben sich wiederum Besonderheiten für die Kostenrechnung, die insbesondere in der adäquaten Abbildung von Kostenabhängigkeiten liegen. Durch die gemeinsame und gleichzeitige Nutzung des Betriebsmittels ergeben sich besondere Kostenverbundenheiten zwischen verschiedenartigen Leistungen derselben Charge, die im Rahmen der Kostenzurechnung zu berücksichtigen sind. Weiterhin stellen sich bei Chargenfertigung besondere Fragen hinsichtlich der kostenoptimalen Kapazitätsausnutzung, der optimalen Chargengröße, der richtigen Reihenfolge hintereinander zu fertigender Chargen sowie der optimalen Zusammenstellung einer Charge, wenn diese aus verschiedenartigen Leistungen bestehen kann. Ferner ist es denkbar, daß die Charge selbst zum Kostenträger wird, beispielsweise dann, wenn die Größe einer Charge durch den Kundenauftrag bestimmt wird.[294]

(6) Die Intensität der eingesetzten originären Produktionsfaktoren

Werden die realen Erscheinungsformen der Betriebe hinsichtlich der Intensität der im Rahmen ihrer Leistungserstellungs- und Leistungsverwertungsprozesse eingesetzten originären Produktionsfaktoren geordnet, lassen sich arbeits-, werkstoff- und betriebsmittelintensive Betriebe unterscheiden.[295] Als Beurteilungskriterium der Intensität wird im folgenden der

---

[293] Vgl. *Große-Oetringhaus*, S. 164 f.; *Riebel*, Erzeugungsverfahren, S. 96 ff.; *Riedelbauch*, S. 535 ff.; *Binnewies*, S. 21 f. Dabei muß eine Charge nicht zwangsweise eine homogene Qualität aufweisen, da in einer Charge auch verschiedenartige Leistungen, z.B. beim Ziegelbrennen Ziegel unterschiedlicher Abmessungen, Lochung oder Konsistenz, zusammengefaßt werden können. Entscheidend für das Vorliegen der Chargenfertigung ist, daß durch die Produktionsbedingungen eine Qualitätswiederholung in einem zeitlich nachfolgenden Produktionsvorgang bei Leistungen derselben Leistungsart nicht möglich oder sehr unwahrscheinlich ist, so daß z.B. Ziegel derselben Abmessung, Konsistenz oder Lochung, aber nicht derselben Farbtönung hergestellt werden können. Anderer Meinung ist *Große-Oetringhaus*, S. 164.

[294] Vgl. hierzu sowie zu den besonderen Kostenabhängigkeiten, die bei Chargenfertigung zu beachten sind, *Riebel*, P.: Kostengestaltung bei chargenweiser Produktion, in: Schulz, C.E. (Hrsg.): Der Industriebetrieb und sein Rechnungswesen, Professor Dr.-Ing. Dr. rer. pol. Max Rudolf Lehmann zum 70. Geburtstag von Freunden und Schülern, Wiesbaden 1956, S. 144 ff.; *Bergner*, H.: Versuch einer Filmwirtschaftslehre, Bd. 1/III, Berlin 1966, S. 96 f.; *Binnewies*, S. 31 ff.

[295] Die hier vorgenommene Dreiteilung der originären Produktionsfaktoren ist eigentlich noch um Kapital, Fremdleistungen und Abgaben an die öffentliche Hand zu erweitern, wobei diese aber aufgrund ihres relativ geringen Anteils an den Gesamtkosten des Betriebes im Rahmen dieser Betrachtung vernachlässigt werden können. Zur hier gewählten Einteilung der

Kostenanteil des Einsatzfaktors an den Gesamtkosten des Betriebes herangezogen,[296] wobei ein Betrieb dann beispielsweise als arbeitsintensiv zu bezeichnen ist, wenn die Arbeitskosten einen deutlich höheren Anteil an den Gesamtkosten besitzen, als die Kosten der übrigen Einsatzfaktoren,[297] so daß anstelle der Intensität der Einsatzfaktoren auch von der einsatzfaktorbezogenen Kostenstruktur als Einflußgröße gesprochen werden kann. Die Kostenstruktur ist als typologisches Merkmal zur Beschreibung der betrieblichen Realität allerdings nur von untergeordneter Bedeutung, da sie nicht ein originäres Merkmal, sondern das Ergebnis des Zusammenwirkens einer Vielzahl anderer charakteristischer Erscheinungsmerkmale der Betriebe darstellt.[298] Für die situative Betrachtung der Kostenrechnungsgestaltung ist die Kostenstruktur aber dennoch - oder gerade deshalb - von Bedeutung, denn sie bringt die Auswirkungen kombinativen Auftretens bestimmter betriebstypischer Merkmale auf den Abbildungsbereich der Kostenrechnung deutlicher und faßbarer zum Ausdruck, als es die Einzelmerkmale können.

Die denkbaren Einflüsse der betrieblichen Kostenstruktur auf die Ausgestaltung der Kostenrechnung sind von vielfältiger Natur. Da auf eine ausführliche Darstellung der Zusammenhänge an dieser Stelle verzichtet werden muß,[299] soll die Bedeutung der Kostenstruktur anhand ausgewählter Beispiele kurz aufgezeigt werden. Allgemein kann gesagt werden, daß die Unternehmensführung von Betrieben, die hinsichtlich eines oder mehrerer Produktionsfaktoren eine hohe Einsatzintensität aufweisen, besonders an der genauen und detaillierten Abbildung dieses Faktorverzehrs interessiert ist, da sich hier das betriebliche Geschehen in der Regel deutlicher auf die

---

Produktionsfaktoren vgl. *Götzinger*, M.K./*Michael*, H.: Kosten- und Leistungsrechnung, Eine Einführung, 6., überarbeitete und erweiterte Auflage, Heidelberg 1993, S. 57.

[296] Daneben wird in der Betriebswirtschaftslehre die Bestimmung der Einsatzintensität häufig auch hinsichtlich des Anteils von Vermögenswerten an den Aktiva vorgenommen, wonach anlagenintensive und umlaufintensive Betriebe differenziert werden können. Vgl. hierzu *Schäfer*, Industriebetrieb, S. 117 f.; *v. Kortzfleisch*, Produktionsmethoden, S. 126. Da die Vermögensstruktur zum einen durch ihre Bestandsorientierung nur wenig geeignet ist, Faktoreinsatzverhältnisse darzustellen, und zum anderen für die Abbildungsaufgabe der Kostenrechnung nur eine untergeordnete Bedeutung in Form der Kapitalkosten (kalkulatorische Zinsen) hat, soll sie hier nicht näher betrachtet werden.

[297] Ein hoher Kostenanteil eines Einsatzfaktors kann entsprechend der Natur der Kosten, sich aus einer Mengen- und einer Wertextension zusammenzusetzen, auf den Einsatz einer besonders großen Menge des Faktors und/oder auf den Einsatz eines besonders teuren Faktors zurückgeführt werden.

[298] Vgl. *Schäfer*, Industriebetrieb, S. 117.

[299] Für eine eingehendere Beschäftigung mit der Kostenstruktur und ihrer Bedeutung für das Wesen der Kostenrechnung, insbesondere für die Wahl eines geeigneten Kostenrechnungssystems, sei verwiesen auf *Schehl*, S. 96 ff.

Wirtschaftlichkeit des Betriebes auswirkt und damit ein grundsätzlich höheres Kostenbeeinflussungspotential gegeben ist, als im Bereich der übrigen Produktionsfaktoren. Darüber hinaus treten je nach der Art des intensiv eingesetzten Produktionsfaktors bestimmte betriebswirtschaftliche Fragestellungen in den Fordergrund des Interesses.[300] Beispielsweise hat bei *arbeitsintensiven Betrieben* die Kostenrechnung Antwort auf die Fragen zu geben, wie sich die Personalkosten bei Arbeitszeitverkürzungen, beim Einsatz neuer Anlagen, beim Wechsel von Ein- zu Zwei- oder Dreischichtbetrieb oder bei der Änderung von Losgrößen verhalten.[301] Bei *werkstoffintensiven Betrieben*[302] wird die Güte der Verbrauchsmengenermittlung im Mittelpunkt der Kostenerfassungsbemühungen stehen, was sich z.B. in Form einer kostenstellen- oder sogar betriebsmittelgenauen Erfassung von Energiekosten oder der kostenträgergenauen Erfassung von Hilfsstoffen äußern könnte. Ferner stehen bei werkstoffintensiven Betrieben die Wirtschaftlichkeitskontrolle der Beschaffungs-, Transport- und Lagerhaltungskosten, die Suche nach kostengünstigeren Werkstoffalternativen oder die differenzierte und an Prozeßbezugsgrößen orientierte Verrechnung der Materialgemeinkosten auf die Kostenträger im Blickpunkt des betriebswirtschaftlichen Interesses. Um dem speziellen Informationsbedarf bei werkstoffintensiven Betrieben gerecht werden zu können, bietet es sich beispielsweise an, die Kostenrechnung im Sinne einer Logistikkostenrechnung[303] zu gestalten. In *betriebsmittelintensiven Betrieben* werden der Ausarbeitung und Anwendung von Abschreibungsverfahren, die dem tatsächlichen Werteverzehr der Betriebsmittel möglichst nahe kommen, besondere Aufmerksamkeit zuteil. Des weiteren sind bei betriebsmittelintensiven Betrieben die Fertigungsgemeinkosten bereits mit Festlegung der Fertigungstechnologie weitgehend vorbestimmt und in der laufenden Produktion nur noch wenig beeinflußbar, so daß sich für die Einteilung des Betriebes in Kostenstellen die Konse-

---

300 Vgl. hierzu die Betrachtung des Kostenstruktureinflusses auf Kostenerfassung und -auswertung bei *Fassbender*, S. 41 ff.

301 Vgl. *Fassbender*, S. 47.

302 Im Rahmen dieser Untersuchung werden, anders als z.B. bei *Gutenberg*, die Hilfs- und Betriebsstoffe nicht zu den Betriebsmitteln, sondern sämtlich zu den Werkstoffen gerechnet. Vgl. *Gutenberg*, Produktion, S. 4. Zur Abgrenzung der Werkstoffe von Material vgl. *Brecht*, S. 23 ff.

303 Vgl. hierzu *Weber*, J., Logistikkostenrechnung; *Männel*, W.: Grundzüge einer Kosten- und Leistungsrechnung für Materialwirtschaft und Logistik, in: Gaugler, E./Meissner, H.G./Thom, N. (Hrsg.): Zukunftsaspekte der anwendungsorientierten Betriebswirtschaftslehre, Erwin Grochla zum 65. Geburtstag gewidmet, Stuttgart 1986, S. 319 ff.

quenz ergeben könnte, größere Verantwortungsbereiche und Kontrollperioden festzulegen.[304]

(7) Die Zahl der Fertigungsstufen

Ein weiteres fertigungstechnisches Merkmal, das die Beziehungsstrukturen des kostenrechnerischen Urbildes beschreibt, ist die Zahl der Fertigungsstufen, die von den Erzeugnissen im Rahmen ihrer Erstellung durchlaufen werden.[305] Zur Einteilung des betrieblichen Leistungserstellungsprozesses in einzelne Fertigungsstufen können überbetriebliche und innerbetriebliche Kriterien herangezogen werden. Bei der überbetrieblichen Betrachtungsweise erfolgt die Fertigungsstufenbildung entsprechend den gesamtwirtschaftlichen Entwicklungsstufen, die das Erzeugnis auf seinem Weg von der Urproduktion bis zur Fertigerzeugnisindustrie durchläuft,[306] d.h. in Anlehnung an den in Kapitel C.-II.-2.-a)-dd) angesprochenen gesamtwirtschaftlichen Reifegrad des Erzeugnisses.[307] Als mehrstufig werden in diesem Fall solche Betriebe angesehen, die mehrere dieser vertikalen Stufen durchführen, z.B. Betriebe, die Erdöl fördern, dieses zu den verschiedenen Grundstoffen weiterverarbeiten und daraus wiederum Kunststoffe herstellen. Für die vorliegende Untersuchung ist die Definition der Fertigungsstufe anhand der gesamtwirtschaftlichen Wertschöpfungsentwicklung indessen wenig geeignet, da sie innerbetriebliche und für die Gestaltung der Kostenrechnung relevante Aspekte unberücksichtigt läßt.

Eine für das Untersuchungsziel dieser Arbeit sinnvolle Einteilung des Leistungserstellungsprozesses in Fertigungsstufen hat sich an kostenrechnungsrelevanten Kriterien zur Definition der Fertigungsstufe und damit an innerbetrieblichen Merkmalen zu orientieren. Nach *Beste* lassen sich vier innerbetriebliche Einteilungskriterien unterscheiden: der Arbeitsgang, die Verrichtungseinheit, die Abteilung und der Gliedbetrieb.[308] Welches der genannten Kriterien für die Kostenrechnung von Bedeutung ist, läßt sich nicht generell beantworten, denn die Zweckmäßigkeit des Kriteriums ist wie-

---

[304] Vgl. *Männel*, W.: Kostenrechnung für anlagenintensive Produktionsstrukturen, in: krp, o. Jg. 1990, S. 135.

[305] Die Zahl der Fertigungsstufen wird durch die Entscheidung über die Tiefe des Produktionsprogramms festgelegt. Vgl. *Beste*, Fertigungswirtschaft, S. 136.

[306] Vgl. *Schäfer*, Industriebetrieb, S. 258.

[307] Eine solche Einteilung der Fertigungsstufen erfolgt beispielsweise bei *Mellerowicz*, Betriebswirtschaftslehre, Bd. I, S. 66.

[308] Vgl. *Beste*, Th.: Fertigungsstufen, in: Seischab, H./Schwantag, K. (Hrsg.): HWB, 3., völlig neu bearbeitete Auflage, Bd. I, Stuttgart 1956, Sp. 1757 ff.

derum von den jeweiligen individuellen Gegebenheiten des Betriebes abhängig. Allgemein kann gesagt werden, daß sich die Betrachtung nicht auf ein Einteilungskriterium zu beschränken braucht, sondern alle Kriterien, bei denen sich aus ihrer Nichtberücksichtigung im Rahmen der Fertigungsstufenbildung Abbildungsungenauigkeiten oder -fehler im Sinne der Grundsätze der Zweckbestimmtheit und der Homomorphie ergeben würden, sind für die Definition der Fertigungsstufe relevant. Aus kostenrechnerischer Sicht ist eine Unterteilung des Fertigungsablaufes in einzelne Fertigungsstufen insbesondere dann sinnvoll oder erforderlich, wenn Zwischenleistungen entstehen,

- die marktfähige Erzeugnisse darstellen, wie z.B. Ersatzteile oder Vorleistungen im Sinne der gesamtwirtschaftlichen Fertigungsstufendefinition, und damit als eigenständige Kostenträger anzusehen sind,
- die in unterschiedlichen Mengenverhältnissen zu nachfolgenden Leistungen weiterverarbeitet werden,
- die gelagert werden,
- deren Herstellung auch von anderen Betrieben durchgeführt wird oder werden könnte und deshalb im Sinne der Fragestellung "Eigenfertigung oder Fremdbezug" grundsätzlich zur Disposition steht und
- deren Kostenverursachung sich von derjenigen nachfolgender Zwischenleistungen so weit unterscheidet, daß unterschiedliche Bezugsgrößen zur Abbildung der Kostenentstehung herangezogen werden müssen.

Darüber hinaus hat die Bildung von Fertigungsstufen auch abrechnungsorganisatorische Aspekte zu berücksichtigen, insbesondere hinsichtlich der Abgrenzung von selbständigen Verantwortungsbereichen für die Durchführung der Wirtschaftlichkeitskontrolle.

Unter Berücksichtigung der genannten situativen Bedingungen kann insbesondere dem Arbeitsgang, unter dem hier die einheitliche technische Verrichtung verstanden werden soll,[309] eine große Bedeutung für die Fertigungsstufeneinteilung aus Sicht der Kostenrechnung zukommen. Die Anzahl der Fertigungsstufen ist in diesem Fall mit der Anzahl der innerhalb eines Betriebes für die Erstellung der Produkte unabhängig voneinander durchgeführten und damit kostenrechnerisch getrennt erfaßbaren Arbeitsgänge identisch. Oftmals treten aber innerhalb einer Phase des Fertigungsablaufs mehrere Arbeitsgänge in einer engen räumlichen und zeitlichen Bindung auf, was eine Unterscheidung in einzelne Teilvorgänge unmöglich oder unzweckmäßig erscheinen läßt, wie dies z.B. bei flexiblen Fertigungszellen oder -systemen der Fall ist, in denen verschiedene Arbeitsgänge in häufig

[309] Vgl. *Beste*, Fertigungsstufen, Sp. 1757; *v. Kortzfleisch*, Produktionsmethoden, S. 162. Arbeitsgänge sind damit Vorgänge wie Bohren, Drehen, Zerspanen, Fräsen, Pressen oder Biegen.

wechselnder Reihenfolge und Länge der Fertigungszeit ohne nennenswerte Umrüstvorgänge durchgeführt werden können.[310] In diesen Fällen bietet es sich an, die Fertigungsstufen im Sinne der Verrichtungseinheit zu bilden, welche eine fertigungsorganisatorisch abgrenzbare Phase der Leistungserstellung darstellt, die sich aus mehreren Arbeitsgängen zusammensetzt.[311] Daneben sind die verschiedenen Abteilungen und Gliedbetriebe, die meist aus rein organisatorischen Gründen zur Abgrenzung selbständiger Verantwortungsbereiche, aber auch im Hinblick auf die angesprochene Verrichtungseinheit gebildet werden, kostenrechnerisch relevante Fertigungsstufeneinteilungen.

Unabhängig davon, welche Kriterien zur Fertigungsstufenbildung bei den einzelnen Betrieben herangezogen werden, können Tendenzaussagen über den Zusammenhang zwischen der Anzahl der Fertigungsstufen und dem Wesen einer urbildgerechten und zweckmäßigen Kostenrechnung getroffen werden. Beispielsweise gewinnt mit zunehmender Anzahl an Fertigungsstufen insbesondere die Kostenstellenrechnung an Bedeutung für den gesamten Aufbau der Kostenrechnung. Die Durchführung der innerbetrieblichen Leistungsverrechnung, die Ermittlung innerbetrieblicher Verrechnungspreise,[312] die Abbildung der Kostenverursachung mittels differenzierter Bezugsgrößen sowohl für die Kalkulation als auch für die Wirtschaftlichkeitskontrolle sowie die Zurechnung von Erlösbestandteilen auf die einzelnen Fertigungsstufen werden hier besondere Anforderungen an die Gestaltung der Kostenrechnung stellen. Mit einer differenzierteren Kostenstellenrechnung ist in der Regel eine Zunahme der Stellengemeinkosten verbunden, wenn keine genaueren Kostenerfassungstechniken eingesetzt werden. Weiterhin steigen mit der Zahl der Fertigungsstufen die Anzahl an Zwischenerzeugnissen und damit die Zahl der die Unternehmensführung interessierenden Kostenträger, was insbesondere die Durchführung mehrstufiger Kalkulationsverfahren erforderlich macht.

---

[310] Vgl. hierzu *Moroff*, G.: Werkzeugmaschinen in der industriellen Produktion, Kennzeichnung, Planung und Einsatz moderner Fertigungskonzepte aus betriebswirtschaftlicher Sicht, Diss., Berlin 1993, S. 131 ff.; *Kaluza*, B.: Flexibilität der Produktionsvorbereitung industrieller Unternehmen, in: v. Kortzfleisch, G./Kaluza, B. (Hrsg.): Internationale und nationale Problemfelder der Betriebswirtschaftslehre, Festgabe für Heinz Bergner zum 60. Geburtstag, Berlin 1984, S. 312 ff. Dabei werden mit zunehmender Automatisierung der Fertigung die Probleme der erzeugniswechselbedingten Umstellungsvorgänge von der Fertigung in vorgelagerte Hilfsstellen verlagert. Vgl. *Bergner*, Vorbereitung, Sp. 2183.

[311] Vgl. *Beste*, Fertigungsstufen, Sp. 1758.

[312] Der Verrechnungspreis je Fertigungsstufe kann dabei für verschiedene Zwecke ermittelt werden, z.B. zur Ermittlung der Kosten oder des Deckungsbeitrags je Stufe. Vgl. *v. Kortzfleisch*, Produktionsmethoden, S. 163.

Zusammenfassend kann festgehalten werden, daß die statisch-strukturellen Einflußfaktoren des Urbildes betriebsspezifische Besonderheiten in den Zuordnungsbeziehungen der betrieblichen Leistungserstellung und -verwertung kennzeichnen, die es nach dem Grundsatz der Homomorphie im Rahmen der Kostenrechnungsgestaltung, z.B. durch eine entsprechende Kostenträgergliederung, Kostenstelleneinteilung oder Bezugsgrößenwahl, zu berücksichtigen gilt. Die statisch-strukturellen Einflußfaktoren des Fertigungsbereiches können dabei der Fertigungsorganisation oder den fertigungstechnischen Gegebenheiten zugeordnet werden. Des weiteren wird durch die Besonderheiten urbildlicher Zuordnungsbeziehungen ein betriebsspezifischer Informationsbedarf bei den Kostenrechnungsadressaten, vor allem bei der Unternehmensführung, hervorgerufen, wodurch sich wiederum Auswirkungen auf Art und Umfang der Informationsbeschaffung, -verarbeitung und -bereitstellung in der Kostenrechnung ergeben.[313]

Im folgenden werden mit den dynamisch-funktionellen Einflußfaktoren weitere urbildbedingte Einflußfaktoren der Kostenrechnungsgestaltung erörtert. Diese Faktoren beziehen sich im Unterschied zu den eben dargestellten nicht auf längerfristig gegebene, statische Beziehungsstrukturen, sondern auf situative Merkmalsausprägungen der Kostenbestimmungsfaktoren, die kurzfristigen Veränderungen unterliegen können.

c) Situative Ausprägungen der Kostenbestimmungsfaktoren als dynamisch-funktionelle Einflußfaktoren des Urbildes - dargestellt am Beispiel der Hauptkosteneinflußgröße Beschäftigung

Die Kostenrechnung kann nur dann ein zweckadäquates Abbild des betrieblichen Faktorkombinationsprozesses bieten, wenn sie in der Lage ist, die auf die Kostenentstehung einwirkenden Faktoren im Rahmen ihrer Abbildungsvorgänge zu berücksichtigen und die Auswirkungen der Kosteneinflußfaktoren auf die Kostenhöhe richtig darzustellen. Hierzu muß im Rahmen der Kostenrechnungsgestaltung darauf geachtet werden, daß wenigstens die Haupteinflußgrößen durch die Verwendung geeigneter Bezugsgrößen Berücksichtigung finden. Welche Arten von Haupteinflußgrößen im einzelnen Betrieb von Bedeutung sind und welche Bezugsgrößen jeweils für die Abbildung dieser Einflüsse in Frage kommen, hängt primär

[313] Zu den Teilphasen des kostenrechnerischen Informationserstellungs- und Informationsverwertungsvorgangs vgl. die Ausführungen in Kapitel B.-II.-1.-b) dieser Untersuchung.

von den statisch-strukturellen Merkmalen des Urbildes ab und ist daher im Zusammenhang mit diesen zu erörtern.[314]

Weiterhin können über die Berücksichtigung der als abbildungsrelevant zu erachtenden Kosteneinflußgrößen und der Wahl geeigneter Bezugsgrößen hinaus besondere Erscheinungsformen und Ausprägungen dieser Kosteneinflußgrößen derart von Bedeutung für das Abbildungsergebnis sein, daß diese im Rahmen der Kostenrechnungsgestaltung eine entsprechende Berücksichtigung erfahren müssen. Den situativen Ausprägungen der Kosteneinflußgrößen ist dabei ein dynamisch-funktioneller Charakter zuzusprechen, da sie sich im Zeitablauf ständig verändern können und betriebsspezifische Besonderheiten hinsichtlich der funktionalen Abhängigkeit zwischen Kostenhöhe und Kosteneinflußfaktor betreffen. Am Beispiel der Hauptkosteneinflußgröße Beschäftigung soll gezeigt werden, welche Art von situativen Erscheinungsformen der Kosteneinflußgrößen auftreten und in welcher grundsätzlichen Form diese Eingang in die Kostenrechnungsgestaltung finden können. Die gewonnenen Erkenntnisse lassen sich allerdings nur begrenzt auf andere Kosteneinflußgrößen übertragen, da bei den einzelnen Kosteneinflußgrößen wiederum individuelle Besonderheiten auftreten, auf deren eingehende Betrachtung verzichtet wird.

aa) Die Kontinuität der Beschäftigung im Zeitablauf

Die Beschäftigung des Betriebes läßt sich einmal hinsichtlich ihrer Änderung im Zeitablauf charakterisieren. Neben Betrieben, die sich durch eine annähernd konstante und gleichmäßig verlaufende Beschäftigung auszeichnen und damit den abbildungs- und abrechnungstechnischen Idealfall für die Kostenrechnungsgestaltung darstellen, treten in der Praxis häufig Betriebe mit wechselnder Beschäftigung auf. Aus der Vielzahl verschiedener Arten von Beschäftigungsschwankungen[315] sollen die jahreszeitlichen, saisonalen

---

[314] Vgl. hierzu die Ausführungen im vorstehenden Kapitel C.-II.-3.-b) dieser Untersuchung.

[315] Schwankungen der Beschäftigung können entweder unregelmäßig sein und sind dann auf einmalige und/oder zufällige Einflüsse zurückzuführen (z.B. Naturkatastrophen, Kriege), oder sie finden regelmäßig wiederkehrend statt. Im zuletzt genannten Fall kann es sich wiederum um zyklische, d.h. um rhythmisch gebundene Schwankungen wie z.B. Tages-, Wochen-, Monats- oder Jahres(Saison-)rhythmen handeln, oder aber um rhythmisch freie Schwankungen wie der Konjunktur, bei der Periodenlänge und Amplitude variieren. Vgl. hierzu *Zimmermann*, H.: Probleme der kurzfristigen Erfolgsrechnung im Saisonbetrieb, Diss., Zürich 1973, S. 16 ff.; *Brunner*, M.: Planung in Saisonunternehmungen, Zeitliche Abstimmung zwischen Fertigungs- und Absatzvolumen bei saisonalen Absatzschwankungen, Köln/Opladen 1962, S. 2; *Schäfer*, Industriebetrieb, S. 284.

Schwankungen im Mittelpunkt der nachfolgenden Betrachtungen stehen, da diese als besonders bedeutend für die Kostenrechnungsgestaltung angesehen werden müssen.[316] Saisonale Schwankungen können naturbedingt sein, z.B. durch Ernteperioden und Witterungsbedingungen, oder aufgrund gesellschaftlicher Ereignisse entstehen, wie dies z.B. bei religiösen Festen (Weihnachten, Ostern) oder gesellschaftlich-institutionellen Ereignissen (Silvester, Karneval, Schulbeginn) der Fall ist.[317] Aus der Sicht des Betriebes können saisonale Wechsel der Beschäftigungslage auf jahreszeitliche Besonderheiten des Beschaffungsmarktes zurückzuführen sein, z.B. bei Zuckerraffinerien oder in der Fischindustrie, sie können produktionsbedingt sein, wie in der Bauindustrie, oder - und dies ist sicherlich die Hauptursache für Saisonbetriebe - sie können durch jahreszeitliche Nachfrageschwankungen auf dem Absatzmarkt entstehen, wie dies vor allem in der Bekleidungs-, der Spielwaren- und in vielen Bereichen der Nahrungsmittelindustrie der Fall ist.[318]

Die Eigentümlichkeit des regelmäßigen Beschäftigungswechsels im Jahresablauf wirkt sich bei Saisonbetrieben in vielerlei Hinsicht auf den Charakter ihrer Kostenrechnung aus. Vor allem für die Durchführung der Betriebsergebnisrechnung ergeben sich besondere Fragestellungen für die Kostenrechnungsgestaltung, z.B. hinsichtlich der Wahl von Planungs- und Abrechnungsperioden, die zweckmäßigerweise an den Saisonverlauf angepaßt werden sollten und sich dementsprechend innerhalb des Jahres durch verschieden lange Zeitintervalle auszeichnen können. Weiterhin ist mit der Betriebsergebnisrechnung sowie mit Kalkulationsaufgaben die Problematik der Periodisierung und Zurechnung von Fixkosten, insbesondere jenen der unausgelasteten Kapazität, verbunden.

---

[316] Während unregelmäßige Beschäftigungsschwankungen aufgrund ihrer Unbestimmtheit einer kostenrechnungstheoretischen wie -praktischen Berücksichtigung versagt bleiben, sind Tages-, Wochen- und Monatsschwankungen wegen ihres zu kurzperiodischen und Konjunkturschwankungen wegen ihres zu langperiodischen Auftretens in der Regel weniger von kostenrechnungsgestalterischem Interesse. Eine Ausnahme hiervon stellen Stromversorgungsbetriebe dar, die sich durch markante tageszeitliche Beschäftigungsänderungen auszeichnen und entsprechend besondere Anforderungen an den Aufbau und den Ablauf der Kostenrechnung stellen.

[317] Vgl. *Zimmermann*, H., S. 19 ff.; *Brunner*, S. 2.

[318] Vgl. *v. Kortzfleisch*, G.: Industriebetriebe, in: Grochla, E./Wittmann, W. (Hrsg.): HWB, 4., völlig neu gestaltete Auflage, Stuttgart 1975, Sp. 1844; *Schäfer*, Industriebetrieb, S. 284 f. Dabei können gleichartig erscheinende Produkte wie Speiseeis einerseits saisonale Nachfrageverläufe aufweisen, wie z.B. das sogenannte Impulseis, dessen Kauf vom Konsumenten nicht geplant wird, sondern impulsiv erfolgt. Die Absatzmenge von Impulseis hängt dabei in erster Linie von der Jahrestemperatur und von der Anzahl der Sonnentage ab. Andererseits gibt es Eiscremes, bei denen kein absatzwirtschaftlicher Saisonverlauf feststellbar ist, z.B. bei den Groß- und Hauspackungen.

Saisonbetriebe sind bemüht, die ungleichmäßige Kapazitätsauslastung im Jahresablauf durch bestimmte Maßnahmen auszugleichen, um die Last der Leerkosten zu mildern. Beispielsweise kann eine Abstimmung zwischen Fertigungsrhythmus und Marktrhythmus in zeitlicher Hinsicht im Fertigungsbereich durch Synchronisierung, d.h. einer vollständigen Anpassung des Fertigungsrhythmus an den Marktrhythmus durch maximale Auslastung der Kapazität mittels Dreischichtbetrieb und Höchstintensität einerseits sowie völlige Stillegung der Fertigung andererseits, aber auch durch Emanzipation, d.h. durch Auf- und Abbau von Lagerbeständen, angestrebt werden.[319] Überdies kann der Betrieb auch versuchen, den Marktrhythmus zu beeinflussen, z.B. durch zeitlich-zyklische Preisdifferenzierung oder Werbung, und er kann durch Erweiterung seines Produktionssortimentes sowie durch die Erschließung zusätzlicher Absatzgebiete mit gegenläufigen Nachfragerhythmen Kompensationseffekte anstreben.[320] Von den Maßnahmen, die eine Senkung des Fixkostendruckes unausgelasteter Kapazitäten in den beschäftigungsschwachen Saisonabschnitten herbeiführen sollen, sind außerdem jene hervorzuheben, die eine Umwandlung fixer Kosten in variable Kosten dadurch anstreben, "daß die *ständige eigene* Haltung einer Betriebsbereitschaft eingeschränkt, ja aufgegeben wird."[321]

Alle genannten unternehmenspolitischen Mittel zur Milderung des Saisoneinflusses auf die Beschäftigung bedürfen einer informatorischen Unterstützung durch die Kostenrechnung. Nur wenn der Unternehmensführung die kosten- und erlösmäßigen Konsequenzen der gegebenen Handlungsalternativen aufgezeigt werden, ist sie in der Lage, die für ihren Betrieb vorteilhaften Maßnahmen auszuwählen. Dies erfordert von der Kostenrechnung beispielsweise besondere Kostenauswertungen und Kostenvergleichsrechnungen im Rahmen von Sonderrechnungen. Des weiteren können durch einen nach Fristigkeits-[322] und Betriebsbereitschaftsgraden[323] diffe-

---

[319] Vgl. *Hammer*, E.: Industriebetriebslehre, 2. Auflage, München 1977, S. 42 f.; *Brunner*, S. 13 ff. Eng mit den genannten Abstimmungsmaßnahmen verbunden sind die generellen, nicht nur bei Saisonbetrieben in Frage kommenden Formen der betrieblichen Anpassung an Beschäftigungsschwankungen, die aufgrund ihrer besonderen Bedeutung für die Kostenrechnungsgestaltung im nachfolgenden Kapitel C.-II.-3.-c)-bb) einer näheren Betrachtung unterzogen werden.

[320] Vgl. hierzu sowie zu weiteren möglichen Verhaltensweisen des Betriebes *v. Kortzfleisch*, Produktionsmethoden, S. 124 f.; *Brunner*, S. 80 ff.; *Zimmermann*, H., S. 25 ff.

[321] *Bergner*, H.: Der Ersatz fixer Kosten durch variable Kosten, in: ZfbF, 19. Jg. 1967, S. 143. Zu den wechselnden Formen der Betriebsanbindung im einzelnen vgl. *Bergner*, Ersatz, S. 144 ff.

[322] Die Anwendung der stufenweisen Grenzkostenrechnung nach *Seicht*, in der eine rechentechnische Berücksichtigung verschiedener Fristigkeitsgrade der Fixkosten zumindest ansatzweise versucht wird, ist daher vor allem für Saisonbetriebe interessant. Zur stufenwei-

renzierten Ausweis von Fixkosten wichtige Informationen über die Abbaubarkeit von Fixkosten in der Nebensaison bereitgestellt werden.

bb) Die Anpassungsmöglichkeiten des Betriebes an Beschäftigungsschwankungen

Wie im vorangegangenen Abschnitt bereits angedeutet, stellen - unabhängig von der Art der Beschäftigungsschwankungen im Zeitablauf - die Möglichkeiten, die dem Betrieb zur Anpassung an Beschäftigungsschwankungen zur Verfügung stehen, einen weiteren Aspekt dar, durch den die Kosteneinflußgröße Beschäftigung betriebsindividuell gekennzeichnet sein kann. In Anlehnung an *Gutenberg* lassen sich drei grundsätzliche Formen der Anpassung unterscheiden: die *zeitliche*, die *intensitätsmäßige* und die *quantitative Anpassung.*[324] Ohne an dieser Stelle auf die genannten Grundformen im einzelnen eingehen zu wollen, kann allgemein festgehalten werden, daß die Kostenrechnung grundsätzlich die durch Anpassungsvorgänge beeinflußten Kosten[325] hinsichtlich der Änderung ihrer Höhe und Struktur realitätsnah abzubilden hat. Denn nur so können der Unternehmensführung Informationen für die zieloptimale Auswahl von Anpassungsmaßnahmen oder für eine zweckmäßige Kombination von Anpassungsprozessen bereitgestellt und damit die Grundlage für die Ausnutzung der beschäftigungsbezogenen Flexibilität des Betriebes geschaffen werden.[326]

---

sen Grenzkostenrechnung vgl. *Seicht*, G.: Die stufenweise Grenzkostenrechnung, Ein Beitrag zur Weiterentwicklung der Deckungsbeitragsrechnung, in: ZfB, 33. Jg. 1963, S. 693 ff.

[323] Vgl. *Reichmann*, Th./*Schwellnuß*, A.G./*Fröhling*, O.: Fixkostenmanagementorientierte Plankostenrechnung, Kostentransparenz und Entscheidungsrelevanz sicherstellen, in: Controlling, 2. Jg. 1990, S. 61 f.

[324] Vgl. *Gutenberg*, Produktion, S. 354 ff. Zu den Möglichkeiten der betrieblichen Anpassung vgl. weiterhin *Kilger*, W.: Produktions- und Kostentheorie, Wiesbaden 1958, S. 94 ff.; *Hoitsch*, H.-J.: Produktionswirtschaft, Grundlagen einer industriellen Betriebswirtschaftslehre, 2., völlig überarbeitete und erweiterte Auflage, München 1993, S. 293 ff.; *Lücke*, W.: Produktions- und Kostentheorie, 3., unveränderte Auflage, Würzburg/Wien 1973, S. 110 ff.

[325] Zu den durch Anpassungsentscheidung und -ausführung verursachten oder beeinflußten Kosten vgl. *Swoboda*, P.: Die betriebliche Anpassung als Problem des betrieblichen Rechnungswesens, Wiesbaden 1964, S. 59 f.; *Heinen*, E.: Anpassungsprozesse und ihre kostenmäßigen Konsequenzen, dargestellt am Beispiel des Kokereibetriebes, Köln/Opladen 1957, S. 76 ff.

[326] Zur Problematik der Flexibilität betrieblicher Leistungserstellung und -verwertung vgl. *Maier*, K.: Die Flexibilität betrieblicher Leistungsprozesse, Methodische und theoretische Grundlegung der Problemlösung, Diss., Thun/Frankfurt a.M. 1982. Anstelle von Flexibilität wird oftmals auch von Elastizität des Betriebes gesprochen, die dann vorliegt, wenn sich der Betrieb "den wechselnden Verfassungen seiner Märkte, seines Beschaffungsmarktes wie seines Absatzmarktes, anpassen kann." *Beste*, Th.: Größere Elastizität durch unternehmerische

Betriebsindividualisierender Charakter kommt den Anpassungsformen deshalb zu, weil sich die Betriebe in den aus verschiedensten Gründen gegebenen Anpassungsmöglichkeiten unterscheiden. Beispielsweise bleibt manchen Betrieben aus fertigungstechnischen Gründen eine intensitätsmäßige Anpassung vollkommen versagt, andere können dagegen - z.B. aus klimatischen oder arbeitsrechtlichen Gegebenheiten heraus - keine oder nur eine stark eingeschränkte zeitliche Anpassung vornehmen und für wiederum andere kommt z.B. aus finanziellen Gründen eine quantitative Anpassung von vornherein nicht in Betracht. Aber auch Betriebe, denen grundsätzlich alle drei Formen der Anpassung an Beschäftigungsschwankungen offenstehen, werden sich durch die Art und das Ausmaß ihrer Nutzungsmöglichkeit und damit durch die zieloptimale Kombination der Anpassungsmaßnahmen voneinander unterscheiden.

Aus der Vielzahl denkbarer Wirkungen der im einzelnen Betrieb gegebenen Anpassungsmöglichkeiten auf die Art des Aufbaus und der Durchführung der Kostenrechnung soll hier beispielhaft auf die Notwendigkeit der Berücksichtigung intensitätsmäßiger Anpassungsprozesse im Rahmen der kostenrechnerischen Abweichungsanalyse hingewiesen werden. Je nach betriebsindividuell vorhandenem Spielraum der Intensitätsvariation, d.h. je nach Ausmaß der intensitätsmäßigen Kostenbeeinflußbarkeit, kann es erforderlich sein, durch die Einführung spezieller Bezugsgrößen die Kostenwirkungen von intensitätsmäßigen Anpassungsprozessen abzubilden, um sie einerseits von der laufenden kostenstellenweisen Kostenkontrolle auszuschließen und andererseits die Vorteilhaftigkeit von Intensitätsänderungen feststellen zu können.[327]

cc) Der Anteil der beschäftigungsabhängigen Kosten an den Gesamtkosten des Betriebes

Wie bereits dargelegt, kann die Kostenrechnung ihrer Informationsfunktion nur gerecht werden, wenn es ihr gelingt, die Kostenbestimmungsfaktoren und ihre Auswirkungen auf die Kostenentstehung richtig wiederzugeben. Dabei muß sich die Kostenrechnung auf die Berücksichtigung der wichtigsten Faktoren beschränken, da es ihr vor allem aus Gründen der Wirtschaftlichkeit nicht möglich ist, alle in der Praxis auftretenden Kosten-

---

Planung vom Standpunkt der Wissenschaft, in: ZfhF, Neue Folge, 10. Jg. 1958, S. 75. Zur Verwendung der Begriffe "Flexibilität" und "Elastizität" in der Betriebswirtschaftslehre vgl. auch *Moroff*, S. 39 f. In dieser Arbeit sollen beide Begriffe synonym verwendet werden.

[327] Zur Ermittlung von Intensitätsabweichungen im Rahmen der Kostenkontrolle vgl. *Kilger*, Flexible Plankostenrechnung, S. 641 ff.; *Haberstock*, Kostenrechnung II, S. 331 ff.

einflußgrößen zu erfassen und abzubilden. Die Einschätzung der Bedeutung eines Kostenbestimmungsfaktors für die Abbildungsaufgabe der Kostenrechnung richtet sich nach dem Anteil derjenigen Kosten an den Gesamtkosten des Betriebes, die sich hinsichtlich des betrachteten Kostenbestimmungsfaktors variabel verhalten, wobei einem Kostenbestimmungsfaktor um so mehr Bedeutung zukommt, je größer der Anteil seiner variablen Kosten ist.

Als bedeutendster Kostenbestimmungsfaktor in der betrieblichen Realität ist nach wie vor die Beschäftigung anzusehen, da die beschäftigungsvariablen Kosten die jeweiligen variablen Kosten anderer Einflußgrößen in der Regel deutlich übersteigen.[328] Der ständig fortschreitende Anstieg des Anteils der beschäftigungsfixen Kosten[329] führt jedoch dazu, daß die Beschäftigung als Hauptkosteneinflußgröße zunehmend an Bedeutung verliert. Insbesondere Betriebe, die sich durch einen hohen Anteil beschäftigungsfixer Kosten auszeichnen, werden nicht umhinkönnen, neben der Beschäftigung auch andere wichtige Kosteneinflußgrößen in die Kostenrechnungsbetrachtungen einzubeziehen und gegebenenfalls durch geeignete Bezugsgrößen im Rahmen der Grundrechnung abzubilden. In diesem Zusammenhang ergibt sich weiterhin, daß die beschäftigungsbezogene Kostenstruktur des Betriebes ein wichtiges Merkmal darstellt, mit dessen Hilfe die betriebsindividuelle Eignung verschiedener Kostenrechnungssysteme als Grundrechnung beurteilt werden kann, wenn die Beschäftigung als Hauptkosteneinflußgröße im Mittelpunkt des Aufbaus und des Ablaufs dieser Kostenrechnungssysteme steht. Zusammenfassend ist festzuhalten, daß die beschäftigungsbezogene Kostenstruktur als ein wichtiger kostenrechnerischer Gestaltungseinfluß anzusehen ist, dem vor allem im vierten, aber auch im fünften Hauptteil dieser Arbeit noch häufiger Beachtung zu schenken sein wird.

---

[328] Aufgrund dieser Vorrangstellung der Beschäftigung unter den Kosteneinflußgrößen werden, wenn im weiteren Verlauf der Arbeit vereinfachend von variablen oder fixen Kosten die Rede sein wird, hierunter stets die beschäftigungsvariablen bzw. die beschäftigungsfixen Kosten verstanden.

[329] Ein Anwachsen der beschäftigungsfixen Kosten zu Lasten der beschäftigungsvariablen Kosten wird nicht erst in heutiger Zeit, sondern bereits seit Beginn dieses Jahrhunderts beklagt. Vgl. beispielsweise *Schmalenbach*, E.: Die Betriebswirtschaftslehre an der Schwelle der neuen Wirtschaftsverfassung, Vortrag anläßlich der Tagung des Verbandes der Betriebswirtschaftler an deutschen Hochschulen am 31. Mai 1928 in Wien, abgedruckt in: ZfhF, 22. Jg. 1928, S. 241 ff. Zu empirischen Untersuchungsergebnissen, die den relativen Anstieg fixer Kosten infolge zunehmender Automatisierung bestätigen, vgl. *Schehl*, S. 211 f.; *Siegwart*, H./*Raas*, F.: Anpassung der Kosten- und Leistungsrechnung an moderne Fertigungstechnologien, in: krp, o. Jg. 1989, S. 10.

dd) Die Beschäftigungssituation

Mit dem Merkmal der Beschäftigungssituation werden zwei spezielle Ausprägungen des Beschäftigungsgrades[330] angesprochen, denen ein Einfluß auf die Kostenrechnungsgestaltung zugerechnet werden kann: die *Vollbeschäftigung*, bei der ein Beschäftigungsgrad von 100 % vorliegt, sowie die *Unterbeschäftigung*, bei der ein geringerer Beschäftigungsgrad als 100 % gegeben ist. Die Art der Beschäftigungssituation beeinflußt den Umfang der zur Unterstützung von dispositiven Entscheidungen bereitzustellenden Kosten, beispielsweise bei der Wahl zwischen Eigenfertigung oder Fremdbezug oder bei der Entscheidung über die Annahme von Zusatzaufträgen. Zudem ist die Beschäftigungssituation von Bedeutung für die Ermittlung der handelsrechtlichen Herstellungskosten, da nach § 255 Abs. 2 Satz 3 HGB von den Material- und Fertigungsgemeinkosten jeweils nur die notwendigen Anteile, d.h. die Nutzkosten, in die Herstellungskosten eingerechnet werden dürfen.[331]

Mit den situativen Ausprägungen der Hauptkosteneinflußgröße Beschäftigung sind dynamisch-funktionelle Einflußfaktoren beschrieben, die neben den statisch-strukturellen Faktoren als urbildbedingte Merkmale das Wesen einer zweckmäßigen betriebsindividuellen Kostenrechnung prägen. Des weiteren konnte gezeigt werden, daß neben den urbildbedingten Merkmalen der Informationsbedarf der Kostenrechnungsadressaten sowie die Rahmenbedingungen der Kostenrechnungsgestaltung einen wesentlichen Einfluß auf das Wesen der Kostenrechnung besitzen. Dabei hat sich der modelltheoretische Zusammenhang zwischen den realen Leistungserstellungs- und Leistungsverwertungsprozessen und der Kostenrechnung als Modell zur quantitativen Abbildung dieses Urbildes für die Ableitung und Erklärung relevanter Einflußfaktoren als nützlich erwiesen.

---

[330] Unter dem Beschäftigungsgrad wird hier das Verhältnis der tatsächlichen zur möglichen Ausbringung verstanden. Zum Begriff der Beschäftigung und des Beschäftigungsgrades vgl. *Schmalenbach*, Kostenrechnung, S. 41 ff.; *Mellerowicz*, Kostenrechnung, Bd. I, S. 224 ff.; *Haberstock*, Kostenrechnung II, S. 84 ff.

[331] Zu dieser Problematik vgl. *Bergner/Scheh*l, S. 314 ff.

D. Die Auswahl eines situationsadäquaten Kostenrechnungssystems als Basiskonzeption der Grundrechnung

I. Die Auswahl einer Kostenrechnungsalternative als Entscheidungsproblem

Nachdem die situativen Ausprägungen der im vorangehenden Kapitel erläuterten kostenrechnerischen Einflußfaktoren festgestellt, ihre betriebsindividuelle Bedeutungsgewichtung ermittelt sowie ihre grundsätzlichen Auswirkungen auf das Wesen einer zweckadäquat gestalteten Kostenrechnungskonzeption bekannt sind, obliegt es dem Kostenrechnungsgestalter, aus der zur Verfügung stehenden Kostenrechnungsalternativenmenge jene Kostenrechnung auszuwählen und als Informationsinstrument zu realisieren, die den betriebsindividuellen Gegebenheiten am besten gerecht wird. Der Umfang der Alternativenmenge ergibt sich durch die kombinatorische Verknüpfung der im Rahmen des Gestaltungsprozesses zur Disposition stehenden Wesensmerkmale der Kostenrechnung. Jede in der Realität vorzufindende Kostenrechnung ist damit als eine betriebsindividuelle Kombination von kostenrechnerischen Merkmalsausprägungen zu verstehen. Dem Kostenrechnungsgestalter kommt folglich die Aufgabe zu, die Merkmalsausprägungen der Kostenrechnung unter Berücksichtigung der betriebsindividuellen Merkmalsausprägungen der Einflußfaktoren festzulegen und eine Kostenrechnungsalternative auszuwählen, die dem betriebsindividuellen Anforderungsprofil an das Wesen der Kostenrechnung entspricht.

Als Kostenrechnungsmerkmal kann jedes Gestaltungselement angesehen werden, solange es mindestens zwei disponible Merkmalsausprägungen besitzt. Dabei bestimmen nicht nur die als grundlegend für das Wesen der Kostenrechnung anzusehenden Merkmale wie der Zeitbezug der Kosten oder der Umfang der auf die Kostenträger verrechneten Kosten, sondern vor allem detaillierte Gestaltungsentscheidungen wie die Gliederung der Kostenarten, die Wahl des Kalkulationsverfahrens oder die Einteilung des Betriebes in Kostenstellen die Anzahl der Kostenrechnungsalternativen.

Zum Umfang der Alternativenmenge trägt auch die Tatsache bei, daß sich die Merkmalsausprägungen oftmals nicht gegenseitig ausschließen, d.h.

keine streng konträren Alternativen bilden.[1] Eine Betrachtung des bereits angesprochenen Merkmals "Umfang der auf die Kostenträger verrechneten Kosten" zeigt beispielsweise, daß eine Kostenrechnung konzipiert werden kann, in der sowohl auf Voll- als auch auf Teilkostenbasis kalkuliert wird.[2] Ebenso verhält es sich mit dem Merkmal "Bezugsinhalt", nach dem als Gestaltungsalternativen die Perioden- und die Leistungseinheitsrechnung zur Disposition stehen.[3] Auch hier besteht die Möglichkeit, nicht nur eine Merkmalsausprägung, sondern beide Ausprägungen zu verwirklichen. Streng konträre Kostenrechnungsalternativen ergeben sich, wenn nicht nur Elementarausprägungen eines Gestaltungsmerkmals, sondern alle zulässigen Kombinationsmöglichkeiten der Elementarausprägungen als Gestaltungsalternativen angesehen werden, wodurch sich die Alternativenmenge entsprechend erhöht. Weiterhin gibt es Merkmale, wie z.B. die Art der gewählten Bezugsgrößen oder die Anzahl einzurichtender Kostenstellen, bei denen beliebig viele Merkmalsausprägungen differenziert werden können, so daß prinzipiell eine unendlich große Menge an Kostenrechnungsalternativen zur Auswahl steht.

Die Auswahl einer situationsadäquaten Kostenrechnung stellt für den Kostenrechnungsgestalter somit ein äußerst komplexes Entscheidungsproblem dar, dessen Elemente aufgrund der mangelhaften Quantifizierbarkeit der Entscheidungskriterien, insbesondere des Informationsnutzens, und der Vielzahl auftretender Alternativen nur selten so genau erfaß- und beschreibbar sind, daß es mittels eines Algorithmus einer optimalen Lösung zugeführt werden könnte.[4] Die praktische Anwendung der üblichen Modelle der Entscheidungstheorie zur Auswahl einer Kostenrechnungsalternative ist damit nur in Ausnahmefällen denkbar.[5] Um dennoch zu einer Lösung des Entscheidungsproblems zu gelangen, muß eine Reduktion der Alternativenmenge vorgenommen werden, wofür insbesondere die Anwendung heuristischer Verfahren in Frage kommt.[6] "Diese Verfahren finden immer dann Anwendung, wenn für bestimmte Entscheidungsprobleme analytische Mo-

---

[1] Vgl. *Turner*, S. 26 f.

[2] Vgl. z.B. *Kilger*, Einführung, S. 68; *Plaut*, H.-G.: Grenzplankosten- und Deckungsbeitragsrechnung als modernes Kostenrechnungssystem, in: Männel, W. (Hrsg.): Handbuch der Kostenrechnung, Wiesbaden 1992, S. 214.

[3] Der Bezugsinhalt steht dabei für den Leistungsumfang, auf den sich die Rechnung bezieht. Vgl. hierzu *Kosiol*, Kostenrechnung der Unternehmung, S. 90 ff.

[4] Vgl. *Meffert*, Kosteninformationen, S. 86.

[5] Vgl. *Heinen*, Entscheidungen, S. 253.

[6] Vgl. *Meffert*, Kosteninformationen, S. 86; *Turner*, S. 147.

delle nicht zur Verfügung stehen - entweder weil die Algorithmen zu kompliziert sind oder überhaupt noch keine existieren."[7]

Aus der Vielzahl der für betriebswirtschaftliche Problemstellungen entwickelten heuristischen Verfahren[8] sind vor allem der Einschränkung des zulässigen Lösungsbereichs durch die Formulierung zusätzlicher Beschränkungen sowie der Methode der Problemzerlegung eine große Bedeutung für die praktische Kostenrechnungsgestaltung zuzusprechen. Die Begrenzung der Alternativenmenge durch die Einführung zusätzlicher, auf Erfahrungen und wissenschaftlichen Erkenntnissen beruhender Bedingungen ist Gegenstand dieser Untersuchung, indem die Einflüsse betriebsindividueller situativer Gegebenheiten auf die Ausgestaltung und die Wesensmerkmale einer zweckadäquaten Kostenrechnung erörtert werden. Durch die Angabe von als zweckmäßig zu erachtenden Gestaltungsbeziehungen zwischen konkreten betrieblichen Situationen und bestimmten Wesensmerkmalen der Kostenrechnung werden alternative Merkmalsausprägungen aus dem Handlungsraum ausgeschlossen, wodurch das Entscheidungsproblem wesentlich vereinfacht wird.

Des weiteren kommt im Rahmen dieser Untersuchung die Methode der Problemzerlegung zur Anwendung. Hierbei wird das in seiner Gesamtheit nicht überschaubare Entscheidungsproblem in übersichtliche Teilprobleme zerlegt, welche dann sukzessive unter Anwendung von Prioritätsregeln gelöst werden.[9] Wird die Priorität nach der rückwärtsschreitenden Mittel-Zweck-Analyse bestimmt, werden ausgehend von einem angestrebten Auswertungsziel (Zweck) sukzessive das zu seiner Erreichung erforderliche Auswertungsverfahren, die hierfür notwendigen Zurechnungsoperationen und schließlich die Art des Erfassungsvorganges festgelegt (Mittel).[10] Diese Vorgehensweise, die sich bereits bei der Ableitung und Gliederung grundsätzlicher Anforderungen an die Gestaltung der Kostenrechnung in Kapitel B.-II.-1. sowie bei der Systematisierung der situativen Einflußfaktoren in Kapitel C. als hilfreich erwiesen hat, wird auch im weiteren Verlauf der Ausführungen beachtet. Beispielsweise werden die auswertungsbezogenen

---

[7] *Meffert*, Kosteninformationen, S. 86.

[8] Zur Heuristik als wissenschaftliche Methode vgl. *Pfohl*, H.-Ch.: Problemorientierte Entscheidungsfindung in Organisationen, Berlin/New York 1977, S. 193 ff.; *Klein*, H.K.: Heuristische Entscheidungsmodelle, Neue Techniken des Programmierens und Entscheidens für das Management, Wiesbaden 1971; *Müller-Merbach*, H.: Heuristische Verfahren und Entscheidungsbaumverfahren, in: Grochla, E./Wittmann, W. (Hrsg.): HWB, 4., völlig neu gestaltete Auflage, Stuttgart 1975, Sp. 1812 ff.

[9] Vgl. hierzu *Pfohl*, S. 198 ff.; *Rehkugler*, H./*Schindel*, V.: Entscheidungstheorie, Erklärung und Gestaltung betrieblicher Entscheidungen, 5. Auflage, München 1990, S. 232 f.

[10] Vgl. *Kosiol*, Kostenrechnung der Unternehmung, S. 76.

Gestaltungsentscheidungen vor den zurechnungs- und erfassungsbezogenen diskutiert. Die Durchführung der Problemzerlegung nach der Regel, die grundlegenden Gestaltungsmerkmale der Rechnungsstruktur vor detaillierten festzulegen, kann eine weitere sinnvolle Vorgehensweise bei der betriebsindividuellen Kostenrechnungsgestaltung darstellen.[11]

Unter Berücksichtigung der vorstehend genannten heuristischen Möglichkeiten der Problemlösung ist im Rahmen der Kostenrechnungsgestaltung zweckmäßigerweise zunächst eine *Grundrechnung* aufzubauen, die in dieser Arbeit nicht als eine streng zweckneutrale Rechnung verstanden wird, die lediglich eine Datenbasis für Auswertungsrechnungen darstellt und selbst unmittelbar keine Auswertungszwecke erfüllt,[12] sondern die Grundrechnung wird im Sinne *Schmalenbachs* als eine systematische, laufend und routinemäßig durchzuführende und vor allem stetige Rechnung aufgefaßt, die zwar selbst keine direkte Auswertungsbrauchbarkeit besitzen muß, für die es aber sinnvoll sein kann, sie als Zweckrechnung zu gestalten, indem zumindest einige der Kostenrechnungszwecke durch sie unmittelbar erfüllt werden.[13] Dabei kann es sich allerdings nur um solche Zwecke handeln, die laufend und in stetiger Weise durch die Kostenrechnung zu erfüllen sind, während jene Auswertungszwecke, die sich durch eine große Wandelbarkeit hinsicht-

---

[11] Ähnlich bei *Turner*, S. 149 f.

[12] Die Grundrechnung wird in der Literatur neuerdings häufig im Sinne einer Datenbank verstanden, die nur die Funktion einer zweckneutralen unverdichteten Speicherung der Datenbasis zu erfüllen hat und damit - als reine Erfassungsrechnung - in der Auswertungsrechnung ihr Pendant findet. Vgl. beispielsweise *Riebel*, P.: Zum Konzept einer zweckneutralen Grundrechnung, in: ZfbF, 31. Jg. 1979, S. 788 ff.; *Riebel*, P.: Gestaltungsprobleme einer zweckneutralen Grundrechnung, in: ZfbF, 31. Jg. 1979, S. 888 ff.; *Schweitzer/Küpper*, S. 479; *Witt*, S. 341 ff.; *Ortner*, E.: Was ist eine Grundrechnung und was sind Sonderrechnungen?, in: ZfbF, 33. Jg. 1981, S. 140 ff. Im übrigen kann die von den genannten Autoren geforderte Zweckneutralität der Grundrechnung nur so verstanden werden, daß die Grundrechnung für mehrere ausgewählte und als besonders wichtig erscheinende Auswertungszwecke gleichsam gerüstet sein sollte. Eine allen denkbaren kostenrechnerischen Zwecken genügende Grundrechnung ist kaum realisierbar, da eine Grundrechnung konzipiert werden müßte, die alle denkbaren Merkmalsalternativen vereint. Damit wären nicht nur jene Merkmalsalternativen zu realisieren, die sich nicht streng konträr verhalten und daher im Rahmen einer Grundrechnung parallel durchgeführt werden können, sondern es müßten auch alle sich gegenseitig ausschließenden Merkmalsalternativen verwirklicht werden, was nur mittels der Anwendung mehrerer nebeneinander verlaufender Grundrechnungen möglich ist. Unter Berücksichtigung der Vielzahl auftretender Merkmale und ihrer Ausprägungen wird deutlich, daß eine allen Kostenrechnungszwecken dienende und in diesem Sinne als zweckneutral verstandene Grundrechnung in der Praxis - auch bei Einsatz einer leistungsfähigen Datenverarbeitung - undurchführbar, unwirtschaftlich oder unzweckmäßig ist.

[13] Vgl. *Schmalenbach*, Kostenrechnung, S. 269. Weiterhin auch *Sinzig*, W.: Datenbankorientiertes Rechnungswesen, Grundzüge einer EDV-gestützten Realisierung der Einzelkosten- und Deckungsbeitragsrechnung, 3. Auflage, Berlin u.a. 1990, S. 44.

lich ihres Auftretens und konkreten Informationsbedarfs auszeichnen und daher eine flexible Rechnung erfordern, dem Feld der *Sonderrechnungen* zugeordnet werden müssen.[14] Demnach können etwa die Kalkulation standardisierter Erzeugnisse, die regelmäßige Erstellung einer Betriebsergebnisrechnung sowie die laufende Ermittlung von Abweichungen im Rahmen der kostenstellenweisen Kostenkontrolle dem Aufgabenbereich der Grundrechnung zugeordnet werden, während beispielsweise die Kalkulation einzelner Kundenaufträge oder die fallweise Ermittlung von Spezialabweichungen im Rahmen der Abweichungsanalyse zu den kostenrechnerischen Sonderrechnungen zu zählen sind. Die Grundrechnung hat nach Möglichkeit die für die Durchführung dieser Sonderrechnungen sowie weiterer Auswertungsrechnungen, die zwar auf Kosteninformationen zurückgreifen, selbst aber nicht Bestandteil der Kostenrechnung sind - z.B. Planungsrechnungen zur Unterstützung unternehmerischer Entscheidungen oder Rechnungen zur Ermittlung der handelsrechtlichen Herstellungskosten -,[15] erforderlichen Kosteninformationen bereitzustellen. Hierzu ist die Grundrechnung allerdings nicht so detailliert aufzubauen, daß alle für Sonderrechnungen anfallende oder denkbare Grundinformationen bereitgehalten werden. Vielmehr übernehmen Sonderrechnungen gelegentlich selbst die Funktionen von Ermittlungs- und Erfassungsrechnungen, wenn für selten auftretende Fragestellungen eigens für diesen Zweck erforderliche Informationen benötigt werden.[16]

Allgemein kann festgehalten werden, daß sich in der Unterscheidung von Grund- und Sonderrechnung sowie in der zeitlichen Priorität des Grundrechnungsaufbaus vor der Entwicklung von Sonderrechnungen eine Möglichkeit zur Strukturierung des komplexen Problems der situationsadäquaten Kostenrechnungsgestaltung ergibt. Dabei ist bei der Gestaltung der Grundrechnung zu beachten, daß diese all jene Informationszwecke unmittelbar zu erfüllen hat, die sich durch einen regelmäßig wiederkehrenden Anfall und durch ein hohes Maß an Stetigkeit auszeichnen, solange die Eignung der Grundrechnung, als Datenbasis für Sonderrechnungen zu dienen, weitgehend gewährleistet bleibt. Welche der oben beispielhaft beschriebenen Auswertungszwecke durch die Grundrechnung zu erfüllen sind, hängt

---

[14] Vgl. *Schmalenbach*, Kostenrechnung, S. 269. Diese Auffassung vertreten offenbar auch *Koch*, H.: Die Gemeinkostenrechnung als Gegenstand unternehmerischer Entscheidungen, in: ZfbF, 30. Jg. 1978, S. 366 f.; *Coenenberg*, Kostenrechnung, S. 27 u. S. 125; *Sinzig*, S. 44.

[15] Bei diesen nicht der Kostenrechnung angehörenden Auswertungsrechnungen handelt es sich in der Regel ebenfalls um Sonderrechnungen, da sie meist unregelmäßig anfallen und sich von Fall zu Fall stark in der Art und dem Umfang der erforderlichen Informationen unterscheiden.

[16] In diesen Fällen kann es zweckmäßig sein, die Sonderrechnung nicht systematisch, sondern als Behelfsrechnung durchzuführen. Vgl. *Schmalenbach*, Kostenrechnung, S. 270 f.

von den individuellen Gegebenheiten des einzelnen Betriebes und dabei vor allem von der betriebsspezifischen Stetigkeit des Bedarfs an bestimmten Informationen ab. Weiterhin wird deutlich, daß das Begriffspaar Grund- und Sonderrechnung in dieser Arbeit nicht mit der Gegenüberstellung von Ermittlungs- und Auswertungsrechnung gleichgesetzt wird. Vielmehr können sowohl die Grund- als auch die Sonderrechnung alle Arten von Informationsfunktionen der Kostenrechnung erfüllen, also sowohl Informationsermittlungs- als auch Informationsauswertungsaufgaben übernehmen.

Trotz einer Eingrenzung des kostenrechnerischen Gestaltungsproblems auf die situationsgerechte Auswahl einer Grundrechnung ist die verbleibende Kostenrechnungsalternativenmenge noch so groß, daß eine simultane Festlegung aller Merkmalsausprägungen der Grundrechnung in der Praxis unmöglich ist. Es wird daher wiederum ein sukzessiver Gestaltungsablauf erforderlich, bei dem in einem ersten Schritt ein Kostenrechnungssystem als Basiskonzeption der Grundrechnung ausgewählt wird. Mit der Basiskonzeption werden die Ausprägungen der als grundlegend für die Gestaltung der Grundrechnung anzusehenden Wesensmerkmale festgelegt, wobei diejenigen Merkmale als Grundmerkmale zu kennzeichnen sind, die eine unmittelbare Beziehung zur Zweckbestimmtheit der Grundrechnung aufweisen. Die in dieser Phase des kostenrechnerischen Gestaltungsvorgangs stattfindende Festlegung der Grundmerkmalsausprägungen hat insbesondere unter Orientierung an den betriebsindividuellen Ausprägungen informationsbedarfsbezogener Einflußfaktoren der Kostenrechnungsgestaltung zu erfolgen, da sich bezüglich dieser Einflußfaktoren und der Zweckbestimmtheit der Grundmerkmale eine unmittelbare Beziehung ergibt. Daneben sind urbildbedingte Einflußfaktoren sowie in geringerem Umfang auch Rahmenbedingungen der Kostenrechnungsgestaltung zu beachten, da sich die Merkmale dieser Einflußgrößenkategorien auf den betriebsindividuellen Informationsbedarf der Kostenrechnungsadressaten auswirken können und somit eine mittelbare Beziehung zwischen diesen Einflußfaktoren und den Ausprägungen der kostenrechnerischen Grundmerkmale besteht.

In einem zweiten Schritt kommt es nach der solchermaßen fundierten Entscheidung für ein bestimmtes Kostenrechnungssystem als Basiskonzeption der Grundrechnung zur konkreten Ausgestaltung dieses Systems hinsichtlich seiner Aufbau- und Ablaufmerkmale. In dieser Phase der Kostenrechnungsgestaltung wird primär anhand der betriebsindividuellen Merkmalsausprägungen der Einflußfaktorkategorien "urbildbedingte Einflußfaktoren" und "Rahmenbedingungen der Kostenrechnungsgestaltung" ein Anforderungsprofil entwickelt, das zur Bestimmung der Ausprägungen aufbau- und ablaufbezogener Gestaltungsmerkmale herangezogen werden kann. Daneben sind auch die unmittelbar über den Informationsbedarf der

Kostenrechnungsadressaten wirkenden Gestaltungseinflüsse zu beachten. Sie treten aber weitgehend in den Hintergrund des zweiten Schrittes der Grundrechnungsgestaltung, da sie bereits bei der Wahl eines zweckmäßigen Kostenrechnungssystems eingehend Berücksichtigung finden.

In den nachfolgenden Abschnitten des Kapitels D. wird die Durchführung des ersten Schrittes zur betriebsindividuellen Gestaltung der Grundrechnung, die Auswahl eines situationsadäquaten Kostenrechnungssystems als Basiskonzeption der Grundrechnung, erörtert. Hierzu ist zunächst aufzuzeigen, welche Wesensmerkmale zur Kennzeichnung einer Basiskonzeption der Grundrechnung im Hinblick auf den Untersuchungszweck heranzuziehen sind. Anschließend ist zu untersuchen, welche Ausprägungen dieser Grundmerkmale unter Berücksichtigung betriebsspezifischer Gegebenheiten als zweckmäßig angesehen werden können. Die im zweiten Schritt erfolgende Verfeinerung eines ausgewählten Kostenrechnungssystems zur detaillierten Grundrechnungskonzeption wird Gegenstand des Kapitels E. sein.

II. Festlegung Kostenrechnungssysteme kennzeichnender Grundmerkmale

Wie in den vorangehenden Ausführungen gezeigt, erfolgt die Entscheidung über die Ausprägungen der als grundlegend für das Wesen der kostenrechnerischen Grundrechnung anzusehenden Merkmale durch die Auswahl eines Kostenrechnungssystems, das den betriebsindividuellen Anforderungen gerecht wird. Unter einem Kostenrechnungssystem wird im folgenden ein Kostenrechnungsmodell verstanden, das durch ausgewählte und für den Charakter der Kostenrechnung besonders bedeutsame Wesensmerkmale bestimmt wird, die als Haupt- oder Grundmerkmale bezeichnet werden.[17] Die Zuordnung eines Merkmals zu den Hauptmerkmalen ist dem vorliegenden Untersuchungszweck folgend anhand der Eigenschaft des Merkmals vorzunehmen, die Zweckbestimmtheit der Grundrechnung in wesentlichem Maße zu kennzeichnen. Diese Eigenschaft ist insbesondere jenen Merkmalen zuzuschreiben, die die Art der durch die Grundrechnung bereitgestellten Kosteninformationen festlegen,[18] da die Art der Kosteninformationen die Eignung der Grundrechnung zur Erfüllung der an sie gestellten Informationsaufgaben bestimmt. Durch diese Vorgehensweise der Merkmalsauswahl ist ein Ansatz gegeben, der eine zweckgerichtete und informationsnutzenbezogene Einschätzung der Anwendbarkeit von Kostenrechnungssyste-

---

[17] Ähnlich bei *Meffert*, Kosteninformationen, S. 62; *Schweitzer/Küpper*, S. 121; *Brink*, H.-J.: Die Kosten- und Leistungsrechnung im System der Unternehmungsrechnung, in: BFuP, 30. Jg. 1978, S. 571.

[18] Vgl. *Schweitzer/Küpper*, S. 121.

men unter Berücksichtigung betriebsspezifischer Anforderungen und Situationen eröffnet. Die primäre Orientierung der Merkmalsauswahl an der Art der Kosteninformationen entspricht zudem der oben geforderten rückwärtsschreitenden Mittel-Zweck-Heuristik und gestattet eine Einordnung der in der Literatur bereits ausgearbeiteten Kostenrechnungskonzeptionen, die sich vornehmlich ebenfalls hinsichtlich der Ausprägung informationsartenbezogener Merkmale unterscheiden.

Zu den Hauptmerkmalen ist einmal der zeitliche Bezug der Kosteninformationen zu zählen, wonach zwischen den Systemen der *Ist-*, *Normal-* und *Plankostenrechnung* unterschieden werden kann. Während die Ist- und die Normalkostenrechnung primär auf vergangenheitsorientierten Kosteninformationen basieren, werden bei der Plankostenrechnung in die Zukunft gerichtete Kosten verrechnet.[19] Weiterhin können die Art der Kosteninformationen und damit das Wesen der betrieblichen Kostenrechnung grundlegend durch den Umfang der auf die Kostenträger verrechneten Kosten charakterisiert werden. Je nachdem, ob alle oder nur ein Teil der Kosten den Kostenträgern zugerechnet werden, liegt eine *Voll-* bzw. eine *Teilkostenrechnung* vor. Innerhalb der Teilkostenrechnungen werden nach der Art der Bestimmung des Teiles der auf die Kostenträger verrechneten Kosten gewöhnlich die *Einzelkostenrechnung* nach *Riebel*[20] sowie die *Grenzkostenrechnung* nach *Plaut*[21] und *Kilger*[22] unterschieden. In der Einzelkostenrechnung wird unter Rückgriff auf das Identitätsprinzip, nach dem einem Bezugsobjekt nur diejenigen Kosten zuzurechnen sind, die auf dieselbe identische Entscheidung wie die Existenz des Bezugsobjektes selbst zurückgehen,[23] auf jegliche Schlüsselung von Gemeinkosten verzichtet.[24] Durch diese strenge Auslegung des Verursachungsprinzips wird der Grundsatz der absoluten Richtigkeit zum obersten Gestaltungsgrundsatz der Kostenrechnung erhoben. Aus der mit dem völligen Verzicht auf eine Schlüsselung von Gemeinkosten verbundenen Mißachtung des Grundsatzes der Zweckbestimmtheit resultieren gewisse Einwände gegen die Anwendbarkeit und

---

[19] Vgl. *Nowak*, Kostenrechnungssysteme, S. 47 ff.; *Schmalenbach*, Kostenrechnung, S. 291 ff.; *Kilger*, Einführung, S. 54 ff.

[20] Vgl. *Riebel*, Rechnen mit Einzelkosten, S. 213 ff.

[21] Vgl. *Plaut*, H.-G.: Die Grenz-Plankostenrechnung, in: ZfB, 23. Jg. 1953, S. 347 ff. u. S. 402 ff.

[22] Vgl. *Kilger*, Flexible Plankostenrechnung, S. 57 ff.

[23] Vgl. *Riebel*, Fragwürdigkeit, S. 60 f.

[24] Vgl. *Riebel*, Rechnen mit Einzelkosten, S. 218.

Eignung der Einzelkostenrechnung in der Praxis,[25] so daß auf eine weitere Berücksichtigung der Einzelkostenrechnung im Rahmen dieser Arbeit verzichtet werden kann. Im folgenden werden unter Teilkostenrechnungen stets Grenzkostenrechnungen verstanden, die im Unterschied zu den Vollkostenrechnungen auf eine vollständige Schlüsselung und Zurechnung aller Gemeinkosten auf die Kostenträger verzichten und statt dessen nur den variablen (beschäftigungsabhängigen) Gemeinkosten eine derartige Behandlung zuteil werden lassen.[26] Die Art der Informationen von Kostenrechnungen wird ferner wesentlich durch die Anpassungsfähigkeit der Kostenrechnung an Änderungen der Kostenbestimmungsfaktoren geprägt. Kostenrechnungen, die imstande sind, die Auswirkungen von Änderungen der Kostenbestimmungsfaktoren auf die Kostenhöhe rechentechnisch abzubilden - beispielsweise im Rahmen der kostenstellenweisen Kostenkontrolle durch die Vorgabe sogenannter Norm- oder Sollkosten - werden als *flexible* Kostenrechnungen bezeichnet, die anderen dagegen als *starre*.[27]

Anhand der beschriebenen Merkmale lassen sich wesensmäßige Unterschiede zwischen den Kostenrechnungssystemen aufzeigen und hinsichtlich ihrer betriebsspezifischen Eignung zur Erfüllung der kostenrechnerischen Informationsaufgaben beurteilen. Durch die Kombination der Merkmalsausprägungen ergeben sich die zur Auswahl stehenden Kostenrechnungssysteme.[28] Es sei an dieser Stelle nochmals darauf hingewiesen, daß es sich bei der Systematisierung der Kostenrechnungssysteme um eine typologische Ordnung handelt, bei der sich die denkbaren Ausprägungen der Grundmerkmale häufig nicht streng konträr verhalten, sondern innerhalb einer Kostenrechnungskonzeption nebeneinander angewandt werden können. Zwischen den Merkmalsausprägungen besteht daher meist keine eindeutige, sondern eine stetige Abstufung.[29] Damit verbindet sich gleichzeitig das Phänomen, daß die im folgenden noch darzustellenden und hinsichtlich ihrer betriebsspezifischen Anwendbarkeit zu diskutierenden Kostenrech-

---

25 Zur Kritik an der Einzelkostenrechnung vgl. *Kilger*, Flexible Plankostenrechnung, S. 81 ff.; *Schehl*, S. 253 f.; *Kleiner*, F.: Kostenrechnung bei flexibler Automatisierung, Diss., München 1991, S. 28 ff.

26 Vgl. *Plaut*, Grenz-Plankostenrechnung, S. 403 f.; *Kilger*, Flexible Plankostenrechnung, S. 57 ff.; *Schweitzer/Küpper*, S. 122 f.

27 Vgl. *Nowak*, Kostenrechnungssysteme, S. 105 ff.; *Kilger*, Einführung, S. 59 ff.; *Schweitzer/Küpper*, S. 122.

28 Vgl. *Brink*, Unternehmungsrechnung, S. 571; *Kosiol*, Kostenrechnung der Unternehmung, S. 110.

29 Vgl. *Kosiol*, Kostenrechnung der Unternehmung, S. 110; *Meffert*, Kosteninformationen, S. 67.

nungssysteme in der Praxis nicht in dieser reinen Form auftreten.[30] Vielmehr handelt es sich bei den als zweckmäßig anzusehenden Gestaltungskonzeptionen in der Regel um betriebsindividuelle Mischformen verschiedener Kostenrechnungssysteme. Wird beispielsweise für einen Betrieb angegeben, daß er eine Plankostenrechnung durchführt, so bedeutet dies nicht, daß die Kostenrechnung dieses Betriebes keine Elemente einer Normalkostenrechnung enthalten kann. Die Charakterisierung einer Kostenrechnung als Plankostenrechnung gibt vielmehr an, daß das Arbeiten mit geplanten Kostenwerten als typisch für die vorliegende Kostenrechnung anzusehen ist, daß daneben aber anstelle von geplanten auch normalisierte Kosten zur Verrechnung gelangen, z.B. ausnahmsweise für bestimmte Kostenarten, die sich einer zuverlässigen Planung entziehen.

Neben der Ableitung von Grundmerkmalen zur Kennzeichnung von Kostenrechnungssystemen ist es erforderlich, die Zweckbestimmtheit der Kostenrechnung zu konkretisieren, um den im vorangehenden Kapitel als ersten Schritt der Grundrechnungsgestaltung beschriebenen Vergleich der betriebsindividuellen Anforderungen an das Wesen einer Basiskonzeption der Grundrechnung mit dem Merkmalsprofil der zur Auswahl stehenden Kostenrechnungssysteme vornehmen zu können. Die Konkretisierung der Zweckbestimmtheit kann anhand der speziellen Kostenrechnungszwecke Kalkulation, Bereitstellung von Informationen zur Betriebsergebnisrechnung, Kostenkontrolle und Bereitstellung von Informationen für die betriebliche Planung erfolgen.[31] Damit sind die wesentlichen Beurteilungskriterien festgelegt, mit deren Hilfe im Rahmen des Kostenrechnungsgestaltungsprozesses ein Vergleich der zur Auswahl stehenden Kostenrechnungssysteme mit der speziellen Situation des Betriebes vorgenommen werden kann.

Im weiteren Verlauf der Untersuchung wird die situationsgerechte Auswahl eines Kostenrechnungssystems indessen nicht aus der Blickrichtung der Einzelbetriebe betrachtet, sondern es wird aus methodischen und

---

[30] Vgl. *Nowak*, Kostenrechnungssysteme, S. 47; *Haberstock*, Kostenrechnung II, S. 17. Die Notwendigkeit einer typologischen Sichtweise der Kostenrechnungssysteme zeigt sich vor allem bei empirischen Studien, in denen das Problem auftritt, die in der Praxis vorfindbaren Kostenrechnungen in die Systematik der Kostenrechnungssysteme einzuordnen. Vgl. hierzu *Schehl*, S. 257; *Witt*, S. 112 f.

[31] Die Bereitstellung von Kosteninformationen für das externe Rechnungswesen als weiterer Kostenrechnungszweck, anhand dessen eine Konkretisierung der Zweckbestimmtheit von Kostenrechnungssystemen durchgeführt werden kann, wird aus den weiteren Betrachtungen ausgeschlossen, da es sich hierbei um einen nebengeordneten Zweck der Kostenrechnung handelt. Vgl. hierzu die Ausführungen in Kapitel B.-I.-1.-d) dieser Untersuchung.

didaktischen Gründen[32] ausgehend von den Kostenrechnungssystemen unter Umgehung der dem jeweiligen System in der Kostenrechnungstheorie gewöhnlich zugeordneten Zwecksetzung die Frage gestellt, inwieweit dieses System in der Lage ist, den unter ausgewählten betrieblichen Situationen entstehenden Informationsbedarf zu befriedigen. Die folgenden Ausführungen gründen damit nicht auf den von betriebsspezifischen Bedingungen abstrahierenden Vorteilhaftigkeitsbeurteilungen in der Kostenrechnungstheorie, da in diesen Untersuchungen die betriebsindividuell verschiedenen Ausgangs- und Anwendungsbedingungen, unter denen sich die zu vergleichenden Kostenrechnungssysteme zu bewähren haben, weitgehend vernachlässigt werden. In diesen abstrakt-theoretischen Auseinandersetzungen mit Kostenrechnungssystemen findet in erster Linie eine kritische Überprüfung der Zwecksetzungserreichung statt, wobei ein Kostenrechnungssystem einem zu vergleichenden Alternativsystem gegenüber dann als vorteilhaft gilt, wenn es in der Lage ist, eine größere Anzahl von Kostenrechnungszwecken zu erfüllen, oder wenn vorgegebene Zwecke qualitativ besser erfüllt werden. Andere, für die praktische Gestaltung von Kostenrechnungen ebenso bedeutsame Anforderungen und Kriterien zur Vorteilhaftigkeitsbeurteilung von Kostenrechnungssystemen, wie das Wirtschaftlichkeitsprinzip oder die Prinzipien der Relevanz und Adäquanz, bleiben dagegen weitgehend unberücksichtigt. Betriebsindividuelle Gegebenheiten und Situationen führen aber häufig dazu, daß bestimmte Kostenrechnungszwecke in den Vordergrund gerückt werden, während andere an Bedeutung verlieren, so daß die auf einen bestimmten Betrieb bezogene Vorteilhaftigkeitsbeurteilung von Kostenrechnungssystemen nicht mit der abstrakt-theoretischen Einschätzung übereinzustimmen braucht. Weiterhin kann insbesondere der Einfluß des Wirtschaftlichkeitsprinzips dazu führen, daß Kostenrechnungssysteme, die sich zwar durch eine bessere Zweckerreichung auszeichnen, gleichzeitig - unter bestimmten betrieblichen Gegebenheiten - aber entsprechend höhere Informationskosten hervorrufen, ihre Vorteilhaftigkeit gegenüber alternativen Kostenrechnungssystemen einbüßen. Für eine nach betrieblichen Situationen differenzierende Betrachtungsweise der Kostenrechnungsgestaltung ist es daher notwendig, sich von den auf die einzelnen Kostenrechnungssysteme gerichteten und von betrieblichen Bedingungen abstrahierenden Zweckzuweisungen zu lösen, um unvoreingenommen für jedes zu behandelnde Kostenrechnungssystem prüfen zu können, inwieweit es sämtlichen denkbaren Zwecken unter Berücksichtigung betriebsspezifischer Besonderheiten entsprechen kann. Dabei wird sich zeigen, ob bei bestimmten Betriebstypen einige Kostenrechnungssysteme auch

[32] Durch die gewählte Vorgehensweise sollen Mehrfachdarstellungen, die sich bei einer Betrachtung aus Sicht der Betriebstypen in besonderem Maße ergeben können, nach Möglichkeit vermieden werden.

Zwecke zu erfüllen vermögen, deren Erfüllung ihnen im Rahmen einer von situativen Betriebsbedingungen abstrahierenden Betrachtung üblicherweise nicht zugestanden wird.

Unter Berücksichtigung der in dieser Untersuchung ausgewählten Merkmale wird zunächst die Differenzierung der Kostenrechnungssysteme nach dem Zeitbezug der Kosten, sodann diejenige nach dem Umfang der auf die Kostenträger verrechneten Kosten und schließlich diejenige nach dem Ausmaß der bei der Maßkostenermittlung erfolgenden Isteinflußgrößenanpassung diskutiert. Dabei wird jeweils ausgehend von einer betriebstypneutralen Wesensdarstellung des jeweiligen Kostenrechnungssystems unter Differenzierung nach speziellen Kostenrechnungszwecken der Fragestellung nachgegangen, ob dieses Kostenrechnungssystem aufgrund seiner systemimmanenten Voraussetzungen und Annahmen grundsätzlich für alle Betriebe geeignet ist oder ob bei Vorliegen bestimmter betrieblicher Situationen die Anwendung des Systems erschwert oder abzulehnen ist. Ferner erfolgt ein Vergleich mit bereits dargestellten Kostenrechnungssystemen, indem unter Berücksichtigung betriebsspezifischer Gegebenheiten eine Einschätzung des Informationsertragsunterschiedes zwischen den betrachteten Systemen vorgenommen wird.

III. Betriebsspezifische Beurteilung der nach dem Zeitbezug der Kosten zu differenzierenden Kostenrechnungssysteme

Die Systematisierung der Kostenrechnungssysteme nach dem Zeitbezug der verrechneten Kosten führt zur Unterscheidung in Ist-, Normal- und Plankostenrechnungen. Mit dem Zeitbezug der verrechneten Kosten liegt ein Merkmal vor, das die Art der durch die Grundrechnung bereitgestellten Kosteninformationen wesentlich beeinflußt und daher besonders gut geeignet ist, die Zweckbestimmtheit der zur Auswahl stehenden Kostenrechnungssysteme zu konkretisieren und damit die methodische Voraussetzung für eine situationsgerechte Auswahl einer Basiskonzeption der Grundrechnung zu schaffen. Dies zeigt sich insbesondere daran, daß bei der betriebsspezifischen Eignungsbeurteilung der Ist-, Normal- und Plankostenrechnung alle wichtigen betriebsinternen Kostenrechnungszwecke, die Kalkulation, die Bereitstellung von Informationen für die Betriebsergebnisrechnung, die Kostenkontrolle und die Bereitstellung von Informationen für die betriebliche Planung, zu berücksichtigen sind. Der Beurteilung der Kostenrechnungssysteme ist jeweils eine Wesensbeschreibung der Systeme voranzustellen, um die Auswirkungen der untersuchten Merkmalsausprägung auf den Charakter der Grundrechnung erkennen und eine umfassende betriebsspezifische Eignungsbeurteilung vornehmen zu können. Schließlich werden die für die einzelnen Systeme gewonnenen Erkenntnisse jeweils zusammengefaßt.

1. Die traditionelle Istkostenrechnung

a) Das Wesen der traditionellen Istkostenrechnung

Die traditionelle Istkostenrechnung ist die älteste Form der Kostenrechnungssysteme. Eines ihrer grundlegenden Wesensmerkmale ist, daß sie als Nachrechnung die Kosten einer bereits abgelaufenen Periode erfaßt und diese vollständig auf die Kostenträger weiterverrechnet.[33] In diesem Sinne stellt die Istkostenrechnung eine Vergangenheitsrechnung dar, da sie die Verbrauchsvorgänge von Leistungserstellungs- und Leistungsverwertungsprozessen vergangener Perioden abzubilden versucht und hierzu nach Möglichkeit Istkosten im Sinne von tatsächlich angefallenen Kosten, d.h. tatsächliche Verbrauchsmengen und Faktorpreise, zugrunde legt.

In Abweichung von dem Grundprinzip, die effektiven Istkosten vergangener Perioden zu erfassen und weiterzuverrechnen, kommen in der traditionellen Istkostenrechnung auch Kosten zum Ansatz, die nicht als echte Istkosten im Sinne der Istkostenrechnung anzuerkennen sind, sondern gewissermaßen normalisierte oder geschätzte Elemente enthalten.[34] Beispiele hierfür sind die zeitliche Abgrenzung aperiodisch auftretender Güterverbräuche,[35] die Abschreibungen bei den Betriebsmittelkosten[36] sowie der Ansatz

---

[33] Vgl. *Müller*, A.: Istkosten-, Normalkosten- und Plankostenrechnung in vergleichender Betrachtung, in: DB, 5. Jg. 1952, S. 537; *Nowak*, Kostenrechnungssysteme, S. 51.

[34] Vgl. *Schmalenbach*, Kostenrechnung, S. 292; *Kilger*, Flexible Plankostenrechnung, S. 15 f. Im übrigen zeigt sich in der Tatsache, daß derartige Kostenrechnungen dennoch zu den Istkostenrechnungen gezählt werden, der typologische Ordnungscharakter der Kostenrechnungssysteme.

[35] Aperiodisch auftretende Güterverbräuche werden gleichmäßig auf die Abrechnungsperioden ihrer wirtschaftlichen Verursachung verteilt, um die Kalkulationsobjekte ebenfalls gleichmäßig mit Kosten zu belasten. Vgl. *Götzinger/Michael*, Leistungsrechnung, S. 38 f. Hierzu muß für einen längeren zukünftigen Zeitraum die insgesamt auftretende Kostensumme irgendwie im voraus bestimmt, also z.B. normalisiert oder geschätzt, und anschließend auf die einzelnen Abrechnungsperioden, die Teilperioden dieses Zeitraumes darstellen, verteilt werden. Die beschriebene Vorgehensweise kommt insbesondere beim Ansatz von Wagniskosten, bei unregelmäßig anfallenden Arbeitskosten wie den Urlaubs- und Krankheitslöhnen sowie bei den Kostensteuern zur Anwendung.

von Zusatzkosten mit Opportunitätskostencharakter.[37] Daneben lassen sich bei den Werkstoffkosten, einer Kostenart, die für die Abbildung effektiver Istkosten geradezu prädestiniert zu sein scheint, genügend Beispiele dafür finden, daß in der traditionellen Istkostenrechnung bereits Abweichungen vom Prinzip der reinen Istkostenerfassung und -verrechnung stattfinden. Beispielsweise enthalten die Verfahren zur Verbrauchsmengenermittlung gewisse vereinfachende Annahmen, die dazu führen können, daß die in der Kostenrechnung angesetzten Istverbrauchsmengen nicht mit den effektiven Verbrauchsmengen übereinstimmen.[38] Des weiteren sind in den Werkstoffkosten Kosten für Produktionsfaktoren enthalten, die längerfristig, d.h. über mehrere Abrechnungsperioden hinweg, genutzt werden und deshalb genauso wie die Betriebsmittel zeitlich abgegrenzt und durch den Ansatz von Abschreibungen behandelt werden müßten. Tatsächlich aber wird der Einsatz dieser Produktionsfaktoren, zu denen Kleinwerkzeuge und bestimmte Betriebsstoffe wie Getriebe- und Motorenöl zu rechnen sind, aus Vereinfachungsgründen als Sofortverbrauch angesehen und nur auf eine Abrechnungsperiode zugerechnet.[39]

Weitere Abweichungen vom Prinzip der Erfassung und Verrechnung effektiver Istkosten treten in der traditionellen Istkostenrechnung im Rah-

---

[36] Bei der Ermittlung der Abschreibungen für Betriebsmittel müssen bereits zu Beginn der Nutzung Schätzungen vorgenommen werden, und zwar bei den zeitabhängigen Abschreibungsverfahren bezüglich der Nutzungsdauer und dem zu erwartenden Nutzungsverlauf sowie bei den leistungsabhängigen hinsichtlich des Gesamtnutzungspotentials.

[37] Vgl. *Kilger*, Einführung, S. 55. Zusatzkosten können entweder in voller Höhe, z.B. beim kalkulatorischen Unternehmerlohn und bei der kalkulatorischen Miete, oder wenigstens zum Teil Opportunitätskostencharakter besitzen, wie dies beispielsweise bei den kalkulatorischen Zinsen der Fall ist. Diese Opportunitätskosten können dabei nicht im Sinne einer tatsächlichen Messung erfaßt werden, sondern ergeben sich aus fiktiven Vergleichsrechnungen und Schätzungen. Vgl. *Haberstock*, Kostenrechnung I, S. 108 u. S. 112 f.

[38] Dies kann nicht nur bei den einfachen Verfahren wie der Zugangsrechnung, bei der eine Übereinstimmung des Verbrauchs mit den Zugängen während der Abrechnungsperiode angenommen wird, und der Inventurmethode, bei der der Verbrauch mit der Differenz zwischen Anfangsbestand und Zugängen einerseits und Endbestand laut Inventur andererseits gleichgesetzt wird, gegeben sein. Auch dem scheinbar genauen Verfahren der Skontrationsrechnung wird eine der Ermittlung der tatsächlichen Verbrauchsmengen gegebenenfalls entgegenstehende Annahme zugrunde gelegt, indem unterstellt wird, daß der mittels Materialentnahmescheinen festgestellte Lagerabgang dem effektiven Verbrauch in den Produktionsstellen entspricht. Zu den Verfahren der Werkstoffverbrauchsmengenermittlung vgl. *Beste*, Erfolgsrechnung, S. 79 ff.; *Götzinger/Michael*, Leistungsrechnung, S. 63 f.; *Haberstock*, Kostenrechnung I, S. 83 ff.

[39] Zur Einteilung des Güterverbrauchs nach der Fristigkeit in kurzfristigen Verbrauch (Sofortverbrauch) und langfristigen Verbrauch (Gebrauch) vgl. *Kosiol*, Kostenrechnung der Unternehmung, S. 26; *Götzinger/Michael*, Leistungsrechnung, S. 29.

men der Ermittlung des Preisgerüstes eingesetzter Produktionsfaktoren auf. Zur Erfassung effektiver Istkosten müßte zu jedem einzelnen Verbrauchsfaktor der zugehörige Istpreis angesetzt werden. Aus Praktikabilitätsgründen werden aber insbesondere bei den Werkstoffen vereinfachende Bewertungsverfahren wie die Verbrauchsfolgeverfahren oder verschiedene Durchschnittspreisverfahren angewandt.[40] Obwohl es sich dabei um Istpreise im Sinne von tatsächlich in der Vergangenheit bezahlten Preisen handelt, liegt keine reine Istkostenrechnung mehr vor. Ferner wird in der Kostenrechnung für den Zweck der Substanzerhaltung häufig ganz auf den Ansatz tatsächlicher Istpreise verzichtet, und es kommen statt dessen z.B. geschätzte Wiederbeschaffungspreise zur Anwendung.[41] Darüber hinaus werden auch Kostenrechnungen, die mit festen Verrechnungspreisen arbeiten, zu den Systemen der traditionellen Istkostenrechnung gerechnet.[42] Diese Verrechnungspreise, die als Istpreisdurchschnitte vergangener Perioden ermittelt und über mehrere Abrechnungsperioden hinweg konstant gehalten werden, stellen gewissermaßen normalisierte Preise dar und dienen der Vereinfachung und Beschleunigung der Abrechnung sowie der Verbesserung der Aussagefähigkeit von Zeitvergleichen durch das Fernhalten von Marktpreisschwankungen.[43]

Neben den Kostenrechnungssystemen, die sich durch die dargestellten, auf Normalisierung und Schätzung beruhenden Abweichungen von der reinen Istkostenrechnung auszeichnen, werden noch Kostenrechnungen, die bereits bestimmte planerische Elemente enthalten, zu den traditionellen Istkostenrechnungssystemen gezählt. Dabei handelt es sich durchweg um Systeme, in denen die Kostenträgergemeinkosten weiterhin als Istkosten erfaßt und verrechnet werden, bei denen die Ermittlung der Kostenträgereinzelkosten jedoch planerische Züge enthält. Geplante Kostenträgereinzelkosten finden sich bei den Materialeinzelkosten, d.h. den einem Kostenträger unmittelbar zurechenbaren Rohstoffen, Hilfsstoffen und Fertigteilen, wobei sich die anzusetzenden Planmengen aus technischen Unterlagen wie der Stückliste oder der Rezeptur ableiten lassen. Beispielsweise basiert die retrograde Methode der Verbrauchsmengenermittlung, die den Verbrauch auf der Grundlage der in der abgelaufenen Periode hergestellten Erzeugnismenge bestimmt, auf dem Planverbrauch je Erzeugniseinheit sowie auf

---

40 Zu diesen Verfahren vgl. *Wöhe*, Bilanzierung, S. 500 ff.

41 Vgl. *Schmalenbach*, Kostenrechnung, S. 292.

42 Vgl. *Kilger*, Flexible Plankostenrechnung, S. 18. Anderer Auffassung ist *Nowak*, Kostenrechnungssysteme, S. 51.

43 Vgl. *Kilger*, Flexible Plankostenrechnung, S. 18 f.

technischen Berechnungen des unvermeidbaren Abfalles.[44] Wesentlich bedeutsamer ist jedoch, daß bereits in der traditionellen Istkostenrechnung die Materialeinzelkosten als geplante Werte in die laufende Kostenrechnung eingehen und durch die zusätzliche Erfassung der Istverbrauchsmengen und -preise erstmals die Istmaterialeinzelkosten in Planmaterialeinzelkosten und die entsprechenden Mengen- und Preisabweichungen aufgespalten werden können. Ebenso verhält es sich mit den Fertigungseinzelkosten (Lohneinzelkosten), bei denen mit der Anwendung des Geldakkords, spätestens aber durch die Einführung des auf Zeitstudien[45] basierenden Zeitakkords, planerische Elemente in die laufende Istkostenrechnung eingebracht werden.[46]

Wie die vorstehenden Ausführungen zeigen, ist es nicht das primäre Kennzeichen der traditionellen Istkostenrechnung, ausschließlich echte Istkosten im Sinne von effektiven Istverbrauchsmengen und effektiven Istpreisen zu erfassen und zu verrechnen. Vielmehr wird ihr Wesen durch die Abbildung des in der Vergangenheit liegenden betrieblichen Geschehens beschrieben, wozu neben den effektiven Istkosten auch normalisierte, geschätzte oder geplante Größen zum Ansatz kommen. Die Hauptzielsetzung der traditionellen Istkostenrechnung besteht in der nachträglichen Verrechnung aller in der abgelaufenen Periode angefallenen Kosten auf die in dieser Periode hergestellten und abgesetzten Erzeugnisse.[47] In diesem Zusammenhang wird auch vom Kostenüberwälzungs- oder Kostendurchrechnungsprinzip gesprochen,[48] das allerdings bereits in der traditionellen Istkostenrechnung bei Unterlassung einer nachträglichen Verrechnung der durch die Verwendung fester Verrechnungspreise und geplanter Einzelkosten entstehenden Preis- und Mengenabweichungen auf die Kostenträger durchbrochen wird.

Im folgenden soll unter Berücksichtigung betriebsspezifischer Gegebenheiten kritisch untersucht werden, inwiefern die traditionelle Istkostenrech-

---

[44] Bei der retrograden Methode der Verbrauchsmengenermittlung wird der Verzehr demnach durch Sollzahlen erfaßt. Vgl. *Beste*, Erfolgsrechnung, S. 99 ff.

[45] Die Durchführung von Zeitstudien und Arbeitsablaufanalysen geht auf die zu Beginn des 20. Jahrhunderts aufkommende wissenschaftliche Betriebsführung (Arbeitswissenschaft) zurück. Zur Geschichte des modernen Arbeitsstudiums vgl. *REFA - Verband für Arbeitsstudien und Betriebsorganisation e.V.*: Methodenlehre des Arbeitsstudiums, Teil 1, Grundlagen, 7. Auflage, München 1984, S. 25 ff.

[46] Vgl. *Kilger*, Flexible Plankostenrechnung, S. 19 f. Zu den genannten Arten der Akkordberechnung vgl. *Pfeiffer*, W./*Dörrie*, U./*Stoll*, E.: Menschliche Arbeit in der industriellen Produktion, Göttingen 1977, S. 247 ff.

[47] Vgl. *Kilger*, Einführung, S. 55.

[48] Vgl. dazu *Müller*, A., Plankostenrechnung, S. 537; *Nowak*, Kostenrechnungssysteme, S. 51.

nung geeignet ist, als Basiskonzeption einer kostenrechnerischen Grundrechnung die an die Kostenrechnung gestellten Aufgaben zu erfüllen.

b) Betriebsspezifische Eignung der traditionellen Istkostenrechnung zur Erfüllung kostenrechnerischer Zwecke

aa) Kalkulation

Die betriebsspezifische Beurteilung eines Kostenrechnungssystems hinsichtlich seiner Eignung für die Zwecke der Kalkulation hat unter Berücksichtigung des Anwendungszeitpunktes der Kalkulation zu erfolgen, da der Anwendungszeitpunkt Ausdruck der mit der Kalkulation verfolgten speziellen Zwecksetzungen ist. Nach dem Anwendungszeitpunkt, d.h. nach dem zeitlichen Bezug der Kalkulationserstellung zur Produktion, lassen sich die Vor- und die Nachkalkulation unterscheiden.[49] Während die Vorkalkulation vor Beginn der Produktion vorgenommen wird, erfolgt die Nachkalkulation im nachhinein.[50] Daneben ist die Zwischenkalkulation zu nennen, die vor allem bei langfristiger Fertigung zur Anwendung kommt und vor dem Ende der Gesamtleistungserstellung, aber nach Fertigstellung abgrenzbarer Teilleistungen durchgeführt wird.[51] Die Zwischenkalkulation, die auch als mitlaufende Kalkulation bezeichnet wird,[52] stellt eine spezielle Form der Nachkalkulation dar, da sie zeitlich nach der (Teil-)Leistungserstellung erfolgt.

Die Vorkalkulation wird bei Bestellfertigung für die Ermittlung eines Angebotspreises und bei Fertigung für den anonymen Markt zur Beurteilung des Marktpreises eingesetzt.[53] Dabei dienen die Kalkulationsergebnisse, die als Preisuntergrenzen interpretiert werden können, als Grundlage für preis- und mengenpolitische Dispositionen, z.B. bei der Entscheidung über die Annahme von Kundenaufträgen und bei der Programmpolitik.[54]

---

[49] Vgl. *Mellerowicz*, Kostenrechnung, Bd. II, Zweiter Teil, S. 189; *Plaut*, H.-G./*Müller*, H./*Medicke*, W.: Grenzplankostenrechnung und Datenverarbeitung, 2., völlig überarbeitete und erweiterte Auflage, München 1971, S. 200.

[50] Vgl. *Schmalenbach*, Kostenrechnung, S. 265.

[51] Vgl. *Mellerowicz*, Kostenrechnung, Bd. II, Zweiter Teil, S. 194; *Kosiol*, Kalkulation, S. 70.

[52] Vgl. *Plaut/Müller/Medicke*, S. 215.

[53] Vgl. *Kosiol*, Kalkulation, S. 71; *Plaut/Müller/Medicke*, S. 200 ff.

[54] Vorkalkulationen werden des weiteren auch zur Lösung bestimmter Problemstellungen durchgeführt, z.B. um bei der Gründung der Unternehmung oder bei der Entwicklung und Markteinführung eines neuen Produktes die Erfolgsaussichten beurteilen zu können. Vgl. *Mellerowicz*, Kostenrechnung, Bd. II, Zweiter Teil, S. 189. Derartige Sonderformen der Vor-

Die Nachkalkulation dient einmal zur Kontrolle der Erzeugnisse und Aufträge, wobei überprüft werden soll, ob die in der Vorkalkulation vorherbestimmten und erwarteten Selbstkosten tatsächlich eingehalten wurden und ob die Vorkalkulationsgrundlagen eine verläßliche Basis für die Selbstkostenpreisermittlung darstellen.[55] Weiterhin kann die Nachkalkulation eine unmittelbare Grundlage für die Preisermittlung sein, wenn diese auf der Basis effektiver Selbstkosten zu erfolgen hat.

Wird das Merkmal "Zeitpunkt der Kalkulationserstellung" in Beziehung zum Zeitbezug der verrechneten Kosten gebracht, so ergibt sich, daß sowohl die Vor- als auch die Nachkalkulation grundsätzlich auf der Basis von Ist-, Normal- oder Plankosten durchgeführt werden kann.[56] Im folgenden sollen die betriebsspezifischen Anwendungs- und Einsatzmöglichkeiten der Istkostenrechnung für die Erstellung zweckmäßiger Vor- und Nachkalkulationen einer näheren Betrachtung unterzogen werden. Auf die Möglichkeiten der Vor- und Nachkalkulation auf der Grundlage von Normal- und Plankosten wird in den Kapiteln D.-III.-2.-b)-aa) und D.-III.-3.-c)-aa) einzugehen sein.

(1) Die Nachkalkulation auf Istkostenbasis als Grundlage für die Preisermittlung

Die traditionelle Istkostenrechnung ist als kostenrechnerische Grundrechnung vor allem für solche Betriebe von Interesse, die laufend Informationen über die tatsächliche Kostenhöhe ihrer Erzeugnisse und Aufträge benötigen. Dies sind in erster Linie die Betriebe mit Produktion auf Bestellung, die zur Kontrollabrechnung ihrer Kundenaufträge auf genaue Informationen über die tatsächlich für diesen Auftrag angefallenen Kosten angewiesen sind. Eine genaue Auftragsnachkalkulation auf Istkostenbasis ist für diese Betriebe insbesondere dann unerläßlich, wenn gleichzeitig Einzelfertigung vorliegt, denn aufgrund der Individualität der Erzeugnisse und der Verschiedenheit der Aufträge führt nur eine Nachrechnung auf Istkostenbasis

---

kalkulation, zu denen auch die konstruktionsbegleitende Kalkulation gezählt werden kann (vgl. *Gröner*, L.: Entwicklungsbegleitende Vorkalkulation, Berlin u.a. 1991, S. 112 ff.), sind nicht Gegenstand der vorliegenden Untersuchung, da zu ihrer Durchführung in der Regel nicht auf die Informationen einer kostenrechnerischen Grundrechnung zurückgegriffen werden kann, sondern eine gesonderte Datenerhebung erforderlich ist.

[55] Vgl. *Schmalenbach*, Kostenrechnung, S. 265; *Kilger*, Einführung, S. 292.

[56] Diese Auffassung vertritt auch *Mellerowicz*, der die beiden genannten Kriterien zur Kennzeichnung von Kalkulationsarten getrennt behandelt. Vgl. *Mellerowicz*, Kostenrechnung, Bd. II, Zweiter Teil, S. 189 ff. u. S. 195 ff.

zu ausreichend genauen Informationen über die tatsächlich entstandenen Kosten.

Die Nachkalkulation auf der Grundlage einer Istkostenrechnung ist weiterhin erforderlich, wenn der Absatzpreis oder zumindest bestimmte Preisbestandteile erst nach Fertigstellung des Erzeugnisses auf der Basis effektiver Selbstkosten vereinbart werden.[57] Diese Vorgehensweise der Preisermittlung findet sich bei öffentlichen Aufträgen, wenn zur Preisermittlung Selbstkostenerstattungspreise oder Selbstkostenrichtpreise herangezogen werden, wobei den verbrauchten Produktionsfaktoren Istverbrauchsmengen und Istpreise, d.h. historische Anschaffungspreise oder Tagespreise zum Zeitpunkt des Lagerabgangs, zugrunde zu legen sind.[58] Während die Selbstkostenerstattungspreise, die nur zum Ansatz kommen, wenn aufgrund großer Fertigungs- und Kostenentwicklungsunsicherheiten eine Vorkalkulation nicht möglich ist, wie z.B. bei Forschungs-, Studien- und Neuentwicklungsaufträgen sowie bei Großprojekten mit langfristiger Einzelfertigung, durch Nachkalkulation der gesamten Leistung ermittelt werden,[59] erfolgt bei den Selbstkostenrichtpreisen eine Nachkalkulation nur für einzelne Leistungsbestandteile, während der Preis für die übrige Leistung auf einer Vorkalkulation basiert.[60]

Darüber hinaus werden in der Privatwirtschaft gelegentlich Selbstkostenerstattungspreise vereinbart, die auf der Grundlage einer Nachkalkulation auf Istkostenbasis zu ermitteln sind, wie beispielsweise in der Bauwirtschaft oder im Großanlagenbau.[61] Dabei liegen in der Regel die Verhältnisse der langfristigen Einzelfertigung vor, bei der die Erzeugnisse häufig über einen Zeitraum von mehreren Jahren erstellt werden. Um das bei Annahme des Kundenauftrags bestehende Kostenrisiko wenigstens teilweise auf den Kunden abwälzen zu können, werden bei den Vertragsverhandlungen meist Preisgleitklauseln zur Abdeckung des Preissteigerungsrisikos bei den Einsatzfaktoren sowie Preiskorrekturen für die während der eigentlichen Abwicklung eintretenden Änderungen in der technischen Ausführung

[57] Daneben kommt der Nachkalkulation auf Istkostenbasis zuweilen auch eine reine Dokumentationsfunktion zu, beispielsweise indem sie bei behördlichen Genehmigungsverfahren von Großprojekten als Nachweis für die Kostenentwicklung hinsichtlich verschiedener Bezugsgrößen dient. Vgl. *Milling*, P.: Kosten- und Erlössteuerung im Großanlagenbau, in: v. Kortzfleisch, G./Kaluza, B. (Hrsg.): Internationale und nationale Problemfelder der Betriebswirtschaftslehre, Festgabe für Heinz Bergner zum 60. Geburtstag, Berlin 1984, S. 73.

[58] Vgl. Nr. 7 Abs. 1b u. Nr. 8 Abs. 1b LSP.

[59] Vgl. §7 VO PR Nr. 30/53 i.V.m. Nr. 6b LSP.

[60] Vgl. §6 Abs. 3 VO PR Nr. 30/53, i.V.m. Nr. 6c LSP.

[61] Vgl. *Milling*, Großanlagenbau, S. 78.

vereinbart,[62] für deren Nachweis eine genaue Nachkalkulation erforderlich ist.

In der Istkostenrechnung werden in jeder Abrechnungsperiode von neuem sämtliche Stufen des Rechnungsganges, von der Erfassung der Istkosten in der Kostenartenrechnung über deren Verrechnung in der Kostenstellen- und Kostenträgerrechnung, durchlaufen. Weiterhin ändern sich praktisch in jedem Betrieb die Erscheinungen der Kosteneinflußgrößen und damit die Struktur, die Höhe und die Art der Kostenentstehung von Periode zu Periode mehr oder weniger stark, so daß sich auf jeder Abrechnungsstufe ständig neue Grundlagen der Kostenverrechnung ergeben: bei der Zurechnung der primären Istgemeinkosten auf die Kostenstellen,[63] bei der Durchführung der innerbetrieblichen Leistungsverrechnung[64] sowie bei der Ermittlung der Kostenstellenverrechnungssätze der Hauptkostenstellen und damit auch bei den Kalkulationssätzen für die Kostenträgerrechnung. Für Betriebe mit langfristiger Einzelfertigung, bei denen die endgültigen Preise mit dem Auftraggeber erst nach Leistungserstellung auf der Basis von Nachkalkulationen vereinbart werden, ergibt sich damit das Problem, daß über mehrere Abrechnungsperioden hinweg erbrachte und vergleichbare Teilleistungen mit unterschiedlichen Kalkulationssätzen zum Ansatz kommen, was beim Kunden auf Unverständnis stoßen und Zweifel an der Richtigkeit und Zuverlässigkeit der dargelegten Kostenrechnungsinformationen hervorrufen kann.[65] Zur Lösung dieses Problems bietet es sich beispielsweise an, die sich

---

[62] Vgl. *Hilkert*, O./*Krause*, W.: Controllingprobleme im langfristigen Anlagengeschäft, in: DB, 31. Jg. 1978, S. 1653.

[63] Dabei ändern sich in der Regel nicht nur die Höhe der einzelnen Kostenarten, sondern gegebenenfalls auch die Zuordnungsbeziehungen der primären Kostenstelleneinzelkosten sowie bei den primären Kostenstellengemeinkosten die prozentuale Verteilung der Schlüsselmenge auf die einzelnen Kostenstellen, die Gesamtsumme der Schlüsselmenge oder sogar die Art der Schlüsselgröße.

[64] Im Rahmen der innerbetrieblichen Leistungsverrechnung ist eine Vielzahl von Ursachen für Änderungen der sekundären Istkostenstellenkosten denkbar. Abgesehen von grundlegenden Änderungen in der Art der bereitgestellten Hilfsleistungen oder einer Umstrukturierung der Kostenstellengliederung, ergeben sich Veränderungen vor allem durch Schwankungen in der Höhe der zu verteilenden primären Kostenstellenkosten, durch veränderte Leistungsverflechtungen zwischen den Kostenstellen sowie durch eine veränderte Inanspruchnahme von Hilfsleistungen durch die empfangenden Kostenstellen. Zu den bei der Umlage innerbetrieblicher Leistungen zu lösenden Aufgaben und Problemen vgl. *Bergner*, H.: Leistungsverrechnung, innerbetriebliche, in: Grochla, E./Wittmann, W. (Hrsg.): HWB, 4., völlig neu gestaltete Auflage, Stuttgart 1975, Sp. 2486 ff.

[65] Dem Grunde nach ähnliche Probleme ergeben sich für diejenigen Betriebe, die unfertige oder fertige Erzeugnisse auf Lager produzieren und diese Erzeugnisse aufgrund ihrer gleichen Qualität gemeinsam lagern. In unterschiedlichen Abrechnungsperioden hergestellte Erzeugnisse werden aber in der Regel mit unterschiedlichen Herstellkostenwerten belastet

in der ersten Abrechnungsperiode des betreffenden Auftrages ergebenden Kalkulationssätze für die gesamte Fertigungsdauer des Auftrages beizubehalten und eventuell auftretende Abweichungen von den effektiven Istkosten in Kauf zu nehmen. Eine andere Lösung ergibt sich, wenn die Abrechnungsperiode an der jeweiligen Gesamtfertigungsdauer des Auftrages ausgerichtet wird, so daß je Auftrag stets nur eine Nachkalkulation durchgeführt wird - die Nichtvereinbarung von gesonderten Teilleistungsabrechnungen vorausgesetzt - und damit stets nur ein Kalkulationssatz je Kostenstelle auftritt.

Während Betriebe mit Auftrags- und Einzelfertigung häufig auf eine Nachkalkulation angewiesen sind, können Betriebe mit Produktion für den anonymen Markt, die meist durch Massen-, Großserien- oder Sortenfertigung gekennzeichnet sind, zumindest solange auf eine Nachkalkulation ihrer Erzeugnisse verzichten, als keine grundlegenden Änderungen in der Produktions- und Kostenstruktur eintreten. Sie sind nicht auf laufende Informationen über die Istkosten ihrer Produkte angewiesen, da sie die Kalkulation nicht zur Preisbildung, sondern zur Beurteilung der durch den Markt vorgegebenen Preise und damit zur Produktionsprogrammpolitik benötigen.

(2) Die Nachkalkulation der Istkostenrechnung als Grundlage für Vorkalkulationen

Die traditionelle Istkostenrechnung eignet sich unter bestimmten Gegebenheiten auch als Grundlage für die Durchführung von Vorkalkulationen zur Abgabe eines Angebotspreises. Die Vorkalkulation, die bei Produktion für den anonymen Markt in der Regel ein fester Bestandteil der Grundrechnung ist, während sie bei Einzel- und Bestellfertigung meist als Sonderrechnung je nach Bedarf neben die laufende Grundrechnung tritt, baut dabei auf den Nachkalkulationen vergangener Perioden auf, indem die dort ermittelten Kalkulationssätze verwendet werden.[66] Da Vorkalkulationen

(aktiviert), so daß beim Lagerabgang dieser Erzeugnisse verwaltungsintensive Bewertungsvereinfachungsverfahren, z.B. die Methode der gleitenden Durchschnittsstückkosten oder die Verbrauchsfolgeverfahren, eingesetzt werden müssen.

[66] Wird die Vorkalkulation als Sonderrechnung durchgeführt, was bei Einzelfertigung aufgrund der Individualität der Erzeugnisse in der Regel unumgänglich ist, können auch die Nachkalkulationsergebnisse mehrerer Abrechnungsperioden, z.B. durch einfache Durchschnittsbildung, zur Bestimmung der Vorkalkulationssätze herangezogen werden. Trotz dieser Form der Normalisierung handelt es sich aber nicht um eine in den nachfolgenden Ausführungen noch darzustellende Normalkostenrechnung, da die angesprochene Vorgehensweise nicht im Rahmen der Grundrechnung, sondern in einer Sonderrechnung angewandt wird.

stets auf einen zukünftigen Zeitraum ausgerichtet sind und in diesem Sinne Vorschaurechnungen auf die in der Zukunft anfallenden Kostenträgerstückkosten darstellen, können die Nachkalkulationsergebnisse der Istkostenrechnung allerdings nur dann eine zufriedenstellende Informationsgrundlage für die Vorkalkulation sein, wenn sich die Betriebsabläufe und die Kosteneinflüsse in der kommenden Periode wenigstens annähernd so darstellen wie in jenen, für die die verwendeten Nachkalkulationen durchgeführt wurden.[67]

Diese Voraussetzung ist als gegeben anzusehen, wenn von Abrechnungsperiode zu Abrechnungsperiode relativ konstante Betriebs- und Kostenverhältnisse vorliegen, wie dies häufig bei Betrieben der Massen-, Großserien- und Sortenfertigung mit ihren vereinheitlichten Erzeugnissen und Produktionsabläufen der Fall ist. Da diese Betriebe keine laufende Nachkalkulation zur Preisermittlung benötigen und die Durchführung von Nachkalkulationen allein zur Erstellung von Vorkalkulationen unzweckmäßig und in vielen Fällen unwirtschaftlich ist, kommen in erster Linie nur solche Betriebe für eine Vorkalkulation auf Istkostenbasis in Frage, die auf eine laufende Nachkalkulation zur Preisermittlung angewiesen sind und damit ohnehin über die entsprechenden Informationen verfügen und die gleichzeitig relativ konstante Betriebsverhältnisse aufweisen, so daß die Ergebnisse vergangener Perioden in ausreichend hohem Maße auch für die Zukunft Gültigkeit besitzen. Beispielsweise können Betriebe, die individuelle Erzeugnisse in Einzelfertigung nach dem Baukastenprinzip herstellen und somit auf standardisierte Kalkulationselemente zurückgreifen können, die Ergebnisse der laufenden Nachkalkulation auch für die Angebotsabgabe nutzen. Als Beispiele hierfür sind der Haus- und Brückenbau zu nennen, wenn dort auf der Grundlage standardisierter, aber vielfältig miteinander kombinierbarer Einzelteile ganz nach den besonderen Anforderungen und Wünschen des Kunden ein Erzeugnis mit hohem Individualitätsgrad erstellt wird. Ein weiteres Beispiel ist der Großanlagenbau, bei dem bestimmte Ausrüstungsgegenstände modulmäßig verwendet werden und sich unbeschadet der jeweiligen Anlagenauslegung zumindest insoweit wiederholen, als rechnerische Äqui-

[67] Werden Istkosten vergangener Perioden als Prognosewerte für zukünftige Perioden verwendet, so liegt dieser Schlußfolgerung zum einen die Hypothese zugrunde, daß sich die Kosteneinflußgrößen in der Zukunft mit derselben funktionalen Gesetzmäßigkeit auf die Kostenhöhe auswirken wie in der Vergangenheit. Zum anderen wird als Randbedingung angenommen, daß sich die Ausprägungen der Kosteneinflußgrößen zukünftig genauso darstellen wie in den vergangenen Zeitabschnitten. Beide Prämissen, sowohl die Hypothese als auch die Randbedingung, sind in der betrieblichen Realität nur selten erfüllt, wenngleich nach dem Grundsatz der Genauigkeit gewisse Abweichungen von diesen Prämissen durchaus noch zu akzeptablen Informationsergebnissen führen können. Zur Prognose als Möglichkeit der Vorausschau vgl. *Bergner*, Zur betrieblichen Planung, S. 43 ff.

valenz gegeben ist.[68] Auch beim Straßen- und Tiefbau kann die Vorkalkulation auf den Nachkalkulationen vergleichbarer früherer Kundenaufträge beruhen, wenn die Kosteneinflußgrößen wie die Beschaffenheit des Untergrundes, die Qualität des gewünschten Straßenbelages oder der Durchmesser der Rohrleitungen die gleichen sind.[69]

Die Nachkalkulationsergebnisse der Istkostenrechnung können ferner dann als Grundlage für Vorkalkulationen dienen, wenn zwar keine nahezu konstanten, dafür aber sich wiederholende Betriebs- und Kostenverhältnisse auftreten. Werden etwa bei Kleinserienfertigung frühere Serien wieder aufgelegt oder kommt es bei Einzelfertigung zu Wiederholungsaufträgen,[70] können ungeachtet der sich von Abrechnungsperiode zu Abrechnungsperiode gegebenenfalls verändernden Kostenverhältnisse die vergangenheitsbezogenen Nachkalkulationsergebnisse der früheren Serien oder Aufträge eine verläßliche Grundlage für Vorkalkulationen darstellen.[71] In der Regel treten Wiederholungsaufträge bei Einzel- und Kleinserienfertigung jedoch nur selten auf.[72] Ändern sich zudem von Auftrag zu Auftrag die Betriebs- und Kostenverhältnisse so stark, daß nicht auf die Nachkalkulation von Teilleistungseinheiten nach dem Baukastenprinzip zurückgegriffen werden kann, ist eine aussagefähige Vorkalkulation auf der Basis von Istkosten kaum realisierbar.

bb) Bereitstellung von Informationen für die Betriebsergebnisrechnung

In der auf der Grundlage einer Istkostenrechnung erstellten Betriebsergebnisrechnung kommen die kostenseitigen Erfolgselemente in ihrer Istausprägung zum Ansatz. Werden auch die erlösseitigen Erfolgselemente

---

[68] Vgl. *Milling*, Großanlagenbau, S. 72; *Eversheim*, W./*Koch*, R.: Systematische Angebotsplanung in der Investitionsgüterindustrie, in: Backhaus, K. (Hrsg.): Planung im industriellen Anlagengeschäft, Düsseldorf 1984, S. 142 ff.

[69] Neben den genannten Beispielen aus dem industriellen Bereich erstellt insbesondere das Handwerk seit jeher seine Vorkalkulationen zur Abgabe eines Kostenvoranschlags auf der Basis von Nachkalkulationen vorangegangener Aufträge.

[70] Zur Bedeutung der Wiederholungsaufträge für den Informationsstand der Vorkalkulation bei Betrieben mit Einzelfertigung vgl. *Backhaus*, K.: Auftragsplanung im industriellen Anlagengeschäft, Stuttgart 1980, S. 30 f.; *Diehl*, H.: Probleme der Preisfindung im industriellen Anlagengeschäft, in: Engelhardt, W.H./Laßmann, G. (Hrsg.): Anlagen-Marketing, ZfbF-Sonderheft 7/1977, Opladen 1977, S. 177 f.

[71] Vgl. etwa *Milling*, P.: Perspektiven für das betriebliche Rechnungswesen, in: Mannheimer Berichte aus Forschung und Lehre an der Universität Mannheim, H. 20, Oktober 1981, S. 583 f.; *Milling*, Großanlagenbau, S. 72.

[72] Vgl. *Eversheim*/*Koch*, S. 142; *Hilkert*/*Krause*, S. 1602 f.; *Diehl*, S. 174.

mit ihren tatsächlich in der Periode aufgetretenen Werten angesetzt, läßt sich ein Betriebserfolg ermitteln, der in hohem Maße die tatsächliche Erfolgssituation des Betriebes widerspiegelt und daher einen großen Informationswert für die Betriebsleitung besitzt.

Für Betriebe, bei denen Bestandsveränderungen an fertigen und unfertigen Erzeugnissen auftreten, kann die Aussagefähigkeit eines auf der Grundlage der Istkostenrechnung ermittelten Betriebsergebnisses jedoch stark eingeschränkt sein, da die Istkostenrechnung dem Grundsatz, daß "der Erfolg jeder Rechnungsperiode ... ihre eigenen Mängel, Unterbeschäftigung, ungünstige Auftragszusammensetzung, unwirtschaftliches Arbeiten usw."[73] einzubeziehen hat, nicht genügend Rechnung trägt. Istgemeinkostenbestandteile, die durch unwirtschaftliches Verhalten in der Betrachtungsperiode entstehen, können im Rahmen der Istkostenrechnung nicht erkannt und isoliert werden, sondern werden über die Kostenstellenverrechnungssätze den Kostenträgern und damit auch den Beständen zugerechnet. Durch die Aktivierung von Unwirtschaftlichkeiten werden diese vom Betriebsergebnis der laufenden Periode ferngehalten und in zukünftige Perioden, in denen Bestandsminderungen eintreten, verlagert, so daß der zukünftige Betriebserfolg durch die Unwirtschaftlichkeiten der laufenden Periode belastet wird. Verbrauchsabweichungen bei den Kostenträgereinzelkosten können aufgrund ihres Planansatzes dagegen eliminiert und global dem Betriebsergebnis der betreffenden Periode zugerechnet werden. Diese Zurechnung führt aber nur für jene Bestandteile der Einzelkostenverbrauchsabweichungen zu einer Verbesserung der Aussagefähigkeit des Betriebsergebnisses, die auf Unwirtschaftlichkeiten zurückzuführen sind. Daneben sind Mehrverbräuche aufgrund eines geänderten Erzeugnisaufbaus oder Fertigungsablaufs in der Regel nicht auf unwirtschaftliches Handeln zurückzuführen, sondern z.B. das Ergebnis einer geänderten Produktpolitik und müssen den sie verursachenden Kostenträgern, d.h. auch jenen, die auf Lager produziert werden, zugerechnet werden. Entsprechende Überlegungen lassen sich auch für die durch die Verwendung eines Festpreisgerüstes für Einsatzfaktoren entstehenden Preisabweichungen anstellen, die ebenfalls entweder verursachungsgerecht den Kostenträgern und damit den eventuell auftretenden Bestandserhöhungen oder - z.B. wenn die Preisabweichungen durch unwirtschaftliches Handeln des Einkaufsbereiches entstehen - der Abrechnungsperiode zuzurechnen sind. Die Verbesserung der Aussagefähigkeit des Betriebsergebnisses setzt demnach voraus, daß der rechentechnischen Behandlung von Abweichungen eine genaue Ursachenanalyse vorangeht.

---

[73] *Beste*, Erfolgsrechnung, S. 298.

Trotz der genannten Einschränkungen der Aussagefähigkeit einer auf der Grundlage der Istkostenrechnung erstellten Betriebsergebnisrechnung bei auftretenden Bestandsveränderungen an unfertigen und fertigen Erzeugnissen, von denen insbesondere die Betriebe mit Produktion für den anonymen Markt betroffen sind, stellt die Istkostenrechnung eine wichtige Grundlage für die Ermittlung eines realitätsnahen, die tatsächliche wirtschaftliche Situation des Betriebes abbildenden Betriebserfolgs dar. Als ein Nachteil dieser Betriebsergebnisrechnung ist die mangelhafte Schnelligkeit der Informationsbereitstellung anzusehen, die unter der Schwerfälligkeit der Istkostenabrechnung leidet. Die hohe Abbildungsgenauigkeit der realen Erfolgssituation des Betriebes, die mit Hilfe der Istkostenrechnung erzielt wird, muß durch die geringe Schnelligkeit der Informationsbereitstellung erkauft werden. Eine Beschleunigung der Abrechnung durch den Einsatz moderner Informationserfassungs- und Informationsverarbeitungssysteme kann diesen Nachteil der Istkostenrechnung nur begrenzt mildern, da diese technischen Hilfsmittel nur die Dauer der betriebsinternen Datenerfassung, des Datenzugriffs sowie der eigentlichen Rechenoperationen verkürzen können, aber keinen Einfluß auf die systemimmanenten Abrechnungsprobleme der Istkostenrechnung oder auf betriebsextern begründete Verzögerungen bei der Bereitstellung von Kosteninformationen, z.B. durch die verspätete Rechnungsstellung von Lieferanten, haben.[74]

cc) Kostenkontrolle

Abgesehen von den Kostenträgereinzelkosten, für die aufgrund ihres Planansatzes eine aussagefähige Wirtschaftlichkeitskontrolle mittels eines Soll-Ist-Vergleichs durchführbar ist, können in der Istkostenrechnung für die Kostenträgergemeinkosten lediglich Vergangenheitswerte als Vergleichsmaßstäbe zur Kostenkontrolle zur Verfügung gestellt werden. In der Istkostenrechnung muß sich die Gemeinkostenkontrolle daher auf Zeit- und Betriebsvergleiche beschränken.

In den beim Zeitvergleich als Maßkosten herangezogenen Istkosten der Vergleichsperiode kommen die Kostenbestimmungsfaktoren mit ihren Istausprägungen zur Wirkung. Die Maßkosten des Zeitvergleichs enthalten damit gegebenenfalls Kostenbestandteile, die auf den Kostenbestimmungsfaktor "Unwirtschaftlichkeit" zurückzuführen sind, so daß es dem Zeitvergleich an einem absoluten Maßstab für den am Wirtschaftlichkeitsprinzip

---

[74] Vgl. *v. Kortzfleisch*, G.: Entwicklungstendenzen der Kurzfristigen Erfolgsrechnung, in: v. Kortzfleisch, G. (Hrsg.): Aus der Praxis der Kurzfristigen Erfolgsrechnung, Festgabe für Professor Dr. Dr. h. c. Theodor Beste, Berlin 1964, S. 211.

orientierten Faktorverzehr mangelt. Zeitvergleiche geben lediglich Auskunft über die Kostenentwicklung im Zeitablauf, ohne daß dabei die Ursachen für aufgetretene Kostenentwicklungen festgestellt werden können.[75] Nur dann, wenn sich die Betriebsverhältnisse im Zeitablauf relativ konstant verhalten, d.h., wenn alle Kostenbestimmungsfaktoren - mit Ausnahme des Kostenbestimmungsfaktors "Unwirtschaftlichkeit" in der Vergleichs- und in der Abrechnungsperiode nahezu die gleichen Ausprägungen annehmen, kann der Zeitvergleich wichtige Anhaltspunkte für die Entwicklung der betrieblichen Wirtschaftlichkeit liefern und Ausgangspunkt für eine in Sonderrechnungen durchzuführende Ursachenanalyse für Kostenabweichungen darstellen.[76] Relativ konstante Betriebs- und Kostenverhältnisse sind in der Regel nur bei Betrieben mit Massen- und Großserienfertigung anzutreffen. Treten in diesen Betrieben dennoch in begrenztem Maße den Zeitvergleich störende Einflüsse wie Preissteigerungen oder Beschäftigungsgradschwankungen auf, können diese durch geeignete Maßnahmen ausgeschaltet werden, z.B. durch die Verwendung eines Festpreissystems oder von Preisindizes bzw. durch die Auswahl von Vergleichsperioden mit vergleichbarem Beschäftigungsgrad.[77]

Betriebsvergleiche auf der Basis von Istkostenrechnungen ermöglichen ebenso wie die Zeitvergleiche keine an einem absoluten Maßstab der Wirtschaftlichkeit orientierte Kostenkontrolle, sondern lassen allenfalls relative Wirtschaftlichkeitsaussagen zu.[78] Weiterhin bestehen in der Praxis erhebliche Probleme hinsichtlich der Vergleichbarkeit der Betriebe, die aufgrund urbildbedingter Unterschiede, z.B. durch die Verschiedenheit der Betriebsorganisation, der Produktionsverfahren und des Produktionsprogramms, oder aufgrund abbildungsbedingter Differenzen, z.B. durch Unterschiede in

[75] Vgl. *Schmalenbach*, Kostenrechnung, S. 438; *Kalveram*, W.: Rationalisierung und Kostenplanung, Förderung der Wirtschaftlichkeit durch Plankostenrechnung, in: ZfB, 20. Jg. 1950, S. 386 f.; *Petzold*, F.: Prinzipien der Plankostenrechnung und Ergänzungen zu Begriffsbestimmungen, in: ZfB, 20. Jg. 1950, S. 401.

[76] Vgl. *Schmalenbach*, Kostenrechnung, S. 293; *Nowak*, Kostenrechnungssysteme, S. 61. Dabei sind "nicht nur unwillkommene Kostenerhöhungen ... unter die Lupe zu nehmen, sondern auch die willkommenen Kostenermäßigungen. Diese Kostenermäßigungen zeigen oft Möglichkeiten, die festgehalten und verbreitert werden müssen." *Schmalenbach*, Kostenrechnung, S. 437.

[77] Zur Ausschaltung von Kosteneinflüssen, die jahreszeitlich oder saisonbedingt sind und die durch die unterschiedliche Länge monatlicher Vergleichsperioden entstehen, bietet es sich beispielsweise an, Vergleichsperioden derselben Jahreszeit oder Saison bzw. den Vorjahresmonat als Vergleichsperiode heranzuziehen. Vgl. hierzu auch *Nowak*, Kostenrechnungssysteme, S. 62.

[78] Vgl. *Mellerowicz*, K.: Planung und Plankostenrechnung, Bd. II: Plankostenrechnung, Freiburg i.Br. 1972, S. 33 f.; *Haberstock*, Kostenrechnung II, S. 258.

der Kostenarten- und Kostenstelleneinteilung, auftreten können.[79] Daneben ergeben sich beim Betriebsvergleich Schwierigkeiten der Vergleichsdatenbeschaffung,[80] da vergleichbare Betriebe in der Regel Konkurrenzbetriebe sind und daher kaum bereit sein werden, die erforderlichen Kosteninformationen zur Verfügung zu stellen. Aus den aufgezeigten Problemen ergibt sich, daß der Betriebsvergleich nur für jene Betriebe wichtige Anhaltspunkte für die relative Wirtschaftlichkeit des Betriebsgeschehens bietet, die Zugang zu Kosteninformationen vergleichbarer Betriebe haben. Diese Voraussetzungen können erfüllt sein, wenn ein Betrieb mehrere vergleichbare Kostenstellen (Gliedbetriebe) aufweist, z.B. in verschiedenen Zweigwerken oder Niederlassungen. Ferner kommen Betriebsvergleiche zwischen Konzerngliedbetrieben in Frage, wenn dort neben der urbildbedingten Vergleichbarkeit auch die abbildungsbedingte Vergleichbarkeit durch eine konzernbezogene Vereinheitlichung der Kostenrechnung gewährleistet ist.

Zusammenfassend läßt sich festhalten, daß die Istkostenrechnung erhebliche Mängel hinsichtlich ihrer Aussagefähigkeit der Gemeinkostenkontrolle aufweist, da aufgrund ihres Vergangenheitsbezugs nur Zeit- und Betriebsvergleiche durchgeführt werden können, die auch bei größtmöglicher Vergleichbarkeit der Ausgangsdaten keine am Wirtschaftlichkeitsprinzip orientierte Kostenkontrolle zulassen.

dd) Bereitstellung von Informationen für die betriebliche Planung

Bei der traditionellen Istkostenrechnung sind aufgrund ihres Bezuges auf das in der Vergangenheit liegende Betriebsgeschehen die Möglichkeiten sehr begrenzt, zukunftsgerichtete unternehmerische Dispositionen zu unterstützen. Dies liegt einmal daran, daß nur für solche Handlungsalternativen Istkosteninformationen verfügbar sind, die im Betrieb bereits in der Vergangenheit realisiert worden sind. Für andere, fiktiv in Betracht gezogene Alternativen liegen keine Kosteninformationen vor, so daß ein unmittelbarer Kostenvergleich nicht möglich ist.[81] Zudem handelt es sich bei den Istkosten um Informationen, die die Verhältnisse der Vergangenheit, nicht aber die Verhältnisse des zukünftigen, die jeweilige Disposition betreffenden

---

[79] Vgl. hierzu ausführlich *Schmalenbach*, Kostenrechnung, S. 440 ff.; *Schott*, S. 29 ff.; *Schnettler*, S. 29 ff.

[80] Vgl. *Schott*, S. 51 f.

[81] Beispielsweise ist für die Disposition über Eigenfertigung oder Fremdbezug die Istkostenrechnung nur dann in der Lage, die erforderlichen Istkosteninformationen bereitzustellen, wenn der Betrieb bislang Eigenfertigung betrieben hat. Bei bisherigem Fremdbezug liegen dagegen keinerlei Kosteninformationen über die Alternative "Eigenfertigung" vor.

Zeitraumes beschreiben. Dennoch kann die Istkostenrechnung wertvolle Informationen für dispositive Aufgaben liefern, denn insbesondere zur Beurteilung jener Handlungsalternativen, die bislang im Betrieb realisiert wurden, sind die aus einer detaillierten Istkostenrechnung gewonnenen Informationen unentbehrlich und können bei Vorliegen relativ konstanter Betriebsbedingungen auf die Verhältnisse zukünftiger Perioden übertragen werden. Insgesamt ist die Istkostenrechnung aber wegen der fehlenden Zukunftsbezogenheit als weitgehend ungeeignet zur Unterstützung unternehmerischer Entscheidungen anzusehen.

c) Zusammenfassende Beurteilung der traditionellen Istkostenrechnung

Obwohl mit Hilfe der Istkostenrechnung keine aussagefähige laufende Kostenkontrolle durchgeführt und dispositive Aufgaben nur ungenügend unterstützt werden können, kann es für eine Reihe von Betrieben zweckmäßig sein, sich bei der Auswahl einer Basiskonzeption der Grundrechnung für die traditionelle Istkostenrechnung zu entscheiden. Beispielsweise ist in kleineren Betrieben oftmals kein Bedarf an einer laufenden Wirtschaftlichkeitskontrolle mit Hilfe der Kostenrechnung vorhanden, wenn der Unternehmer selbst einen ausreichenden Überblick über das Betriebsgeschehen hat und auftretendes unwirtschaftliches Handeln per Sichtkontrolle feststellen kann. Weiterhin gibt es eine Vielzahl von Betrieben, bei denen unternehmerische Entscheidungen, die grundsätzlich durch Kostenrechnungsinformationen zu unterstützen sind, nur gelegentlich auftreten, so daß es wirtschaftlicher ist, für diese Entscheidungen fallweise Sonderrechnungen mit jeweils eigener Datenermittlung durchzuführen. Ebenso verhält es sich bei den meisten Kleinbetrieben, bei denen häufig der Unternehmer aufgrund seines unternehmerischen Gespürs und seiner Erfahrungen, die z.B. auch auf den Informationen der Istkostenrechnung fußen können, die anstehenden Entscheidungen trifft. Dabei benötigt er als Unterstützung nicht unbedingt eine laufend durchgeführte Planungsrechnung, deren Ergebnisse durch schriftlich niedergelegte Pläne dokumentiert werden, sondern er betreibt seine Planung rein gedanklich, wobei das Ergebnis der Planung, der Plan, "im Gedächtnis des Wirtschaftlers"[82] haftet.

---

[82] *Grochla*, E.: Betrieb und Wirtschaftsordnung, Das Problem der Wirtschaftsordnung aus betriebswirtschaftlicher Sicht, Berlin 1954, S. 18. Vgl. hierzu auch *Bergner*, Zur betrieblichen Planung, S. 23.

2. Die Normalkostenrechnung

a) Das Wesen der Normalkostenrechnung

Wie die vorangehenden Ausführungen zeigen, ist die traditionelle Istkostenrechnung mit einer Reihe von systemimmanenten Problemen und Anwendungsschwierigkeiten behaftet. Die Normalkostenrechnung versucht, einige dieser Probleme, die sich insbesondere in der Schwerfälligkeit und Zeitintensität der Kostenstellenrechnung sowie in den sich ständig ändernden Kalkulationssätzen und der schwankenden Kostenbelastung der Kostenträger äußern, zu lösen, indem sie anstelle der in der Istkostenrechnung in jeder Abrechnungsperiode neu zu ermittelnden Kostenstellenverrechnungssätze sowohl für die Hilfs- als auch für die Hauptkostenstellen normalisierte Verrechnungssätze einführt und diese in unveränderter Höhe über mehrere Abrechnungsperioden hinweg in der laufenden Kostenabrechnung verwendet.[83]

Der Einsatz normalisierter Verrechnungssätze bei den Hilfskostenstellen vereinfacht und beschleunigt die Abwicklung der innerbetrieblichen Leistungsverrechnung erheblich, da nicht bis zum Ende der Abrechnungsperiode gewartet werden muß, um aufbauend auf dem tatsächlichen Verlauf und der effektiven Höhe der Leistungsströme die Kostenstellenumlage durchführen zu können.[84] Herausragendes Merkmal der Normalkostenrechnung ist jedoch nicht die Verwendung normalisierter fester Verrechnungspreise für innerbetriebliche Leistungen, sondern der Einsatz normalisierter Hauptkostenstellenverrechnungssätze für die Kostenträgerrechnung.[85] Es wird nicht das Ende der Abrechnungsperiode zur Belastung der

---

[83] Vgl. *Kilger*, Einführung, S. 56 f.; *Mellerowicz*, Kostenrechnung, Bd. I, S. 464 f.; *Bergner/Scheh*l, S. 333 f. *Nowak* nennt als weitere Bereiche, auf die sich die Kostennormalisierung erstrecken kann, die Preise der eingesetzten Roh-, Hilfs- und Betriebsstoffe sowie die Verrechnungspreise fertiggestellter Leistungen. Vgl. *Nowak*, Kostenrechnungssysteme, S. 69. Während der erstgenannte Bereich nach vorliegender Auffassung auch schon in der traditionellen Istkostenrechnung durch den Ansatz fester Verrechnungspreise für originäre Produktionsfaktoren gegeben ist, kommt dem zweiten Bereich, der in der vorliegenden Untersuchung nicht weiter betrachtet werden soll, vor allem für Konzernbetriebe eine Bedeutung zu.

[84] Vgl. *Bergner*, Leistungsverrechnung, Sp. 2491 f.; *Kilger*, Flexible Plankostenrechnung, S. 22.

[85] Bei der Einführung fester normalisierter Verrechnungspreise für innerbetriebliche Leistungen handelt es sich bei genauer Betrachtung um eine Maßnahme, die insbesondere bei Vorliegen wechselseitiger Leistungsbeziehungen zwischen den Kostenstellen primär zu einer Vereinfachung und Beschleunigung der innerbetrieblichen Leistungsverrechnung führt. Sie wirkt sich dagegen nicht unmittelbar auf die laufende Kostenträgerrechnung aus, da hierfür nur die normalisierten Hauptkostenstellenverrechnungssätze benötigt werden und sich diese

Kostenträger mit Kostenstellenkosten abgewartet, sondern ab einem bestimmten Punkt in der Abrechnungsfolge - zweckmäßigerweise ab Kostenstellenrechnung - wird nur noch mit normalisierten Gemeinkostenwerten weitergerechnet.[86] Die Istgemeinkosten, deren Erfassung und Verteilung auf die Kostenstellen wie in der traditionellen Istkostenrechnung am Ende der Abrechnungsperiode erfolgt, werden nicht auf die Kostenträger zugerechnet, sondern gelangen nur bis in die Kostenstellenrechnung. Durch die Entlastung der Kostenstellen zu Normalkostenverrechnungssätzen[87] und ihrer - zeitlich nachfolgenden - Belastung mit den Istkosten können auf der Kostenstelle Abweichungen zwischen den auf die Kostenträger verrechneten Normalkosten und den tatsächlich auf der Kostenstelle angefallenen Kosten entstehen. Werden mehr Kosten auf die Kostenträger verrechnet als tatsächlich in diesem Zeitraum angefallen sind, so handelt es sich bei den Abweichungen um Überdeckungen, im umgekehrten Fall um Unterdeckungen.[88] Diese Mißdeckungen können entweder global in das Betriebsergebnis übernommen werden, oder sie werden nachträglich auf die Kostenträger zugerechnet[89] und erscheinen dann nach Kostenträgern differenziert im Betriebsergebnis.

Die bei der Ermittlung der Normalgemeinkostensätze je Hauptkostenstelle einzuschlagenden Vorgehensweisen können nach der Art des Normalisierungsverfahrens sowie nach dem Umfang der in die Normalisierung einbezogenen Daten unterschieden werden. Ein einfaches Verfahren der Gemeinkostennormalisierung besteht im Ansatz *statischer Mittelwerte*, die auf der Basis von Istwerten mehrerer vergangener Abrechnungsperioden

---

nicht auf die Ergebnisse der innerbetrieblichen Leistungsverrechnung der laufenden Abrechnungsperiode stützen. Normalisierte Verrechnungspreise für innerbetriebliche Leistungen werden folglich nicht für die laufende Durchführung einer auf Normalkosten basierenden Kostenträgerrechnung eingesetzt, sondern kommen im Rahmen der am Ende oder auch schon während der Abrechnungsperiode vorzunehmenden innerbetrieblichen Leistungsverrechnung auf Istkostenbasis zur Anwendung, wobei es sich um Istkosten im Sinne der Normalkostenrechnung handelt, d.h. um Kosten, die sich aus einem Istmengen- und einem Normalverrechnungspreisgerüst zusammensetzen.

[86] Vgl. *Müller*, A., Normalkostenrechnung, S. 601; *Bergner/Scheh*l, S. 333.

[87] Die Entlastung einer Kostenstelle erfolgt, indem die Istbeschäftigung der Kostenstelle mit dem normalisierten Kostenstellenverrechnungssatz multipliziert wird. Die Entlastung kann dabei laufend während der Abrechnungsperiode erfolgen, und zwar immer dann, wenn eine Leistungseinheit (Bezugsgrößeneinheit) der Kostenstelle erbracht worden ist.

[88] Vgl. *Kilger*, Flexible Plankostenrechnung, S. 23; *Bergner/Scheh*l, S. 334.

[89] Diese Zurechnung kann beispielsweise für die Ermittlung der handels- und steuerrechtlichen Herstellungskosten erforderlich werden. Zu dieser Problematik siehe *Bergner/Scheh*l, S. 334 ff.

gebildet werden.[90] Unter Berücksichtigung des Umfangs der einbezogenen Istwerte ergeben sich statische Mittelwerte am einfachsten, indem der einfache Durchschnitt aus mehreren Hauptkostenstellenverrechnungssätzen der Vergangenheit errechnet wird. Eine weitere, etwas differenziertere Möglichkeit besteht darin, die Istkostensumme aus mehreren Abrechnungsperioden der betrachteten Kostenstelle durch die in diesem Zeitraum aufgetretene Bezugsgrößensumme zu dividieren.[91] Die statische Mittelwertbildung kann sich bezüglich des Umfangs der in die Normalisierung einbezogenen Daten auch auf alle Abrechnungsstufen bis hin zur Ermittlung der Hauptkostenstellenverrechnungssätze erstrecken, und zwar angefangen bei der Normalisierung der primären Gemeinkostenartenbeträge, über die "normale" Verteilung dieser Gemeinkosten auf die Kostenstellen, weiterhin über die Normalisierung der innerbetrieblichen Leistungsverrechnung durch die Verwendung normalisierter Verrechnungssätze bei den Hilfskostenstellen, bis hin zur Normalisierung der Bezugsgrößenart- und höhe, woraus sich schließlich normalisierte Kostenstellenverrechnungssätze je Hauptkostenstelle ergeben.[92]

Bei der *aktualisierten Mittelwertbildung* werden ausgehend von statischen Mittelwerten inzwischen eingetretene oder zum Zeitpunkt der Normalisierung bereits erkennbare zukünftige Änderungen bei den Kosteneinflußfak-

---

[90] Vgl. *Müller*, A., Normalkostenrechnung, S. 601; *Kilger*, Flexible Plankostenrechnung, S. 24. Einer Normalkostenrechnung auf der Basis statischer Mittelwerte liegt die Überlegung zugrunde, daß die Istkosten für eine bestimmte Leistung von Abrechnungsperiode zu Abrechnungsperiode "um einen Mittelwert schwanken, den sie bald über-, bald unterschreiten, dem sie aber immer wieder zustreben." *Müller*, A., Normalkostenrechnung, S. 601. Um dabei möglichst alle unterjährig auftretenden Kostenschwankungen in die Normalisierung einbeziehen zu können, sollte die Länge des Zeitraums der zugrundegelegten Istdatenbasis das ganzzahlige Vielfache eines Jahres betragen. Weiterhin wird deutlich, daß vor Einführung einer Normalkostenrechnung eine Istkostenrechnung für den Mindestzeitraum von einem Jahr durchgeführt werden muß, um eine ausreichende Datenbasis für die Ermittlung von Normalkostenverrechnungssätzen gewährleisten zu können. Gelingt es, statische Mittelwerte so anzusetzen, daß sich auftretende Über- und Unterdeckungen im Zeitablauf ausgleichen, findet für einen längeren Betrachtungszeitraum hinweg letztlich auch bei der Normalkostenrechnung eine Kostenüberwälzung auf die Kostenträger statt. Vgl. *Bergner/Schehl*, S. 335, Fn. 43.

[91] Vgl. *Kilger*, Flexible Plankostenrechnung, S. 24. Die beiden genannten Vorgehensweisen führen in der Regel nicht zu demselben Ergebnis, da es sich bei der zuletzt genannten um eine gewichtete Durchschnittsbildung von Istverrechnungssätzen handelt, wobei als Gewichtungsfaktoren die jeweils zugehörigen Beschäftigungen der Kostenstellen verwendet werden. Wäre der durch Gewichtung errechnete Mittelwert bereits in den seiner Ermittlung zugrundeliegenden Abrechnungsperioden als Verrechnungssatz angewandt worden, hätten sich die auftretenden Über- und Unterdeckungen gerade ausgeglichen.

[92] Vgl. *Bergner/Schehl*, S. 334.

toren berücksichtigt.[93] Dabei wird insbesondere den Veränderungen in der Kostenstruktur der Kostenstellen, die z.B. durch Verfahrenswechsel oder durch Tariflohnerhöhungen hervorgerufen werden,[94] den Wandlungen im Gefüge der innerbetrieblichen Leistungsströme sowie Änderungen der Bezugsgrößenart im Rahmen der Normalisierung Rechnung getragen.[95] Da diese Form der Normalisierung eine detaillierte Betrachtung der gesamten Kostenstellenrechnung erfordert, ist für die Methode der aktualisierten Mittelwertbildung die oben beschriebene, erst an den am Ende der Kostenstellenrechnung auftretenden Daten ansetzende Normalisierung ungeeignet. Vielmehr kommen die Vorteile der aktualisierten Mittelwertbildung erst dann zur Geltung, wenn für sämtliche Abrechnungsstufen der Kostenstellenrechnung und der dort auftretenden Daten die Notwendigkeit einer Aktualisierung überprüft und gegebenenfalls eine Anpassung der Kostenwerte an eingetretene oder zukünftige Entwicklungen vorgenommen wird.

Im folgenden soll untersucht werden, welche betrieblichen Situationen die Anwendbarkeit der Normalkostenrechnung beeinflussen, und unter welchen betriebsspezifischen Bedingungen die Normalkostenrechnung zu einer Verbesserung der Erfüllung kostenrechnerischer Aufgaben im Vergleich zur traditionellen Istkostenrechnung beiträgt.

b) Betriebsspezifische Eignung der Normalkostenrechnung zur Erfüllung kostenrechnerischer Zwecke

aa) Kalkulation

Die Normalkostenrechnung gestattet bereits während der Abrechnungsperiode die Weiterverrechnung der Kostenstellenkosten auf die Kostenträger und ermöglicht somit eine schnellere Erstellung der Nachkalkulation als in der Istkostenrechnung. Weiterhin übernehmen die Normalkosten eine Ausgleichsfunktion, indem sie den betriebsüblichen Faktorverbrauch auf

---

[93] Vgl. *Kilger*, Flexible Plankostenrechnung, S. 24.

[94] Vgl. *Bergner/Scheht*, S. 334; *Olfert*, K.: Kostenrechnung, 8., überarbeitete und erweiterte Auflage, Ludwigshafen a.Rh. 1991, S. 237.

[95] Eine andere Auffassung vertreten *Kloock/Sieben/Schildbach*, die unter der aktualisierten Mittelwertbildung die gezielte Auswahl der in die Durchschnittsbildung eingehenden Vergangenheitswerte verstehen, wobei solche Vergangenheitswerte auszuwählen sind, bei denen ähnliche Verhältnisse zugrunde lagen, wie sie für die Zukunft erwartet werden. Vgl. *Kloock*, J./*Sieben*, G./*Schildbach*, Th.: Kosten- und Leistungsrechnung, 7., aktualisierte und erweiterte Auflage, Düsseldorf 1993, S. 185 f.

den Kostenstellen, der über einen längeren Zeitraum hinweg beobachtet werden kann, repräsentieren sollen.[96] Sie gewährleisten damit eine gewisse Stetigkeit in den Kalkulationsgrundlagen und führen zu einer periodenübergreifenden gleichmäßigen Belastung der Kostenträger mit Gemeinkosten.

Die Normalkostenrechnung kann vor allem für solche Betriebe als vorteilhaft gegenüber der Istkostenrechnung angesehen werden, die hervorgerufen durch zufällig in Erscheinung tretende und einem bestimmten Auftrag nicht ursächlich zurechenbare Ausprägungen bestimmter Kostenbestimmungsfaktoren, z.B. witterungsbedingter oder der geringen Beherrschbarkeit des Produktionsverfahrens zuzuordnender Einflüsse, erhebliche und für die Zwecke der Nachkalkulation als störend empfundene Schwankungen der Istkostenkalkulationsergebnisse aufweisen. Insbesondere Betriebe der Bauwirtschaft, die häufig derartigen Kostenschwankungen unterliegen, können mit Hilfe einer Nachkalkulation auf Normalkostenbasis selbstkostenorientierte Auftragsabrechnungen mit hoher Kostenstabilität der Abrechnungspositionen erstellen.

Die Verwendung normalisierter Kostenstellenverrechnungssätze für die Nachkalkulation ist indessen nicht nur für zufällig auftretende, einem konkreten Auftrag ursächlich nicht zurechenbare Kostenfaktoren, sondern grundsätzlich für alle in die Normalkostenverrechnungssätze einbezogenen Kostenbestandteile mit einer periodenübergreifenden Egalisierung verbunden. Für Betriebe, die auf eine möglichst genaue Zurechnung auftragsbedingter Kosten angewiesen sind, wie dies z.B. bei Betrieben mit hochindividueller Einzelfertigung, bei denen sich nicht nur die Erzeugnisse, sondern auch die Fertigungsverfahren von Auftrag zu Auftrag unterscheiden können, sowie bei der Preisermittlung auf der Basis effektiver Selbstkosten bei öffentlichen Aufträgen häufig der Fall ist, kann die Nachkalkulation der Erzeugnisse und Aufträge auf der Basis normalisierter Verrechnungssätze ungeeignet sein, da die durch einen bestimmten Auftrag verursachten Abweichungen von der betriebsüblichen Gemeinkostenentstehung in der Normalkostennachkalkulation dieses Auftrags keine entsprechende Abbildung erfahren. Dieser Nachteil der Normalkostenrechnung läßt sich gegebenenfalls dadurch mildern, daß die auf den Kostenstellen auftretenden Mißdeckungen nachträglich auf die Kostenträger verrechnet werden. Allerdings ist diese Vorgehensweise meist sehr aufwendig und zudem ungenau, so daß es für diese Betriebe in der Regel vorteilhaft ist, die Nachkalkulation in der Form einer Istkostenrechnung durchzuführen.

---

[96] Vgl. hierzu sowie zu weiteren denkbaren Interpretationsmöglichkeiten normaler Kosten *Nowak*, Kostenrechnungssysteme, S. 64 ff.

Die Normalkostenrechnung kann nicht nur für die Zwecke der Nachkalkulation, sondern vor allem auch für die laufende Erstellung von Vorkalkulationen wesentliche Vorteile gegenüber der Istkostenrechnung bieten, da die Auswirkungen gelegentlich und zufällig auftretender Kosteneinflüsse sowie regelmäßiger Kostenschwankungen auf die Höhe der Kalkulationssätze gemildert werden. Die Vorkalkulation auf Normalkostenbasis bildet eine auf betriebsübliche Verhältnisse bezogene Grundlage für die (Angebots-)Preispolitik und kann in diesem Sinne wesentlich zu deren Kontinuität beitragen.[97]

Die Aussagefähigkeit und Anwendbarkeit der Normalkostenrechnung für die Zwecke der Kalkulation setzt voraus, daß häufig wiederkehrende oder relativ einheitliche Betriebsverhältnisse vorliegen, da die Normalkostenverrechnungssätze nur in diesen Fällen die betriebsüblichen Gegebenheiten widerspiegeln und zu durchschnittlich richtigen und brauchbaren Kalkulationswerten führen.[98] Wiederkehrende oder nahezu konstante Betriebsverhältnisse sind insbesondere bei Saisonbetrieben, bei Betrieben mit Massen-, Serien- und Sortenfertigung sowie bei jenen Betrieben mit Einzelfertigung zu finden, die sich auf die Anwendung einiger weniger Fertigungsverfahren spezialisiert haben und in diesem Sinne standardisierte Kostenverhältnisse aufweisen. Nicht geeignet für die Kalkulation ist die Normalkostenrechnung dagegen für Betriebe, die sich in wesentlichem Maße durch unregelmäßig auftretende, laufend veränderte und häufig einmalige Kostensituationen auszeichnen, da in diesen Fällen eine betriebsübliche Realität nicht gegeben ist. Als Beispiele sind Betriebe mit Einzelfertigung zu nennen, deren Erzeugnisse einen hohen Individualitätsgrad aufweisen, z.B. einzigartige Bauwerke, und des öfteren mit neuartigen Verfahren und/oder Werkstoffen gefertigt werden, wie z.B. im Modellbau oder in Forschungsanstalten.

bb) Bereitstellung von Informationen für die Betriebsergebnisrechnung

Die Verwendung normalisierter Hauptkostenstellenverrechnungssätze ermöglicht auch für die Kostenträgerzeitrechnung eine schnellere Bereitstellung führungsrelevanter Kosteninformationen als in der Istkostenrechnung, da bereits unmittelbar nach Leistungserstellung und -verwertung die Normalselbstkosten der abgesetzten Erzeugnisse festgestellt und den Umsätzen gegenübergestellt werden können. Die Länge der Abrechnungs-

---

[97] Vgl. *Becker*, H.D., S. 114 f.; *Freidank*, C.-Ch.: Kostenrechnung, Einführung in die begrifflichen, theoretischen, verrechnungstechnischen sowie planungs- und kontrollorientierten Grundlagen des innerbetrieblichen Rechnungswesens, München/Wien 1986, S. 189.

[98] Vgl. *Müller*, A., Normalkostenrechnung, S. 603.

periode wird nicht mehr durch die Dauer und Wirtschaftlichkeit der Istkostenerfassung sowie der innerbetrieblichen Leistungsverrechnung beeinflußt, sondern kann einen nahezu beliebig kurzen Zeitabschnitt betragen. Dieser Umstand ist insbesondere für solche Betriebe von großem Vorteil, die auf eine häufige, in kurzen Zeitabständen erfolgende Erstellung des Betriebsergebnisses angewiesen sind, um aufbauend auf den sich ergebenden Erkenntnissen möglichst frühzeitig in das betriebsinterne Geschehen steuernd eingreifen oder Absatzentscheidungen treffen zu können.

Weiterhin werden durch die Verwendung normalisierter Hauptkostenstellenverrechnungssätze die in der Istkostenrechnung periodisch auftretenden Schwankungen des Betriebsergebnisses, die durch wechselhafte Istausprägungen der Kostenbestimmungsfaktoren hervorgerufen werden, durch ihren Bezug auf betriebsübliche Verhältnisse ausgeglichen. Während die Höhe des Betriebsergebnisses der Istkostenrechnung sowohl durch erlös- als auch durch kostenseitige Einflußfaktoren und deren Istausprägungen bestimmt wird, werden im Betriebsergebnis der Normalkostenrechnung nur die erlösseitigen Einflüsse vollständig in ihrer jeweiligen Istausprägung wirksam.[99] Der Grundsatz, daß dem Erfolg jeder Abrechnungsperiode ihre eigenen Mängel wie etwa unwirtschaftliches Handeln und Unterbeschäftigung einzubeziehen sind,[100] wird in dem auf Normalkosten basierenden Betriebsergebnis für die kostenseitigen Erfolgsbestandteile weitgehend aufgegeben. Lediglich für den Kostenbestimmungsfaktor "Beschäftigung" findet durch die Multiplikation des Normalkostenverrechnungssatzes mit der Istbeschäftigung eine gewisse Berücksichtigung der Istausprägung dieses Kostenbestimmungsfaktors statt,[101] was schon aufgrund der im Betriebsergebnis zu wahrenden Mengenkontinuitätsbedingung, die im sogenannten Umsatzkostenprinzip ihren Ausdruck findet und der Vergleichbarkeit von kosten- und erlösseitigen Erfolgselementen dient, erforderlich ist. Alle anderen auf die Gemeinkostenhöhe wirkenden Einflüsse, zu denen die Seriengröße, die Auftragszusammensetzung, die nicht in ein Festpreissystem einbezogenen Faktorpreise und die betriebliche Unwirtschaftlichkeit zu zählen sind, kommen dagegen in ihren normalisierten Ausprägungen im Betriebsergebnis zur Wirkung. Die anhand von Zeitvergleichen festgestellten Änderungen des Normalkostenbetriebsergebnisses lassen sich folglich

---

[99] Zu den Einflußgrößen der erlösseitigen Erfolgselemente vgl. *Hänichen*, Th.: Die Erlösentstehung im Industriebetrieb und ihre Abbildung im internen Rechnungswesen, Anforderungen an die Gestaltung einer Planerlösrechnung und theoriegeleitete Vorschläge zu ihrer Umsetzung, Diss., Mannheim 1993, S. 261 ff.; *Schäfer*, Unternehmung, S. 212 ff.

[100] Vgl. *Beste*, Erfolgsrechnung, S. 298.

[101] Auf die unterschiedliche Berücksichtigung des Kostenbestimmungsfaktors "Beschäftigung" je nachdem, ob eine Voll- oder eine Teilkostenrechnung zugrunde liegt, wird in Kapitel D.-IV. eingegangen.

auf erlösbezogene Erfolgselemente, d.h. auf Absatzpreis- und/oder Absatzmengenänderungen, zurückführen.

Mit der Normalkostenrechnung können mithin wertvolle Informationen für die Preis- und Produktpolitik des Betriebes gewonnen werden. Vor allem für Betriebe, deren Erlösseite durch die Besonderheiten des Absatzmarktes wechselhaften Einflüssen unterworfen ist oder die selbst einen bedeutenden Einfluß auf die Erlösentstehung durch preis- und/oder mengenpolitische Maßnahmen besitzen, stellt die Normalkostenrechnung eine wichtige Weiterentwicklung der Istkostenrechnung dar, zumal ergänzend zum Normalkostenbetriebsergebnis durch die Übernahme der auf den Kostenstellen ermittelten Mißdeckungen in die Kostenträgerzeitrechnung ein Betriebsergebnis auf Istkostenbasis festgestellt werden kann.[102] Dabei kann die Höhe der Differenz zwischen dem Normalkosten- und dem Istkostenbetriebserfolg in Verbindung mit einem Zeitvergleich, in dem die Betriebserfolgsabweichung der Betrachtungsperiode beispielsweise mit der Abweichung des entsprechenden Vorjahreszeitraumes verglichen wird, Hinweise darauf geben, ob es sich beim Istkostenbetriebserfolg um einen "normalen", z.B. rein jahreszeitlich oder saisonal bedingten Erfolg oder um einen außergewöhnlichen Erfolg handelt, der beispielsweise durch exzeptionelle betriebliche Unwirtschaftlichkeiten entstanden ist.

cc) Kostenkontrolle

Die Eignung normalisierter Kostenwerte als Maßkosten für die Kostenkontrolle ist in Abhängigkeit von der Intention, mit der die Kostenkontrolle durchgeführt werden soll, zu beurteilen. Wird die Kostenkontrolle im Sinne einer Überprüfung der Einhaltung des Wirtschaftlichkeitsprinzips angestrebt, müssen Maßkosten ermittelt werden, die die Betriebsverhältnisse unter wirtschaftlich optimalen Bedingungen widerspiegeln.[103] Nach herrschender Auffassung sind die Normalkosten hierfür grundsätzlich nicht geeignet, da sie wegen ihrer Ableitung aus den Verhältnissen der Vergangenheit durch Faktoren beeinflußt sein können, die dem Bereich der Unwirtschaftlichkeit zuzuschreiben sind.[104] Als Ausnahmen können jene

---

[102] Dieses Istkostenbetriebsergebnis der Normalkostenrechnung kann allerdings vom Betriebsergebnis der traditionellen Istkostenrechnung abweichen, wenn es durch Lagerbestandsveränderungen an unfertigen oder fertigen Erzeugnissen in der Normalkostenrechnung zu einer Durchbrechung des Umsatzkostenprinzips kommt.

[103] Vgl. *Kosiol*, Kostenrechnung der Unternehmung, S. 251.

[104] Vgl. *Schmalenbach*, Kostenrechnung, S. 438; *Kosiol*, Vorgabekostenrechnung, S. 134 ff.; *Kilger*, Flexible Plankostenrechnung, S. 27.

Betriebe gelten, deren Betriebsabläufe zum einen bereits so gestaltet sind, daß sie den Verhältnissen bei Einhaltung des Wirtschaftlichkeitsprinzips sehr nahe kommen, und zum anderen ein hohes Maß an Standardisierung aufweisen, so daß nur noch ein geringes Kostenbeeinflussungspotential vorhanden ist. Derartige Verhältnisse sind vor allem bei jenen Betrieben mit Massen- oder Großserienfertigung zu finden, die sich über einen längeren Zeitraum hinweg mit der Strategie der Kostenführerschaft gegenüber der Konkurrenz behauptet haben und hierzu gezwungen waren, sich bei der Gestaltung der Betriebsabläufe sehr eng am Wirtschaftlichkeitsprinzip zu orientieren.[105] Nach Erreichen annähernd optimaler Betriebsabläufe können normalisierte Vergleichswerte, insbesondere wenn sie nach der Methode der aktualisierten Mittelwertbildung bestimmt werden, durchaus zweckmäßige Maßkosten darstellen. Gelegentlich kann es für diese Betriebe zur weiteren Förderung der Kostenführerschaft aber auch vorteilhaft sein, ganz auf eine laufende Kostenkontrolle zu verzichten und statt dessen auf kostengünstigere Kontrollverfahren, z.B. auf einfache Verbrauchsmengenkontrollen, zurückzugreifen.

Steht nicht die Kontrolle der Einhaltung des Wirtschaftlichkeitsprinzips im Vordergrund der Kostenkontrolle, sondern wird eine Überprüfung der Einhaltung betriebsüblicher Verhältnisse angestrebt, so sind den Maßkosten eben solche, als betriebsüblich geltende Betriebsverhältnisse zugrunde zu legen. Diese Intention der Kostenkontrolle kann beispielsweise dann gegeben sein, wenn mit Hilfe der kostenstellenweisen Kostenkontrolle eine laufende Überprüfung der Richtigkeit und weiteren Verwendbarkeit von Normalkostenverrechnungssätzen für die Kalkulation angestrebt werden soll. Die Kontrolle der Normalkostenverrechnungssätze, die in Form einer mehrperiodischen Kontrollübersicht zu erfolgen hat, um Schwankungen der Istkosten und der Istbeschäftigung im Zeitablauf auszugleichen, kann durch den Vergleich der Istkostenverrechnungssätze mit den bislang angewandten Normalkostenverrechnungssätzen oder durch die kostenstellenweise Aufsummierung der festgestellten Mißdeckungen erfolgen. Ergeben sich dabei nicht zu vernachlässigende Differenzen, ist gegebenenfalls eine entsprechende Korrektur der Normalkostenverrechnungssätze vorzunehmen.

Weiterhin kann es aus Gründen der Motivation verantwortlicher Kostenstellenleiter sinnvoll erscheinen, in der kostenstellenweisen Kostenkontrolle nicht nach den strengen Maßstäben des Wirtschaftlichkeitsprinzips ermittelte Kostenvorgaben anzusetzen, die entweder überhaupt nicht oder nur unter größten Kraftanstrengungen einzuhalten sind und daher in der Praxis häufig demotivierend wirken, sondern solche Kosten vorzugeben, die unter

[105] Dabei wird zur Erreichung kostenoptimaler Betriebsabläufe gegebenenfalls die Anwendung einer Plankostenrechnung erforderlich gewesen sein.

normalen, betriebsüblichen Bedingungen und bei einem realistischen Anspannungsgrad[106] erreichbar sind.[107] Den Normalkosten wird aber in der Regel eine ausreichende Anreizfunktion abzusprechen sein, da sie in der Vergangenheit bereits mehrfach realisierte Verhältnisse repräsentieren und insofern keine Leistungs- und Wirtschaftlichkeitsverbesserungen enthalten.[108] Die vollständige Aberkennung einer Anreizfunktion der Normalkosten "wegen des fehlenden Risikos ihrer Nichterreichung"[109] ist indessen abzulehnen, unterstellt sie doch, daß die in der Vergangenheit erzielten Ergebnisse ohne jegliche Anstrengung des Betriebes und seiner Mitarbeiter zustande gekommen sind.

Trotz der genannten Einschränkungen hinsichtlich Aussagefähigkeit und Einsetzbarkeit können die Normalkosten in vielen Fällen eine zweckadäquate Basis für die Maßkosten der Kostenkontrolle darstellen und auf ungewöhnliche, von der Betriebsnormalität abweichende Verhältnisse aufmerksam machen. Ein bedeutender Nachteil der aus Normalkosten abgeleiteten Maßkosten besteht jedoch darin, daß die Ursachen für das Auftreten von Abweichungen nicht feststellbar sind, da bei der Kostennormalisierung keine eingehende Untersuchung der die Kostenhöhe bestimmenden Faktoren vorgenommen wird und folglich eine Rückführung von Kostenabweichungen auf diese Faktoren nicht möglich ist.

dd) Bereitstellung von Informationen für die betriebliche Planung

Der Normalkostenrechnung sind aufgrund der Ableitung der Normalkostenverrechnungssätze aus den Istkosten bereits abgelaufener Perioden hinsichtlich ihrer Eignung für die Unterstützung dispositiver Aufgaben grundsätzlich die gleichen Mängel zuzusprechen wie der traditionellen Istkostenrechnung: Die den Kosten vergangener Abrechnungsperioden zugrundelie-

---

[106] Unter dem Anspannungsgrad, auch Wirtschaftlichkeitsgrad oder Knappheitsgrad genannt, wird der Grad der Anstrengung verstanden, der zum Erreichen der Maßkosten erforderlich ist. Vgl. hierzu *Käfer*, K.: Standardkostenrechnung, Lehr- und Handbuch, 2., neubearbeitete und stark erweiterte Auflage, Stuttgart 1964, S. 91 ff.; *Agthe*, K.: Kostenplanung und Kostenkontrolle im Industriebetrieb, Baden-Baden 1963, S. 56 ff.; *Koller*, H.: Organisation der Plankostenrechnung, 2. Auflage, Wiesbaden 1973, S. 22 ff.

[107] Vgl. *Wille*, F.: Plan- und Standardkostenrechnung, 2. Auflage, Essen 1963, S. 33; *Agthe*, Kostenplanung, S. 58; *Böckel*, J.-J./*Hoepfner*, F.G.: Moderne Kostenrechnung, lernpsychologisch aufbereitet, 2., verbesserte Auflage, Stuttgart/Berlin/Köln/Mainz 1974, S. 162 ff.

[108] Vgl. *Kosiol*, Kostenrechnung der Unternehmung, S. 250 f.

[109] *Coenenberg*, A.G.: Zur Bedeutung der Anspruchsniveau-Theorie für die Ermittlung von Vorgabekosten, in: DB, 23. Jg. 1970, S. 1138.

genden Betriebsverhältnisse entsprechen in aller Regel nicht jenen der zukünftigen Perioden. Diese Kritik an der Normalkostenrechnung ist bei Verwendung aktualisierter Mittelwerte allerdings zu relativieren, denn je sorgfältiger die aktualisierten Mittelwerte an zukünftig zu erwartende Kosteneinflüsse angepaßt werden, desto stärker nähern sich die Normalkosten den Verhältnissen der Zukunft an und desto besser eignet sich die Normalkostenrechnung zur Erfüllung zukunftsgerichteter Kostenrechnungszwecke.[110] Aktualisierte Mittelwerte stellen aber nur grobe Schätzungen der zukünftigen Entwicklung einzelner Kostenarten dar. Die Grundlage für die Ermittlung der Normalkosten sind die Istkosten bereits abgelaufener Perioden, die durch die Anpassung an zukünftige Entwicklungen lediglich eine überschlägige Korrektur erfahren. Damit ist auch der Normalkostenrechnung auf der Basis aktualisierter Mittelwerte nur eine stark eingeschränkte Eignung zur Unterstützung dispositiver Aufgaben zuzusprechen, da keine systematische Antizipation aktiv zu gestaltender zukünftiger Kostenverhältnisse im Sinne der Planung, sondern lediglich eine Vorausschau für einige wenige Kostenarten stattfindet.[111]

c) Zusammenfassende Beurteilung der Normalkostenrechnung

Wie die vorstehenden Ausführungen zeigen, kann die Normalkostenrechnung zu einer bedeutenden Vereinfachung der laufenden Kostenabrechnung beitragen, so daß Nachkalkulationen und das Betriebsergebnis wesentlich schneller erstellt werden können. Vor allem für Betriebe, die ständig schwankenden Betriebs- und Umweltverhältnissen unterliegen und die eine Abbildung dieser Einflüsse in den Istkosten als störend empfinden, kann die Normalkostenrechnung eine wichtige Verbesserung gegenüber der Istkostenrechnung darstellen, indem durch die zeitliche Egalisierung von Schwankungen ein Beitrag zur Kontinuität der Kalkulationsgrundlagen geleistet wird und die Analysemöglichkeiten der Betriebserfolgssituation durch den Ausweis eines den betriebsüblichen Kostenverhältnissen entsprechenden Betriebsergebnisses eine Erweiterung erfahren. Die Normalkostenrechnung ermöglicht darüber hinaus in Betrieben, die durch standardisierte Leistungserstellungs- und Leistungsverwertungsprozesse gekennzeichnet

---

[110] Vgl. *Kilger*, Flexible Plankostenrechnung, S. 25.

[111] Zur Abgrenzung von Planung und Vorausschau vgl. *Bergner*, Zur betrieblichen Planung, S. 43 ff.; *Schanz*, G.: Planung - Voraussage - Unsicherheit, in: v. Kortzfleisch, G./Bergner, H. (Hrsg.): Betriebswirtschaftliche Unternehmensführung, Gedächtnisschrift für Theodor Beste, Berlin 1975, S. 58 ff.; *Grochla*, E.: Betriebliche Planung und Informationssysteme, Entwicklung und aktuelle Aspekte, Reinbek bei Hamburg 1975, S. 25.

sind und bei denen daher betriebsübliche Verhältnisse festgestellt werden können, eine Kostenkontrolle, mit deren Hilfe zwar keine absolute Wirtschaftlichkeitskontrolle und Ursachenanalyse durchgeführt werden kann, bei der aber aussagefähigere Maßkosten zugrunde gelegt werden als bei der traditionellen Istkostenrechnung. Zu diesen Betrieben zählen insbesondere Betriebe mit Massen-, Großserien- und Sortenfertigung sowie Betriebe mit Einzel- und Kleinserienfertigung, die individuelle Erzeugnisse nach dem Baukastenprinzip erstellen.

3. Die Plankostenrechnung

a) Das Wesen der Plankosten und der Plankostenrechnung

Als Plankostenrechnungen werden Kostenrechnungssysteme bezeichnet, bei denen ab einem bestimmten Punkt in der Abrechnungsfolge - ebenso wie in der Normalkostenrechnung zweckmäßigerweise ab Kostenstellenrechnung - bis zum Ausweis des Betriebsergebnisses nur geplante Kosten verrechnet werden.[112] Hinsichtlich des formalen Aufbaus ihres Rechnungsganges entspricht die Plankostenrechnung damit weitgehend der Normalkostenrechnung. Das Wesen der Plankostenrechnung wird vielmehr durch inhaltliche Merkmale, d.h. durch die Art der verrechneten Kosten, die Plankosten, bestimmt. Die Wesensbeschreibung der Plankostenrechnung hat damit primär an der Klärung des Plankostenbegriffes und seiner Abgrenzung zu Ist- und Normalkosten anzusetzen.[113]

Die Plankosten sind als Kosten zu charakterisieren, bei denen sowohl das Mengen- als auch das Preisgerüst aus geplanten Größen besteht.[114] Weiterhin werden in der Plankostenrechnung sowohl die Kostenträgereinzel- als auch die Kostenträgergemeinkosten in die Planung einbezogen. Wie die vorangegangenen Ausführungen zeigen, kommen bereits in der traditionellen Istkostenrechnung und in der Normalkostenrechnung geplante Kostenträgereinzelkosten zum Ansatz, so daß die Planung der Kostenträgergemeinkosten als das charakteristische Merkmal der Plankostenrechnung anzusehen ist.

---

[112] Vgl. *Bergner/Schehl*, S. 333.

[113] Vgl. *Nowak*, Kostenrechnungssysteme, S. 83.

[114] Vgl. *Kilger*, Flexible Plankostenrechnung, S. 27; *Mellerowicz*, Plankostenrechnung, Bd. II, S. 22; *Nowak*, Kostenrechnungssysteme, S. 81.

Zur Abgrenzung der Plankosten von den Ist- und Normalkosten kann einmal die Art ihrer Ermittlung herangezogen werden. Die Kostenplanung als Vorgang der Plankostenermittlung hat wie jede Planung auf der Grundlage einer Vorausschau zu erfolgen. Die ermittelten Plankosten als wertmäßiges Abbild der für die Zukunft zu erwartenden oder angestrebten Kostenverhältnisse stellen einen wesentlichen Bestandteil des artikulierten Ergebnisses der Vorausschau, der Voraussage, dar. Für die Kostenplanung können als Formen der Vorausschau sowohl die Prognose als auch die Projektion zur Anwendung kommen.[115] Beruht die Kostenplanung auf der Erstellung von Prognosen, so wird ausgehend von Gesetzmäßigkeiten und Randbedingungen, die gemeinsam die Prämissen der Prognose bilden, auf die Höhe der zukünftigen Kosten geschlossen. Bei den zugrundegelegten Gesetzmäßigkeiten handelt es sich um vorläufig in ihrer Geltung bestätigte Hypothesen,[116] die die Zusammenhänge zwischen den Ausprägungen von Kosteneinflußgrößen und der Kostenhöhe angeben und in Kostenfunktionen zum Ausdruck kommen. Durch die Vorhersage der zukünftigen Kosteneinflußgrößenausprägungen, die die Randbedingungen der Kostenprognose darstellen, und deren Anwendung auf die festgestellten Gesetzmäßigkeiten kann die Höhe der Plankosten ermittelt werden. Sind technische Untersuchungen und Kostenanalysen zur Ermittlung von Kostenfunktionen aufgrund der Besonderheit der Kostenart[117] oder aus Wirtschaftlichkeitsgründen nicht durchführbar, kommt die Projektion, bei der die Kostenverhältnisse der Vergangenheit auf die Zukunft übertragen werden,[118] als Möglichkeit der Voraussage zum Einsatz. Die Projektion stützt sich im Unterschied zur Prognose nicht ausdrücklich auf Gesetzmäßigkeiten. Es wird aber bei der Übertragung vergangener Verhältnisse auf die Zukunft stillschweigend oder unbewußt unterstellt, daß die in der

---

[115] Zu Prognose und Projektion als Formen der Vorausschau und Voraussage vgl. *Albert*, Theoriebildung, S. 61 ff.; *Bergner*, Zur betrieblichen Planung, S. 43 ff.; *Schanz*, Planung, S. 59 ff. Daneben ist noch die Prophetie (Prophezeiung) als dritte Art der Vorausschau zu nennen, der aber aufgrund fehlender wissenschaftlicher Grundlagen und Verfahren für die Lösung betriebswirtschaftlicher Fragestellungen im allgemeinen und der Kostenplanung im besonderen lediglich eine untergeordnete Bedeutung zukommt. Zur Prophetie vgl. *Popper*, K.R.: Prognose und Prophetie in den Sozialwissenschaften, in: Topitsch, E. (Hrsg.): Logik der Sozialwissenschaften, 11. Auflage, Königstein i.Ts. 1984, S. 113 ff.; *Albert*, Theoriebildung, S. 64 f.; *Schanz*, Planung, S. 60.

[116] Vgl. *Bergner*, Zur betrieblichen Planung, S. 44.

[117] Z.B. bei Produktionsfaktoren, die keinem technisch bedingten Verbrauch unterliegen, wie beispielsweise im Verwaltungsbereich.

[118] Vgl. *Bergner*, Zur betrieblichen Planung, S. 44; *Schanz*, Planung, S. 67.

Vergangenheit wirksam gewordenen Prämissen auch in der Zukunft eintreten und dort die gleiche Wirkung hervorrufen.[119]

Es kann festgehalten werden, daß die Plankosten auf einer Vorausschau auf die zukünftigen Kostenverhältnisse beruhen, wobei sich die Vorausschau der Erkenntnisse und Erfahrungen bedient, die aus der bisherigen Beobachtung der Realität gewonnen werden. Der weit verbreiteten Ansicht, daß die Kostenplanung unter möglichst vollständiger Loslösung von den Istdaten der Vergangenheit zu erfolgen hat,[120] ist damit entgegenzuhalten, daß ohne Rückgriff auf Istwerte der Vergangenheit keine fundierte Voraussage und damit auch keine rationale Kostenplanung möglich ist.[121] Wie auch anders als durch Auswertung und Analyse von Vergangenheitswerten könnten die Plankosten anhand der selbst von den Vertretern einer istdatenunabhängigen Kostenplanung vorgeschlagenen Planungsverfahren wie technische Berechnungen, Verbrauchsstudien, Probeläufe und Musteranfertigungen[122] gewonnen werden.[123]

Istkosten und Normalkosten stellen in der Vergangenheit tatsächlich angefallene bzw. aus Vergangenheitszahlen abgeleitete Kosten dar. Während den Istkosten das Merkmal der Vorausschau fehlt und sie schon deshalb eindeutig von den Plankosten abgegrenzt werden können, kommt in der Normalkostenrechnung - ebenso wie in der Plankostenrechnung - die Projektion als Form der Vorausschau zum Einsatz. Durch die Verwendung normalisierter Kostenwerte werden die Kostenverhältnisse der Vergangenheit auf die zukünftigen Perioden projiziert, wobei insgeheim davon ausgegangen wird, daß die den vergangenen Kostenverhältnissen zugrundeliegenden Bedingungen auch in der Zukunft Gültigkeit besitzen.[124] Wird die Defi-

---

[119] Vgl. *Albert*, Theoriebildung, S. 63 f.; *Bergner*, Zur betrieblichen Planung, S. 53; *Schanz*, Planung, S. 67 ff.

[120] Vgl. etwa *Kilger*, Flexible Plankostenrechnung, S. 27; *Plaut/Müller/Medicke*, S. 31; *Petzold*, S. 397; *Haberstock*, Kostenrechnung II, S. 9 f. u. S. 226 ff.

[121] Vgl. hierzu auch *Agthe*, Kostenplanung, S. 37; *Nowak*, Kostenrechnungssysteme, S. 79 f.; *Kalveram*, Rationalisierung, S. 388; *Wittig*, H.: Neue Gesichtspunkte der Plankostenrechnung, in: ZfB, 20. Jg. 1950, S. 435.

[122] Vgl. *Kilger*, Flexible Plankostenrechnung, S. 27 u. S. 348 ff.; *Plaut/Müller/Medicke*, S. 31 f.; *Haberstock*, Kostenrechnung II, S. 204 ff.

[123] Zu den engen Beziehungen zwischen Planungs-, Vorschau- und Wirklichkeitsrechnung vgl. *Bergner*, Zur betrieblichen Planung, S. 44 ff.; *Bergner*, H.: Die Planung des Zukunftserfolges bei der Bewertung der Unternehmung als Ganzem, in: Ries, J./v. Kortzfleisch, G. (Hrsg.): Betriebswirtschaftliche Planung in industriellen Unternehmungen, Festgabe für Professor Dr. Theodor Beste, Berlin 1959, S. 179 f.

[124] Auch bei Verwendung aktualisierter Mittelwerte ist den Normalkosten Projektionscharakter zuzusprechen, da die Istwerte der Vergangenheit nur eine Bereinigung oder eine gewisse Korrektur durch (weitere) ad-hoc-Annahmen erfahren. Beispielsweise erfolgt die

nition der Plankosten allein auf die Art ihrer Ermittlung bezogen, kann auch den Normalkosten Plancharakter zugesprochen werden, da sie ebenfalls wie die Plankosten auf einer Voraussage basieren.

Plankosten zeichnen sich indessen nicht nur hinsichtlich ihrer Ermittlung durch Voraussagen aus, sondern sind weiterhin durch ihre Zielorientiertheit zu charakterisieren, einem Merkmal, das allgemein jeder Planung und den aus ihr resultierenden Informationen eigen ist. Die betriebliche Planung ist eine auf die wirtschaftliche Erreichung der gesetzten Unternehmensziele ausgerichtete Tätigkeit, die die Phase der Entscheidungsvorbereitung "aus den Bereichen der unsystematischen Intuitionen und der Improvisationen mit ungewissem Ausgang in das Licht der Vernunft rückt"[125] und den Unternehmer davor bewahren soll, "daß er andere als vernünftige, d.h. der Einzel- und Gesamtwirtschaft nützliche Pläne verwirklicht und daß er sie auf eine unwirtschaftliche Weise durchführt."[126] Damit wird deutlich, daß die Planung nicht nur zur Anwendung kommt, um ein gegebenes Ziel auf eine ganz bestimmte Weise zu erreichen, sondern die Planung kann auch zur Zielsetzung selbst beitragen, indem mit ihrer Hilfe alternative Ziele hypothetisch festgelegt und auf ihre Erreichbarkeit hin beurteilt werden.[127]

Aus dem Planungscharakter der Plankosten lassen sich für die Plankostenrechnung grundsätzliche Aufgabenbereiche ableiten. Einmal kann sie zu einer vernünftigen Festlegung der Ziele und Zielerreichungsgrade beitragen, indem sie Informationen über die Erreichbarkeit vorläufiger Zielsetzungen bereitstellt. Darüber hinaus ist die Plankostenrechnung ein wertvolles Instrument, um die Vorteilhaftigkeit einzelner Handlungsalternativen zu beurteilen und den wirtschaftlichen Mitteleinsatz zur Erreichung vorgegebener Ziele festzulegen. Um diese beiden Aufgabenbereiche, die in der Literatur häufig zur Gruppe der dispositiven Aufgaben zusammengefaßt werden, erfüllen zu können, hat die Plankostenrechnung die kostenmäßigen Konsequenzen betrieblicher Entscheidungen und betrieblichen Handelns

---

zusätzliche Berücksichtigung von absehbaren Kostenstrukturveränderungen nicht unter explizitem Rückgriff auf Kostengesetzmäßigkeiten, sondern es werden die zum Zeitpunkt der Normalisierung entweder bereits eingetretenen oder leicht abschätzbaren zukünftigen Ausprägungsänderungen der Randbedingungen intuitiv berücksichtigt, d.h. ohne daß die tatsächlichen Wirkungen von Ausprägungsänderungen der Randbedingungen auf die Kostenhöhe bekannt sind.

125 *v. Kortzfleisch*, G.: Zum Wesen der betriebswirtschaftlichen Planung, in: Ries, J./v. Kortzfleisch, G. (Hrsg.): Betriebswirtschaftliche Planung in industriellen Unternehmungen, Festgabe für Professor Dr. Theodor Beste, Berlin 1959, S. 9. Vgl. ähnlich auch *Mellerowicz*, Plankostenrechnung, Bd. I, S. 17.

126 *Beste*, Planung in der Unternehmung, S. 68.

127 Vgl. *Beste*, Planung in der Unternehmung, S. 68; *Bergner*, Zur betrieblichen Planung, S. 7 ff.

sowie die kostenseitigen Folgen nicht betrieblich beeinflußbarer Einflußgrößenänderungen aufzuzeigen.[128] Durch die Verwendung geplanter Kosten wird die Kostenrechnung ein integrierter Bestandteil der betrieblichen Planung. Sind die unternehmerischen Dispositionen und Mittelentscheidungen, die in der Gesamtplanung des Betriebes ihren Ausdruck finden, für einen bestimmten zukünftigen Zeitabschnitt getroffen, stellen die Plankosten dieser Periode das zahlenmäßige Abbild der betrieblichen Entscheidungen dar. Die Plankosten können damit zusätzlich als Richtschnur für die Durchführungsphase eingesetzt werden, denn jede Abweichung der späteren Istkostenwerte von den Planwerten ist auf eine Änderung der in der Planung angenommenen Prämissen zurückzuführen, sei es, daß die Kosteneinflußfaktoren nicht mit den vorausgesagten Ausprägungen eingetreten sind oder daß es den der Voraussage bewußt oder unbewußt zugrundegelegten Gesetzmäßigkeiten an Gültigkeit mangelt. Abweichungen der Ist- von den Plankosten, die sich auf Änderungen der Ist- von den Planausprägungen betrieblich beeinflußbarer Kostenbestimmungsfaktoren zurückführen lassen, repräsentieren die wirtschaftlichen Folgen einer in der Durchführungsphase vorgenommenen Kursabweichung von den geplanten Wegen der Zielerreichung und stellen insofern wichtige Informationen für die Führung des Betriebes dar.

Den Normalkosten ist das Merkmal der Zielorientiertheit dagegen grundsätzlich abzusprechen. Sie dienen weder der Zielfestlegung, noch sind sie integrativer Bestandteil der betrieblichen Gesamtplanung. Sie stellen damit in der Regel kein wertmäßiges Abbild der Dispositionen und Mittelentscheidungen, die von der Unternehmensführung im Hinblick auf eine aktive Gestaltung der zukünftigen betrieblichen Verhältnisse getroffen werden, dar, sondern repräsentieren die in den kommenden Perioden durchschnittlich zu erwartenden Kostenverhältnisse unter der Annahme, daß die durchschnittlichen Kostenverhältnisse der Vergangenheit auch in der Zukunft vorliegen. Dieser grundsätzliche Charakter der Normalkosten ist auch beim Ansatz aktualisierter Mittelwerte gegeben, da durch die Aktualisierung lediglich eine Korrektur der Durchschnittswerte vergangener Perioden unter Beibehaltung der Normalisierungszwecke, die primär in der Beschleunigung und Vereinfachung der Kostenabrechnung sowie in der periodenübergreifenden Nivellierung der Kalkulationssätze liegen, erfolgt, ohne den Normalkosten den Mangel der fehlenden Zielbezogenheit hinsichtlich der rationalen Gestaltung zukünftiger Betriebsverhältnisse zu nehmen. Es kann damit festgehalten werden, daß den Normalkosten, auch wenn sie auf der Grundlage aktualisierter Mittelwerte festgelegt werden,

---

[128] Zur Unterscheidung in beeinflußbare und nicht beeinflußbare Kostenbestimmungsfaktoren vgl. *Heinen*, Kostenlehre, S. 583 ff.

weniger aufgrund der Art ihrer Ermittlung, als vielmehr aufgrund ihrer besonderen, nicht auf die aktive Gestaltung zukünftiger Betriebsverhältnisse ausgerichteten Zielsetzung grundsätzlich ein Plancharakter abzusprechen ist.

Im folgenden sollen ausgehend von dem nunmehr aufgezeigten Charakter der Plankosten allgemeine Voraussetzungen und Grenzen der Kostenplanung dargestellt und die sich daraus ergebenden betriebsspezifischen Anwendungsmöglichkeiten der Plankostenrechnung diskutiert werden.

b) *Voraussetzungen und Grenzen der Planung und ihre Bedeutung für die betriebsspezifische Eignung der Plankostenrechnung*

Der Aufbau und die Durchführung der betrieblichen Planung sind an bestimmte Voraussetzungen geknüpft. Sind diese Voraussetzungen im Einzelfall nicht gegeben, stößt die Planung an ihre Grenzen. Durch die Kenntnis solcher Voraussetzungen und der Einschätzung, unter welchen betrieblichen Gegebenheiten diese nicht oder nur unzureichend erfüllt sind, lassen sich betriebsindividuelle Anwendungsbedingungen für die Kostenplanung und die Plankostenrechnung ableiten.

Eine wichtige Voraussetzung für die Planung ist, daß hinreichend zuverlässige Voraussagen über die zukünftigen Verhältnisse und Gegebenheiten getroffen werden können.[129] Die Ungewißheit der Zukunft fördert also einerseits die Planung,[130] denn "je schwieriger es ist, das Dunkel der Zukunft aufzuhellen, desto notwendiger ist die Planung."[131] Andererseits kann sie aber auch zu einem Hindernis für die Planung werden, wenn aufgrund zu großer Ungewißheit keine fundierten Voraussagen und damit auch keine sinnvolle Planung möglich ist.

Die im Rahmen der Kostenplanung auftretende Ungewißheit kann sich einerseits auf die zukünftigen Ausprägungen der Kosteneinflußfaktoren und andererseits auf die Gültigkeit der zugrundegelegten Kostengesetzmäßigkeiten beziehen.[132] Unvorhersehbare Ausprägungen der Kosteneinflüsse können beispielsweise gegeben sein, wenn das Produktionsprogramm nach Art und/oder Quantität nicht absehbar ist. Liegen etwa die Verhältnisse der

---

[129] Vgl. *Beste*, Th.: Der Stand der betriebswirtschaftlichen Planung, in: ZfhF, 36. Jg. 1942, S. 174 f.; *Nowak*, Kostenrechnungssysteme, S. 88; *Mellerowicz*, Plankostenrechnung, Bd. I, S. 32.

[130] Vgl. *Mellerowicz*, Plankostenrechnung, Bd. I, S. 14; *Schanz*, Planung, S. 59.

[131] *v. Kortzfleisch*, Planung, S. 19.

[132] Vgl. in allgemeiner Form hierzu *Schanz*, Planung, S. 63 ff.

kurzfristigen Einzel- oder Reihenfertigung ohne Standardisierung des Produktionsverfahrens vor, bei der die Menge, die konkrete Ausführung und die Qualität der Erzeugnisse erst sehr kurzfristig vor der Produktionsdurchführung durch den Kunden festgelegt werden, ist die Durchführung einer Plankostenrechnung aufgrund der geringen Vorhersehbarkeit zukünftiger Betriebsverhältnisse und der zu kurzen Gültigkeit der Planprämissen in der Regel unwirtschaftlich. Weitere Hindernisse für die Kostenplanung aufgrund zu großer Ungewißheit über die Zukunft können im Beschaffungsbereich auftreten, z.B. wenn der Betrieb durch eine starke Abhängigkeit von den einzusetzenden Rohstoffen gekennzeichnet ist und nicht abschätzbare Risiken hinsichtlich Qualität und Quantität der zu beschaffenden Rohstoffe bestehen. Als Beispiele sind naturbedingte Risiken, die z.B. aufgrund stark zufallsbeeinflußter Ernteerträge nicht nur zu starken Qualitäts- und Preisschwankungen bei den Rohstoffen, sondern bei Partiefertigung auch zu nicht abschätzbaren Kosteneinflüssen im Fertigungsbereich führen können, sowie politische Risiken zu nennen. Zudem können im Fertigungsbereich nicht planbare Kostenverhältnisse vorliegen, wenn durch die geringe Beherrschbarkeit der den Ablauf des Produktionsprozesses bestimmenden chemischen, physikalischen oder biologischen Prozeßbedingungen eine zuverlässige Voraussage des Faktorverbrauchs nicht möglich ist. Neben der Unvorhersehbarkeit der Kosteneinflußgrößenausprägungen kann auch die Ungewißheit über die Gültigkeit der Kostengesetzmäßigkeiten die Anwendung der Plankostenrechnung beeinträchtigen oder sogar unmöglich machen. Werden beispielsweise laufend neuartige Fertigungsverfahren angewandt, bei denen noch keine Erfahrungen und Erkenntnisse über die verfahrensabhängige Kostenentstehung vorliegen, können keine Kostenfunktionen aufgestellt und damit keine verläßlichen Kostenvorhersagen getroffen werden.

Weiterhin setzt die Durchführung der Plankostenrechnung das Vorhandensein einer gut ausgebauten betrieblichen Planung voraus, da die Kostenplanung als Bestandteil der betrieblichen Planung auf Informationen anderer betrieblicher Teilpläne, z.B. der Produktionsprogramm-, Investitions-, Kapazitäts- und Fertigungsablaufplanung, angewiesen ist.[133] Vor allem bei Kleinbetrieben, die häufig aufgrund der überschaubaren Betriebsabläufe und der vorwiegend durch Intuition geprägten Planungstätigkeit der Geschäftsleitung nur in geringem Umfang über eine schriftlich fixierte Planung verfügen, ist diese Anwendungsbedingung der Plankostenrechnung oftmals nicht gegeben.

---

[133] Vgl. *Mellerowicz*, Plankostenrechnung, Bd. II, S. 61 f.; *Nowak*, Kostenrechnungssysteme, S. 89.

Wie die Ausführungen zum Wesen der Plankosten zeigen, ist die Voraussage als Bestandteil der Kostenplanung auf die Verfügbarkeit von Istdaten angewiesen, die beispielsweise mittels betrieblicher Statistiken und einer aussagefähigen Buchhaltung gewonnen werden können.[134] Bei der Einführung der Plankostenrechnung stellt insbesondere die bisherige Durchführung einer detaillierten Ist- oder Normalkostenrechnung eine weitere Voraussetzung dar, um die betriebsspezifischen Betriebs- und Kostenverhältnisse der Zukunft realistisch einschätzen zu können.[135]

Die Durchführung einer Plankostenrechnung ist ferner an bestimmte personelle und instrumentelle Bedingungen geknüpft. Beispielsweise ist von den mit der Kostenplanung beauftragten Mitarbeitern zu fordern, daß sie über die notwendigen Kenntnisse zur Ermittlung von Kostengesetzmäßigkeiten verfügen, z.B. daß sie für die Kostenplanung im Fertigungsbereich mit der Technologie des Betriebes vertraut sind, und daß sie die Anwendung mathematischer und statistischer Verfahren zur Auswertung und Analyse der Istdaten beherrschen.[136] Darüber hinaus erfordert die Kostenplanung den Einsatz leistungsfähiger Betriebsdatenerfassungs- und Datenverarbeitungssysteme, um die für die Planung benötigten Informationen schnell und wirtschaftlich bereitstellen zu können.

Die Darstellung von allgemeinen, aus dem Planungscharakter der Plankosten abgeleiteten Voraussetzungen für die Einführung und Durchführung einer Plankostenrechnung zeigt, daß der Anwendung der Plankostenrechnung gewisse Grenzen gesetzt sind, die in betriebsindividuell verschiedenem Maße zur Wirkung kommen. Im folgenden soll durch die Einzelbetrachtung der kostenrechnerischen Hauptzwecke eine weitergehende betriebsspezifische Beurteilung der Plankostenrechnung im Hinblick auf ihre Eignung als kostenrechnerische Grundrechnung vorgenommen werden.

---

[134] Vgl. *Beste*, Stand der betriebswirtschaftlichen Planung, S. 175; *Mellerowicz*, Plankostenrechnung, Bd. II, S. 59 f.

[135] Vgl. *Kosiol*, E.: Die Plankostenrechnung als Mittel zur Messung der technischen Ergiebigkeit des Betriebsgeschehens (Standardkostenrechnung), in: Kosiol, E. (Hrsg.): Plankostenrechnung als Instrument moderner Unternehmungsführung, Erhebungen und Studien zur grundsätzlichen Problematik, 3. Auflage, Berlin 1975, S. 17. Anderer Auffassung ist *Plaut*, H.-G.: Die Grenzplankostenrechnung, in: ZfB, 25. Jg. 1955, S. 25.

[136] Vgl. *Plaut/Müller/Medicke*, S. 31.

c) *Betriebsspezifische Eignung der Plankostenrechnung zur Erfüllung kostenrechnerischer Zwecke*

aa) Kalkulation

Die Einsatzmöglichkeiten der Plankostenrechnung für die Erstellung kostenträgereinheitsbezogener Kosteninformationen liegen aufgrund der Zukunftsorientiertheit der Rechnung primär im Bereich der Vorkalkulationen. Betriebe, die standardisierte Erzeugnisse in Massen-, Großserien- oder Sortenfertigung für den anonymen Markt produzieren, benötigen die Kosteninformationen der Vorkalkulation in erster Linie für die Preispolitik und die Produktionsprogrammplanung. Dabei handelt es sich mithin um Kalkulationsdaten, die regelmäßig vor Beginn der Programmplanungsperiode im Rahmen der kostenrechnerischen Grundrechnung ermittelt werden, für die Länge der Betrachtungsperiode Gültigkeit besitzen sollen und den Ausgangspunkt für weitere erzeugniseinheitsbezogene Dispositionen, z.B. für Entscheidungen über die Annahme von Zusatzaufträgen, bilden.[137] Aufgrund des fest vorgegebenen Erzeugnisaufbaus und des determinierten Produktionsablaufs sind die Kosten je Erzeugniseinheit in der Regel gut vorhersehbar, so daß für die Anwendung der Plankostenrechnung als Gestaltungsform der Grundrechnung günstige Bedingungen vorliegen. Des weiteren sind zeitraumbezogene Plankostenvorkalkulationen, die gelegentlich auch als "Plankalkulationen" bezeichnet werden,[138] für die Preis- und Programmpolitik standardisierter Erzeugnisse sowie für erzeugnisbezogene Dispositionen grundsätzlich besser geeignet als entsprechende Kalkulationen auf Ist- oder Normalkostenbasis, da die Plankosten die für den zukünftigen Leistungserstellungszeitraum zu erwartenden Betriebsverhältnisse

---

[137] Vgl. *Kilger*, W.: Die Kostenträgerrechnung als leistungs- und kostenwirtschaftliches Spiegelbild des Produktions- und Absatzprogramms, in: Kilger, W./Scheer, A.-W. (Hrsg.): Rechnungswesen und EDV, 7. Saarbrücker Arbeitstagung 1986, Kostenträgerrechnung - Standardsoftware - Neue Bilanzrichtlinien - CIM, Heidelberg 1986, S. 9 ff.

[138] Vgl. etwa *Plaut/Müller/Medicke*, S. 204 ff.; *Kilger*, Flexible Plankostenrechnung, S. 677 ff. *Schmalenbach* versteht unter "Plankalkulation" dagegen eine Kalkulation "zum Zwecke der Prüfung beabsichtigter Strukturveränderungen" (*Schmalenbach*, Kostenrechnung, S. 271), die z.B. dann durchgeführt wird, "wenn ein Betrieb erwägt, ein neuartiges, im Fabrikationsprogramm bisher nicht vertreten gewesenes Erzeugnis aufzunehmen oder eine neue Abteilung einzurichten oder eine alte Maschinerie durch eine neue zu ersetzen." (*Schmalenbach*, Kostenrechnung, S. 264.) Diese Begriffsauffassungen sind jedoch abzulehnen, da sie die Verwendung der Bezeichnung "Plankalkulation" unnötig auf spezielle Anwendungsfälle der Plankostenkalkulation begrenzen. Es wird vielmehr der Auffassung von *Mellerowicz* gefolgt, der die Plankalkulation allgemein als eine Vorkalkulation auf der Grundlage von Plankosten versteht. Vgl. *Mellerowicz*, Plankostenrechnung, Bd. II, S. 327 ff.

abbilden und geplanten Änderungen z.B. hinsichtlich der Kapazitätsausstattung oder des Produktionsablaufs Rechnung tragen.[139] Voraussetzung für die Vorteilhaftigkeit einer auf Plankosten basierenden Vorkalkulation ist allerdings, daß den Plankosten ein realistischer Anspannungsgrad zugrunde liegt, da sich nur dann die zukünftig zu erwartenden Erzeugniseinheitskosten ableiten lassen. Wird der Anspannungsgrad zu hoch oder zu niedrig angesetzt, besteht die Gefahr, daß aufgrund der zu niedrigen bzw. zu hohen Kalkulationswerte Fehlentscheidungen bei der Preispolitik, bei der Programmplanung oder bei sonstigen auf Kalkulationsdaten beruhenden Aufgaben getroffen werden.

Betriebe mit Produktion auf Bestellung benötigen die Vorkalkulation in erster Linie zur Abgabe eines auftragsbezogenen Angebotspreises. Ist die Bestellfertigung mit Einzel- oder Kleinserienfertigung verbunden, besteht häufig das Problem, daß zum Zeitpunkt der Kundenanfrage nur vage Vorstellungen von der zu erbringenden Leistung bestehen, d.h., das Mengengerüst des Produktes sowie die zur Produktion einzusetzenden Verfahren sind noch weitgehend unbekannt.[140] Folglich können die für die Vorkalkulation notwendigen Kosteninformationen gewöhnlich nicht aus einer laufenden Plankostenrechnung abgeleitet werden, sondern sie beruhen bei Neuprojekten in erster Linie auf groben Schätzungen und bei modifizierten oder identischen Wiederholprojekten auf den Erfahrungen des Betriebes,[141] die aus den Ergebnissen von Nachkalkulationen auf Istkostenbasis früherer Aufträge durch systematische Auswertung gewonnen werden können. Die Erstellung einer auftragsbezogenen Plankalkulation zur Angebotsabgabe ist in vielen Fällen auch bei einem in der Anfragenphase bereits bekannten Produktaufbau aus Wirtschaftlichkeitsgründen abzulehnen, da die Angebotskosten, d.h. die zur Ermittlung einer detaillierten Angebotskalkulation anfallenden Kosten, in der Regel nur bei anschließender Auftragserteilung vergütet werden[142] und das Risiko einer Angebotsablehnung meist als zu groß einzuschätzen ist.[143] Mithin wird bei langfristiger Einzelfertigung eine detaillierte Plankalkulation erst nach Auftragserteilung erstellt. Aus ihr lassen sich zum einen Vorgabewerte für die Durchführungskontrolle ableiten, bei der in Verbindung mit einer Zwischenkalkulation auftragsbezogene Soll-

139 Vgl. hierzu sowie zu weiteren Vorteilen der Plankalkulation im Vergleich zu Vorkalkulationen auf Ist- oder Normalkostenbasis *Mellerowicz*, Plankostenrechnung, Bd. II, S. 333 f.

140 Vgl. *Backhaus*, S. 30; *Diehl*, S. 177 f.

141 Vgl. hierzu *Kilger*, Kostenträgerrechnung, S. 8; *Diehl*, S. 178.

142 In den USA ist es üblich, die Angebotskosten gesondert zu vergüten, auch bei anschließender Ablehnung durch den Kunden. Vgl. *Backhaus*, S. 31.

143 Vgl. *Backhaus*, S. 31; *Milling*, Großanlagenbau, S. 71 f.

Ist-Vergleiche vorgenommen werden können.[144] Daneben stellt die detaillierte Auftragsplankalkulation einen wertmäßigen Ausdruck der zur geplanten Auftragsbearbeitung getroffenen Mittelentscheidungen dar und bildet damit die Grundlage für die Durchführung einer laufenden, zeitraumbezogenen Plankostenrechnung.

Unter bestimmten Bedingungen kann die auftragsbezogene Angebotskalkulation auch bei Einzel- oder Kleinserienfertigung auf der Grundlage einer Plankostenrechnung erfolgen. Dies ist denkbar, wenn sich die Erzeugnisse aus standardisierten Elementen, die meist in Massen-, Sorten- oder Großserienfertigung hergestellt werden, zusammensetzen. Als Beispiele sind Betriebe der Stückgüterherstellung zu nennen, die genormte Einzelteile, Baugruppen und Aggregate herstellen und diese zu individuellen Endprodukten montieren, wie dies im Maschinenbau, in der Automobilindustrie oder im Anlagenbau oftmals der Fall ist. Weiterhin sind vergleichbare Verhältnisse bei vielen Betrieben der Schütt- und Fließgüterproduktion anzutreffen, wenn aus einer relativ kleinen Anzahl an Grundstoffen durch Mischen eine Vielzahl individueller Erzeugnisse hervorgebracht wird. Beispielsweise kann in der Farben- und Lackindustrie aus wenigen Grundstoffen eine nahezu unbegrenzte Produktvielfalt mit Farben und Lacken unterschiedlicher Qualitäten und Farbtöne erzielt werden. Die im Rahmen der Grundrechnung erstellte Plankalkulation bezieht sich in den genannten Fällen zweckmäßigerweise nicht auf potentielle Enderzeugnisse, sondern auf die Grundelemente.[145] Ausgehend von den Plankalkulationsdaten der Grundelemente lassen sich auftragsbezogene Vorkalkulationen auf Plankostenbasis erstellen, indem analog zum Erzeugnisaufbau die Plankalkulationselemente kombiniert werden. Dabei handelt es sich genauer um Plankostenteilkalkulationen, die noch um die Kosten für zusätzlich anfallende Arbeitsgänge (z.B. Montage- oder Mischungskosten), Sondereinzelkosten sowie Verwaltungs- und Vertriebskosten zu ergänzen sind, wobei diese Kalkulationsbestandteile in der Regel auf Schätzungen beruhen.

Darüber hinaus ist der Rückgriff einer Auftragsvorkalkulation auf eine als Bestandteil der Grundrechnung erstellte zeitraumbezogene Plankalkulation möglich, wenn zur Herstellung individueller Erzeugnisse standardisierte Produktionsverfahren eingesetzt werden. Liegen derartige, z.B. für Veredelungsbetriebe typische Betriebsbedingungen vor, kann es zweckmäßig sein, in der Grundrechnung die dem Betrieb zur Verfügung stehenden Fertigungsverfahren als Kalkulationsobjekte anzusetzen und Kundenanfragen

---

[144] Vgl. *Milling*, Großanlagenbau, S. 73 ff.

[145] Vgl. hierzu auch *Pfeiffer*, S. 152.

oder konkrete Kundenaufträge entsprechend der voraussichtlichen Inanspruchnahme von Fertigungsverfahren zu kalkulieren.

Neben den aufgezeigten betriebsspezifischen Möglichkeiten und Grenzen des Einsatzes der Plankostenrechnung für die Erstellung von Vorkalkulationen ist noch zu prüfen, unter welchen Bedingungen die Plankostenrechnung zur Durchführung von Nachkalkulationen Verwendung finden kann. Grundsätzlich ist festzustellen, daß die Plankostenrechnung ebenso wie die Normalkostenrechnung für die Durchführung von Nachkalkulationen einsetzbar ist, indem die Plankostenverrechnungssätze mit den Istausprägungen der in der Kalkulation verwendeten Bezugsgrößen multipliziert werden. Diese im Rahmen der Grundrechnung auf die Kostenträger verrechneten Plankosten sind in der Regel jedoch nicht unmittelbar für die Zwecke der Nachkalkulation, zu denen primär die Preisermittlung auf Selbstkostenbasis, die Dokumentation und die interne Auftragskontrolle zu zählen sind, geeignet, da sie nicht die tatsächliche oder üblicherweise auftretende, sondern eine zum Zeitpunkt der Planung angestrebte Kostenrealität widerspiegeln. Für Betriebe mit Produktion auf Bestellung, bei denen zum Zeitpunkt der Auftragsannahme das Preisgerüst der Leistungs- und Kalkulationsbestandteile vertraglich vereinbart, das Mengengerüst des Erzeugnisses oder des Auftrages aber erst während der Leistungserstellung endgültig bestimmt wird, kann die Nachkalkulation auf Plankostenbasis indessen ein geeignetes Instrument zur Auftragsabrechnung darstellen.

Werden den Erzeugnissen und Aufträgen neben den verrechneten Plankosten nachträglich noch die aufgetretenen Kostenabweichungen zugerechnet, läßt sich auch mit der Plankostenrechnung eine Nachkalkulation mit Istkostencharakter erstellen,[146] mit deren Hilfe die Zwecke der Nachkalkulation erfüllt werden können. Aufgrund der bei dieser Vorgehensweise auftretenden Schwierigkeiten einer nachträglichen Zurechnung von Kostenstellenabweichungen auf die Kostenträger[147] und des damit verbundenen Rechenaufwands bleibt die Anwendung einer laufenden Standard-Nachkal-

---

[146] Nachkalkulationen auf Plankostenbasis mit zusätzlicher Kostenabweichungsverrechnung auf die Kostenträger werden auch als "Standard-Nachkalkulationen" bezeichnet. Vgl. ausführlich hierzu *Plaut/Müller/Medicke*, S. 215 ff.; *Kilger*, Flexible Plankostenrechnung, S. 740 ff.

[147] Zu der kostenträgerbezogenen Abweichungsverrechnung und den dabei auftretenden Zurechnungsproblemen vgl. *Heiner*, H.-A.: Die Kurzfristige Erfolgsrechnung auf der Grundlage der Grenz-Plankostenrechnung, in: v. Kortzfleisch, G. (Hrsg.): Aus der Praxis der Kurzfristigen Erfolgsrechnung, Festgabe für Professor Dr. Dr. h. c. Theodor Beste, Berlin 1964, S. 195 ff.; *Patterson*, F.-K.: Die Abweichungen innerhalb der Plankostenrechnung und ihre Verteilung auf die Kostenträger, in: ZfB, 25. Jg. 1955, S. 364 ff.; *Kilger*, W.: Die Verteilung der Abweichungen auf die Kostenträger innerhalb der Plankostenrechnung, in: ZfB, 22. Jg. 1952, S. 503 ff.

kulation auf Betriebe mit langfristiger Bestell- und Einzelfertigung beschränkt, da in diesen Fällen die Abgrenzungs- und Zurechnungsprobleme relativ gering sind und der Informationswert einer istkostennahen Nachkalkulation als vergleichsweise hoch einzuschätzen ist.

Zusammenfassend kann die Plankostenrechnung als ein Kostenrechnungssystem charakterisiert werden, auf dessen Grundlage zukunftsorientierte Vorkalkulationen standardisierter Erzeugnisse oder standardisierter Kalkulationselemente erstellt werden können. Vorkalkulationen auf Plankostenbasis können sowohl für Betriebe mit Produktion für den anonymen Markt, die ihre Erzeugnisse in Massen- oder Reihenfertigung herstellen, als auch für Betriebe mit Bestell- und Einzel- oder Kleinserienfertigung zweckmäßig sein, sofern durch die Vereinheitlichung der Erzeugnisse oder zumindest einzelner Kalkulationselemente günstige Voraussetzungen für die Durchführbarkeit und Wirtschaftlichkeit der Kostenplanung gegeben sind. Für die Erstellung von Nachkalkulationen ist die Plankostenrechnung in der Regel nicht geeignet, da die Hauptzwecke der Nachkalkulation, die Selbstkostenpreisermittlung nach LSP sowie die interne Auftragskontrolle, eine nachträgliche Verrechnung von Kostenabweichungen auf die Kostenträger erfordern, was bei Betrieben mit vielfältigem Produktionsprogramm, z.B. bei kurz- und mittelfristiger Einzel-, Sorten- und Kleinserienfertigung, zu erheblichen Abgrenzungs- und Zurechnungsproblemen führen kann.

bb) Bereitstellung von Informationen für die Betriebsergebnisrechnung

Die Plankostenrechnung ist hinsichtlich der Schnelligkeit, mit der auf ihrer Grundlage ein Betriebsergebnis erstellt werden kann, ebenso zu beurteilen wie die Normalkostenrechnung, da beide Kostenrechnungssysteme dem gleichen rechentechnischen Ablauf folgen. Zu den durch die Bewertung der bereits während oder unmittelbar am Ende der Abrechnungsperiode zu erfassenden Istbezugsgrößenmengen mit den bereits zu Beginn der Abrechnungsperiode vorliegenden Plankostenverrechnungssätzen entstehenden Gestaltungsmöglichkeiten und Vorteilen eines von Istkostenerfassungsproblemen befreiten Betriebsergebnisausweises kann deshalb auf die Ausführungen zur Normalkostenrechnung verwiesen werden.[148]

Wesentliche Unterschiede zwischen dem auf einer Plankostenrechnung beruhenden Betriebsergebnis und jenen, die auf einer Ist- oder Normalkostenrechnung basieren, ergeben sich indessen bei Betrachtung des Zeit-

---

[148] Vgl. Kapitel D.-III.-2.-b)-bb) dieser Untersuchung. Zur Beschleunigung der Kurzfristigen Erfolgsrechnung durch Planung der Kosten vgl. auch *Beste*, Erfolgsrechnung, S. 414.

bezugs der Kostenwerte. Wird die Betriebsergebnisrechnung auf der Grundlage einer Plankostenrechnung durchgeführt, können durch Variationen in der Gegenüberstellung von Plan-, Soll- oder Istkosten und den erlösseitigen Erfolgselementen, die bei Zugrundelegung einer Planerlösrechnung ebenfalls als Plan-, Soll- oder Istwerte ansetzbar sind, differenzierte Analysen der betrieblichen Erfolgssituation vorgenommen werden.[149] Beispielsweise ist durch eine Planerfolgsrechnung, bei der die Einflußgrößen auf die Entstehung der kosten- und erlösseitigen Erfolgselemente in ihren planmäßigen Ausprägungen zum Ansatz kommen, eine Vorausschau auf den zukünftigen Erfolg in der Planungsperiode möglich. Derartige Planerfolgsrechnungen stellen ein wichtiges Instrument der gewinnorientierten Planung dar, indem sie die Notwendigkeit einer Planungsänderung aufzeigen.[150] Die Ausgestaltung der kostenrechnerischen Grundrechnung als Plankostenrechnung gestattet ferner die Durchführung eines Soll-Ist-Vergleichs des Periodenerfolgs, mit dessen Hilfe durch die Rückführung auftretender Erfolgsabweichungen auf kostenseitig wirkende und betrieblich beeinflußbare Erfolgseinflußgrößen wertvolle Informationen für die zielgerichtete Führung des Betriebes bereitgestellt werden können.[151]

Die Plankostenrechnung ist damit aus betriebstypneutraler Sicht im Vergleich zur traditionellen Istkostenrechnung und zur Normalkostenrechnung als die am besten geeignete Form einer Grundrechnung anzusehen, um auf deren Basis die kostenseitigen Erfolgselemente der Betriebsergebnisrechnung abzuleiten. Diese Einschätzung ist unter Berücksichtigung betriebsspezifischer Gegebenheiten in zweierlei Hinsicht zu relativieren. Zum einen wird die Anwendbarkeit der Plankostenrechnung durch die bereits angesprochenen betriebsindividuell unterschiedlich zur Geltung kommenden Grenzen der Kostenplanung eingeschränkt.[152] Zum anderen ist die Vorteilhaftigkeitsbeurteilung der Plankostenrechnung unter Berücksichtigung des Informationswertes einer auf Plankosten basierenden Betriebsergebnisrechnung vorzunehmen, der vor allem durch die Absatz- und Sortimentsstruktur des Betriebes beeinflußt wird. Die Auswertungsmöglichkeiten einer auf Plankosten basierenden Betriebsergebnisrechnung sind bei Betrieben mit kurz- und mittelfristiger Sorten- und Serienfertigung mit Produktion für den anonymen Markt besonders günstig einzuschätzen, da aufgrund der relativ großen betrieblichen Beeinflußbarkeit der auf den Betriebserfolg wirkenden Kosteneinflußgrößen der Planungs- und Kontrollfunktion der Betriebser-

---

[149] Vgl. *Beste*, Erfolgsrechnung, S. 418; *Hänichen*, S. 118 ff.

[150] Vgl. *Beste*, Erfolgsrechnung, S. 413.

[151] Vgl. *Beste*, Erfolgsrechnung, S. 413; *Kilger*, Flexible Plankostenrechnung, S. 749.

[152] Vgl. hierzu die Ausführungen in Kapitel D.-III.-3.-b) dieser Untersuchung.

gebnisrechnung eine große Bedeutung zukommt.[153] Der Informationswert des Betriebsergebnisses wird dabei um so größer sein, je differenzierter und vielfältiger das Sortiment gestaltet ist. Bei Betrieben mit Massenfertigung ergeben sich durch die meist langfristige Festlegung des Produktionsprogramms und durch die mit der weitgehenden Standardisierung des Fertigungsablaufs verbundene geringe Kostenbeeinflußbarkeit eher unbedeutende betriebsergebnisbezogene Informationsvorteile der Plankostenrechnung gegenüber einer Ist- oder Normalkostenrechnung.

cc) Kostenkontrolle

Als wertmäßiges Abbild der im Rahmen der betrieblichen Planung getroffenen Mittelentscheidungen können die Plankosten als Vorgabegröße für die Kontrolle der Durchführungsphase eingesetzt werden. Die Plankosten repräsentieren dabei den unter Berücksichtigung zu erwartender Umweltbedingungen vom Betrieb angestrebten Weg zur Erreichung der gesetzten Ziele. Abweichungen zwischen Plankosten und Istkosten zeigen folglich ein Verlassen dieses Weges und in der Regel auch ein Nichterreichen des Zieles auf. In diesem Sinne stellen die Plankosten eine wichtige Größe für die Lenkung des Betriebes dar und machen die Plankostenrechnung zu einem bedeutenden Führungsinstrument.

Im Vergleich zu den Ist- oder Normalkosten sind Plankosten als die geeigneteren Maßkosten zur Wirtschaftlichkeitskontrolle des Betriebsgeschehens anzusehen. Die Begründung dieser Vorteilhaftigkeit erfolgt in der Literatur gelegentlich mit dem Hinweis darauf, daß die Plankosten im Unterschied zu den die Verhältnisse der Vergangenheit beschreibenden Ist- oder Normalkosten keine Unwirtschaftlichkeiten enthalten und damit eine an absoluten Maßstäben orientierte Wirtschaftlichkeitskontrolle ermöglichen.[154] Dem ist entgegenzuhalten, daß auch Plankosten Unwirtschaftlichkeiten enthalten können. Beispielsweise ist es möglich, daß bei den Plankosten zugrundeliegenden Mittelentscheidungen nicht die nach dem Wirtschaftlichkeitsprinzip günstigsten Alternativen gewählt werden. Derartige

---

[153] Vgl. *Laßmann*, G.: Gestaltungsformen der Kosten- und Erlösrechnung im Hinblick auf Planungs- und Kontrollaufgaben, in: WPg, 26. Jg. 1973, S. 16.

[154] Vgl. etwa *Mellerowicz*, Plankostenrechnung, Bd. II, S. 22; *Gans*, K.: Die analytische Kostenplanung als Grundlage der Grenzplan-Kostenrechnung, in: Scheer, A.-W. (Hrsg.): Grenzplankostenrechnung, Stand und aktuelle Probleme, Hans Georg Plaut zum 70. Geburtstag, 2., durchgesehene Auflage, Wiesbaden 1991, S. 211; *Jacob*, H.: Marginalien des Herausgebers, in: Jacob, H. (Hrsg.): Neuere Entwicklungen in der Kostenrechnung (I), Schriften zur Unternehmensführung, Bd. 21, Wiesbaden 1976, S. 5; *Pfeiffer/Preißler*, S. 326.

Fehldispositionen können sich z.B. in der Produktionsplanung ergeben, wenn unwirtschaftliche Losgrößen, Intensitäten oder Maschinenbelegungen festgelegt werden. Weiterhin sind Unwirtschaftlichkeitsbestandteile in den Plankosten aufgrund der bei ihrer Vorhersage notwendigen Auswertung von Vergangenheitsdaten nicht gänzlich auszuschließen, da Unwirtschaftlichkeiten in der Regel auch bei genauester Analyse nicht völlig isoliert werden können. Ferner werden durch die Wahl eines motivationsfördernden Anspannungsgrades erreichbare Vorgabewerte angesetzt, die meist nicht den absoluten Wirtschaftlichkeitsmaßstäben entsprechen, sondern ein angestrebtes Maß an Wirtschaftlichkeit repräsentieren.[155]

Ein unter isolierter Betrachtung des Kriteriums des Wirtschaftlichkeitsmaßstabes erfolgender Vergleich der auf einem realisierbaren Planwirtschaftlichkeitsgrad basierenden Plankosten mit Ist- oder Normalkosten zeigt, daß bei bestimmten Betriebsbedingungen auch Ist- und Normalkosten geeignete Vorgabewerte für die Kosten- und Wirtschaftlichkeitskontrolle sein können. Hiermit sind vor allem jene Betriebe angesprochen, bei denen aufgrund langjähriger Erfahrung mit standardisierten Produktionsverfahren und/oder Erzeugnissen die Betriebsabläufe bereits so weit rationalisiert sind, daß kaum noch ein Kostenbeeinflussungspotential gegeben ist und die historischen Ist- oder Normalkosten den Plankostenwerten demzufolge sehr nahe kommen. Derartige Betriebs- und Kostenverhältnisse können beispielsweise in Betrieben mit Massen- und Großserienfertigung, die nach dem Prinzip der Fließfertigung organisiert sind und seit längerer Zeit erfolgreich die Wettbewerbsstrategie der Kostenführerschaft verfolgen, vermutet werden. In diesen oder vergleichbaren Fällen können auch Normal- und Istkosten ein hohes Maß an Wirtschaftlichkeit repräsentieren und anhand von Zeitvergleichen ausreichende Kontrollinformationen gewonnen werden. Den Plankosten ist trotz der genannten betriebsspezifischen Relativierung insgesamt eine bessere Eignung als Maßstab für die Kostenkontrolle zuzusprechen, da sie im Unterschied zu den Ist- und Normalkosten, in denen bereits realisierte Wirtschaftlichkeitsgrade zum Ausdruck kommen, auf einem angestrebten Planwirtschaftlichkeitsgrad beruhen und damit eher zu einer Verbesserung der betrieblichen Wirtschaftlichkeit durch Kostenkontrolle beitragen.

---

[155] Vgl. *Käfer*, S. 92 f.; *Kosiol*, E.: Typologische Gegenüberstellung von standardisierender (technisch orientierter) und prognostizierender (ökonomisch ausgerichteter) Plankostenrechnung, in: Kosiol, E. (Hrsg.): Plankostenrechnung als Instrument moderner Unternehmungsführung, Erhebungen und Studien zur grundsätzlichen Problematik, 3. Auflage, Berlin 1975, S. 62 f.; *Kalveram*, Rationalisierung, S. 387 f. *Agthe* spricht in diesem Zusammenhang treffend vom "Planwirtschaftlichkeitsgrad" der Kostenvorgaben. Vgl. *Agthe*, Kostenplanung, S. 56.

Die Vorteilhaftigkeit der Plankosten gegenüber den Ist- und Normalkosten bezüglich der Durchführung aussagefähiger Kostenkontrollen ist indessen nicht in erster Linie durch die bessere Repräsentation eines angestrebten Wirtschaftlichkeitsgrades zu erklären. Denn solange sich die Kostenkontrolle auf die Ermittlung einer Abweichung zwischen Vorgabe- und Istkosten beschränkt, ohne den die Abweichung verursachenden Größen nachzugehen, bleiben die Vorzüge geplanter im Vergleich zu vergangenheitsorientierten Maßgrößen relativ gering. Den Plankosten kann nur dann eine herausragende Bedeutung für die Kostenkontrolle zugesprochen werden, wenn es gelingt, die enge Beziehung der Plankosten zur betrieblichen Planung, die durch die wertmäßige Abbildung der getroffenen Mittelentscheidungen unter Berücksichtigung zukünftiger Betriebs- und Umweltbedingungen gegeben ist und kostentheoretisch als die planmäßige Wirkung der Kostenbestimmungsfaktoren ausgedrückt werden kann, für die Kostenkontrolle zu nutzen. Dabei ist die durch die Gegenüberstellung von Plan- und Istkosten ermittelbare Gesamtabweichung, die dem unplanmäßigen Eintreten der Gesamtheit an Kostenbestimmungsfaktoren zuweisbar ist, in aussagefähige Teilabweichungen aufzuspalten, die auf den Einfluß einzelner Kostenbestimmungsfaktoren und damit auf Einzelursachen für das Verlassen des in der Planung gewählten Weges zur Zielerreichung zurückgeführt werden können.[156] Eine derartige Ursachenanalyse der Gesamtabweichung setzt allerdings voraus, daß die Wirkungen der Kosteneinflußfaktoren auf die Kostenhöhe, d.h. die Gesetzmäßigkeiten der Kostenentstehung, bekannt sind und bei der Plankostenermittlung verwendet werden. Diese Voraussetzungen sind als hinreichend erfüllt anzusehen, wenn der Kostenplanung die Voraussageform der Prognose zugrunde liegt. Mit Hilfe von Plankosten, die auf der Grundlage von Projektionen ermittelt werden, ist eine aussagefähige Abweichungsanalyse aufgrund fehlender Kenntnisse über Kostenentstehungsgesetzmäßigkeiten indessen nicht möglich.

Die Ableitbarkeit und Anwendbarkeit von Kostengesetzmäßigkeiten bei der Kostenplanung und Abweichungsanalyse sowie die Beurteilung der Plankostenrechnung hinsichtlich ihrer Zweckmäßigkeit für die Kostenkontrolle sind von verschiedenen betrieblichen Gegebenheiten abhängig. Einmal sind an die Gewinnung von Kostengesetzmäßigkeiten sowie an deren Anwendung bei der Kostenprognose und Abweichungsanalyse personelle und instrumentelle Voraussetzungen geknüpft. Um Kostenfunktionen erstellen und anwenden zu können, sind die Vertrautheit mit der Verfahrens- und Produktionstechnik des Betriebes, die Kenntnis produktions- und kostentheoretischer Grundlagen und Zusammenhänge sowie die Anwend-

---

[156] Vgl. *Kilger*, W.: Der theoretische Aufbau der Kostenkontrolle, Ein Beitrag zur Theorie der Plankostenrechnung, in: ZfB, 29. Jg. 1959, S. 457 ff.

barkeit statistischer Methoden[157] ebenso notwendig wie die Bereitstellung der zur Auswertung erforderlichen Istdaten. Die qualitative und quantitative Ausstattung des Betriebes mit entsprechend ausgebildeten Mitarbeitern, statistischen Verfahren und modernen Systemen der Betriebsdatenerfassung bestimmen damit wesentlich die Zweckmäßigkeit eines Einsatzes der Plankostenrechnung für die Kostenkontrolle.

Weiterhin handelt es sich bei den Kostengesetzmäßigkeiten um vorläufig in ihrer Geltung bestätigte Hypothesen, d.h., die unterstellten funktionalen Beziehungen zwischen den Kosteneinflußgrößen und der Kostenhöhe müssen zunächst einer gewissen Überprüfung standhalten, bevor sie für eine zuverlässige Kostenprognose und Abweichungsanalyse verwendet werden können. In Betrieben, die laufend neuartige oder technisch nicht ausgereifte Produktionsverfahren sowie Werkstoffe mit häufig wechselnder Qualität einsetzen, kann die vorläufige Bestätigung von Kostenhypothesen so weit erschwert sein, daß keine Gesetzmäßigkeiten zur Verfügung stehen und auf eine aussagefähige Abweichungsanalyse verzichtet werden muß. Ähnliche Probleme für die Ableitung von Kostenfunktionen bestehen in Betrieben, in denen die den Kostenfunktionen zugrundeliegenden Verbrauchsfunktionen[158] aufgrund mangelnder Beherrschbarkeit der Produktionstechnik oder der geringen Kenntnis technologisch-naturwissenschaftlicher Zusammenhänge nicht mit hinreichender Genauigkeit ermittelt werden können.[159]

Daneben kann die Verwendung von Kostengesetzmäßigkeiten für die Kostenplanung und Abweichungsanalyse durch die Beachtung des Wirtschaftlichkeitsprinzips eine Einschränkung dadurch erfahren, daß nicht alle innerhalb eines abgegrenzten Kostenentstehungsbereiches wirksam werdenden Kosteneinflußgrößen berücksichtigt werden können, sondern daß eine Auswahl der in Kostenfunktionen abzubildenden und in der Abweichungs-

---

[157] Zu den statistischen Methoden und ihrer Anwendung zur Ableitung von Produktions- und Kostenfunktionen vgl. *Zschocke*, D.: Betriebsökonometrie, Stochastische und technologische Aspekte bei der Bildung von Produktionsmodellen und Produktionsstrukturen, Würzburg/Wien 1974, S. 145 ff.; *Laßmann*, G.: Die Kosten- und Erlösrechnung als Instrument der Planung und Kontrolle in Industriebetrieben, Düsseldorf 1968, S. 90 ff.

[158] Zur Bedeutung der Verbrauchsfunktionen für die Ermittlung technologisch bedingter Kostenfunktionen vgl. *Gutenberg*, Produktion, S. 326 ff.

[159] Besondere Schwierigkeiten bei der Ermittlung von Kostengesetzmäßigkeiten entstehen in Betrieben oder einzelnen Betriebsbereichen zusätzlich dann, wenn der Faktorverzehr nicht oder nur in geringem Maße naturwissenschaftlichen Zwängen unterliegt, sondern in erster Linie dispositionsbestimmt ist und in hohem Maße den Unbestimmtheiten des menschlichen Einflusses unterliegt. Als Beispiele sind generell Dienstleistungsbetriebe und in Industriebetrieben der Verwaltungs- sowie der Forschungs- und Entwicklungsbereich zu nennen.

analyse zu untersuchenden Einflußgrößen vorzunehmen ist.[160] Tritt in einzelnen Fertigungsbereichen eine Vielzahl von Kostenbestimmungsfaktoren auf, die untereinander als gleichwertig anzusehen sind, bei isolierter Betrachtung aber nur einen geringen, zu vernachlässigenden Einfluß auf die Kostenhöhe besitzen, ist es häufig zweckmäßig, ganz auf eine Abweichungsanalyse zu verzichten und lediglich eine Gesamtabweichung auszuweisen. Hierdurch wird allerdings die Vorteilhaftigkeit der Plankostenrechnung gegenüber der Ist- oder Normalkostenrechnung für die Kostenkontrolle eingeschränkt.

Zusammenfassend kann festgehalten werden, daß die Plankosten aufgrund ihrer Verbundenheit mit der betrieblichen Planung einen geeigneten Maßstab für die Kostenkontrolle und eine unabdingbare Grundlage für die Abweichungsanalyse darstellen. Eine vergleichende Beurteilung der Plankostenrechnung mit der Ist- und Normalkostenrechnung hat unter Beachtung betriebsspezifischer Gegebenheiten zu erfolgen, da die an die Aussagefähigkeit einer auf Plankosten basierenden Kostenkontrolle geknüpften Voraussetzungen in betriebsindividuell unterschiedlichem Maße gewährleistet sind.

dd) Bereitstellung von Informationen für die betriebliche Planung

Die vorangehende betriebsspezifische Beurteilung der Plankostenrechnung hinsichtlich ihrer Eignung für die Kalkulation, die Betriebsergebnisrechnung und die Kostenkontrolle erfolgt im wesentlichen unter Rückgriff auf das Wesen der Plankosten, die für einen zukünftigen Zeitraum im Rahmen der Planung getroffenen Mittelentscheidungen des Betriebes wertmäßig abzubilden. Im folgenden soll untersucht werden, unter welchen betriebsspezifischen Bedingungen die Plankostenrechnung selbst Informationen für die betriebliche Planung bereitstellen und die Unternehmensführung bei der Erfüllung ihrer dispositiven Aufgaben unterstützen kann. Die Auseinandersetzung mit dieser Problematik hat zweckmäßigerweise unter Berücksichtigung der zur Plankostenermittlung angewandten Voraussageform, der Prognose und der Projektion, zu erfolgen.

Findet die Kostenplanung auf der Grundlage von Kostenprognosen statt, setzt dies die Kenntnis betriebsindividuell gültiger Kostengesetzmäßigkeiten

---

[160] Beispielsweise empfehlen *Haller-Wedel* und *Laßmann*, nicht mehr als sechs Einflußgrößen zu berücksichtigen. Vgl. *Haller-Wedel*, E.: Die Einflußgrößenrechnung in Theorie und Praxis, Anwendung mehrdimensionaler statistischer Untersuchungsverfahren in Industrie, Wirtschaft und Verwaltung, München 1973, S. 173; *Laßmann*, G.: Einflußgrößenrechnung, in: Kosiol, E./Chmielewicz, K./Schweitzer, M. (Hrsg.): HWR, 2., völlig neu gestaltete Auflage, Stuttgart 1981, Sp. 430.

voraus. Diese Gesetzmäßigkeiten können nicht nur zur Kostenplanung eingesetzt werden, sondern eignen sich darüber hinaus zur Erstellung aktionsbedingter Prognosen,[161] mit deren Hilfe die kostenmäßigen Konsequenzen der betrieblich aktiv herbeiführbaren Ausprägungen einzelner Randbedingungen aufgezeigt werden können. Entscheidungsprobleme der Realität sind ferner nicht nur durch aktiv gestaltbare Randbedingungen gekennzeichnet, sondern es sind auch Nebenbedingungen zu beachten, bei denen es sich um betrieblich nicht beeinflußbare[162] sowie um in übergeordneten Entscheidungen bereits festgelegte und nicht mehr zur Disposition stehende Randbedingungen[163] handelt. Neben der Erstellung aktionsbedingter Kostenprognosen ist es für die informatorische Unterstützung von Entscheidungsproblemen deshalb erforderlich, die zukünftig zu erwartenden Ausprägungen von Nebenbedingungen sowie deren kostenmäßige Auswirkungen konkret vorherzusagen. Erfolgt diese Vorhersage wiederum unter Verwendung von Gesetzmäßigkeiten, liegt eine unbedingte Prognose vor.[164]

Durch die Zusammenführung aktionsbedingter und unbedingter Kostenprognosen kann dem betrieblichen Entscheidungsträger eine wichtige informatorische Unterstützung im Prozeß der Entscheidungsfindung gewährt werden, indem entweder ein Maßnahmenkatalog zur Verfügung gestellt wird, "der Hinweise darüber enthält, welche Randbedingungen aktiv hergestellt werden müssen, damit die gewünschten Ereignisse tatsächlich eintreffen,"[165] oder durch die Bewertung konkret zur Auswahl stehender Handlungsalternativen die günstigste Alternative aufgezeigt wird. Die auf der Kenntnis von Kostengesetzmäßigkeiten und deren Anwendung in Kostenprognosen beruhende Eignung der Plankostenrechnung zur Informationsunterstützung der betrieblichen Planung ist dabei unabhängig von der dem Entscheidungsproblem zugrundeliegenden Fristigkeit zu beurteilen, da die Fristigkeit des Entscheidungsproblems selbst eine Randbedin-

---

[161] Die aktionsbedingte Prognose stellt eine spezielle Form der konditionalen Prognose dar und wird auch als technologische Prognose bezeichnet. Vgl. hierzu *Wild*, J.: Probleme der theoretischen Deduktion von Prognosen, in: Zeitschrift für die gesamte Staatswissenschaft, 126. Bd. 1970, S. 567 ff.; *Popper*, K.R.: Das Elend des Historizismus, Tübingen 1965, S. 35; *Albert*, Theoriebildung, S. 62.

[162] Hierzu sind insbesondere die in Entscheidungsproblemen zu beachtenden Umweltbedingungen des Betriebes zu nennen.

[163] Beispielsweise unternehmerische Grundsatzentscheidungen wie der Entschluß, in einer bestimmten Branche tätig zu sein.

[164] Unbedingte Prognosen werden ebenfalls aus konditionalen Prognosen abgeleitet, wobei durch das Treffen von ad-hoc-Hypothesen wohlbegründete Vermutungen über die zukünftigen Ausprägungen von Randbedingungen geäußert werden. Vgl. *Bergner*, Zur betrieblichen Planung, S. 52 f.; *Wild*, Prognosen, S. 569 ff.

[165] *Schanz*, Planung, S. 64.

gung darstellt, die in den Kostenprognosen eine entsprechende Berücksichtigung zu finden hat.

Die Kenntnis von Kostengesetzmäßigkeiten und deren Anwendung in konditionalen und unbedingten Prognosen setzt nicht notwendigerweise die Durchführung einer Plankostenrechnung voraus, da Kostengesetzmäßigkeiten primär auf der Grundlage von Istdaten gewonnen werden.[166] Die Plankostenrechnung begünstigt jedoch die Bemühungen um die Ableitung von Kostengesetzmäßigkeiten, indem sie durch den Vorgang der Kostenplanung die kostentheoretische Auseinandersetzung mit dem betrieblichen Leistungserstellungs- und Leistungsverwertungsprozeß wesentlich fördert und mittels eines detaillierten Soll-Ist-Vergleichs maßgeblich zur Erforschung der Kostenwirkungen einzelner Kostenbestimmungsfaktoren beiträgt.

Nachdem die Bedeutung der den Kostenprognosen zugrundeliegenden kostenrechnerischer Gesetzmäßigkeiten für die Unterstützung der betrieblichen Planung aufgezeigt sind, stellt sich die Frage, ob die Plankosten als die für den Zeitraum der kostenrechnerischen Planungsperiode prognostizierten Kosten einen Beitrag zur Lösung dispositiver Aufgaben leisten können. Die Plankosten sind dabei als unbedingte Prognose der zukünftigen Kostenverhältnisse aufzufassen, die durch das Zusammenwirken der in den betrieblichen Dispositionen zum Ausdruck kommenden Absichtserklärungen über die Herbeiführung aktiv beeinflußbarer Randbedingungsausprägungen und der prognostizierten nicht beeinflußbaren Randbedingungsausprägungen entsteht. Damit sind die Plankosten das Ergebnis einer Kostenprognose, in denen sämtliche Randbedingungen in einer ganz speziellen Ausprägungskonstellation zur Wirkung kommen. Für die Unterstützung betrieblicher Entscheidungen, die z.B. während der Planungsperiode auftreten, sind die Plankosten folglich nur dann uneingeschränkt einsetzbar, wenn eine der zur Disposition stehenden Handlungsalternativen genau die den Plankosten zugrundeliegende Konstellation an Randbedingungsausprägungen besitzt. Beispielsweise können bei der Entscheidung über Eigenfertigung oder Fremdbezug eines Einbauteils die Plankosten der Planungsperiode nur dann zur Entscheidungsfindung herangezogen werden, wenn die Eigenfertigung bislang Bestandteil der Kostenplanung ist und die Plankosten damit die zukünftig zu erwartenden Verhältnisse bei Eigenfertigung widerspiegeln. Werden die Fertigteile dagegen bislang von außen bezogen, sind die Kosten der Handlungsalternative "Eigenfertigung" mittels einer Sonderrechnung zu planen, da die Plankostenrechnung hierzu keine ausreichenden Informationen liefert.

---

[166] Vgl. hierzu die Ausführungen in den Kapiteln D.-III.-3.-a) und D.-III.-3.-b) dieser Untersuchung.

In vielen Betrieben treten während der Planungsperiode häufig kurzfristig wirksame Dispositionen über einzelne Determinanten des Produktionsvollzugs auf. Beispielsweise sind in Betrieben, die während der Planungsperiode starken Beschäftigungsschwankungen unterliegen, laufend Entscheidungen über geeignete Anpassungsmaßnahmen zu treffen. Weiterhin treten bei einer Vielzahl von Betrieben, z.B. bei kurzfristiger Wechselfertigung hinsichtlich der optimalen Losgröße von Fertigungsaufträgen und der Reihenfolge ihrer Bearbeitung, bei elastischer Kuppelproduktion bezüglich der Variation der Einsatzstoffe oder Verfahrens- und Prozeßbedingungen zur Bestimmung der gewünschten Zusammensetzung des Produktbündels oder bei Werkstattfertigung hinsichtlich der Maschinenbelegung, laufend Entscheidungsprobleme im Rahmen der kurzfristigen Produktionsplanung auf. Wenngleich die Plankosten in der Regel nicht unmittelbar zur informatorischen Unterstützung dieser Dispositionen eingesetzt werden können, da sie auf der Grundlage der zum Zeitpunkt der Kostenplanung angenommenen Randbedingungsausprägungen des Produktionsvollzugs ermittelt werden, können sie zumindest als Ausgangspunkt zur Ableitung der für die Produktionsplanung relevanten Kosten dienen.

Voraussetzung hierfür ist, daß sich aus den Plankosten relativ einfach die für die jeweilige Disposition relevanten Kosten ableiten lassen, indem bei der Kostenplanung die voraussichtlich zur Disposition stehenden Randbedingungen durch eine genügend genaue Bezugsgrößendifferenzierung berücksichtigt und die Plankosten mittels dieser Bezugsgrößen auf die den relevanten Kosten zugrundezulegende Randbedingungskonstellation umgerechnet werden.[167] Zur besseren Unterstützung der im Rahmen der kurzfristigen Produktionsplanung zu treffenden Dispositionen schlägt *Kilger* die Trennung der Plankosten in relevante Kosten ersten und zweiten Grades vor, wobei durch die Kennzeichnung der vom konkreten Produktionsvollzug abhängigen Kosten als relevante Kosten zweiten Grades eine eindeutige Auswahl der den anstehenden Entscheidungsproblemen zugrundezulegenden und mittels Bezugsgrößen auf die relevante Randbedingungskonstellation umzurechnenden Plankosteninformationen ermöglicht werden soll.[168] Aus Wirtschaftlichkeitsgründen ist an diese Vorgehensweise die Forderung zu stellen, daß sich die Plankosten von den entscheidungsrelevanten Kosten in möglichst wenigen Randbedingungen unterscheiden, so daß für die Umrechnung entsprechend wenige Bezugsgrößen ausreichen. Die Anwendung der auf Bezugsgrößen basierenden Ableitung der entscheidungsrelevanten Kosten aus den Plankosten ist damit vor allem für jene Betriebe zweckmäßig, bei denen sich die kurzfristigen Änderungsmöglichkeiten des

---

[167] Vgl. *Kilger*, Weiterentwicklung, S. 34 ff.

[168] Vgl. *Kilger*, Weiterentwicklung, S. 25 ff.

Produktionsvollzugs auf einige wenige und damit leicht anhand von Bezugsgrößen abzubildende Randbedingungen beschränken.

Eine weitere Möglichkeit der Unterstützung von Dispositionen im Bereich der kurzfristigen Produktionsplanung durch Informationen der Plankostenrechnung besteht darin, daß spezielle Plankosten ermittelt werden, bei denen nicht alle Randbedingungsausprägungen konkret prognostiziert werden, d.h., es werden Kosten geplant, die sich bezüglich der voraussichtlich zur Disposition stehenden Randbedingungen neutral verhalten.[169] Derartige Plankosten entsprechen Kostenfunktionen, in denen ausgewählte Handlungsparameter als Variablen auftreten, die je nach Auswertungszweck unterschiedliche Werte annehmen können. Diese Vorgehensweise eignet sich aufgrund ihrer mit einer Fülle von Freiheitsgraden versehenen und durch Kostenfunktionen geprägten Kostenplanung vor allem für solche Betriebe, die gleichzeitig über eine Vielzahl von Determinanten des Produktionsvollzugs zu entscheiden haben, z.B. Betriebe, die durch kurzfristige Wechsel- und elastische Kuppelfertigung sowie durch starke Beschäftigungsschwankungen gekennzeichnet sind.

Nach der Beurteilung der auf Kostenprognosen beruhenden Plankosteninformationen hinsichtlich ihrer Eignung zur Unterstützung der betrieblichen Planung ist zu untersuchen, ob die mittels Projektionen ermittelten Plankosten ebenfalls für diese Aufgabenstellung eingesetzt werden können. Kostenprojektionen stellen wie die Kostenprognosen Voraussagen über die zukünftigen Kostenverhältnisse des Betriebes dar und sind aufgrund ihres Zukunftsbezuges grundsätzlich besser zur Unterstützung der betrieblichen Planung geeignet als die vergangenheitsbezogenen Ist- und Normalkosten. Im Vergleich zu Kostenprognosen können Kostenprojektionen jedoch nur begrenzt für die Unterstützung der betrieblichen Planung eingesetzt werden, da sie auf der Basis unbewußt unterstellter Kostengesetzmäßigkeiten und unter der vereinfachten Annahme einer bestimmten zeitlichen Entwicklung der Randbedingungsausprägungen abgeleitet wer-

[169] Vgl. *Kilger*, W.: Die Grenzplankosten- und Deckungsbeitragsrechnung als geschlossenes Planungsmodell, in: Mellwig, W./Kuhn, A./Standop, D./Strobel, W. (Hrsg.): Unternehmenstheorie und Unternehmensplanung, Helmut Koch zum 60. Geburtstag, Wiesbaden 1979, S. 87 ff. Diese Vorgehensweise geht auf die von *Laßmann* und anderen als Betriebsmodell entwickelte Kostenrechnungskonzeption zurück. Vgl. hierzu *Laßmann*, Erlösrechnung als Instrument, S. 72 ff.; *Franke*, R.: Betriebsmodelle, Rechensysteme für Zwecke der kurzfristigen Planung, Kontrolle und Kalkulation, Düsseldorf 1972, S. 30 ff.; *Wittenbrink*, H.: Kurzfristige Erfolgsplanung und Erfolgskontrolle mit Betriebsmodellen, Wiesbaden 1975, S. 40 ff.; *ter Schüren*, H./*Wartmann*, R.: Richtkosten- und Planungsrechnung mit Matrizen für den Hochofenbereich eines gemischten Hüttenwerkes, in: Jacob, H. (Hrsg.): Neuere Entwicklungen in der Kostenrechnung (I), Schriften zur Unternehmensführung, Bd. 21, Wiesbaden 1976, S. 141 ff.

den. Projizierte Plankosten repräsentieren in der Regel nicht die den Handlungsalternativen zugrundezulegenden Randbedingungsausprägungen. Sie führen aufgrund der Unkenntnis von Gesetzmäßigkeiten zu einer hohen Fehlerwahrscheinlichkeit, wenn sie als Grundlage zur Ermittlung entscheidungsrelevanter Kosten durch Bezugsgrößendifferenzierung dienen sollen, und können folglich auch nicht zur Erstellung eines zuverlässigen Maßnahmenkatalogs zur Zielerreichung eingesetzt werden.

Wie die vorangehenden Ausführungen zeigen, ist die Beurteilung der Plankostenrechnung hinsichtlich ihrer Eignung zur Unterstützung der betrieblichen Planung in starkem Maße davon abhängig, ob die Plankosten auf der Basis von Gesetzmäßigkeiten und Prognosen oder auf der Grundlage von Projektionen ermittelt werden. Die Möglichkeiten zur Ableitung von Gesetzmäßigkeiten und deren Anwendung in Kostenprognosen oder die Notwendigkeit einer Beschränkung auf Kostenprojektionen werden durch verschiedene betriebsspezifische Bedingungen beeinflußt. Als ein wichtiger Einflußfaktor ist beispielsweise der produktions- und kostentheoretische Kenntnisstand der betrieblichen Kostenrechnungsfachleute anzusehen, da die Erstellung entscheidungsrelevanter Kostenprognosen der Fundierung durch allgemeingültige produktions- und kostentheoretische Aussagen bedarf.[170] Weiterhin erfordert die Unterstützung der betrieblichen Planung mit entscheidungsrelevanten Kostenprognosen eine detaillierte Analyse aller betrieblich beeinflußbaren Randbedingungen, die nur durchgeführt werden kann, wenn der Betrieb über eine leistungsfähige Betriebsdatenerfassung verfügt. Für die Unterstützung der betrieblichen Planung mit entscheidungsrelevanten Kosten ist ferner eine fundierte Vorhersage der betrieblich nicht beeinflußbaren Randbedingungen notwendig. Hierfür sind in Betrieben, die über eine gut ausgebaute Planung und eine aussagefähige Marktforschung verfügen, günstige Bedingungen gegeben. Die Ableitung und Anwendung von Kostengesetzmäßigkeiten ist darüber hinaus an den Einsatz geeigneter Verfahren zur Auswertung der Istdatenbasis gebunden und kann folglich nur in solchen Betrieben realisiert werden, die über entsprechend ausgebildetes Kostenrechnungspersonal, die erforderlichen statistischen Verfahren und Analysemethoden sowie eine ausreichende Datenverarbeitungskapazität verfügen. Betriebe, bei denen eine oder mehrere dieser Voraussetzungen nicht erfüllt sind, müssen bei der Kostenplanung auf die Projektion als Voraussageform zurückgreifen, wodurch die Einsatzmöglichkeit der Plankostenrechnung für die Unterstützung der betrieblichen Planung eingeschränkt wird.

---

[170] Vgl. *Kilger*, Kostentheorie als theoretische Grundlage, S. 556; *Küpper*, H.-U.: Theoretische Grundlagen der Kostenrechnung, in: Männel, W. (Hrsg.): Handbuch der Kostenrechnung, Wiesbaden 1992, S. 38 ff.

d) Zusammenfassende Beurteilung der Plankostenrechnung

Aus abstrakter, betriebstypunabhängiger Sicht stellt sich die Plankostenrechnung als ein der traditionellen Istkostenrechnung und der Normalkostenrechnung überlegenes Kostenrechnungssystem dar. Durch die Einbindung der Kostenrechnung in die betriebliche Gesamtplanung erfüllt die Plankostenrechnung eine wichtige Voraussetzung für die Erfüllung zukunftsgerichteter Kostenrechnungsaufgaben. Insbesondere wenn die Kostenplanung auf der Grundlage von Gesetzmäßigkeiten und Prognosen erfolgt, können zuverlässige Vorkalkulationen erstellt, die betriebliche Planung mit entscheidungsrelevanten Informationen unterstützt und eine aussagefähige Kostenkontrolle durchgeführt werden.

Unter Berücksichtigung betriebsspezifischer Besonderheiten kann die Plankostenrechnung nicht als ein für alle Betriebe gleichermaßen geeignetes Kostenrechnungssystem angesehen werden. Ihre praktische Eignung und Anwendbarkeit ist vor allem hinsichtlich des Wirtschaftlichkeitsprinzips zu relativieren. Allgemein gilt, daß die Plankostenrechnung als zweckmäßiges Kostenrechnungssystem anzusehen ist, wenn die Informationsnutzenvorteile die Informationskostennachteile, die die Plankostenrechnung gegenüber der Ist- oder Normalkostenrechnung aufweist, übersteigen.

Für Betriebe, die aufgrund standardisierter und langfristig determinierter Betriebs- und Fertigungsabläufe nur gering beeinflußbare Kostenverhältnisse aufweisen und daher nicht auf eine detaillierte Kostenkontrolle und Abweichungsanalyse sowie eine laufende Bereitstellung entscheidungsrelevanter Kosten für betriebliche Dispositionen angewiesen sind, kann der Informationsnutzenvorteil der Plankostenrechnung so gering sein, daß es für diese Betriebe zweckmäßiger ist, eine Normal- oder eine Istkostenrechnung durchzuführen. Diese der praktischen Anwendung der Plankostenrechnung entgegenstehenden Umstände liegen vor allem in Betrieben mit Massen- und Großserienfertigung vor.

Umgekehrte, aber in ihrer Wirkung gleichbedeutende Bedingungen sind in Betrieben gegeben, bei denen Plankosteninformationen einerseits ein vergleichsweise hoher Informationsnutzenvorteil zukommt, bei denen andererseits die Plankostenrechnung aber einen zu hohen Informationskostennachteil aufweist, der ihre praktische Anwendung verhindert. Als Beispiele sind in erster Linie Betriebe mit Einzel- oder Kleinserienfertigung zu nennen, für die Vorkalkulationen auf Plankostenbasis, laufende Kostenkontrollen mit aussagefähigen Abweichungsanalysen sowie die Unterstützung dispositiver Aufgaben mit entscheidungsrelevanten Plankosten sehr von Nutzen sind, die aber aufgrund wirksam werdender Grenzen der Planung und des sehr hohen Planungsaufwandes auf die Durchführung einer laufenden Plankostenrechnung als Grundrechnung verzichten müssen.

Die Beachtung des Wirtschaftlichkeitsprinzips bei der Gestaltung der Kostenrechnung führt häufig dazu, daß die Betriebsgröße die praktische Anwendung der Plankostenrechnung begrenzt. Sind aufgrund einer zu geringen Betriebsgröße wichtige Voraussetzungen der Plankostenrechnung nicht erfüllt, z.B. weil der Betrieb nicht über die erforderlichen personellen und instrumentellen Kapazitäten verfügt, oder ist der Betrieb aufgrund der gut überschaubaren Betriebsverhältnisse auch ohne Plankostenrechnungsinformationen zu führen, kann die Beschränkung auf eine Ist- oder Normalkostenrechnung ausreichend sein.

IV. Betriebsspezifische Beurteilung der nach dem Umfang der auf die Kostenträger verrechneten Kosten zu differenzierenden Kostenrechnungssysteme

Zu den Grundmerkmalen, über deren Ausprägungen im Rahmen der konzeptionellen Kostenrechnungsgestaltung durch die Wahl eines Kostenrechnungssystems zu disponieren ist, zählt neben dem Zeitbezug der Umfang der den Kostenträgern zugerechneten Kosten. Hiernach lassen sich Voll- und Teilkostenrechnungen unterscheiden, wobei in dieser Untersuchung die Grenzkostenrechnung als Vertreterin der Teilkostenrechnungen einer näheren Betrachtung unterzogen wird. Im folgenden werden die Voll- und die Grenzkostenrechnung gegenübergestellt und deren Vorteilhaftigkeit unter Berücksichtigung betriebsspezifischer Besonderheiten diskutiert. Dabei findet jeweils zunächst eine allgemeine Wesensbeschreibung der beiden Kostenrechnungssysteme statt, der eine nach Kostenrechnungszwecken differenzierte betriebsspezifische Anwendungs- und Eignungsbeurteilung folgt. Als zu untersuchende Kostenrechnungszwecke werden hierbei die Kalkulation, die informatorische Unterstützung der betrieblichen Planung sowie die Bereitstellung von Informationen für die Betriebsergebnisrechnung gewählt, da sich das Merkmal "Umfang der auf die Kostenträger verrechneten Kosten" in erster Linie auf Vorgänge der Kostenträgerrechnung bezieht.

1. Die Vollkostenrechnung

a) Das Wesen der Vollkostenrechnung

Vollkostenrechnungen sind als Kostenrechnungssysteme zu kennzeichnen, bei denen alle Kosten einer Periode auf die Kostenträger zugerechnet werden. Während für die Einzelkosten eine unmittelbare Zuordnungsbeziehung besteht, sind für die in der Regel über Kostenstellen abzurechnenden Gemeinkosten geeignete Bezugsgrößen zu finden, die eine mittelbare Beziehung zwischen Gemeinkosten und den Kostenträgern herstellen sollen, wobei sowohl die variablen als auch die fixen Gemeinkosten in die kostenstellenweise und bezugsgrößenabhängige Verrechnung einbezogen werden.[171]

Mit der Verwendung von Vollkostenverrechnungssätzen für die Kostenträgerrechnung und der damit verbundenen künstlichen Proportionalisierung fixer Kosten liegt ein Verstoß gegen das Verursachungsprinzip vor, da die Fixkosten von der Höhe der Betriebsbereitschaft, nicht aber von der Erstellung einzelner Leistungseinheiten beeinflußt werden.[172] Der Grundsatz der absoluten Richtigkeit wird bei der bezugsgrößenproportionalen Verrechnung fixer Kosten auf Kostenträger folglich durchbrochen. Wie die Ausführungen zu den Grundsätzen der Zweckbestimmtheit und der Richtigkeit zeigen,[173] wird die Richtigkeit einer Kostenzurechnungsoperation durch den mit der Kostenzurechnung verfolgten Zweck bestimmt. Bei der Gestaltung und Durchführung der Kostenrechnung ist nicht die Einhaltung absoluter Maßstäbe der Richtigkeit, sondern die Beachtung der verfolgten Rechnungszwecke als primäre Handlungsmaxime aufzufassen. Die angewandten Verfahren und Methoden der Kostenzurechnung sind damit stets in Abhängigkeit vom verfolgten Rechnungszweck zu beurteilen. Welche Rechnungszwecke im einzelnen Betrieb der Kostenrechnung zugewiesen werden, und welche Form und welcher Umfang für diesen Betrieb als zweckmäßig und richtig anzusehen sind, wird wesentlich durch den von der betriebsspezifischen Situation des Betriebes abhängigen Informationsbedarf der Kostenrechnungsadressaten bestimmt.

---

[171] Vgl. *Kosiol*, Kalkulation, S. 180; *Kilger*, Einführung, S. 59; *Mellerowicz*, Plankostenrechnung, Bd. II, S. 42.

[172] Vgl. etwa *Koch*, Grundprobleme, S. 67; *Kilger*, Verrechnung, S. 477; *Ehrt*, S. 51 sowie die in Kapitel B.-II.-1.-b)-bb)-(1)-(a) angegebene Literatur zum Verursachungsprinzip.

[173] Vgl. hierzu die Kapitel B.-II.-1.-a) und B.-II.-1.-b)-bb)-(1)-(a) dieser Untersuchung.

Im folgenden wird untersucht, für welche Betriebe und unter welchen besonderen betrieblichen Bedingungen die Gestaltung der Grundrechnung als Vollkostenrechnung zweckmäßig sein kann.

b) Betriebsspezifische Eignung der Vollkostenrechnung zur Erfüllung kostenrechnerischer Zwecke

aa) Kalkulation

Die Beurteilung der nach dem Umfang der auf die Kostenträger verrechneten Kosten zu differenzierenden Kostenrechnungssysteme hinsichtlich ihrer Eignung für die Kalkulation hat unter Berücksichtigung der mit der Kalkulation verfolgten preispolitischen Zwecksetzungen zu erfolgen. Dabei ist zu beachten, daß der Kostenrechnung weitgehend nur die Funktion der informatorischen Unterstützung der betrieblichen Preispolitik zukommt und die Preispolitik neben Kosteninformationen eine Vielzahl weiterer Informationen, insbesondere Informationen über die Nachfrageverhältnisse und die Konkurrenzsituation, in die Überlegungen einzubeziehen hat.

Die Kalkulation kann einmal der *Preisfindung* dienen, wenn für die hergestellten Erzeugnisse aufgrund fehlender Konkurrenzprodukte keine allgemeinen Marktpreise festgestellt werden können, so daß der Betrieb den Absatzpreis seiner Produkte selbst zu bestimmen hat. Diese Situation ist regelmäßig in Betrieben gegeben, die die Wettbewerbsstrategie der Produktdifferenzierung verfolgen und Produkte mit hohem Individualitätsgrad am Absatzmarkt anbieten. Allgemeine Marktpreise stehen häufig auch bei Einzel- oder Kleinserienfertigung nicht zur Verfügung, da hier in der Regel spezielle Kundenwünsche bei der Produktgestaltung zu berücksichtigen sind, was ebenfalls in einem hohen Individualitätsgrad der Erzeugnisse zum Ausdruck kommt. Die Notwendigkeit der selbständigen Preisermittlung stellt sich weiterhin bei Betrieben, die eine zumindest vorübergehende Monopolstellung auf dem Absatzmarkt besitzen, z.B. bei der Markteinführung neuartiger Produkte.

In den genannten Fällen wird der Betrieb bestrebt sein, einen Preis festzulegen, der ihm neben der Abdeckung der Selbstkosten noch die Erzielung eines angestrebten Gewinns ermöglicht. Sind dem Betrieb keine Preisausgleichsmöglichkeiten in Form der Preisdifferenzierung[174] oder durch kalku-

---

[174] Bei der Preisdifferenzierung, die nach sachlichen, räumlichen, zeitlichen, persönlichen und mengenmäßigen Kriterien erfolgen kann, werden für gleichartige Produkte desselben

latorischen Ausgleich[175] gegeben, kommt der Ermittlung und Durchsetzung eines wenigstens die vollen Selbstkosten abdeckenden Preises für die Erhaltung des Betriebes eine entscheidende Bedeutung zu. Beispielsweise sind Betriebe mit langfristiger Einzelfertigung, die über mehrere Jahre hinweg mit der Erstellung und Abwicklung einzelner Großprojekte beschäftigt sind, auf die Vergütung wenigstens der vollen Selbstkosten durch den einzelnen Auftrag angewiesen. Die auf Vollkosten basierende Kalkulation stellt in diesen Fällen ein wichtiges Informationsinstrument zur Preisbestimmung dar, da sie die Berücksichtigung aller im Betrieb anfallenden Kosten gewährleistet.[176] Dabei kommt es nicht auf die absolute Richtigkeit der Kostenzurechnung im Sinne des Verursachungsprinzips an, "sondern auf die Sicherung der Vollständigkeit der Kostendeckung im Erlös."[177]

Stehen dem Betrieb im Rahmen seiner selbständigen Preisermittlungspolitik verschiedene Möglichkeiten des Preisausgleichs zur Verfügung, ist der Verfolgung absatzpolitischer Strategien, insbesondere der Orientierung an der Preis-Absatz-Funktion der Produkte beim Markteintritt[178] sowie der Beachtung absatzwirtschaftlicher Verbundeffekte[179] eine große Bedeutung bei der Preisbestimmung beizumessen. Dabei wird häufig nicht der Gewinn des einzelnen Kostenträgers oder gar der Kostenträgereinheit, sondern die Gesamtgewinnsituation des Betriebes im Vordergrund preispolitischer

---

Anbieters unterschiedliche Preise angesetzt. Vgl. *Gutenberg*, E.: Grundlagen der Betriebswirtschaftslehre, Zweiter Band: Der Absatz, 17. Auflage, Berlin/Heidelberg/New York/Tokyo 1984, S. 341 ff; *Raffée*, H.: Grundprobleme der Betriebswirtschaftslehre, Göttingen 1974, S. 191; *Nieschlag*, R./*Dichtl*, E./*Hörschgen*, H.: Marketing, 16., durchgesehene Auflage, Berlin 1991, S. 334 ff.

175 Der kalkulatorische Ausgleich ist eine Absatzstrategie, bei der durch das Ausnutzen absatzwirtschaftlicher Verbundeffekte ein Preisausgleich zwischen verschiedenartigen Produkten eines Sortimentes angestrebt wird. Vgl. hierzu *Raffée*, S. 191 f.; *Nieschlag/Dichtl/Hörschgen*, S. 317 ff.

176 Vgl. *Milling*, Großanlagenbau, S. 81 ff.; *Diehl*, S. 179; *Feuerbaum*, E.: Das Rechnungswesen in einem Unternehmen des Großanlagenbaus, Ein Beispiel integrierter elektronischer Datenverarbeitung, in: DB, 31. Jg. 1978, S. 1043 f.

177 *Plinke*, W.: Ansatzpunkte einer projektorientierten Kosten- und Leistungsrechnung im Unternehmen des langfristigen Anlagenbaus, in: Kilger, W./Scheer, A.-W. (Hrsg.): Rechnungswesen und EDV, 7. Saarbrücker Arbeitstagung 1986, Kostenträgerrechnung - Standardsoftware - Neue Bilanzrichtlinien - CIM, Heidelberg 1986, S. 604.

178 Zu Preisabsatzstrategien bei der Markteinführung neuer Produkte vgl. *Simon*, H.: Preismanagement, Wiesbaden 1982, S. 254 ff.; *Jacob*, H.: Preispolitik bei der Einführung neuer Erzeugnisse unter besonderer Beachtung dynamischer Aspekte, in: Koch, H. (Hrsg.): Zur Theorie des Absatzes, Festschrift zum 75. Geburtstag von Prof. Dr. Dr. h. c. mult. Erich Gutenberg am 13. Dezember 1972, Wiesbaden 1973, S. 153 ff.; *Witt*, S. 138 f.; *Becker*, H.D., S. 44 ff.

179 Vgl. hierzu ausführlich *Hänichen*, S. 356 ff. und die dort angegebene Literatur.

Überlegungen stehen.[180] Die Vollkostenrechnung ist für derartige Preisentscheidungen als ein weitgehend unbrauchbares Informationsinstrument anzusehen, da die durch Starrheit gekennzeichnete Zurechnung der Fixkosten auf die Kostenträger vornehmlich anhand beschäftigungsorientierter oder rein rechentechnischer Bezugsgrößen, die für die speziellen absatzpolitischen Preisstrategien in der Regel nicht geeignet sind,[181] erfolgt und die Flexibilität des kalkulatorischen Ausgleichs einschränkt.[182]

Eine besondere Anwendungssituation der auf Vollkosten basierenden Kalkulation ist gegeben, wenn der Abnehmer eines Erzeugnisses, für das kein Marktpreis feststellbar ist, öffentlicher Auftraggeber ist. In diesem Fall sind zur Preisfindung die LSP zu beachten, nach denen der Absatzpreis als Selbstkostenpreis zuzüglich eines kalkulatorischen Gewinnes zu ermitteln ist.[183] Aus den Einzelvorschriften zur Ermittlung des Selbstkostenpreises,[184] insbesondere aus dem Katalog der einzubeziehenden Kostenarten, geht hervor, daß die Kalkulation auf Vollkostenbasis zu erfolgen hat, d.h., der Gesetzgeber räumt dem Auftragnehmer eine anteilige Verrechnung von Fixkosten auf den Auftrag ein. Die Vollkostenrechnung kann damit grundsätzlich als ein Rechnungssystem gekennzeichnet werden, das den Anforderungen der LSP genügt und zudem eine einfache und schnelle Ableitung dieser Selbstkostenpreise ermöglicht.

Außer zur Preisfindung kann die Kalkulation zur *Preisbeurteilung* eingesetzt werden, in deren Rahmen überprüft werden soll, ob ein gegebener

---

180 Vgl. *Raffée*, S. 192.

181 In der Vollkostenrechnung werden die Fixkosten einer Kostenstelle anhand derselben Bezugsgröße(n) verrechnet wie die variablen Gemeinkosten. Erfolgt die Gemeinkostenverrechnung einer Kostenstelle auf die Kostenträger proportional zum Beschäftigungsgrad und wird hierfür als Bezugsgröße das Maß einer Kostenträgereinheit herangezogen, entspricht die Fixkostenverteilung dem Durchschnittsprinzip. Werden die Fixkosten, wie bei der elektiven Zuschlagskalkulation üblich, nach Maßgabe ausgewählter Einzelkosten und der Herstellkosten verrechnet, kann diese Vorgehensweise als Anwendung des Tragfähigkeitsprinzips interpretiert werden, wobei unterstellt wird, daß jene Kostenträger, die viele Einzel- und Herstellkosten verursachen, entsprechend viele Gemeinkosten tragen können. Während bei Einproduktkostenstellen die Anwendung des Durchschnittsprinzips aus absatzpolitischer Sichtweise als zweckmäßig erscheinen mag, wird in Mehrproduktkostenstellen durch den Gebrauch des Durchschnitts- sowie des nicht an Absatzmarktmerkmalen orientierten Tragfähigkeitsprinzips im Rahmen der Vollkostenkalkulation die Ausübung preispolitischer Überlegungen nicht begünstigt.

182 Vgl. *Männel*, W.: Kann die Vollkostenrechnung durch den Ausweis "gesonderter Fixkostenbeträge" gerettet werden?, in: ZfB, 37. Jg. 1967, S. 769 f.; *Kilger*, Flexible Plankostenrechnung, S. 858.

183 Vgl. Nr. 4 Abs. 3 LSP.

184 Vgl. Nr. 7-50 LSP.

Marktpreis zur Abdeckung entstehender Kosten und zur zusätzlichen Erzielung eines Mindestgewinns ausreicht.[185] Daneben kann sich die Preisbeurteilung auch auf die einzusetzenden Produktionsfaktoren beziehen, wobei ausgehend von einem gegebenen Absatzpreis und einem angestrebten Mindestgewinn mit Hilfe der Kalkulationsdaten retrograd eine Preisobergrenze für originäre oder eine Kostenobergrenze für sekundäre Einsatzfaktoren, die im Rahmen eindeutig abgrenzbarer Fertigungsstufen hergestellt werden, ermittelt wird. Die Preisbeurteilung ist in erster Linie für Betriebe relevant, deren Produkte auch von Konkurrenten angeboten werden und die keine oder nur geringfügige Einflußmöglichkeiten auf die Höhe des Marktpreises besitzen, so daß der Marktpreis aus Sicht des anbietenden Betriebes ein Datum darstellt und dem Betrieb lediglich eine Beurteilung des Preises hinsichtlich seiner für die betrieblichen Zielvorstellungen ausreichenden Höhe verbleibt.

Bei Beurteilung der langfristigen Auskömmlichkeit eines Marktpreises ist von der Notwendigkeit einer vollständigen Vergütung aller auftretenden Kosten auszugehen, da nur so die Existenz des Betriebes dauerhaft gesichert werden kann.[186] Eine auf Vollkosten basierende Kalkulation kann hierbei als wichtige Informationsquelle für die Unterstützung der langfristigen Preisbeurteilung dienen. Vor allem für Betriebe, bei denen für die Produkte keine langfristigen Preisausgleichsmöglichkeiten bestehen oder angestrebt werden, wie dies etwa bei Einproduktbetrieben und häufig bei Betrieben, die standardisierte Erzeugnisse in mehrfacher Massenfertigung herstellen, der Fall ist, kann die Vollkostenrechnung als zweckmäßiges Kostenrechnungssystem zur Ermittlung langfristiger Preisuntergrenzen sowie daraus abgeleiteter langfristiger Preis- und Kostenobergrenzen im Beschaffungs- bzw. Produktionsbereich eingesetzt werden. Bestehen dagegen langfristig Möglichkeiten zum Preisausgleich und ist die Ausnutzung dieser Möglichkeiten Bestandteil der verfolgten Absatzstrategie, z.B. um Erlösverbundenheiten zwischen den Erzeugnissen zur Gewinnoptimierung zu nutzen, spielen Vollkosteninformationen je Kostenträgereinheit nur eine untergeordnete Rolle für die Preisbeurteilung. Statt dessen steht die Optimierung des langfristigen betrieblichen Erfolges als Ganzes im Mittelpunkt der Managementüberlegungen, wozu in erster Linie die langfristig ausgerichteten Instrumentarien des Rechnungswesens wie die Investitionsrechnung, die langfristige Finanzplanung oder die Portfolioanalyse einen informatorischen Beitrag zu leisten haben.

---

185 Vgl. *Bergner/Schehl*, S. 299 f.

186 Vgl. *Riebel*, P.: Die Preiskalkulation auf Grundlage von "Selbstkosten" oder von relativen Einzelkosten und Deckungsbeiträgen, in: ZfbF, 16. Jg. 1964, S. 582; *Kilger*, Flexible Plankostenrechnung, S. 859 f.

Aus kurzfristiger Sicht kann es zweckmäßig sein, vorübergehend auf die Abdeckung der vollen Kosten zu verzichten und einen Preis zu akzeptieren, der wenigstens die kurzfristig durch die Leistungserstellung und -verwertung verursachten, beschäftigungsabhängigen Kosten deckt. Für die kurzfristig ausgerichteten Preisbeurteilungsaufgaben der Kalkulation ist die Vollkostenrechnung als ungeeignete Form der Grundrechnung anzusehen, da sie keine Auskunft über die kurzfristig veränderbaren kostenträgereinheitsbezogenen Kosteninformationen liefert und Fehlentscheidungen bei der kurzfristigen Verkaufssteuerung sowie bei der Wahl des kurzfristigen optimalen Produktionsprogramms die Folge einer Orientierung an vollkostendeckenden Kalkulationsunterlagen sein können.[187]

Zusammenfassend ist die Vollkostenrechnung als ein Kostenrechnungssystem zu charakterisieren, das für die Preisfindung bei fehlenden Preisausgleichsmöglichkeiten, für die Ermittlung von Selbstkostenpreisen nach den LSP sowie für die langfristige Beurteilung vorgegebener Marktpreise wertvolle kostenträgereinheitsbezogene Informationen liefert. Für die kurzfristig ausgerichtete Preisbeurteilung mittels kurzfristiger Preisuntergrenzen sowie für die Unterstützung der Preispolitik bei der Verfolgung der Preisdifferenzierung oder der Absatzstrategie des kalkulatorischen Ausgleichs ist die auf Vollkosten basierende Kalkulation jedoch ungeeignet.

bb) Bereitstellung von Informationen für die betriebliche Planung

Die nach dem Umfang der auf die Kostenträger verrechneten Kosten zu differenzierenden Kostenrechnungssysteme sind neben der Kalkulation auch hinsichtlich ihrer Eignung für die Bereitstellung von Informationen für die betriebliche Planung zu beurteilen. Der Vollkostenrechnung wird in der Literatur häufig eine Bedeutung für die Unterstützung langfristiger Planungsaufgaben, z.B. zur Vorbereitung von Investitionsentscheidungen[188] und zur Erstellung strategischer Kalkulationen,[189] beigemessen, während sie für die Unterstützung kurzfristiger Planungsaufgaben generell als ungeeignet angesehen wird. Dies wird damit begründet, daß bei langfristiger Betrachtungsweise die gesamte Kostenstruktur veränderbar ist und somit alle einem

---

187 Vgl. *Kilger*, Flexible Plankostenrechnung, S. 51 ff.; *Plaut*, Grenz-Plankostenrechnung, S. 403 ff. Auf die Notwendigkeit der Ausgliederung fixer Kosten in Kalkulation und Preispolitik weist *Schmalenbach* bereits im Jahre 1899 hin. Vgl. *Schmalenbach*, E.: Buchführung und Kalkulation im Fabrikgeschäft, unveränderter Nachdruck aus der Deutschen Metallindustriezeitung, 15. Jg. 1899, Leipzig 1928, S. 13.

188 Vgl. *Plaut*, Grenzplankostenrechnung, S. 34.

189 Vgl. hierzu die Vertreter der Prozeßkostenrechnung wie z.B. *Horváth/Mayer*, S. 218 f.

zur Disposition stehenden Kalkulationsobjekt zurechenbaren Kosten in die Überlegungen einzubeziehen sind.[190] Weiterhin werden Fixkosten oft als für kurzfristige Entscheidungen irrelevante Kosten angesehen, da Entscheidungen im Rahmen der kurzfristigen Planung auf der Grundlage gegebener Kapazitäten zu treffen sind. Durch die rechnerische Proportionalisierung der Fixkosten und deren undifferenzierte Einbeziehung in die Kalkulationssätze könnten demnach in einer Vollkostenrechnung die entscheidungsrelevanten Kosten, die aus kurzfristiger Sicht stets variable Kosten sein müßten, nicht bereitgestellt werden.[191] Als Beispiele für Planungsprobleme, die unter gegebenen Kapazitäten und damit unter Vernachlässigung fixer Kosten zu beurteilen wären und bei denen unter Verwendung von Vollkosteninformationen Fehlentscheidungen die Folge sein könnten, werden regelmäßig die Ermittlung von Preisuntergrenzen, die Festlegung des gewinnmaximalen Produktionsprogramms, die Entscheidung über Eigenerstellung oder Fremdbezug, die Auswahl der optimalen Maschinenbelegung und die Steuerung intensitätsmäßiger Anpassungsprozesse genannt.[192]

Diese generelle Kritik an der Eignung der Vollkostenrechnung zur Unterstützung kurzfristiger dispositiver Aufgaben setzt einmal an der Proportionalisierung fixer Kosten und der fehlenden Trennung in fixe und variable Kostenbestandteile je Kostenträger an. Die Kostenspaltung[193] als Grundvoraussetzung für die Bereitstellung entscheidungsrelevanter Kosteninformationen kann aber auch in einer Vollkostenrechnung gegeben sein, wenn es sich um eine flexible Form der Vollkostenrechnung handelt.[194] Grundrechnungen in Form von flexiblen Vollkostenrechnungen nutzen die Informationen der Kostenspaltung nur für die Zwecke der Kostenkontrolle, während die innerbetriebliche Leistungsverrechnung und die Kostenträgerrechnung auf Vollkostenbasis erfolgt. Kostenträgerbezogene Entscheidungen sowie Dispositionen über sämtliche Verbrauchsvorgänge einer Kostenstelle kön-

---

[190] Vgl. *Milling*, Perspektiven, S. 580; *Plaut*, Grenzplankostenrechnung, S. 34; *Schweitzer/Küpper*, S. 299 f.

[191] Vgl. etwa *Kilger*, Flexible Plankostenrechnung, S. 48; *Haberstock*, Kostenrechnung II, S. 27 ff.; *Coenenberg*, Kostenrechnung, S. 349; *Freidank*, S. 239 ff.; *Wenz*, E.: Kosten- und Leistungsrechnung mit einer Einführung in die Kostentheorie, Herne/Berlin 1992, S. 460.

[192] Vgl. *Haberstock*, Kostenrechnung II, S. 30; *Kilger*, Flexible Plankostenrechnung, S. 51; *Coenenberg*, Kostenrechnung, S. 349.

[193] Zur Kostenspaltung (Kostenauflösung) vgl. *Schmalenbach*, Kostenrechnung, S. 77 ff.; *Kilger*, Flexible Plankostenrechnung, S. 350 ff.; *Plaut/Müller/Medicke*, S. 34 ff.; *Haberstock*, Kostenrechnung II, S. 225 ff.

[194] Zu flexiblen Kostenrechnungssystemen vgl. die Ausführungen in Kapitel D.-V.-3. dieser Untersuchung.

nen folglich in einer flexiblen Vollkostenrechnung nicht unmittelbar unterstützt werden.[195]

Grundrechnungen, die als flexible Vollkostenrechnungen gestaltet sind, können indessen für Entscheidungen, die sich auf einzelne primäre Kostenarten von Kostenstellen beziehen, unmittelbar die variablen Kosten bereitstellen, da für die primären Kostenarten eine Kostenspaltung vorliegt. Als Beispiel für derartige Entscheidungen ist die Auswahl der optimalen Maschinenbelegung zu nennen. In diesem Fall steht meistens nicht der Kostenträger insgesamt, sondern der Verbrauch einzelner den primären Kostenarten zurechenbarer Produktionsfaktoren zur Disposition.[196] Kostenträgerbezogene Entscheidungen sowie kostenstellenbezogene Dispositionen, bei denen neben primären auch sekundäre Kostenarten einzubeziehen sind - hierzu zählen z.B. Entscheidungen über Eigen- oder Fremdfertigung einzelner Fertigungsstufen -, können zwar nicht unmittelbar durch Grundrechnungen auf Vollkostenbasis unterstützt werden. Flexible Vollkostenrechnungen stellen aber durch die vorhandene Kostenspaltung hierfür die Grundinformationen bereit, die es in Sonderrechnungen zu den entscheidungsrelevanten Kosten aufzubereiten gilt. Bei Einsatz moderner Verarbeitungssysteme fallen dabei kaum zusätzliche Informationskosten für die Durchführung der Sonderrechnungen an, da die erforderlichen Grundinformationen bereits durch die Grundrechnung zur Verfügung gestellt werden und somit primär informationsverarbeitende Tätigkeiten zu leisten sind.

Die vorangehenden Ausführungen zeigen, daß die generelle Kritik an der Vollkostenrechnung, durch die Proportionalisierung fixer Kosten in der Kalkulation ungeeignet für die Unterstützung kurzfristiger dispositiver Aufgaben zu sein, nur für starre Vollkostenrechnungen uneingeschränkt

---

[195] Die Durchführung der innerbetrieblichen Leistungsverrechnung auf Vollkostenbasis kann dazu führen, daß fixe Kosten der leistenden Kostenstelle zu variablen Kosten der leistungsempfangenden Stelle werden. Vgl. *Bergner*, Leistungsverrechnung, Sp. 2488; *Kilger*, Flexible Plankostenrechnung, S. 52. Die im Betriebsabrechnungsbogen der leistungsempfangenden Kostenstelle als variable Kosten ausgewiesenen Fixkosten stellen für kostenstellenbezogene Dispositionen meist irrelevante Kosten dar, können aber auf der betreffenden Kostenstelle nicht unmittelbar als solche erkannt werden.

[196] Bei der Entscheidung über die optimale Belegung der Maschinen mit Fertigungsaufträgen sind nur jene Kosten relevant, die durch die Maschinenbelegung verändert werden, also z.B. Kosten, die einen veränderten Verbrauch an Betriebsstoffen abbilden. Kostenträgereinheitsbezogene Informationen aus der Kalkulation enthalten nicht nur die von der Maschinenbelegung abhängigen variablen Kosten, sondern in undifferenzierter Weise alle variablen Kosten des Kostenträgers, d.h. auch jene, die in anderen Kostenstellen anfallen und nicht durch die Maschinenbelegung verändert werden. Bei der Wahl der optimalen Maschinenbelegung sind folglich in erster Linie kostenstellenbezogene Informationen über einzelne Kostenarten und weniger Informationen der Kalkulation heranzuziehen.

gerechtfertigt ist, während flexible Vollkostenrechnungen in der Regel zwar nicht unmittelbar, durch die Spaltung primärer Kostenarten in variable und fixe Bestandteile aber mittelbar die erforderlichen Grundinformationen anbieten.

Die Kritik an der Vollkostenrechnung, nicht die für kurzfristige Dispositionen relevanten Kosten bereitstellen zu können, begründet sich neben der Annahme, daß durch die Proportionalisierung fixer Kosten in der Kostenträgerrechnung ein getrennter Ausweis fixer und variabler Kosten generell nicht möglich ist, zweitens auch auf die Vorstellung, daß aus kurzfristiger Sicht entscheidungsrelevante Kosten stets nur variable Kosten, auf keinen Fall aber fixe Kosten sein können, da auf der Grundlage gegebener Kapazitäten fixe Kosten unveränderlich und deshalb nicht in die Entscheidungsfindung einzubeziehen sind.[197] Unter Berücksichtigung des Wesens entscheidungsrelevanter Kosten[198] ist eine pauschale Zuordnung beschäftigungsfixer Kosten zu den irrelevanten und der beschäftigungsvariablen zu den relevanten Kosten nicht möglich. "Kosten ..., die allgemeinverbindlich stets als relevant oder stets als irrelevant zu bezeichnen wären, gibt es nicht. Es hängt vielmehr von der jeweiligen Entscheidungssituation ... ab, welche Kostenbeträge im konkreten Einzelfall als relevant anzusehen sind."[199] Beispielsweise sind bei der Wahl der optimalen Maschinenbelegung bestimmte verfahrensabhängige Fixkosten, z.B. beschäftigungsunabhängige Personal- oder Betriebsstoffkosten, die je nach Art des gewählten Betriebsmittels differieren, in die Entscheidung einzubeziehen,[200] während beschäftigungsabhängige aber verfahrensunabhängige Kosten wie der Verbrauch an Hilfsstoffen nicht zu berücksichtigen sind.[201]

Die bisherigen Ausführungen zur Entscheidungsrelevanz fixer Kosten gehen ferner von sicheren Kosteninformationen und einer entsprechend auf deterministischen oder zumindest quasi-deterministischen Größen basierenden Entscheidungsfindung aus. Durch die Aufgabe der als unrealistisch anzusehenden Annahme sicherer Erwartungen über die Zukunft durch die

---

[197] Vgl. *Kilger*, Flexible Plankostenrechnung, S. 192 f.; *Haberstock*, Kostenrechnung II, S. 30; *Coenenberg*, Kostenrechnung, S. 349.

[198] Zum Begriff und zum Wesen entscheidungsrelevanter Kosten vgl. die Ausführungen zum Grundsatz der Relevanz in Kapitel B.-II.-1.-b)-aa)-(1) dieser Untersuchung sowie *Kilger*, Flexible Plankostenrechnung, S. 191 ff.; *Hummel*, S.: Kosten, relevante, in: Kosiol, E./Chmielewicz, K./Schweitzer, M. (Hrsg.): HWR, 2., völlig neu gestaltete Auflage, Stuttgart 1981, Sp. 968 ff.

[199] *Hummel*, S.: Die Forderung nach entscheidungsrelevanten Kosteninformationen, in: Männel, W. (Hrsg.): Handbuch der Kostenrechnung, Wiesbaden 1992, S. 81.

[200] Vgl. *Koch*, Gemeinkostenrechnung, S. 392.

[201] Vgl. *Hummel*, Kosteninformationen, S. 82.

Berücksichtigung der Unsicherheit in der betrieblichen Planung und der Kostenrechnungsgestaltung[202] gewinnt die Diskussion über die Entscheidungsrelevanz von Fixkosten und die Eignung der Vollkostenrechnung zur Unterstützung der betrieblichen Planung eine neue Dimension. Wie *Schneider* und *Kett/Brink* an einfachen Beispielen zeigen, können bei Einbeziehung unsicherer Kostengrößen auch fixe Kosten einen Einfluß auf die Vorteilhaftigkeitsbeurteilung von Alternativen haben, sofern der Entscheidungsträger ein risikoaverses Verhaltensmuster besitzt.[203] Eine generelle Entscheidungsrelevanz fixer Kosten bei Unsicherheit kann aus diesen Beispielen jedoch nicht gefolgert werden.[204] Vielmehr hängt "die Entscheidungsrelevanz der Fixkosten ... von der Gestalt der subjektiven Präferenzen ab, mit denen der Entscheidungsträger seine Einstellung zur Höhe der Ergebnisausprägungen (Höhenpräferenz), zur Unsicherheit (Sicherheitspräferenz) oder zur relativen Bedeutung verschiedener Zielgrößen (Artenpräferenz) zum Ausdruck bringt."[205] Die Entscheidungsrelevanz der Fixkosten und die Eignung der Vollkostenrechnung zur Unterstützung dispositiver Aufgaben ist folglich neben den speziellen sachbezogenen Umständen des Entscheidungsproblems von individuellen personenbezogenen Eigenschaften des Entscheidungsträgers und somit letztlich von betriebsspezifischen Gegebenheiten abhängig.

cc) Bereitstellung von Informationen für die Betriebsergebnisrechnung

Der Umfang der in der Grundrechnung auf die Kostenträger verrechneten Kosten wirkt sich außer auf die Kalkulation und die Möglichkeit der Bereitstellung von Informationen für die betriebliche Planung auch auf die

---

[202] Zur Gestaltung der Kostenrechnung bei Einbeziehung von Unsicherheit vgl. *Krönung*, H.-D.: Kostenrechnung und Unsicherheit, Ein entscheidungstheoretischer Beitrag zu einer Theorie der Kostenrechnung, Diss., Wiesbaden 1988; *Maltry*, Prospektivkostenrechnung, S. 43 ff. u. S. 101 ff.

[203] Vgl. *Schneider*, D.: Entscheidungsrelevante fixe Kosten, Abschreibungen und Zinsen zur Substanzerhaltung - Zwei Beispiele von "Betriebsblindheit" in Kostentheorie und Kostenrechnung -, in: DB, 37. Jg. 1984, S. 2521 ff.; *Kett*, I.W./*Brink*, A.: Die Relevanz fixer Kosten in risikobehafteten Entscheidungssituationen - Ergänzungen zu Schneider in DB 1984 S. 2521 -, in: DB, 38. Jg. 1985, S. 1034 ff.

[204] Vgl. *Maltry*, H.: Überlegungen zur Entscheidungsrelevanz von Fixkosten im Rahmen operativer Planungsrechnungen, in: BFuP, 42. Jg. 1990, S. 295 ff.; *Dyckhoff*, H.: Entscheidungsrelevanz von Fixkosten im Rahmen operativer Planungsrechnungen - Ergänzungen zu den Überlegungen von Maltry, in: BFuP, 43. Jg. 1991, S. 256 ff.; *Siegel*, Th.: Zur Irrelevanz fixer Kosten bei Unsicherheit, in: DB, 38. Jg. 1985, S. 2157 ff.

[205] *Maltry*, Entscheidungsrelevanz, S. 310.

Art der für die Betriebsergebnisrechnung zur Verfügung zu stellenden Kosteninformationen und damit auf die Gestaltungs- und Auswertungsmöglichkeiten der Betriebsergebnisrechnung aus. In Vollkostenrechnungen werden durch die Einbeziehung der Fixkosten in die Kalkulationssätze den Kostenträgern anteilig fixe Kosten zugerechnet. Treten in einer Abrechnungsperiode Bestandsveränderungen an unfertigen oder fertigen Erzeugnissen auf, enthalten die Herstellkosten dieser Bestände Fixkostenanteile, die bei Lagerbestandszunahme vom Betriebsergebnis ferngehalten und bei Lagerbestandsabnahme zusätzlich zu den in der Periode angefallenen Fixkosten in das Betriebsergebnis gebracht werden. Die Fixkosten erfahren damit durch die Zurechnung auf Bestände eine periodenmäßige Abgrenzung, die dazu führt, daß die Fixkosten nicht als konstanter Betrag im Betriebsergebnis zur Wirkung kommen, sondern über die laufende Kostenträgerrechnung eine Proportionalisierung erfahren, die in das Betriebsergebnis übertragen wird. Die sich aus dieser grundsätzlichen Vorgehensweise der Vollkostenrechnung ergebenden Konsequenzen für die Aussagefähigkeit der Betriebsergebnisrechnung werden wesentlich von den Ausprägungen weiterer Gestaltungsmerkmale von Kostenrechnungssystemen, insbesondere dem Zeitbezug der verrechneten Kosten, beeinflußt und sollen daher im folgenden getrennt nach Vollkostenrechnungssystemen auf Istkostenbasis einerseits und Vollkostenrechnungssystemen auf Plan- oder Normalkostenbasis andererseits untersucht werden.

(1) Vollkostenrechnungssysteme auf Istkostenbasis

In der Vollkostenrechnung auf Istkostenbasis werden alle in einer Abrechnungsperiode anfallenden Fixkosten auf die Kostenträger verrechnet. Treten während dieser Periode Lagerbestandszunahmen an unfertigen oder fertigen Erzeugnissen auf, werden anteilige Fixkosten vom Betriebsergebnis ferngehalten, mit den Bestandszunahmen gewissermaßen aktiviert und erst in Perioden mit Bestandsabnahmen in das Betriebsergebnis gebracht. Die Höhe des Betriebsergebnisses wird damit durch Bestandsveränderungen beeinflußt, wobei die Entwicklung des Betriebsergebnisses im Zeitablauf von der Ursache der Bestandsveränderung abhängig ist.

Bestandsveränderungen können einmal rein produktionsbedingt sein, wenn bei konstanten Absatzmengen die Produktionsmengen z.B. aufgrund natürlicher, technischer, gesetzlicher oder ökonomischer Bedingungen von Periode zu Periode schwanken. Daneben sind rein absatzbedingte Bestandsveränderungen denkbar, die bei konstanten Produktionsmengen durch schwankende Absatzmengen, z.B. aufgrund nachfragebedingter Saisonverläufe, hervorgerufen werden. Liegen rein produktionsbedingte Bestandsveränderungen vor, wie etwa in Rübenzuckerfabriken, die erntebedingt zur Saisonproduktion gezwungen sind, aber einen konstanten Absatzmengenverlauf aufweisen, entsteht ein der zeitlichen Produktionsmengenentwicklung folgender Verlauf des Betriebsergebnisausweises.[206] Bei rein absatzbedingten Bestandsveränderungen, die z.B. bei Betrieben mit jahreszeitlich bedingten Nachfrageschwankungen auftreten können, zeigt sich dagegen eine der Absatzmengenentwicklung folgende Betriebsergebnisentwicklung, denn unter der Annahme konstanter Produktionsmengen gelangen die fixen Herstellkosten proportional[207] zur jeweiligen Absatzmenge in das Betriebsergebnis.[208] Für Betriebe, die sowohl produktions- als auch absatzbedingte Bestandsveränderungen aufweisen, ergibt sich eine Vermischung der produktions- und absatzmengenorientierten Betriebsergebnisentwicklung.

Betriebe, die den Absatzbereich als bedeutenden Engpaßsektor ansehen und bei denen die Absatzentwicklung einen kritischen Faktor der Erfolgsentwicklung darstellt, erwarten häufig, daß das Betriebsergebnis in erster Linie die Absatzsituation des Betriebes widerspiegelt und bezüglich seiner Höhe entsprechend an die Absatzmengenentwicklung gekoppelt ist. Solange in diesen Betrieben keine Produktionsmengenänderungen im Zeitablauf auftreten, d.h. mit konstanter Auslastung bei konstanten Kapazitäten gefertigt wird, ist das Betriebsergebnis auf Voll- und Istkostenbasis durch einen absatzmengenabhängigen Verlauf gekennzeichnet und stellt somit wichtige Informationen über die absatzmengenbedingte Erfolgsentwicklung

---

[206] Selbst unter der Voraussetzung, daß in die Herstellkosten zur kostenrechnerischen Bestandsbewertung alle Fixkosten des Betriebes einbezogen werden, und unter Vernachlässigung von kostenseitigen Preis- und Verbrauchsabweichungen sowie erlösseitigen Preisabweichungen ergibt sich *keine proportionale* Abhängigkeit zwischen Produktionsmengen- und Betriebsergebnisentwicklung, da mit zunehmender Beschäftigung ein Fixkostendegressionseffekt bei der Vollkostenverrechnungssatzbildung auftritt.

[207] Neben der Voraussetzung, daß keine kostenseitigen Preis- und Verbrauchsabweichungen auftreten, tritt hier für die Existenz einer proportionalen Abhängigkeitsbeziehung noch die Bedingung hinzu, daß die vom Lager abgehenden unfertigen oder fertigen Erzeugnisse in der Periode ihrer Erstellung mit denselben Herstellkostenkalkulationssätzen bewertet wurden wie die in der laufenden Abrechnungsperiode erstellten Leistungen.

[208] Je nach Art des zugrundeliegenden Kalkulationsschemas werden fixe Kosten des Verwaltungs-, jedenfalls aber fixe Kosten des Vertriebsbereichs nicht in die Herstellkosten und damit nicht in die Bestandsbewertung einbezogen, sondern nur den abgesetzten Mengeneinheiten, z.B. auf der Grundlage der Herstellkosten der abgesetzten Erzeugnisse, zugerechnet. Diese Fixkosten gelangen in der Vollkostenrechnung auf Istkostenbasis folglich in jedem Fall als periodenbezogener konstanter Kostenbetrag in das Betriebsergebnis, so daß bezüglich der *Selbstkosten* letztlich *keine proportionale* Abhängigkeitsbeziehung der beschriebenen Art vorliegt.

des Betriebes bereit. Treten in diesen Betrieben jedoch Produktionsmengenänderungen auf, ist die geforderte enge Beziehung zwischen Absatzmengenentwicklung und Betriebsergebnisentwicklung in der Regel nicht mehr gegeben, was insbesondere dann deutlich wird, wenn die Absatzmenge stagniert und rein produktionsbedingte Bestandsveränderungen auftreten, so daß sich das Betriebsergebnis nunmehr entsprechend der Produktionsmengenentwicklung verändert.

Für Betriebe, bei denen nicht der Absatz-, sondern die Leistungserstellung Engpaßsektor ist, beispielsweise bei Abbaubetrieben, die weltweit knappe Rohstoffe fördern, oder bei Monopolbetrieben mit sicheren Absatzbedingungen, stellt die Produktionsmengenentwicklung einen kritischen Faktor für die Erfolgsentwicklung des Betriebes dar. Entsprechend kann die auf Voll- und Istkosten basierende Betriebsergebnisrechnung durch einen an der Produktionsmengenentwicklung orientierten Ergebnisausweis wichtige Anhaltspunkte für die Erfolgsentwicklung des Betriebes liefern. Ein eindeutig produktionsmengenabhängiger Betriebsergebnisausweis liegt jedoch wiederum nur solange vor, wie keine Absatzmengenänderungen auftreten. Finden sowohl Produktions- als auch Absatzmengenänderungen im Zeitablauf statt, sind Änderungen des Betriebsergebnisses nicht mehr eindeutig dem Produktions- oder dem Absatzbereich zuzuordnen. Die Aussagefähigkeit des Betriebsergebnisses auf Voll- und Istkostenbasis ist daher bei Betrieben mit Produktions- und Absatzmengenänderungen stark eingeschränkt. Wie die Ausführungen zeigen, kann die Kritik an der Vollkostenrechnung hinsichtlich einer generellen Orientierung des Betriebsergebnisses an der Produktionsmengenentwicklung[209] aber nicht aufrecht erhalten werden.

(2) Vollkostenrechnungssysteme auf Plan- oder Normalkostenbasis

In Vollkostenrechnungen auf Plan- oder Normalkostenbasis werden die Fixkosten mit für mehrere Abrechnungsperioden konstant gehaltenen Kalkulationssätzen auf die Kostenträger verrechnet, d.h., die fixen Herstell- und Selbstkosten je Kostenträgereinheit bleiben konstant, solange der Verrechnungssatz nicht geändert wird und zwischen der Bezugsgrößeneinheit der Kalkulation und der Kostenträgereinheit ein konstantes Verhältnis besteht. Durch die Gegenüberstellung von Umsatzerlösen und den mit verrechneten Plan- oder Normalkosten bewerteten kostenseitigen Erfolgselementen kann ein Betriebsergebnis - im folgenden "Betriebsergebnis I" genannt - ermittelt

---

[209] Vgl. z.B. *Kilger*, Flexible Plankostenrechnung, S. 56 f.

werden, das sich proportional zur Absatzmenge und bei konstanten Absatzpreisen proportional zum Umsatz verhält, da die Bestandsveränderungen an unfertigen und fertigen Erzeugnissen zumindest für die Dauer der Planungs- oder Normalisierungsperiode mit denselben Herstellkostensätzen bewertet werden und die kostenseitigen Erfolgselemente im Betriebsergebnis letztlich mit ebenfalls konstanten Selbstkostensätzen zum Ansatz kommen. Ein Zeitvergleich von Betriebsergebnissen auf Basis verrechneter Plan- oder Normalkosten spiegelt damit unabhängig von auftretenden Bestandsveränderungen ein Bild der absatzbedingten Erfolgsentwicklung des Betriebes wider. Das Betriebsergebnis I ist folglich vor allem für jene Betriebe geeignet, die den Absatzsektor als primären betrieblichen Engpaßbereich betrachten und den Erfolgsausweis der Betriebsergebnisrechnung daher in erster Linie als Maßstab für die Entwicklung der erlösseitigen Erfolgselemente einzusetzen gedenken.

Durch die Proportionalisierung der Fixkosten anhand überperiodisch konstanter Kalkulationssätze kann es ferner zu einer zeitlich ungleichmäßigen Verteilung von Fixkosten kommen. In Perioden, in denen die Istbeschäftigung vergleichsweise gering ist, werden entsprechend weniger Fixkosten auf die Kostenträger verteilt als in Perioden, in denen die Istbeschäftigung höher liegt. Im Vergleich zur Vollkostenrechnung auf Istkostenbasis werden in Perioden, in denen die Istbeschäftigung unter der den Verrechnungssätzen zugrundeliegenden Plan- oder Normalbeschäftigung liegt - im folgenden als "Fall der Unterbeschäftigung" bezeichnet -, "zu wenig" Fixkosten verrechnet, während in Perioden, in denen die Istbeschäftigung über der Plan- oder Normalbeschäftigung liegt - im folgenden als "Fall der Überbeschäftigung" bezeichnet -, "zu viel" Fixkosten auf die Kostenträger zugerechnet werden. Die Höhe der in der Abrechnungsperiode auf die Kostenträger verrechneten Fixkosten ist damit weniger stark von der Höhe der Istbeschäftigung abhängig als in der Istkostenrechnung auf Vollkostenbasis. Wie Abbildung 15 zeigt, überträgt sich dieser Effekt unter der Bedingung, daß keine Lagerbestandsveränderungen auftreten, auf die Höhe des Betriebsergebnisses, d.h., der Betriebsgewinn bei einer Plan- oder Normalkostenrechnung auf Vollkostenbasis weist geringere Schwankungen in Abhängigkeit von der Istbeschäftigung auf als bei einer Istkostenrechnung auf Vollkostenbasis. Bei der Kostenträgerzurechnung findet damit gewissermaßen eine periodenübergreifende Aufteilung der Fixkosten nach dem Tragfähigkeitsprinzip statt, wobei die Istbeschäftigung der Kostenstellen - für die fixen Herstellkosten in der Regel die Ausbringungsmenge oder daraus abgeleitete Bezugsgrößen und bei den fixen Verwaltungs- und Vertriebskosten die Absatzmenge - als Maßstab für die Fixkostentragfähigkeit der in einer Abrechnungsperiode erstellten und/oder abgesetzten Leistungen herangezogen wird.

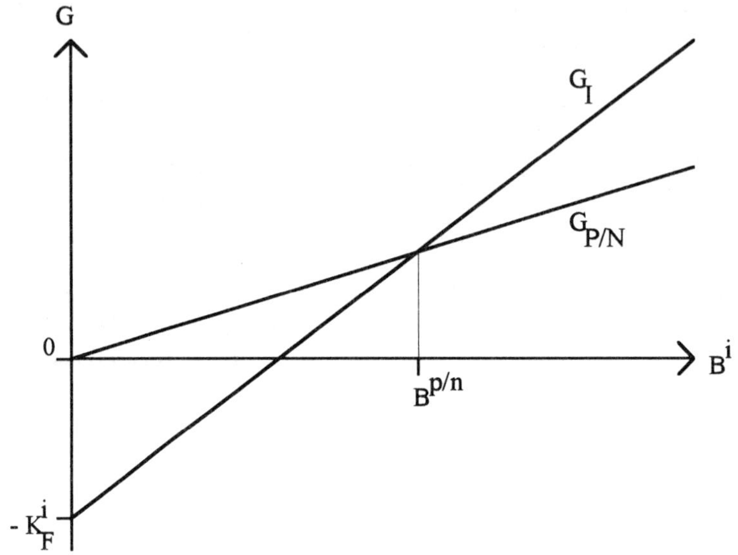

G := Betriebsergebnis
G_I := Betriebsergebnis bei Istkostenrechnung auf Vollkostenbasis
$G_{P/N}$:= Betriebsergebnis I bei Plan- oder Normalkostenrechnung auf Vollkostenbasis
B^i := Istbeschäftigung
$B^{p/n}$:= Plan- oder Normalbeschäftigung
K_F^i := Ist-Fixkosten der Periode

Abbildung 15:[210] Vergleich des Betriebsergebnisses der Istkostenrechnung auf Vollkostenbasis mit dem Betriebsergebnis I der Plan- oder Normalkostenrechnung auf Vollkostenbasis

Die Anwendung eines derartigen periodenübergreifenden Tragfähigkeitsprinzips für die Fixkostenverteilung könnte insbesondere für Saisonbetriebe als zweckmäßig und richtig angesehen werden, da die Betriebsbereitschaft in der Regel auf die Hauptsaison ausgerichtet ist und die Unterbeschäftigung in der Nebensaison bewußt in Kauf genommen wird. In Rübenzuckerfabriken beispielsweise wird die Kapazität am Beschäftigungsbedarf

[210] Der Abbildung liegen die Annahmen zugrunde, daß keine Lagerbestandsveränderungen an fertigen oder unfertigen Erzeugnissen auftreten, daß konstante positive Deckungsbeiträge, d.h. konstante Erlöse und konstante variablen Kosten je Kostenträgereinheit, vorliegen und daß die Ist-Fixkosten den geplanten oder den normalisierten Fixkosten entsprechen.

der sogenannten "Kampagne" ausgerichtet, die in Deutschland etwa von September bis Dezember stattfindet. Für diese Betriebe kann es durchaus zweckmäßig sein, eine die jeweilige saisonbedingte Beschäftigungslage berücksichtigende Fixkostenbelastung der Gesamtheit an Kostenträgern anzustreben,[211] indem den während der Hauptsaison erstellten Leistungen insgesamt mehr und den in der Nebensaison erstellten Leistungen insgesamt weniger Fixkosten zugerechnet werden. Auf die Leistungseinheiten werden dabei über einen längeren Zeitraum hinweg konstante Fixkostenbeträge verteilt, so daß die Betriebsergebnisse der einzelnen Perioden nicht durch die saisonbedingte ungleichmäßige Auslastung der Kapazitäten beeinflußt werden. Der Erfolgsausweis des Betriebsergebnisses I ist damit frei von produktionsbedingten Einflüssen, so daß beim Zeitvergleich der Betriebsergebnisse allein die Einflüsse erlösseitiger Erfolgselemente zur Geltung kommen.

Für Betriebe, die durch zufällige und ungeplante Beschäftigungsschwankungen gekennzeichnet sind, z.B. hervorgerufen durch technisch bedingte Produktionsausfälle, Fehlzeiten oder Auftragsrückgänge, kann es dagegen zweckmäßig sein, diese Einflüsse auch im Betriebsergebnis sichtbar zu machen, indem durch den periodisch gleichmäßigen Ansatz von Fixkosten im Betriebsergebnis die kostenmäßigen Konsequenzen der Unterbeschäftigung in der jeweils betroffenen Periode unmittelbar aufgezeigt werden. Mit Hilfe des Betriebsergebnisses I ist ein derartiger Erfolgsausweis allerdings nicht möglich. In flexiblen Vollkostenrechnungssystemen auf Plan- oder Normalkostenbasis können indessen sogenannte Beschäftigungsabweichungen ermittelt werden, die für eine Abrechnungsperiode angeben, wie viele Fixkosten im Vergleich zu den Verhältnissen bei Plan- oder Normalbeschäftigung "zu wenig" oder "zu viel" auf die Kostenträger zugerechnet wurden. Durch die Übernahme dieser Beschäftigungsabweichungen in die Betriebsergebnisrechnung kann ein weiteres Betriebsergebnis ermittelt werden, das unter bestimmten betrieblichen Situationen der Forderung nach einer beschäftigungsunabhängigen Erfolgsbehandlung der Fixkosten näher kommt und im folgenden als "Betriebsergebnis II" bezeichnet wird.

Die Auswirkungen erfolgswirksam berücksichtigter Beschäftigungsabweichungen auf die Höhe des Betriebsergebnisses II sind von der betrieblichen Beschäftigungssituation sowie von der Höhe und Richtung der Lagerbestandsveränderungen an unfertigen oder fertigen Erzeugnissen abhängig. Nach den in Abbildung 16 dargestellten Zusammenhängen wird in der Situation der Unterbeschäftigung durch die zusätzliche Berücksichtigung von Beschäftigungsabweichungen der Fixkostenbetrag des Betriebsergebnis-

---

[211] Vgl. *Zimmermann*, H., S. 117 f.

ses I erhöht. Treten dabei Lagerbestandszunahmen auf (Fall 1A), erhöht sich der in das Betriebsergebnis gelangende Fixkostenbetrag bis maximal zur Höhe der Periodenfixkosten. Diese Situation ist z.B. dann gegebenen, wenn sich der Betrieb nicht vollständig an rückläufige Absatzmengen anpassen kann und daher vorübergehend bis zur Erholung der Nachfrage oder bis zur Durchführbarkeit quantitativer Anpassungsprozesse gezwungen ist, Lagerbestände aufzubauen. Durch die Berücksichtigung von Beschäftigungsabweichungen im Betriebsergebnis II wird der ungünstigen Absatzsituation des Betriebes besser Rechnung getragen als im Betriebsergebnis I.

Finden im Fall der Unterbeschäftigung Lagerbestandsabnahmen statt (Fall 1B), wird der Fixkostenbetrag im Betriebsergebnis mindestens auf die Höhe der Periodenfixkosten erhöht, d.h., die Erfolgssituation wird im Vergleich zum Fall 1A schlechter dargestellt, obwohl gegebenenfalls die Absatzmengen in beiden Fällen gleich hoch sind. Hier macht sich die Produktionsmengenabhängigkeit des Betriebsergebnisses II bemerkbar, die bei Betrieben, die den Absatzbereich als primären Engpaßsektor betrachten, zu einem unzweckmäßigen Betriebsergebnisausweis führt. Für Betriebe, bei denen dagegen der Erfolg des Betriebes in erster Linie durch die Kapazitätsauslastung im Produktionsbereich bestimmt wird, zeigt das Betriebsergebnis II erfolgswirksam die Problematik der Unterbeschäftigungssituation auf.

Im Fall der Überbeschäftigung kommen durch die zusätzliche Berücksichtigung negativer Beschäftigungsabweichungen im Betriebsergebnis II weniger Fixkosten erfolgswirksam zum Ansatz als im Betriebsergebnis I. Finden dabei Lagerbestandszunahmen statt (Fall 2A), wird der Fixkostenbetrag des Betriebsergebnisses I mindestens auf die Höhe der Periodenfixkosten gesenkt. Hierbei kann sogar der Fall eintreten, daß die bereits über die Selbstkosten der abgesetzten Erzeugnisse ins Betriebsergebnis gelangten Fixkosten durch die Beschäftigungsabweichungen überkompensiert werden und somit im Betriebsergebnis II insgesamt negative Fixkosten zum Ansatz kommen. Die Situation der Überbeschäftigung bei gleichzeitiger Lagerbestandszunahme kann beispielsweise in Saisonbetrieben auftreten, wenn zu Beginn der Nachfragesaison die Absatzmengen bereits über dem Jahresdurchschnitt liegen und zur Abdeckung noch kommender Nachfragespitzen das zeitlich begrenzt lagerbare Erzeugnis auf Lager produziert wird. Als Beispiele sind etwa Textilbetriebe zu nennen, die sehr kurzfristigen Modezyklen unterworfen sind, sowie Betriebe der Nahrungsmittelindustrie, deren Produkte nur zu bestimmten Jahreszeiten nachgefragt werden, z.B. verderbliche Süßigkeiten für Weihnachten oder Ostern. Hinsichtlich der Aussagefähigkeit des Betriebsergebnisses II bestehen dabei ähnliche Probleme wie im Fall 1B, d.h., bei Betrieben, in denen der Absatzbereich der primäre Eng-

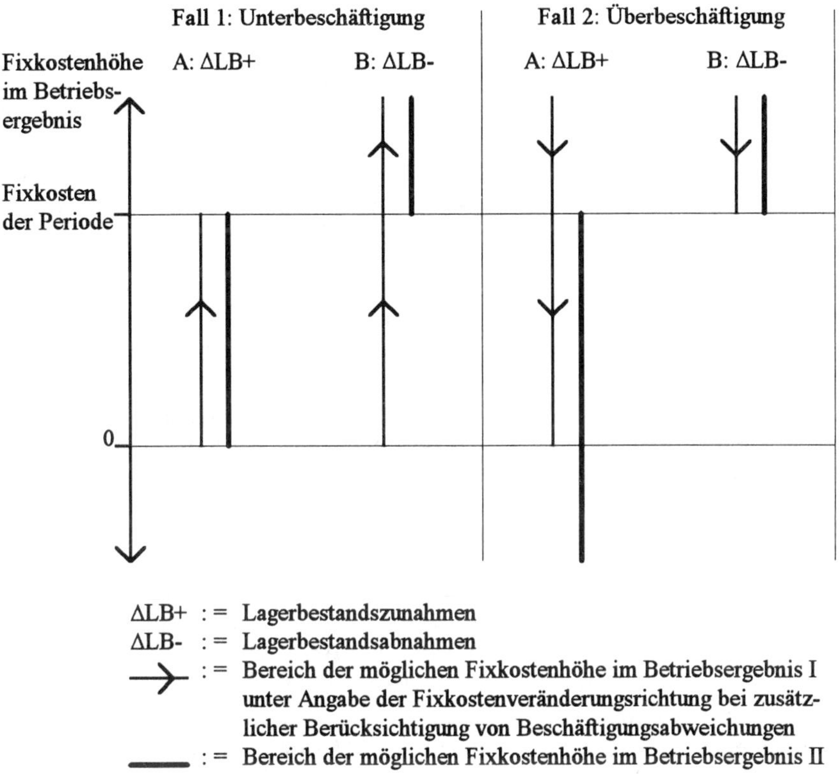

Abbildung 16:[212] Die Wirkung vollständig in das Betriebsergebnis verrechneter Beschäftigungsabweichungen auf die Fixkostenhöhe im Betriebsergebnis

paßsektor ist, führt die Produktionsmengenabhängigkeit des Betriebsergebnisses II, die bei hoher Überproduktion durch den Ansatz negativer Fixkosten besonders deutlich wird, zu einem unzweckmäßigen Erfolgsausweis.

Treten bei Überbeschäftigung Lagerbestandsabnahmen auf (Fall 2B), werden die Fixkosten im Betriebsergebnis II durch die periodische Behandlung von Beschäftigungsabweichungen höchstens bis auf die Höhe der Periodenfixkosten gesenkt. Diese Situation liegt z.B. vor, wenn sich der Betrieb in einer konjunkturellen Hochphase befindet, in der er die in der Rezessionsphase aufgebauten Lagerbestände abbaut und die hohe Nachfrage zusätzlich durch Überbeschäftigung zu befriedigen sucht. Eine ver-

[212] Den in der Abbildung dargestellten Zusammenhängen liegt die Annahme zugrunde, daß Lagerbestandsabnahmen an unfertigen oder fertigen Erzeugnissen mit denselben Herstellkostensätzen bewertet werden wie die in der Periode erstellten Leistungen.

gleichbare Situation kann in Saisonbetrieben auftreten, wenn sich diese mitten in der Hauptsaison der Nachfrage befinden und versuchen, die Nachfragespitzen durch Überbeschäftigung und den in der Nebensaison aufgebauten Lagerbeständen abzudecken. Im Betriebsergebnis II findet die positive Absatzsituation des Betriebes eine bessere Berücksichtigung als im Betriebsergebnis I, da durch die Einbeziehung negativer Beschäftigungsabweichungen und dem damit verbundenen geringeren Fixkostenansatz die Erfolgssituation des Betriebes günstiger dargestellt wird.

In der Plan- und Normalkostenrechnung auf Vollkostenbasis kann des weiteren durch die zusätzliche vollständige Berücksichtigung von Verbrauchsabweichungen ein Betriebsergebnis auf Istkostenbasis ermittelt werden, das gewissermaßen die tatsächliche Erfolgssituation des Betriebes widerspiegelt, sich aber bei Lagerbestandsveränderungen durch den Verzicht auf eine Bestandsabgrenzung auftretender Abweichungen in der Regel vom Betriebsergebnis der Istkostenrechnung unterscheidet.

Die bisherigen Ausführungen beziehen sich auf den globalen Betriebsergebnisausweis bei Zugrundelegung einer Vollkostenrechnung. Eine nach einzelnen Erfolgsquellen differenzierte Analyse des Periodenerfolgs durch die Aufspaltung des Betriebsergebnisses in die Erfolgsbeiträge z.B. einzelner Erzeugnisarten, Kundengruppen und Absatzregionen führt bei der Vollkostenrechnung zu einem Nettoerfolgsausweis, der durch die Einbeziehung proportionalisierter Fixkosten für kurzfristige absatzpolitische Entscheidungen, z.B. für die Festlegung des kurzfristig optimalen Verkaufs- und Produktionsprogramms, zu Fehlentscheidungen führen kann.[213] Wird die Betriebsergebnisrechnung als Instrument zur Unterstützung der kurzfristigen kostenträger- und erfolgsquellenbezogenen Planung eingesetzt, was bei Produktion für den anonymen Markt und bei Betrieben mit mehrfacher Massenfertigung und bei Reihenfertigung die Regel ist, und werden die Fixkosten als entscheidungsirrelevante Kosten angesehen, ist die Vollkostenrechnung als ungeeignete Form der Grundrechnung zu kennzeichnen. Lediglich für längerfristig ausgerichtete Erfolgsanalysen, bei denen die Betriebsbereitschaft ein disponibler Faktor ist, oder bei Anerkennung der Entscheidungsrelevanz fixer Kosten bei kurzfristigen Entscheidungen, kann die Vollkostenrechnung eine zweckmäßige Informationsgrundlage für die kosten- und erlösträgerbezogene Erfolgsanalyse mittels des Betriebsergebnisses darstellen.

Die vorangehenden Ausführungen zeigen, daß durch die anpassungsfähige, sich an der betriebsspezifischen Beurteilung von Unter- oder Überbe-

---

213 Vgl. etwa *Plaut*, Grenz-Plankostenrechnung, S. 403 ff.; *Kilger*, Flexible Plankostenrechnung, S. 51 ff.; *Haberstock*, Kostenrechnung II, S. 29 f.

schäftigungssituationen, der betriebsindividuellen Bedeutung des Absatz- oder Produktionsbereichs für den betrieblichen Erfolg oder dem situativen Auftreten von Lagerbestandsveränderungen orientierende Gestaltung der Betriebsergebnisrechnung wichtige Informationen für die globale Erfolgskontrolle bereitgestellt werden können. Neben den beispielhaft aufgezeigten und für den praktischen Nutzen als besonders zweckmäßig einzustufenden Betriebsergebnissen können durch eine teilweise erfolgende Bestandsabgrenzung auftretender Abweichungen sowie durch Änderungen in der Reihenfolge der schrittweise in das Betriebsergebnis zu bringenden Kostengrößen weitere Betriebsergebnisse mit unterschiedlichem Aussagewert und betriebsspezifischen Anwendungsmöglichkeiten erstellt werden. Als ein bedeutender Nachteil der Vollkostenrechnung ist jedoch hervorzuheben, daß keine kurzfristige, nach verschiedenen Erfolgsquellen differenzierende Analyse und Steuerung des Betriebserfolgs durchgeführt werden kann, da hierzu in der Regel die variablen Selbstkosten der Kostenträger einzubeziehen sind, die in einer als Vollkostenrechnung gestalteten Grundrechnung nicht bereitgestellt werden.

c) Zusammenfassende Beurteilung der Vollkostenrechnung

Die Vollkostenrechnung ist abschließend als ein Kostenrechnungssystem zu kennzeichnen, das für die Ermittlung vollkostendeckender Absatzpreise auf der Grundlage der LSP, zur Preisbestimmung bei fehlenden Preisausgleichsmöglichkeiten sowie zur langfristigen Preisbeurteilung eingesetzt werden kann. Die Vollkostenkalkulation ist damit insbesondere für jene Betriebe von Interesse, die marktpreislose Erzeugnisse für öffentliche Auftraggeber oder individuelle Erzeugnisse in langfristiger Auftrags- und Einzelfertigung produzieren. Stehen dem Betrieb indessen Preisausgleichsmöglichkeiten zur Verfügung, so daß Vollkostendeckung nicht zwingend durch den einzelnen Kostenträger, sondern durch das Gesamtsortiment erreicht werden muß, kommt der Vollkostenkalkulation zur Preisermittlung eine geringe Bedeutung zu. Daneben können mit Hilfe der Vollkostenrechnung keine kurzfristigen Preisuntergrenzen ermittelt werden, da die Ausweismöglichkeit proportionaler Kostenträgereinheitskosten in der Grundrechnung nicht gegeben ist.

Weiterhin ist die Vollkostenrechnung weitgehend ungeeignet für die Unterstützung der kurzfristigen betrieblichen Planung, sofern die Entscheidungen auf der Grundlage deterministischer Kostengrößen getroffen werden oder - bei Entscheidung unter Unsicherheit - risikoneutrales Verhalten des Entscheidungsträgers vorliegt. Zur Unterstützung der langfristig ausgerichteten betrieblichen Planung sowie für die Lösung von Entscheidungsproblemen unter Unsicherheit mit risikoaversem Entscheidungsverhalten kann die Vollkostenrechnung einen Beitrag durch die Bereitstellung entscheidungsrelevanter Kosteninformationen leisten.

Schließlich bietet die Vollkostenrechnung vielfältige Gestaltungs- und Auswertungsmöglichkeiten für die Betriebsergebnisrechnung, sofern sie in der Form der flexiblen Plan- oder Normalkostenrechnung vorliegt. Vor allem hinsichtlich der besonderen Bedingungen der Saisonbetriebe, der langfristigen Auftrags- und Einzel- oder Kleinserienfertigung oder der primär vom Produktionserfolg abhängigen Betriebe können auf der Grundlage der flexiblen Vollkostenrechnung aussagefähige Betriebsergebnisse erstellt werden. Steht die Vollkostenrechnung in Verbindung mit der traditionellen Istkostenrechnung oder der starren Plan- und Normalkostenrechnung, ist die Aussagefähigkeit des Betriebsergebnisses dagegen stark eingeschränkt. Insbesondere die starke Produktionsmengenabhängigkeit des Betriebsergebnisausweises wirkt sich störend auf die Analyse der Betriebsergebnisentwicklung aus. Ein weiterer Nachteil der Vollkostenrechnung ist der Ausweis fixkostenenthaltender Nettoerfolge je Erfolgsquelle, da für die kurzfristige Erfolgsanalyse und -steuerung in der Regel nur die variablen Kosten relevant sind. Für Betriebe, die auf die kurzfristige Erfolgsanalyse und -steuerung mit Hilfe von Deckungsbeiträgen angewiesen sind, z.B. Betriebe, die Produkte in mehrfacher Massenfertigung oder Reihenfertigung für den anonymen Markt produzieren, stellt die Vollkostenrechnung ein ungeeignetes Kostenrechnungssystem zur Unterstützung der Betriebsergebnisrechnung dar.

2. Die Grenzkostenrechnung

Nach der im vorangehenden Kapitel vorgenommenen Beurteilung der Vollkostenrechnung soll im folgenden die Grenzkostenrechnung als zweite Form der nach dem Umfang der auf die Kostenträger verrechneten Kosten zu differenzierenden Kostenrechnungssysteme auf ihre betriebsspezifi-schen Anwendungs- und Auswertungsmöglichkeiten untersucht werden, wobei sich die Ausführungen im Anschluß an eine allgemeine Wesensbeschreibung der Grenzkostenrechnung wiederum auf die Kalkulation, die Bereitstellung von Informationen für die betriebliche Planung und die Gestaltungsmöglichkeiten der Betriebsergebnisrechnung beziehen.

a) Das Wesen der Grenzkostenrechnung

Grenzkostenrechnungen verzichten im Unterschied zu Vollkostenrechnungen auf eine vollständige Schlüsselung und Zurechnung aller Gemeinkosten auf die Kostenträger. Statt dessen werden neben den Einzelkosten nur die beschäftigungsabhängigen (variablen) Gemeinkosten auf die Kostenträgereinheit zugerechnet, während die beschäftigungsunabhängigen (fixen) Gemeinkosten als Periodenkosten, d.h. als für die Bereitstellung der Kapazität und die Aufrechterhaltung der Betriebsbereitschaft anfallende und daher nur der Betrachtungsperiode insgesamt, nicht aber der Kostenträgereinheit zurechenbare Kosten, angesehen werden und ohne Kostenträgerabgrenzung unmittelbar ins Betriebsergebnis gelangen.[214]

Die Behandlung der Fixkosten als Periodenkosten und die Beschränkung des Umfangs der Kostenträgerzurechnung auf variable Kosten erfordert, daß in den für die Kalkulation eingesetzten Kostenstellenverrechnungssätzen nur variable Kostenbestandteile enthalten sind. Dies setzt eine Spaltung der Kostenstellenkosten in fixe und variable Bestandteile voraus. Weiterhin ist an die Durchführung der innerbetrieblichen Leistungsverrechnung die Forderung zu stellen, daß lediglich die - aus Sicht der leistenden Kostenstelle - variablen Kosten in die Verrechnung einbezogen werden, damit Kostenbestandteile, die sich aus Sicht der leistenden Kostenstelle unabhängig von der Beschäftigung verhalten, aus Sicht der empfangenden Kostenstelle aber beschäftigungsabhängigen Charakter aufweisen, keinen Eingang in die Kalkulationssätze finden.[215] Damit sind in der Grenzkostenrechnung sowohl die für die Kostenträgerzurechnung erforderlichen Hauptkostenstellenverrechnungssätze als auch die für die innerbetriebliche Leistungsverrechnung ermittelten Hilfskostenstellenverrechnungssätze als Proportionalkostensätze gekennzeichnet.[216]

---

[214] Zur Interpretation der Fixkosten als Periodenkosten vgl. *Rummel*, S. 29; *Agthe*, Stufenweise Fixkostendeckung, S. 405 f.; *Kilger*, Flexible Plankostenrechnung, S. 139. Zu den Ursachen für die Entstehung von Fixkosten vgl. *Gutenberg*, Produktion, S. 351 ff.; *Bergner*, Ersatz, S. 141 f. Zur Interpretation der Fixkosten als Kosten der Betriebsbereitschaft vgl. *Schmalenbach*, Kostenrechnung, S. 49 ff.; *Gutenberg*, Produktion, S. 350 ff.; *Kilger*, Kostenkontrolle, S. 458. Die Annahme unveränderlicher Fixkosten kann dabei nicht nur auf eine mangelnde Abbaubarkeit der Kapazität, sondern auch auf eine aufgrund strategischer Überlegungen der Unternehmensführung erwünschte Aufrechterhaltung kurzfristig auftretender Überkapazitäten zurückzuführen sein.

[215] Aus dem Umstand, daß die Anteile der fixen oder variablen Kosten an den Gemeinkosten von der Sichtweise des Betriebsbereiches abhängig sind, ergibt sich die Forderung nach einer kostenstellenweise durchzuführenden Kostenspaltung.

[216] Vgl. *Bergner*, Leistungsverrechnung, Sp. 2488; *Kilger*, Flexible Plankostenrechnung, S. 57.

b) Betriebsspezifische Eignung der Grenzkostenrechnung zur Erfüllung kostenrechnerischer Zwecke

aa) Kalkulation

Die Eignung einer auf Grenzkosten basierenden Kalkulation für die *Preisfindung* ist in Abhängigkeit von den betriebsindividuellen Möglichkeiten des Preisausgleichs zu beurteilen. Sind die Preisausgleichsmöglichkeiten stark begrenzt, wie etwa in Betrieben mit langfristiger Einzelfertigung, führt eine Kalkulation auf Grenzkostenbasis zu einem Preisansatz, durch den letztlich nur die variablen Kosten gedeckt werden, während die Fixkosten keine entsprechende Berücksichtigung finden. Die Fixkosten können allenfalls in nachträglich durchzuführenden Sonderrechnungen auf die Kostenträger verteilt werden, z.B. im Sinne der mehrstufigen Fixkostendeckungsrechnung unter zusätzlicher Anwendung eines Verteilungsschlüssels.[217] Diese Vorgehensweise erfordert aber ebenso wie bei der Vollkostenrechnung eine dem Verursachungsprinzip entgegenstehende Aufteilung fixer Kosten auf die Kostenträgereinheit,[218] wobei die der Grenzkostenrechnung nachfolgende Vollkostenermittlung die Gefahr einer nicht nachvollziehbaren und willkürlichen Fixkostenverteilung in sich birgt und aufgrund ihrer Verwirklichung in Sonderrechnungen tendenziell zu höheren Informationskosten führt als die Vollkostenrechnung.

Entsprechende Überlegungen können ferner für die selbstkostenorientierte Preisermittlung bei öffentlichen Aufträgen nach den LSP angestellt werden. Für die Ermittlung der Selbstkostenpreise ist zwar nicht zwingend die Durchführung einer Vollkostenrechnung vorgeschrieben, d.h., es sind grundsätzlich auch andere Kostenrechnungssysteme als die Vollkostenrechnung, also z.B. auch die Grenzkostenrechnung, zulässig, wenn sie den allgemeinen Gestaltungsanforderungen nach Nr. 2 LSP genügen und sofern sich aus den durch das Kostenrechnungssystem bereitgestellten Kosteninformationen durch nachweisbare und nachvollziehbare Zu- oder Absetzungen die

---

[217] Die zusätzliche Anwendung eines Verteilungsschlüssels ist erforderlich, um Fixkosten je Kostenträgereinheit ermitteln zu können. Als Verteilungsverfahren kommt beispielsweise das Durchschnittsprinzip in Frage, bei dem die Fixkosten in Beziehung zu einer Bezugsgröße, z.B. der Menge der Erzeugnisse oder den Fertigungsstunden als Maßstab für die Kapazitätsinanspruchnahme, gesetzt und entsprechend den Kostenträgern zugerechnet werden. Vgl. hierzu *Beste*, Erfolgsrechnung, S. 252 f.; *Koch*, Grundprobleme, S. 63 ff.; *Käfer*, S. 36. Das Tragfähigkeitsprinzip, nach dem die Fixkosten entsprechend den Preisen oder Deckungsbeiträgen der Erzeugnisse zu verteilen sind, kann hier nicht angewandt werden, da keine Marktpreise bekannt sind. Vgl. *Kilger*, Flexible Plankostenrechnung, S. 6.

[218] Vgl. *Beste*, Erfolgsrechnung, S. 253.

vollen Auftragskosten ermitteln lassen.[219] Die Notwendigkeit der Ermittlung vollkostenorientierter Selbstkostenpreise nach den LSP fördert indessen die Gestaltung der Grundrechnung als Vollkostenrechnung, da bei der Grenzkostenrechnung durch die nachträgliche, in Sonderrechnungen durchzuführende Verteilung der nicht bereits auf die Kostenträger verrechneten Kosten vergleichsweise hohe Informationskosten entstehen. Darüber hinaus werden durch die Forderung der Nachweisbarkeit und Nachvollziehbarkeit der Kalkulation unerwünschte Einblicke in die Fixkostenstruktur und -situation des Betriebes gewährt, da der Auftraggeber aufbauend auf diesen Kenntnissen gegebenenfalls Rückschlüsse über vorhandene Kalkulationsspielräume ziehen kann.[220] Für die praktische Kostenrechnungsgestaltung stellt sich somit die Frage, ob eine Vollkostenrechnung mit ihrer relativ einfachen und verdeckten Verteilung der Fixkosten nicht eher der Interessenlage des Betriebes entspricht, als das rechnerisch schwerfällige und transparente System der Grenzkostenrechnung mit nachträglicher Fixkostenverteilung.[221]

Stehen dem Betrieb Preisausgleichsmöglichkeiten zur Verfügung, kann mit Hilfe der Grenzkostenrechnung durch den Ausweis der Fixkosten als Periodenkosten aufgezeigt werden, welchen Soll-Deckungsbeitrag die betrieblichen Produkte insgesamt erbringen müssen, damit der Betrieb einen angestrebten Mindestgewinn erzielt. Im Vergleich zur Vollkostenrechnung findet bei der Grenzkostenrechnung folglich eine andere Art von vollkostendeckender Preisermittlung statt, indem nicht ein Reingewinnprozentsatz auf die vollen Selbstkosten, sondern ein Bruttogewinnanteil (Soll-Deckungsbeitragssatz) auf die variablen Selbstkosten zugeschlagen wird.[222] Die Aufteilung des Gesamt-Soll-Deckungsbeitrags auf die einzelnen Produkte setzt dabei die Einbeziehung spezieller Informationen über den Absatzmarkt, z.B. die Kenntnis der Preis-Absatz-Funktion oder von Erlösverbundenheiten, sowie die Verfolgung einer bestimmten Absatzstrategie voraus.[223] Die Grenzkostenrechnung trägt in diesen Fällen zwar nicht unmittelbar zur Preisermittlung bei, stellt aber ein wichtiges Informationsinstrument zur Bestimmung des absatzpolitischen Spielraums bei der Preisfindung dar. Im Unterschied zur Vollkostenrechnung wird in der Grenzko-

---

219 Vgl. Nr. 4 Abs. 4 LSP. Vgl. ferner *Ebisch/Gottschalk*, S. 247; *Däumler/Grabe*, S. 51; *Coenenberg*, Kostenrechnung, S. 159.

220 Vgl. *Müller*, H.: Plankostenrechnung und öffentliches Preisrecht, in: Scheer, A.-W. (Hrsg.): Rechnungswesen und EDV, 9. Saarbrücker Arbeitstagung 1988, Integrierte Informationsverarbeitung, Heidelberg 1988, S. 492 ff.; *Coenenberg*, Kostenrechnung, S. 163.

221 Vgl. *Däumler/Grabe*, S. 55.

222 Vgl. *Schmalenbach*, E.: Selbstkostenrechnung und Preispolitik, 6., erweiterte Auflage, Leipzig 1934, S. 175; *Kilger*, Flexible Plankostenrechnung, S. 860.

223 Zur Bestimmung von Verkaufspreisen mit Hilfe von Soll-Deckungsbeiträgen vgl. *Kilger*, Flexible Plankostenrechnung, S. 855 ff.

stenrechnung vor allem der Fehler vermieden, die Erzeugnisse von vornherein mit einem Deckungsbedarf zu belasten, der nicht an den Markterfordernissen orientiert, sondern in der Regel beschäftigungsbezogen und rein rechentechnisch bedingt ist.[224] Die Grenzkostenrechnung "ermöglicht daher eine *beweglichere Preispolitik*, bei der sich die Verkaufspreise an die jeweilige Marktsituation anpassen lassen."[225]

Für die *Beurteilung* der langfristigen Auskömmlichkeit gegebener Marktpreise können mit Hilfe der Grenzkostenrechnung unmittelbar keine geeigneten Preisuntergrenzen ermittelt werden, da langfristig auch die Fixkosten des Betriebes durch Erzeugniserlöse zu decken sind und die Grenzkostenrechnung lediglich die variablen Selbstkosten je Kostenträgereinheit ausweist. Die Grenzkostenrechnung stellt dennoch eine wichtige Informationsgrundlage für die langfristige Preisbeurteilung dar, da sie die flexible Berücksichtigung von Marktgegebenheiten und die Anwendung von Absatzstrategien ermöglicht. Beispielsweise ist die Durchführung einer Grenzkostenrechnung eine unverzichtbare Voraussetzung für die Break-even-Analyse, die durch die Betrachtung mengen-, kosten- und preispolitischer Handlungsspielräume als anschauliches Hilfsmittel zur Erfolgssteuerung eingesetzt wird.[226]

Die Vorzüge der Grenzkostenrechnung im Vergleich zur Vollkostenrechnung hinsichtlich ihrer Eignung für Kalkulationszwecke zeigen sich indessen in erster Linie bei der kurzfristigen Preisbeurteilung, die unter Vernachlässigung der als Periodenkosten zu interpretierenden Fixkosten zu erfolgen hat, da kurzfristig von gegebenen Kapazitäten auszugehen ist. Die auf der Grundlage einer Grenzkostenrechnung ermittelbaren kostenträgereinheitsbezogenen Deckungsbeiträge stellen echte Proportionalitätsfaktoren der Absatzmengen bei gegebenen Verkaufspreisen und konstanten proportionalen Selbstkosten dar.[227] Befindet sich der Betrieb in der Situation der Unterbeschäftigung, stellen die variablen Selbstkosten je Kostenträgereinheit die kurzfristige Untergrenze des Absatzpreises dar. Treten bei einem oder mehreren Produktionsfaktoren Engpässe auf, sind engpaßbezogene Preisuntergrenzen zu bestimmen, für deren Ermittlung die Grenzkosten als Ausgangsgröße heranzuziehen sind. Eine auf Grenzkosten basierende Kalkulation gewährleistet damit durch den Verzicht auf eine bezugsgrößenpro-

---

[224] Vgl. *Riebel*, Preiskalkulation, S. 554 f. u. S. 604 f.; *Männel*, Vollkostenrechnung, S. 769 ff.; *Kilger*, Flexible Plankostenrechnung, S. 860.

[225] *Kilger*, Flexible Plankostenrechnung, S. 860.

[226] Zur Break-even-Analyse (Gewinnschwellenanalyse) vgl. *Schweitzer*, M./*Troßmann*, E.: Break-even-Analysen; Grundmodell, Varianten, Erweiterungen, Stuttgart 1986; *Coenenberg*, Kostenrechnung, S. 253 ff.; *Olfert*, S. 287 ff.

[227] Vgl. *Kilger*, Flexible Plankostenrechnung, S. 62.

portionalisierte Verrechnung fixer Kosten, daß die für die kurzfristige Preisbeurteilung und die sich anschließenden Absatz-, Beschaffungs- und Produktionsentscheidungen relevanten Kosten bereitgestellt werden, während die Verwendung von Vollkostenkalkulationen eine falsche Beurteilung des Absatzpreises und damit das Treffen von Fehlentscheidungen begünstigt.[228]

Gegen die Grenzkostenkalkulation wird häufig eingewandt, daß sie die Gefahr einer zu nachgiebigen Preispolitik in sich birgt und tendenziell zu einem ruinösen Konkurrenzkampf beiträgt.[229] Experimentelle und empirische Untersuchungen zum Einfluß von Grenzkosteninformationen auf Preisentscheidungen der Betriebe widerlegen diese Hypothese bei undifferenzierter Betriebsbetrachtung,[230] während sie für Betriebe mit langfristiger Einzel- und Auftragsfertigung (industrielles Anlagengeschäft) bestätigt wird.[231] Eine mögliche Ursache für das Auftreten dieser Ergebnisunterschiede könnte darauf zurückzuführen sein, daß bei langfristiger Fertigung ein besonders starkes Auftragserlangungsinteresse zur Sicherung der Beschäftigung und der Konkurrenzfähigkeit besteht, wodurch beim Preisentscheider die Wahrnehmung des Preisdrucks verstärkt und die Wahrnehmung des Kostendeckungsdrucks gemindert wird.[232] Auch wenn die Gefahr unnötiger Preissenkungen durch Grenzkosteninformationen letztlich aus einem falschen Verständnis der Grenzkostenrechnung und einer Fehlinterpretation von Deckungsbeiträgen resultiert[233] und damit nicht als grundsätzlicher Mangel der Grenzkostenrechnung angeführt werden kann, sind die Verhaltenswirkungen von Kostenrechnungsinformationen bei der betriebsindividuellen Kostenrechnungsgestaltung zu beachten. Dem be-

---

228 Vgl. *Kilger*, Flexible Plankostenrechnung, S. 62 f.

229 Vgl. etwa *Diercks*, H./*Petzold*, F.: Betriebsüberwachung durch Plankostenrechnung, in: ZfhF, Neue Folge, 3. Jg. 1951, S. 493; *Käfer*, S. 489 f.; *Huch*, B.: Deckungsbeitragsrechnung - Verlustbegründungsrechnung, in: DB, 29. Jg. 1976, S. 1445. Von entsprechenden Befürchtungen seitens der Praxis berichten *Riebel*, Preiskalkulation, S. 549; *Böhm*, H.-H./*Wille*, F.: Deckungsbeitragsrechnung, Grenzpreisrechnung und Optimierung, 5., neubearbeitete und erweiterte Auflage, München 1974, S. 21 f.; *Kilger*, Flexible Plankostenrechnung, S. 66 f.

230 Vgl. *Franzen*, W.: Entscheidungswirkungen von Kosteninformationen, Eine experimentelle Untersuchung zum Einfluß von Voll- und Teilkosteninformationen auf betriebswirtschaftliche Entscheidungen, Frankfurt a.M./Bern/New York 1985, S. 149 ff.; *Wied-Nebbeling*, S.: Das Preisverhalten in der Industrie - Ergebnisse einer erneuten Befragung -, Tübingen 1985, S. 67.

231 Vgl. *Plinke*, W.: Erlösplanung im industriellen Anlagengeschäft, Wiesbaden 1985, S. 106 ff.

232 Vgl. *Plinke*, Erlösplanung 1985, S. 112. Zu weiteren möglichen Ursachen für eine tendenziell nachgiebigere Preispolitik auf der Grundlage von Grenzkosten vgl. *Plinke*, Erlösplanung 1985, S. 109 ff.

233 Vgl. *Kilger*, Flexible Plankostenrechnung, S. 66.

triebswirtschaftlichen und speziell dem kostenrechnerischen Kenntnisstand der Empfänger von Grenzkostenkalkulations- und Deckungsbeitragsinformationen ist folglich ein nicht zu vernachlässigender Einfluß auf die rationale Kostenrechnungsgestaltung zuzusprechen.

Zusammenfassend ist die Grenzkostenrechnung als ein Kostenrechnungssystem zu charakterisieren, das als Informationsgrundlage für die Preisfindung bei gegebenen Preisausgleichsmöglichkeiten und für die langfristige Preisbeurteilung eingesetzt werden kann, während für die Preisfindung bei fehlenden Preisausgleichsmöglichkeiten, z.B. bei langfristiger Auftragsfertigung und bei der Preisermittlung nach den LSP, ein zusätzlicher Rückgriff auf Sonderrechnungen erforderlich ist. Eine besondere Bedeutung kommt der Grenzkostenrechnung hinsichtlich der Ermittlung kurzfristiger Preisuntergrenzen zu. Es bleibt aber zu betonen, daß marktgerechte Verkaufspreise, die letztlich zu einer vollständigen Abdeckung der Kosten und zur Existenzsicherung des Betriebes beitragen, weder allein durch eine Grenz- noch allein durch eine Vollkostenrechnung ermittelt oder auf ihre Auskömmlichkeit beurteilt werden können, "denn von der Kostenseite allein läßt sich der erfolgsoptimale Preis durch keine Art von Kostenrechnung bestimmen."[234]

bb) Bereitstellung von Informationen für die betriebliche Planung

Neben der Kalkulation werden die Möglichkeiten der Bereitstellung von Informationen für die betriebliche Planung durch den Umfang der auf die Kostenträger verrechneten Kosten beeinflußt. In der Grenzkostenrechnung erfolgt eine konsequente Trennung der Kosten in variable und fixe Bestandteile,[235] und es wird an jeder Stelle des Rechnungsganges auf eine künstliche Proportionalisierung fixer Kosten verzichtet.[236] Somit können sowohl für die Kostenstellen als auch für die Kostenträger unmittelbar aus der Grundrechnung die variablen Kosten ermittelt werden, die für einen Großteil kurzfristiger Planungsprobleme als entscheidungsrelevant zu erachten sind. Die Grenzkostenrechnung ist bezüglich der Unterstützung dieser Entscheidungsprobleme folglich als ein der Vollkostenrechnung überlegenes Kostenrechnungssystem anzusehen, da mit Hilfe von Vollkostenrechnungen nur in ihrer flexiblen Ausgestaltungsform und in der Regel

---

[234] *Männel*, Vollkostenrechnung, S. 771. Vgl. hierzu auch *Arbeitskreis Hax der Schmalenbach-Gesellschaft*: Der Preis als Instrument der Absatzpolitik, in: ZfbF, 32. Jg. 1980, S. 707 f.; *Riebel*, Preiskalkulation, S. 604 f.; *Kilger*, Flexible Plankostenrechnung, S. 859 f.

[235] Vgl. *Haberstock*, Kostenrechnung II, S. 30.

[236] Vgl. *Kilger*, Flexible Plankostenrechnung, S. 61.

unter zusätzlicher Durchführung von Sonderrechnungen die variablen Kosten je Kostenstelle oder Kostenträger aufgezeigt werden können.

Für Entscheidungen, bei denen über variable Kosten hinaus auch fixe Kosten Entscheidungsrelevanz besitzen können, z.B. längerfristige Entscheidungen, bei denen Teile der Betriebsbereitschaft disponibel sind, oder Entscheidungen unter Unsicherheit, kann die Grenzkostenrechnung ebenfalls als Informationsbasis dienen. Handelt es sich dabei genauer um kostenarten- und kostenstellenbezogene Entscheidungen, z.B. die Wahl des Fertigungsverfahrens oder die Maschinenbelegung, können die entscheidungsrelevanten Fixkosten aus dem Betriebsabrechnungsbogen der jeweiligen Kostenstelle meist unmittelbar festgestellt werden. Für kostenträgerbezogene Entscheidungen sind dagegen Sonderrechnungen durchzuführen, mit deren Hilfe die Fixkosten fallweise auf die Kostenträger zugerechnet werden.

Die Grenzkostenrechnung gewährleistet damit insgesamt eine flexiblere Bereitstellung entscheidungsrelevanter Kosten für die betriebliche Planung als die Vollkostenrechnung. Insbesondere für Betriebe, die häufig auf Kosteninformationen zur Unterstützung kurzfristiger Planungsprobleme angewiesen sind, z.B. Betriebe mit kurzfristiger Wechselfertigung, flexiblem Fertigungsprogramm oder stark beeinflußbaren Produktionsbedingungen, kommt dem Vorteil der Grenzkostenrechnung, eine konsequente Trennung in fixe und variable Kosten vorzunehmen, eine große Bedeutung für die Kostenrechnungsgestaltung zu. Treten kurzfristige Dispositionen nur gelegentlich auf, z.B. bei Betrieben mit Massen- oder Großserienfertigung, die nach dem Fließprinzip organisiert sind und bei denen der Produktionsablauf sowie das Produktionsprogramm für einen längeren Zeitraum festgelegt sind, kann es zur Unterstützung anderer Kostenrechnungszwecke indessen zweckmäßig sein, als Grundrechnung eine Vollkostenrechnung durchzuführen und die kurzfristig entscheidungsrelevanten Kosten mit Hilfe geeigneter Sonderrechnungen zu ermitteln.

cc) Bereitstellung von Informationen für die Betriebsergebnisrechnung

In der Grenzkostenrechnung werden den Kostenträgern nur variable Kosten zugerechnet, während die fixen Kosten als Periodenkosten interpretiert und im ganzen in das Betriebsergebnis gebracht werden. In der Betriebsergebnisrechnung findet damit eine getrennte Behandlung der kostenseitigen Erfolgselemente statt. Während die variablen Selbstkosten proportional zur Absatzmenge in das Betriebsergebnis gelangen, erfolgt der Ansatz fixer Kosten unabhängig von der Absatz- oder Produktionsmenge.

Die Höhe des Betriebsergebnisses ist damit nicht von der Beschäftigung des Produktionsbereichs, sondern in hohem Maße von der Absatzmenge und von den Umsatzerlösen des Betriebes abhängig.[237] Für Betriebe, bei denen der Absatzbereich als kritischer Erfolgsfaktor gilt, ist das auf der Grenzkostenrechnung basierende Betriebsergebnis ein wichtiges Instrument, mit dessen Hilfe "die Wirkung von Veränderungen auf dem Absatzmarkt direkter und stärker zu erkennen (ist; A.d.V.) als bei Betriebsergebnissen von Vollkostenrechnungen."[238]

Des weiteren stellt die getrennte Behandlung variabler und fixer Kosten in der Kostenträgerrechnung der Grenzkostenrechnung eine wichtige Voraussetzung für die auf Deckungsbeiträgen aufbauende kurzfristige Erfolgsplanung und -kontrolle dar.[239] Erst durch den Ausweis variabler Selbstkosten in der Betriebsergebnisrechnung können die für kurzfristige Verkaufs- und Programmentscheidungen als relevant erachteten Deckungsbeiträge einzelner Kosten- und Erlösträger, z.B. Erzeugnisgruppen, -arten und -einheiten, Kundengruppen und Regionen, ermittelt und damit die Grundlage für weiterführende Informationsinstrumente wie die stufenweise Fixkostendeckungsrechnung[240] oder die stufenweise Grenzkostenrechnung[241] geschaffen werden.

Der Verzicht auf eine bestandsmäßige Abgrenzung der Fixkosten und ihre erfolgswirksame Behandlung als Periodenkosten kann indessen unter besonderen betrieblichen Bedingungen zu einem unzweckmäßigen Betriebsergebnisausweis führen. Betriebe, deren kritischer Erfolgsfaktor im Produktionsbereich liegt, können anhand des Grenzkostenbetriebsergebnisses

---

[237] Der Auffassung, die Grenzkostenrechnung führe zu einem *umsatzproportionalen* Gesamtgewinnausweis (vgl. *Kilger*, Flexible Plankostenrechnung, S. 64), ist zu widersprechen, denn durch die Behandlung der Fixkosten als umsatz- und beschäftigungsunabhängiges Erfolgselement entsteht keine proportionale, sondern eine *überproportionale* Abhängigkeitsbeziehung zwischen Umsatz oder Absatzmenge und Betriebsgewinn. Im übrigen erscheint es zweckmäßig, nicht die Umsatzabhängigkeit, sondern die Absatzmengenabhängigkeit des Betriebsergebnisses als Merkmal zur Beurteilung der Aussagefähigkeit von Kostenrechnungssystemen heranzuziehen, da bei rein absatzpreisbedingten Umsatzsteigerungen unabhängig vom zugrundeliegenden Kostenrechnungssystem überproportionale Gewinnsteigerungen auftreten, sofern preisabhängige Kostensteigerungen ausgeschlossen sind.

[238] *Felscher*, K.: Krisenursachen und rechnungsgestützte Früherkennung, Die Eignung ausgewählter Subsysteme des Rechnungswesens zur Diagnose von Gefährdungstatbeständen, Diss., Pfaffenweiler 1988, S. 286.

[239] Vgl. *Kilger*, Flexible Plankostenrechnung, S. 61 ff.

[240] Vgl. hierzu *Agthe*, Stufenweise Fixkostendeckung, S. 404 ff.; *Agthe*, K.: Zur stufenweisen Fixkostendeckung, in: ZfB, 29. Jg. 1959, S. 742 ff.; *Mellerowicz*, Kostenrechnung, Bd. II, Zweiter Teil, S. 176 ff.

[241] Vgl. *Seicht*, S. 693 ff.

nur bedingt Anhaltspunkte für die leistungserstellungsbezogene Entwicklung des betrieblichen Erfolges gewinnen, da das Betriebsergebnis auf Grenzkostenbasis Produktionsengpässe erst anzeigt, wenn die Absatzmenge zurückgeht. Gelingt es dem Betrieb, das Absatzmengenniveau für gewisse Zeit mittels Lagerabbau zu halten, kommt es zu einer zeitlichen Verzögerung zwischen dem Auftreten längerfristig wirksamer Produktionsengpässe und der Signalwirkung im Betriebsergebnis. Hinsichtlich der Früherkennung von Krisenursachen bietet die Grenzkostenrechnung damit weniger Anwendungsmöglichkeiten als die flexible Plan- und Normalkostenrechnung auf Vollkostenbasis, mit deren Hilfe durch die flexible Gestaltung des Betriebsergebnisses sowohl produktions- als auch absatzbedingte Engpässe ohne zeitliche Verzögerung abgebildet werden können.

Weiterhin treten bei Saisonbetrieben und bei langfristiger Auftrags- und Einzelfertigung betrieblich kaum beeinflußbare starke Absatz- und Erlösschwankungen auf, deren Auswirkungen auf den Betriebserfolg durch den überperiodisch unveränderten Ansatz fixer Kosten noch verstärkt werden. Um derartige betriebsspezifisch bedingte Erfolgsschwankungen im Zeitablauf zu glätten, empfiehlt sich die Durchführung einer Vollkostenrechnung oder - um die Vorteile der Erfolgsanalyse und -steuerung mittels Deckungsbeiträgen weiterhin nutzen zu können - entweder die nachträgliche bestandsmäßige Abgrenzung fixer Kosten auf die Kostenträger[242] oder die erfolgswirksame Verrechnung der Fixkosten anhand zweckmäßig erscheinender Kriterien, z.B. den erwarteten oder tatsächlichen Periodenumsätzen (Umsatzdeckungsrechnung) oder dem Verhältnis zwischen Fixkosten und proportionalen Kosten laut Bestandsrechnung (Durchschnittsverfahren), ohne dabei eine Kostenträgerzurechnung vorzunehmen.[243]

Daneben kann die überperiodisch konstante Verrechnung fixer Kosten in das Betriebsergebnis zu einer Beeinträchtigung der Erfolgskontrolle bei Betrieben mit mittel- und langfristiger Einzel- und Kleinserienfertigung führen. Fixkosten, die eindeutig einem einzelnen Erzeugnis oder einem Auftrag zurechenbar sind, z.B. Abschreibungen für Betriebsmittel oder Gehälter, die nur für die Durchführung eines einzelnen Auftrags anfallen, kommen in Betriebsergebnissen auf Grenzkostenbasis gegebenenfalls nicht in der Abrechnungsperiode der Erlösrealisation, sondern bereits in vorangehenden Abrechnungsperioden erfolgswirksam zum Ansatz, so daß diese Fixkosten nicht den sie verursachenden Kostenträgern gegenüberstehen. Eine auf-

---

[242] Vgl. *Beste*, Erfolgsrechnung, S. 252 f.; *Kilger*, Flexible Plankostenrechnung, S. 799 ff.

[243] Vgl. hierzu *Heiner*, S. 194; *Medicke*, W.: Geschlossene Kostenträgerrechnung und Artikelergebnisrechnung in der Grenzplankostenrechnung, in: AGPLAN, Arbeitsgemeinschaft Planungsrechnung e.V. (Hrsg.): Unbewältigte Probleme der Planungsrechnung, 8. Plankostentagung in Frankfurt a.M., Wiesbaden 1964, S. 51.

tragsorientierte Erfolgskontrolle erfordert daher eine Bestandsabgrenzung fixer Kosten, z.B. durch ihre direkte Zurechnung auf Bestandskonten der Aufträge und Projekte.

Es kann damit festgehalten werden, daß die Grenzkostenrechnung insbesondere für Betriebe mit kurzfristiger Fertigung sowie bei mehrfacher Massen- und bei Reihenfertigung zu einem Betriebsergebnis führt, das durch die Ermittlung von Deckungsbeiträgen differenzierte Möglichkeiten der kurzfristigen Erfolgsanalyse und -steuerung bietet. Ferner ist das auf der Grenzkostenrechnung basierende Betriebsergebnis ein wichtiger Indikator für die absatzbedingte Erfolgssituation und -entwicklung des Betriebes. Für Saisonbetriebe, Betriebe mit langfristiger Auftrags-, Einzel- und Kleinserienfertigung sowie Betriebe, bei denen der Produktionsbereich kritischer Erfolgsfaktor ist, kann die Grenzkostenrechnung indessen zu einer ungenügenden Aussagefähigkeit des Betriebsergebnisses führen.

c) *Zusammenfassende Beurteilung der Grenzkostenrechnung*

Abschließend kann festgehalten werden, daß die Grenzkostenrechnung eine zweckmäßige Informationsgrundlage für die Preisfindung bei gegebenen Preisausgleichsmöglichkeiten sowie für die Ermittlung kurzfristiger Preisuntergrenzen ist. Für die Bestimmung vollkostendeckender Selbstkostenpreise nach den LSP oder bei langfristiger Auftragsfertigung marktpreisloser Erzeugnisse, z.B. bei langfristiger Einzel- oder Serienfertigung, und für die langfristige Beurteilung der Auskömmlichkeit gegebener Absatzpreise kann die Grenzkostenrechnung ebenfalls als Ausgangspunkt für die Selbstkostenermittlung genutzt werden, wenngleich zusätzlich Sonderrechnungen zur Verteilung der Fixkosten auf die Kostenträgereinheit erforderlich sind.

Für kurzfristige Planungsprobleme, bei denen nur variable Kosten Entscheidungsrelevanz besitzen, können mit Hilfe einer Grenzkostenrechnung unmittelbar, d.h. ohne Durchführung ergänzender Sonderrechnungen, die erforderlichen Kosteninformationen je Kostenart, -stelle oder -träger bereitgestellt werden. Sind für längerfristige Entscheidungen, bei denen über Teile der Betriebsbereitschaft disponiert werden kann, oder für Entscheidungen unter Unsicherheit auch fixe Kosten relevant, können diese mit Hilfe der Grenzkostenrechnung entweder ebenfalls unmittelbar oder - bei kostenträgerbezogenen Entscheidungen - unter zusätzlichem Rückgriff auf Sonderrechnungen ermittelt werden. Die Gestaltung der Grundrechnung als Grenzkostenrechnung trägt damit wesentlich zum Aufbau der Kostenrechnung als entscheidungsorientiertes Informationsinstrument bei, da die

Grenzkostenrechnung im Vergleich zur Vollkostenrechnung eine flexiblere informatorische Unterstützung betrieblicher Planungsprobleme ermöglicht.

Des weiteren kann auf der Grundlage der Grenzkostenrechnung ein durch die betriebliche Absatzsituation geprägtes Betriebsergebnis ermittelt und durch den Ausweis von Deckungsbeiträgen eine nach verschiedenen Erfolgsquellen differenzierte kurzfristige Erfolgsanalyse und -steuerung durchgeführt werden. Vor allem für Betriebe mit vielseitigem Produktionsprogramm und standardisierten Erzeugnissen stellt die Grenzkostenrechnung damit eine geeignete Gestaltungsform der Grundrechnung dar. Steht in Betrieben dagegen der Produktionsbereich im Mittelpunkt des unternehmerischen Interesses, z.B. weil die wirtschaftliche Entwicklung des Betriebes in erster Linie durch Produktionsrisiken bestimmt wird, oder stellt der Betrieb individuelle Erzeugnisse in Einzelfertigung her, ist die Aussagefähigkeit der auf Grenzkosten basierenden Betriebsergebnisrechnung als Instrument zur Erfolgsanalyse und -steuerung begrenzt.

Es kann damit festgehalten werden, daß weder eine als Grenzkosten- noch eine als Vollkostenrechnung gestaltete Grundrechnung in der Lage ist, alle für die Erfüllung kostenrechnerischer Zwecke erforderlichen Kosteninformationen unmittelbar bereitzustellen, sondern es werden jeweils in gewissem Umfang zusätzlich Sonderrechnungen erforderlich. Die Grenzkostenrechnung stellt indessen im Vergleich zur Vollkostenrechnung das auswertungsflexiblere Kostenrechnungssystem dar, da die in der Grundrechnung abgebildeten Kosten auf einer geringeren Aggregationsstufe stehen und die zur Erfüllung kostenrechnerischer Zwecke erforderlichen Kosteninformationen somit tendenziell einfacher ermittelt werden können. Unter Beachtung des Wirtschaftlichkeitsprinzips entscheidet letztlich die betriebsindividuelle Bedeutungsgewichtung voll- und grenzkostenorientierter Auswertungszwecke über die Gestaltung der Grundrechnung als Voll- oder Grenzkostenrechnung. Betriebe, bei denen Auswertungszwecke auf Vollkostenbasis deutlich im Vordergrund stehen, z.B. Betriebe mit langfristiger Einzelfertigung oder Massenfertigung, kann die Wahl einer Vollkostenrechnung als Form der Grundrechnung vorteilhaft sein, während Betriebe, die häufig auf den Ausweis von Grenzkosten angewiesen sind, wie etwa Betriebe mit kurzfristiger Wechselfertigung, die nach dem Prinzip der Werkstattfertigung organisiert sind, eher auf eine Grenzkostenrechnung zurückgreifen sollten. Daneben besteht für Betriebe, die häufig sowohl Voll- als auch Grenzkosteninformationen benötigen, die Möglichkeit einer ständigen Parallelrechnung,[244] da es sich bei der Voll- und der Grenzkostenrechnung als den hier behandelten Alternativen des Kostenrechnungsgestal-

[244] Vgl. *Plaut*, Deckungsbeitragsrechnung, S. 223 f.; *Männel*, Anpassung, S. 127; *Kilger*, Flexible Plankostenrechnung, S. 679 f.

tungsmerkmals "Umfang der auf die Kostenträger verrechneten Kosten" nicht um sich gegenseitig ausschließende Merkmalsalternativen handelt.

V. Betriebsspezifische Beurteilung der nach dem Ausmaß der bei der Maßkostenermittlung erfolgenden Isteinflußgrößenanpassung zu differenzierenden Kostenrechnungssysteme

Neben dem Zeitbezug und dem Umfang der auf die Kostenträger verrechneten Kosten ist dem Ausmaß der für die Kostenkontrolle vorzunehmenden Anpassung der Maßkosten an die Istausprägungen einzelner Kosteneinflußgrößen eine wesentliche Bedeutung für die konzeptionelle Gestaltung der Grundrechnung zuzusprechen. Im folgenden soll zunächst der Zusammenhang zwischen einer Anpassung der Maßkosten an die Istausprägungen von Kosteneinflußgrößen und der Aussagefähigkeit der Kostenkontrolle aufgezeigt werden. Anschließend erfolgt eine betriebsspezifische Beurteilung der nach dem Ausmaß der vorgenommenen Maßkostenanpassung in starre und flexible Formen zu differenzierenden Kostenrechnungssysteme. Die Ausführungen beziehen sich in erster Linie auf eine als Plankostenrechnung gestaltete Grundrechnung, da die Plankosten im Vergleich zu den Normal- oder Istkosten die geeigneteren Maßkosten darstellen und die Unterschiede der im folgenden zu charakterisierenden Kostenrechnungssysteme auf der Basis einer Plankostenrechnung in ihrem vollen Ausmaß deutlich werden. Die dabei zu treffenden Aussagen lassen sich indessen weitgehend auf die Verhältnisse der Normalkostenrechnung und zum Teil auch auf die Istkostenrechnung übertragen.

1. Zur Bedeutung der isteinflußgrößenangepaßten Maßkostenermittlung für die Aussagefähigkeit der Kostenkontrolle

Werden Plankosten als das zahlenmäßige Abbild geplanter Betriebsverhältnisse verstanden, d.h. als Kosten, in denen sich die Kostenbestimmungsfaktoren in ihren planmäßigen Ausprägungen widerspiegeln, und werden die zu kontrollierenden Istkosten entsprechend als Kosten aufgefaßt, in denen die Kostenbestimmungsfaktoren mit ihren tatsächlichen Ausprägungen wirksam werden, läßt sich durch die Gegenüberstellung von Plan- und Istkosten eine Abweichung ermitteln, die auf das unplanmäßige Eintreten der Gesamtheit an Kostenbestimmungsfaktoren zurückgeführt werden kann.[245] Diese Gesamtabweichung ist für die Zwecke der Kostenkontrolle jedoch noch wenig aussagefähig, da die Einzelursachen ihres Auftretens nicht erkennbar sind und somit nicht festgestellt werden kann, ob und in welchem Maße sowohl bestimmte Einzelursachen als auch die Gesamtabweichung dem Bereich der Unwirtschaftlichkeit zuzuordnen sind. Erst durch die Aufspaltung der Gesamtabweichung in aussagefähige Teilabweichungen, die jeweils eindeutig auf bestimmte Kostenbestimmungsfaktoren zurückgeführt werden können, lassen sich konkrete Aussagen zu den Ursachen für die Abweichung vom Plan und zur Kostenwirtschaftlichkeit des Betriebes treffen.[246]

Für die Durchführung einer verantwortungsorientierten, auf die Verbesserung der Wirtschaftlichkeit der betrieblichen Abläufe gerichteten Kostenkontrolle steht indessen nicht die Aufspaltung der Gesamtabweichung zwischen Plan- und Istkosten in auf einzelne Kostenbestimmungsfaktoren zurückführbare Teilabweichungen im Vordergrund des Interesses. Von zentraler Bedeutung ist vielmehr die Vorgabe von Maßkosten, in denen nur solche Kosteneinflußfaktoren zur Wirkung kommen, die durch den zu kontrollierenden Betriebsbereich beeinflußt werden können und dadurch im Verantwortungsbereich des Kostenstellenleiters liegen.[247] Vor der eigentlichen Durchführung der Kostenkontrolle ist daher sicherzustellen, daß ausgehend von den Plankosten durch geeignete rechentechnische Maßnahmen Maßkosten ermittelt werden, die hinsichtlich der nicht beeinflußbaren Kostenbestimmungsfaktoren auf denselben Einflußgrößenausprägungen beruhen wie die zu kontrollierenden Istkosten.[248] Durch das Fernhalten von Kostenwirkungen nicht beeinflußbarer Kostenbestimmungsfaktoren kann die sich durch den Vergleich von Ist- und Maßkosten ergebende Abweichung entweder insgesamt oder durch eine eingehendere Analyse von Teilabweichungen daraufhin beurteilt und untersucht werden, inwiefern sie auf unwirtschaftliches Verhalten des Betriebsbereiches oder auf notwendig gewordene Anpassungsmaßnahmen zurückzuführen ist.

---

[245] Vgl. *Kilger*, Kostenkontrolle, S. 461 f.

[246] Vgl. *Kilger*, Kostenkontrolle, S. 463.

[247] Vgl. hierzu *Streitferdt*, S. 35 f. Auf die große Bedeutung, die der Unterscheidung in beeinflußbare und nicht beeinflußbare Kostenbestimmungsfaktoren zukommt, weist insbesondere *Heinen* hin. Vgl. *Heinen*, Kostenlehre, S. 583 ff.

[248] Die Isolierung nicht vom Kostenstellenleiter beeinflußbarer Kostenbestimmungsfaktoren vor der Durchführung der Kostenkontrolle ist eine Voraussetzung für die Gewährleistung der materiellen Vergleichbarkeit der Vergleichsobjekte. Vgl. hierzu auch die Ausführungen zum Zusammenhang zwischen dem Grundsatz der Richtigkeit und der materiellen Vergleichbarkeit in Kapitel B.-II.-1.-b)-bb)-(1)-(a) dieser Untersuchung.

Zu den aus der kostenstellenweisen Kostenkontrolle fernzuhaltenden Kosteneinflüssen zählen die Preise der Produktionsfaktoren, da der Kostenverantwortliche in der Regel keinen Einfluß auf die Preisentwicklung der eingesetzten Faktoren besitzt. Die Kostenwirkung von Faktorpreisänderungen wird regelmäßig durch den Ansatz eines Festpreissystems eliminiert, d.h., sowohl die den Maßkosten als auch die den Istkosten zugrundeliegenden Verbrauchsmengen werden jeweils mit demselben Preisgerüst bewertet.[249] Zweckmäßigerweise werden dabei die Istverbrauchsmengen der Kontrollperiode mit denselben Preisansätzen multipliziert, die den Maßkosten zugrunde liegen.[250] Das Ausschalten der Kosteneinflußgröße "Faktorpreis" führt zu einer Reduktion der Kostenkontrolle auf eine bewertete Mengenkontrolle und ist als eine wesentliche Voraussetzung für die Durchführung einer aussagefähigen und verantwortungsbezogenen Kostenkontrolle anzusehen.[251]

Ein weiterer, von der eigentlichen Kostenkontrolle fernzuhaltender Kostenbestimmungsfaktor ist die Kapazität des Betriebsbereiches, d.h. der Stand der Betriebsbereitschaft einer Kostenstelle,[252] da diese meist nicht dem Einfluß des Kostenstellenleiters unterliegt, sondern das Ergebnis langfristiger Entscheidungen der Unternehmensleitung darstellt.[253] Die Kapazität wird grundsätzlich dadurch ausgeschaltet, daß durch die kurzfristige Ausrichtung der Kostenrechnung, d.h. durch die Abbildung des kurzfristigen Betriebsgeschehens und durch die Wahl kurzfristiger Planungs- und Abrechnungsperioden, eine konstante Kapazitätsausstattung sowie eine gleichbleibende Wirkung dieser Einflußgröße innerhalb des Betrachtungszeitraums angenommen wird.[254] Ausgehend von diesen Prämissen ergibt sich

---

[249] Vgl. *Beste*, Verrechnungspreise, S. 9 u. S. 66; *Nowak*, Kostenrechnungssysteme, S. 85; *Kilger*, Flexible Plankostenrechnung, S. 135 u. S. 203.

[250] Die solchermaßen ermittelten Istkosten werden je nach dem Zeitbezug der Maßkosten als Istkosten im Sinne der Normal- oder Plankostenrechnung bezeichnet. Dabei würde der Ansatz eines Istpreisgerüstes oder eines jeden anderen beliebigen Preisgerüstes zum gleichen Ergebnis, d.h. zur Ausschaltung der Kosteneinflußgröße "Faktorpreis" führen, solange beide Verbrauchsmengengerüste mit denselben Preisen bewertet werden. Vgl. *Hänichen/Nagel*, S. 254, Fn. 33.

[251] Vgl. *Plaut*, H.-G.: Kostenkontrolle unter besonderer Berücksichtigung der Gemeinkosten und der Plankostenrechnung, in: Agthe, K./Blohm, H./Schnaufer, E. (Hrsg.): Industrielle Produktion, Baden-Baden/Bad Homburg v.d.H. 1967, S. 831; *Kosiol*, Kostenrechnung der Unternehmung, S. 255 f.

[252] Vgl. *Kilger*, Kostenkontrolle, S. 458.

[253] Zur Betriebsbereitschaft, die wertmäßig in der Höhe der beschäftigungsfixen Kosten zum Ausdruck kommt, vgl. *Schmalenbach*, Kostenrechnung, S. 49 ff.; *Gutenberg*, Produktion, S. 350 ff.; *Kilger*, Kostenkontrolle, S. 458.

[254] Vgl. *Kilger*, Flexible Plankostenrechnung, S. 148; *Hänichen/Nagel*, S. 255 f.

für die Kostenkontrolle, daß die beschäftigungsfixen, nur von der Höhe der Kapazität abhängigen Kosten ex definitione sowohl in den Maß- als auch in den Istkosten dieselbe Ausprägung aufweisen. Für die Kostenplanung leitet sich hieraus die Forderung nach einer abrechnungsperiodengenauen Bestimmung der beschäftigungsfixen Kosten ab. Treten unvorhergesehene Änderungen in der Kapazitätsausstattung des Verantwortungsbereiches auf, sind die Plankosten, wenigstens aber die abrechnungsperiodisch festzulegenden Maßkosten an die Verhältnisse der tatsächlich vorhandenen und in den Istkosten zum Ausdruck kommenden Kapazität anzupassen.

Neben den Faktorpreisen und der Kapazität unterliegt in der Regel auch die Beschäftigung nicht der Einwirkung durch den Kostenverantwortlichen und ist daher vor der Kostenkontrolle aus der Gesamtabweichung zwischen Ist- und Plankosten zu eliminieren.[255] Dies kann dadurch erfolgen, daß den Istkosten nicht die Plankosten bei Planbeschäftigung, sondern die auf die Kostenträger verrechneten Plankosten gegenübergestellt werden, die sich durch die Multiplikation des Plankostenverrechnungssatzes mit der Istbeschäftigung der Abrechnungsperiode ergeben und denen damit gewissermaßen dieselbe Beschäftigungsausprägung wie den Istkosten zugrunde liegt.

Erfolgt die Verrechnung der Kostenstellenkosten auf der Basis einer Vollkostenrechnung, findet bei dieser Vorgehensweise jedoch eine fehlerhafte Anpassung der Plankosten an die Istausprägung des Beschäftigungseinflusses statt, da unterstellt wird, daß zwischen den gesamten Plankosten einer Kostenstelle und der Einflußgröße "Beschäftigung" eine proportionale Abhängigkeitsbeziehung besteht. Tatsächlich ist eine solche Beziehung nur für die variablen Kosten gegeben,[256] während sich die Fixkosten der Kostenstelle unabhängig von der Beschäftigung verhalten. In der sich aus dem Vergleich von verrechneten Kosten und den Istkosten ergebenden Abweichung können bei Durchführung einer Vollkostenrechnung damit sogenannte Beschäftigungsabweichungen enthalten sein, sofern die Istbeschäftigung von der dem Kostenstellenverrechnungssatz zugrundeliegenden Planbeschäftigung abweicht.[257] Bei diesen Beschäftigungsabweichungen handelt es sich um Abweichungen, die nicht durch Mehr- oder Minderverbräuche im Vergleich zu einem vorgegebenen Normverbrauch entstehen, sondern sie stellen rein rechentechnisch bedingte Abweichungen dar, die durch die

---

[255] Vgl. z.B. *Nowak*, Kostenrechnungssysteme, S. 84.

[256] Zur Annahme der proportionalen Abhängigkeit der variablen Kosten vom Beschäftigungsgrad bei konstanter Intensität (Linearitätsprämisse) vgl. *Schmalenbach*, Kostenrechnung, S. 77 ff.; *Kilger*, Produktions- und Kostentheorie, S. 63 ff.; *Jacobs*, Kostentheorie, S. 120 ff.

[257] Vgl. *Kilger*, Flexible Plankostenrechnung, S. 25; *Nowak*, Kostenrechnungssysteme, S. 105; *Bergner/Schehl*, S. 341.

Proportionalisierung von Fixkosten verursacht werden und als das Ergebnis zuviel oder zuwenig auf die Kostenträger verrechneter Fixkosten interpretiert werden können.[258]

Nach dem Grad der von Beschäftigungseinflüssen befreiten Maßkostenermittlung sowie nach dem Umfang der im Rahmen der eigentlichen Kostenkontrolle erfolgenden Aufspaltung der sich zwischen Maß- und Istkosten ergebenden Gesamtverbrauchsabweichung in aussagefähige Teilabweichungen lassen sich starre und flexible Kostenrechnungssysteme unterscheiden, die im folgenden einer betriebsspezifischen Betrachtung unterzogen werden sollen.

2. Betriebsspezifische Eignung der starren Kostenrechnung für die Kostenkontrolle

Starre Kostenrechnungssysteme verzichten auf eine istbeschäftigungsangepaßte Maßkostenermittlung sowie auf die Abspaltung sonstiger, im Rahmen der Kostenkontrolle zu isolierender Kosteneinflußgrößen. Die bei Durchführung einer Vollkostenrechnung in der Abweichung zwischen den Istkosten und den auf die Kostenträger verrechneten Kosten enthaltenen Beschäftigungsabweichungen sind bei starren Kostenrechnungssystemen aufgrund der fehlenden Kostenspaltung in fixe und variable Bestandteile nicht isolierbar, was grundsätzlich zu einer Einschränkung der Aussagefähigkeit der Kostenkontrolle führt.[259]

Dieser Nachteil starrer Kostenrechnungssysteme ist allerdings unter bestimmten Bedingungen und Situationen zu relativieren. Einmal treten Beschäftigungsabweichungen nur dann auf, wenn die zur laufenden Verrechnung der Plankosten heranzuziehende Istbeschäftigung von der der Kostenplanung und dem Plankostenverrechnungssatz zugrundeliegenden Planbeschäftigung abweicht. Für Betriebe, die sich durch eine relativ konstante und gut vorhersehbare Beschäftigung im Zeitablauf auszeichnen, ist die Gefahr des Entstehens von Beschäftigungsabweichungen geringer als bei solchen Betrieben, deren Beschäftigungslage starken Schwankungen ausge-

---

[258] Vgl. *Kilger*, Flexible Plankostenrechnung, S. 652 f.; *Haberstock*, Kostenrechnung II, S. 357.

[259] Vgl. *Agthe*, Kostenplanung, S. 62; *Nowak*, Kostenrechnungssysteme, S. 105; *Kilger*, Flexible Plankostenrechnung, S. 25 u. S. 38 f.

setzt ist. Relativ geringe Beschäftigungsschwankungen[260] sind einmal bei Betrieben mit Produktion für den anonymen Markt zu erwarten, wenn diese aufgrund einer sehr preisunelastischen Nachfrage und einer gefestigten Marktstellung für die Dauer der Planungsperiode mit nahezu konstanten Absatzverhältnissen rechnen können. Dabei handelt es sich in erster Linie um Betriebe mit Massen- und Großserienfertigung sowie um Betriebe mit Sortenfertigung, die einige wenige standardisierte Erzeugnisse in gleichbleibendem rhythmischen Wechsel auflegen. Daneben ergeben sich geringe Beschäftigungsschwankungen in Betrieben mit Produktion auf Bestellung, wenn längerfristig gültige Lieferverträge mit den Kunden einen sicheren Absatz gewährleisten.[261] Ebenfalls relativ konstante Beschäftigungsbedingungen finden sich bei Betrieben mit langfristig-kontinuierlicher Fertigung, bei denen, wie in der Großchemie häufig anzutreffen, die Anlagen über mehrere Jahre hinweg ohne Unterbrechung mit nahezu gleichbleibender Auslastung gefahren werden, weil die technischen Produktionsbedingungen intensitätsmäßige oder zeitliche Anpassungen nicht zulassen[262] und eine Produktionsunterbrechung schwerwiegende Schäden an den Betriebsmitteln und hohe Kosten der Stillegung und Wiederingangsetzung zur Folge hätte.[263]

Neben den Beschäftigungsschwankungen wird die Höhe auftretender Beschäftigungsabweichungen durch den Anteil der fixen Kosten an den gesamten Plangemeinkosten einer Kostenstelle beeinflußt. Je höher der Fixkostenanteil einer Kostenstelle an ihren Gesamtkosten ist, desto größer ist der Anteil proportionalisierter Fixkosten am Plankostenverrechnungssatz und desto stärker wirken sich Beschäftigungsschwankungen auf die Höhe zuviel oder zuwenig verrechneter Fixkosten aus. Bei Betrieben mit relativ geringem Fixkostenanteil führen Beschäftigungsschwankungen daher meist zu niedrigen und nach dem Grundsatz der Genauigkeit vernachlässigbaren Beschäftigungsabweichungen. Als Beispiele sind die energiekostenintensiven

---

[260] Unter Beschäftigungsschwankungen werden hier die Unterschiede zwischen der Normal- oder Planbeschäftigung und der jeweiligen Istbeschäftigung im Kontrollzeitraum verstanden.

[261] Vgl. *Marek*, S. 249.

[262] Diese Betriebe passen sich durch Lagerauf- und Lagerabbau von Fertigerzeugnissen an Nachfrageschwankungen an.

[263] Vgl. *Betriebswirtschaftlicher Ausschuß des Verbandes der Chemischen Industrie e.V.* (Hrsg.): Kostenrechnung in der Chemischen Industrie, Wiesbaden 1962, S. 61. Beispielsweise führt das Abschalten einer Produktionsanlage zur Herstellung von Schwefelsäure nach dem Kontaktverfahren zu einem Abkühlen des Reaktionsraumes, wodurch der gemauerte Reaktionsraum beschädigt wird und die eingebrachten Katalysatoren an Wirkung verlieren können.

Betriebe der chemischen Grundstoffindustrie sowie der aluminiumerzeugenden Industrie zu nennen.[264]

Die Höhe der Beschäftigungsschwankungen sowie der Fixkostenanteil entfalten ihre Wirkung auf die Höhe der Beschäftigungsabweichungen nicht isoliert voneinander, sondern treten stets durch multiplikative Verknüpfung auf. Wird als Maß für die relative Höhe der Beschäftigungsabweichung das Verhältnis der absoluten Beschäftigungsabweichung zur Höhe der Plankosten genommen, ergibt sich folgender Zusammenhang:

$$\Delta K_b = \frac{\Delta K_B}{K^p} = \frac{K_F{}^p}{K^p} * \frac{\Delta B}{B^p}$$

wobei:[265]
ΔK_b : = Relative Beschäftigungsabweichung in %
ΔK_B : = Absolute Beschäftigungsabweichung in DM
K^p : = Plankosten
$K_F{}^p$: = Fixe Plankosten
$K_P{}^p$: = Proportionale Plankosten
ΔB : = Beschäftigungsschwankung (Abweichung der Istbeschäftigung von der Planbeschäftigung)
B^p : = Planbeschäftigung
B^i : = Istbeschäftigung

---

[264] Die vorstehenden Ausführungen zeigen, daß *Kilgers* Aussage, "in der starren Normalkostenrechnung werden die Unter- und Überdeckungen wesentlich durch Beschäftigungsschwankungen beeinflußt" (*Kilger*, Flexible Plankostenrechnung, S. 25), als zu undifferenziert angesehen werden muß. Genauer müßte es heißen: Bei Betrieben oder Kostenstellen mit hohem Fixkostenanteil und/oder starken Beschäftigungsschwankungen sind in den Unter- und Überdeckungen der starren Normalkostenrechnung wesentliche Beschäftigungsabweichungen enthalten.

[265] Der Zusammenhang kann wie folgt aus der Grundgleichung zur Ermittlung der Beschäftigungsabweichungen hergeleitet werden:

$$\Delta K_B = K_F{}^p + \frac{K_P{}^p}{B^p} * B^i - \frac{K^p}{B^p} * B^i$$

$$<==> \quad \Delta K_b = \frac{\Delta K_B}{K^p} = \frac{K_F{}^p}{K^p} + \frac{K^p - K_F{}^p}{B^p * K^p} * B^i - \frac{B^i}{B^p}$$

$$<==> \quad \Delta K_b = \frac{K_F{}^p}{K^p} + \frac{B^i}{B^p} - \frac{K_F{}^p}{K^p} * \frac{B^i}{B^p} - \frac{B^i}{B^p}$$

$$<==> \quad \Delta K_b = \frac{K_F{}^p}{K^p} * (1 - \frac{B^i}{B^p}) = \frac{K_F{}^p}{K^p} * (\frac{B^p - B^i}{B^p})$$

Eine graphische Darstellung dieses Zusammenhanges läßt erkennen, welche Kombinationsmöglichkeiten zwischen dem Fixkostenanteil und den Beschäftigungsschwankungen noch innerhalb eines im Sinne des Grundsatzes der Genauigkeit als akzeptabel erscheinenden Bereiches relativer Beschäftigungsabweichungen auftreten dürfen. Abbildung 17 zeigt beispielhaft den zulässigen, schraffiert hervorgehobenen Situationsraum hinsichtlich Fixkostenanteil und Beschäftigungsschwankung unter der Annahme, relative Beschäftigungsabweichungen von +/- 1 % seien noch mit dem Genauigkeitsgrundsatz vereinbar.

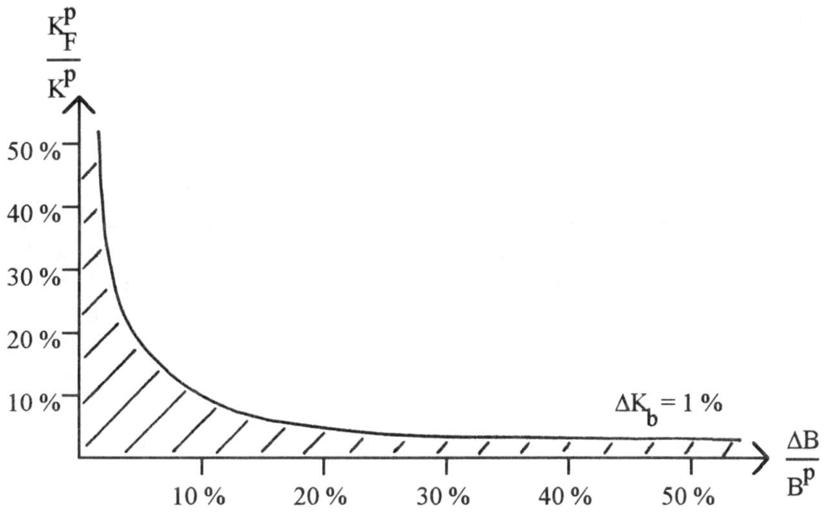

ΔB := Beschäftigungsschwankung
B^p := Planbeschäftigung
K^p := Plankosten
K_F^p := Fixe Plankosten
ΔK_b := Relative Beschäftigungsabweichung in %

Abbildung 17: Die Vernachlässigbarkeit von Beschäftigungsabweichungen

Gehen die Beschäftigungsabweichungen über ein nicht mehr vernachlässigbares Maß hinaus, beeinträchtigen sie die Aussagefähigkeit der Kostenkontrolle erheblich, und es ist nicht mehr feststellbar, ob auftretende Abweichungen auf die Falschverrechnung von Fixkosten oder auf den Einfluß anderer Faktoren, z.B. der Unwirtschaftlichkeit, zurückzuführen sind.

Insbesondere für Betriebe mit hohem Fixkostenanteil und/oder starken Beschäftigungsschwankungen sind damit die auf Vollkostenbasis verrechneten Kosten und eine mit diesen Maßkosten arbeitende starre Form der Kostenrechnung für die kostenstellenweise Kostenkontrolle ungeeignet.

Neben den auf die Kostenträger verrechneten Kosten verbleiben in der starren Kostenrechnung noch die Plankosten bei Planbeschäftigung als mögliche Maßkosten für die Kostenkontrolle. Sofern die Planbeschäftigung nicht der Istbeschäftigung entspricht, enthalten die Abweichungen zwischen Plan- und Istkosten Abweichungsbestandteile, die auf das unplanmäßige Eintreten des Kostenbestimmungsfaktors "Beschäftigung" zurückzuführen sind und als "Beschäftigungseinflußgrößenabweichungen" bezeichnet werden sollen.[266] Plankosten können grundsätzlich nicht als geeignete Maßkosten für eine verantwortungsbezogene Kostenkontrolle angesehen werden, da Beschäftigungseinflußgrößenabweichungen meist nicht durch den Kostenstellenleiter zu verantworten sind und damit die Aussagefähigkeit der Plan-Ist-Abweichung stören.[267]

Die Kritik an den Plankosten als Maßkosten und damit an der Eignung starrer Kostenrechnungssysteme für die Kostenkontrolle ist unter Berücksichtigung betriebsspezifischer Situationen zu relativieren. Analog zu den Beschäftigungsabweichungen gilt für die Beschäftigungseinflußgrößenabweichungen, daß diese um so geringer sind, je weniger die Istbeschäftigung von der Planbeschäftigung abweicht. Hinsichtlich des Anteils der Fixkosten an den Gesamtkosten der Kostenstelle zeigt sich im Vergleich zu den Beschäftigungsabweichungen aber ein umgekehrtes Bild insofern, als die Beschäftigungseinflußgrößenabweichungen um so geringer sind, je höher der Fixkostenanteil und je geringer der Anteil proportionaler Kosten an den

---

[266] Genauer müßte hier von "Beschäftigungsabweichungen" gesprochen werden, da es sich um Abweichungen der Einflußgröße Beschäftigung handelt. Da es in der Literatur üblich ist, die Bezeichnung "Beschäftigungsabweichung" primär für die rechentechnisch bedingten Beschäftigungsabweichungen zu verwenden (vgl. z.B. *Kilger*, Flexible Plankostenrechnung, S. 41 f.; *Haberstock*, Kostenrechnung II, S. 262 ff.), sollen zur Unterscheidung der beiden Begriffe die durch Änderungen der Kosteneinflußgröße Beschäftigung enstehenden Unterschiede zwischen den Normal- oder Plankosten bei Normal- bzw. Planbeschäftigung einerseits und den Norm- bzw. Sollkosten bei Istbeschäftigung andererseits "Beschäftigungseinflußgrößenabweichungen" genannt werden.

[267] Die in diesem Abschnitt geübte Kritik an den Plankosten als Maßkosten der Kostenkontrolle bezieht sich nicht generell auf die Plankosten im Sinne von geplanten Kostenwerten, sondern speziell auf die Plankosten bei Planbeschäftigung. Die herausragende Bedeutung geplanter, insbesondere auf Kostengesetzmäßigkeiten und Kostenprognosen beruhender Vorgabewerte und deren Vorteilhaftigkeit gegenüber Ist- und Normalkosten wird in Kapitel D.-III.-3.-c)-cc) dieser Arbeit eingehend gewürdigt.

Gesamtkosten der Kostenstelle ist. Allgemein ergibt sich folgender Zusammenhang:

$$\Delta K_b{}^\circ = \frac{\Delta K_B{}^\circ}{K^p} = \frac{K_P{}^p}{K^p} * \frac{\Delta B}{B^p}$$

wobei:[268] $\Delta K_b{}^\circ$: = Relative Beschäftigungseinflußgrößenabweichung in %

$\Delta K_B{}^\circ$: = Absolute Beschäftigungseinflußgrößenabweichung in DM

K^p : = Plankosten

$K_F{}^p$: = Fixe Plankosten

$K_P{}^p$: = Proportionale Plankosten

ΔB : = Beschäftigungsschwankung (Abweichung der Istbeschäftigung von der Planbeschäftigung)

B^p : = Planbeschäftigung

B^i : = Istbeschäftigung

Unter Berücksichtigung des Wirtschaftlichkeitsprinzips können damit für Betriebe oder Kostenstellen, die einen sehr hohen Fixkostenanteil und/oder geringe Beschäftigungsschwankungen aufweisen, vernachlässigbare Beschäftigungseinflußgrößenabweichungen entstehen, so daß hier auch die starre Kostenrechnung durch den Vergleich von Ist- und Plankosten eine der Verbrauchsabweichung sehr nahe kommende Abweichung ermitteln kann. Abbildung 18 verdeutlicht durch den schraffiert hervorgehobenen Situationsraum, welche Kombinationsmöglichkeiten zwischen dem Anteil der proportionalen Kosten und den Beschäftigungsschwankungen innerhalb eines als akzeptabel erscheinenden Bereiches relativer Beschäftigungseinflußgrößenabweichungen auftreten dürfen, unter der Annahme, relative Beschäftigungseinflußgrößenabweichungen von +/- 1 % seien noch mit dem Genauigkeitsgrundsatz vereinbar. Die Beschäftigungseinflußgrößenabweichungen können dabei als zuviel oder zuwenig in den Maßkosten ange-

---

[268] Der Zusammenhang kann wie folgt aus der Grundgleichung zur Ermittlung der Beschäftigungseinflußgrößenabweichung hergeleitet werden:

$$\Delta K_B{}^\circ = K_F{}^p + \frac{K_P{}^p}{B^p} * B^p - (K_F{}^p + \frac{K_P{}^p}{B^p} * B^i)$$

$$<==> \quad \Delta K_b{}^\circ = \frac{\Delta K_B{}^\circ}{K^p} = \frac{K_P{}^p}{K^p} - \frac{K_P{}^p * B^i}{K^p * B^p}$$

$$<==> \quad \Delta K_b{}^\circ = \frac{K_P{}^p}{K^p} * (1 - \frac{B^i}{B^p}) = \frac{K_P{}^p}{K^p} * (\frac{B^p - B^i}{B^p})$$

setzte proportionale Kosten interpretiert werden. Sie stellen im Gegensatz zu den rein rechentechnisch bedingten Beschäftigungsabweichungen echte Verzehrsmengenabweichungen zwischen tatsächlichem und geplantem Verbrauch dar.[269]

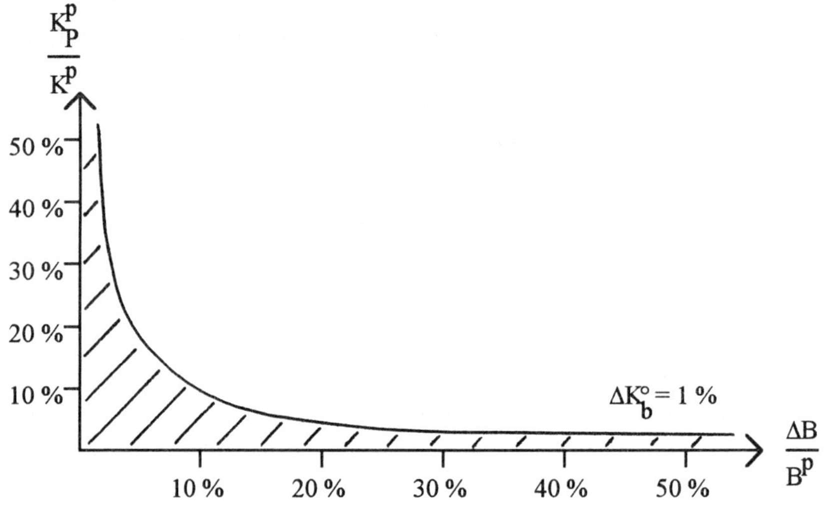

ΔB := Beschäftigungsschwankung
B^p := Planbeschäftigung
K^p := Plankosten
K_P^p := Proportionale Plankosten
ΔK_b° := Relative Beschäftigungseinflußgrößenabweichung in %

Abbildung 18: Die Vernachlässigbarkeit von Beschäftigungseinflußgrößenabweichungen

Ein für die Anwendbarkeit der Plankosten als Maßkosten für die kostenstellenweise Kostenkontrolle erforderlicher hoher Fixkostenanteil in Fertigungskostenstellen kann in erster Linie bei betriebsmittelintensiven Betrieben, die den Betriebsmittelverzehr mittels zeitabhängigen Abschreibungsverfahren abbilden, erwartet werden. Ebenfalls zu den Betrieben, die in der Regel fixkostenintensive Kostenstellen im Produktionsbereich aufweisen, sind die reinen Montagebetriebe zu rechnen, die aus zugekauften Fertigtei-

---

[269] Vgl. *Kilger*, Flexible Plankostenrechnung, S. 38.

len das Endprodukt erstellen.[270] Als Beispiele hierfür können die Endgeräteehersteller in der Unterhaltungs- und Computerindustrie sowie die Fahrzeug- und Bauindustrie angeführt werden. Daneben kommen starre Kostenvorgaben in Kostenstellen zur Anwendung, in denen keine geeignete Bezugsgröße zur Abbildung der Einflußgröße "Beschäftigung" zur Verfügung steht, wie dies in vielen Bereichen der Verwaltung sowie der Forschung- und Entwicklung der Fall ist. Hier verbleibt als Kostenkontrollmöglichkeit häufig nur ein Vergleich der Plan- mit den Istkosten.[271]

Unter Zusammenfassung der gewonnenen Erkenntnisse ergibt sich, daß der Verzicht auf eine istbeschäftigungsangepaßte Maßkostenermittlung in starren Kostenrechnungssystemen zu einer nach dem Genauigkeitsgrundsatz vernachlässigbaren Schwächung der Aussagefähigkeit der Kostenkontrolle führt, wenn der Betrieb oder der zu kontrollierende Betriebsbereich durch geringe Beschäftigungsschwankungen und/oder einen sehr hohen oder einen sehr niedrigen Fixkostenanteil gekennzeichnet ist. Verfügt der Betrieb über einen sehr hohen oder einen sehr geringen Fixkostenanteil, stellen die Plankosten bzw. die auf Vollkostenbasis verrechneten Kosten durchaus geeignete Maßkosten dar, da die in den Abweichungen enthaltenen und nicht isolierbaren Beschäftigungseinflußgrößenabweichungen bzw. Beschäftigungsabweichungen vernachlässigbar gering sind. Abbildung 19 verdeutlicht diesen Zusammenhang unter der Annahme, relative Beschäftigungs- und relative Beschäftigungseinflußgrößenabweichungen von jeweils +/- 1 % seien noch mit dem Genauigkeitsgrundsatz vereinbar. Befindet sich der Betrieb oder einzelne Betriebsbereiche hinsichtlich des Fixkostenanteils und der Beschäftigungsschwankungen in dem schraffiert hervorgehobenen Bereich, kann mit Hilfe der starren Kostenrechnung trotz ihres Verzichts auf eine istbeschäftigungsangepaßte Maßkostenermittlung eine verantwortungsbezogene Kostenkontrolle durchgeführt werden. Damit zeigt sich, daß die von betriebsspezifischen Bedingungen abstrahierende kostenrechnungstheoretische Aussage, "eine auf Wirtschaftlichkeitskontrolle abzielende Plankostenrechnung kann nur eine sogenannte *flexible* Plankostenrechnung sein,"[272] im Rahmen einer situativen Betrachtungsweise zu relativieren ist.

---

[270] Insgesamt betrachtet stellen die Montagebetriebe dabei häufig werkstoffintensive Betriebe dar, wenn sie am Ende der gesamtwirtschaftlichen Wertschöpfungskette stehen, eine sehr geringe Produktionstiefe aufweisen und damit aus einer Vielzahl von zugekauften Fertigteilen, die einen erheblichen Wert besitzen, das Endprodukt montieren. Die Kosten der Fertigteile werden dabei als Kostenträgereinzelkosten den Erzeugnissen direkt zugerechnet und sind nicht Bestandteil der kostenstellenweisen Gemeinkostenkontrolle.

[271] Vgl. *Haberstock*, Kostenrechnung II, S. 21 f.

[272] *Kosiol*, Standardkostenrechnung, S. 28.

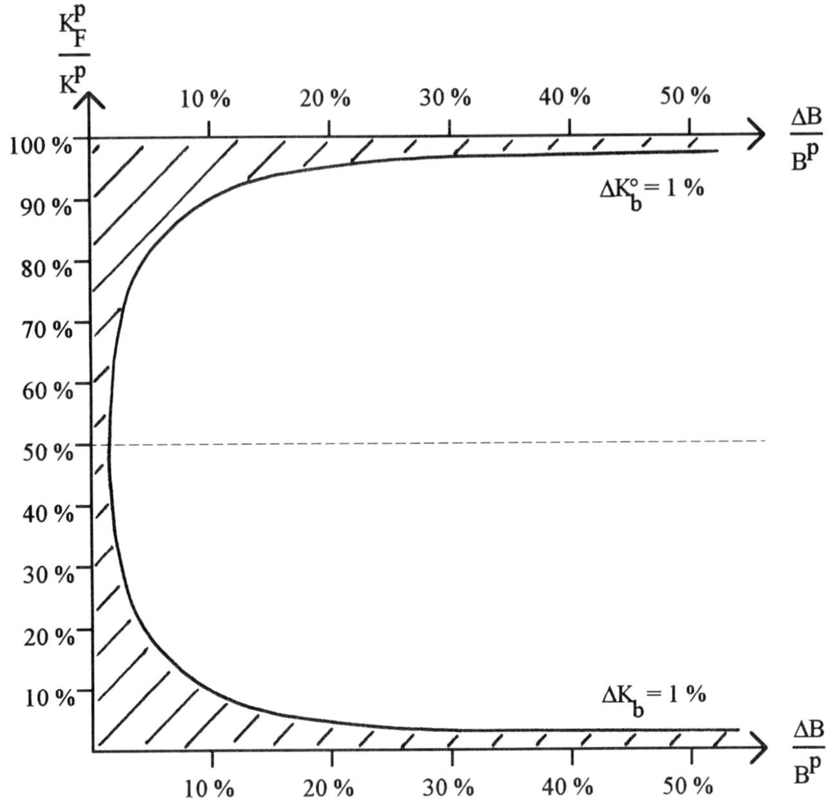

ΔB := Beschäftigungsschwankung
B^p := Planbeschäftigung
K^p := Plankosten
K_F^p := Fixe Plankosten
ΔK_b := Relative Beschäftigungsabweichung in %
ΔK_b° := Relative Beschäftigungseinflußgrößenabweichung in %

Abbildung 19: Anwendungsbereich des Verzichts
auf eine istbeschäftigungsangepaßte Maßkostenermittlung

Gleichzeitig verdeutlicht Abbildung 19, daß sich bei Betrieben und Kostenstellen, bei denen größere Beschäftigungsschwankungen auftreten und die über einen mittelgroßen Fixkostenanteil verfügen, nicht mehr vernachlässigbare Beschäftigungsabweichungen oder Beschäftigungseinflußgrößenabweichungen ergeben. In diesen Fällen kann auf der Grundlage starrer Kostenrechnungssysteme keine verantwortungsbezogene Kostenkontrolle erfolgen, da die genannten Abweichungen vom Kostenstellenleiter nicht beeinflußt werden können und die Aussagefähigkeit der Gesamtabweichung erheblich beeinträchtigen. Weiterhin werden in starren Kostenrechnungssystemen die Abweichungen zwischen Ist- und Plankosten sowie zwischen Istkosten und verrechneten Vollkosten nicht weiter in Teilabweichungen aufgespaltet. Die Gesamtabweichungen sind damit in der Grundrechnung nicht auf einzelne Ursachen, d.h. auf die Wirkung einzelner Kostenbestimmungsfaktoren, zurückzuführen. Zur Eliminierung des Kostenbestimmungsfaktors "Beschäftigung" sowie zur Ermittlung aussagefähiger Teilabweichungen für die Abweichungsanalyse ist eine flexible Kostenrechnung erforderlich, auf die in den folgenden Ausführungen eingegangen wird.

3. Betriebsspezifische Eignung der flexiblen Kostenrechnung für die Kostenkontrolle

Flexible Kostenrechnungssysteme sind allgemein dadurch gekennzeichnet, daß durch die Ermittlung istbeschäftigungsangepaßter Maßkosten die Wirkung der Beschäftigung als des wichtigsten nicht vom Kostenstellenleiter zu vertretenden Kostenbestimmungsfaktors von der Kostenkontrolle ferngehalten wird. Darüber hinaus können in flexiblen Kostenrechnungssystemen durch die Vorgabe spezieller isteinflußgrößenangepaßter Maßkosten Teilabweichungen isoliert werden, die in der Regel den Einfluß einzelner vom Kostenstellenleiter beeinflußbarer Kostenbestimmungsfaktoren aufzeigen und damit eine Ursachenanalyse entstehender Verbrauchsabweichungen ermöglichen sollen.[273]

---

[273] Vgl. *Kilger*, Flexible Plankostenrechnung, S. 26 f. u. S. 39 ff.; *Nowak*, Kostenrechnungssysteme, S. 105 ff.; *Matz*, S. 79 f. Kostenrechnungen, die über die Beschäftigung hinaus auch für die im Rahmen von Anpassungsmaßnahmen beeinflußbaren Kostenbestimmungsfaktoren isteinflußangepaßte Maßkosten ermitteln, werden gelegentlich als "doppelt-", "mehrfach-" oder "voll-flexible" Kostenrechnungssysteme bezeichnet. Vgl. *Neumayer*, W.W.: Berücksichtigung des "Auftrags"- und "Verfahrens"- Wechsels in der Fertigung durch "doppelt-flexible" Plankostenrechnung, in: ZfB, 20. Jg. 1950, S. 403 ff.; *Neumayer*, W.W.: "Voll-flexible" Plankostenrechnung zur Lösung der Kostenrechnungs- und Gewinnbeteiligungsprobleme, in: ZfB, 21. Jg. 1951, S. 397 ff.; *Haberstock*, Kostenrechnung II, S. 23 f. u. S. 266. Dieser Terminologie wird hier nicht gefolgt. Zur Kritik an den Bezeichnungen vgl. *Kilger*, Flexible Plankostenrechnung, S. 43; *Brink*, H.-J.: Die Bedeutung der Kostenrechnung für die Steuerung mehrstufiger Unternehmungen, in: DB, 23. Jg. 1970, S. 795.

Die störende Wirkung des Kostenbestimmungsfaktors "Beschäftigung" wird in der flexiblen Plankostenrechnung dadurch von der Kostenkontrolle ferngehalten, daß bei der Anpassung der Plankosten an die Istbeschäftigung nur die variablen Kosten eine zur Beschäftigungsänderung proportional verlaufende Korrektur erfahren, während die Fixkosten ihrem Wesen entsprechend als beschäftigungsunabhängige Kosten behandelt werden. Durch diese Vorgehensweise, die eine Auflösung der Gemeinkosten in fixe und variable Bestandteile voraussetzt, entstehen als "Sollkosten" bezeichnete Maßkosten, die sich durch eine kostentheoretisch richtige Anpassung der Plankosten an die Istausprägung des Kostenbestimmungsfaktors "Beschäftigung" auszeichnen.[274] Liegt als Grundrechnung eine Vollkostenrechnung vor, kann in flexiblen Kostenrechnungssystemen durch die Kenntnis der Soll- oder Normkosten die zwischen Istkosten und verrechneten Kosten entstehende Gesamtabweichung in zwei Bestandteile aufgespalten werden, in die Beschäftigungsabweichung und in eine Restabweichung, die auf die Änderung aller bislang nicht berücksichtigten Kostenbestimmungsfaktoren zurückgeführt werden kann und als "globale Verbrauchsabweichung" bezeichnet wird.[275] Diese nachträgliche, allein für die Zwecke der Kostenkontrolle erfolgende Anpassung der Maßkosten an die Istbeschäftigung ist in Grenzkostenrechnungen nicht erforderlich. Hier wird die Kostenspaltung bereits für die laufende Verrechnung der Gemeinkosten eingesetzt, indem den Kostenträgern nur die variablen Kosten zugerechnet werden und die Fixkosten als Periodenkosten en bloc in das Betriebsergebnis gelangen. Die verrechneten Kosten einer Kostenstelle als Summe aus den auf die Kostenträger verrechneten und den ins Betriebsergebnis gebuchten Gemeinkosten entsprechen damit den Sollkosten der Kostenstelle. In Grenzkostenrechnungen treten durch die fehlende Proportionalisierung von Fixkosten folglich keine Beschäftigungsabweichungen auf, so daß sich aus der Gegenüberstellung von Istkosten und verrechneten Kosten unmittelbar die globale Verbrauchsabweichung ergibt.[276]

Die durch die Gegenüberstellung von Ist- und Sollkosten ermittelte globale Verbrauchsabweichung kann in der flexiblen Plankostenrechnung als Ausgangspunkt einer weitergehenden Kostenkontrolle dienen. Dabei werden ausgewählte, betrieblich beeinflußbare Kostenbestimmungsfaktoren sukzessive aus der globalen Verbrauchsabweichung isoliert, um die Wirkung

---

[274] Vgl. *Kilger*, Flexible Plankostenrechnung, S. 39 ff. Die den Sollkosten entsprechenden istbeschäftigungsangepaßten Maßkosten der Normalkostenrechnung werden als "Normkosten" bezeichnet. Vgl. *Bergner/Schehl*, S. 335 f.

[275] Vgl. hierzu *Haberstock*, Kostenrechnung II, S. 264.

[276] Vgl. *Kilger*, Flexible Plankostenrechnung, S. 59. Grenzkostenrechnung sind daher stets als flexible Kostenrechnungen zu kennzeichnen.

ihres unplanmäßigen Eintretens auf die Istkostenhöhe aufzudecken. Die dabei ermittelten Teilabweichungen, die als "Spezialabweichungen" bezeichnet werden,[277] stellen häufig die kostenmäßigen Konsequenzen betrieblicher Anpassungsmaßnahmen und des konkreten Produktionsvollzugs wie die Änderung der Intensität, der Maschinenbelegung und der Fertigungsauftragszusammensetzung dar, die in der Kontrollperiode von den Kostenverantwortlichen zur Erreichung der Istbeschäftigung durchgeführt werden. Die Kostenverantwortlichen "tragen zwar nicht die Verantwortung für die Höhe der Istbeschäftigung, aber für die Art und Weise, wie in der einzelnen Kostenstelle diese Istbeschäftigung erreicht wird."[278] Auftretende Teilabweichungen dieser Art sind die Basis für weitergehende Sonderuntersuchungen, in denen diese Teilabweichungen darauf hin zu überprüfen sind, inwiefern sie auf angemessene oder auf unzweckmäßige Maßnahmen zur notwendig gewordenen Beschäftigungsanpassung und auf richtige Dispositionen über den konkreten Produktionsvollzug zurückzuführen sind.[279] Handelt es sich bei den in den Spezialabweichungen zum Ausdruck kommenden Kostenbestimmungsfaktoren um Einflüsse, die nicht vom Kostenstellenleiter beeinflußt werden können, sondern in der Disposition übergeordneter Betriebsbereiche, z.B. der zentralen Arbeitsvorbereitung, liegen, so sind diese Kostenbestimmungsfaktoren aus der globalen Verbrauchsabweichung zu eliminieren und ebenso wie die Beschäftigung von der eigentlichen kostenstellenweisen Kostenkontrolle fernzuhalten.

Die nach Abspaltung der Spezialabweichungen verbleibende Restabweichung ist mit dem unplanmäßigen Eintreten aller bislang unberücksichtigten Kostenbestimmungsfaktoren zu erklären. Dabei kann es sich einmal um betrieblich beeinflußbare Faktoren handeln, deren unplanmäßiges Auftreten das Ergebnis betrieblicher Unwirtschaftlichkeiten sein kann und die bei Bedarf in fallweisen Sonderuntersuchungen einer genaueren Analyse zu unterziehen sind. Ferner sind in der Restabweichung auch die Kostenwirkungen nicht beeinflußbarer Faktoren enthalten, wenn diese vor der eigentlichen Kostenkontrolle nicht ausgeschaltet werden, wie dies z.B. regelmäßig für den Kostenbestimmungsfaktor "klimatische Bedingungen" der Fall ist.

---

277 Vgl. *Haberstock*, Kostenrechnung II, S. 15 u. S. 264 ff.

278 *Hänichen/Nagel*, S. 261.

279 Daneben sei erwähnt, daß die angesprochenen Spezialabweichungen auch dann auftreten können, wenn gar keine Abweichung zwischen Plan- und Istbeschäftigung besteht. Sie können beispielsweise die Folge von Maßnahmen sein, die getroffen werden, um die angestrebte Planbeschäftigung trotz unvorhergesehen auftretender Situationen, z.B. durch Streik bedingte Produktionsausfälle, dennoch zu erreichen.

Eine pauschale Interpretation der Restabweichung als Unwirtschaftlichkeitsabweichung[280] ist demnach nicht haltbar.[281]

Zusammenfassend kann die flexible Kostenrechnung als ein Kostenrechnungssystem beurteilt werden, das durch die Ermittlung isteinflußgrößenangepaßter Maßkosten die Beschäftigung von der Kostenkontrolle fernhält und in der Lage ist, auf ausgewählte Kosteneinflüsse ausgerichtete Spezialabweichungen zu isolieren. Die flexible Kostenrechnung bietet damit eine kostentheoretisch fundierte Grundlage für eine aussagefähige Kostenkontrolle und Abweichungsanalyse und ist als ein der starren Kostenrechnung grundsätzlich überlegenes Kostenrechnungssystem anzusehen.[282] Die mit der flexiblen Ableitung von Maßkosten verbundenen, im Vergleich zur starren Kostenrechnung höheren Informationsermittlungs- und Informationsverarbeitungskosten sind aus Wirtschaftlichkeitsgesichtspunkten allerdings nur bei einem entsprechend höheren Informationsnutzen vertretbar. Im Hinblick auf die istbeschäftigungsangepaßte Maßkostenermittlung kommt eine flexible Kostenrechnung insbesondere für jene Betriebe oder Kostenstellen in Betracht, die neben einem mittleren Fixkostenanteil durch häufig und deutlich in Erscheinung tretende Beschäftigungsschwankungen gekennzeichnet sind. Unter Berücksichtigung der in Abbildung 19 zugrundegelegten Genauigkeitstoleranz von +/- 1 % zeigt sich beispielsweise, daß sich für Betriebe, bei denen der Fixkostenanteil an den Gesamtkosten des Betriebes zwischen 20 % und 80 % liegt, nach einer empirischen Untersuchung sind dies etwa 95 % der befragten Betriebe,[283] in starren Kostenrechnungssystemen bereits bei Beschäftigungsschwankungen von 5 % nicht mehr vernachlässigbare Einschränkungen in der Aussagefähigkeit der Kostenkontrolle ergeben. Weiterhin ist eine flexible Kostenrechnung vor allem für solche Betriebe eine unerläßliche Voraussetzung für die Durchführung einer verantwortungsbezogenen Kostenkontrolle, bei denen der Betrieb insgesamt oder auch der Kostenstellenleiter kurzfristig über Maßnahmen zur Beschäftigungsanpassung oder über die Determinanten des Produktionsvollzugs disponieren kann, da nur durch die flexible Anpassung der Maßkosten an die Istausprägungen ausgewählter Kostenbestimmungsfaktoren Spezialab-

---

[280] Vgl. etwa *Plaut/Müller/Medicke*, S. 64, Fn. 14.

[281] Vgl. hierzu *Kilger*, Flexible Plankostenrechnung, S. 177; *Haberstock*, Kostenrechnung II, S. 265; *Hänichen/Nagel*, S. 262.

[282] Die Auswahl der bereits in der Grundrechnung zu ermittelnden Spezialabweichungen ist dabei von den individuellen Gegebenheiten des Betriebes und seiner organisatorischen Teilbereiche abhängig und wird in Kapitel E. dieser Untersuchung eingehender zu behandeln sein.

[283] Vgl. *Schehl*, S. 213, Abbildung 64.

weichungen ermittelbar sind, die Hinweise auf die Ursachen entstandener Verbrauchsabweichungen liefern.

Nachdem mit der Auswahl eines dem betriebsindividuellen Informationsbedarf gerecht werdenden Kostenrechnungssystems die Basiskonzeption der Grundrechnung bestimmt ist, sind im zweiten Schritt der Grundrechnungsgestaltung der konkrete Ablauf sowie die Aufbauelemente der Rechnung festzulegen. In den nachfolgenden Ausführungen soll am Beispiel der Grenzplankostenrechnung untersucht werden, inwiefern im Rahmen dieser Gestaltungsphase betriebsspezifische Gegebenheiten zu berücksichtigen sind.

E. Die Berücksichtigung betriebsspezifischer Besonderheiten bei der detaillierten Gestaltung des Kostenrechnungssystems - dargestellt am Beispiel der Grenzplankostenrechnung

Der Auswahl eines Kostenrechnungssystems schließt sich die unter Berücksichtigung betriebsspezifischer Gegebenheiten vorzunehmende Festlegung aufbau- und ablaufbestimmender Wesensmerkmale der Grundrechnungskonzeption an. Wenngleich mit den vorangehenden Ausführungen gezeigt werden konnte, daß auch Grundrechnungen auf der Basis von Ist- und Normalkostenrechnungssystemen, in Form der Vollkostenrechnung und/oder auf der Grundlage starrer Systeme unter bestimmten betrieblichen Bedingungen zur Erfüllung von Entscheidungs- und Kontrollaufgaben geeignet sind, soll nachfolgend allein am Beispiel der Grenzplankostenrechnung, die als flexible Plan- und Teilkostenrechnung gekennzeichnet ist, die konkrete Festlegung aufbau- und ablaufbestimmender Kostenrechnungsmerkmale erörtert werden. Damit wird dem Umstand Rechnung getragen, daß dieses System für die überwiegende Mehrzahl betrieblicher Erscheinungsformen zur Erfüllung kostenrechnerischer Zwecke am besten geeignet ist. Durch die weitgehende Anwendbarkeit und Vorteilhaftigkeit der Grenzplankostenrechnung ist die Möglichkeit gegeben, sämtliche Fragen der konkreten Ablauf- und Aufbaugestaltung der Grundrechnung im Hinblick auf die jeweils relevanten Zwecksetzungen und unter Berücksichtigung einer Vielzahl von betriebsspezifischen Gegebenheiten zu diskutieren. Durch die Wahl eines zur Grenzplankostenrechnung alternativen Kostenrechnungssystems würde es zu einer Eingrenzung des Untersuchungsbereichs kommen, da diese Systeme einige wesentliche Kostenrechnungszwecke nur unter speziellen Betriebsbedingungen zu erfüllen vermögen und im Vergleich zur Grenzplankostenrechnung für eine geringere Zahl von Betriebstypen die zweckmäßige Basiskonzeption darstellen.

Den folgenden Ausführungen liegt der Ablauf der konkreten Grundrechnungsgestaltung als primäres Gliederungskriterium zugrunde. Innerhalb der sich daraus ergebenden Unterteilung in Merkmale, die bei Einführung oder grundlegender Überarbeitung, planungsperiodisch oder abrechnungsperiodisch festzulegen sind, werden auf der sekundären Gliederungsebene aufbau- und ablaufbezogene Gestaltungselemente der Kostenarten-, Kostenstellen- und Kostenträgerrechnung diskutiert. Angesichts des Umstandes, daß ein Betrieb, der sich für die Grenzplankostenrechnung als Basiskonzeption der Grundrechnung entscheidet, der Erfüllung von Entscheidungs- und Kontrollzwecken besondere Bedeutung beimißt, stehen die im Zusammenhang mit der Kostenplanung und -kontrolle festzulegenden Wesensmerkmale im Vordergrund der folgenden Erörterung betriebsspezifischer Besonderheiten der Kostenrechnungsgestaltung. Dabei werden insbesondere urbildbedingte Einflußfaktoren und Rahmenbedingungen der Kostenrechnungsgestaltung zu berücksichtigen sein, da diese einen erheblichen Einfluß auf die konkrete Ausgestaltung der das kostenrechnerische Urbild abbildenden Kostenrechnungselemente haben. Die primär über den Informationsbedarf wirkenden Faktoren hingegen treten in den Hintergrund der Betrachtungen, zum einen, weil ihrem Einfluß bereits durch die Entscheidung für ein Kostenrechnungssystem weitgehend Rechnung getragen wurde, zum anderen, weil sich der Informationsbedarf zum Teil aus den Besonderheiten des Urbildes ableitet und er insofern auch durch die Berücksichtigung urbildbedingter Einflußfaktoren Beachtung findet.[1]

I. Bei Einführung oder grundlegender Überarbeitung der Grenzplankostenrechnung festzulegende Gestaltungsmerkmale

Im Rahmen der Einführung oder grundlegenden Überarbeitung der Grenzplankostenrechnung stehen die längerfristig zu bestimmenden Aufbaumerkmale der Grundrechnung zur Disposition, wobei die Festlegung der Rechnungsperioden, die Gliederung der Kostenträger, die Einteilung des Betriebes in Kostenstellen, die Wahl der Bezugsgrößen sowie die Gliederung der Kostenarten als Teilphasen des Gestaltungsprozesses unterschieden werden können. Die Aufeinanderfolge dieser Teilphasen entspricht der für die praktische Kostenrechnungsgestaltung zweckmäßigen rückwärtsschreitenden Mittel-Zweck-Heuristik, nach der auswertungsbezogene Gestaltungsmerkmale vor zurechnungs- und erfassungsbezogenen Merkmalen festzulegen sind.[2]

1. Festlegung der Rechnungsperioden

Die Kostenrechnung kann ihre Informationsaufgaben nur dann hinreichend erfüllen, wenn die Totalperiode des Betriebes in zweckmäßige Teilperioden gegliedert wird. In der Grenzplankostenrechnung lassen sich - wie

---

[1] Zu den wechselseitigen Beziehungen zwischen Urbild und Informationsbedarf vgl. Kapitel C.-I.-3. dieser Untersuchung.

[2] Vgl. hierzu die Ausführungen in Kapitel D.-I. dieser Untersuchung.

in jeder Planungsrechnung - grundsätzlich zwei Periodenarten unterscheiden: die Planungs- und die Abrechnungsperiode. Die Planungsperiode umfaßt in der Regel als übergeordneter Zeitrahmen mehrere Abrechnungsperioden. In Ausnahmefällen, z.B. wenn wie bei mittel- und langfristiger Einzelfertigung eine sinnvolle Unterteilung der Planungsperiode in einzelne Abrechnungsperioden nicht durchführbar ist, können Planungs- und Abrechnungsperiode zusammenfallen. Ein Überschreiten der Planungsperiode durch die Abrechnungsperiode ist demgegenüber unzweckmäßig, da die in der Abrechnungsperiode durchzuführenden Kontrollaufgaben aufgrund des Fehlens von Plan- oder Sollvorgaben für den nicht deckungsgleichen Zeitraum der beiden Vergleichsperioden nicht gelöst werden können. Im folgenden soll getrennt nach den beiden Periodenarten aufgezeigt werden, wie sich betriebsindividuelle Gegebenheiten auf die Wahl geeigneter Planungs- und Abrechnungsperioden auswirken können.

a) Festlegung der Planungsperiode

Die Länge der Planungsperiode, auch Planungserstreckungs- oder Planungswirkungszeitraum genannt, wird durch den Anfangs- und den Endzeitpunkt (Planungshorizont) der Gültigkeitsdauer der Planinhalte bestimmt.[3] Zur Ermittlung des optimalen Planungshorizontes werden in der Literatur Aussagen getroffen, die insbesondere auf entscheidungstheoretischen und investitionsrechnerischen Überlegungen beruhen. Beispielsweise ist für *Modigliani* der optimale Planungshorizont erreicht, wenn die (Investitions-)Objekte, die nach dem Planungshorizont realisiert werden können, eine Entscheidung zum Anfangszeitpunkt der Planungsperiode nicht mehr beeinflussen.[4] Nach *Mag* kann die Planungsperiode nur so lang sein, wie Informationen zur Verfügung stehen, um die Alternativen und ihre ökonomischen Konsequenzen unterscheiden zu können,[5] und nach *Teichmann* soll der Planungshorizont dort festgelegt werden, wo bei gegebenen Handlungsmöglichkeiten eine Aktion endgültig als vorteilhafteste erkannt werden kann, d.h., der Planungshorizont muß nur so weit reichen, wie die Rangfolge zwischen Handlungsalternativen das letzte Mal wechselt.[6] Diese

---

[3] Vgl. *Mag*, W.: Zeitprobleme in der Unternehmungsplanung, in: WISU, 19. Jg. 1990, S. 696; *Lücke*, W.: Fristigkeit der Pläne, in: Szyperski, N. (Hrsg.): HWPlan, Stuttgart 1989, Sp. 536.

[4] Vgl. *Modigliani*, F.: The Measurement of Expectations, in: Econometrica, Vol. 20, 1952, S. 482.

[5] Vgl. *Mag*, W.: Planungsstufen und Informationsteilprozesse, in: ZfbF, 23. Jg. 1971, S. 819.

[6] Vgl. *Teichmann*, H.: Der optimale Planungshorizont, in: ZfB, 45. Jg. 1975, S. 304.

theoretischen Empfehlungen sind nicht ohne weiteres auf die Verhältnisse und Anforderungen der Plankostenrechnung übertragbar und scheinen für eine praktische Handhabung wenig geeignet zu sein.[7] Zudem wird bei diesen Überlegungen häufig allein auf den Informationsnutzen abgestellt, d.h., es wird angenommen, daß der optimale Planungshorizont dann vorliegt, wenn der Informationswert der Planung bezüglich eines Entscheidungsproblems zum Anfangszeitpunkt der Planungsperiode sein Maximum erreicht. Die mit zunehmender Dauer der Planungsperiode ansteigenden Informationskosten erfahren indessen keine oder nur eine ungenügende Berücksichtigung.[8]

Ein für die Plankostenrechnung denkbarer Ansatzpunkt zur Bestimmung des optimalen Planungshorizontes besteht in der Nutzen-Kosten-Analyse verschiedener Planungsperioden. Danach ist jene Periodenlänge zu wählen, bei der die Differenz zwischen Informationsnutzen und -kosten, d.h. der Ertrag der Kosteninformationen, je Periodeneinheit den maximalen Wert erreicht.[9] Allerdings sind dieser Vorgehensweise durch die Probleme der Kosten- und vor allem der Nutzenermittlung von Kosteninformationen ebenfalls Grenzen hinsichtlich ihrer praktischen Anwendung gesetzt, so daß bei der Festlegung der Planungsperiode regelmäßig auf Ersatzkriterien zurückgegriffen werden muß. Hierzu ist es sinnvoll, die wesentlichen Einflußfaktoren, die über die Länge des Planungshorizontes auf die Höhe des Informationsertrages wirken, zu betrachten und entsprechend deren betriebsindividuellen Ausprägungen die konkrete Bestimmung des Planungshorizontes vorzunehmen.

Der Planungshorizont und damit die Festlegung der Planungsperiodeneinteilung sind grundsätzlich vom Zweck der Planungsrechnung abhängig.[10] Die mit der Durchführung der Grenzplankostenrechnung hauptsächlich verfolgten Zwecksetzungen der Unterstützung unternehmerischer Dispositionen durch die Bereitstellung entscheidungsrelevanter Kosten, der Wirt-

---

[7] Vgl. *Mag*, Zeitprobleme, S. 697.

[8] Vgl. *Teichmann*, S. 304.

[9] Der Informationsertrag je Periodeneinheit ist als Entscheidungskriterium zur Bestimmung des optimalen Planungshorizontes zu wählen, wenn - wie bei der Grundrechnung der Plankostenrechnung gegeben - eine laufende Wiederholung der Planungsaufgabe erfolgt. Handelt es sich dagegen um eine einmalig auftretende Planungsaufgabe, z.B. Planungen im Rahmen von Sonderrechnungen, die voraussichtlich nicht wiederholt werden, ist der Planungshorizont so weit in die Zukunft zu verschieben, bis das Verhältnis von Informationsnutzen zu -kosten einen vorgegebenen Wert gerade noch überschreitet oder erreicht. Der Vorgabewert kann dabei nach dem Opportunitätskostenprinzip aus dem Zinssatz der günstigsten anderweitigen Anlage, z.B. dem durchschnittlichen Zinssatz auf dem Kapitalmarkt, abgeleitet werden.

[10] Vgl. etwa *Lücke*, Fristigkeit, Sp. 538.

schaftlichkeitskontrolle einzelner Betriebsbereiche sowie der Erstellung von Plankalkulationen und Kostenträgerzeitrechnungen sind überwiegend kurzfristiger Natur. Folgerichtig wird die Grenzplankostenrechnung den kurzfristigen Unternehmensplanungen zugerechnet und meist das Kalenderjahr als Planungsperiode vorgeschlagen,[11] dem unter den Planungsperioden sowohl in der Theorie als auch in der Praxis insgesamt die größte Bedeutung zukommt.[12]

Die Zweckmäßigkeit einer Ausweitung der jahresbezogenen Planungsperiode für Betriebe, die aufgrund betriebsspezifischer Gegebenheiten kurzfristigen Rechnungszwecken keine oder nur eine untergeordnete Bedeutung beimessen und bei denen statt dessen längerfristige Auswertungszwecke im Vordergrund des betrieblichen Interesses stehen,[13] ist indessen in Frage zu stellen, da dies dem Charakter der Grenzplankostenrechnung als kurzfristigen Informationsinstrumentes widerspricht. Die Ausrichtung der Grenzplankostenrechnung auf vorwiegend längerfristige Rechnungszwecke kommt vielmehr der Schaffung eines neuen Rechnungsinstrumentes gleich, das ähnliche Wesenszüge aufweist wie andere auf längerfristige Auswertungszwecke spezialisierte Instrumente wie die Investitionsrechnung.[14] Ein Abweichen von der jahresbezogenen Planungsperiode der Grenzplankostenrechnung kann folglich nur eingeschränkt aus dem Grundsatz der Orientierung der Planungsperiodenwahl am Zeitbezug der vorwiegend zu erfüllenden Rechnungszwecke abgeleitet werden, da die Grenzplankostenrechnung untrennbar mit der Erfüllung überwiegend kurzfristiger Rechnungszwecke verbunden ist. Für Betriebe, bei denen kurzfristige Auswertungszwecke hinsichtlich ihrer Bedeutung hinter längerfristigen zurücktreten, ist es in der Regel zweckmäßig, auf die Grenzplankostenrechnung zugunsten eines einfacheren Kostenrechnungssystems wie der Normalkostenrechnung zu ver-

---

[11] Vgl. beispielsweise *Kilger*, Flexible Plankostenrechnung, S. 297; *Haberstock*, Kostenrechnung II, S. 40.

[12] Vgl. *Bergner*, Zur betrieblichen Planung, S. 17.

[13] Diese Forderung findet sich z.B. bei *Gruber*, H.: Grenzen der Plankostenrechnung für mittelfristige Planungs- und Entscheidungsrechnungen, in: Scheer, A.-W.(Hrsg.): Rechnungswesen und EDV, 10. Saarbrücker Arbeitstagung 1989, Rechnungswesen im Unternehmen der 90er Jahre, Heidelberg 1989, S. 127 f.

[14] Zur investitionstheoretischen Ausrichtung der Kostenrechnung vgl. etwa *Kloock*, J.: Perspektiven der Kostenrechnung aus investitionstheoretischer und anwendungsorientierter Sicht, in: Gaugler, E./Meissner, H.G./Thom, N. (Hrsg.): Zukunftsaspekte der anwendungsorientierten Betriebswirtschaftslehre, Erwin Grochla zum 65. Geburtstag gewidmet, Stuttgart 1986, S. 294 ff.; *Küpper*, H.-U.: Investitionstheoretische Fundierung der Kostenrechnung, in: ZfbF, 37. Jg. 1985, S. 26 ff. Ein umfassender Überblick über weitere längerfristige Entwicklungslinien der Kostenrechnung findet sich bei *Schehl*, S. 390 ff.

zichten und für den längerfristig orientierten Informationsbedarf andere, längerfristig ausgerichtete Instrumente des Rechnungswesens zu nutzen.

Der Zuordnung der Grenzplankostenrechnung zu den kurzfristigen Instrumenten des Rechnungswesens steht indessen nicht entgegen, die Informationen der Grenzplankostenrechnung auch für längerfristige Auswertungszwecke zu verwenden.[15] Beispielsweise sind zur Planung des Zukunftserfolges bei der Unternehmensbewertung,[16] zur Wirtschaftlichkeitsbeurteilung von Industriebauten[17] oder zur Planung des operativen Werkzeugmaschineneinsatzes[18] Kosteninformationen heranzuziehen, die sich durch eine kurzfristige Betrachtung besonders deutlich und genau analysieren lassen und aus einer an kurzfristigen Planungsperioden orientierten Grenzplankostenrechnung gewonnen werden können.

Ausgehend von der durch die Auswertungszwecke bestimmten grundsätzlichen Orientierung an kurzfristigen Planungsperioden kann es unter bestimmten betrieblichen Bedingungen zweckmäßig sein, von der jahresbezogenen Planungsperiode abzuweichen und über- oder unterjährige Planungsperioden zu wählen. Die Zweckmäßigkeit dieses Abweichens wird einmal durch die Fertigungsdauer beeinflußt. Die Einbindung der Kostenplanung in die betriebliche Gesamtplanung sowie die Ableitung der Planverbrauchsmengen aus der Planleistung lassen eine Orientierung der Planungsperiodenwahl an der Fertigungsdauer als sinnvoll erscheinen. Beispielsweise kann es für Betriebe mit langfristiger Einzelfertigung vorteilhaft sein, zur besseren Abstimmung der Kostenplanung mit der Auftrags- und Produktionsplanung von einer streng kalenderzeitorientierten jährlichen Kostenplanung abzuweichen und statt dessen eine projekt- und auftragsorientierte Planungsperiode zu wählen. Entsprechend ist es für Betriebe mit mittelfristiger Einzelfertigung, bei denen die Fertigungskapazitäten des Betriebes durch Einzelaufträge über mehrere Monate oder Quartale hinweg gebunden sind, vorstellbar, unterjährige und flexibel an der Fertigungszeit der Aufträge orientierte Planungsperioden festzulegen. Die an der Fertigungsdauer der Leistungen und Aufträge angelehnte Planungsperiodenwahl setzt allerdings voraus, daß der sämtliche in der Kostenplanung abzubil-

---

[15] Vgl. *Bergner/Schehl*, S. 303.

[16] Vgl. *Bergner*, Bewertung, S. 179.

[17] Ein wesentliches Kriterium zur Wirtschaftlichkeitsbeurteilung von Industriebauten stellen die sogenannten Gebäudekosten, d.h. die einer Investition in Industriebauten folgenden sowie für deren Betrieb und Unterhaltung anfallenden Kosten, dar. Zum Begriff der Gebäudekosten, ihrer Bestandteile und Bedeutung für die Wirtschaftlichkeitsbeurteilung von Industriebauten vgl. *Brittinger*, Th.: Betriebswirtschaftliche Aspekte des Industriebaues, Eine Analyse der baulichen Gestaltung industrieller Fertigungsstätten, Diss., Berlin 1992, S. 152 ff.

[18] Vgl. hierzu *Moroff*, S. 217 ff.

dende Faktoreinsatz auf die der Planungsperiode zugrundeliegende Leistung gerichtet ist. Treten mehrere verschiedenartige Leistungen oder Aufträge gleichzeitig und mit unterschiedlicher Fertigungsdauer auf, kann keine an der Fertigungsdauer einer Einzelleistung oder eines einzelnen Auftrags orientierte Planungsperiode für den Gesamtbetrieb gewählt werden, da sich ansonsten meist große Periodenabgrenzungsprobleme bei den übrigen Leistungen und der für ihre Erstellung einzusetzenden Produktionsfaktoren ergeben. Die Verwendung streng anhand der Fertigungszeit einer Einzelleistung oder eines Auftrags gebildeter Planungsperioden bleibt daher in der Regel auf Betriebe mit lang- und mittelfristiger Wechselfertigung unter Ausschluß von Parallelfertigung begrenzt.

Neben der Fertigungsdauer können der Wandelbarkeit der Planungsobjekte sowie der Schwierigkeit der Planungsaufgabe,[19] die in der Vorhersehbarkeit der Planungsobjekte zum Ausdruck kommt, ein Einfluß auf die Länge der Planungsperiode zugesprochen werden. Grundsätzlich gilt, daß Betriebe mit großer Veränderbarkeit und geringer Vorhersehbarkeit der Planungsobjekte kürzere Planungsperioden wählen müssen, um Plankosteninformationen mit demselben Fundiertheitsgrad zu erhalten wie Betriebe, die sich durch eine geringe Wandelbarkeit und eine relativ gute Vorhersehbarkeit der Planungsobjekte auszeichnen. Die Wandelbarkeit und Vorhersehbarkeit der Kosteneinflußgrößenausprägungen ist als Einflußfaktor für die Wahl der Planungsperiode nicht für jeden Rechnungszweck und nicht für jede Kosteneinflußgröße gleichermaßen von Bedeutung. Für die Wirtschaftlichkeitskontrolle spielen die Veränderbarkeit und Vorhersehbarkeit der Einflußgrößenausprägungen eine vergleichsweise geringe Rolle, da für diesen Zweck nicht die möglichst genaue und zuverlässige Voraussage eines zukünftig zu erwartenden Istzustandes, sondern die Vorgabe von Sollwerten im Vordergrund der Bemühungen steht.[20] Dabei werden die nicht der Kostenkontrolle zu unterziehenden Kosteneinflußgrößen durch ihren gleichwertigen Ansatz sowohl in den Ist- als auch in den Sollkosten eliminiert oder isoliert, entweder indem die der Planung zugrundeliegenden Einflußgrößenausprägungen auch bei der Ermittlung der Istkosten zugrunde gelegt werden, z.B. bei den Faktorpreisen und der Betriebsbereitschaft, oder indem für einzelne Kosteneinflüsse eine flexible Anpassung der Plankosten an die tatsächlich eingetretenen Istausprägungen dieser Einflußgrößen erfolgt, wie etwa beim Beschäftigungsgrad oder bei der Auftragszusammensetzung. Für die Zwecke der Plankalkulation sowie für die Unterstützung dispositiver Aufgaben ist die Vorhersehbarkeit zukünftiger Kostenverhältnisse dagegen von großer Bedeutung. Unvorhergesehene Abwei-

---

[19] Vgl. *Wenz*, S. 358.

[20] Vgl. *Bergner*, Bewertung, S. 185.

chungen der tatsächlichen von den geplanten Ausprägungen einzelner Kosteneinflußfaktoren, beispielsweise der Faktorpreise, der Rohstoffqualitäten oder der Determinanten des Produktionsvollzugs, können die Aussagefähigkeit der Grenzplankostenrechnung einschränken und die Erfüllung der genannten Zwecke gefährden.

Überjährige Planungsperioden kommen insbesondere für solche Betriebe in Frage, bei denen die Ausprägungen der Planungsobjekte, d.h. die Planausprägungen der Kosteneinflußfaktoren, über einen längeren Zeitraum hinweg festgelegt sind und die damit durch eine geringe Wandelbarkeit der Planungsobjekte und eine gute Vorhersehbarkeit der Kostenbestimmungsfaktoren gekennzeichnet sind. Hierzu zählen z.B. Betriebe mit Massen- und Großserienfertigung, die sich durch langfristige Lieferverträge im Beschaffungsbereich, langfristig festgelegte innerbetriebliche Transport- und Produktionsabläufe sowie relativ konstante Absatzbedingungen auszeichnen. Unter diesen Gegebenheiten besitzen die der Planung zugrundegelegten Rahmenbedingungen häufig eine längerfristige Gültigkeit, so daß anstelle einer jährlichen Planung eine mehrjährige, z.B. zwei- oder dreijährige Planung in der Grundrechnung ausreicht und für gelegentlich auftretende Änderungen der Rahmenbedingungen fallweise Planrevisionen durchgeführt werden.

In Abweichung vom Kalenderjahr kann es für bestimmte Betriebe zweckmäßig sein, aufgrund der starken Veränderbarkeit und der geringen Vorhersehbarkeit der Planungsobjekte kürzerperiodische Kostenplanungen vorzunehmen. Beispielsweise können in Saisonbetrieben die Art der zu erstellenden Leistungen sowie die kostenbestimmenden Einflüsse des Faktoreinsatzes von Saison zu Saison so stark differieren, daß eine ausreichend zuverlässige Planung nur durch eine spezielle Saisonplanung und durch die Wahl einer am jeweiligen Saisonzeitraum ausgerichteten Planungsperiode möglich wird. Ferner kann die Entscheidung für eine unterjährige, z.B. halbjährlich oder quartalsweise erfolgende Kostenplanung für Betriebe mit kurzfristiger Bestellfertigung, die in Einzel- oder Kleinserienfertigung ein breites Produktsortiment anbieten, richtig sein. Diese Betriebe haben sich mit laufend veränderten Bedingungen der Leistungserstellung auseinanderzusetzen und benötigen für die Unterstützung der vielfältigen kurzfristigen Dispositionen, wie etwa über die Annahme von Zusatzaufträgen oder die Durchführung der kurzfristigen Produktionsplanung, entscheidungsrelevante Plankosteninformationen, die durch ein hohes Maß an Aktualität und Realitätsnähe gekennzeichnet sind. Die Verkürzung der Planungsperiode auf Halbjahres- oder Quartalsplanungen ist eine Möglichkeit, um den genannten Anforderungen an die Plankosteninformationen besser gerecht zu werden. Eine Alternative zu dieser Vorgehensweise besteht darin, die jahresbezogene Planungsperiode in der Grundrechnung beizubehalten und bei Änderungen der Planungsgrundlagen fallweise Planrevisionen durchzuführen oder Sonderkalkulationen zu erstellen, damit für kurzfristige Entscheidungen aktuelle Plankosteninformationen zur Verfügung stehen.[21]

Neben der Fertigungsdauer sowie der Wandelbarkeit und Vorhersehbarkeit der Planungsobjekte sind die Qualität des Planungspersonals sowie das zur Verfügung stehende Planungsinstrumentarium wichtige Einflußfaktoren auf die Wahl des Planungshorizontes. Weite Planungshorizonte erfordern einen hohen Kenntnisstand der in die Kostenplanung eingebundenen Personen sowie den Einsatz aufwendiger Planungsinstrumente. Zur Qualität der Planungsinstrumente tragen der Entwicklungsstand der betrieblichen Datenverarbeitungstechnik sowie die Auswertungsmöglichkeiten der Betriebsdatenerfassung bei. Letztere kann vor allem zur Ermittlung funktionaler Abhängigkeiten zwischen Faktorverbrauch und Kosteneinflüssen eingesetzt werden, wodurch wiederum die Vorhersehbarkeit der Planverbrauchsmengen wesentlich beeinflußt wird. Die personalen und instrumentalen Gegebenheiten sind mithin lediglich von sekundärer Bedeutung für die Wahl des Planungshorizontes, da sie im Sinne von Hygienefaktoren nur von Bedeutung sind, wenn aufgrund ihres mangelhaften Auftretens ein nach Maßgabe des Planungsobjektes zweckmäßig erscheinender weiter Planungshorizont nicht verwirklicht werden kann.[22]

Zusammenfassend ist festzuhalten, daß die Wahl der Planungsperiode der kostenrechnerischen Grundrechnung durch eine Reihe von betriebsspezifischen Gegebenheiten beeinflußt wird. Die mit der Grenzplankostenrechnung überwiegend verfolgten Zwecksetzungen bedingen einen tendenziell kurzfristigen Planungshorizont, der durch die betriebsindividuellen Ausprägungen der Fertigungszeit, der Wandelbarkeit und Vorhersehbarkeit der Planungsobjekte sowie der zur Verfügung stehenden personalen und instrumentalen Planungskapazitäten eine Ausweitung oder Verkürzung erfahren kann.

---

[21] Den Weg der Verkürzung der Planungsperiode zur besseren Unterstützung kurzfristiger Dispositionen mit entscheidungsrelevanten Kosteninformationen schlägt auch *Kilger* im Rahmen seiner dynamischen Grenzplankostenrechnung vor, in der ausgehend von der als Basiskalkulation dienenden jahresbezogenen Plankalkulation Sonderkalkulationen abgeleitet werden, die sich auf kürzere Planungsperioden beziehen und damit den Informationsanforderungen kurzfristiger Entscheidungsprobleme besser gerecht werden sollen. Vgl. *Kilger*, Weiterentwicklung, S. 32 ff.

[22] Bei der Qualität des Planungspersonals und des Planungsinstrumentariums handelt es sich um abdingbare Faktoren, so daß die Möglichkeit besteht, die betrieblichen Gegebenheiten etwa durch Schulungsmaßnahmen, die Auswahl entsprechend qualifizierter Mitarbeiter und die Bereitstellung geeigneter Planungsinstrumente an die Erfordernisse eines weiten Planungshorizontes anzupassen.

b) Festlegung von Abrechnungsperioden

Neben dem Planungshorizont ist für die Grundrechnung der Grenzplankostenrechnung die Länge der Abrechnungsperiode für solche Abrechnungsbestandteile festzulegen, die im Sinne der Grundrechnung laufend durchgeführt werden sollen. Hierzu gehören in der Regel der kostenstellenweise Soll-Ist-Vergleich zur Wirtschaftlichkeitskontrolle des Betriebsgeschehens sowie die Kostenträgerzeitrechnung. Zur Bestimmung der optimalen Abrechnungsperiode kann wiederum eine Nutzen-Kosten-Analyse herangezogen werden, wobei sich für die praktische Anwendung die Abschätzung eines günstigen Nutzen-Kosten-Verhältnisses durch die Berücksichtigung der betriebsspezifischen Ausprägungen der auf die Wahl der Abrechnungsperiode wirkenden Einflußfaktoren empfiehlt. Die Periodenwahl ist für beide Abrechnungen grundsätzlich getrennt durchzuführen, um zu Periodeneinteilungen zu gelangen, die auf die speziellen Bedürfnisse der jeweiligen Rechnung abgestimmt sind. Im folgenden wird daher eine nach der Rechnungsart differenzierende Betrachtung der betriebsindividuellen Abrechnungsperiodenwahl vorgenommen.

aa) Einflüsse auf die Wahl der Abrechnungsperiode für den kostenstellenweisen Soll-Ist-Vergleich

Für die Länge der Abrechnungsperiode des kostenstellenweisen Soll-Ist-Vergleichs gilt zunächst der Grundsatz, daß diese möglichst kurz gewählt werden sollte, um betriebliche Unwirtschaftlichkeiten frühzeitig erkennen und Gegenmaßnahmen zur Vermeidung zukünftiger Unwirtschaftlichkeiten einleiten zu können.[23] Dieser Forderung nach einer sehr kurzen, z.B. täglichen oder arbeitsschichtbezogenen Abrechnungsperiode steht eine Reihe praktischer Probleme entgegen, denen von Betrieb zu Betrieb eine unterschiedliche Bedeutung zukommt und deren konsequente Berücksichtigung zu betriebsindividuell verschiedenen Abrechnungsperioden führen kann. Im folgenden werden die Einflüsse der Istkostenerfassung, der Istbezugsgrößenerfassung und des Kostenbeeinflussungspotentials auf die Wahl der Abrechnungsperiode einer näheren Betrachtung unterzogen.

---

[23] Vgl. *Schmalenbach*, Kostenrechnung, S. 17; *Kilger*, Flexible Plankostenrechnung, S. 592; *Wenz*, S. 359.

(1) Die Istkostenerfassung

Die Wahl einer möglichst kurzen Abrechnungsperiode wird durch die Schwierigkeiten der Istkostenerfassung eingeschränkt, wobei als Einzelprobleme insbesondere die Verbrauchsmengenermittlung, die Periodisierung und die Kostenzurechnung zu nennen sind.[24] Je kürzer die Abrechnungsperiode gewählt wird, desto häufiger sind die Istverbrauchsmengen der Produktionsfaktoren zu bestimmen und desto höher werden die Informationskosten des Soll-Ist-Vergleichs. Betriebe, bei denen eine Vielzahl verschiedener Produktionsfaktoren zum Einsatz kommt, können einen detaillierten, alle Kostenarten umfassenden Soll-Ist-Vergleich nur in relativ großen Zeitabständen, z.B. monatlich oder quartalsweise, durchführen. Als Beispiel hierfür sind insbesondere Betriebe mit hochsynthetischer Fertigung wie Montagebetriebe zu nennen, deren Erzeugnisstücklisten nicht selten mehrere hundert Einzelpositionen umfassen. Kürzerperiodische, z.B. wöchentliche oder vierzehntägige Kostenkontrollen sind für diese Betriebe in der Regel nur durchführbar, wenn sich die Kostenkontrolle auf einige wenige Kostenarten beschränkt, die ein hohes Kostenbeeinflussungspotential seitens des Betriebes besitzen und zudem leicht erfaßbar sind. Treten in einer Kostenstelle viele betragsmäßig eher unbedeutende Kostenarten auf, so daß ein Auswahlproblem der zu kontrollierenden Kostenarten besteht, kann auch eine Stichprobenprüfung durchgeführt werden, bei der in jeder Abrechnungsperiode die der Kontrolle zu unterziehenden Kostenartenpositionen nach dem Zufallsprinzip ausgewählt werden. Bei Betrieben mit geringer Anzahl unterschiedlicher Kostenarten, zu denen vornehmlich die Betriebe mit analytischer und durchlaufender Fertigung zu rechnen sind, ergeben sich dagegen günstigere Voraussetzungen für die Wahl einer kurzen Abrechnungsperiode. So sind insbesondere für Betriebe der Urproduktion (z.B. Abbaubetriebe) und für Veredelungsbetriebe (z.B. galvanische Betriebe, Lackierbetriebe) Kostenrechnungen denkbar, bei denen eine schicht-, tages- oder wochenbezogene Kostenkontrolle durchgeführt wird. Beispielsweise berichtet *Fell* von einer Tageskostenrechnung eines Bergbaubetriebes, mit deren Hilfe durch einen täglichen Soll-Ist-Vergleich der wichtigsten Betriebsstoffe sowie der Löhne Mängel im Betriebsablauf frühzeitig erkannt und möglichst schnell abgestellt werden sollen.[25]

---

[24] Die Preisermittlung stellt dabei ein untergeordnetes Problem dar, da in der Kostenkontrolle der Grenzplankostenrechnung grundsätzlich Istkosten im Sinne der Plankostenrechnung zur Anwendung kommen und folglich für den Soll-Ist-Vergleich keine Istpreise, sondern Planpreise anzusetzen sind.

[25] Vgl. *Fell*, F.: Überwachung überseeischer Bergbau-Beteiligungen mit Hilfe von Tageskostenrechnungen und monatlichen Erfolgsrechnungen, in: v. Kortzfleisch, G. (Hrsg.): Aus der

Neben der Verbrauchsmengenerfassung wird die richtige Periodisierung der Kostenarten mit kürzer werdender Abrechnungsperiode problematischer,[26] da mit abnehmendem Zeithorizont der Anteil der Fixkosten an den Gesamtkosten zunimmt und die periodengenaue Erfassung variabler Istkosten schwieriger wird. Fixkostenintensive und mit einer gering entwickelten Betriebsdatenerfassung ausgestattete Betriebe sind bei gleicher Abrechnungsperiodenlänge stärker auf Schätzungen angewiesen und haben Ungenauigkeiten der Periodisierung eher in Kauf zu nehmen als Betriebe, die durch einen hohen Anteil variabler Kosten gekennzeichnet sind und auf eine gut entwickelte Betriebsdatenerfassung zurückgreifen können. Bei Zugrundelegung desselben Genauigkeitsgrades der Kostenperiodisierung können die zuletzt genannten Betriebe folglich eine kürzere Abrechnungsperiode wählen.

Die Durchführung eines kostenstellenweisen Soll-Ist-Vergleichs als Voraussetzung einer verantwortungsbezogenen Kostenkontrolle erfordert die möglichst eindeutige Zurechnung der Istkosten auf die Orte ihrer Entstehung. Je kürzer die Abrechnungsperiode gewählt wird, um so größer werden die Anforderungen an die organisatorischen Maßnahmen und Einrichtungen, die eine möglichst schnelle und dennoch eindeutige Zuordnung der Istkosten auf die Kostenstellen zu gewährleisten haben. Neben dem Entwicklungsstand der Betriebsdatenerfassung und dem Verfahren der Verbrauchsmengenermittlung[27] wirkt sich vor allem die aufgebrachte Sorgfalt bei der Kostenstelleneinteilung auf die Genauigkeit der Kostenstellenzurechnung und damit letztlich auf die Wahl der Abrechnungsperiode aus.

(2) Die Istbezugsgrößenerfassung

Die Wahl der Abrechnungsperiode wird des weiteren durch die betriebsindividuellen Möglichkeiten der Istbezugsgrößenerfassung beeinflußt. Die Ermittlung von Sollkosten setzt voraus, daß die Istausprägungen der zur Kostenkontrolle eingesetzten Bezugsgrößen möglichst einfach und schnell

---

Praxis der Kurzfristigen Erfolgsrechnung, Festgabe für Professor Dr. Dr. h. c. Theodor Beste, Berlin 1964, S. 21 ff.

[26] Vgl. *Kilger*, Flexible Plankostenrechnung, S. 592.

[27] Die Durchführung eines aussagefähigen kostenstellenweisen Soll-Ist-Vergleichs stellt an die Verfahren der Verbrauchsmengenermittlung unter anderem die Anforderung, daß die den Verbrauch zu verantwortende Kostenstelle festgestellt werden kann.

erfaßbar sind.[28] Dies gilt nicht nur für jene Bezugsgrößen, die als Maßstab für die Beschäftigung eingesetzt werden, sondern es sind auch die Istbezugsgrößen für die im Rahmen von Spezialabweichungen zu untersuchenden sonstigen Kosteneinflüsse festzustellen. Je schneller und einfacher sich die Istbezugsgrößen erfassen lassen, desto kürzer kann die Abrechnungsperiode gewählt werden, wobei vor allem der Entwicklungsstand der Betriebsdatenerfassung sowie die Art der Kostenstellengliederung[29] als Einflußgrößen auf die Istbezugsgrößenerfassung und damit auf die Wahl der Abrechnungsperiode wirken.

Die vor allem in den Fertigungskostenstellen zur Anwendung kommende retrograde Erfassung der Istbezugsgrößen erfordert weiterhin, daß die der Bezugsgrößenermittlung zugrundeliegenden Istmengen der Leistungseinheiten ermittelbar sind[30] und daß zwischen den Istkosten und den Istmengen der Leistungseinheiten Mengenkongruenz gewährleistet ist, d.h., die dem Soll-Ist-Vergleich zugrundeliegenden Istkosten sollten den Faktorverzehr repräsentieren, der für die Erstellung der den Sollkosten zugrundeliegenden Istleistungsmengen tatsächlich angefallen ist. Diese Mengenkongruenzbedingung ist grundsätzlich erfüllt, wenn in der Abrechnungsperiode ein ganzzahliges Vielfaches eindeutig abgrenzbarer und erfaßbarer Leistungseinheitsmengen erstellt werden. Treten am Ende der Abrechnungsperiode unfertige, hinsichtlich ihres Fertigungsfortschrittes nicht bestimmbare und damit nicht eindeutig abgrenzbare (Teil-)Leistungseinheiten auf, werden im Soll-Ist-Vergleich die für diese Teilleistungserstellung entstandenen Istkosten angesetzt, während bei der Berechnung der Sollkosten die unfertigen (Teil-)Leistungseinheiten keine Berücksichtigung finden. Umgekehrt verhält es sich, wenn bereits zu Beginn der Abrechnungsperiode unfertige (Teil-)Leistungseinheiten vorliegen und erst während der Abrechnungsperiode fertiggestellt werden. In diesem Fall werden die in der vorangegangenen Abrechnungsperiode begonnenen, aber erst in der laufenden Abrechnungsperiode fertiggestellten Leistungen vollständig in die Sollkostenberechnung einbezogen, während den Istkosten lediglich der Faktorverzehr der Restleistung zugrunde liegt. Ein Verstoß gegen die Mengenkongruenzbedingung führt demnach dazu, daß die Sollkosten in der Regel zu niedrig oder zu hoch angesetzt werden.

---

[28] Vgl. *Agthe*, Kostenplanung, S. 39; *Mellerowicz*, Plankostenrechnung, Bd. II, S. 200; *Kilger*, Flexible Plankostenrechnung, S. 315.

[29] Beispielsweise können fertigungsorganisatorische Gegebenheiten die Bildung von Kostenstellen mit homogener Kostenverursachung und damit die Möglichkeiten der Auswahl einfach zu erfassender Bezugsgrößen beeinflussen. Siehe hierzu auch die Ausführungen in den Kapiteln E.-I.-3. und E.-I.-4. dieser Untersuchung.

[30] Vgl. *Mellerowicz*, Plankostenrechnung, Bd. II, S. 252 ff.; *Kilger*, Flexible Plankostenrechnung, S. 598 f.; *Plaut/Müller/Medicke*, S. 111 f.; *Haberstock*, Kostenrechnung II, S. 299 f.

Zur Gewährleistung der Mengenkongruenzbedingung kann insbesondere die richtige Wahl der Abrechnungsperiode beitragen, indem als Abrechnungsperiode ein Zeitabschnitt gewählt wird, der ein ganzzahliges Vielfaches der Fertigungsdauer[31] der in einer Kostenstelle zu erstellenden Leistungseinheit beträgt.[32] Dabei gilt der Grundsatz, daß mit abnehmender Fristigkeit der Fertigung eine um so kürzere Abrechnungsperiode gewählt werden kann. Weiterhin gilt, daß die Aussagefähigkeit des Soll-Ist-Vergleichs durch die Nichteinhaltung der Mengenkongruenzbedingung um so geringer beeinträchtigt wird, je größer das Verhältnis der Abrechnungsperiodenlänge zur Fertigungsdauer ist, da auftretende Ungenauigkeiten mit ansteigendem Verhältnis zunehmend an Bedeutung verlieren und damit vernachlässigbar werden.

Der Forderung nach einer möglichst kurzen Abrechnungsperiode, nach der sich theoretisch eine mit der Fertigungsdauer identische Abrechnungsperiode ergibt,[33] steht damit der Anspruch entgegen, daß das Verhältnis von Abrechnungsperiode zu Fertigungsdauer möglichst groß sein sollte. Für die Praxis erscheint es zweckmäßig, eine Abrechnungsperiode zu wählen, bei der beide Forderungen Berücksichtigung finden. Wird die Fertigung einer Leistungseinheit in einem sehr kurzfristigen Zeitraum vollzogen, in der Praxis beträgt die Fertigungsdauer meist wenige Sekunden, Minuten oder Stunden, besteht die Möglichkeit, eine relativ kurzfristige Abrechnungsperiode, z.B. Tages- oder Wochenabrechnungen, zu wählen. Erstreckt sich die Fertigung über mehrere Tage, empfiehlt sich der Monat als Abrechnungsperiode, und bei einer mehrere Wochen dauernden Fertigung ist gegebenenfalls auf eine Quartals- oder Halbjahresabrechnung zurückzugreifen. Besondere Probleme bei der Festlegung der Abrechnungsperiode treten bei Betrieben mit mittel- und langfristiger Fertigung auf, bei denen über einen Zeitraum von mehr als einem Monat bzw. einem Jahr hinweg keine eindeutig abgrenzbaren Leistungseinheiten auftreten.[34] Für diese Betriebe kann es zweckmäßig sein, von einer kalendarisch-periodischen Kostenkontrolle abzusehen und statt dessen eine objektbezogene, an der individuellen Ferti-

---

[31] Zum Begriff der Fertigungsdauer siehe auch die Ausführungen in Kapitel C.-II.-3.-b)-bb)-(4) dieser Arbeit.

[32] Vgl. auch *Kube*, V.: Die Grenzplankostenrechnung, Von der theoretischen Grundlegung zur praktischen EDV-Lösung, Wiesbaden 1974, S. 71.

[33] Eine Abrechnungsperiode, die die Fertigungsdauer unterschreitet, kann als unzweckmäßig angesehen werden, da keine sinnvolle Istbezugsgrößenerfassung möglich ist.

[34] Als Beispiele sind die Betriebe mit mittel- und langfristiger Einzelfertigung, etwa Betriebe des Großanlagenbaus und der Bauwirtschaft, zu nennen sowie Betriebe, deren Erzeugnisse einen längeren Reifeprozeß durchlaufen, z.B. einige Betriebe der Getränke- und Nahrungsmittelindustrie.

gungsdauer einer Leistungseinheitserstellung orientierte Abrechnungsperiode zu wählen.[35]

(3) Das Kostenbeeinflussungspotential

Die Wahl der Kostenkontrollperiode wird darüber hinaus durch die Höhe der potentiell entstehbaren und vom Kostenstellenleiter zu verantwortenden Abweichungen bestimmt. Besteht ein hohes Kostenbeeinflussungspotential, hervorgerufen durch eine große Dispositionsfreiheit des Kostenverantwortlichen hinsichtlich der Art des Faktoreinsatzes sowie der Auswahl geeigneter Anpassungsmaßnahmen zur Erreichung der Istbeschäftigung, oder werden in der Kostenstelle Produktionsfaktoren von hohem Wert eingesetzt, ist der Bedarf an einer möglichst kurzen Abrechnungsperiode grundsätzlich höher einzustufen als bei einer Kostenstelle, bei der nur ein geringer Spielraum zur Kostenbeeinflussung besteht.

In Betrieben mit Werkstattfertigung werden durch den häufigen Erzeugniswechsel und die laufende Änderung der konkreten Arbeitsaufgabe vielfach Dispositionen über die Istausprägungen der Kosteneinflußfaktoren wie die Art und Anzahl der Rüstvorgänge, die Belegung der Maschinen mit Fertigungsaufträgen oder die Fertigungsintensität notwendig, die oftmals im Entscheidungs- und Verantwortungsbereich des Kostenstellenleiters liegen. Ähnliche Kostenbeeinflussungsmöglichkeiten seitens des Kostenstellenleiters liegen in der Regel bei der externen Baustellenfertigung vor, bei der meist kurzfristig über Änderungen im Produktionsablauf, in der konkreten Ausführung einzelner Bauabschnitte und häufig auch hinsichtlich Qualität und Quantität des einzusetzenden Personals und der Werkstoffe entschieden werden muß. Durch die in kurzen Zeitabständen erfolgende Bereitstellung von Kostenkontrollinformationen, z.B. im Rahmen täglicher oder wöchentlicher Kostenberichte, können den Kostenstellenleitern dieser Betriebe wertvolle Anhaltspunkte zur kurzfristigen zieloptimalen Steuerung ihres Verantwortungsbereiches gegeben werden. In Betrieben mit Massen- und Großserienfertigung, die meist in Form der Fließfertigung organisiert sind, liegen dagegen in der Regel weitgehend standardisierte Produktionsbedingungen vor, die dem Kostenstellenleiter nur ein vergleichsweise geringes Kostenbeeinflussungspotential bieten. In diesen Fällen ist es häufig ausreichend, für die Tages- oder Wochenkontrolle reine Produktionsmengenkontrollen durchzuführen und für genauere Kostenabweichungsanalysen auf

---

[35] Vgl. *Kube*, S. 71.

monatlich oder quartalsweise durchgeführte Soll-Ist-Vergleiche zurückzugreifen.

Die vorstehenden Ausführungen zeigen, daß sich der praktischen Umsetzung des Grundsatzes, möglichst kurze Abrechnungsperioden für den kostenstellenweisen Soll-Ist-Vergleich zu wählen, um möglichst frühzeitig steuernd in die Betriebsgeschehnisse eingreifen zu können, Hemmnisse entgegenstellen, die betriebsspezifischen Charakter aufweisen und damit zu einer betriebsindividuell unterschiedlichen Abrechnungsperiodenwahl führen können. Je geringer die betriebsindividuellen Schwierigkeiten und Probleme der Istkosten- und Istbezugsgrößenerfassung und je größer das Kostenbeeinflussungspotential im Betrieb ist, in desto kürzeren Zeitabständen kann ein Soll-Ist-Vergleich durchgeführt werden. Inwiefern sich betriebsspezifische Gegebenheiten nicht nur auf die Wahl der Abrechnungsperiode für den kostenstellenweisen Soll-Ist-Vergleich, sondern auch auf die zweckmäßige Abrechnungsperiodenlänge der Kostenträgerzeitrechnung auswirken, wird im folgenden einer näheren Betrachtung unterzogen.

bb) Wahl der Abrechnungsperiode für die Kostenträgerzeitrechnung

Als Kurzfristige Erfolgsrechnung soll die Kostenträgerzeitrechnung in möglichst kurzen Zeitabständen den Erfolg der betrieblichen Tätigkeit aufzeigen, "denn in je kürzeren Abschnitten der Erfolg ermittelt wird, um so wirkungsvoller können die Nutzanwendungen in vielen Fällen aus ihm gezogen werden."[36] Gegen sehr kurzfristige Abrechnungsperioden, wie sie z.B. in tages- oder wochenperiodischen Betriebsergebnissen zum Ausdruck kommen, sprechen jedoch die mit abnehmender Abrechnungsperiode zunehmenden Probleme sowohl der Kosten- als auch der Erlöserfassung und -zurechnung. Im Mittelpunkt der nachfolgenden Betrachtungen stehen die erlösseitigen Einflüsse auf die Wahl der Abrechnungsperiode, da die kostenseitigen Einflüsse bereits im Rahmen der Abrechnungsperiodenwahl des kostenstellenweisen Soll-Ist-Vergleichs angesprochen wurden und weitgehend auf die Verhältnisse der Kostenträgerzeitrechnung übertragen werden können.

Unter Berücksichtigung der Forderung nach einer möglichst kurzperiodischen Kostenträgerzeitrechnung sowie der dieser Forderung entgegenstehenden Erfassungs- und Zurechnungsprobleme wird für die Kostenträgerzeitrechnung häufig der Kalendermonat als übliche und für viele Betriebe

---

[36] *Beste*, Erfolgsrechnung, S. 5.

sicherlich zweckmäßige Abrechnungsperiode vorgeschlagen.[37] Bei Vorliegen bestimmter Betriebsbedingungen, insbesondere bei besonderen Ausprägungen der Fertigungsdauer, können hiervon abweichende Abrechnungsperioden sinnvoll erscheinen. Bei mittel- und langfristiger Einzel- oder Kleinserienfertigung, wie sie z.B. im Schiffs-, Wohnungs- und (Groß-)Anlagenbau vorzufinden sind, kommt eine monatliche Betriebsergebnisrechnung aufgrund der fehlenden Zurechenbarkeit der Erlöse auf die einzelnen Abrechnungsperioden in der Regel nicht in Frage. Während sich für Betriebe mit mittelfristiger Fertigung die negativen Auswirkungen zeitlicher Zufälligkeiten der Erlösrealisierung auf die Aussagefähigkeit des Betriebsergebnisses durch die Verlängerung der Abrechnungsperiode auf das Quartal oder das Halbjahr begrenzen lassen,[38] führt diese Vorgehensweise bei langfristiger Fertigung meist nicht zu einer akzeptablen Lösung der Erfassungs- und Periodenabgrenzungsprobleme. Vielmehr ist in diesen Fällen die kalenderperiodisch durchgeführte Kostenträgerzeitrechnung durch eine objekt- und kundenauftragsbezogene Erfolgsrechnung zu ersetzen,[39] bei der die Abrechnungsperiode flexibel an die jeweilige Fertigungsdauer des Auftrages und seiner eindeutig abgrenzbaren Teilleistungseinheiten angepaßt wird.

Verhältnismäßig geringe Erlöserfassungs- und Erlöszurechnungsprobleme entstehen dagegen bei Betrieben, die eine geringe Gliederungstiefe und -breite der Kosten- und Erlösträger aufweisen, bei denen nur wenige Erlösverbundenheiten[40] auftreten und die über eine kurzfristige Fertigung verfügen. Für diese Betriebe, die oftmals durch Massen- oder Großserienfertigung gekennzeichnet sind, kann es durchaus zweckmäßig sein, das Betriebsergebnis in kürzeren Abrechnungsperioden als den Monat zu erstellen, um möglichst schnell auf kurzfristig auftretende Erfolgsentwicklungen durch die flexible Handhabung z.B. des absatzpolitischen Instrumentariums reagieren zu können. Dabei bietet es sich häufig an, eine wöchentliche Artikelergebnisrechnung[41] durchzuführen, die auf eine laufende Abstimmung der erfolgswirksam verrechneten Kosten mit der Kostenarten- und Kostenstellenrechnung, auf eine nachträgliche Verrechnung entstehender Kostenstellenabweichungen auf die Kostenträger sowie auf eine periodengerechte

---

[37] Vgl. *Beste*, Erfolgsrechnung, S. 4; *Laßmann*, Erlösrechnung als Instrument, S. 17; *Kilger*, Flexible Plankostenrechnung, S. 748.

[38] Vgl. *Hürfeld*, W.: Die Kurzfristige Erfolgsrechnung in einem mittelgroßen Unternehmen mit Einzelfertigung, in: v. Kortzfleisch, G. (Hrsg.): Aus der Praxis der Kurzfristigen Erfolgsrechnung, Festgabe für Professor Dr. Dr. h. c. Theodor Beste, Berlin 1964, S. 52 ff.

[39] Vgl. *Laßmann*, Gestaltungsformen, S. 16; *Kilger*, Flexible Plankostenrechnung, S. 754.

[40] Vgl. hierzu ausführlich *Hänichen*, S. 189 ff. u. S. 356 ff.

[41] Vgl. hierzu *Medicke*, Kostenträgerrechnung, S. 46 ff.

Zurechnung von Erlöskorrekturen und -schmälerungen verzichtet. Die wöchentliche Artikelergebnisrechnung ist durch eine monatliche geschlossene Kostenträgererfolgsrechnung zu ergänzen, die eine genauere Erfolgsanalyse durch die detaillierte Verrechnung einzelner Erlösbestandteile, die Aufspaltung von Erlösverbundenheiten und die bestandsmäßige Abgrenzung von Kostenabweichungen zuläßt.[42]

Zusammenfassend ist festzuhalten, daß die Wahl zweckmäßiger Planungs- und Abrechnungsperioden nicht generell getroffen werden kann, sondern daß diese durch eine Reihe betriebsspezifischer Besonderheiten und Gegebenheiten beeinflußt wird. Die Entscheidung über die Länge der Planungs- und Abrechnungsperiode ist vor allem unter Berücksichtigung des Entwicklungsstandes der Betriebsdatenerfassung, der Fertigungsbedingungen, insbesondere der Fertigungsdauer, der Absatzverhältnisse sowie der Breite und Tiefe der vorgenommenen Kostenstellen- und Kostenträgergliederung betriebsindividuell zu treffen.

2. Gliederung der Kostenträger

Neben der Festlegung zeitlicher Rechnungsdimensionen zählt die Gliederung der Kostenträger ebenfalls zu den auswertungsnahen Merkmalen, über deren Ausprägungen bei der konzeptionellen Gestaltung der Grenzplankostenrechnung zu entscheiden ist. Die Festlegung der Art und der Anzahl der Kostenträger stellt dabei ein zentrales Entscheidungsproblem der Kostenrechnungsgestaltung dar, das trotz seiner großen Bedeutung für die Zweckmäßigkeit und Wirtschaftlichkeit der Kostenrechnung bislang weder in der Kostenrechnungstheorie noch in der Kostenrechnungspraxis eingehend diskutiert wird.[43] Im folgenden werden auf der Grundlage des Kostenträgerbegriffs und einer allgemeinen, betriebstypneutralen Systematisierung der Kostenträger betriebsspezifische Unterschiede in der zweckmäßigen Gliederung und Festlegung von End- und Vorkostenträgern erläutert.

---

[42] Zur geschlossenen Kostenträgererfolgsrechnung vgl. *Medicke*, Kostenträgerrechnung, S. 38 ff.; *Kilger*, Flexible Plankostenrechnung, S. 773 ff.

[43] Vgl. *Brink*, H.-J.: Kostenträger und Leistungsträger, in: Kosiol, E./Chmielewicz, K./Schweitzer, M. (Hrsg.): HWR, 2., völlig neu gestaltete Auflage, Stuttgart 1981, Sp. 1101.

a) Begriff und allgemeine Systematisierung der Kostenträger

Als Kostenträger werden gemeinhin die betrieblichen Leistungsarten, d.h. die Ergebnisse der produktiven Gestaltungsprozesse, die das erklärte Programm eines Betriebes bilden,[44] bezeichnet.[45] Der Kostenträger stellt wie die Periode, die Kostenstelle, die Kostenart und der einzelne Leistungserstellungs- oder Leistungsverwertungsprozeß ein Kalkulationsobjekt der Kostenrechnung dar, dem zum Zwecke der Informationsgewinnung Kosten - in der Grenzplankostenrechnung nur proportionale Kosten - zugerechnet werden. Aufgrund der Weite des zugrundegelegten Leistungsbegriffs können folglich sämtliche Leistungen des Betriebes als Kostenträger definiert werden.

Eine allgemeine, betriebsübergreifende Gliederungsmöglichkeit der Kostenträger zeigt Abbildung 20. Danach zählen zu den Kostenträgern die Absatzleistungen des Betriebes, d.h. die abgesetzten und die für den Absatz bestimmten Fertigerzeugnisse, die abrechnungstechnisch auch "Endkostenträger" genannt werden. Daneben können die Vorleistungen als die Vorstufen der Absatzleistungen zu den Kostenträgern gerechnet werden (Vorkostenträger), wobei weiter die unfertigen Erzeugnisse sowie die Hilfskostenträger zu differenzieren sind.[46] Während die unfertigen Erzeugnisse eine unmittelbare Beziehung zu den Endkostenträgern aufweisen, indem sie körperlicher Bestandteil der Enderzeugnisse werden und damit letztlich auch absatzbestimmt sind, handelt es sich bei den Hilfskostenträgern um innerbetriebliche Leistungen, die im Betrieb selbst wieder als Produktionsfaktoren zum Einsatz kommen und bei denen damit nur eine mittelbare Beziehung zu den Endkostenträgern besteht.[47]

Die zweckmäßige Festlegung von Art und Anzahl der in der Grundrechnung interessierenden Kostenträger wird durch den betriebsindividuellen Informationsbedarf der Kostenrechnungsadressaten und dieser wiederum durch eine Vielzahl betriebsspezifischer Gegebenheiten, insbesondere durch erfolgsanalytische und fertigungstechnische Bedingungen, bestimmt. Im folgenden sollen diese Zusammenhänge getrennt nach End- und Vorkostenträgern an ausgewählten Beispielen aufgezeigt werden.

---

[44] Vgl. *Kosiol*, Kostenrechnung der Unternehmung, S. 29; *Kosiol*, Wesensmerkmale, S. 23.

[45] Vgl. *Mellerowicz*, Kostenrechnung, Bd. II, Erster Teil, S. 409; *Sommer*, K.: Kostenträger, in: Kosiol, E. (Hrsg.): HWR, Stuttgart 1970, Sp. 978.

[46] Vgl. *Kosiol*, Kalkulation, S. 139; *Brink*, Kostenträger, Sp. 1098 f.

[47] Vgl. *Brink*, Kostenträger, Sp. 1099.

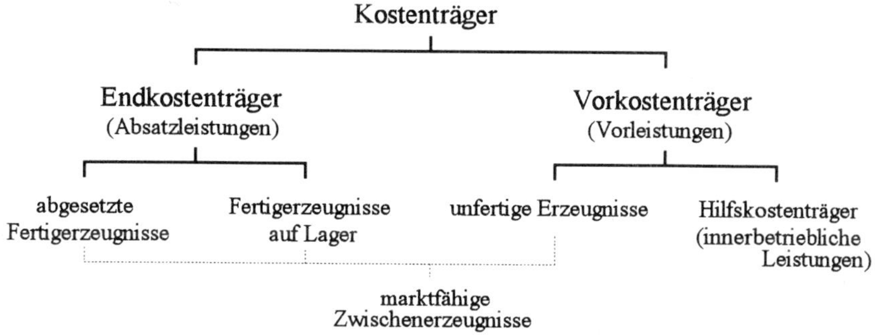

Abbildung 20: Systematisierung der Kostenträger

b) Gliederung der Endkostenträger

Die Gliederung der betrieblichen Endkostenträger kann ausgehend von der Kostenträgereinheit, die bei geformten Gütern durch die Maßgröße "Stück" unmittelbar gegeben ist, bei ungeformten Gütern aber der expliziten Festlegung bedarf, in zwei Richtungen erfolgen: Einerseits können unter Anwendung zweckmäßiger Kriterien Kostenträgereinheiten zu Kostenträgergruppen zusammengefaßt werden. Andererseits besteht die Möglichkeit, die Kostenträgereinheit in einzelne Bestandteile zu zerlegen. Entsprechend der beiden Gliederungsrichtungen der Klassifizierung und der Aufgliederung werden im folgenden betriebsspezifische Besonderheiten bei der Endkostenträgergliederung dargestellt.

aa) Klassifizierung von Endkostenträgereinheiten

Die Klassifizierung der Endkostenträger orientiert sich primär an preispolitischen, vertriebstechnischen und erfolgsanalytischen Kriterien. Bei Betrieben mit standardisiertem Produktsortiment, z.B. Betriebe mit Massen-, Großserien- und Sortenfertigung, bietet sich eine Artikelgliederung an, nach der Erzeugnisse mit gleichem Äußeren, gleicher Qualität und gleicher Verwendungsmöglichkeit zu Artikeln (Sorten oder Serien) zusammengefaßt werden.[48] Die Anzahl der in einem Betrieb auftretenden Artikel wird wesentlich durch die Art der Stoffverwertung bestimmt. Bei synthetischer

[48] Vgl. *Mellerowicz*, Kostenrechnung, Bd. II, Erster Teil, S. 412.

Stoffverwertung treten aufgrund der Hinordnung zu einem Enderzeugnis tendenziell weniger Artikel auf als bei analytischer Stoffverwertung.[49] Sind die Qualitätsunterschiede rohstoff- oder fertigungsbedingt, kommt der Unterscheidung der Endkostenträger nach Partien bzw. Chargen eine Bedeutung zu. Werden die Endkostenträger nach ihrer Bedeutung im Produktionsprogramm klassifiziert, lassen sich Haupt- und Nebenprodukte unterscheiden.[50] Ferner kann eine Untergliederung der einzelnen Artikel nach Größen- und Mengenkriterien aus absatzpolitischen und vertriebstechnischen Gründen sinnvoll sein, wie etwa die Aufteilung eines Medikamentes nach verschiedenen Packungsgrößen oder die Zusammenfassung von Nahrungsmitteln nach Versandeinheiten. Vor allem für Betriebe mit Produktion für den anonymen Markt ist es von Vorteil, die Absatzleistungen zudem nach Vertriebswegen, Kundengruppen und Absatzregionen zu differenzieren, um wichtige Informationen für die Vertriebssteuerung, für die Preisdifferenzierung sowie zur Erfolgsanalyse zu erhalten.[51]

Zur Erfolgsanalyse kann es darüber hinaus sinnvoll sein, Endkostenträger nach produktionsfaktorbezogenen oder fertigungstechnischen Kriterien zu Kostenträgergruppen zusammenzufassen.[52] Eine Einteilung der Endkostenträger nach gleicher Rohstoffbasis ermöglicht beispielsweise Rückschlüsse auf die Kosten- und/oder Erlösvorteilhaftigkeit des Einsatzes verschiedener Holzsorten in der Möbelindustrie, unterschiedlicher Metalle in der Werkzeugindustrie, diverser Grundstoffe in der Chemischen Industrie oder verschiedener Baustoffe in der Bauindustrie. Entsprechende Überlegungen ergeben sich im Fertigungsbereich, wenn die Erfolgswirkungen konkurrierender Herstellungsverfahren, wie etwa verschiedener Verfahren der Oberflächenbehandlung (z.B. Lackieren, Härten und Galvanisieren) oder des Zusammenfügens (z.B. Kleben, Schweißen, Nieten, Schrauben und Nageln), aufgezeigt werden sollen.

Eine Besonderheit in der Kostenträgereinteilung ergibt sich für Betriebe, die Erzeugnisse mit hohem Individualitätsgrad in Auftrags- und Einzel- oder Kleinserienfertigung herstellen. Hier stellt der einzelne Auftrag - bei Einzelfertigung das einzelne Erzeugnis und bei Kleinserienfertigung die Serie - einen zweckmäßigen Kostenträger dar. Vor allem bei langfristiger Auftragsfertigung kommt dem Auftrag als Kostenträger eine große Bedeutung zu, da hier Auftragsvor- und Auftragsnachkalkulationen zur

---

[49] Vgl. *Sommer*, Kostenträger, Sp. 979 f.

[50] Vgl. *Koller*, S. 18. Diese Gliederung ist insbesondere für Betriebe mit Kuppelproduktion zweckmäßig, bei denen in der Regel zusätzlich noch Abfallprodukte unterschieden werden können. Vgl. *Kosiol*, Kalkulation, S. 140; *Schweitzer/Küpper*, S. 184.

[51] Vgl. *Mellerowicz*, Kostenrechnung, Bd. II, Erster Teil, S. 412.

[52] Vgl. *Haberstock*, Kostenrechnung II, S. 106.

mitlaufenden Kostenkontrolle sowie eine genaue Auftragsabrechnung für Preiskorrekturen oder Preisermittlungen nach erfolgter Leistungserstellung und Lieferung erforderlich sind. Liegt kurzfristige Auftragsfertigung vor, bietet eine Zusammenfassung einzelner Aufträge nach Umsatz- oder Kundengruppen sowie nach fertigungstechnischen Merkmalen zusätzliche Anhaltspunkte für die Analyse des Betriebserfolgs.

Weiterhin ist es für Konzernbetriebe zweckmäßig, die Endkostenträger nach der Konzernzugehörigkeit der Abnehmer in konzerninterne und -externe Absatzleistungen zu differenzieren, z.B. um die konzerninternen Lieferungen und Leistungen besser kontrollieren und steuern zu können, eine schnelle Durchführung der konzerninternen Leistungsverrechnung in der Konzernkostenrechnung zu ermöglichen oder die rechnungsorganisatorischen Voraussetzungen für die Ermittlung von Konzernanschaffungs- und Konzernherstellungskosten zur Zwischenergebniseliminierung nach § 304 Abs. 1 HGB i.V.m. §§ 253 Abs. 1, 255 HGB zu schaffen.[53]

bb) Aufgliederung von Endkostenträgereinheiten

Für eine Reihe von Betrieben ist die Gliederung der Endkostenträger nicht nur hinsichtlich einer Klassifizierung der Kostenträgereinheiten von Interesse, sondern der Informationsbedarf der Kostenrechnungsadressaten kann sich auch auf einzelne Bestandteile der Leistungseinheit beziehen. Handelt es sich bei der Absatzleistung um ein komplexes Erzeugnis, das aus einzelnen abgrenzbaren Teilleistungseinheiten besteht, z.B. eine Industrieanlage, ein Gebäude oder ein Fahrzeug, hat nicht nur die Unternehmensführung zum Zwecke der Kosten- und Erlöskontrolle, sondern bei Bestellfertigung in der Regel auch der Kunde ein Interesse an einer nach Teilleistungseinheiten differenzierenden Auftragsabrechnung. Die Gliederung der Auftragsabrechnung nach einzelnen Auftragsbestandteilen ist zu Dokumentationszwecken vor allem dann erforderlich, wenn für jede Teilleistungseinheit gesonderte Preisvereinbarungen mit dem Kunden getroffen werden und der Absatzpreis erst nach Lieferung und Leistung endgültig ausgehandelt wird, wie dies z.B. im langfristigen Anlagengeschäft bei Vereinbarung von Preisgleitklauseln und bei konstruktiven Anlagenänderungen aufgrund nachträglich geäußerter Kundenwünsche häufig der Fall ist.[54]

---

[53] Zu den Anforderungen, die die Zwischenergebniseliminierung an die Kostenrechnung des Konzerns stellt, vgl. *Rein*, S. 478 ff.

[54] Vgl. *Milling*, Großanlagenbau, S. 78; *Hilkert/Krause*, S. 1653.

Des weiteren ist bei Betrieben, die die Wettbewerbsstrategie der Produktdifferenzierung verfolgen, eine Differenzierung des Erzeugnisses in Grund- und Zusatznutzen von besonderem Interesse.[55] Durch die rechentechnische Behandlung des Zusatznutzens als eigenständigen Kostenträger können Entscheidungen über die Art und den Umfang der Zusatznutzenerstellung unterstützt und Informationen für die Preispolitik bereitgestellt werden. Besteht der Zusatznutzen beispielsweise in einem außergewöhnlichen Design, können diesem Zusatznutzen als Kostenträger die in der laufenden Leistungserstellung und -verwertung etwa durch die Verwendung spezieller Rohstoffe oder Fertigungsverfahren im Vergleich zu einem Standardprodukt verursachten proportionalen Mehrkosten zugerechnet werden, um den Erfolgsanteil des Zusatznutzens an der Gesamtleistung bestimmen, kontrollieren und steuern zu können.[56]

Ferner bestehen komplexe Absatzleistungen häufig aus einer Hauptleistungsart und einer oder mehreren Nebenleistungsarten, die nicht allein absatzfähig sind oder vom Betrieb in erster Linie in Verbindung mit der Hauptleistungsart abgesetzt werden.[57] Derartige Nebenleistungsarten können von materieller Natur sein, wie z.B. die Zusatz- und Sonderausstattungen bei Kraftfahrzeugen.[58] Daneben können sie als immaterielle Nebenleistungen auftreten, wie etwa Instandhaltungs-, Wartungs-, Schulungs- und Finanzierungsleistungen, die z.B. in Verbindung mit schlüsselfertig erstellten Industrieanlagen, numerisch gesteuerten Werkzeugmaschinen oder elektronischen Datenverarbeitungsanlagen angeboten werden. Als immaterielle Nebenleistungsart kann zukünftig vor allem die Verpflichtung zur Rücknahme und Entsorgung materieller Absatzleistungen eine große Bedeutung erlangen. Sind Haupt- und Nebenleistungsarten eindeutig voneinander abgrenzbar, ist es zur informatorischen Unterstützung preispolitischer Entscheidungen sowie zur differenzierten Kosten- und Erlösplanung und -kontrolle zweckmäßig, eine entsprechende Kostenträgergliederung vorzunehmen.

---

[55] Vgl. *Weber*, J., Change-Management, S. 38 f.

[56] Hierzu ist neben einer nach Grund- und Zusatznutzen differenzierenden Kostenträgergliederung eine entsprechende Erlösträgergliederung vorzunehmen.

[57] Vgl. *Hänichen*, S. 404 f.

[58] Einige dieser Nebenleistungen können aufgrund ihrer leicht lös- oder herstellbaren Verbindung zur Hauptleistung auch selbständig als Endleistungsträger, z.B. als Ersatzteil oder als Erweiterungsmodul, in Erscheinung treten.

c) *Gliederung der Vorkostenträger*

Neben den Endkostenträgern sind auch die Vorkostenträger nach zweckmäßigen Kriterien zu gliedern, um den Informationsbedarf der Kostenrechnungsadressaten hinreichend befriedigen zu können. Die Gliederung der unfertigen Erzeugnisse orientiert sich einmal an der Gliederung der Fertigerzeugnisse, da die unfertigen Erzeugnisse eine unmittelbare Vorstufe der Fertigerzeugnisse darstellen.[59] Daneben ist bei mehrstufiger Fertigung für jede abgrenzbare Fertigungsstufe, d.h. für jedes betriebliche Zwischenerzeugnis ein Kostenträgerkonto einzurichten,[60] um bei auftretenden Bestandsveränderungen der Zwischenläger eine produktionsmengenkonforme Kalkulation gewährleisten zu können. Handelt es sich bei den unfertigen Erzeugnissen um marktfähige Zwischenerzeugnisse, sind die entsprechenden Vorkostenträger zugleich Endkostenträger, wenn diese Zwischenerzeugnisse als Ersatzteile an Abnehmer der Hauptleistungen verkauft oder als Fertigteile an andere Hersteller gleicher, ähnlicher oder andersartiger Hauptleistungen geliefert werden. Die Abbildung der Zwischenerzeugnisse als Kostenträger ist ferner erforderlich, wenn relevante Informationen für die Entscheidung über Eigen- oder Fremdfertigung einzelner Arbeitsgänge bereitgestellt werden sollen. Aus abrechnungstechnischen Gründen, z.B. um eine verursachungsgerechtere Verrechnung von Gemeinkosten zu erreichen, können die unfertigen Erzeugnisse auch nach Fertigungslosen, Partien, Chargen, Serien, Sorten oder Kuppelproduktbündeln unterschieden werden.

Eine besondere Aufgabe als Kostenträger kommt den Zwischenerzeugnissen bei kurzfristiger Einzel- und Kleinserienfertigung in Verbindung mit Auftragsfertigung zu. Da bei diesen Betrieben zum Zeitpunkt der Kostenplanung oftmals noch keine Informationen über die konkrete Gestalt der in der Planungsperiode zu erstellenden Produkte zur Verfügung stehen, bietet es sich an, die Plankalkulation für nach dem Baukastenprinzip verwendbare Zwischenerzeugnisse vorzunehmen und aufbauend auf diesen Kalkulationselementen beispielsweise die Angebotskalkulation zu erstellen.

Neben den unfertigen Erzeugnissen können die innerbetrieblichen Leistungen als Vorkostenträger aufgefaßt und entsprechend abgerechnet werden. Handelt es sich bei den innerbetrieblichen Leistungen um sofort in der Abrechnungsperiode ihrer Erstellung als Einsatzleistungen verbrauchte Hilfsleistungen,[61] können diese aufgrund der Weite des zugrundeliegenden

---

[59] Absatzbezogene und vertriebstechnische Einteilungskriterien, wie sie bei den Absatzleistungen zur Anwendung kommen, spielen aufgrund der noch fehlenden Absatzleistung keine Rolle.

[60] Vgl. *Schweitzer/Küpper*, S. 183.

[61] Vgl. hierzu *Bergner*, Leistungsverrechnung, Sp. 2485.

Leistungsbegriffs zwar formell als Kostenträger aufgefaßt werden. Ihnen kommt aber aufgrund ihrer rechentechnischen Behandlung in der laufenden innerbetrieblichen Leistungsverrechnung in der Regel keine abrechnungstechnische Bedeutung als Kalkulationsobjekt zu.[62]

Von abrechnungstechnischer Bedeutung sind dagegen die nicht sofort in der Abrechnungsperiode ihrer Erstellung verbrauchten, sondern erst in späteren Perioden zum Einsatz kommenden Hilfsleistungen. Es handelt sich dabei einerseits um selbsterstellte materielle Vermögensgegenstände, wie Maschinen, Werkzeuge oder Modelle, für die gesonderte Kostenträgerkonten einzurichten sind, auf denen die Herstellkosten gesammelt werden und von denen nach Fertigstellung eine Verbuchung auf Abgrenzungs- oder Anlagenkonten durchgeführt wird.[63] Andererseits können auch selbsterstellte immaterielle Leistungen eine Bedeutung als Hilfskostenträger besitzen, wenn sich der Nutzen dieser Leistungen nicht nur auf die Periode ihrer Erstellung, sondern auch auf andere oder mehrere Abrechnungsperioden erstreckt.[64] Als Beispiele sind Gewinnungsbetriebe zu nennen, bei denen vor der eigentlichen Endleistungserstellung, dem Abbau von Rohstoffen, umfangreiche Hilfsleistungen in Form der Findung und Erschließung von Lagerstätten zu erbringen sind. Beispielsweise sind vor der Erdölgewinnung in der Regel zahlreiche Probebohrungen durchzuführen und Fördereinrichtungen zu transportieren und aufzubauen. Die zur Erstellung dieser Vorleistungen anfallenden Kosten sind zweckmäßigerweise nicht in der laufenden Periode der Lagerstättenerschließung, sondern in den zukünftigen Perioden der Rohstoffgewinnung erfolgswirksam zu verrechnen, so daß die einzelnen Erschließungsprojekte als Hilfskostenträger zu behandeln sind. Weitere Beispiele für Vorleistungen, die zur Bildung von Hilfskostenträgern führen können, sind die Ergebnisse der Forschung und Entwicklung oder Werbemaßnahmen vor Einführung eines neuen Produktes. Dabei ist zu beachten, daß die Kosten dieser Vorleistungen keine laufenden Kosten der Produktion, d.h. weder produktionsmengenabhängige noch kalenderzeitproportionale Bereitschaftskosten darstellen, sondern als Vorleistungskosten einmaligen Charakter haben und für

---

[62] Vgl. *Bergner*, Leistungsverrechnung, Sp. 2485; *Koller*, S. 18. In Ausnahmefällen kann eine zeitliche Verteilung der Kosten einer sofort in der Periode ihrer Entstehung verbrauchten Leistung auf mehrere Abrechnungsperioden notwendig sein, z.B. bei Großreparaturen, deren ungewöhnlich hohe Kostenbelastung auf mehrere Abrechnungsperioden verteilt werden soll. Vgl. *Bergner*, Leistungsverrechnung, Sp. 2485. In diesem Fall ist die Großreparatur als echter Hilfskostenträger mit der Funktion eines Kalkulationsobjektes aufzufassen.

[63] Die Behandlung dieser Hilfsleistungen als Kostenträger erleichtert auch die Ermittlung ihrer handels- und steuerrechtlichen Herstellungskosten.

[64] Vgl. *Bergner*, Leistungsverrechnung, Sp. 2485 f.

nachfolgende Entscheidungen nicht relevant sind.[65] Sie sind daher nicht den Endkostenträgereinheiten zuzurechnen, sondern können nach Fertigstellung der Vorleistung auf ein betriebsbuchhalterisches Anlagenkonto aktiviert und von dort erfolgswirksam auf die Perioden ihrer Nutzung verteilt werden.[66] Stehen die erbrachten Vorleistungen in einem engen Zusammenhang mit einzelnen Produktarten, wie dies z.B. bei der Erschließung eines Rohstoffvorkommens oder bei der Entwicklung eines bestimmten Produktes der Fall ist, können die entsprechenden Vorleistungskosten in Deckungsrechnungen[67] der jeweiligen Produktart zugerechnet werden. Die Kosten der nicht einer bestimmten Endkostenträgerklasse zuordenbaren immateriellen Vorleistungen, wie z.B. der Grundlagenforschung, werden entweder direkt in der Periode ihrer Erstellung im Betriebsergebnis angesetzt[68] oder ohne Zuordnung auf eine Endkostenträgerklasse als Periodenabgrenzungskosten erfolgswirksam auf mehrere Perioden verteilt.

Vorkostenträger besonderer Art ergeben sich bei langfristiger Auftragsfertigung in Form der sogenannten "Kostenpools". Kostenpools sind Vorkostenträgerkonten, auf denen Auftrags- oder Projektgemeinkosten der laufenden Periode gesammelt und zu späteren Zeitpunkten, z.B. bei Beendigung eines Auftrags oder Projektes, dem Endkostenträger (Auftrag oder Projekt) zugerechnet werden.[69] Damit soll vermieden werden, daß variable und fixe Auftragsgemeinkosten, die nur für bestimmte Aufträge gemeinsam anfallen, z.B. Kosten für spezielle Betriebsmittel, über die Kostenstellenverrechnungssätze sämtlichen Aufträgen der Periode zugerechnet werden bzw. als Periodenkosten in das Betriebsergebnis der laufenden Periode gelangen.[70]

3. Einteilung des Betriebes in Kostenstellen

Zu den grundlegenden Gestaltungsmerkmalen, die bei Einführung oder Neuentwicklung der Grenzplankostenrechnung festzulegen sind und in der Regel für einen längeren, nicht vorhersehbaren Zeitraum Gültigkeit besitzen sollen, zählt die Einteilung des Betriebes in Kostenstellen. Die Kostenstellenbildung hat dabei unter Berücksichtigung betriebsspezifischer Gege-

---

65 Vgl. *Kilger*, Einführung, S. 52.

66 Vgl. *Bergner*, Leistungsverrechnung, Sp. 2495; *Kilger*, Einführung, S. 381 f.

67 Vgl. hierzu *Kilger*, Flexible Plankostenrechnung, S. 272.

68 Vgl. *Mellerowicz*, Kostenrechnung, Bd. II, Zweiter Teil, S. 279; *Kilger*, Einführung, S. 381.

69 Vgl. *Plinke*, Erlösplanung 1984, S. 271 f.

70 Vgl. *Plinke*, Erlösplanung 1984, S. 272 f.

benheiten zu erfolgen. Bevor auf die Darstellung von Beziehungen zwischen kostenrechnerischen Einflußfaktoren und der Art der Kostenstelleneinteilung sowie auf die betriebsindividuelle Bedeutungsgewichtung von Kostenstellengliederungskriterien eingegangen wird, ist zunächst mit der Beschreibung und Klärung von Zwecken und Grundsätzen der Kostenstellenbildung die Grundlage für eine betriebsindividualisierende Auseinandersetzung mit der Kostenstellenbildung zu schaffen.

a) Zwecke und Grundsätze der Kostenstellenbildung

Wie bereits angesprochen, ist das kostenrechnerische Urbild, die betrieblichen Leistungserstellungs- und Leistungsverwertungsprozesse, durch vielfältige Beziehungen zwischen den eingesetzten Produktionsfaktoren und den ausgebrachten Leistungen gekennzeichnet, wobei das Ausmaß der Beziehungen durch eine Reihe von Kostenbestimmungsfaktoren beeinflußt wird. Neben direkten, unmittelbar aus dem Gestaltungsaufbau oder den Vorgängen bei der Erstellung einer Leistungseinheit erkennbaren und daher isomorph abbildbaren Zuordnungsbeziehungen tritt eine Vielzahl weiterer Zuordnungsbeziehungen auf, die einer homomorphen Abbildung durch die Kostenrechnung bedürfen. Der Kostenstellenrechnung und -bildung kommt die Funktion zu, diese komplexen und vielfältigen indirekten Güterverbrauchs- und Leistungsentstehungszusammenhänge hinsichtlich Art und Ausmaß zu zergliedern und zu ordnen, um gleiche oder zumindest ähnliche Beziehungsstrukturen des Urbildes aufdecken und rechentechnisch abbildbar machen zu können.[71]

Auf der Grundlage dieser allgemeinen Zwecksetzung dient die Einteilung des Betriebes in Kostenstellen, ebenso wie die Durchführung der Kostenstellenrechnung insgesamt, verschiedenen speziellen Zwecken, die sich aus der allgemeinen Abbildungsfunktion der Kostenrechnung ableiten lassen. Einer dieser Zwecke betrifft die homomorphe Verrechnung von Gemeinkosten auf die Kostenträger. Durch die Zurechnung wesensmäßiger und unechter Gemeinkosten auf die Kostenstellen als den Orten ihrer Entstehung und der rechentechnischen Verknüpfung der auf den Kostenstellen anfallenden Kosten mit den zu erbringenden Leistungen und zu erstellenden Kostenträgern soll die Grundlage für eine zweckmäßige und wirtschaftliche Abbildung indirekter Zuordnungsbeziehungen zwischen Güterverbrauch und Leistungsentstehung gelegt werden.[72]

---

[71] Vgl. hierzu auch die Ausführungen in Kapitel C.-II.-3.-a) dieser Untersuchung.

[72] Vgl. *Schmalenbach*, Kostenrechnung, S. 352 f.; *Koller*, S. 15; *Mellerowicz*, Kostenrechnung, Bd. II, Erster Teil, S. 378 f.

Die Kostenstelle dient weiterhin der Kostenplanung und damit der Bereitstellung von Informationen zur Unterstützung betrieblicher Entscheidungen.[73] Der im Rahmen der Leistungserstellung und -verwertung anfallende Güterverzehr wird durch eine Reihe von Kostenbestimmungsfaktoren beeinflußt, die nicht unmittelbar anhand des geplanten Ergebnisses der Transformationsprozesse, der Kostenträger, abgeleitet und erkannt werden können, sondern deren konkrete Wirkung sich in den einzelnen Bereichen und Phasen der Leistungserstellung in unterschiedlicher Art und Weise zeigt. Die Ermittlung von Kostengesetzmäßigkeiten, ihre Abbildung in Kostenfunktionen und deren Anwendung in Kostenprognosen bedürfen daher ebenso wie die Erstellung von Kostenprojektionen der Auseinandersetzung mit den spezifischen Güterverbrauchsvorgängen am Ort ihres Geschehens.

Durch die kostenstellenweise erfolgende Planung der Beziehungen zwischen Güterverbrauch und Leistungsentstehung ist zugleich die Grundlage für eine Wirtschaftlichkeitskontrolle geschaffen, bei der durch die isolierte Betrachtung einzelner Teilprozesse der Leistungserstellung und -verwertung eine genaue Analyse der auf die Kostenhöhe wirkenden Kosteneinflußgrößen möglich wird. Auf der Kostenstelle als dem Ort des Güterverbrauchs und der Leistungsentstehung wirkt sich eine Reihe von Kostenbestimmungsfaktoren auf die Kostenhöhe aus. Sie sind daher zweckmäßigerweise in der Kostenstelle zu kontrollieren und zu steuern.[74]

Aus den Bestrebungen, durch rechnungstechnische und -organisatorische Maßnahmen die Erfüllung dieser Zwecke der Kostenstelleneinteilung und -rechnung zu gewährleisten, haben sich allgemeine Grundsätze der Kostenstelleneinteilung herausgebildet. Danach sind die Kostenstellen so zu bilden, daß die Güterverbrauchsvorgänge eine möglichst einheitliche Kostenverursachung aufweisen, selbständige und eindeutig abgegrenzte Verantwortungsbereiche entstehen und sich die Ist- und die Plankosten eindeutig und zugleich einfach ermitteln und zuordnen lassen.[75]

Aus den mit der Kostenstellenrechnung verfolgten Zwecken und den bei der Kostenstellenbildung zu beachtenden Grundsätzen lassen sich Gliederungskriterien ableiten, die Anhaltspunkte für eine zweckmäßige Kosten-

---

[73] Vgl. *Kube*, S. 36 f.; *Schweitzer/Küpper*, S. 155 f.

[74] Die unmittelbare Nähe des Güterverzehrs zur Kostenstelle und die Beeinflußbarkeit der Kostenentstehung durch die in der Kostenstelle tätigen Mitarbeiter führen dazu, daß häufig auch die Einzelkosten - obwohl kostenträgerweise geplant - je Kostenstelle kontrolliert werden. Vgl. *Agthe*, Kostenplanung, S. 115 u. S. 120; *Kilger*, Flexible Plankostenrechnung, S. 232; *Haberstock*, Kostenrechnung II, S. 285.

[75] Zu den Grundsätzen der Kostenstellenbildung vgl. z.B. *Kilger*, Flexible Plankostenrechnung, S. 304 ff.; *Koller*, S. 14 ff.; *Haberstock*, Kostenrechnung II, S. 45 f.

stellenbildung bieten. Die Beziehungen dieser Gliederungskriterien zu den Zwecken und Grundsätzen der Kostenstellenbildung sowie die Notwendigkeit der betriebsindividuellen Bedeutungsgewichtung bei der praktischen Kostenstellenbildung sollen im folgenden erörtert werden.

b) Gliederungskriterien der Kostenstellenbildung und ihre betriebsindividuelle Bedeutungsgewichtung

Ein bedeutendes Gliederungskriterium für die Kostenstellenbildung stellt das Verrichtungs- oder Prozeßgliederungsprinzip dar. Die homomorphe Abbildung indirekter Zuordnungsbeziehungen zwischen Kosten und Leistungen sowie die Abbildung des Einflusses von Kostenbestimmungsfaktoren auf die Kostenhöhe erfordert eine Segmentierung und Ordnung der betrieblichen Transformationsprozesse nach gleicher Kostenverursachung und gleichen funktionalen Kostenabhängigkeiten.[76] Die Berücksichtigung des Verrichtungsgliederungskriteriums dient dabei nicht nur einer genauen und dem Grundsatz der Homomorphie entsprechenden Gemeinkostenverrechnung, sondern ist auch für die Kostenplanung und die Durchführung einer aussagefähigen kostenstellenweisen Kostenkontrolle unentbehrlich, da fundierte Kostenvorhersagen und richtige Sollkostenvorgaben der eingehenden Analyse der Transformationsprozesse und der Unterscheidung von Verrichtungen mit verschiedener Kostenverursachung bedürfen. Die Kostenstellenbildung der Grenzplankostenrechnung ist damit unabhängig von der betriebsindividuellen Dominanz der mit der Kostenstellenrechnung verfolgten Zwecksetzungen grundsätzlich prozeßorientiert, d.h. auf die einzelne Verrichtung, den einzelnen Arbeitsgang und die einzelne Funktion ausgerichtet vorzunehmen.[77]

Daneben kann die Kostenstellenbildung unter Anwendung des Organisationsgliederungskriteriums erfolgen. Durch die Orientierung an führungsorganisatorischen Gegebenheiten des Betriebes[78] soll dem für die Durchführung einer wirksamen Kostenkontrolle bedeutsamen Verantwortungsaspekt Rechnung getragen werden. Die Bedeutung, die dem Organisations-

---

[76] Die Kostenstelle bildet damit das Pendant zur produktiven Faktorkombination in der Produktions- und Kostentheorie, und die Kostenstellenbildung entspricht der Aufteilung der gesamtbetrieblichen Produktions- und Kostenfunktion in Einzelsegmente. Vgl. *Kube*, S. 24.

[77] Es wird in diesem Zusammenhang auch von der Kostenstellengliederung nach Funktionskreisen oder funktionalen Fertigungsverrichtungen gesprochen. Vgl. *Schmalenbach*, Kostenrechnung, S. 353 f.; *Kube*, S. 30; *Mellerowicz*, Kostenrechnung, Bd. II, Erster Teil, S. 386.

[78] Vgl. *Mellerowicz*, Kostenrechnung, Bd. II, Erster Teil, S. 386; *Schweitzer/Küpper*, S. 158.

gliederungskriterium bei der Kostenstellenbildung zukommt, wird wesentlich durch die betriebsindividuelle Dominanz der kostenstellenweisen Kostenkontrolle bestimmt.

Von Betrieben, bei denen die kostenstellenweise Kostenkontrolle als wichtiger Zweck der Kostenrechnung angesehen wird, z.B. Betriebe, die über ein ausreichend großes Potential an kurzfristig beeinflußbaren Kosten verfügen oder Kostenführerschaft anstreben, ist das Organisationsgliederungskriterium in besonderem Maße zu beachten. Treten Abstimmungsprobleme mit dem Verrichtungsgliederungskriterium auf, ist es häufig zweckmäßig, die Kostenstellenbildung zunächst nach dem Organisationsgliederungskriterium vorzunehmen und die entstehenden Verantwortungsbereiche weiter nach Verrichtungen in untergeordnete Kostenstellen aufzugliedern. Des weiteren besteht die Möglichkeit, die Führungsorganisation des Betriebes an die sich aus der Anwendung des Verrichtungsgliederungsprinzips ergebende Kostenstellenstruktur anzupassen, wenn die Führungsorganisation einen abdingbaren Einflußfaktor der Kostenstellenbildung darstellt, d.h. an die Erfordernisse einer zweckmäßigen Kostenstellenbildung angepaßt werden kann. Günstige Voraussetzungen für die widerspruchsfreie Anwendung des Verrichtungs- und des Organisationsgliederungskriteriums sind gegeben, wenn eine funktionale Organisationsstruktur vorliegt und z.B. Material-, Fertigungs-, Vertriebs-, Verwaltungs- sowie Forschungs- und Entwicklungskostenstellen unterschieden werden können. Treten im Betrieb gleichartige Verrichtungen auf, die einem Funktionsbereich nicht eindeutig zugeordnet werden können, weil sie sich über mehrere Funktionsbereiche erstrecken, wie etwa bestimmte Verwaltungstätigkeiten oder Transportleistungen, kann es zweckmäßig sein, diese Prozesse aus den herkömmlichen Funktionsbereichen herauszulösen und als eigenständige Kostenstellen zu behandeln.[79] Bei divisionaler Betriebsorganisation besteht die Möglichkeit, die einzelnen Divisionen weiter nach Funktionsbereichen zu gliedern. Für einzelne Funktionen, die zentral organisiert sind und sich über alle Divisionen erstrecken, z.B. zentrale Beschaffungs- oder allgemeine Verwaltungsabteilungen, sind ebenfalls eigenständige Kostenstellenbereiche zu bilden. Die dabei entstehende Matrixorganisation erfordert allerdings eine aufwendige Kompetenzabgrenzung,[80] bei der genau festzulegen ist, welcher Ver-

---

[79] Dabei ist zu beachten, daß keine Betriebsmittel oder Arbeitsplätze mehreren Verantwortungsbereichen zugeteilt werden. Beispielsweise ist es unzweckmäßig, fest mit der Fertigungsanlage verbundene Transporteinrichtungen wie Fließbänder aus der Verantwortung der Fertigungskostenstelle herauszulösen und einer Logistikkostenstelle zuzuordnen, da sich die Verantwortungsbereiche aufgrund der starken Wechselwirkungen zwischen Fertigungs- und Transportverrichtung nicht eindeutig trennen lassen.

[80] Vgl. etwa *Ulrich/Fluri*, S. 156 ff.

antwortungsträger für welche Dispositionen, Kostenartenbereiche und Spezialabweichungsarten zuständig ist.

Spielt die kostenstellenweise Kostenkontrolle nur eine untergeordnete Rolle, wie dies bei Betrieben mit geringem Potential an kurzfristig beeinflußbaren Kosten oder bei Betrieben, die die Wettbewerbsstrategie der Produktdifferenzierung verfolgen, der Fall sein kann, verliert das Organisationsgliederungskriterium für die Kostenstellenbildung an Bedeutung. In diesem Fall kann die Kostenstellenbildung anhand des Verrichtungsgliederungsprinzips vollständig auf die Anforderungen einer homomorphen Zurechnung von Gemeinkosten auf die Kostenträger und einer detaillierten Kostenplanung ausgerichtet werden.

Darüber hinaus ist aus der Forderung nach möglichst einfacher und eindeutiger Zurechenbarkeit der Kostenarten auf die Kostenstelle das Gliederungskriterium der räumlichen Einheit ableitbar.[81] Die Anwendung dieses Kriteriums ist in der Praxis häufig nicht widerspruchsfrei möglich. Beispielsweise besteht in der Beziehung zum Verrichtungsgliederungskriterium ein grundsätzlicher Konflikt dahingehend, daß mit zunehmender Einheitlichkeit der Verrichtung eine räumliche Abgrenzung der Verrichtung und damit eine kostenstellengenaue Erfassung und Zuordnung des Güterverzehrs schwieriger wird.[82] Ebenso kann es zwischen dem Organisationsgliederungskriterium und dem Kriterium der räumlichen Einheit zu Überschneidungen in der Kostenstellenbildung kommen, wenn sich die Kostenstellengliederung mit einer vorgegebenen und nicht den Anforderungen einer genauen Kostenstellenzurechnung genügenden Führungsorganisation auseinanderzusetzen hat. Die Bedeutung des Kriteriums der räumlichen Einheit, das sowohl für die kostenstellengenaue Kostenplanung als auch für die eindeutige Kostenstellenzurechnung von Istkosten für die Kostenkontrolle relevant ist, wird einmal von der betriebsindividuellen Dominanz der kostenstellenweisen Kostenplanung und -kontrolle und damit vom betriebsindividuell festzulegenden Genauigkeitsgrad der Kostenstellenzurechnung bestimmt. Des weiteren ist dem betriebsindividuellen Entwicklungsstand der Betriebsdatenerfassung ein wesentlicher Einfluß auf die Bedeutung des Kriteriums der räumlichen Einheit zuzusprechen. Bei einer hochentwickelten Betriebsdatenerfassung, die eine nahezu verrichtungsgenaue Verbrauchserfassung ermöglicht, verliert das Kriterium der räumlichen Einheit weitgehend seine Bedeutung für die Kostenstellenbildung.

Neben den genannten Gliederungskriterien sind noch abrechnungstechnische Merkmale zur Unterscheidung von Kostenstellen von Bedeutung,

---

[81] Vgl. *Schmalenbach*, Kostenrechnung, S. 353; *Kube*, S. 24.

[82] Vgl. hierzu *Kilger*, Einführung, S. 155; *Haberstock*, Kostenrechnung II, S. 86.

wobei Haupt-, Neben- und Hilfskostenstellen[83] sowie Vor- und Endkostenstellen[84] unterschieden werden können. Diese Kriterien haben eine formalbeschreibende Funktion, indem sie die Stellung und die Aufgabe einer Kostenstelle im abrechnungstechnischen Zusammenhang der Kostenrechnung anzeigen. Für die Ermittlung und Ableitung einer zweckmäßigen und den betriebsspezifischen Gegebenheiten gerecht werdenden Kostenstelleneinteilung sind diese Kriterien indessen ohne Bedeutung, so daß sie in den folgenden Ausführungen zu betriebsspezifischen Besonderheiten der Kostenstellenbildung keine Berücksichtigung finden.

Die vorangehenden Ausführungen zu den Zwecken, Grundsätzen und Gliederungskriterien der Kostenstellenbildung verdeutlichen, daß die Kostenstelle als rechentechnisches und rechnungsorganisatorisches Abbildungsinstrument der Kostenrechnung aufgefaßt werden kann und unter Orientierung an den Eigenarten der betrieblichen Transformationsprozesse sowie unter Beachtung verantwortungsbezogener und räumlicher Abgrenzungsaspekte zu bilden ist. Im folgenden soll am Beispiel des Fertigungsbereiches aufgezeigt werden, welche betriebsspezifischen Gegebenheiten bei der Kostenstellenbildung zu beachten sind und wie sich diese Einflußfaktoren auf die Art der Kostenstelleneinteilung auswirken können.

c) Betriebsspezifische Besonderheiten der Kostenstellenbildung im Fertigungsbereich

aa) Kostenstellenbildung bei Werkstattfertigung

Betriebsspezifische Besonderheiten bei der Kostenstellenbildung ergeben sich einmal in Abhängigkeit von den fertigungsorganisatorischen Zuord-

---

[83] Hierbei handelt es sich um eine kostenträgerbezogene Unterteilung der Kostenstellen. Danach werden in Haupt- und Nebenkostenstellen Endkostenträger und unfertige Erzeugnisse gefertigt, die nach ihrer Bedeutung für das Produktsortiment in Haupt- bzw. Nebenkostenträger unterschieden werden, während Hilfskostenstellen Hilfskostenträger hervorbringen. Vgl. *Kosiol*, Kalkulation, S. 118; *Schweitzer/Küpper*, S. 159; *Bergner*, Leistungsverrechnung, Sp. 2485.

[84] Die Unterscheidung in Vor- und Endkostenstellen erfolgt nach der Art der Kostenstellenbeteiligung an der Kostenträgerstückrechnung. Während die Kostenstellenverrechnungssätze der Endkostenstellen unmittelbarer Bestandteil des betrieblichen Kalkulationsschemas sind, geben die Vorkostenstellen ihre Kosten vollständig im Rahmen der innerbetrieblichen Leistungsverrechnung an die Endkostenstellen weiter und sind damit nur mittelbar an der Kalkulation beteiligt. Vgl. hierzu *Kosiol*, Kalkulation, S. 118 f.; *Schweitzer/Küpper*, S. 159; *Bergner*, Leistungsverrechnung, Sp. 2485.

nungsbeziehungen zwischen den Betriebsmitteln und den Erzeugnissen. Bei Werkstattfertigung ist aufgrund der räumlichen Zusammenfassung von Betriebsmitteln gleicher Verrichtung eine räumliche Ordnung gleicher oder ähnlicher Transformationsprozesse gegeben, so daß günstige Bedingungen für die Bildung von Kostenstellen mit einheitlicher Kostenverursachung und eindeutig abgrenzbaren Verantwortungsbereichen vorliegen. Zeichnen sich die Betriebsmittel einer Werkstätte aufgrund der Gleichartigkeit der Verrichtungen durch eine gleiche Kostenstruktur und die stattfindenden Transformationsprozesse durch eine einheitliche oder annähernd gleiche Kostenverursachung aus, kann die Werkstätte unmittelbar als Kostenstelle definiert und abgerechnet werden, wobei eine Bezugsgröße zur Abbildung der ausführungsbezogenen Kostenverursachung genügt.

Mit der Anwendung des Verrichtungsgliederungsprinzips bei der Werkstättenbildung ist jedoch nicht per se eine homogene Kostenverursachung bei den in der Werkstätte ablaufenden Transformationsprozessen gewährleistet, da sich die Betriebsmittel beispielsweise aufgrund unterschiedlicher Automatisierungsgrade hinsichtlich Kostenstruktur und Verbrauch an Repetierfaktoren unterscheiden können.[85] Werden Betriebsmittel mit gleicher Verrichtungsart, aber unterschiedlicher Kostenverursachung zu Werkstätten zusammengefaßt, kann die Verwendung einer Bezugsgröße und eines Kostenstellenverrechnungssatzes zu nicht vertretbaren Ungenauigkeiten bei der Zurechnung variabler Fertigungsgemeinkosten auf die Kostenträger und der Sollkostenermittlung für die Kostenkontrolle führen.[86] Inwieweit Betriebsmittel und Arbeitsplätze mit heterogener Kostenverursachung zu einer Kostenstelle zusammengefaßt werden dürfen, ohne daß eine betriebsindividuell vorgegebene Genauigkeitstoleranz beim Kostenstellenverrechnungssatz überschritten wird,[87] kann mit einer Fehlerrechnung festgestellt werden.[88]

Wird der angestrebte Genauigkeitsgrad nicht erreicht, ist eine weitergehende Differenzierung der Werkstattkostenstellen erforderlich, indem Fer-

---

[85] Vgl. hierzu *Moroff*, S. 367 ff.

[86] Vgl. *Plaut*, Deckungsbeitragsrechnung, S. 215 f.; *Kilger*, Flexible Plankostenrechnung, S. 305.

[87] Beispielsweise wird von *Plaut* eine Genauigkeitstoleranz von +/- 5 % des proportionalen Verrechnungssatzes als akzeptabel angesehen. Vgl. *Plaut*, H.-G.: Entwicklungsformen der Plankostenrechnung, Vom Standard-Cost-Accounting zur Grenzplankostenrechnung, in: Jacob, H. (Hrsg.): Neuere Entwicklungen in der Kostenrechnung (II), Schriften zur Unternehmensführung, Bd. 22, Wiesbaden 1976, S. 11.

[88] Vgl. hierzu ausführlich *Kilger*, Einführung, S. 155 ff.

tigungsanlagen oder einzelne Komponenten von Fertigungsanlagen[89] mit gleicher Kostenverursachung zu Kostenplätzen zusammengefaßt werden. Die Planung und Abrechnung der Kostenplätze kann nach dem herkömmlichen Kostenplatzprinzip[90] oder dem Bereichsstellenprinzip[91] vorgenommen werden. Beiden Prinzipien ist gemeinsam, daß die Kostenplanung getrennt nach einzelnen Kostenplätzen erfolgt und daß je Kostenplatz eigenständige Bezugsgrößen und Verrechnungssätze für die Gemeinkostenverrechnung eingesetzt werden.[92]

Bei Anwendung des herkömmlichen Kostenplatzprinzips wird für die Kostenkontrolle die Kostenplatzdifferenzierung jedoch wieder aufgegeben, indem die Sollkosten aggregiert und den global der Kostenstelle zugerechneten Istkosten gegenübergestellt werden.[93] Es liegt folglich eine Durchbrechung des Grundsatzes der Identität von Planungs- und Kontrollbereich vor. Informationen, die für die homomorphe Gemeinkostenverrechnung ermittelt und verwendet werden, erfahren für die Kostenkontrolle keine Nutzung, und durch die Saldierung von Kostenabweichungen der einzelnen Kostenplätze können auftretende Kostenabweichungen und deren Ursachen unerkannt bleiben.[94] Die Begründung dieser Vorgehensweise der herkömmlichen Kostenplatzrechnung, die Istkosten könnten nicht je Kostenplatz erfaßt und damit eindeutig zugerechnet werden,[95] greift insofern nicht, als für die Kostenplanung grundsätzlich die gleichen Voraussetzungen gelten wie für

---

[89] Die Aufteilung einer Fertigungsanlage in einzelne Komponenten zum Zwecke der Kostenstellendifferenzierung ist z.B. bei flexiblen Fertigungszellen oder -systemen zweckmäßig, wenn die einzelnen Systemkomponenten eine unterschiedliche Kostenverursachung aufweisen und durch die Kostenträger unterschiedlich in Anspruch genommen werden. Vgl. hierzu *Moroff*, S. 383; *Siegwart/Raas*, S. 12; *Knoop*, J.: Prozeßorientierte Kostenrechnung - Ein Instrument zur Planung flexibler Fertigungssysteme, in: krp, o. Jg. 1987, S. 50.

[90] Zur herkömmlichen Interpretation des Kostenplatzprinzips und seinen Ursprüngen vgl. *Neumayer*, "doppelt-flexible" Plankostenrechnung, S. 406 ff.; *Diercks/Petzold*, S. 490 ff.

[91] Zum Bereichsstellenprinzip vgl. *Plaut*, Grenz-Plankostenrechnung, S. 349 ff.; *Kilger*, Flexible Plankostenrechnung, S. 306 f. Eine unter Anwendung des Bereichsstellenprinzips gestaltete Kostenstellenrechnung und die dabei entstehenden untergeordneten Teilkostenstellen werden ebenfalls als Kostenplatzrechnung bzw. Kostenplätze bezeichnet, so daß die gewählte Differenzierung der Prinzipien in herkömmliches Kostenplatzprinzip und Bereichsstellenprinzip gerechtfertigt ist. Vgl. etwa *Kaluza*, B.: Kosten- und Erlösrechnung bei neuen Technologien, in: Milling, P. (Hrsg.): Systemmanagement und Managementsysteme, Festgabe für Gert v. Kortzfleisch zum 70. Geburtstag, Berlin 1991, S. 179; *Knoop*, S. 50; *Siegwart/Raas*, S. 12.

[92] Vgl. *Neumayer*, "doppelt-flexible" Plankostenrechnung, S. 408; *Plaut*, Grenz-Plankostenrechnung, S. 349 f.

[93] Vgl. *Neumayer*, "doppelt-flexible" Plankostenrechnung, S. 408 f.; *Diercks/Petzold*, S. 491.

[94] Vgl. *Plaut*, Grenz-Plankostenrechnung, S. 349; *Kilger*, Flexible Plankostenrechnung, S. 306; *Knoop*, S. 50.

[95] Vgl. *Neumayer*, "doppelt-flexible" Plankostenrechnung, S. 409; *Diercks/Petzold*, S. 491.

die Istkostenerfassung, d.h., auch für eine kostenplatzgenaue Kostenplanung muß eine direkte Erfaß- und Zurechenbarkeit des Güterverzehrs gegeben sein.[96]

Im Unterschied zum herkömmlichen Kostenplatzprinzip werden nach dem Bereichsstellenprinzip[97] die gebildeten Kostenplätze nicht nur eigenständig geplant und mittels spezieller Bezugsgrößen in die Kostenverrechnung einbezogen, sondern auch einer getrennten Kostenkontrolle unterzogen. Kosten, die sich nicht einer Teilkostenstelle, sondern nur der übergeordneten Bereichskostenstelle, eindeutig zuordnen lassen, werden für die Bereichskostenstelle geplant und kontrolliert.[98] Hierzu zählen etwa die Arbeitskosten des Kostenstellenleiters, Kosten für Meßgeräte und -werkzeuge, Stromkosten für Heizung und Beleuchtung, Schmierstoffe sowie Reinigungsmittel. Die Verrechnung der variablen Kostenbestandteile der Bereichskostenstelle auf die Kostenträger erfolgt entweder durch Schlüsselung auf die untergeordneten Kostenstellen und Einbeziehung in die Verrechnungssätze dieser Teilkostenstellen[99] oder durch Abbildung mit Hilfe geeigneter Bezugsgrößen und direkter Zurechnung auf die Fertigungsaufträge und Kostenträger.[100] Falls sich geeignete Bezugsgrößen zur Abbildung der proportionalen Bereichsstellenkosten finden lassen, ist letztere Vorgehensweise aufgrund ihrer genaueren Verrechnung und besseren Kontrollmöglichkeit zu bevorzugen. Das Bereichsstellenprinzip wird dem Grundsatz der Identität von Planungs- und Kontrollbereich besser gerecht als das herkömmliche Kostenplatzprinzip. Transformationsprozesse mit unterschiedlicher Kostenverursachung werden als eigenständige Kostenstellen behandelt, so daß Kostenabweichungen besser erkannt und auf ihre Ursachen zurückgeführt werden können.[101]

---

[96] Es sei an dieser Stelle nochmals darauf hingewiesen, daß eine Kostenplanung ohne jeglichen Rückgriff auf Istwerte der Vergangenheit nicht durchführbar ist. Basiert die Kostenplanung beispielsweise auf technischen Untersuchungen oder Probeläufen, müssen entsprechende Maßnahmen zur Erfassung des Istverbrauchs sowie der Istausprägungen der zu untersuchenden Kostenbestimmungsfaktoren ergriffen werden. Eine kostenplatzgenaue Kostenplanung ohne kostenplatzgenaue Istverbrauchserfassung ist folglich nicht möglich.

[97] Vgl. hierzu *Plaut*, Grenz-Plankostenrechnung, S. 349 ff.; *Kilger*, Flexible Plankostenrechnung, S. 306 f.

[98] Vgl. *Plaut*, Grenz-Plankostenrechnung, S. 350; *Kilger*, Flexible Plankostenrechnung, S. 306 f.

[99] Vgl. *Plaut*, Grenz-Plankostenrechnung, S. 350 f.

[100] In diesem Zusammenhang wird auch von kalkulatorischen Leitungskosten gesprochen. Vgl. *Kilger*, Flexible Plankostenrechnung, S. 84 u. S. 307.

[101] Vgl. *Kilger*, Flexible Plankostenrechnung, S. 307.

bb) Kostenstellenbildung bei Fließfertigung

Liegen die Verhältnisse der Fließfertigung vor, d.h. sind die Betriebsmittel und Arbeitsplätze nach dem Ablauf des Herstellungsganges der Erzeugnisse angeordnet, stehen in der Regel Transformationsprozesse mit unterschiedlicher Kostenverursachung in einer räumlichen Ordnungsbeziehung zueinander. Die zu einer Fließstrecke zusammengefaßten Betriebsmittel und Arbeitsplätze können trotz unterschiedlicher Kostenverursachung als einheitliche Kostenstelle geplant und abgerechnet werden, wenn die die Fließstrecke durchlaufenden Kostenträger die einzelnen Komponenten der Fließstrecke in gleichem Maße in Anspruch nehmen.[102] In diesem Fall verlieren die Komponenten der Fließfertigung "durch die Eingliederung in die durch die Fertigungsfolge des herzustellenden Produktes gegebene Ordnung kostenrechnerisch ihre eigenständige Bedeutung."[103]

Werden einzelne Komponenten der Fließstrecke durch die Kostenträger in unterschiedlichem Maße beansprucht, wie z.B. bei flexiblen Transferstraßen, bei denen durch die Einrichtung von Pufferlägern und geeigneten Transportvorrichtungen ein Überspringen einzelner Bearbeitungsstationen möglich ist,[104] oder bei flexiblen Fertigungsinseln, die intern nach dem Prozeßfolgeprinzip organisiert sind und einen ungetakteten Werkstücktransport aufweisen,[105] kann die Behandlung der Fließstrecke als einheitliche Kostenstelle zu Ungenauigkeiten bei der Kostenplanung, -verrechnung und -kontrolle führen. Ist die Anzahl der die Fließstrecke durchlaufenden und die einzelnen Komponenten unterschiedlich in Anspruch nehmenden Kostenträgerarten gering, wie dies z.B. bei Sortenfertigung oder Großserienfertigung mit standardisiertem und eng begrenztem Produktionsprogramm häufig der Fall ist, können die Unterschiede in der Kostenverursachung mittels Äquivalenzziffern abgebildet und die Fließstrecke als einheitliche Kostenstelle beibehalten werden.[106] Kann mit Hilfe von Äquivalenzziffern kein rechentechnischer Ausgleich zur Abbildung der Kostenverursachung geschaffen werden, weil z.B. die Kostenträger bei Einzel- oder Kleinserienfertigung die einzelnen Stationen der Fließstrecke in schnellem Wech-

---

[102] Vgl. *Plaut*, Kostenkontrolle, S. 829; *Kilger*, Flexible Plankostenrechnung, S. 305. Diese Bedingungen liegen z.B. in konventionellen Transferstraßen vor, bei denen durch die starre Taktung der Produktionsprozesse die Gleichmäßigkeit der Kostenverursachung gewährleistet ist. Vgl. *Moroff*, S. 382.

[103] *Marek*, S. 189.

[104] Vgl. *Moroff*, S. 134 f. u. S. 382 f.

[105] Vgl. *Kaluza*, Erzeugniswechsel, S. 129 ff.

[106] Vgl. *Siegwart/Raas*, S. 12; *v. Kortzfleisch*, Äquivalenzziffernkalkulation, S. 42 ff.; *Moroff*, S. 382 f.

sel und mit heterogener Kostenverursachung durchlaufen, ist die Fließstrecke in Teilstrecken mit einheitlicher Kostenverursachung aufzuspalten, denen die Funktion eigenständiger Kostenplätze im Sinne des Bereichsstellenprinzips zukommt.[107] Voraussetzung für die Differenzierung der Fließstrecke in Kostenplätze ist der Einsatz einer entsprechend leistungsfähigen Betriebsdatenerfassung. Ist eine kostenplatzgenaue Kosten- und Leistungserfassung nicht möglich, ist die Fließstrecke unter Einräumung von Ungenauigkeitskonzessionen als einheitliche Kostenstelle zu planen und abzurechnen.

cc) Kostenstellenbildung bei Baustellenfertigung

Eine Sonderstellung im Rahmen der betriebsspezifischen Kostenstellenbildung kommt der Baustellenfertigung zu. Aufgrund der Hinordnung der Betriebsmittel und Arbeitskräfte zum Erzeugnis ergibt sich bei herkömmlicher Interpretation der Kostenstelle als Ort der Kostenentstehung die Besonderheit, daß sich Kostenstelle und Kostenträger abrechnungstechnisch entsprechen. "*Die Baustelle ist eine natürliche Kostenstelle*. Sie ist räumlich von allen anderen Stellen des Betriebes isoliert und stellt im allgemeinen nur einen Kostenträger her; damit ist ein räumlich und sachlich begrenzter Verfügungs- und Verantwortungsbereich gegeben, und der Kostenträger wird zwangsläufig zum Unterscheidungsmerkmal der Hauptkostenstellen im Bauindustriebetrieb."[108] Nach dieser Auffassung ergibt sich "für die Zurechnung der Kostenarten über die Kostenstellen auf den Kostenträger eine außerordentliche Vereinfachung,"[109] da sich alle Kosten, die der Baustelle als Kostenstelle zugerechnet werden können, ohne Einsatz aufwendiger Rechenoperationen auch den auf der Baustelle gefertigten Kostenträgern zuordnen lassen.

Der Gleichsetzung von Baustelle und Kostenstelle, deren Vorteilhaftigkeit sich allein auf die Vereinfachung der Abrechnung beschränkt, ist indessen entgegenzuhalten, daß der eigentliche Zweck der Kostenstellenbildung, die vielschichtigen realen Beziehungen zwischen Güterverzehr und Leistungsentstehung zu entflechten und zu ordnen, um eine homomorphe Verrechnung von Gemeinkosten auf die Kostenträger, eine genaue Kostenplanung

---

[107] Vgl. hierzu auch *Fassbender*, S. 91 ff.

[108] *Mast*, H.: Kalkulation und Kostenkontrolle im Bauindustriebetrieb, Diss., Berlin 1963, S. 24.

[109] *Mast*, S. 24.

und eine aussagefähige Kostenkontrolle zu ermöglichen, aufgegeben wird.[110] Demnach erfüllen lediglich die Hilfskostenstellen[111] die den Kostenstellen zukommenden Rechnungszwecke, während die Hauptkostenstellen reine Kostenträgerkonten darstellen.

Um eine dem Grundsatz der Zweckmäßigkeit genügende Kostenstelleneinteilung bei Baustellenfertigung zu erhalten, ist die strenge Interpretation der Kostenstelle als Ort der Kostenentstehung aufzugeben. Die Kostenstelle wird nicht per definitionem durch den Ort des Verbrauchsvorgangs bestimmt, sondern der Ort des Verbrauchs ist ein Hilfskriterium zur Gliederung der Kostenstellen nach räumlichen Einheiten, das bei bestimmten Gegebenheiten, z.B. bei der Baustellenfertigung aufgrund der Ortsgebundenheit der Fertigung, versagt. Die Baustelle kann keine "natürliche" Kostenstelle sein, da es sich bei der Kostenstelle um einen rein rechentechnischen Zweckbegriff, um ein modellseitiges Mittel zur Abbildung der Realität handelt, das unter Anpassung an die jeweiligen betrieblichen Gegebenheiten flexibel zu gestalten und einzusetzen ist. Bei Baustellenfertigung führt allein die Anwendung des Verrichtungs- und des Organisationsgliederungskriteriums zu einer zweckmäßigen Kostenstellenbildung, während sich das Kriterium der räumlichen Einheit als unzweckmäßig erweist.

Eine Auseinandersetzung mit den rechentechnischen Zwecken der Kostenstellenbildung zeigt, daß in den Kostenstellen Transformationsprozesse mit annähernd gleicher Kostenverursachung zusammenzufassen sind. Liegen die Verhältnisse der Baustellenfertigung vor, bietet sich eine an den einzelnen Phasen der Kostenträgererstellung, d.h. an Fertigungsprozessen, Fertigungsstufen und Bauabschnitten orientierte Kostenstellenbildung an. Beispielsweise können bei der Erstellung von Gebäuden Erd- und Rohbauarbeiten, Hausanschlüsse, Zimmerer- und Dachdeckerarbeiten, Klempner- und Spenglerarbeiten, Heizungs-, Sanitär- und Elektroinstallationen, Putz- und Stuckarbeiten usw. unterschieden und als eigenständige Hauptkostenstellen geführt werden. Die bei den einzelnen Bauabschnitten anfallenden

[110] Durch die Identität von Kostenstelle, Baustelle und Kostenträger geht nicht nur die Eigenständigkeit der Kostenstelle als Zurechnungsobjekt, sondern auch ihre Funktion als Planungs- und Kontrollbereich verloren, da eine baustellenweise Kostenplanung bzw. -kontrolle mit der Kostenträgerplanung bzw. -kontrolle, d.h. der Auftragsvor- bzw. Auftragsnachkalkulation, die auch eine mitlaufende Kalkulation sein kann, zusammenfällt. Anderer Meinung sind *Mast*, S. 23; *Marek*, S. 192.

[111] Hierzu zählen etwa die Reparatur- und Instandhaltungsstellen für Betriebsmittel, der allgemeine Fahrdienst oder Kostenstellen, die standardisierte Fertigteile in Massen-, Serien- oder Sortenfertigung, z.B. Fertigwände oder -decken, herstellen.

Verbräuche an Werkstoffen[112] sowie ein Großteil der Arbeitskosten können dabei in der Regel als Einzelkosten dem Kostenträger unmittelbar zugerechnet werden, während Betriebsmittelkosten, Zusatz- und Sonderlöhne[113] sowie das Gehalt des Kostenstellenleiters[114] als Gemeinkosten mittels geeigneter Bezugsgrößen über die Kostenstellenverrechnungssätze den Kostenträgern, d.h. der Baustelle,[115] weiterzubelasten sind. Jeder Kostenstelle ist ein Kostenverantwortlicher, z.B. der Polier, Bau- oder Kolonnenführer, zuzuordnen, der für auftretende Kostenüberschreitungen sowie die zeit- und qualitätsvorgabegemäße Durchführung der Fertigungsaufträge verantwortlich ist. Da die einzelnen Kostenstellen in der Regel nicht während der gesamten Erstellung des Kostenträgers an der Baustelle vor Ort sind, sondern nach Beendigung ihres Bauabschnittes an eine andere Baustelle wechseln, ist es zweckmäßig, unmittelbar nach Beendigung der Bauphase eine kostenstellenweise Kostenkontrolle durchzuführen, die zugleich eine mitlaufende Auftragskalkulation zur Überwachung der kostenträgerbezogenen Kostenentwicklung darstellt. Neben den Kostenstellenverantwortlichen ist weiterhin ein Verantwortlicher je Baustelle zu bestimmen, dem die Funktion eines Auftrags- oder Produktmanagers zukommt und für die zeitliche Koordinierung der einzelnen Kostenstellen auf der Baustelle zu sorgen hat.

dd) Sonstige Einflußfaktoren der Kostenstellenbildung

Bereits aus den vorangehenden Ausführungen läßt sich erkennen, daß neben der räumlichen Anordnung der Betriebsmittel und Arbeitsplätze, die den Weg der Erzeugnisse durch den Betrieb beschreibt, weiteren Faktoren wie dem Automatisierungsgrad der Fertigungsanlagen oder der Art der Leistungswiederholung ein Einfluß auf die Kostenstellenbildung zukommen kann. Darüber hinaus ist dem Umfang der herzustellenden Erzeugnisarten sowie der Zahl der Fertigungsstufen ein Einfluß auf die Zahl der Kosten-

---

[112] Neben den Roh- und Hilfsstoffen können bei genauer Verbrauchsmengenermittlung auch Betriebsstoffe, z.B. Treibstoffe für Stromaggregate, als Einzelkosten erfaßt und verrechnet werden.

[113] Hierzu sind bei externer Baustellenfertigung beispielsweise Sonderzahlungen bei schlechtem Wetter zu rechnen.

[114] Das Gehalt des Kostenstellenleiters ist in jedem Fall dann als Gemeinkosten zu verrechnen, wenn die betreute Kostenstelle gleichzeitig auf mehreren Baustellen eingesetzt wird.

[115] Die Baustelle kann als Kostenträger mit dem Endkostenträger, d.h. dem Bauwerk oder -objekt, identisch sein oder mehrere, in der Regel in Kleinserienfertigung erstellte Endkostenträgereinheiten umfassen.

stellen zuzusprechen.[116] Je höher die Anzahl der Erzeugnisarten im Produktionsprogramm ist und je mehr Fertigungsstufen im Betrieb durchgeführt werden, desto größer ist die Zahl der zu bildenden Kostenstellen im Fertigungsbereich, gegebenenfalls auch im Verwaltungs-, Material-, Forschungs- und Entwicklungs- oder Vertriebsbereich. Treten bei Einproduktbetrieben keine Bestandsänderungen an fertigen oder unfertigen Erzeugnissen auf, kann im Hinblick auf die homomorphe Abbildung indirekter Zuordnungsbeziehungen zwischen Kosten und Leistungen vollständig auf eine Kostenstellenrechnung verzichtet werden, da sich alle Kosten eindeutig der Erzeugnisart zurechnen lassen und bezüglich der Erzeugniseinheit echte oder unechte Einzelkosten darstellen.[117] Aus Planungs- und vor allem aus Kostenkontrollgesichtspunkten ist es aber selbst in diesem Fall zweckmäßig, eine Kostenstellenrechnung durchzuführen und je Funktionsbereich und Fertigungsstufe eine Kostenstelle einzurichten.[118]

Über die genannten Einflußfaktoren hinaus werden in der Literatur weitere Faktoren genannt, die einen Einfluß auf die Art der Kostenstellenbildung haben können.[119] Dabei handelt es sich häufig um Faktoren, die nicht unmittelbar auf die Kostenstellenbildung wirken, sondern in engem Zusammenhang mit den bereits genannten Faktoren stehen, wobei die eigentliche Wirkung auf die Kostenstellenbildung von den bereits genannten Faktoren ausgeht. Beispielsweise wird als Einflußfaktor die Art der Stoffverwertung genannt[120] und der Zusammenhang abgeleitet, daß bei synthetischer Stoffverwertung aufgrund der großen Zahl von Fertigungssträngen, die für die Herstellung und Bearbeitung der Einzelteile, für die verschiedenen Teilmontagen und die Endmontage anfallen, eine differenziertere Kostenstellenbildung erforderlich ist als bei analytischer Stoffverwertung, bei der die einzelnen Produktionsphasen vielfach unmittelbar ineinander übergehen.[121] Dieser Argumentation ist entgegenzuhalten, daß sich bei analytischer Stoffverwertung die Aufspaltung des Rohstoffes auch in mehreren Fertigungsstufen vollziehen kann und bei der Nachbearbeitung der durch Aufspaltung entstehenden Vorkostenträger ebensoviele Fertigungsstränge auftreten können wie bei synthetischer Stoffverwertung. Wesentli-

---

[116] Vgl. *Schweitzer/Küpper*, S. 157.

[117] Diese Betriebsverhältnisse sind praktisch nie gegeben. Vgl. *v. Kortzfleisch*, Divisionskalkulation, Sp. 422. Zur Unterscheidung von echten und unechten Einzelkosten vgl. die Ausführungen in Kapitel C.-II.-3.-a)-aa) dieser Untersuchung.

[118] Vgl. *Mellerowicz*, Kostenrechnung, Bd. II, Erster Teil, S. 379; *Marek*, S. 194.

[119] Vgl. etwa *Schweitzer/Küpper*, S. 157; *Kalveram*, Rechnungswesen, S. 206; *Marek*, S. 184; *Haberstock*, Kostenrechnung I, S. 123.

[120] Vgl. z.B. *Marek*, S. 196 f.; *Schweitzer/Küpper*, S. 157.

[121] Vgl. *Marek*, S. 196.

chen Einfluß auf die Art der Kostenstellenbildung und die Anzahl der Kostenstellen haben letztlich die Art der Fertigungsorganisation sowie die Zahl der Fertigungsstufen und der Kostenträger.

Weiterhin wird die Betriebsgröße als Einflußfaktor auf die Kostenstellenbildung genannt und die Feststellung getroffen, daß bei Großbetrieben tendenziell mehr Kostenstellen auftreten als bei Kleinbetrieben.[122] Dieser Aussage kann grundsätzlich zugestimmt werden, jedoch ist zu beachten, daß die Betriebsgröße lediglich ein Hilfskriterium darstellt, das je nach zugrundeliegendem Maßstab der Betriebsgröße bestimmte urbildbedingte Einflußfaktoren der Kostenrechnungsgestaltung wie die Fertigungsorganisation, die Zahl der Fertigungsstufen oder die Zahl der Erzeugnisarten repräsentiert. Der Betriebsgröße kommt damit keine eigenständige, originäre Bedeutung für die betriebsindividuelle Kostenstelleneinteilung zu.

Zusammenfassend kann festgehalten werden, daß die Einteilung des Betriebes in Kostenstellen durch eine Reihe von urbildbedingten Einflußfaktoren, insbesondere durch fertigungsorganisatorische Merkmale des Betriebes, beeinflußt wird. Daneben wirkt sich der Informationsbedarf der Kostenrechnungsadressaten, der in den Anforderungen an die Genauigkeit der Gemeinkostenzurechnung auf die Kostenträger, in der Qualität kostenstellenbezogener Plankosteninformationen sowie in der Verantwortungsorientierung und Aussagefähigkeit der kostenstellenweisen Kostenkontrolle zum Ausdruck kommt, auf die Kostenstellenbildung aus, indem je nach betriebsindividueller Dominanz von Verrechnungs-, Planungs- oder Kontrollzwecken die Gliederungsprinzipien der einheitlichen Verrichtung, der Verantwortungsabgrenzung oder der räumlichen Einheit im Vordergrund der Kostenstellenbildung stehen. Schließlich wird die betriebsindividuelle Kostenstelleneinteilung durch Rahmenbedingungen der Kostenrechnungsgestaltung beeinflußt. Hier sind vor allem die betriebliche Ausstattung mit modernen Methoden und Systemen der Betriebsdatenerfassung sowie der Kenntnisstand der Kostenrechnungssystembetreiber zu nennen.

4. Wahl der Bezugsgrößenart

Nachdem mit den zeitlichen Rechnungsdimensionen, der Kostenträgergliederung und der Kostenstellenbildung erste grundlegende Gestaltungsmerkmale der Grenzplankostenrechnung festgelegt sind, hat in einem nächsten Schritt die Auswahl geeigneter Bezugsgrößen zur Abbildung von Zuordnungsbeziehungen zwischen Kosten und Leistungen zu erfolgen. Die

---

[122] Vgl. *Kalveram*, Rechnungswesen, S. 207 ff.; *Marek*, S. 184 f.; *Schweitzer/Küpper*, S. 157.

Auseinandersetzung mit den Wirkungen, die kostenrechnerische Einflußfaktoren auf die Bezugsgrößenwahl ausüben können, erfordert zunächst die Darstellung von Begriff und Zwecken, die der Bezugsgröße im Rahmen der Grenzplankostenrechnung zukommen, sowie die Beschreibung allgemeiner Grundsätze der Bezugsgrößenwahl.

a) Zwecke und Grundsätze der Bezugsgrößenwahl

Die Zuordnungsbeziehungen zwischen Güterverzehr und erstellter Leistung sind außer durch die Art der Zuordnungsbeziehungen, die in der Kostenstellenbildung eine funktionale, organisatorische und räumliche Ordnung erfahren, durch ihr Ausmaß, d.h. durch die Kostenhöhe, gekennzeichnet. Die Kostenhöhe wird durch eine Reihe von Kostenbestimmungsfaktoren beeinflußt, deren Wirkungen zum Zwecke der betrieblichen Einflußnahme auf die Kostenhöhe einer rechentechnischen Abbildung bedürfen. "Aufgabe einer wirklich aussagefähigen Plankostenrechnung muß es ... sein, nicht nur das Ergebnis aller dieser Einflüsse einer abgelaufenen Periode mehr oder minder global auszuweisen, sondern der Geschäftsführung Unterlagen für ihre Dispositionen zu liefern. Sie muß daher die Auswirkungen dieser Einflußgrößen auf die Kosten sichtbar machen, die Ursachen der Kostenänderung erklären und wenigstens für die Haupteinflußgrößen alle eventuell möglichen Situationen planen, um ihre Auswirkungen schon im voraus übersehen und möglichst beeinflussen zu können."[123]

Die Abbildung von Kostenbestimmungsfaktoren erfolgt in der Kostenrechnung mittels Bezugsgrößen, wobei in der Grenzplankostenrechnung nicht alle Kostenbestimmungsfaktoren eine rechentechnische Abbildung mittels Bezugsgrößen erfahren. Beispielsweise bedürfen die Kostenwirkungen von Faktorpreisänderungen durch den Ansatz eines Festpreissystems und die Kapazität durch die bei kurzfristiger Ausrichtung der Kostenrechnung gerechtfertigte Annahme konstanter Kapazitäten keiner gesonderten Abbildung mittels Bezugsgrößen.[124] Weiterhin ist aus Gründen der Wirtschaftlichkeit die Zahl der in der Grundrechnung zum Einsatz kommenden Bezugsgrößen zu begrenzen, so daß nur die als für die Erfüllung der Informationszwecke erforderlich zu erachtenden Kostenbestimmungsfaktoren eine flexible Abbildung mittels Bezugsgrößen erfahren. Hierzu zählen die Beschäftigung als Hauptkosteneinflußgröße und Maßstab der betrieblichen Leistung sowie Faktoren, die als Prozeßbedingungen die Höhe des beschäf-

---

[123] *Koller*, S. 45.

[124] Vgl. *Kilger*, Flexible Plankostenrechnung, S. 133 ff.; *Koller*, S. 45 ff.; *Haberstock*, Kostenrechnung II, S. 46 ff. sowie die Ausführungen in Kapitel D.-V.-1. dieser Untersuchung.

tigungsabhängigen Güterverzehrs im Rahmen der Leistungserstellung beeinflussen.[125]

Über die Abbildung der Kostenwirkungen von Kostenbestimmungsfaktoren für die Zwecke der Kostenplanung und -kontrolle hinaus dient die Bezugsgröße der Kostenzurechnung auf die Kostenträger. Hierzu ist die Bezugsgröße so zu wählen, daß sie gleichzeitig einen Maßstab der Leistungsentstehung und der Kostenverursachung darstellt.[126] Bezugsgrößen, die den Kosteneinfluß der Beschäftigung einer Kostenstelle abbilden, sind zugleich Maßstäbe für die Leistung dieser Kostenstelle und können damit für die Kostenermittlung einer Leistungseinheit eingesetzt werden. Handelt es sich bei der Leistung der Kostenstelle um End- oder Vorkostenträger, kann die Bezugsgröße unmittelbar Eingang in die Kalkulation finden.[127] Werden in der Kostenstelle sofort wieder zum Einsatz gelangende innerbetriebliche Leistungen erstellt, besteht kein unmittelbarer Zusammenhang zwischen der Leistung oder Bezugsgröße der Kostenstelle und den Kostenträgern, so daß die Bezugsgröße nicht unmittelbar für die Kalkulation, aber für die innerbetriebliche Leistungsverrechnung, z.B. im Rahmen simultaner Verfahren, Verwendung finden kann.[128]

Der Bezugsgröße kommt damit eine Doppelfunktion zu, indem sie einerseits den Einfluß von Kostenbestimmungsfaktoren auf die Kostenhöhe funktional abbildet und damit die Kostenplanung sowie die Ermittlung von Sollkosten für die Kostenkontrolle ermöglicht und andererseits als Maßstab der Leistungsentstehung und Kostenverursachung die verrechnungstechnische Grundlage der Kostenträgerrechnung bildet.[129] Auf der Grundlage der solchermaßen beschriebenen Zwecke ist die Bezugsgröße möglichst so zu wählen, daß sie einen Maßstab der Kostenverursachung und der Leistungsentstehung darstellt, zu dem die beschäftigungsabhängigen Kosten in einer

---

[125] Vgl. *Kilger*, Flexible Plankostenrechnung, S. 140; *Haberstock*, Kostenrechnung II, S. 54; *Vormbaum/Rautenberg*, S. 95.

[126] Vgl. *Agthe*, Kostenplanung, S. 39; *Mellerowicz*, Plankostenrechnung, Bd. II, S. 199 f.

[127] In diesem Fall liegt eine Bezugsgrößenkalkulation vor. Vgl. hierzu *Kilger*, Einführung, S. 333 ff.

[128] Beispielsweise werden die primären und sekundären Kosten einer Hilfskostenstelle nach Maßgabe der geplanten oder tatsächlichen Leistungsabgabe an die empfangenden Kostenstellen weiterverrechnet. Bei manchen Hilfskostenstellen kann mithin die Verwendung indirekter, d.h. aus den Leistungen der empfangenden Kostenstellen abgeleiteter Bezugsgrößen erforderlich werden, wenn sich die abgegebene Leistung der Hilfskostenstellen nicht erfassen läßt. Zur Verwendung von Bezugsgrößen im Rahmen der innerbetrieblichen Leistungsverrechnung sowie zum Begriff der indirekten Bezugsgröße vgl. *Bergner*, Leistungsverrechnung, Sp. 2487 f.; *Kilger*, Flexible Plankostenrechnung, S. 315 f.

[129] Zur Doppelfunktion der Bezugsgröße vgl. *Mellerowicz*, Plankostenrechnung, Bd. II, S. 199 f.; *Vormbaum/Rautenberg*, S. 92; *Haberstock*, Kostenrechnung II, S. 55 f.

funktionalen, für Verrechnungszwecke möglichst proportionalen Abhängigkeit stehen. Neben diesen materiellen Anforderungen hat die Bezugsgröße formellen Anforderungen zu genügen: Sie soll sich für die laufende Abrechnung schnell und ohne großen Aufwand ermitteln lassen sowie klar, eindeutig darstellbar und leicht verständlich sein.[130]

Die formellen Anforderungen an die Bezugsgröße zeigen, daß vor allem den betriebsindividuellen Möglichkeiten der Betriebsdatenerfassung ein besonderer Einfluß auf die Bezugsgrößenwahl zukommt. Im folgenden wird unter primärer Berücksichtigung der materiellen Anforderungen untersucht, wie sich weitere betriebsspezifische Besonderheiten auf die Art der zweckmäßigerweise zu wählenden Bezugsgrößen sowie auf die Notwendigkeit der Bezugsgrößendifferenzierung auswirken können. Wenngleich Bezugsgrößen auch bei der Verrechnung von Einzelkosten zur Anwendung kommen,[131] beschäftigen sich die folgenden Ausführungen mit den Gemeinkosten, da sich die Problematik der Bezugsgrößenwahl in erster Linie bei der Abbildung indirekter Zuordnungsbeziehungen zwischen Kosten und Leistungen stellt. Die Erörterung der Bezugsgrößenwahl erfolgt ferner am Beispiel des Fertigungsbereichs, da hier der Einfluß betriebsspezifischer Besonderheiten, insbesondere die Wirkung urbildbedingter Einflußfaktoren, besonders deutlich hervortritt. Die dabei anzustellenden Überlegungen und die sich ergebenden Erkenntnisse können weitgehend auf andere Funktionsbereiche des Betriebes übertragen werden.

b) Betriebsspezifische Bezugsgrößenwahl im Fertigungsbereich

Die betriebsindividuelle Auswahl geeigneter, den Eigenschaftsanforderungen gerecht werdender Bezugsgrößen wird in besonderem Maße durch den Homogenitätsgrad der abzubildenden Kostenverursachung und dieser durch die betriebsindividuell vorgenommene Kostenstelleneinteilung beeinflußt. Je sorgfältiger das Verrichtungsgliederungsprinzip bei der Kostenstellenbildung beachtet wird, desto eher ergeben sich Abrechnungsbereiche mit homogener Kostenverursachung und desto leichter lassen sich geeignete Bezugsgrößen zur Kostenplanung und Kontrolle sowie zur Kalkulation fin-

---

[130] Vgl. *Agthe*, Kostenplanung, S. 39; *Mellerowicz*, Plankostenrechnung, Bd. II, S. 200; *Kilger*, Flexible Plankostenrechnung, S. 140.

[131] Vgl. *Haberstock*, Kostenrechnung II, S. 55. Bei den Einzelkosten können unmittelbar die Kostenträgereinheiten als Hauptbezugsgrößen verwendet werden. Daneben ist es vorstellbar, bestimmte Prozeßbedingungen wie etwa Lerneffekte durch Einzelkostenbezugsgrößen abzubilden.

den.[132] Kostenstellenbildung und Bezugsgrößenwahl für die Abbildung von Gemeinkosten sind eng miteinander verbundene Gestaltungsaufgaben und sollten bei der praktischen Durchführung durch ständige Rückkopplungen aufeinander abgestimmt werden. Die Schwierigkeit der Bezugsgrößenwahl und die auftretenden Besonderheiten bezüglich Anzahl und Art der Bezugsgrößen werden wesentlich durch betriebsspezifische Besonderheiten beeinflußt, deren Darstellung im folgenden getrennt nach Kostenstellen mit homogener und heterogener Kostenverursachung erfolgt.

aa) Bezugsgrößenwahl bei homogener Kostenverursachung

Homogene Kostenverursachung liegt vor, wenn sich alle beschäftigungsabhängigen Kosten einer Kostenstelle proportional zu einer Bezugsgröße verhalten.[133] Das Auftreten homogener Kostenverursachung wird begünstigt, wenn die Leistungserstellung unter konstanten Verfahrens- und Prozeßbedingungen erfolgt. Gleichwohl können auch Kostenstellen, in denen während der Planungsperiode Verfahrenswechsel oder Änderungen der Prozeßbedingungen auftreten, durch homogene Kostenverursachung gekennzeichnet sein. Voraussetzung hierfür ist, daß die Höhe der beschäftigungsabhängigen Kosten der Kostenstelle nicht oder nur unwesentlich durch diese Änderungen beeinflußt werden,[134] so daß auf ihre gesonderte Abbildung mittels zusätzlicher Bezugsgrößen im Rahmen der kostenrechnerischen Grundrechnung verzichtet werden kann.

Inwieweit die genannten Bedingungen für homogene Kostenverursachung im Einzelfall als erfüllt gelten können, und welche Art von Bezugsgrößen dabei zweckmäßigerweise zu wählen sind, wird in erster Linie durch die Gleichartigkeit der in der Kostenstelle hervorgebrachten Leistung beeinflußt. Betriebsspezifische Besonderheiten der Bezugsgrößenwahl bei homogener Kostenverursachung sollen daher im folgenden getrennt nach Kostenstellen mit gleichartiger und verschiedenartiger Leistung diskutiert werden.

---

[132] Vgl. *Kilger*, Einführung, S. 155; *Mellerowicz*, Plankostenrechnung, Bd. II, S. 201.

[133] Vgl. *Kilger*, Flexible Plankostenrechnung, S. 141; *Agthe*, Kostenplanung, S. 41; *Haberstock*, Kostenrechnung II, S. 59.

[134] Vgl. *Kilger*, Flexible Plankostenrechnung, S. 313 ff.

(1) Homogene Kostenverursachung bei gleichartiger Leistung

Eine Bezugsgröße zur proportionalen Abbildung aller beschäftigungsabhängigen Kosten einer Kostenstelle ist ausreichend, wenn in der Kostenstelle nur eine Leistungsart erstellt wird. In diesem Fall, der durch die Verhältnisse der Einproduktfertigung, d.h. der einfachen und gleichbleibenden Massenfertigung, gekennzeichnet ist, wird die Kostenstelle gleichmäßig durch die Leistungen in Anspruch genommen, so daß als Bezugsgrößeneinheit unmittelbar die Leistungsmenge, z.B. Stück, Tonne, Meter oder Liter, verwendet werden kann.[135]

Zur Homogenität der Kostenverursachung bei Einproduktfertigung trägt der Umstand bei, daß Einproduktfertigung meist unter konstanten Verfahrens- und Prozeßbedingungen stattfindet. Dies ist regelmäßig dann der Fall, wenn die Leistung mit Hilfe von Produktionsprozessen erstellt wird, bei denen das geringste Abweichen von den naturgesetzlich gegebenen Bedingungen den vollständigen Verlust der Leistung bedeutet. Ferner besteht bei Einproduktfertigung häufig aus fertigungsorganisatorischen Gründen zumindest kurzfristig kein Spielraum für Änderungen des Verfahrens oder der Prozeßbedingungen, da die Fertigung speziell auf die Leistungsart ausgerichtet wird und sich die Fertigungsanlagen und -prozesse somit durch ein hohes Maß an Vereinheitlichung und Standardisierung auszeichnen, das allenfalls langfristig im Rahmen von Investitionsentscheidungen gemindert werden kann. Daneben ist es denkbar, daß eine technisch mögliche Änderung der Produktionsbedingungen nicht zur Disposition steht, weil ein Wechsel der Verfahrens- oder Prozeßbedingungen mit einer Änderung der Leistungsqualität verbunden ist, die aus absatzpolitischen Gründen für die Dauer der Planungsperiode nicht angestrebt wird.

Die besonderen Verhältnisse der Einproduktfertigung erlauben es folglich, daß neben der die Beschäftigung abbildenden Hauptbezugsgröße keine weiteren, die Art der Verfahrens- oder Prozeßbedingungen abbildenden Bezugsgrößen für die kostenrechnerische Grundrechnung eingeführt werden müssen. Treten im Laufe der einzelnen Abrechnungsperioden dennoch Kostenänderungen auf, die durch unvorhergesehene Wechsel des Verfahrens oder der Prozeßbedingungen hervorgerufen werden, gehen sie als Kostenabweichungsbestandteil in die nach dem routinemäßig durchgeführten Soll-Ist-Vergleich ermittelte globale Verbrauchsabweichung ein. Gegebenenfalls kann ihre Ermittlung als Spezialabweichung in fallweisen Sonderrechnungen der Abweichungsanalyse angezeigt sein, um die Ursachen von Unwirtschaftlichkeiten aufdecken zu können.

---

[135] Vgl. *Agthe*, Kostenplanung, S. 41 f.; *Mellerowicz*, Plankostenrechnung, Bd. II, S. 202; *Kilger*, Flexible Plankostenrechnung, S. 313 f.

Ebenfalls homogene Kostenverursachung liegt bei Sortenfertigung vor, wenn mit der Artgleichheit der Leistungen eine Ähnlichkeit in der Kostenverursachung verbunden ist, so daß Sortenunterschiede in der Kostenverursachung entweder vernachlässigbar sind oder mittels Äquivalenzziffern ausgedrückt werden können. Als Bezugsgröße kann dabei die Mengeneinheit einer zum Einheitsprodukt erklärten Sorte gewählt werden.[136]

(2) Homogene Kostenverursachung bei verschiedenartiger Leistung

Homogene Kostenverursachung kann darüber hinaus bei Erstellung verschiedenartiger Leistungen gegeben sein. Voraussetzung hierfür ist, daß die verschiedenen Leistungen die Kostenstellen in gleichem Maße in Anspruch nehmen und daß die Verschiedenheit der Leistung keine Änderungen der Verfahrens- oder Prozeßbedingungen mit nicht vernachlässigbaren Auswirkungen auf die Höhe der beschäftigungsabhängigen Kosten auslösen.[137] Diese Bedingungen liegen bei Serien- und Einzelfertigung vor, wenn sich aufgrund hoher Flexibilität der Fertigungsanlagen die entstehenden Rüstprozesse beim Erzeugniswechsel und die damit verbundenen Rüstkosten in vernachlässigbarem Rahmen halten und an den Erzeugnissen gleichartige Verrichtungen unter nahezu konstanten Produktionsbedingungen durchgeführt werden.

Im Unterschied zur homogenen Kostenverursachung bei gleichartigen Leistungen kann bei Erstellung verschiedenartiger Leistungen in der Regel nicht die Mengeneinheit der Leistung als Bezugsgröße gewählt werden, sondern es sind Ersatzbezugsgrößen zu finden, die sich zum einen proportional zur Höhe der beschäftigungsabhängigen Kosten verhalten und zum anderen eine eindeutige Beziehung zu den Leistungsmengen der einzelnen Leistungsarten aufweisen. Als Ersatzbezugsgrößen kommen produktionsfaktorbezogene Größen in Frage, wobei sich Mengengrößen wie Gewichts-, Längen- und Volumenmaße, Fertigungs-, Durchlauf- und Verweilzeiten sowie Wertgrößen wie Lohn-, Material- oder Herstellkosten unterscheiden lassen.[138] Hierbei ist zu beachten, daß es "*im Grundsatz unlogisch* (ist; A.d.V.), wenn als Maßstab für die Produktionshöhe, von der aus nachher die Kosten beurteilt werden sollen, *ein Bestandteil des Verbrauchs* gewählt wird,"[139] denn in diesem Fall "werden ... Kosten an Kosten statt an Leistun-

---

[136] Vgl. *v. Kortzfleisch*, Äquivalenzziffernkalkulation, Sp. 41 ff.; *Mellerowicz*, Plankostenrechnung, Bd. II, S. 202; *Agthe*, Kostenplanung, S. 42.

[137] Vgl. *Kilger*, Flexible Plankostenrechnung, S. 315.

[138] Vgl. *Agthe*, Kostenplanung, S. 42 ff.; *Kube*, S. 46 f.

[139] *Käfer*, S. 219.

gen gemessen."[140] Bei der Verwendung von Produktionsfaktormengen als Bezugsgröße ist daher zu fordern, daß bei der Ermittlung der Istbezugsgröße keine Ist-, sondern Standardverbrauchsmengen angesetzt werden.[141] Während die Verbrauchsmengen bedeutender Produktionsfaktoren häufig den Anforderungen, die an eine Bezugsgröße zu stellen sind, gerecht werden, weisen wertmäßige Bezugsgrößen in der Regel keine proportionale oder häufig überhaupt keine Abhängigkeitsbeziehung zur Kostenhöhe im Fertigungsbereich auf, so daß sie sowohl für die verursachungsgerechte Kalkulation als auch für die Kostenplanung und -kontrolle als weitgehend ungeeignet anzusehen sind.[142] Darüber hinaus können sich bei Wertbezugsgrößen Preisentwicklungen störend auf ihre Funktion als Bezugsgröße auswirken.[143]

Zusammenfassend ist festzuhalten, daß das Vorliegen homogener Kostenverursachung nicht an einen bestimmten Betriebstypus der Kostenstelle, etwa an eine bestimmte Art der Leistungswiederholung, gebunden ist, sondern bei Serien- und Einzelfertigung ebenso auftreten kann wie bei Massen- und Sortenfertigung. Tendenziell tritt homogene Kostenverursachung bei Erstellung gleichartiger Leistungen jedoch häufiger in Erscheinung als bei verschiedenartigen Leistungen, da mit abnehmendem Ähnlichkeitsgrad der Leistungen die Wahrscheinlichkeit einer Änderung der Kostenverursachung steigt und die Erfordernis der Bezugsgrößendifferenzierung und das Vorliegen heterogener Kostenverursachung begünstigt wird.

bb) Bezugsgrößenwahl bei heterogener Kostenverursachung

Unter bestimmten betrieblichen Bedingungen ist es häufig nicht möglich, das Auftreten von Kostenstellen mit heterogener Kostenverursachung zu vermeiden, so daß mehrere Bezugsgrößen zur Abbildung der beschäftigungsabhängigen Kosten einer Kostenstelle herangezogen werden müssen. Die Ursachen für das Auftreten heterogener Kostenverursachung lassen sich nach *Kilger* in produktbedingte und verfahrensbedingte Heterogenität unterscheiden, wobei produktbedingte Heterogenität - im folgenden allgemeiner als "leistungsbedingte Heterogenität" bezeichnet - gegeben ist, "wenn *Produkteigenschaften die Wahl mehrerer Bezugsgrößen erforderlich ma-*

---

[140] *Käfer*, S. 219.

[141] Vgl. *Käfer*, S. 219; *Agthe*, Kostenplanung, S. 46; *Wille*, S. 36.

[142] Vgl. *Plaut/Müller/Medicke*, S. 26 f.; *Kube*, S. 46.

[143] Vgl. *Plaut/Müller/Medicke*, S. 27 f.; *Haberstock*, Kostenrechnung II, S. 64 f.

chen."[144] Verfahrensbedingte Heterogenität liegt hingegen vor, "wenn *die Leistungen einer Kostenstelle mit unterschiedlichen Verfahrens- oder Prozeßbedingungen erstellt werden* können."[145] Als Beispiele für verfahrensbedingte Heterogenität wird die Serienfertigung, die Änderung der Bedienungsrelation in Fertigungskostenstellen mit Mehrstellenarbeit sowie die Änderung von Prozeßbedingungen genannt.[146]

Insbesondere die Zuordnung der Serienfertigung mit der erforderlichen Bezugsgrößendifferenzierung nach Fertigungs- und Rüstprozessen zur verfahrensbedingten Heterogenität zeigt die Unschärfe der vorangehenden Abgrenzung auf. Als Ursache der Heterogenität wird der Wechsel zwischen den Verfahren "Fertigung" und "Rüsten" unterstellt. Tatsächlich ist dieser Verfahrenswechsel nur eine Folge der eigentlichen Ursache, des Wechsels der Erzeugnisart bei Serienfertigung. Die Heterogenität der Kostenverursachung bei Serienfertigung wird letztlich durch qualitative Eigenschaftsunterschiede der in der Kostenstelle auszubringenden Leistungen verursacht, so daß sie der leistungsbedingten Heterogenität zuzuordnen ist.

Hieraus ergibt sich die Notwendigkeit, verfahrensbedingte Heterogenität der Kostenverursachung als eine Heterogenität zu definieren, die sich durch die Änderung von Verfahrens- oder Prozeßbedingungen *bei unveränderter Art und Qualität der ausgebrachten Leistung* ergibt. Eine Veränderung von Verfahrens- oder Prozeßbedingungen, die zu einer Änderung der Erzeugnisart und/oder -qualität führt, resultiert letztlich aus Unterschieden des Erzeugnisses und ist damit der leistungsbedingten Heterogenität zuzuordnen. Bei Serienfertigung wird die Unterscheidung in Fertigungs- und Rüstzeiten etwa nicht durch frei wählbare Verfahrens- oder Prozeßbedingungen bei konstanter Leistungsart, sondern durch den Wechsel auf eine qualitativ unterschiedliche Leistungsart verursacht. Demgegenüber sind der leistungsbedingten Heterogenität diejenigen Fälle von heterogener Kostenverursachung zuzuordnen, die aus einer *Änderung von Art und/oder Qualität der Leistung* resultieren, auch wenn sich diese Heterogenität in einer Änderung des Verfahrens oder der Prozeßbedingungen äußert.

Diese Systematisierung von Ursachen der heterogenen Kostenverursachung in leistungsbedingte und verfahrensbedingte Heterogenität ist geeignet, betriebsspezifische Unterschiede und Besonderheiten bei der

---

[144] *Kilger*, Flexible Plankostenrechnung, S. 142.

[145] *Kilger*, Flexible Plankostenrechnung, S. 142.

[146] Vgl. *Kilger*, Flexible Plankostenrechnung, S. 320 ff.

Bezugsgrößenwahl zu erkennen und abzuleiten, da bei dieser Differenzierung urbildbedingte Einflußfaktoren unmittelbar in Erscheinung treten.[147]

(1) Leistungsbedingte Heterogenität

Leistungsbedingte Heterogenität der Kostenverursachung kann nur vorliegen, wenn mehrere artverwandte oder verschiedenartige Leistungen in der Kostenstelle ausgebracht werden. Damit ist bei Kostenstellen mit Einproduktfertigung eine Bezugsgrößendifferenzierung aufgrund leistungsbedingter Heterogenität der Kostenverursachung nicht erforderlich. Sind Kostenstellen mit mehrfacher Massenfertigung gegeben, bei denen unterschiedliche Leistungen nebeneinander auf getrennten Anlagen mit heterogener Kostenverursachung hergestellt werden, kann durch eine weitergehende Differenzierung der Kostenstelle in Kostenplätze homogene Kostenverursachung je Kostenplatz geschaffen werden. In Kostenstellen mit Wechselfertigung, die artverwandte oder verschiedenartige Leistungen zeitlich nacheinander auf denselben Anlagen herstellen und bei denen durch den Wechsel der Erzeugnisart Rüstprozesse anfallen, ist dagegen eine Bezugsgrößendifferenzierung in Ausführungs- und Rüstzeiten notwendig, sofern sich für die Ausführungszeit und für die Rüstzeit nicht vernachlässigbare Unterschiede in der Höhe des Verrechnungssatzes ergeben und bei den Leistungsarten oder Sorten größere Unterschiede der Ausführungszeit-Rüstzeit-Relationen auftreten.[148]

Unterschiede in den Ausführungszeit-Rüstzeit-Relationen können sich zwischen den Leistungsarten oder Sorten ergeben, etwa indem bei gleichen Ausführungszeiten unterschiedliche Rüstzeiten, z.B. durch qualitative Unterschiede im Materialeinsatz und damit verbundene Unterschiede in der Dauer von Reinigungsvorgängen, verursacht werden. Diese Art von Unterschieden in den Ausführungszeit-Rüstzeit-Relationen ist typisch für Kostenstellen mit Serien- und Einzelfertigung, da die Verschiedenartigkeit der Leistungen das Entstehen dieser Unterschiede fördert. Sie können allerdings auch bei Sortenfertigung auftreten, wenngleich hier durch die Artverwandtschaft der Sorten in der Regel nur geringfügige Unterschiede zu erwarten

---

[147] Für die praktische Auseinandersetzung mit der Bezugsgrößendifferenzierung und ihrer Auswirkungen auf die Kalkulation und Kostenkontrolle im Einzelbetrieb ist hingegen die Systematisierung von *Vormbaum/Rautenberg* zweckmäßig, bei der eine Unterscheidung in Bezugsgrößen, die jeweils eine oder mehrere Kostenarten unabhängig von anderen Bezugsgrößen abbilden, und in Bezugsgrößen, die Kostenarten gemeinsam mit anderen Bezugsgrößen abbilden, vorgenommen wird. Vgl. *Vormbaum/Rautenberg*, S. 104.

[148] Vgl. *Kilger*, Flexible Plankostenrechnung, S. 320 f.

sind.[149] Führen die Unterschiede in den Ausführungszeit-Rüstzeit-Relationen zu nicht vernachlässigbaren Unterschieden in der Kostenverursachung, ist eine Bezugsgrößendifferenzierung in Ausführungs- und Rüstzeiten bereits in der Grundrechnung erforderlich, um die Kostenwirkungen von Änderungen der qualitativen Auftragszusammensetzung[150] für die Zwecke einer verursachungsgerechten Kostenträgerrechnung und die richtige Ermittlung von Sollkosten zu gewährleisten.

Treten in der Kostenstelle keine Änderungen der qualitativen Auftragszusammensetzung im Vergleich zu der in der Planung unterstellten auf, und sind die Ausführungszeit-Rüstzeit-Relationen der einzelnen Leistungsarten konstant, können die Unterschiede in den Ausführungszeit-Rüstzeit-Relationen zwischen den Leistungsarten mittels Äquivalenzziffern abgebildet werden, und es reicht nach dem Gesetz der Austauschbarkeit der Maßgrößen[151] eine Bezugsgröße zur Abbildung der beschäftigungsabhängigen Kosten aus. Eine konstante qualitative Auftragszusammensetzung findet sich am ehesten bei Betrieben mit Produktion für den anonymen Markt, da hier relativ günstige Bedingungen bestehen, daß das Produktionsprogramm und der Produktionsvollzug genau so realisiert werden, wie es zuvor im Rahmen der Produktionsprogramm- und Produktionsvollzugsplanung festgelegt und in der Kostenplanung unterstellt wurde. In der Praxis wird jedoch in den meisten Fällen auch bei Betrieben mit Produktion für den anonymen Markt und erst recht bei Betrieben mit Bestellfertigung mit häufigen Änderungen der qualitativen Auftragszusammensetzung in den Kostenstellen zu rechnen sein, so daß eine Bezugsgrößendifferenzierung in Ausführungs- und Rüstzeiten erforderlich ist.

Daneben können Unterschiede in den Ausführungszeit-Rüstzeit-Relationen innerhalb einer Leistungsart oder Sorte durch Fertigungslosgrößenänderungen entstehen, da in der Regel keine funktionale Abhängigkeit zwischen Ausführungs- und Rüstzeit besteht. Je größer das Fertigungslos gewählt wird, desto größer wird die Ausführungszeit-Rüstzeit-Relation der

---

[149] Bei Sortenfertigung können die Rüstkosten insgesamt dadurch verringert werden, daß mit einer bestimmten Produktionsreihenfolge der Sorten die Reinigungskosten minimiert werden. Beispielsweise können Weißweinsorten vor Rosé- oder Rotweinsorten in derselben Rebenpresse gepreßt oder in der Farben- und Lackindustrie Farben mit hellen Tönen vor Farben mit dunklen Tönen angerührt werden, ohne daß aufwendige Reinigungsvorgänge anfallen. Vgl. hierzu sowie zu weiteren Möglichkeiten der Einschränkung von Rüstoperationen durch Verminderung der Erzeugniswechselschwere *Bergner*, Vorbereitung, Sp. 2180 ff.

[150] Unter der qualitativen Auftragszusammensetzung wird gemeinhin das Verhältnis der Gesamtmengen der einzelnen Leistungsarten zueinander verstanden. Vgl. *Haberstock*, Kostenrechnung II, S. 67.

[151] Vgl. hierzu *Rummel*, S. 5.

Leistungsart oder Sorte. Betriebe mit Fertigung für den anonymen Markt sind in der Lage, aufbauend auf einer für die Planungsperiode vorgegebenen Absatz- und Produktionsprogrammplanung kostenminimale Fertigungslose zu bestimmen, so daß je Erzeugnisart oder Sorte eine fest vorgegebene Ausführungszeit-Rüstzeit-Relation besteht, die der Kostenplanung zugrunde gelegt wird. In diesem Fall kann auf eine Bezugsgrößendifferenzierung zur Abbildung von Fertigungslosgrößenänderungen im Rahmen der kostenrechnerischen Grundrechnung verzichtet werden. Treten in den Abrechnungsperioden dennoch unvorhergesehene Abweichungen von den geplanten Fertigungslosen auf, gehen deren Kostenwirkungen, die als Spezialabweichung im Rahmen einer als Sonderrechnung zu charakterisierenden Abweichungsanalyse ermittelt werden können, in die globale Verbrauchsabweichung des routinemäßigen Soll-Ist-Vergleichs ein. In Betrieben mit Produktion auf Bestellung hat sich die Fertigungslosgrößenbildung dagegen an kurzfristig veränderbaren Nachfrageverhältnissen des Absatzmarktes zu orientieren, so daß es auftragsbedingt relativ häufig zu wechselnden Losgrößen innerhalb einer Leistungsart oder Sorte kommen kann. Unter diesen Bedingungen ist es folglich zweckmäßig, bereits in der Grundrechnung eine Bezugsgrößendifferenzierung in Ausführungs- und Rüstzeit vorzunehmen, um preispolitische Entscheidungen durch eine verursachungsgerechte Auftragsvorkalkulation unterstützen und einen aussagefähigen Soll-Ist-Vergleich in der Grundrechnung durchführen zu können.

Werden beide Ursachen für auftretende Unterschiede in den Ausführungszeit-Rüstzeit-Relationen der erstellten Leistungen zusammen betrachtet, wird deutlich, daß bei Einzel- und Serienfertigung sehr häufig dann eine Bezugsgrößendifferenzierung in Ausführungs- und Rüstzeiten erforderlich ist, wenn nennenswerte Rüstprozesse anfallen und sich die Rüstprozesse von den Ausführungsprozessen hinsichtlich der Höhe der verursachten Kosten unterscheiden. Denn nur unter den unrealistischen Voraussetzungen, daß entweder die qualitative Auftragszusammensetzung sowie das Verhältnis zwischen Ausführungs- und Rüstzeit während der Planungsperiode konstant bleibt oder bei wechselnder qualitativer Auftragszusammensetzung die Ausführungszeit-Rüstzeit-Relation für alle Leistungsarten konstant und gleich ist, kann auch bei Kostenunterschieden zwischen Ausführungs- und Rüstprozessen auf eine Bezugsgrößendifferenzierung verzichtet werden.

Leistungsbedingte Heterogenität der Kostenverursachung wird in Fertigungskostenstellen mit Mehrstellenarbeit außer durch Erzeugniswechsel auch durch Änderungen der Bedienungsrelation, d.h. der Anzahl der Maschinen je Arbeiter, hervorgerufen. In diesem Fall ist eine Differenzierung der Bezugsgrößen in Arbeiterstunden und Maschinenstunden geboten, um die Unterschiedlichkeit der Kostenverursachung in der Kalkulation und bei der Sollkostenermittlung entsprechend abbilden zu können.[152] Leistungsbedingte Änderungen der Bedienungsrelation treten insbesondere bei Werkstattfertigung auf, während bei Fließfertigung aufgrund des überwiegend starr vorgegebenen Arbeitsablaufs eine konstante Zuordnung der Arbeiter zu den Arbeitsplätzen und Maschinen gegeben ist. Daneben gewinnt die Änderung der Bedienungsrelation mit zunehmender Automatisierung an Bedeutung, da mit steigendem Automatisierungsgrad eine Abnahme direkt-produktiver Verrichtungen der Arbeiter zugunsten überwachender Tätigkeiten verbunden ist,[153] wodurch die Tendenz zur Mehrmaschinenbedienung gefördert wird und der Einfluß leistungsbedingter Unterschiede, die sich etwa in der Störungsanfälligkeit der Leistungserstellung äußern, deutlicher in der Höhe der Bedienungsrelation zum Ausdruck kommt.

Weiterhin können qualitative Unterschiede der in einer Kostenstelle zu erbringenden Leistungen, die sich konkret in Besonderheiten der Material- und Formeigenschaften der Produkte sowie in speziellen technischen Prozeßbedingungen äußern, zu leistungsbedingter Heterogenität der Kostenverursachung führen. Wirken sich beispielsweise die Rohstoffhärte und -dichte, das Gewicht, die Oberfläche und Oberflächenbeschaffenheit des Produktes sowie die erforderlichen produktionstechnischen Bedingungen wie Temperatur, Druck oder Verweilzeit auf die Höhe der beschäftigungsabhängigen Kosten einer Kostenstelle aus, ist eine entsprechende Bezugsgrößendifferenzierung vorzunehmen.

Dabei stehen - wie generell für alle Kostenstellen mit leistungsbedingter Heterogenität der Kostenverursachung - grundsätzlich zwei Vorgehensweisen der Bezugsgrößendifferenzierung zur Verfügung:[154] Zum einen kann für jede Erzeugnisart oder Gruppe von Erzeugnissen, die nahezu die gleichen kostenverursachenden Materialeigenschaften, Formbeschaffenheiten und Prozeßbedingungen aufweisen, eine spezielle Bezugsgröße gebildet werden, die die Kostenverursachung unter den durch die Leistungsart definierten

---

[152] Vgl. *Kilger*, Flexible Plankostenrechnung, S. 321. Bei Verwendung der Arbeiter- und Maschinenstunden als Bezugsgrößen läßt sich das Bedienungsverhältnis auch als Relation zwischen Maschinenstunden und Arbeiterstunden ausdrücken. Vgl. *Haberstock*, Kostenrechnung II, S. 70.

[153] Vgl. *Engel*, K.H./*Bösherz*, F.: Die Automation und ihre Probleme, in: Agthe, K./Blohm, H./Schnaufer, E. (Hrsg.): Industrielle Produktion, Baden-Baden/Bad Homburg v.d.H. 1967, S. 222 ff.; *Drumm*, H.J.: Automatisierung, Mechanisierung und, in: Kern, W. (Hrsg.): HWProd, Stuttgart 1979, Sp. 291; *Bühner*, R.: Personalentwicklung für neue Technologien in der Produktion, Stuttgart 1986, S. 10 ff.

[154] Vgl. hierzu *Wille*, S. 36.

Gegebenheiten die Kostenentstehung abbildet. Beispielsweise kann in Gießereibetrieben, in denen zwei verschiedene Arten von Gußeisen beim Einschmelzen unterschiedliche Prozeßbedingungen und damit eine unterschiedliche Kostenverursachung aufweisen, eine Bezugsgrößendifferenzierung nach den beiden verwendeten Werkstoffarten erfolgen.[155] Ähnliche Verhältnisse liegen in Drahtwalzwerken und in Tiegelofenbetrieben vor, bei denen eine Bezugsgrößendifferenzierung nach Kupfer- und Aluminiumdrähten[156] bzw. nach Bronze, Aluminium und Phosphorkupfer[157] vorgenommen wird. Zum anderen besteht die Möglichkeit, die Bezugsgrößendifferenzierung nicht nach Erzeugnisarten oder -gruppen vorzunehmen, sondern die von der leistungsbedingten Heterogenität betroffenen Kostenbestimmungsfaktoren, d.h. die Material- und Formeigenschaften der Leistungen sowie Prozeßbedingungen der Leistungserstellung, als Bezugsgrößen zu verwenden. Danach sind im oben genannten Beispiel des Drahtwalzwerkes die spezifischen Gewichte, die Werkstoffhärten, die Schmelztemperaturen sowie die Adhäsionseigenschaften der Werkstoffarten zur Bezugsgrößenwahl heranzuziehen.[158]

Welcher der beiden genannten Vorgehensweisen der Bezugsgrößendifferenzierung in der Praxis den Vorzug einzuräumen ist, hängt von der Anzahl der zu unterscheidenden Leistungsarten oder -gruppen sowie der Anzahl unterschiedlich wirksam werdender Kostenbestimmungsfaktoren ab. Nach dem aus dem Wirtschaftlichkeitsprinzip ableitbaren Grundsatz, möglichst wenige Bezugsgrößen einzusetzen, ist jene Vorgehensweise zu präferieren, die zur geringeren Anzahl an Bezugsgrößen führt. Bei Kostenstellen mit Einzel- und Kleinserienfertigung in Verbindung mit Bestellfertigung wird aufgrund der Vielzahl verschiedenartiger Leistungen die Verwendung von Bezugsgrößen, die Prozeßbedingungen mit unterschiedlicher Kostenverursachung abbilden sollen, vorteilhaft sein. Ist die Kostenstelle dagegen durch Serien- oder Sortenfertigung mit begrenztem und spezialisiertem Produktionsprogramm für einen anonymen Markt gekennzeichnet, kann die leistungsbedingte Heterogenität der Kostenverursachung mittels produktorientierten Bezugsgrößen rechentechnisch dargestellt werden.

---

[155] Vgl. *Traub*, K.: Deckungsbeitragsrechnung in Gießereien, Düsseldorf 1977, S. 14. Zu weiteren Beispielen für werkstoffbezogene Bezugsgrößendifferenzierung in Gießereibetrieben vgl. *Traub*, K.: Die Grenzplankostenrechnung in Gießereibetrieben, Diss., Saarbrücken 1964, S. 62 f.

[156] Vgl. *Kilger*, Flexible Plankostenrechnung, S. 318.

[157] Vgl. *Medicke*, W.: Die Gemeinkosten in der Plankostenrechnung, Berlin 1956, S. 40.

[158] Zu den bei Drahtwalzwerken relevanten Kostenbestimmungsfaktoren vgl. *Kilger*, Flexible Plankostenrechnung, S. 318.

Eine besondere Form der leistungsbedingten Heterogenität der Kostenverursachung, die eng mit der zuletzt beschriebenen in Verbindung steht, ergibt sich bei elastischer Kuppelproduktion, bei der die Höhe der beschäftigungsabhängigen Kosten in vielen Fällen durch das gewählte Ausbringungsverhältnis der Kuppelprodukte beeinflußt wird. Um eine verursachungsgerechte Kalkulation des Kuppelproduktbündels sowie eine aussagefähige Kostenkontrolle durchführen zu können, ist eine Bezugsgrößendifferenzierung erforderlich. Dabei kann entweder für jedes in Frage kommende Kuppelproduktverhältnis oder für jede Prozeßbedingung, die zur Veränderung des Kuppelproduktverhältnisses variiert werden kann, eine spezielle Bezugsgröße eingesetzt werden. In der Regel wird die Anzahl denkbarer Ausbringungsverhältnisse der Kuppelprodukte die Anzahl der veränderbaren Prozeßbedingungen übersteigen, so daß grundsätzlich eine an den Prozeßbedingungen orientierte Bezugsgrößenwahl vorzuziehen ist.

Bei sekundärer Verbundproduktion können neben die Hauptbezugsgröße, z.B. die Fertigungszeit, noch eine oder mehrere Hilfsbezugsgrößen treten, die die Inanspruchnahme gleichzeitig genutzter Betriebsmittelkapazitäten abbilden und eine verursachungsgerechte Kalkulation der Leistungen ermöglichen sollen. Die Kapazität der Betriebsmittel, z.B. ein Brennofen oder eine Trockenkammer, wird häufig durch das Volumen oder das Gewicht bestimmt, so daß die bei der verbundenen Produktion insgesamt je Fertigungslos anfallenden variablen Kosten mit Hilfe von Volumen- und/oder Gewichtsbezugsgrößen auf die erbrachten Leistungen verteilt werden können. Die Anwendung dieser Hilfsbezugsgrößen für die Kalkulation bei sekundärer Verbundproduktion ist allerdings auf den Fall beschränkt, daß die Betriebsmittelkapazitäten vollständig ausgenutzt sind, d.h. konkurrierende Fertigungsverhältnisse vorliegen, da nur dann durch die Notwendigkeit der Fertigung weiterer Lose ein Zusammenhang zwischen Kostenentstehung und Kapazitätsbeanspruchung abgeleitet werden kann. Wird die Kapazität des Betriebsmittels nicht vollständig genutzt, ist es unerheblich, in welchem Ausmaß die sekundär verbundenen Leistungen die Betriebsmittel in Anspruch nehmen, da die Höhe der beschäftigungsabhängigen Kosten sowohl des Fertigungsloses als auch der insgesamt in der Kostenstelle gefertigten Lose hiervon nicht beeinflußt wird.

(2) Verfahrensbedingte Heterogenität

Die Heterogenität der Kostenverursachung in einer Kostenstelle kann außer durch qualitative Unterschiede der erstellten Leistungen auch durch Änderungen der Verfahrens- und Prozeßbedingungen bei unveränderter

Leistung verursacht werden. Diese als verfahrensbedingt bezeichnete Heterogenität liegt vor, wenn eine hinsichtlich Art und Qualität gegebene Leistung wahlweise bei verschiedenen Verfahrens- und Prozeßbedingungen erstellt werden kann und die Änderung der Verfahrens- und Prozeßbedingungen zu nicht vernachlässigbaren Auswirkungen auf die Höhe der beschäftigungsabhängigen Kosten führt, so daß für eine verursachungsgerechte Kalkulation, für die Unterstützung dispositiver Aufgaben sowie für eine aussagefähige Kostenkontrolle eine Bezugsgrößendifferenzierung im Rahmen der Grundrechnung erforderlich ist. Verfahrensbedingte Heterogenität ist nach dieser Definition nicht an eine bestimmte Art der Leistungswiederholung in der Kostenstelle gebunden, sondern kann sowohl bei Einprodukt-, Massen- und Sortenfertigung als auch bei Serien- und Einzelfertigung auftreten.

Als eine der Hauptursachen für verfahrensbedingte Heterogenität der Kostenverursachung haben betriebliche Anpassungsmaßnahmen an Beschäftigungsschwankungen zu gelten. Insbesondere intensitätsmäßige Anpassungsprozesse können mit nicht vernachlässigbaren Änderungen bei den beschäftigungsabhängigen Kostenstellenkosten verbunden sein. Weicht die tatsächliche Intensität von der in der Kostenplanung unterstellten ab, ändert sich die Höhe der variablen Kosten je Leistungseinheit,[159] und der Verrechnungssatz der die Beschäftigung abbildenden Hauptbezugsgröße entspricht nicht der tatsächlichen Kostenverursachung in der Kostenstelle.[160]

Intensitätsmäßige Anpassungsmaßnahmen sind für jene Betriebe von großer Bedeutung, die unabhängig vom Beschäftigungsgrad aus technischen oder wirtschaftlichen Gründen keine anderen Möglichkeiten der Anpassung an Beschäftigungsänderungen besitzen. Dies trifft häufig auf Betriebe mit kontinuierlicher und starrer Fließfertigung zu, z.B. chemische Großanlagen und Energieversorgungsbetriebe, "deren Produktion ein geschlossenes System starr verbundener technischer Anlagen erfordert."[161] Ferner steht die intensitätsmäßige Anpassung häufig für Betriebe zur Disposition, die auf Bestellung produzieren und sich ständig in der Nähe der Vollbeschäftigung bei Planintensität befinden, d.h. die Möglichkeiten der zeitlichen Anpassung bereits ausgeschöpft haben. Um die kurzfristig wirksamen Entscheidungen über Intensitätsänderungen mit relevanten Kosteninformationen unterstützen zu können, z.B. bei der Entscheidung über die Annahme von Zusatzaufträgen, die nur unter Erhöhung der Intensität ausgeführt werden können,

---

[159] Vgl. *Gutenberg*, Produktion, S. 367 f.; *Kilger*, Produktions- und Kostentheorie, S. 100.

[160] Der Verrechnungssatz der Hauptbezugsgröße wird bei Intensitätsänderungen in der Regel zu niedrig sein, da bei der Kostenplanung meist die kostenminimale Intensität zugrunde gelegt wird. Vgl. *Haberstock*, Kostenrechnung II, S. 331.

[161] *Gutenberg*, Produktion, S. 361.

ist es z.B. zweckmäßig, mehrere nach Intensitätsgradklassen differenzierte Hauptbezugsgrößen für die laufende Kalkulation einzuführen.[162] Dabei ist es sinnvoll, die Bezugsgrößendifferenzierung auch für die Kostenkontrolle zu nutzen, indem bereits vor der eigentlichen kostenstellenweisen Kostenkontrolle an die Istintensität angepaßte Sollkosten ermittelt werden, wenn die Intensitätsänderung z.B. von der Betriebsleitung oder der Arbeitsvorbereitung angeordnet werden. Hat der Kostenstellenleiter intensitätsmäßige Anpassungsprozesse in eigener Verantwortung durchzuführen, ist die Intensitätsabweichung in der laufenden Kostenkontrolle als Spezialabweichung im Betriebsabrechnungsbogen auszuweisen.

Betriebe, in denen intensitätsmäßige Anpassungsprozesse nur gelegentlich und unregelmäßig erforderlich sind, z.B. Betriebe, die nur die Intensitätsänderung als Möglichkeit der Beschäftigungsanpassung besitzen und sich gleichzeitig durch einen relativ konstanten Beschäftigungsgrad auszeichnen, oder Betriebe, die im Laufe der Planungsperiode nur zu bestimmten Saisonspitzen in den Bereich der Vollbeschäftigung bei Planintensität gelangen, ist eine Bezugsgrößendifferenzierung zur Abbildung des Intensitätsänderungseinflusses in der laufenden Kalkulation nicht erforderlich. Dispositive Entscheidungen über die Durchführung von Intensitätsänderungen sind in diesem Fall zweckmäßiger mittels Sonderrechnungen zu unterstützen. Für die Kostenkontrolle kann es dagegen sinnvoll sein, Intensitätsabweichungen im Rahmen des laufenden Soll-Ist-Vergleichs vorab von der Kostenkontrolle fernzuhalten oder als Spezialabweichung im Betriebsabrechnungsbogen auszuweisen.

Bei Betrieben mit Produktion für den anonymen Markt, die durch eine gute Vorhersehbarkeit der Absatzentwicklung gekennzeichnet sind und auf Lagerauf- und Lagerabbau als Möglichkeit der Anpassung an Angebots- und Nachfrageschwankungen am Beschaffungs- bzw. Absatzmarkt zurückgreifen können, sowie bei Betrieben, deren Betriebsmittelbestand sich aus technisch unabhängigen Aggregaten zusammensetzt und die daher zusätzlich zur zeitlichen Anpassung kurzfristig auch quantitative Anpassungsmaßnahmen ergreifen können, werden intensitätsmäßige Anpassungsprozesse

---

[162] Vgl. *Kilger*, Flexible Plankostenrechnung, S. 323. Bei der Bildung von Intensitätsgradklassen, für die jeweils ein spezieller Verrechnungssatz der Hauptbezugsgröße ermittelt wird, handelt es sich um eine abschnittsweise Approximation der Sollkostenfunktion der Kostenstelle. Daneben besteht die Möglichkeit, die Kostenwirkungen von Intensitätsänderungen durch eine nichtlineare Kostenfunktion abzubilden, wobei dieser Vorgehensweise aufgrund der auftretenden Probleme der rechentechnischen Umsetzung in der Praxis kaum Bedeutung zukommt. Vgl. hierzu *Kilger*, Flexible Plankostenrechnung, S. 156 f.

kurzfristig nur selten in Erwägung gezogen.[163] Statt dessen kommt der mittel- und langfristigen Bestimmung der kostenminimalen Intensität im Rahmen der Betriebsmittelplanung eine besondere Bedeutung zu. Die Kostenrechnung hat hierzu in Sonderrechnungen die relevanten Kosten bereitzustellen. Für die laufende Kalkulation und die laufende Kostenkontrolle kommt dem Kosteneinfluß von Intensitätsänderungen dagegen keine Bedeutung zu. Gelegentlich auftretende Abweichungen von der der Planung zugrundeliegenden Optimalintensität stellen meist vom Kostenstellenleiter zu verantwortende Unwirtschaftlichkeiten dar. Ihre Kostenwirkungen gehen in die globale Verbrauchsabweichung ein und können - falls erforderlich - in Sonderuntersuchungen der Abweichungsanalyse für ausgewählte, besonders bedeutsame Kostenarten aufgezeigt werden.

Mit der zeitlichen und der quantitativen Anpassung stehen dem Betrieb weitere Maßnahmen zur Anpassung an Beschäftigungsschwankungen zur Verfügung. Im Unterschied zur intensitätsmäßigen Anpassung sind die zeitliche und die quantitative Anpassung durch "die leistungsmäßig unveränderte Inanspruchnahme der im Produktionsprozeß verbleibenden Faktoren während der Nutzungszeit"[164] gekennzeichnet.[165] Bei der zeitlichen Anpassung ergibt sich in der Regel nur bei den Lohnkosten durch Überstunden-, Nacht-, Wochenend- und Feiertagszuschläge oder durch Kurzarbeitergeld eine Änderung der Kostenverursachung,[166] die auf das Preisgerüst der Kosten beschränkt bleibt und daher keiner Bezugsgrößendifferenzierung im Rahmen der Grundrechnung bedarf.[167] Die quantitative Anpassung stellt meist eine mittel- oder langfristig wirksame Disposition über die Betriebsbereitschaft der Kostenstelle dar und kann über qualitative Unterschiede der Potentialfaktoren - *Gutenberg* spricht in diesem Zusammenhang von selektiver Anpassung[168] - primär mittel- und langfristige Änderungen in der

---

[163] Vgl. *Gutenberg*, Produktion, S. 363 f. Für viele Betriebe kommt aufgrund der Gebundenheit der Leistungsqualität an eine technisch fest vorgegebene Intensität eine intensitätsmäßige Anpassung von vornherein nicht in Betracht. Vgl. *Kilger*, Produktions- und Kostentheorie, S. 99.

[164] *Heinen*, Anpassungsprozesse, S. 14.

[165] Zu den Kostenwirkungen der zeitlichen Anpassung vgl. ferner *Gutenberg*, Produktion, S. 371 ff.

[166] Vgl. *Kilger*, Produktions- und Kostentheorie, S. 94 f.

[167] Die sich aus den mit zeitlichen Anpassungsmaßnahmen verbundenen Lohnsatzänderungen ergebenden Kostenabweichungen können entweder als Preisabweichungen ermittelt werden oder gehen in die globale Verbrauchsabweichung des laufenden Soll-Ist-Vergleichs ein.

[168] Vgl. *Gutenberg*, Produktion, S. 386 ff.

Höhe der beschäftigungsabhängigen Kosten auslösen.[169] Treten quantitative Anpassungen mit Auswirkungen auf die Höhe der beschäftigungsabhängigen Kosten während der Planungsperiode auf, ist diesem Umstand durch die Korrektur des Verrechnungssatzes der verwendeten Hauptbezugsgröße Rechnung zu tragen. Eine ständige Bezugsgrößendifferenzierung ist aufgrund des relativ seltenen Auftretens quantitativer Anpassungsprozesse,[170] der überwiegend geringen Auswirkungen auf die Höhe der variablen Kosten je Leistungseinheit und der Quantifizierungsprobleme ihrer Kostenwirkungen indessen häufig unzweckmäßig.

Verfahrensbedingte Heterogenität der Kostenverursachung kann außer durch betriebliche Anpassungsmaßnahmen an Beschäftigungsschwankungen durch qualitative Unterschiede der Einsatzfaktoren hervorgerufen werden. Stehen dem Betrieb kurzfristig verschiedene Einsatzfaktoren zur Auswahl, ohne daß sich Änderungen der Leistungsart oder -qualität als Folge einer Substitution ergeben, und resultieren aus dem alternativen Einsatz der Produktionsfaktoren Unterschiede in der Höhe der beschäftigungsabhängigen Kosten einer Kostenstelle, kann es zweckmäßig sein, diese Heterogenität der Kostenverursachung mittels einer einsatzfaktorbezogenen Bezugsgrößendifferenzierung im Rahmen der Grundrechnung abzubilden. Diese Art der verfahrensbedingten Heterogenität tritt häufig bei umformenden, z.B. chemischen Prozessen auf, bei denen qualitative Unterschiede der Rohstoffe und Energieträger im Produktionsprozeß untergehen und sich nicht auf die Art oder die Qualität der Leistung auswirken, aber unterschiedlich hohe variable Kosten in der Produktion verursachen. In Hochofenbetrieben steht beispielsweise eine Vielzahl von Erzsorten zur Verfügung, die je nach Mischungsverhältnis nicht nur spezielle Rohstoffkosten, sondern auch unterschiedliche Energie- und Arbeitskosten je Leistungseinheit verursachen, und in Stahlwerken können verschiedene Kombinationen von Roheisenarten und Schrott eingesetzt werden, die sich hinsichtlich Fertigungszeit, Energieverbrauch und Personaleinsatz je Fertigungslos unterscheiden.[171] Resultieren die sich aus dem alternativen Einsatz von Produktionsfaktoren ergebenden Kostenunterschiede allein aus Preisunterschieden der Faktoren, ist eine Bezugsgrößendifferenzierung nicht erforderlich, da diese Kostenunterschiede durch den Ansatz eines Planpreissystems in der laufenden Grundrechnung nicht abbildungsrelevant sind.

Des weiteren können insbesondere bei naturnahen Betrieben qualitative Unterschiede bei einer Einsatzfaktorart zu verfahrensbedingter Heteroge-

---

[169] Zur quantitativen Anpassung und ihrer Kostenwirkungen vgl. *Gutenberg*, Produktion, S. 379 ff.; *Kilger*, Produktions- und Kostentheorie, S. 95 ff.

[170] Vgl. *Heinen*, Anpassungsprozesse, S. 15.

[171] Vgl. *Laßmann*, Erlösrechnung als Instrument, S. 42; *ter Schüren*/*Wartmann*, S. 142 ff.

nität der Kostenverursachung führen. Beispielsweise hat der durch vielfältige natürliche Einflüsse bedingte Zuckergehalt der Zuckerrüben bei bestimmten Verarbeitungsstufen, etwa beim Auslaugen der Rübenschnitzel oder beim Eindicken des Klarsaftes, einen Einfluß auf die Durchlauf- und Verweilzeit sowie auf andere Prozeßbedingungen wie Temperatur und Druck und damit auf die Höhe der variablen Kosten je ausgebrachter Leistungseinheit, ohne daß qualitative Unterschiede bei der jeweiligen Leistung der Fertigungsstufe entstehen. In diesem Fall stellen weder die Menge des ausgebrachten Zwischenproduktes noch die Menge der verarbeiteten Einsatzfaktoren geeignete Maßgrößen dar, um die Kostenverursachung in den Auslaugetürmen (Diffuseuren) oder bei der Eindickung des Klarsaftes ausreichend genau abbilden zu können. Es ist vielmehr eine Bezugsgrößendifferenzierung nach verschiedenen Qualitätsklassen der Einsatzfaktoren erforderlich - bei der Zuckerproduktion nach verschiedenen Zuckergehaltsklassen der Rüben oder des Klarsaftes -, um von vornherein den Einfluß wechselnder Qualitäten der Einsatzfaktoren, der vom Kostenstellenleiter nicht zu verantworten ist, vom kostenstellenweisen Soll-Ist-Vergleich fernzuhalten.

Zusammenfassend ist festzuhalten, daß bei der Bezugsgrößenwahl im Fertigungsbereich eine Reihe von betriebsspezifischen Gegebenheiten zu beachten ist, um geeignete Maßgrößen für die verursachungsgerechte Kalkulation sowie für die fundierte Kostenplanung und aussagefähige Kostenkontrolle gewinnen zu können. Dabei zeigt sich, daß in Kostenstellen mit Einprodukt-, Massen- und Sortenfertigung häufig homogene Kostenverursachung vorliegt, so daß eine Bezugsgröße zur Abbildung der variablen Kostenstellenkosten ausreichend ist, während in Kostenstellen mit Serien- und Einzelfertigung sowie bei elastischer Kuppelproduktion und sekundärer Produktionsverbundenheit meist mehrere Bezugsgrößen eingesetzt werden müssen. Weiterhin wird unabhängig von der Art der Leistungswiederholung eine Bezugsgrößendifferenzierung bei verfahrensbedingter Heterogenität erforderlich, welche insbesondere bei Betrieben, die häufig intensitätsmäßige Anpassungsprozesse durchführen, Substitutionsmöglichkeiten bei den Einsatzfaktoren besitzen oder aufgrund ihrer Naturnähe mit Qualitätsunterschieden der Einsatzfaktoren zu rechnen haben, in Erscheinung tritt.

5. Gliederung der Kostenarten

Eine weitere Maßnahme, die bei der Gestaltung der Grundrechnung im Rahmen der Neueinführung oder Überarbeitung der Grenzplankostenrechnung durchgeführt werden muß, ist die Gliederung der Kostenarten. Sie ist zweckmäßigerweise zeitlich nach der Kostenträgergliederung und der Einteilung des Betriebes in Kostenstellen vorzunehmen, da die Planung der Kostenarten nicht wie bei der Erfassung der Kostenarten in der Istkostenrechnung in einer eigenständigen Rechnung für den Gesamtbetrieb, sondern unmittelbar je Kostenträger oder je Kostenstelle durchgeführt wird. Die Gliederung der Kostenarten erfolgt in der Grenzplankostenrechnung damit kostenträger- oder kostenstellenweise.[172]

Für die Gliederung der Kostenarten gelten in der Grenzplankostenrechnung grundsätzlich die gleichen Überlegungen wie in anderen Systemen der Kostenrechnung, d.h., es sind die gleichen Grundsätze zu beachten, und es können grundsätzlich die gleichen Gliederungskriterien zur Anwendung kommen. Neben dem Grundsatz der Reinheit, nach dem durch die Anwendung nur eines Gliederungskriteriums je Gliederungsebene die Entstehung sogenannter "unsauberer" Kostenarten vermieden werden soll,[173] ist bei der kostenträger- und kostenstellenweisen Vorgehensweise der Kostenartengliederung vor allem der Grundsatz der Einheitlichkeit zu beachten, wonach die Kostenartengliederung in einer für den Gesamtbetrieb einheitlichen Systematik, die sich insbesondere in eindeutigen und einheitlichen Kostenartenbezeichnungen sowie Zuordnungen zu Kostenartennummern äußert, vorzunehmen ist.[174] Damit soll eine fehlerfreie und zugleich einfache Kontierung der Istkosten auf die Kostenstellen gewährleistet werden.

Zur Gliederung der Kostenarten können verschiedene Kriterien herangezogen werden, wie etwa die Unterscheidung nach verrechnungstechnischen Gesichtspunkten in Kostenträgereinzel- und Kostenträgergemeinkosten. Diese Kostenartengliederung erfolgt praktisch dadurch, daß die Einzelkosten den Kostenträgern unmittelbar und ohne Bezug zur Kostenstellenrechnung zugerechnet oder für die Zwecke der verantwortungsbezogenen Kostenkontrolle über die Kostenstellenrechnung geführt werden.[175] Während im erstgenannten Fall eine eindeutige Trennung von Einzel- und Gemeinkosten stattfindet, indem die Einzelkosten in der Kostenträgerstückrechnung, nicht aber im Kostenstellenplan als Kostenart auftreten, ist im zweiten Fall eine formale Unterscheidung von Einzel- und Gemeinkosten, z.B. durch eine räumliche Trennung oder besondere Kennzeichnung im Betriebsabrechnungsbogen, zweckmäßig, da beide Kostenartenkategorien im Kostenplan erscheinen. Der Anteil der Einzel- oder der Gemeinkosten an den Gesamtkosten des Betriebes und damit die Bedeutung ihrer Unter-

---

172 Vgl. *Vormbaum/Rautenberg*, S. 85.

173 Vgl. *Kilger*, Einführung, S. 70; *Haberstock*, Kostenrechnung I, S. 79 f.

174 Vgl. *Kilger*, Einführung, S. 69.

175 Vgl. *Kilger*, Flexible Plankostenrechnung, S. 232; *Agthe*, Kostenplanung, S. 115; *Haberstock*, Kostenrechnung II, S. 285.

scheidung im Kostenartenplan wird wesentlich durch die Art der Stoffverwertung beeinflußt. Bei Betrieben mit synthetischer Stoffverwertung ist der Anteil der Einzelkosten in der Regel höher als bei Betrieben mit analytischer Stoffverwertung, wenn bei analytischer Stoffverwertung nicht das Kuppelproduktbündel insgesamt, sondern die Einzelprodukte als Kostenträger betrachtet werden. Schließen sich an die Fertigungsstufe der analytischen Stoffverwertung keine Weiterverarbeitungsstufen mit synthetischer oder durchlaufender Stoffverwertung an, treten im Betrieb keine Einzelkosten auf, so daß sich für diesen betrieblichen Spezialfall eine Gliederung nach Kostenträgereinzel- und Kostenträgergemeinkosten erübrigt.

Ein weiteres Kriterium zur Gliederung der Kostenarten ist die Herkunft der eingesetzten Produktionsfaktoren, wonach primäre Kostenarten für von außen bezogene Produktionsfaktoren und sekundäre Kostenarten für selbsterstellte Produktionsfaktoren unterschieden werden.[176] In der Grenzplankostenrechnung ist dieses Kriterium bei der Gliederung des Kostenartenplans zu berücksichtigen, da nicht nur die primären, sondern auch die sekundären Kostenarten geplant werden, die innerbetriebliche Leistungsverrechnung bereits bei der Kostenplanung durchgeführt wird und hierfür eine Kennzeichnung der sekundären Kostenarten zweckmäßig ist.[177] Eine Unterscheidung in primäre und sekundäre Kostenarten ist für all diejenigen Betriebe relevant, bei denen innerbetriebliche Leistungsströme auftreten. Eine Zuordnung dieser Relevanz zu bestimmten Ausprägungen der in dieser Untersuchung bislang erörterten Einflußfaktoren der Kostenrechnungsgestaltung ist indessen kaum möglich, da die Existenz innerbetrieblicher Leistungsströme auf unternehmenspolitische Entscheidungen über Eigenerstellung oder Fremdbezug von Hilfsleistungen zurückzuführen und damit als eigenständiger urbildbedingter Einflußfaktor aufzufassen ist.

Der Gliederung nach der Art der eingesetzten Produktionsfaktoren, wonach sich Arbeits-, Werkstoff-, Betriebsmittel-, Kapital- und Fremdleistungskosten sowie Abgaben an die öffentliche Hand unterscheiden lassen,[178] kommt eine besondere Bedeutung hinsichtlich der praktischen Durchführung der Kostenartengliederung zu, da sie die Grundlage für eine einsatzfaktorbezogene Kostenplanung und -kontrolle bildet und sich bei ihr die Frage nach dem zweckmäßigen Differenzierungsgrad der Kostenartengliederung stellt. Der Differenzierungsgrad hängt dabei von verschiedenen Faktoren ab, die betriebsindividuelle Ausprägungen aufweisen und sich

---

[176] Vgl. *Kosiol*, Kalkulation, S. 110 f.

[177] Vgl. *Haberstock*, Kostenrechnung II, S. 44 f.

[178] Zur Kostenartengliederung nach der Art der eingesetzten Produktionsfaktoren vgl. beispielhaft *Schmalenbach*, Kostenrechnung, S. 307 ff.; *Götzinger/Michael*, S. 57; *Kosiol*, Kalkulation, S. 111 f.; *Mellerowicz*, Kostenrechnung, Bd. II, Erster Teil, S. 238.

folglich individualisierend auf die Gliederungstiefe der Kostenarten auswirken. Einer dieser Faktoren ist die Intensität der Kostenart, die in der relativen Kostenhöhe zum Ausdruck kommt. Arbeitsintensive Betriebe werden vor allem bei den Arbeitskosten eine differenzierte Kostenartengliederung vornehmen, während werkstoffintensive und betriebsmittelintensive Betriebe entsprechend bei den Werkstoffkosten bzw. bei den Betriebsmittelkosten eine im Vergleich zu anderen Kostenarten stark differenzierte Gliederung aufweisen.

Daneben kommt dem Grad der kurzfristigen Beeinflußbarkeit der Kostenarten eine Bedeutung für die Bestimmung der Gliederungstiefe zu. Kostenarten, die während der Planungsperiode nur einer geringen Beeinflußbarkeit durch den Kostenstellenleiter unterliegen, brauchen für die kostenstellenweise Kostenkontrolle weniger stark differenziert ausgewiesen zu werden als Kostenarten mit hohem Beeinflussungspotential. Zusätzlich sind die vom Kostenstellenleiter beeinflußbaren Kostenarten besonders zu kennzeichnen.[179] Der Grad der Kostenbeeinflußbarkeit ist von einer Reihe betriebsspezifischer Faktoren abhängig, etwa von der beschäftigungsbezogenen Kostenstruktur der Kostenstelle. Je höher der Anteil der beschäftigungsabhängigen Kosten an den Gesamtkosten der Kostenstelle ist, desto größer wird die kurzfristige Beeinflußbarkeit der Kosten durch den Kostenstellenleiter sein.[180] Weiterhin sind in Betrieben mit hochautomatisierter Fertigung in der Regel geringere Möglichkeiten der kurzfristigen Beeinflussung des beschäftigungsabhängigen Produktionsfaktorverbrauchs gegeben als in Betrieben mit niedrigem Automatisierungsgrad, da bei hochautomatisierter Fertigung die Höhe der variablen Kosten je Leistungseinheit weitgehend durch langfristig wirksame Entscheidungen der allgemeinen Produktionsvorbereitung, insbesondere durch die Produktentwicklung und -konstruktion sowie durch die Betriebsmittelplanung, festgelegt werden.[181] Der Grad der Kostenbeeinflußbarkeit wird ferner durch den Umfang der ergriffenen Maßnahmen zur Anpassung an Beschäftigungsschwankungen bestimmt. Kostenstellen, bei denen häufig Anpassungsprozesse durchgeführt werden, benötigen zur Ermittlung kostenoptimaler Anpassungsmaßnahmen sowie zur Kontrolle bereits erfolgter Maßnahmen eine differen-

---

[179] Vgl. *Schmalenbach*, Kostenrechnung, S. 348; *Haberstock*, Kostenrechnung II, S. 44.

[180] Die beschäftigungsbezogene Kostenstruktur wird durch eine Vielzahl betriebsspezifischer Faktoren bestimmt, z.B. durch den Grad der betrieblichen Arbeitsteilung, durch den Automatisierungsgrad der Betriebsmittel oder durch die vom Betrieb genutzten wechselnden Formen der Betriebsanbindung. Vgl. hierzu ausführlich *Bergner*, Ersatz, S. 142 ff.

[181] Zum Einfluß des Automatisierungsgrades auf die kurzfristige Beeinflußbarkeit beschäftigungsabhängiger Kosten vgl. *Siegwart/Raas*, S. 10; *Schehl*, S. 220 ff.; *Männel*, Anpassung, S. 109.

ziertere Kostenartengliederung als Kostenstellen, die keine oder nur selten Anpassungsprozesse durchführen.

Der zweckmäßige Differenzierungsgrad der Kostenartengliederung hängt weiterhin von der Höhe der abrechnungsperiodisch auftretenden Kostenabweichungen ab. Kostenarten, bei denen sich hohe Kostenabweichungen ergeben, sind tiefer zu gliedern als Kostenarten, bei denen keine oder nur geringe Abweichungen von den Sollkosten entstehen. Die Höhe der Kostenabweichungen wird durch die Standardisierung der Produktion, d.h. durch die erworbenen Erfahrungen bei der Leistungserstellung, und damit auch durch die Art der Leistungswiederholung bestimmt. Betriebe mit Massen-, Großserien- und Sortenfertigung weisen in der Regel höhere Erfahrungseffekte und folglich tendenziell geringere Soll-Ist-Abweichungen auf als Betriebe mit Kleinserien- oder Einzelfertigung. Entsprechend ist bei Massen-, Großserien- und Sortenfertigung ein geringerer Differenzierungsgrad der Kostenartengliederung ausreichend als bei Kleinserien- und Einzelfertigung. Daneben wird die Höhe der Kostenabweichungen durch den Anspannungsgrad der Kostenvorgaben beeinflußt, der bei Massen-, Großserien- und Einzelfertigung aufgrund der besser erzielbaren Lerneffekte meist höher liegt als bei Kleinserien- und Einzelfertigung, so daß sich eine Relativierung des aufgezeigten Zusammenhangs zwischen der Art der Leistungserstellung, der Höhe der Kostenabweichungen und der Kostenartengliederungstiefe ergibt.

Der Differenzierungsgrad der Kostenartengliederung wird darüber hinaus durch die Anzahl der in der Kostenstelle verwendeten Bezugsgrößen beeinflußt. Je heterogener die Kostenverursachung in der Kostenstelle ist, und je mehr Bezugsgrößen für die Kalkulation und die Kostenkontrolle eingesetzt werden, desto tiefer sind die Kostenarten zu gliedern.[182] Dabei soll durch die Differenzierung der Kostenarten erreicht werden, daß eine Kostenart nicht gleichzeitig durch mehrere Bezugsgrößen beeinflußt wird, damit keine mehrfache Kostenspaltung je Kostenart erforderlich wird und sich eine eindeutige funktionale Abhängigkeitsbeziehung zwischen Güterverzehr und Bezugsgrößenhöhe ermitteln läßt. Es ist allerdings zu beachten, daß Kostenartengliederung und Kostenspaltung nicht beliebig substituierbar

---

[182] Der beschriebene Zusammenhang zwischen der Kostenartengliederungstiefe und der Anzahl der Bezugsgrößen läßt sich aus der Bedeutung der Kostenartendifferenzierung für die Genauigkeit der Kalkulation, der Kostenplanung und der Kostenkontrolle ableiten. Zu den Bestimmungsfaktoren der Kostenartengliederungstiefe vgl. *Sommer*, K.: Kostenart, in: Kosiol, E. (Hrsg.): HWR, Stuttgart 1970, Sp. 932; *Mellerowicz*, Plankostenrechnung, Bd. II, S. 93; *Haberstock*, Kostenrechnung II, S. 44.

sind,[183] da sich die Kostenartengliederung an der Erfaßbarkeit der Istkosten zu orientieren hat.

Aus dem Grundsatz der Stetigkeit ergibt sich, daß die zweckmäßige Tiefe der Kostenartengliederung ferner durch die Regelmäßigkeit des Produktionsfaktoreinsatzes beeinflußt wird. Betriebe mit Massen-, Sorten oder Großserienfertigung können durch den immer wiederkehrenden Einsatz der gleichen Produktionsfaktoren eine differenziertere Kostenartengliederung vornehmen als Betriebe mit Kleinserien- oder Einzelfertigung, bei denen die Art vieler Einsatzfaktoren, insbesondere jene der Werkstoffe und der Betriebsmittel, häufig einem ständigen Wechsel unterliegt.

Als weitere Gliederungskriterien, die im Rahmen der Kostenartengliederung von Bedeutung sind, können die Abhängigkeit der Kosten von der gewählten Bezugsgröße sowie der Ort der Kostenentstehung genannt werden.[184] Die Unterscheidung der Kosten nach ihrer Abhängigkeit von der Bezugsgröße kommt im Betriebsabrechnungsbogen in der Regel in einer spaltenweisen Kostenauflösung der Produktionsfaktorarten je Bezugsgröße zum Ausdruck.[185] Je mehr Bezugsgrößen zur Abbildung der Kostenverursachung in der Kostenstelle eingesetzt werden, desto häufiger sind die Produktionsfaktorarten einer Kostenauflösung zu unterziehen und entsprechend differenziert im Kostenartenplan der Kostenstelle auszuweisen. Die Gliederung der Kostenarten nach dem Ort der Kostenentstehung, d.h. nach Kostenstellen und betrieblichen Funktionsbereichen, erfolgt in der Grenzplankostenrechnung regelmäßig dadurch, daß die Kostenartengliederung kostenstellenweise vorgenommen wird und sich damit zumindest für die Gemeinkosten, bei kostenstellenweiser Einzelkostenkontrolle auch für die Einzelkosten, unmittelbar eine entsprechende Differenzierung ergibt. Die auf die Art der Kostenstellenbildung wirkenden betriebsspezifischen Gegebenheiten beeinflussen damit auch die am Ort der Kostenentstehung orientierte Kostenartengliederung, so daß auf die Ausführungen zur Kostenstellenbildung verwiesen werden kann.

Wie die vorstehenden Betrachtungen zeigen, ergeben sich weniger für die grundsätzliche Relevanz als vielmehr hinsichtlich der relativen Bedeutung sowie der zweckmäßigen Gliederungstiefe betriebsspezifische Unterschiede bei der Anwendung einzelner Kriterien der Kostenartengliederung. Mit der Gliederung der Kostenarten sind die wesentlichen Arbeiten, die bei der

---

183 Vgl. *Turner*, S. 53.

184 Vgl. *Schmalenbach*, Kostenrechnung, S. 347 f.; *Kosiol*, Kalkulation, S. 112; *Haberstock*, Kostenrechnung I, S. 74 ff.

185 Vgl. z.B. *Haberstock*, Kostenrechnung II, S. 224 f.; *Vormbaum/Rautenberg*, S. 157; *Mellerowicz*, Plankostenrechnung, Bd. II, S. 289 ff.

Neueinführung oder grundlegenden konzeptionellen Überarbeitung der Grenzplankostenrechnung zu leisten sind, abgeschlossen. In einem nächsten Schritt sind die Ausprägungen der im planungsperiodischen Ablauf der Grenzplankostenrechnung zur Disposition stehenden Gestaltungsmerkmale zu bestimmen. Im folgenden sollen die betriebsspezifischen Besonderheiten, die im Rahmen dieser Phase der Kostenrechnungsgestaltung zu beachten sind, dargestellt und ihre Wirkung auf das Wesen zweckmäßig gestalteter Kostenrechnungen aufgezeigt werden.

II. Planungsperiodisch festzulegende Gestaltungsmerkmale

Mit den bei Einführung oder grundsätzlicher Überarbeitung festzulegenden Wesensmerkmalen ist der Aufbau der Grenzplankostenrechnung in der Regel für einen längeren unbestimmten Zeitraum gegeben. Die ablaufbezogenen Merkmale der Grenzplankostenrechnung können entsprechend ihrer Zuordnung zur Planungs- oder Abrechnungsphase planungs- bzw. abrechnungsperiodisch neu festgelegt werden. Zu den planungsperiodisch wiederkehrenden Ablaufelementen der Grenzplankostenrechnung zählen die Ermittlung der Planbezugsgröße, die Kostenplanung sowie die Erstellung von Plankalkulationen. Die dabei festzulegenden Wesensmerkmale der Grundrechnung, insbesondere die Wahl der einzusetzenden Verfahren, werden im folgenden unter Berücksichtigung betriebsspezifischer Gegebenheiten diskutiert.

1. Wahl des Verfahrens zur Ermittlung der Planbezugsgröße

Die Planbezugsgröße, die als numerischer Wert der Bezugsgröße die Grundlage für die Kostenplanung darstellt und aufgrund des primären Einsatzes die Beschäftigung abbildender Bezugsgrößen häufig auch als Planbeschäftigung bezeichnet wird,[186] kann mittels zweier Verfahren, der Kapazitätsplanung und der Engpaßplanung, festgelegt werden. Bei der Kapazitätsplanung wird die Planbezugsgröße anhand der Kapazität der Kostenstelle ermittelt, wobei sich je nach zugrundeliegendem Kapazitätsbegriff unterschiedlich hohe Planbezugsgrößen ergeben können.[187] Bei der auf das

[186] Vgl. *Kilger*, Flexible Plankostenrechnung, S. 335; *Haberstock*, Kostenrechnung II, S. 92.

[187] Für die praktische Anwendung der Kapazitätsplanung wird meist vorgeschlagen, die maximal realisierbare Kapazität zu verwenden. Daneben werden die technische Maximalkapazität, die Optimalkapazität und die Normalkapazität diskutiert. Auf die Unterschiede dieser Kapazitätsbegriffe wird im weiteren nicht näher eingegangen, da es für die kritische Gegen-

"Ausgleichsgesetz der Planung" nach *Gutenberg*[188] zurückgehenden Engpaßplanung orientiert sich die Planbezugsgrößenbestimmung an der zukünftigen Beschäftigung, die unter Berücksichtigung aller möglichen Engpässe in der Planungsperiode voraussichtlich erreicht werden kann.[189] Sowohl bei Kapazitäts- als auch bei Engpaßplanung wird aus der für die gesamte Planungsperiode ermittelten Planbeschäftigung eine auf die Abrechnungsperiode bezogene durchschnittliche Planbezugsgröße abgeleitet und der Kostenplanung zugrunde gelegt,[190] um eine Kongruenz der Datenbasis von Plankostenvorgabe und dem abrechnungsperiodisch zu erstellenden Soll-Ist-Vergleich zu erhalten und dadurch die Akzeptanz der Kostenrechnung zu verbessern.

Im Unterschied zur Plankostenrechnung auf Vollkostenbasis, bei der aus unterschiedlichen Planbezugsgrößenhöhen bei Engpaß- und Kapazitätsplanung durch die Fixkostenproportionalisierung unterschiedlich hohe Kostenstellenverrechnungssätze und damit Unterschiede im Umfang der auf die Kostenträger verrechneten Fixkosten resultieren, führen Engpaß- und Kapazitätsplanung bei der Grenzplankostenrechnung unter der Voraussetzung des linearen Verlaufs der beschäftigungsabhängigen Kosten zu gleich hohen Kostenstellenverrechnungssätzen, da bei der Grenzplankostenrechnung nur die variablen Kosten in die Kalkulation eingehen. Eine Diskussion über die Vorteilhaftigkeit der beiden Verfahren, wie sie bei der Vollplankostenrechnung überwiegend zugunsten der Engpaßplanung geführt wird, scheint bei der Grenzplankostenrechnung nicht erforderlich zu sein.[191] Eine eingehende Betrachtung der besonderen Anwendungsbedingungen der beiden Verfahren kann indessen geeignet sein, die unter Berücksichtigung betriebsspezifischer Situationen zu beurteilende Vorteilhaftigkeit der Verfahren aufzuzeigen und damit die betriebsindividuelle Auswahl des zweckmäßigen Verfahrens zu unterstützen.

Wie oben bereits angedeutet, führen Kapazitäts- und Engpaßplanung bei der Grenzplankostenrechnung nur dann zu gleich hohen variablen Kosten je

---

überstellung von Kapazitäts- und Engpaßplanung unerheblich ist, welcher dieser Kapazitätsbegriffe der Kapazitätsplanung zugrunde liegt. Zu den verschiedenen Kapazitätsbegriffen vgl. *Mellerowicz*, Kostenrechnung, Bd. I, S. 209 ff.; *Vormbaum*, H.: Die Messung von Kapazitäten und Beschäftigungsgraden industrieller Betriebe, Diss., Hamburg 1951, S. 10 ff.; *Plaut*, Grenz-Plankostenrechnung, S. 353 f.

[188] Vgl. *Gutenberg*, Produktion, S. 164 f.

[189] Vgl. *Plaut*, Grenz-Plankostenrechnung, S. 355; *Mellerowicz*, Plankostenrechnung, Bd. II, S. 75 f.; *Kilger*, Flexible Plankostenrechnung, S. 337.

[190] Vgl. *Kube*, S. 94; *Kilger*, Flexible Plankostenrechnung, S. 335.

[191] Vgl. *Mellerowicz*, Plankostenrechnung, Bd. II, S. 67 f.; *Plaut*, Grenzplankostenrechnung, S. 31; *Agthe*, Kostenplanung, S. 55.

Bezugsgrößeneinheit, wenn die Linearitätsprämisse erfüllt ist und sich die variablen Kosten proportional zu Bezugsgrößenänderungen verhalten. In Betrieben, die auf Beschäftigungsänderungen mit intensitätsmäßiger Anpassung reagieren, wie z.B. chemische Großanlagen, die über mehrere Monate oder Jahre hinweg ununterbrochen beschäftigt sind und denen aus technischen und wirtschaftlichen Gründen nur die Änderung der Intensität als Anpassungsmaßnahme verbleibt, ergeben sich auch bei der Grenzplankostenrechnung Unterschiede zwischen den Verrechnungssätzen bei Anwendung der Engpaß- und der Kapazitätsplanung. In diesen Fällen ist die Engpaßplanung vorzuziehen, da sie in der Regel zu einer realitätsnäheren Planbezugsgröße führt und dadurch die Berücksichtigung der zur Erreichung der voraussichtlichen Istbeschäftigung erforderlichen Intensität im Rahmen der Kostenplanung ermöglicht, so daß genauere Kalkulationssätze vorliegen und in den Verbrauchsabweichungen des kostenstellenweisen Soll-Ist-Vergleichs geringere Intensitätsabweichungen enthalten sind.

Weiterhin ist die Anwendung der Kapazitätsplanung bei Kostenstellen mit heterogener Kostenverursachung problematisch, da sich die verwendeten Bezugsgrößen hinsichtlich ihrer Höhe häufig konkurrierend verhalten und nicht mehrere Bezugsgrößen zugleich die Kapazität abbilden können.[192] Eine Betrachtung der Bezugsgrößen Ausführungs- und Rüstzeit zeigt z.B., daß die Ausführungszeit nur bei gleichzeitigem Verzicht auf Rüstvorgänge der Kapazität des Betriebes entspricht. Umgekehrt kann die Rüstzeit nur bei gleichzeitiger Vernachlässigung von Ausführungsvorgängen im Sinne der Kapazitätsplanung bestimmt werden. Es ist zwar denkbar, eine der Kapazität der Kostenstelle entsprechende Ausführungszeit-Rüstzeit-Kombination zu ermitteln. Hierzu sind jedoch Annahmen über das zukünftige Produktionsprogramm des Betriebes zu treffen, was dem Charakter der Kapazitätsplanung, die Bezugsgrößenhöhe allein aus dem Leistungsvermögen der Kostenstelle abzuleiten, widerspricht. Vergleichbare Schwierigkeiten der Planbezugsgrößenbestimmung mit Hilfe der Kapazitätsplanung treten bei verfahrensbedingter Heterogenität der Kostenverursachung, die durch intensitätsmäßige Anpassungsprozesse hervorgerufen wird, in Erscheinung. Die Bezugsgrößendifferenzierung stellt demnach keine Möglichkeit zur Milderung der oben geschilderten Nachteile der Kapazitätsplanung bei Betrieben mit intensitätsmäßiger Anpassung dar. Es bleibt somit festzuhalten, daß für Kostenstellen, die aufgrund ihrer betriebsspezifischen Besonderheiten der Leistungserstellung durch leistungs- oder verfahrensbedingte Heterogenität der Kostenverursachung gekennzeichnet sind, die Engpaßplanung der Kapazitätsplanung vorzuziehen ist.

---

[192] Vgl. *Kilger*, Flexible Plankostenrechnung, S. 337.

Die Engpaßplanung weist gegenüber der Kapazitätsplanung des weiteren den Vorteil auf, daß sie zur Integration der Kostenplanung in die betriebliche Gesamtplanung beiträgt. Durch die Ableitung der Planbezugsgröße aus dem Minimumsektor des Betriebes wird die Koordination der Kostenplanung und der Mittelentscheidungen in den anderen betrieblichen Teilplänen im Hinblick auf die Erstellung eines zieloptimalen Gesamtplans unterstützt.[193] Die Integration der Kostenplanung in die betriebliche Gesamtplanung ist indessen mit einem erhöhten Schwierigkeitsgrad der Planung verbunden. Beispielsweise werden zur Ermittlung des gewinnoptimalen Produktionsprogramms Plankosteninformationen benötigt, die bei Engpaßplanung erst ermittelt werden können, wenn das geplante Produktionsprogramm unter Berücksichtigung aller voraussichtlich auftretenden Engpässe bekannt ist. Die Berücksichtigung der wechselseitigen Abhängigkeitsbeziehungen zwischen den betrieblichen Teilplänen erfordert eine aufwendige Koordination, die aufgrund der mangelnden Realisierbarkeit der simultanen Gesamtplanung in der Praxis im Rahmen einer Sukzessivplanung mit mehrfachen Rückkopplungsvorgängen vorzunehmen ist.[194] Der durch die Engpaßplanung geförderten Integration der Kostenplanung in die betriebliche Gesamtplanung steht damit in der Regel der Nachteil höherer Planungskosten entgegen. Erfolgt die Planung der Bezugsgrößenhöhe mittels Kapazitätsplanung, kann die Kostenplanung weitgehend unabhängig von anderen kurzfristigen Teilplänen des Betriebes vorgenommen werden. Dies hat den Vorteil, daß Grenzplankosteninformationen und Plankalkulationen bereits vor der Erstellung anderer betrieblicher Teilpläne, etwa vor der Absatz- und Produktionsplanung, vorliegen, dadurch der Planungsablauf und vor allem die Koordination der Teilpläne insgesamt vereinfacht wird[195] und im Vergleich zur Engpaßplanung tendenziell geringere Kosten für die Planung anfallen. Inwiefern die höheren Planungskosten der Engpaßplanung den höheren Nutzen durch die Integration der Kostenplanung in die betriebliche Gesamtplanung rechtfertigen, kann nicht generell geklärt werden, sondern ist betriebsindividuell zu entscheiden. Die Betrachtung der sich unter betriebsspezifischen Gegebenheiten in unterschiedlichem Maße stellenden Probleme der Planungskoordination kann indessen dazu beitragen, eine differenzierte Anwendungs- und Vorteilhaftigkeitsbeurteilung der Engpaß- und Kapazitätsplanung vorzunehmen.

---

[193] Vgl. *Mellerowicz*, Plankostenrechnung, Bd. II, S. 76; *Agthe*, Kostenplanung, S. 50; *Kilger*, Flexible Plankostenrechnung, S. 337.

[194] Zu den Problemen und Verfahren der Koordination betrieblicher Teilpläne vgl. *Gutenberg*, Produktion, S. 163 ff.; *Mellerowicz*, Plankostenrechnung, Bd. I, S. 176 ff.

[195] Vgl. *Koller*, S. 27.

Der Schwierigkeitsgrad der Koordination von Kostenplanung und anderen betrieblichen Teilplänen bei Durchführung der Engpaßplanung wird wesentlich durch die Art der Absatzstruktur, die Art der Leistungswiederholung und die Art der Fertigungsorganisation beeinflußt. In Betrieben, die standardisierte Produkte in Massen-, Großserien- und Sortenfertigung für den anonymen Markt produzieren, liegt häufig für die gesamte Planungsperiode eine nach Erzeugnisarten gegliederte Absatzmengenplanung vor, aus der sich aufgrund des vorgegebenen Produktaufbaus relativ einfach die Planbezugsgrößen anhand technischer Unterlagen wie Rezepturen, Stücklisten und Arbeitsplänen ableiten lassen.[196] Ist die Fertigung dieser Betriebe weiterhin nach dem Fließprinzip organisiert, treten wegen der beschäftigungsbezogenen Verbundenheit und der kapazitativen Abstimmung der einzelnen Fertigungsstufen kurzfristig keine wechselnden Engpässe im Fertigungsbereich auf. Liegt der Engpaßsektor in einer bestimmten Kostenstelle des Fertigungsbereichs, bestimmt dieser Engpaß für die gesamte Planungsperiode die Höhe der Planbezugsgrößen aller anderen Kostenstellen, sofern für die Dauer der Planungsperiode keine Kapazitätserhöhung zum Abbau dieses Engpasses vorgesehen ist. Für die Planbezugsgrößenbestimmung nach Engpaßplanung sind unter den genannten betrieblichen Bedingungen keine besonderen Probleme hinsichtlich der Einbindung der Bezugsgrößen- und Kostenplanung in die betriebliche Gesamtplanung zu erwarten, so daß sich für diese Betriebe die Durchführung der Engpaßplanung empfiehlt.

Für Betriebe mit Auftrags-, Einzel- und Kleinserienfertigung können sich hingegen größere Schwierigkeiten bei der Abstimmung von Absatz- und Bezugsgrößenplanung ergeben, da hier oftmals nur sehr vage Voraussagen über das Produktionsprogramm der Planungsperiode möglich sind. Während bei langfristiger Auftragsfertigung die Absatzmenge der Planungsperiode aufgrund des zum Zeitpunkt der Planung vorliegenden Auftragsbestands relativ gut vorhersehbar ist, liegen bei kurzfristiger Auftragsfertigung in der Regel nur für die nahe Zukunft der Planungsperiode konkrete Aufträge vor, während für die restliche Planungsperiode nur vage Vorstellungen über das Produktionsprogramm bestehen. Eine Abstimmung der Bezugsgrößenplanung mit der Absatz- und Produktionsprogrammplanung ist daher auf die Anwendung von Näherungsverfahren angewiesen, bei denen ausgehend von der Durchschnittsbeschäftigung vergangener Perioden durch Zu- oder Abschläge die erwartete Absatz- und Beschäftigungssituation bestimmt wird.[197] Weiterhin ist die Auftragsfertigung in Verbindung mit Einzel- und

---

[196] Vgl. *Kilger*, Flexible Plankostenrechnung, S. 337.

[197] Vgl. *Kilger*, Flexible Plankostenrechnung, S. 338. Dieser Form der Absatz- und Bezugsgrößenplanung, bei der die Beschäftigung vergangener Perioden in die Zukunft projiziert

Kleinserienfertigung in der Regel dadurch gekennzeichnet, daß der Aufbau der zukünftig zu erstellenden Leistungen von Auftrag zu Auftrag wechselt und häufig erst unmittelbar vor Fertigungsbeginn endgültig durch den Kunden vorgegeben wird. Eine Abstimmung der Absatz-, Produktions- und Bezugsgrößenplanung ist in diesen Betrieben daher sehr schwierig und häufig unmöglich.[198] Diese Koordinationsprobleme werden noch durch die Organisation der Fertigung in Werkstätten verstärkt, die durch die laufende qualitative und quantitative Änderung der zu erstellenden Leistungen während der Planungsperiode starke und nicht durch Lagerauf- oder Lagerabbau ausgleichbare Beschäftigungsschwankungen erfahren. Werden durch diese kostenstellenindividuellen Beschäftigungsschwankungen während der Planungsperiode wechselnde Engpässe im Fertigungsbereich ausgelöst, können diese Engpässe auch im Rahmen der Engpaßplanung praktisch nicht sämtlich berücksichtigt werden, da dies eine detaillierte Produktionsplanung voraussetzt, die aufgrund der Unbestimmtheit des Produktionsprogramms nicht für die gesamte Planungsperiode durchgeführt werden kann.[199] Für Betriebe mit kurzfristiger Einzel- und Kleinserienfertigung, die ihre Erzeugnisse in Werkstätten auf Bestellung produzieren, kann es aufgrund der bei Engpaßplanung entstehenden Probleme der Planungskoordination zweckmäßig sein, auf die Kapazitätsplanung als Verfahren der Planbezugsgrößenbestimmung zurückzugreifen, um überhaupt einen nachvollziehbaren Anhaltspunkt für die Planbeschäftigung des Betriebes und seiner Kostenstellen zu erhalten und die betriebliche Gesamtplanung insgesamt zu vereinfachen. Dabei sei nochmals auf die Gültigkeit der Linearitätsprämisse sowie auf das Vorliegen homogener Kostenverursachung als den Anwendungsbedingungen der Kapazitätsplanung in der Grenzplankostenrechnung hingewiesen.

Wie die vorangehenden Ausführungen zeigen, kann die Entscheidung über die Vorteilhaftigkeit der Engpaß- oder der Kapazitätsplanung in der

---

wird, liegt die Projektion als Form der Voraussage zugrunde. Insbesondere bei Betrieben mit kurzfristiger Auftrags- und Einzelfertigung, die ein relativ breites und grob definiertes Produktsortiment aufweisen, ist die Übertragbarkeit der Vergangenheitsverhältnisse auf die Zukunft als Anwendungsbedingung der Projektion häufig nur unzureichend erfüllt. Zur Bedeutung der Projektion für die Planung und zur kritischen Beurteilung dieser Vorgehensweise vgl. *Beste*, Planung in der Unternehmung, S. 84 ff.; *Bergner*, Zur betrieblichen Planung, S. 53.

[198] Vgl. *Beste*, Th.: Die Produktionsplanung, in: ZfhF, 32. Jg. 1938, S. 346; *Kilger*, Flexible Plankostenrechnung, S. 338.

[199] Zu dieser Problematik vgl. *Beste*, Produktionsplanung, S. 345 ff.

Grenzplankostenrechnung nicht betriebsübergreifend getroffen werden, sondern bedarf der Berücksichtigung der individuellen Situation des Betriebes. Dabei ist die Engpaßplanung der Kapazitätsplanung grundsätzlich vorzuziehen, da sie die Integration der Kostenplanung in die Gesamtplanung des Betriebes begünstigt. Vor allem in Betrieben mit Massen-, Großserien- und Sortenfertigung, die standardisierte Erzeugnisse nach dem Prinzip der Fließfertigung für den anonymen Markt produzieren, sowie in Betrieben mit intensitätsmäßigen Anpassungsprozessen und Kostenstellen mit heterogener Kostenverursachung sind gute Voraussetzungen für die Anwendung der Engpaßplanung gegeben. Die mit der Engpaßplanung verbundenen Schwierigkeiten der Planungskoordination, die besonders in Betrieben mit Auftrags-, Einzel- und Kleinserienfertigung sowie Werkstattfertigung in Erscheinung treten, können indessen die Anwendung der Kapazitätsplanung zweckmäßig werden lassen.

2. Bei der Kostenplanung festzulegende Gestaltungsmerkmale

Die Kostenplanung bildet den Schwerpunkt der planungsperiodisch wiederkehrenden Ablaufschritte der Grenzplankostenrechnung. Entsprechend der Zusammensetzung der Kosten aus einem Preis- und einem Mengengerüst werden die in Verbindung mit der Kostenplanung festzulegenden Gestaltungsmerkmale sowie die dabei zu berücksichtigenden betriebsspezifischen Besonderheiten im folgenden getrennt nach Preis- und Mengenplanung erörtert.

a) Preisplanung

Den Planpreisen für Produktionsfaktoren kommen in der Grenzplankostenrechnung grundsätzlich zwei Funktionen zu. Zum einen sollen sie die Integration der Grenzplankostenrechnung in die Gesamtplanung und die Unterstützung betrieblicher Entscheidungen durch einen auf die Planungsperiode bezogenen zukunftsgerichteten Ansatz fördern. Zum anderen sollen sie als feste Verrechnungspreise eine von Preiseinflüssen befreite Kostenkontrolle gewährleisten.[200] Um diese Doppelfunktion erfüllen zu können, ist für die Planpreise ein System fester Verrechnungspreise aufzubauen, das aufgrund des Planansatzes der Verrechnungspreise im folgenden als Plan-

[200] Zu diesen beiden Funktionen der Planpreise vgl. *Kilger*, Flexible Plankostenrechnung, S. 203 sowie bereits *Beste*, Verrechnungspreise, S. 2 ff.; *Beste*, Planung in der Unternehmung, S. 94.

preissystem bezeichnet wird. Das generelle Wesen der Preisplanung sowie der Einfluß betriebsspezifischer Gegebenheiten auf die Art der Preisplanung wird wesentlich durch die Herkunft der zu planenden Kostenart geprägt. Die folgenden Ausführungen zur Preisplanung erfolgen daher getrennt nach primären und sekundären Kostenarten.

aa) Preisplanung primärer Kostenarten

Beim Aufbau eines Planpreissystems für primäre Kostenarten treten Fragestellungen auf, bei deren Beantwortung einige Gestaltungsmerkmale der Grenzplankostenrechnung festzulegen sind. Vor der Ermittlung der Planpreishöhe ist beispielsweise zu entscheiden, welche Verfahren der Preisplanung zur Anwendung kommen sollen[201] und welche Preisbestandteile in die Planpreise einzubeziehen sind.[202] Die Festlegung dieser Gestaltungsmerkmale wird in erster Linie durch die Art des zu planenden Produktionsfaktors sowie die Qualität der von der Beschaffungsmarktforschung zur Verfügung gestellten Informationsgrundlage und weniger durch Einflüsse bestimmt, die auf betriebsspezifische Gegebenheiten zurückgeführt werden können. Beim Aufbau des Planpreissystems sind weiterhin der Umfang der einzubeziehenden Kostenarten sowie die Geltungsdauer der Planpreise festzulegen.[203] Im Unterschied zu den Planungsverfahren und den einzubeziehenden Preisbestandteilen wird die Disposition über diese beiden Gestaltungsmerkmale wesentlich durch betriebsspezifische Besonderheiten des Betriebes beeinflußt. Die folgenden Ausführungen beschäftigen sich daher ausschließlich mit der betriebsspezifischen Ausgestaltung dieser Merkmale.

(1) Umfang der in das Planpreissystem einzubeziehenden Produktionsfaktoren

Um die Kostenkontrolle von störenden Preiseinflüssen der Produktionsfaktoren freizuhalten, sind grundsätzlich alle von außen bezogenen Produktionsfaktoren in das Planpreissystem einzubeziehen. In Abweichung von diesem Grundsatz können aus Wirtschaftlichkeitsgründen nur jene Produktionsfaktoren in das Planpreissystem aufgenommen werden, die regelmäßig

---

[201] Zu den Verfahren der Preisplanung vgl. *Kilger*, Flexible Plankostenrechnung, S. 218 ff.

[202] Zur Frage der einzubeziehenden Preisbestandteile vgl. *Arbeitskreis Diercks der Schmalenbach-Gesellschaft*, S. 626 ff.; *Kilger*, Flexible Plankostenrechnung, S. 204 f. u. S. 209 ff.; *Vormbaum/Rautenberg*, S. 123 ff.

[203] Vgl. *Kilger*, Flexible Plankostenrechnung, S. 203 ff.; *Vormbaum/Rautenberg*, S. 120; *Haberstock*, Kostenrechnung II, S. 196.

im Betrieb eingesetzt werden, während unregelmäßig und nur gelegentlich zum Einsatz kommende Produktionsfaktoren aus dem Planpreissystem auszuschließen sind.[204] Der Anteil regelmäßig auftretender Produktionsfaktoren ist in Betrieben mit standardisierten Produkten besonders hoch. Damit können vor allem Betriebe mit Massen-, Großserien- und Sortenfertigung, aber auch Betriebe mit Einzelfertigung, die individuelle Erzeugnisse im Baukastenprinzip erstellen, ein umfangreiches Planpreissystem aufbauen, das für einen großen Teil der Faktorarten eine von Preiseinflüssen befreite Kostenkontrolle gewährleistet. In Betrieben mit Einzel- und Kleinserienfertigung, die über ein breites und nur durch das Fertigungsverfahren bestimmtes Produktsortiment verfügen und bei denen der Erzeugnisaufbau weitgehend durch spezielle Kundenwünsche bestimmt wird, kommen viele Produktionsfaktoren wie Rohstoffe, Hilfsstoffe, Fertigteile und Spezialwerkzeuge sehr unregelmäßig und häufig auch einmalig zum Einsatz. Diese Betriebe werden daher nur wenige Kostenarten wie z.B. Personalkosten und Betriebsstoffe in das Planpreissystem aufnehmen können.

Weiterhin können in das Planpreissystem nur solche Kostenarten aufgenommen werden, die ein eindeutig definiertes Mengengerüst aufweisen. Bei Kostenarten wie Dienstleistungen oder kalkulatorischen Wagniskosten muß auf eine Trennung der Kostenplanung in Preis- und Mengenplanung verzichtet werden. Sie werden unmittelbar als Wertgröße für die Planungsperiode vorgegeben und erscheinen damit nicht im Planpreissystem der Grenzplankostenrechnung.[205] Für die Kostenkontrolle ergibt sich bei diesen Kostenarten die Besonderheit, daß den Plan- oder Sollkosten keine Istkosten im Sinne der Plankostenrechnung sondern Istkosten im Sinne der Istkostenrechnung gegenübergestellt werden. Auftretende Abweichungen können damit nicht in Mengen- und Preisabweichungen aufgespalten werden, so daß eine auf den Kostenstellenleiter als Kostenverantwortlichen gerichtete Kostenkontrolle für diese Produktionsfaktoren und Kostenarten wenig aussagefähig ist.[206] Die fehlende Trennbarkeit von Preis- und Mengengerüst ist primär auf die Unteilbarkeit des Produktionsfaktors zurückzuführen. Die Problematik der fehlenden Aufnahmemöglichkeit eines Produktionsfaktors in das Planpreissystem und des zwangsweisen Rückgriffs auf eine rein wertmäßige Planung stellt sich damit vor allem in fixkostenintensiven Betrieben.

In der Literatur wird gelegentlich mit dem Hinweis auf das Wirtschaftlichkeitsprinzip gefordert, Kostenarten, die nur eine geringe Kostenhöhe

---

[204] Vgl. *Mellerowicz*, Plankostenrechnung, Bd. II, S. 85; *Kilger*, Flexible Plankostenrechnung, S. 213.

[205] Vgl. *Mellerowicz*, Plankostenrechnung, Bd. II, S. 85.

[206] Vgl. *Kilger*, Flexible Plankostenrechnung, S. 213; *Haberstock*, Kostenrechnung II, S. 202.

aufweisen und deren Preisabweichungen die Aussagefähigkeit der Kostenkontrolle daher nur wenig beeinträchtigen, aus dem Planpreissystem auszuschließen. Als Alternative zur Preisplanung wird für diese Kostenarten vorgeschlagen, Wertgrößen ohne ausdrückliche Differenzierung nach Menge und Preis zu planen und diesen Plan- oder daraus abgeleiteten Sollkosten in der Kostenkontrolle die Istkosten im Sinne der Istkostenrechnung gegenüberzustellen.[207] Eine abrechnungsperiodisch vorzunehmende Istpreisbewertung dieser Kostenarten, zu denen etwa Kleinmaterialien wie Nägel, Schrauben und Reinigungsmittel zählen, ist allerdings als unzweckmäßig anzusehen, da diese im Vergleich zur planungsperiodischen Preisplanung keineswegs zu einer Vereinfachung der Abrechnung führt und zudem den Einfluß von Preisabweichungen in die Kostenkontrolle trägt.[208] Die Aufnahme aller Kostenarten mit differenzierbarem Preis- und Mengengerüst in das Planpreissystem führt vor allem bei Betrieben mit synthetischer Fertigung zu einem umfangreichen und stark differenzierten Kostenartenplan. Um diesen nicht zu weit auszudehnen und unübersichtlich werden zu lassen, sind vor allem Hilfsstoffe und geringwertige Fertigteile zu Materialgruppen zusammenzufassen, wobei neben der Art des Einsatzfaktors die Höhe des Preises je Mengeneinheit als Kriterium zur Gruppenbildung heranzuziehen ist. Für diese Preisgruppen können in der Folge geplante Durchschnittspreise angesetzt werden, wodurch die Preisplanung vereinfacht wird, ohne daß sich Preisabweichungen in der Kostenkontrolle ergeben.

(2) Geltungsdauer der Planpreise

Neben dem Umfang der in das Planpreissystem einzubeziehenden Produktionsfaktoren ist die Gültigkeitsdauer der Planpreise festzulegen. Die Planpreise sollten grundsätzlich für die Dauer der Planungsperiode unverändert beibehalten werden, damit die in den einzelnen Abrechnungsperioden entstehenden Verbrauchsabweichungen hinsichtlich ihrer Höhe und Bedeutung für die Wirtschaftlichkeit des Betriebes vergleichbar sind.[209] Um störende Preisabweichungen von der Kostenkontrolle fernzuhalten, ist in jedem Fall dafür zu sorgen, daß innerhalb einer Abrechnungsperiode keine Planpreisanpassungen für die laufende Abrechnung vorgenommen werden. Weisen die Produktionsfaktoren keine oder nur vernachlässigbar geringe Preisschwankungen im Laufe der Planungsperiode auf, können die durch-

---

[207] Vgl. *Haberstock*, Kostenrechnung II, S. 202.

[208] Vgl. *Kilger*, Flexible Plankostenrechnung, S. 213.

[209] Vgl. *Mellerowicz*, Plankostenrechnung, S. 86; *Vormbaum/Rautenberg*, S. 121.

schnittlich während der Planungsperiode erwarteten Preise angesetzt und den für dispositive Aufgaben relevanten Plankosten zugrunde gelegt werden.

Treten stärkere Preisschwankungen auf, kann es zur Unterstützung kurzfristiger dispositiver Entscheidungen mitunter erforderlich sein, die Planpreise an aktuelle Preisentwicklungen anzupassen, um die für kurzfristige Entscheidungen relevanten Kosteninformationen bereitstellen zu können. Für Betriebe, bei denen nur gelegentlich kurzfristige Entscheidungen mit Unterstützung durch Kosteninformationen zu treffen sind, wie dies in Betrieben mit standardisierter Massen-, Großserien und Sortenfertigung häufig der Fall ist, bietet es sich an, die planungsperiodischen Planpreise für die laufende Abrechnung beizubehalten und für die Unterstützung dispositiver Aufgaben Preisanpassungen im Rahmen von Sonderrechnungen vorzunehmen. Sind kurzfristige dispositive Entscheidungen sehr oft durch relevante Plankosteninformationen zu unterstützen, wie etwa in Betrieben mit kurzfristiger Auftrags-, Einzel- und Kleinserienfertigung, kann eine ständige Preisanpassung in Sonderrechnungen unwirtschaftlich werden. In diesem Fall empfiehlt sich eine zeitlich differenzierte Preisplanung in der Grundrechnung, indem parallel zu den gesamtplanungsperiodischen Durchschnittsplanpreisen, die weiterhin für die laufende Kostenabrechnung und für die Kostenkontrolle Verwendung finden, zusätzliche Planpreise für kürzere (Teil-)Planungsperioden ermittelt werden. Um eine ausreichende Aktualität dieser Preise zu gewährleisten, werden sie jeweils kurz vor Beginn der betreffenden kurzfristigen Planungsperiode geplant. Durch die Verrechnung der sich zwischen den gesamtplanungsperiodischen und den kurzfristigen Planpreisen ergebenden Preisabweichungen auf die Plankalkulationen wird eine Anpassung an das erwartete Preisniveau der Kurzperiode erreicht.[210] Voraussetzung für diese als zeitlich differenzierte Preisplanung[211] bezeichnete Vorgehensweise ist der Ausbau der Grenzplankostenrechnung zu einer Primärkostenrechnung, die durch die Anwendung nach primären Kostenarten differenzierter Kostenstellenverrechnungssätze eine kostenartenbezogene Gliederung der Herstell- und Selbstkosten der Erzeugnisse und damit eine einfache und flexible Berücksichtigung von Preisänderungen bei einzelnen Produktionsfaktoren ermöglicht.[212]

Das Verfahren der zeitlich differenzierten Preisplanung ist weiterhin für Betriebe zweckmäßig, die eine an der aktuellen einstandspreisabhängigen Kostenentwicklung orientierte Absatzpreispolitik betreiben. Hierzu zählen vor allem naturnahe Betriebe mit analytischer Fertigung, die häufig sehr

---

210 Vgl. *Kilger*, Flexible Plankostenrechnung, S. 217.

211 Vgl. *Kilger*, Flexible Plankostenrechnung, S. 217.

212 Vgl. *Müller*, H., Entwicklungstendenzen, S. 79 ff.; *Kilger*, Flexible Plankostenrechnung, S. 99.

starken Preisschwankungen bei den aufzuschließenden Rohstoffen ausgesetzt sind und diese Preisentwicklungen unmittelbar auf die Absatzpreise übertragen müssen, da die Rohstoffe in der Regel nicht substituiert werden können und die Rohstoffkosten einen großen Anteil an den Selbstkosten der Erzeugnisse aufweisen. Treten die Preisänderungen der Produktionsfaktoren im Laufe der Planungsperiode nicht häufig und in kleinen Schritten, sondern nur gelegentlich und in größeren Stufen auf, z.B. weil die angebotenen Rohstoffmengen und damit der Rohstoffpreis saisonalen Einflüssen unterliegen, kann es neben der differenzierten Preisplanung zweckmäßig sein, Planpreisrevisionen für die laufende Abrechnung vorzunehmen oder die Planungsperiode von vornherein entsprechend zu verkürzen.

bb) Preisplanung sekundärer Kostenarten

In der Grenzplankostenrechnung sind neben den primären Kostenarten auch die sekundären Kostenarten zu planen. Die für diese Kostenarten anzusetzenden Planpreise sind mittels einer innerbetrieblichen Planleistungsverrechnung zu bestimmen, bei der nur proportionale Plankosten verrechnet werden. Die Planpreise der sekundären Kostenarten entsprechen damit den proportionalen Plankostenverrechnungssätzen der leistungsabgebenden Kostenstellen.[213] Dabei können je nach Art der betrieblichen Leistungsverflechtungen unterschiedliche Verfahren der innerbetrieblichen Leistungsverrechnung zur Anwendung kommen. In Betrieben mit wechselseitigen Leistungsbeziehungen kann eine exakte Abbildung der Beziehungen nur simultan mittels eines linearen Gleichungssystems gelingen, während bei einseitigen Leistungsbeziehungen die Anwendung eines Sukzessivverfahrens ausreichend ist.[214] In Abhängigkeit von der Anzahl der am innerbetrieblichen Leistungsaustausch beteiligten Kostenstellen, der Höhe innerbetrieblicher Leistungen und dem Grad der Verflochtenheit innerbetrieblicher Leistungsströme ist der Durchführung der innerbetrieblichen Planleistungsverrechnung zum Zwecke der Planpreisermittlung für sekundäre Kostenarten eine betriebsindividuelle Bedeutung beizumessen. Ein Zusammenhang zwischen den genannten Einflußfaktoren und den dieser Untersuchung zugrundeliegenden urbildbedingten Einflußfaktoren ist indessen kaum möglich, da die Existenz innerbetrieblicher Leistungsströme auf unternehmenspolitische

---

213 Vgl. *Bergner*, Leistungsverrechnung, Sp. 2492; *Kilger*, Flexible Plankostenrechnung, S. 437.

214 Zu den Verfahren der innerbetrieblichen Leistungsverrechnung vgl. *Kosiol*, Kalkulation, S. 124 ff.; *Mellerowicz*, Kostenrechnung, Bd. II, Erster Teil, S. 484 ff.; *Bergner*, Leistungsverrechnung, Sp. 2493 f.

Entscheidungen über Eigenerstellung oder Fremdbezug von Produktionsfaktoren zurückzuführen ist, die überwiegend unabhängig von betrieblichen Besonderheiten der Endleistungen und ihrer Erstellung getroffen werden. Auf eine ausführliche Betrachtung der innerbetrieblichen Leistungsverrechnung unter Berücksichtigung betriebsspezifischer Besonderheiten wird daher verzichtet, zumal der Diskussion über die Vorteilhaftigkeit der zur Auswahl stehenden Verfahren kaum noch Bedeutung zukommt, da beim Einsatz moderner Kostenrechnungssoftware und leistungsfähiger Datenverarbeitungsverfahren der Anwendung simultaner Verfahren praktisch keine Grenzen mehr gesetzt sind.[215]

b) Mengenplanung

In einem zweiten Schritt der Kostenplanung sind die Verbrauchsmengen - bei Kostenarten ohne Trennung in Preis- und Mengengerüst die Verbrauchswerte - der zur Erreichung der Planbezugsgrößen einzusetzenden Produktionsfaktoren zu planen. Diese Mengenplanung kann bei den primären Kostenarten zeitlich unabhängig von der Preisplanung erfolgen. Wird die Planbezugsgrößenermittlung bei den Hilfskostenstellen anhand der Engpaßplanung durchgeführt, ist die Mengenplanung der sekundären Kostenarten in den Hauptkostenstellen vor der Preisplanung dieser Kostenarten vorzunehmen, da die Planpreise im Rahmen einer innerbetrieblichen Planleistungsrechnung zu ermitteln sind und hierzu die geplanten innerbetrieblichen Leistungsströme hinsichtlich ihrer quantitativen Ausprägungen bekannt sein müssen. Außer der genannten zeitlichen Besonderheit ist es für die Durchführung der Mengenplanung unerheblich, ob es sich bei der zu planenden Kostenart um primäre oder sekundäre Kosten handelt, so daß im weiteren auf eine entsprechende Differenzierung verzichtet werden kann.

Im Rahmen der Verbrauchsmengenplanung werden zunächst Standardmengen ermittelt, die dem Verbrauch an Produktionsfaktoren je Bezugsgrößeneinheit bei einem normierten Wirtschaftlichkeitsgrad entsprechen.[216] Auf der Grundlage dieser Verbrauchsstandards werden anschließend durch

---

[215] Vgl. *Kilger*, Flexible Plankostenrechnung, S. 439.

[216] Diesem normierten Wirtschaftlichkeitsgrad liegt in der Regel der günstigstenfalls erreichbare Verbrauch zugrunde. Daneben können in den Standardverbrauchsmengen auch ein unter normalen Bedingungen einzuhaltender oder ein in der Vergangenheit durchschnittlich beobachteter Verbrauch zum Ausdruck kommen. Vgl. *Käfer*, S. 91 ff. Die Standardzeiten der Arbeitskosten werden z.B. auf der Grundlage eines normalen Leistungsgrades der Arbeiter ermittelt, wenn die Standardzeiten auch zur Entgeltbestimmung herangezogen werden. Vgl. hierzu *Pfeiffer/Dörrie/Stoll*, S. 205 f.; *Käfer*, S. 166 ff.

die Berücksichtigung der Planbezugsgrößenhöhe und des geplanten Anspannungsgrades die Planverbrauchsmengen bestimmt, die den zur Planleistungserstellung angestrebten Produktionsfaktorverzehr repräsentieren.[217] Bei der Gestaltung der Grenzplankostenrechnung im Bereich der planungsperiodisch wiederkehrenden Verbrauchsmengenplanung kommt damit der Wahl der Planungsmethode zur Bestimmung der Verbrauchsstandards sowie der Festlegung des Anspannungsgrades eine besondere Bedeutung zu. Inwiefern betriebsspezifische Besonderheiten bei der zweckmäßigen Festlegung dieser Gestaltungsmerkmale der Grenzplankostenrechnung zu beachten sind, und welche Auswirkungen sich dadurch auf das Wesen der Grenzplankostenrechnung ergeben, soll im folgenden erörtert werden.

aa) Wahl der Planungsmethode

Die Methoden der Verbrauchsmengenplanung, die der in der Literatur üblichen Terminologie folgend vereinfacht als Methoden der Kostenplanung bezeichnet werden, erfahren in Theorie und Praxis eine uneinheitliche begriffliche Darstellung, so daß zunächst ihre Systematisierung notwendig erscheint. Die anschließende Darstellung der Planungsmethoden unter Berücksichtigung betriebsspezifischer Besonderheiten erfolgt getrennt nach Einzel- und Gemeinkosten, da sich hinsichtlich dieser Kostenkategorien wesentliche Unterschiede in der Anwendung der Planungsmethoden ergeben.

(1) Methoden der Kostenplanung und ihre Systematisierung

Für die Planung der zur Erreichung der Planbezugsgrößen erforderlichen Einsatzfaktormengen stehen verschiedene Methoden zur Verfügung, die in der betrieblichen Praxis entwickelt wurden. Hierzu zählen technische Studien und Berechnungen auf der Basis von Fertigungsunterlagen, Planung aufgrund von Probeläufen und Musteranfertigungen, Schätzungen, statistische Auswertungen der Istkosten sowie die Planung aufgrund externer Richtzahlen.[218]

---

[217] Vgl. hierzu *Mellerowicz*, Plankostenrechnung, Bd. II, S. 113; *Kosiol*, Standardkostenrechnung, S. 24.

[218] Vgl. *Mellerowicz*, Plankostenrechnung, Bd. II, S. 113 ff.; *Vormbaum/Rautenberg*, S. 128 ff.; *Haberstock*, Kostenrechnung II, S. 204 ff.

Diese Methoden werden in der Literatur häufig in zwei Gruppen eingeteilt:[219] Bei den als analytisch[220] oder statistisch[221] bezeichneten Methoden der ersten Gruppe werden die Plankosten aus den Istkosten der Vergangenheit durch die Anwendung statistischer Auswertungsverfahren abgeleitet. Hierzu werden die Istkosten je Kostenart sowie die Istbezugsgrößen einer ausreichend großen Zahl vergangener Abrechnungsperioden erfaßt, nach bestimmten Gesichtspunkten bereinigt und mit Hilfe statistischer Verfahren die Sollkostenfunktionen der betreffenden Kostenart ermittelt. Sodann können durch Einsetzen der Planbezugsgrößen in die Sollkostenfunktionen die Plankostenwerte der zukünftigen Periode festgestellt werden.[222] Dieser Vorgehensweise liegt die Voraussageform der Projektion zugrunde, da Erfolgswerte der Vergangenheit unter der stillschweigend und häufig unbewußt unterstellten Annahme konstanter Randbedingungsausprägungen auf die Planungsperiode übertragen werden.[223] Gegen die Anwendung der statistischen Verfahren ist einzuwenden, daß durch die Ableitung der Planverbrauchsmengen aus den Istkosten der Vergangenheit der in den Istwerten in der Regel enthaltene, auf Unwirtschaftlichkeiten zurückführbare Mehrverbrauch in die Planvorgaben übertragen wird[224] und somit eine Aufgabe der Grenzplankostenrechnung, die Kostenkontrolle anhand dem Wirtschaftlichkeitsprinzip genügender Sollvorgaben vorzunehmen, nicht hinreichend erfüllt werden kann. Weiterhin ergibt sich aus der projizierenden Vorgehensweise der statistischen Verfahren die Kritik, daß bei der Übertragung der Vergangenheitswerte auf die Planungsperiode unterstellt wird, daß die Verhältnisse der Zukunft den Verhältnissen, die zur Entstehung der zugrundegelegten Istwerten geführt haben, entsprechen, was häufig nicht der Fall ist. Trotz dieser berechtigten Einwände sind die statistischen Ver-

---

[219] Die nachfolgend darzustellende Systematisierung wird in der Literatur zum Teil nur auf die Gemeinkostenplanung bezogen (vgl. etwa *Kilger*, Flexible Plankostenrechnung, S. 341 ff.; *Haberstock*, Kostenrechnung II, S. 226 ff.), teilweise aber auch für die Kostenplanung allgemein angewandt (vgl. z.B. *Vormbaum/Rautenberg*, S. 128). Die einschränkende Anwendung dieser Systematisierung auf die Gemeinkostenplanung ist inhaltlich nicht nachvollziehbar, sondern kann in erster Linie dadurch erklärt werden, daß die Planung und Kontrolle der Gemeinkosten im Mittelpunkt kostenrechnungstheoretischer Untersuchungen stehen und die Auseinandersetzung mit der Problematik der Einzelkosten häufig vernachlässigt wird. Zum Stellenwert der Gemeinkostenbehandlung in der Literatur vgl. *Kilger*, Flexible Plankostenrechnung, S. 231; *Käfer*, S. 130.

[220] Vgl. *Schwantag*, K.: Der heutige Stand der Plankostenrechnung in deutschen Unternehmungen, in: ZfB, 20. Jg. 1950, S. 395; *Haberstock*, Kostenrechnung II, S. 226.

[221] Vgl. etwa *Kilger*, Flexible Plankostenrechnung, S. 341; *Vormbaum/Rautenberg*, S. 128; *Haberstock*, Kostenrechnung II, S. 226.

[222] Vgl. *Kilger*, Flexible Plankostenrechnung, S. 341 ff.; *Schwantag*, S. 395.

[223] Vgl. *Bergner*, Zur betrieblichen Planung, S. 53.

[224] Vgl. *Kilger*, Flexible Plankostenrechnung, S. 347; *Vormbaum/Rautenberg*, S. 128.

fahren als Planungsverfahren zu bezeichnen, da sie sich der Projektion als Form der Voraussage bedienen und durch ihre gezielte Anwendung zur Ermittlung des planmäßigen Verbrauchs in der Planungsperiode dem auf die Gestaltung der Zukunft gerichteten Charakter der Planung gerecht werden. Es ist damit der Auffassung von *Vormbaum/Rautenberg* zu widersprechen, die die statistischen Verfahren nicht als "echte" Planungsverfahren ansehen, indem sie den statistischen Verfahren planerische Verfahren gegenüberstellen.[225]

Bei den als synthetisch,[226] analytisch[227] oder planerisch[228] bezeichneten Planungsverfahren der zweiten Gruppe handelt es sich um Methoden, bei denen die Planverbrauchsmengen ohne Rückgriff auf die Istkosten vergangener Abrechnungsperioden ermittelt werden, um zu Vorgabewerten zu gelangen, die frei von Unwirtschaftlichkeiten und Zufälligkeiten der Vergangenheit sind und damit als absolute Wirtschaftlichkeitsmaßstäbe für die Kostenkontrolle eingesetzt werden können.[229]

Gegen die genannte Systematisierung von Planungsverfahren spricht die uneinheitliche Bezeichnung ihrer Klassen in der Literatur. Dies kommt insbesondere in der Verwendung des Terminus "analytisch" sowohl für die eine als auch für die andere Methodengruppe zum Ausdruck, was primär damit zu begründen ist, daß "jede Methode der Plankostenbestimmung ... von einer Analyse von Fakten und Zusammenhängen ... (ausgeht und; A.d.V.) zu einer Synthese der Plankosten"[230] führt. Des weiteren ist kritisch anzumerken, daß die oben genannten Einzelmethoden der Kostenplanung nicht in jedem Fall eindeutig den statistischen oder den synthetischen Verfahren zugeordnet werden können. Beispielsweise handelt es sich bei Schätzungen in der Regel weder um eine statistische Auswertung von Istkosten der Vergangenheit noch um ein Planungsverfahren, bei dem auf der Grundlage kostenwirtschaftlicher Analysen von Unwirtschaftlichkeiten der Vergangenheit befreite Verbrauchsmengen ermittelt werden können.

Es ist daher zweckmäßig, zur Systematisierung der Kostenplanungsmethoden ein Kriterium zu wählen, das zu eindeutig bestimmten Methodenklassen führt und eine eindeutige und vollständige Zuordenbarkeit bestehender und zukünftiger Einzelverfahren der Kostenplanung ermög-

---

[225] Vgl. *Vormbaum/Rautenberg*, S. 128.

[226] Vgl. *Schwantag*, S. 395; *Haberstock*, Kostenrechnung II, S. 226.

[227] Vgl. *Plaut*, Entwicklungsformen, S. 20 ff.; *Kilger*, Flexible Plankostenrechnung, S. 348 ff.; *Gans*, S. 209 ff.

[228] Vgl. *Vormbaum/Rautenberg*, S. 128.

[229] Vgl. *Plaut*, Entwicklungsformen, S. 21; *Gans*, S. 211.

[230] *Mellerowicz*, Plankostenrechnung, Bd. II, S. 113.

licht. Als Systematisierungskriterium, das diesen Anforderungen gerecht wird, eignet sich insbesondere die Art der der Planung zugrundeliegenden Voraussageform, wonach sich projizierende und prognostizierende Planungsverfahren unterscheiden lassen.[231] Wie Abbildung 21 im Überblick zeigt, ist zu den projizierenden Verfahren beispielsweise die statistische Auswertung von Istkosten zu zählen. Weiter stellen auch die Schätzung sowie die Verwendung betriebsexterner Richtzahlen projizierende Planungsverfahren dar, da bei ihnen eine häufig unbewußte Projektion betriebsinterner Erfahrungen auf die zukünftigen Betriebsverhältnisse bzw. eine Übertragung betriebsexterner Verhältnisse auf die internen Gegebenheiten des Betriebes erfolgt, ohne daß eine Erforschung der die Kosten verursachenden und die Höhe der Kosten bestimmenden Kräfte vorgenommen wird.

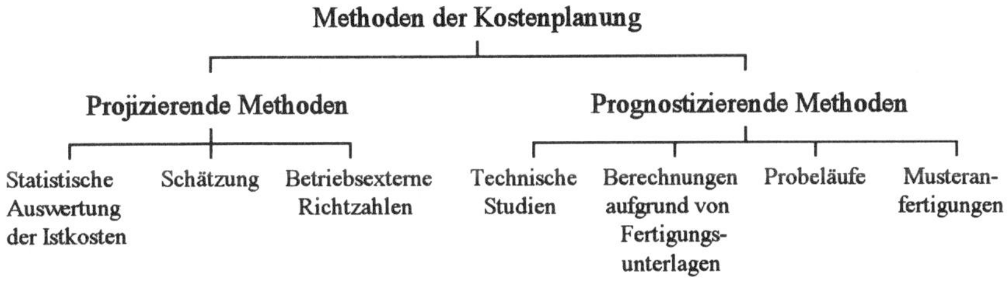

Abbildung 21: Methoden der Kostenplanung

Im Unterschied zu den projizierenden Verfahren der Kostenplanung werden bei den prognostizierenden Methoden Gesetzes- oder ad-hoc-Hypothesen zugrunde gelegt, die aus einer eingehenden Beschäftigung mit dem zu planenden Gegenstand gewonnen werden und in der Erstellung von Kostenfunktionen, in denen die wichtigsten Kostenbestimmungsfaktoren Berücksichtigung finden, zum Ausdruck kommen. Einzelverfahren, die in diesem Sinne zu den prognostizierenden Methoden der Kostenplanung zählen, sind z.B. technische Studien, Berechnungen aufgrund von Fertigungsunterlagen sowie die Auswertung von Probeläufen und Musteranfertigungen.

---

[231] Die Prophetie als dritte Möglichkeit der Voraussage wird hier nicht als zweckmäßige Grundlage der Planung angesehen und daher aus der Betrachtung ausgeschlossen.

(2) *Verfahrenswahl bei Einzelkostenplanung*

Die Einzelkostenplanung erfolgt aufgrund der engen Zuordnungsbeziehungen zwischen Faktorverzehr und erstellter Leistung grundsätzlich kostenträgerweise. Im Mittelpunkt der Einzelkostenplanung steht die Ermittlung von Planverbrauchsmengen je Kostenträgereinheit, auf deren Grundlage unter Berücksichtigung des geplanten Produktionsprogramms und der Planpreise die Planeinzelkosten abgeleitet werden können.[232] Die bei der betriebsspezifischen Einzelkostenplanung zur Anwendung gelangenden Verfahren werden im folgenden getrennt nach Material-, Lohn- und Sondereinzelkosten diskutiert.

(a) Materialeinzelkosten

Die Planverbrauchsmengen der Materialeinzelkosten setzen sich grundsätzlich aus den Netto-Planmaterialeinzelmengen und den unvermeidbaren Mehrverbräuchen zusammen.[233]

Die Netto-Planmaterialeinzelmengen sind jene Verbrauchsmengen, "die bei planmäßiger Produktgestaltung, planmäßigen Materialeigenschaften und planmäßigem Fertigungsablauf effektiv in einer fertiggestellten Kostenträgereinheit enthalten sind."[234] Sie können in Betrieben mit mechanisch-synthetischer Fertigung häufig aus Stücklisten und Konstruktionsunterlagen und in Betrieben mit chemisch- oder biologisch-synthetischer Fertigung aus Rezepturen abgeleitet werden.

Bei analytischer Stoffverwertung treten dagegen keine Einzelkosten je Kuppelprodukt auf. Wird das Kuppelproduktbündel als Kostenträger aufgefaßt, können auch bei Kuppelproduktion Materialeinzelkosten geplant werden. Bei starrer Kuppelproduktion lassen sich die Nettoplanverbrauchsmengen wiederum unmittelbar aus dem Aufbau und der Zusammensetzung des einzusetzenden Materials ableiten. Bei elastischer Kuppelproduktion ist der Materialverbrauch in der Regel von der geplanten Zusammensetzung des Kuppelproduktbündels abhängig. Die Materialeinzelkosten der zur Erzielung des geplanten Kuppelproduktbündels erforderlichen Einsatzstoffe sind daher mittels technischer Studien, anhand von Erfahrungswerten durch

---

[232] Vgl. *Käfer*, S. 129; *Mellerowicz*, Plankostenrechnung, Bd. II, S. 126.

[233] Vgl. *Patterson*, F.-K.: Die Ermittlung der Planzahlen für die Plankostenrechnung, Wiesbaden 1961, S. 44; *Mellerowicz*, Plankostenrechnung, Bd. II, S. 171; *Kilger*, Flexible Plankostenrechnung, S. 234.

[234] *Kilger*, Flexible Plankostenrechnung, S. 234.

Schätzung und statistische Auswertung oder mittels externer Richtzahlen zu bestimmen.

In Betrieben mit durchlaufender Stoffverwertung sind bei der Materialeinzelkostenplanung das umzuformende oder umzuwandelnde Material einerseits sowie das zur Veredelung einzusetzende Material andererseits zu unterscheiden. Die Planverbrauchsmengen des umzuformenden oder umzuwandelnden Materials können unmittelbar aus der Planbeschäftigung abgeleitet werden, da diese mit den auszubringenden Erzeugnissen stofflich identisch sind. Erfolgt die durchlaufende Stoffverwertung in Form der Lohnveredelung, erübrigt sich eine Mengenplanung des zu veredelnden Materials, da dieses im Eigentum des Auftraggebers verbleibt. Das zur Veredelung einzusetzende Material kann ebenfalls als Einzelkosten verrechnet werden, wenn eine Einzelerfassung des Verbrauchs grundsätzlich möglich ist und entsprechende erfassungstechnische Vorkehrungen hierfür getroffen werden. In diesem Fall kommen insbesondere Probeläufe und statistische Auswertungen von Istverbrauchsmengen der Vergangenheit als Planungsmethoden in Frage. In der Regel wird die Einzelerfassung des zur Veredelung einzusetzenden Materials aber entweder unwirtschaftlich oder unmöglich sein, so daß ihre Planung und Verrechnung als Gemeinkosten zu erfolgen hat. Das zur Veredelung einzusetzende Material stellt beispielsweise dann echte Gemeinkosten dar, wenn die Veredelung in Form der Chargenfertigung durchgeführt wird und verschiedene Erzeugnisse im Rahmen eines Produktionsprozesses z.B. galvanisiert oder gefärbt werden.

In Betrieben mit Massen-, Sorten- und Großserienfertigung ist der Umfang des Produktsortiments und damit die Anzahl der zur Materialeinzelkostenplanung heranzuziehenden Fertigungsunterlagen stark begrenzt. Sind für diese Betriebe die Materialeinzelkosten neueinzuführender Produkte zu planen, für die noch keine unter großtechnischen Produktionsbedingungen bestätigte Fertigungsunterlagen vorliegen, kann es aufgrund der hohen Wiederholungsrate der Produktion zweckmäßig sein, Musteranfertigungen und Probeläufe zur Ermittlung des Nettomaterialverbrauchs durchzuführen. Aus den unter Laborbedingungen durchgeführten chemischen Experimenten können in der Regel nicht die Verbrauchsfunktionen der großtechnischen Produktion abgeleitet werden, da letztere dem Einfluß besonderer und häufig nicht vorhersehbarer Bedingungen unterliegen. Die Wirkungen von Katalysatoren sowie der Einfluß von Druck und Temperatur auf den Ausbeutegrad der Rohstoffe sind z.B. häufig erst bei der Produktion im großtechnischen Maßstab ermittelbar.

Bei Einzel- und Kleinserienfertigung ändern sich die Fertigungsunterlagen von Erzeugniseinheit zu Erzeugniseinheit bzw. von Serie zu Serie, so daß eine große Anzahl unterschiedlicher Stücklisten und Rezepturen vorliegt, deren Verwaltung häufig kostenintensiv ist. Besondere Probleme der Materialeinzelkostenplanung ergeben sich bei Einzel- und Kleinserienfertigung in Verbindung mit Auftragsfertigung dadurch, daß der Produktaufbau zum Zeitpunkt der Planung häufig noch nicht bekannt ist und erst kurz vor Fertigungsbeginn vom Kunden festgelegt wird. Setzen sich die individuellen Erzeugnisse und Serien aus einzelnen Bestandteilen nach dem Baukastenprinzip zusammen, können die Stücklisten oder Rezepturen der Baukastenelemente zur Materialeinzelkostenplanung herangezogen werden. Ist selbst ein Rückgriff auf Baukastenelemente nicht möglich, verbleiben die Schätzung sowie die statistische Auswertung von Fertigungsunterlagen oder von Istverbrauchsmengen abgelaufener Perioden als Möglichkeiten zur Planung der Materialeinzelkosten. Liegt der konkrete Produktaufbau bei Auftragsfertigung bereits zum Zeitpunkt der Kostenplanung vor, basiert die Verbrauchsmengenermittlung häufig auf betriebsexternen Fertigungsunterlagen, die durch den Kunden zur Verfügung gestellt werden. Die Durchführung von technischen Studien und Probeläufen sowie die Erstellung von Mustern und Modellen zum Zwecke der Kostenplanung ist bei Einzel- und Kleinserienfertigung in der Regel unwirtschaftlich.

Neben den Nettomaterialverbrauchsmengen ist der unvermeidbare Mehrverbrauch zu planen, der z.B. als Abfall, Mengenverlust oder Ausschuß auftreten kann.[235] Unvermeidbarer Mehrverbrauch ist in konsumnahen Betrieben mit geringer Fertigungstiefe relativ selten anzutreffen, da hier in erster Linie Fertigteile und Erzeugnisse mit konstanten Qualitäten eingesetzt werden. In naturnahen Betrieben und in Betrieben mit großer Fertigungstiefe kommen dagegen primär ungeformte Roh- und Hilfsstoffe mit häufig schwankenden Qualitäten zum Einsatz, so daß hier unvermeidbare Mehrverbräuche, die bei der Ver- und Bearbeitung der Materialien z.B. in Form von Verdunstung, Abbrand, Zerspanung und Schnittverlusten auftreten können, zu planen sind.[236] Bei mechanischer Fertigung kommen als Planungsmethoden insbesondere Berechnungen auf der Grundlage von Stücklisten und Konstruktionsunterlagen sowie Auswertungen von Probeläufen und Musteranfertigungen in Betracht. Bei chemischer Fertigung ist wegen der häufig wechselnden Rohstoffqualitäten in der Regel auf eine statistische Auswertung von Istverbrauchsmengen der Vergangenheit, auf Schätzungen sowie auf betriebsexterne Richtzahlen zurückzugreifen.

Unvermeidbare Mehrverbräuche treten weiterhin bei (Wieder-)Aufnahme der Produktion, in Betrieben mit Wechselfertigung insbesondere im

---

[235] Vgl. *Haberstock*, Kostenrechnung II, S. 207.

[236] Vgl. *Patterson*, Ermittlung, S. 37.

Rahmen von Anlaufoperationen beim Erzeugniswechsel, auf[237] und können in der Regel nur mittels projizierender Methoden, z.B. durch statistische Auswertung von Istverbräuchen vergangener Perioden oder durch Schätzung, geplant werden. Zum unvermeidbaren Mehrverbrauch sind auch jene Verbräuche zu zählen, die zunächst aufgrund der Ungeübtheit des Arbeiters zusätzlich zum Nettoverbrauch bei planmäßigem Fertigungsablauf auftreten können. Die Planung dieses Mehrverbrauchs erfordert eine Auseinandersetzung mit dem Einfluß von Lerneffekten auf den Materialverbrauch, was z.B. durch betriebsintern durchgeführte Verbrauchsstudien oder durch die Anwendung betriebsexterner Richtzahlen erfolgen kann.[238]

(b) Lohneinzelkosten

Neben den Verbrauchsmengen des einzusetzenden Fertigungsmaterials ist das Mengengerüst der den Erzeugnissen oder einem Auftrag direkt zurechenbaren Arbeitskosten, den Lohn- oder Fertigungseinzelkosten, zu planen. Die Planung und Verrechnung von Arbeitskosten als Lohneinzelkosten erfordert eine unmittelbare Beziehung zwischen der Tätigkeit des Arbeiters und der Leistungserstellung, die nach herrschender Meinung dann gegeben ist, wenn die Arbeitstätigkeit zu einem erkennbaren Fortschritt in der Fertigstellung des Erzeugnisses führt.[239] Dabei ist es keine notwendige Voraussetzung, daß ein physischer Kontakt zwischen Arbeiter und Erzeugnis besteht, sondern es genügt eine geistig vorstellbare Relation zwischen der Arbeitstätigkeit und der Leistungserstellung.[240] Die Lohneinzelkosten setzen sich überwiegend aus Fertigungslöhnen zusammen, während Hilfslöhne, Gehälter und Sozialkosten in der Regel als Gemeinkosten verrechnet werden.[241]

Direkte Beziehungen zwischen Arbeitstätigkeit und zu erstellender Leistung sind bei chemischer und biologischer Fertigungstechnologie häufig nicht eindeutig erkennbar, da der Arbeiter primär eine produktionsvorbereitende und -überwachende Funktion übernimmt. In diesem Fall liegen in

---

[237] Vgl. *Bergner*, Vorbereitung, Sp. 2176.

[238] Zur Ableitung von Lernkurven und ihrer Anwendung bei der Kostenplanung in der Praxis vgl. *Coenenberg*, Lernvorgänge, S. 114 f.; *Müller*, H., Entwicklungstendenzen, S. 87 f.

[239] Vgl. etwa *Käfer*, S. 165; *Mellerowicz*, Kostenrechnung, Bd. II, Erster Teil, S. 283; *Kilger*, Flexible Plankostenrechnung, S. 246.

[240] Vgl. hierzu ausführlich *Heiser*, H.C.: Budgetierung, Grundsätze und Praxis der betriebswirtschaftlichen Planung, Berlin 1964, S. 278 ff.

[241] Zu Beispielen, in denen auch Hilfslöhne als Lohneinzelkosten geplant und verrechnet werden können, vgl. *Käfer*, S. 196.

der Regel unechte Einzelkosten vor, da der Einsatz des Arbeiters meist nur einer Gruppe einheitlicher Erzeugnisse, z.B. einer Charge eines Kostenträgers oder einem Auftrag, direkt zugerechnet werden kann und die entsprechenden Arbeitskosten mittels Divisionsrechnung auf die Erzeugniseinheiten der Charge oder des Auftrags zu verteilen sind. Bei mechanischer Technologie kann dagegen aufgrund der stärkeren Integration des Arbeiters in den eigentlichen Produktionsprozeß, der Bearbeitung und Umformung des eingesetzten Materials, sowie durch die Stückbezogenheit der Produktion tendenziell eher eine direkte Beziehung zwischen Arbeitseinsatz und erbrachter Leistung festgestellt werden.

Die direkte Zurechenbarkeit von Fertigungslöhnen auf die Kostenträger wird bei mechanischer Technologie zudem durch den Automatisierungsgrad beeinflußt. Mit steigendem Automatisierungsgrad verliert die Tätigkeit des Arbeiters ihren unmittelbaren Bezug zum Fertigungsfortschritt des Erzeugnisses. Kommt dem Arbeiter bei hochautomatisierter Fertigung lediglich eine vorbereitende, überwachende und steuernde Funktion zu, nehmen die Arbeitskosten - vergleichbar mit der Tätigkeit bei chemischen und biologischen Prozessen - den Charakter unechter Einzelkosten an, die im Grunde nur der Gesamtheit des Fertigungsloses direkt zurechenbar sind und mittels Divisionsrechnung gleichmäßig auf die Kostenträgereinheiten verteilt werden. Eine Besonderheit stellt dabei die Einzelfertigung dar, bei der die Fertigungslöhne auch bei hochautomatisierter Fertigung wesensmäßige Einzelkosten darstellen können. Ermöglicht die Automatisierung der Fertigung eine gleichzeitige Überwachung mehrerer Fertigungsprozesse, bei denen verschiedenartige Kostenträger erstellt werden, sind die Fertigungslöhne indessen als Gemeinkosten zu planen und zu verrechnen.

Die Kennzeichnung und rechentechnische Behandlung von Arbeitskosten als Lohneinzelkosten ist weiterhin von der Art der Stoffverwertung abhängig. Lohneinzelkosten treten vornehmlich in Fertigungsprozessen mit synthetischer oder durchlaufender Stoffverwertung auf, während sie bei analytischer und umgruppierender Fertigung nur für das Kuppelproduktbündel, nicht aber für die einzelnen Kuppelprodukte auftreten.

Bei der Planung des Mengengerüstes der Lohneinzelkosten, den Arbeitszeiten, können analog zu den Materialeinzelkosten Netto-Planarbeitszeiten sowie unvermeidbare Mehrarbeitszeiten unterschieden werden. Zur Ermittlung der Netto-Planarbeitszeit, die der Grundzeit nach *REFA* entspricht und jene Arbeitszeit bezeichnet, die bei planmäßiger Produktgestaltung und planmäßiger Arbeitsausführung je Kostenträgereinheit anfällt,[242]

[242] Vgl. *REFA - Verband für Arbeitsstudien und Betriebsorganisation e.V.*: Methodenlehre des Arbeitsstudiums, Teil 2, Datenermittlung, 7. Auflage, München 1992, S. 44.

können verschiedene Methoden eingesetzt werden, deren Anwendung von der Art der zugrundeliegenden Lohnform abhängt.

Bei Akkordlohnvergütung ist ein unmittelbarer Bezug zwischen Arbeitseinsatz und erstellter Leistung gegeben, so daß nach Akkordlohn vergütete Tätigkeiten des Fertigungsbereichs in der Regel Lohneinzelkosten darstellen.[243] Die Anwendbarkeit des Akkordlohns ist an eine Reihe von betrieblichen Bedingungen geknüpft. Beispielsweise müssen der Zeitbedarf sowie das Arbeitsergebnis meßbar sein, der Arbeiter muß die Leistung hinreichend beeinflussen können und die Arbeitstätigkeit muß weitgehend von störenden Einflüssen befreit sein sowie von einem geeigneten Arbeiter nach entsprechender Einarbeitung normal beherrscht werden.[244] Diese Voraussetzungen der Akkordreife führen dazu, daß der Akkordlohn in erster Linie für homogene, regelmäßig wiederkehrende Tätigkeiten mit mechanischer Technologie und geringem Automatisierungsgrad eingesetzt wird.[245] Als Grundlage für Lohneinzelkosten kommt er damit insbesondere in Betrieben oder Kostenstellen mit synthetischer oder durchlaufender Massen-, Großserien- und Sortenfertigung zur Anwendung. Der Akkordlohn ist weiterhin primär bei Werkstattfertigung und bei ungetakteter Fließfertigung anzutreffen. Bei getakteter Fließfertigung ist der Akkordlohn dagegen nicht anwendbar, da der Arbeiter das Arbeitsergebnis nicht oder nur ungenügend beeinflussen kann. Bei externer Baustellenfertigung kommt Akkordlohn häufig ebenfalls nicht in Frage, da die Arbeitsbedingungen von Baustelle zu Baustelle aufgrund der Vielzahl einwirkender Störfaktoren stark schwanken können und die Arbeitstätigkeit relativ unbestimmt und wechselhaft ist.[246]

Die Anwendung des Akkordlohns stellt über die genannten betrieblichen Bedingungen hinaus besondere Anforderungen an die Methoden der Zeitermittlung, da diese die Grundlage für eine leistungsgerechte Entlohnung bilden. Aus diesem Grund kommen für die Ermittlung der Grundzeit in der Regel nur Arbeits-, Bewegungs- und Zeitstudien in Frage, die einer genauen Analyse des zu planenden Arbeitsablaufs bedürfen und bei denen entweder eine einzelbetriebliche Zeitmessung durchgeführt wird oder die

243 Vgl. *Mellerowicz*, Plankostenrechnung, Bd. II, S. 186; *Kilger*, Flexible Plankostenrechnung, S. 249; *Patterson*, Ermittlung, S. 47. Die Arbeitskosten der nach Akkordlohn vergüteten Tätigkeiten können auch Gemeinkosten darstellen, wenn der unmittelbare Bezug zur Erzeugniserstellung fehlt. Als Beispiele sind Rüstprozesse bei Erzeugniswechsel sowie standardisierte Routinearbeiten in indirekten Betriebsbereichen wie etwa Materialeinlagerungs- und Materialbereitstellungstätigkeiten zu nennen.

244 Zu den genannten Bedingungen sowie zu weiteren Anforderungen an die Akkordfähigkeit und -reife einer Arbeitstätigkeit vgl. *Pfeiffer/Dörrie/Stoll*, S. 252 f.

245 Vgl. *Pfeiffer/Dörrie/Stoll*, S. 253.

246 Vgl. *Mast*, S. 120.

Standardzeiten des Arbeitsablaufs aus überbetrieblich ermittelten elementaren Zeitvorgaben zusammengesetzt werden.[247] Für die Planung der Lohneinzelkosten kann bei Akkordlohnvergütung daher auf sehr genaue, der Voraussageform der Prognose zuzurechnende Zeitermittlungsergebnisse zurückgegriffen werden.

Im Unterschied zum Akkordlohn werden beim Zeitlohn nicht die tatsächlich erbrachten Leistungseinheiten, sondern die Arbeitszeit als Bemessungsgrundlage der Entlohnung herangezogen. Beim Zeitlohn besteht damit kein proportionaler Zusammenhang zwischen den tatsächlich angefallenen Lohnkosten und der erbrachten Leistung. Dennoch können die Kosten der nach Zeitlohn vergüteten Tätigkeiten als Lohneinzelkosten geplant und verrechnet werden, wenn es zumindest in der Planung gelingt, eine direkte und proportionale Beziehung zwischen der geplanten Leistungserstellung und des hierfür erforderlichen und erwarteten Arbeitseinsatzes herzustellen.[248] Unterschiede zwischen der für die tatsächliche Leistungserstellung anzusetzenden Soll-Arbeitszeit und der Ist-Arbeitszeit stellen Mehr- oder Minderverbräuche dar, zu deren Ursachen etwa die dem Bereich der Unwirtschaftlichkeit zuzuordnenden Leistungsgradabweichungen, Änderungen der Produktgestaltung und Störungen des Arbeitsablaufs durch Maschinenausfälle zu rechnen sind.[249]

Der Zeitlohn kommt als Entlohnungsform insbesondere bei jenen betrieblichen Bedingungen in Frage, bei denen die Anwendung des Akkordlohns nicht möglich ist. Hierzu zählen Tätigkeiten, bei denen eine gleichbleibend hohe Qualität der Erzeugnisse und eine kontinuierliche Leistungsabgabe angestrebt wird, erhöhte Unfallgefahr besteht, der Arbeiter in nicht ausreichendem Maße das mengenmäßige Arbeitsergebnis beeinflussen kann oder die erbrachte Leistung aus technischen oder wirtschaftlichen Gründen nicht meßbar ist.[250] Damit kommt der Zeitlohn als Grundlage der Lohneinzelkostenvergütung vor allem für Betriebe mit hochautomatisierter mechanischer Fertigung sowie für Betriebe mit chemischer oder biologi-

---

[247] Zu den einzelnen Zeitstudienverfahren, zu denen das Zeitmeßverfahren nach REFA, die Systeme vorbestimmter Zeiten sowie das Multimomentverfahren zu rechnen sind, vgl. ausführlich *Pfeiffer/Dörrie/Stoll*, S. 216 ff.; *REFA - Verband für Arbeitsstudien und Betriebsorganisation e.V.*, Datenermittlung, S. 65 ff.; *Böhrs*, H.: Arbeitsstudien in der Betriebswirtschaft, Wiesbaden 1967, S. 49 ff.

[248] Vgl. *Patterson*, Ermittlung, S. 46.

[249] Diese Abweichungen stellen in der Regel Gemeinkosten dar, können aber auch Einzelkostencharakter besitzen, wenn sie kostenträgerbedingt sind, z.B. Abweichungen, die durch eine Änderung des Produktaufbaus hervorgerufen werden.

[250] Vgl. hierzu sowie zu weiteren Anwendungsfällen des Zeitlohns *Pfeiffer/Dörrie/Stoll*, S. 246 f.

scher Fertigung in Frage, da in diesen Fällen überwachende und steuernde Arbeitstätigkeiten im Vordergrund stehen. Weiterhin stellt der Zeitlohn in Betrieben mit starrer Fließfertigung und externer Baustellenfertigung die vorherrschende Lohnform der Lohneinzelkosten dar.

Zur Ermittlung der Netto-Planarbeitszeit bei Zeitlohn können grundsätzlich dieselben Verfahren Anwendung finden wie beim Akkordlohn. Die Durchführung von Zeitstudien ist bei Zeitlohn indessen häufig unwirtschaftlich, da für die Zwecke der Entlohnung keine Standardzeitermittlung, sondern nur eine Istzeiterfassung erforderlich ist und die Zeitstudien damit lediglich für betriebsinterne Planungszwecke wie die Produktions- und Kostenplanung durchzuführen wären. Die Planung der Nettoarbeitszeiten mittels Zeitstudien setzt beim Zeitlohn aus Wirtschaftlichkeitsgründen daher eine hohe Wiederholungsrate der zu planenden Tätigkeit voraus, die tendenziell bei Massen- und Großserienfertigung sowie allgemein bei Reihenfertigung mit häufig wiederholten Auflagen am ehesten gegeben ist. In den meisten Fällen ist aber ein Rückgriff auf einfachere Verfahren zweckmäßig, bei denen eine Projektion beobachteter Istzeiten auf zukünftig durchzuführende Arbeitstätigkeiten erfolgt. Hierzu zählen die auf Erfahrungswerten basierende Schätzung, der Vergleich mit ähnlichen Arbeitstätigkeiten, für die genaue Zeitvorgaben bekannt sind, sowie bei maschinellen Arbeitsgängen die Errechnung des Zeitbedarfs mittels technischer Formeln.[251] Daneben ist die statistische Auswertung von Istzeitaufschreibungen zu nennen, die z.B. in Form der Selbstaufschreibung durch Betriebsmittel erfolgen können und einen entsprechenden Entwicklungsstand der Betriebsdatenerfassung voraussetzen.[252]

Außer nach Akkord- und Zeitlohn können Lohneinzelkosten auch in Form des Prämienlohns vergütet werden. Der Prämienlohn ist eine zusammengesetzte Lohnform, die entweder auf dem Akkord- oder auf dem Zeitlohn als Grundlohnform basiert und bei der zusätzlich nach bestimmten Leistungskriterien Prämien entlohnt werden.[253] Die Planung der Nettoarbeitszeiten entspricht damit der Vorgehensweise bei Akkord- und Zeitlohn, so daß auf die vorangehenden Ausführungen verwiesen werden kann. Zusätzlich ist die Planung der Bemessungsgrundlagen für die Prämien durchzuführen. Den Prämien kommt häufig die Funktion zu, die spezifischen Nachteile der Grundlohnform zu mildern, etwa indem der Akkord-

---

[251] Vgl. *Böhrs*, H.: Zeitstudie und Vorgabezeit, in: Böhrs, H./Bramesfeld, E./Euler, H./Pentzlin, K. (Hrsg.): Einführung in das Arbeits- und Zeitstudium, 2., überarbeitete Auflage, München 1954, S. 85 f.

[252] Zur Methode der Selbstaufschreibung vgl. *REFA - Verband für Arbeitsstudien und Betriebsorganisation e.V.*, Datenermittlung, S. 292 ff.

[253] Vgl. *Böhrs*, Arbeitsstudien, S. 101 ff.; *Pfeiffer/Dörrie/Stoll*, S. 254 f.

und der Zeitlohn mit Qualitäts- bzw. Quantitätsprämien verknüpft werden. In diesen Fällen kann die Anwendung spezieller Prämienlöhne auf die betriebsspezifischen Anwendungsbedingungen der Grundlohnformen zurückgeführt werden, so daß auf die vorangehenden Ausführungen zum Akkord- und Zeitlohn verwiesen werden kann. Daneben sind Prämien wie Ersparnis-, Sorgfalts-, Nutzungs- und Terminprämien zu nennen, deren Anwendung bei beiden Grundlohnformen zweckmäßig sein kann und kaum auf betriebstypische Besonderheiten zurückzuführen ist. Den Prämien ist zudem in der Regel Gemeinkostencharakter zuzusprechen,[254] so daß auf eine eingehende Betrachtung der Prämienplanung verzichtet wird.[255]

Zusätzlich zu den Netto-Planarbeitszeiten sind unvermeidbare Mehrarbeitszeiten in den Standardarbeitszeiten der Lohneinzelkosten zu berücksichtigen. Hierzu zählen einmal die Erholungszeiten, deren Ansatz die langfristige Aufrechterhaltung der Leistungsbereitschaft und -fähigkeit des Arbeiters gewährleisten soll. Daneben sind Verteilzeiten zu berücksichtigen, die für unregelmäßig auftretende Ereignisse anzusetzen sind und entweder durch den Arbeitsvorgang selbst verursacht werden oder den persönlichen Bedürfnissen des Arbeiters zuzurechnen sind.[256] Erholungs- und Verteilzeiten sind unabhängig von betriebsspezifischen Besonderheiten zu berücksichtigen und werden in der Regel mittels Zuschlägen auf die Grundzeit in die Planarbeitszeit eingerechnet. Zur Ermittlung der Zuschläge können langdauernde Studien, statistische Auswertungsverfahren sowie die Schätzung durchgeführt werden.[257] Ebenfalls zu den unvermeidbaren Mehrarbeitszeiten sind jene Zeiten zu rechnen, die aus der Ungeübtheit des Arbeiters resultieren. Die Berücksichtigung von Erkenntnissen über Lerneffekte im Rahmen der Zeitplanung ist insbesondere in Betrieben und Kostenstellen mit Massen- und Reihenfertigung erforderlich, um zu realistischen Zeit- und Kostenvorgaben zu gelangen.

Aus der Zusammenfassung von Netto-Planarbeitszeit und unvermeidbarer Mehrarbeitszeit ergibt sich die Brutto-Planarbeitszeit je Kostenträgereinheit. Die Brutto-Planarbeitszeit, die auch als Vorgabezeit bezeichnet wird, stellt die Standardverbrauchsmenge der Lohneinzelkosten dar.

---

[254] Als Ausnahmen hiervon können Einzelmaterial-Ersparnisprämien, erzeugnisbezogene Qualitäts- und Quantitätsprämien sowie auftragsbedingte Terminprämien auch den Charakter unechter Einzelkosten annehmen. Sie sind dann entsprechend als Lohneinzelkosten zu planen und zu verrechnen.

[255] Zur Planung verschiedener Prämienbemessungsgrundlagen in der Kostenplanung vgl. *Kilger*, Flexible Plankostenrechnung, S. 257 ff.

[256] Zu Erholungs- und Verteilzeit vgl. *REFA - Verband für Arbeitsstudien und Betriebsorganisation e.V.*, Datenermittlung, S. 44 u. S. 309 ff.; *Pfeiffer/Dörrie/Stoll*, S. 212.

[257] Vgl. *Böhrs*, Zeitstudie, S. 82.

(c) Sondereinzelkosten

Im Rahmen der Einzelkostenplanung sind neben den Standardverbrauchsmengen der Material- und der Lohneinzelkosten die Standardverbrauchsmengen der Sondereinzelkosten zu planen. Als Sondereinzelkosten werden jene Kosten bezeichnet, die sich - über die Material- und Lohneinzelkosten hinaus - einzelnen Kostenträgern direkt zurechnen lassen.[258] Dabei handelt es sich häufig um Kosten, die einem bestimmten Auftrag, einer Reihe oder einer Erzeugnisgruppe insgesamt unmittelbar zuordenbar sind und im Hinblick auf die Erzeugniseinheit den Charakter unechter Einzelkosten besitzen.[259] Durch ihre Behandlung als Einzelkosten wird dem Grundsatz Rechnung getragen, möglichst viele Kosten direkt den Kostenträgern zuzurechnen, um einerseits die Kostenstellenrechnung von ihrer Funktion der Vorbereitung der Kostenträgerrechnung zu entlasten und die Genauigkeit und Aussagefähigkeit der Kalkulation zu erhöhen und andererseits den Wirkungsgrad der kostenstellenweisen Kostenkontrolle zu steigern, indem durch die Herauslösung der Sondereinzelkosten aus der Kostenstellenabrechnung die Transparenz des Soll-Ist-Vergleichs der Gemeinkosten verbessert und genauere Soll-Vorgaben für die Sondereinzelkosten ermittelt werden können.[260]

Bei der Planung und Verrechnung von Sondereinzelkosten in der Grenzplankostenrechnung ist zu beachten, daß nicht allen Sondereinzelkosten Grenzkostencharakter zuzusprechen ist. Ein Teil der Sondereinzelkosten stellt Vorleistungskosten dar, "die dazu dienen, zeitungebundene Nutzungspotentiale zu schaffen, welche die Voraussetzungen dafür bilden, daß in zukünftigen Perioden die Stellung einer Unternehmung im Markt verbessert wird oder sich zumindest nicht verschlechtert."[261] Hierzu zählen etwa Erschließungskosten bei Gewinnungsbetrieben, Forschungs- und Entwicklungskosten sowie Kosten für Werbemaßnahmen. Wie in den Ausführungen zur Kostenträgergliederung gezeigt,[262] können für diese Vorleistungskosten Hilfskostenträgerkonten eingerichtet werden, um eine erfolgswirksame Verteilung der Kosten auf die Nutzungsperioden der Hilfskostenträger zu erreichen und kalkulatorische Deckungskontrollen durchführen zu kön-

---

[258] Vgl. *Bergner*, Sonderkosten, Sp. 1596.

[259] Zu einer umfassenden Aufzählung von Sondereinzelkosten, die üblicherweise in Sondereinzelkosten der Fertigung und Sondereinzelkosten des Vertriebs unterteilt werden, vgl. *Bergner*, Sonderkosten, Sp. 1597; *Kilger*, Flexible Plankostenrechnung, Sp. 270 ff.; *Vormbaum/Rautenberg*, S. 139.

[260] Vgl. *Bergner*, Sonderkosten, Sp. 1597 f.; *Käfer*, S. 194.

[261] *Kilger*, Flexible Plankostenrechnung, S. 270.

[262] Vgl. Kapitel E.-I.-2.-c) dieser Untersuchung.

nen.[263] Für endkostenträgerbezogene dispositive Entscheidungen sind Vorleistungskosten nicht relevant, da sie entweder - wenn sie noch beeinflußbar sind - nicht dem zur Disposition stehenden Endkostenträger zugerechnet werden können oder - wenn sie bereits angefallen sind - als sunk costs keine Entscheidungsrelevanz mehr besitzen. Vorleistungskosten sind damit nicht in die Grenzplankostenkalkulationen der Endkostenträger einzubeziehen.[264] Gleichwohl können Vorleistungskosten als Sondereinzelkosten für andere Dispositionen, z.B. für Entscheidungen über die Fortführung der Vorleistungserstellung, relevant sein.

Das Auftreten von Sondereinzelkosten sowie die Anwendung geeigneter Planungsverfahren lassen sich nur begrenzt auf betriebsspezifische Besonderheiten zurückführen. Die Vielfalt denkbarer Sondereinzelkosten führt vielmehr dazu, daß praktisch in jedem Betrieb Sondereinzelkosten auftreten können. Beispielsweise sind Sondereinzelkosten in Form von Kosten für Modelle, Musteranfertigungen oder Sonderbetriebsmittel nicht nur in Betrieben mit Auftrags-, Einzel- und Serienfertigung, sondern auch in Betrieben mit Sorten- und Massenfertigung anzutreffen. Selbst bei einheitlicher und gleichbleibender Massenfertigung sind Sondereinzelkosten vorstellbar,[265] beispielsweise wenn für absatzpolitische Zwecke eine Kostenträgerdifferenzierung nach Kundengruppen oder Absatzregionen vorgenommen wird und hierzu eine Behandlung bestimmter Vertriebskosten wie Frachten, Provisionen oder Kosten für Versandmaterial als Sondereinzelkosten zweckmäßig ist. Tendenziell kann jedoch festgestellt werden, daß die Vielfalt und die Häufigkeit des Auftretens von Sondereinzelkosten bei Auftragsfertigung größer ist als bei Produktion für den anonymen Markt. Weiterhin steigt der Anteil der Sondereinzelkosten an den Gesamtkosten des Betriebes mit zunehmender Heterogenität des Produktionsprogramms, da mit zunehmendem Individualitätsgrad der Erzeugnisse die erzeugnisbedingten qualitativen Unterschiede des Faktoreinsatzes deutlicher in Erscheinung treten und entsprechend abgegrenzt werden können. Ferner treten bestimmte Arten von Sondereinzelkosten vornehmlich bei bestimmten Betriebstypen auf. Kosten der Angebotserstellung und -kalkulation sowie Kosten für Installation und Endmontage beim Kunden beispielsweise sind typisch für Betriebe mit Auftragsfertigung, Erschließungskosten treten primär bei Gewinnungsbetrieben auf und Energiekosten können insbesondere bei Chargenfertigung als Sondereinzelkosten geplant und verrechnet werden.

---

[263] Vgl. *Kilger*, Flexible Plankostenrechnung, S. 272.

[264] Vgl. *Kilger*, Flexible Plankostenrechnung, S. 270 ff.

[265] Vgl. *Bergner*, Sonderkosten, Sp. 1598.

Die Wahl der zur Planung der Sondereinzelkosten heranzuziehenden Verfahren ist primär von der Art der Sondereinzelkosten sowie von der betriebsindividuellen Qualität der zur Verfügung stehenden Planungskapazität abhängig. Dabei lassen sich in der Regel nur wenige Sondereinzelkosten wie Produktions- und Verkaufslizenzen, Verpackungsmaterial oder Provisionen mittels prognostizierender Verfahren planen. In der Regel kommen der statistischen Auswertung von Istkosten und der Schätzung auf der Grundlage von Erfahrungswerten und Vergleichsobjekten die größte Bedeutung für die Sondereinzelkostenplanung in der Praxis zu.[266] Eine nach betriebstypischen Besonderheiten differenzierende Beurteilung der Anwendungsmöglichkeit von Planungsverfahren ist indessen kaum möglich, so daß auf eine weitere Betrachtung der Sondereinzelkostenplanung verzichtet wird.

(3) Verfahrenswahl bei Gemeinkostenplanung

Eine Reihe von Wesensmerkmalen der Kostenrechnung, die dem erweiterten Bereich der Gemeinkostenplanung zugeschrieben werden können und in der Literatur häufig in engem Zusammenhang mit der Gemeinkostenplanung abgehandelt werden,[267] sind bereits mit den im Rahmen der bei Neueinführung oder grundlegenden Überarbeitung der Kostenrechnung festzulegenden Gestaltungsmerkmalen sowie anderen planungsperiodisch festzulegenden Merkmalen erörtert worden. Hierzu zählen die Einteilung des Betriebes in Kostenstellen, die Wahl der Bezugsgrößen, die Gliederung der Kostenarten sowie die Planung der Bezugsgrößenhöhe und der Faktorpreise. Die im Zusammenhang mit der Festlegung dieser Gestaltungsmerkmale aufgezeigten Beziehungen zwischen betriebsspezifischen Besonderheiten und dem Wesen einzelbetrieblicher Grenzplankostenrechnungen prägen in wesentlichem Maße auch den Ablauf der Gemeinkostenplanung in der Praxis, so daß diesbezüglich auf die vorangehenden Ausführungen verwiesen werden kann. Als die in diesem Kapitel zu untersuchende Gestaltungsmaßnahme verbleibt die Wahl der Verfahren zur Verbrauchsmengenplanung der Gemeinkosten.

Die Verbrauchsmengenplanung der Gemeinkosten erfolgt grundsätzlich kostenstellen-, bezugsgrößenarten- und kostenartenweise.[268] Neben der

---

[266] Vgl. *Marek*, S. 177 f.; *Mellerowicz*, Plankostenrechnung, Bd. II, S. 196 f.; *Käfer*, S. 196 f.

[267] Vgl. etwa *Käfer*, S. 203 ff.; *Kilger*, Flexible Plankostenrechnung, S. 297 ff.; *Mellerowicz*, Plankostenrechnung, Bd. II, S. 199 ff.

[268] Vgl. *Kilger*, Flexible Plankostenrechnung, S. 298; *Haberstock*, Kostenrechnung II, S. 219. In bestimmten betrieblichen Situationen, etwa wenn sich bestimmte Kostenstellen aus techni-

Ermittlung des zur Erreichung der Planbezugsgrößen erforderlichen Faktoreinsatzes kommt den Planungsmethoden dabei die Aufgabe der Kostenspaltung zu. Hieraus ergeben sich für die statistischen Methoden der Gemeinkostenplanung, zu denen etwa die Planung mit Hilfe von Streupunkt-Diagrammen, die Hoch-Tiefpunkt-Methode sowie Trendberechnungen zu zählen sind,[269] Anwendungsbedingungen, die nur unter bestimmten betrieblichen Gegebenheiten als erfüllt angesehen werden können. Den statistischen Methoden ist gemeinsam, daß sie zur Kostenspaltung auf hinreichend große Unterschiede in den Istbezugsgrößen des zugrundeliegenden Datenmaterials angewiesen sind.[270] In Betrieben oder Kostenstellen, in denen die Istausprägungen der verwendeten Bezugsgrößen nur geringe Schwankungen im Zeitablauf aufweisen - hierzu sind insbesondere Betriebe mit langfristig-kontinuierlicher Beschäftigung sowie Betriebe mit Massen- und Großserienfertigung mit nahezu konstanten Absatzverhältnissen zu zählen -, können daher nicht auf statistische Planungsmethoden zurückgreifen. In diesen Fällen kommen folglich vor allem prognostizierende Planungsmethoden sowie die Schätzung in Betracht.

Über das genannte Beispiel hinaus lassen sich kaum allgemeingültige Zusammenhänge zwischen der Anwendung von Planungsmethoden bei der Gemeinkostenplanung und betriebsspezifischen Besonderheiten der Betriebe ableiten. Die Wahl der einzusetzenden Planungsverfahren wird statt dessen primär durch die zu planende Kostenart bestimmt, so daß sich betriebsspezifische Aussagen über die Verfahrenswahl bei Gemeinkostenplanung vornehmlich über die Kennzeichnung betriebstypisch auftretender Kostenarten ableiten lassen. Als Beispiele für betriebstypische Kostenarten ist der Einsatz von Katalysatoren in der Chemischen Industrie sowie Werkzeugkosten in Betrieben mit mechanischer Fertigungstechnologie zu nennen. Weiterhin kann der Intensität der eingesetzten Produktionsfaktoren ein Einfluß auf die Art der zweckmäßigen Planungsmethode zugesprochen werden. Anlagenintensive Betriebe sind beispielsweise an einer möglichst genauen Planung der Betriebsmittelkosten, insbesondere an einer genauen Kostenspaltung und einer zuverlässigen Voraussage der Nutzungsdauer oder des Nutzungspotentials, interessiert und stellen daher besondere Anforderungen an die Qualität des Planungsverfahrens. Bei innerbetrieblichen Transportkosten ist eine Abhängigkeit der Bedeutung dieser sekun-

---

schen, zeitlichen oder wirtschaftlichen Gründen einer kostenartenweisen Planung entziehen, kann auch eine summarische Kostenplanung zweckmäßig sein. Vgl. *Vormbaum/Rautenberg*, S. 140 f.; *Kilger*, Flexible Plankostenrechnung, S. 298.

269 Zur Anwendung dieser Verfahren vgl. *Kilger*, Flexible Plankostenrechnung, S. 341 ff.; *Vormbaum/Rautenberg*, S. 141 ff.; *Haberstock*, Kostenrechnung II, S. 227 ff.

270 Vgl. *Kilger*, Flexible Plankostenrechnung, S. 347; *Haberstock*, Kostenrechnung II, S. 230.

dären Kostenart von der Fertigungsorganisation des Betriebes festzustellen. Während bei Fließfertigung der innerbetriebliche Transport des Erzeugnisses häufig funktionaler Bestandteil der Betriebsmittel ist, so daß eine gesonderte Planung dieser Transportkosten in der Grundrechnung der Grenzplankostenrechnung meist nicht erforderlich wird, kommt den innerbetrieblichen Transportkosten bei Werkstattfertigung und interner Baustellenfertigung ein weitaus größerer Stellenwert in der Gemeinkostenplanung zu.[271] Eine noch größere Bedeutung besitzen die Transportkosten bei externer Baustellenfertigung. Dies kommt dadurch zum Ausdruck, daß für die verursachungsgerechte Verrechnung und Kontrolle der Kosten für den Transport der Einsatzfaktoren zum Ort der Leistungserstellung Hilfskostenstellen gebildet werden.[272]

Wie die genannten Beispiele zeigen, lassen sich auf einer Kostenartengliederungsstufe mit geringem Differenzierungsgrad nur begrenzt eindeutige Zusammenhänge zwischen fertigungstechnischen oder -organisatorischen Gegebenheiten des Betriebes, dem Auftreten bestimmter Kostenarten und der Art oder Qualität der zur Gemeinkostenplanung einzusetzenden Methoden ableiten. Für eine eingehende Auseinandersetzung mit dieser Problematik ist vielmehr eine detaillierte Betrachtung einzelner Kostenarten erforderlich, wofür die Ordnung der den Kostenarten zuzurechnenden Einsatzfaktoren nach betriebstypischen Erscheinungsformen eine wichtige Grundlage bildet. Beispielsweise kann eine nach betriebsspezifischen Bedingungen differenzierende Betrachtung der Betriebsmittelkostenplanung dadurch erfolgen, daß ausgehend von einer Typologisierung der Betriebsmittel zunächst betriebsmitteltypische Planungsverfahren entwickelt und beschrieben werden. Anschließend können durch die Zuordnung typischer Betriebsmittel zu bestimmten betriebstypischen Erscheinungsformen betriebsspezifische Besonderheiten der Gemeinkostenplanung für die Kostenart Betriebsmittelkosten abgeleitet werden. Auf eine nach Kostenarten differenzierende betriebsspezifische Auseinandersetzung mit der Gemeinkostenplanung wird im folgenden verzichtet, da es sich hierbei um eine über das Untersuchungsziel der vorliegenden Arbeit weit hinausgehende Betrachtung handelt.[273]

---

271 Vgl. *Marek*, S. 244.

272 Vgl. *Mast*, S. 103.

273 Zur Gemeinkostenplanung der wichtigsten Kostenarten vgl. *Kilger*, Flexible Plankostenrechnung, S. 360 ff.; *Mellerowicz*, Plankostenrechnung, Bd. II, S. 214 ff.; *Agthe*, Kostenplanung, S. 131 ff.; *Medicke*, Gemeinkosten, S. 47 ff.

bb) Festlegung des Anspannungsgrades

Nachdem mit der Wahl der Planungsmethoden wichtige Wesensmerkmale der Verbrauchsmengenplanung festgelegt und die dabei zur Wirkung kommenden betriebsspezifischen Besonderheiten aufgezeigt sind, stellt sich die Frage, welche situativen Einflußfaktoren bei der Festlegung des Anspannungsgrades Beachtung zu finden haben.

Mit der Berücksichtigung des Anspannungsgrades werden die sich auf einen normierten Wirtschaftlichkeitsgrad beziehenden Standardverbrauchsmengen der Produktionsfaktoren auf einen geplanten Wirtschaftlichkeitsgrad umgerechnet. Die Höhe des zu wählenden Anspannungsgrades hängt vor allem von den mit den Plankostenvorgaben verfolgten Zwecksetzungen, insbesondere von der verfolgten Intention der Kostenkontrolle und den sich aus der Unterstützung dispositiver Aufgaben ergebenden Anforderungen, ab.[274]

Die Kostenkontrolle wird in Betrieben mit autoritärem Führungsstil vorwiegend als Instrument einer an den strengen Maßstäben des Wirtschaftlichkeitsprinzips orientierten Durchführungskontrolle eingesetzt, die den Charakter einer Fremdkontrolle besitzt und mit deren Hilfe möglichst alle Ursachen von Unwirtschaftlichkeiten aufgedeckt werden sollen. Als zweckmäßiger Anspannungsgrad kommt in diesem Fall ein unter günstigsten Bedingungen im Betrieb dauerhaft realisierbarer Wirtschaftlichkeitsgrad zum Ansatz, der zur Vorgabe wirtschaftlich-optimaler Plan- und Sollkosten führt.[275] Während der optimale Wirtschaftlichkeitsgrad vielen Standardverbrauchsmengen, vor allem den Materialstandards, bereits zugrunde liegt, ist für die Arbeitskosten eine Umrechnung auf diesen Leistungsgrad erforderlich, da sich die Standardarbeitszeiten in der Regel auf einen normalen Leistungsgrad beziehen.[276]

In Betrieben mit kooperativem Führungsstil wird die Kostenkontrolle vorwiegend als Instrument zur Eigenkontrolle der Kostenstellenleiter eingesetzt. Die Ermittlung von Verbrauchsabweichungen dient auch in diesem Fall als Instrument zur Entdeckung von Unwirtschaftlichkeiten. Das Ergreifen von Maßnahmen zu ihrer Beseitigung ist beim kooperativen Führungsstil indessen Aufgabe des Kostenstellenleiters, der durch seine Integration in den organisatorischen Ablauf der Kostenplanung und -kontrolle ein Eigeninteresse an der Steigerung des Wirtschaftlichkeitsgrades seines

---

[274] Vgl. *Agthe*, Kostenplanung, S. 58; *Mellerowicz*, Plankostenrechnung, Bd. II, S. 65; *Koller*, S. 22.

[275] Vgl. *Kosiol*, Vorgabekostenrechnung, S. 131; *Käfer*, S. 93.

[276] Vgl. *Mellerowicz*, Plankostenrechnung, Bd. II, S. 185 f.

Verantwortungsbereichs entwickeln soll. Bei der Kostenplanung sind daher die Motivationswirkungen von Kostenvorgaben zu berücksichtigen, indem die Erkenntnisse der Verhaltenswissenschaft, beispielsweise mittels Rückgriff auf die Aussagen der Anspruchsniveau-Theorie, Anwendung finden.[277] Der unter Berücksichtigung von Motivationsaspekten als optimal zu bezeichnende Anspannungsgrad ist konkret anhand des individuellen Anspruchsniveaus des Kostenstellenleiters oder eines durchschnittlich für die Mitarbeiter der Kostenstelle zu beobachtenden Anspruchsniveaus zu bestimmen. Betriebsspezifische Aussagen über die zweckmäßige Höhe des Anspannungsgrades lassen sich daher kaum treffen.[278]

Für andere Zwecke der Grenzplankostenrechnung, vor allem für die Erstellung von Plankalkulationen und die Unterstützung dispositiver Aufgaben, ist den Plankosten ein Anspannungsgrad zugrunde zu legen, der dem für die Planungsperiode erwarteten Istleistungsgrad entspricht. Plankosten auf der Basis eines maximal erreichbaren Anspannungsgrades sind für Planungsaufgaben hingegen unzweckmäßig, da die Plankosten in der Regel zu niedrig angesetzt werden und Fehlentscheidungen die Folge sein können.[279] Für Betriebe mit autoritärem Führungsstil ergibt sich damit das Problem, daß für Kostenkontrolle und Planungsaufgaben unterschiedliche Anspannungsgrade zweckmäßig sind. Als Problemlösung kommt einmal die Trennung der Kostenrechnung in eine Kontroll- und eine Planungsrechnung in Frage,[280] wobei die Sollkosten allein auf das Aufzeigen von Unwirtschaftlichkeiten und die Plankosten auf die Unterstützung der betrieblichen Planung ausgerichtet sind. Die parallele Verwendung mehrerer Plankostenvorgaben mit unterschiedlichen Anspannungsgraden kann jedoch in der kostenrechnerischen Praxis zu Akzeptanzproblemen bei den Kostenrechnungsadressaten führen, so daß es meist zweckmäßig ist, einen Kompromiß zwi-

---

[277] Zur Berücksichtigung von Verhaltenswirkungen bei der Bestimmung motivationsfördernder Kostenvorgaben vgl. *Coenenberg*, Vorgabekosten, S. 1137 ff.; *Macharzina*, K.: Die Bedeutung verhaltenstheoretischer Aussagen für kosten- und leistungsorientierte Planungs- und Kontrollrechnungen, in: Coenenberg, A.G. (Hrsg.): Unternehmensrechnung, München 1976, S. 324 ff.; *Höller*, H.: Verhaltenswirkungen betrieblicher Planungs- und Kontrollsysteme, Ein Beitrag zur verhaltensorientierten Weiterentwicklung des betrieblichen Rechnungswesens, Diss., München 1978, S. 97 ff.

[278] Die mit zunehmendem Wiederholungs- und Standardisierungsgrad der Fertigung erzielbaren Verbrauchsmengeneinsparungen können nicht für eine sukzessive Erhöhung des Planwirtschaftlichkeitsgrades genutzt werden, da diese Verbrauchsmengenreduzierungen auf Lerneffekte zurückzuführen sind, die bereits bei der Ermittlung der Verbrauchsmengenstandards durch eine sukzessive Verringerung des unvermeidbaren Mehrverbrauchs berücksichtigt werden.

[279] Vgl. *Koller*, S. 22 f.

[280] Vgl. hierzu *Coenenberg*, Vorgabekosten, S. 1138.

schen dem wirtschaftlich-optimalen und dem unter realistischen Bedingungen zu erwartenden Anspannungsgrad zu finden und den Plankosten sowohl für Kontroll- als auch für Planungszwecke einen einheitlichen "mittleren" Planwirtschaftlichkeitsgrad zugrunde zu legen. Für Betriebe mit kooperativem Führungsstil ergeben sich meist keine größeren Entscheidungsprobleme bei der Wahl des zweckmäßigen Anspannungsgrades, da der motivationsorientierte und der zu erwartende Anspannungsgrad häufig eng beieinanderliegen und in der Praxis kaum zu unterscheiden sind.

Mit der Bestimmung des den Plankosten zugrundezulegenden Anspannungsgrades sind die wesentlichen Arbeiten der Verbrauchsmengenplanung abgeschlossen. Durch die Multiplikation der Planmengen mit den Planpreisen ergeben sich die Plankosten je Kostenart. Die bezugsgrößenabhängigen Plankosten können sodann zur Bildung von Bezugsgrößenverrechnungssätzen herangezogen werden, die zur Erstellung von Plankalkulationen, zur laufenden Kostenabrechnung sowie zur Ermittlung der Sollkosten Verwendung finden. Im folgenden wird mit der Wahl des Kalkulationsverfahrens die betriebsindividuelle Gestaltung eines weiteren planungsperiodisch wiederkehrenden Ablaufelements der Grenzplankostenrechnung diskutiert.

3. Wahl des Kalkulationsverfahrens

Die Erstellung von Plankalkulationen ist neben der Planung der Bezugsgrößenhöhe und der Kostenplanung die dritte planungsperiodisch wiederkehrende Ablaufphase der Grenzplankostenrechnung. Plankalkulationen können in der Grundrechnung nur für standardisierte Erzeugnisse durchgeführt werden, da deren Aufbau bereits im Rahmen der Kostenplanung konkret bekannt sein muß. Sie kommen daher vor allem für Betriebe in Betracht, die ihre Erzeugnisse in Massen-, Großserien- und Sortenfertigung für den anonymen Markt herstellen. Zudem ist es für Betriebe mit Einzel- und Kleinserienfertigung, die individuelle Erzeugnisse nach dem Baukastenprinzip auf Bestellung produzieren, zweckmäßig, in der Grundrechnung Plankalkulationen für die einzelnen Baukastenelemente durchzuführen, um für konkrete Angebotskalkulationen schnell auf Kalkulationsunterlagen zurückgreifen zu können. Betriebe mit Einzel- und Kleinserienfertigung ohne Anwendung des Baukastenprinzips können dagegen keine Plankalkulationen in der Planungsphase der Grundrechnung erstellen. Vorkalkulationen zur Angebots- oder Auftragskalkulation werden in diesem Fall im Rahmen von Sonderrechnungen durchgeführt.[281]

[281] Vgl. hierzu die Ausführungen zur Vorkalkulation in der Plankostenrechnung in Kapitel D.-III.-3.-c)-aa) dieser Untersuchung.

Das Wesen der in der Grundrechnung zu erstellenden Plankalkulationen wird durch eine Reihe von Merkmalen geprägt, die bereits bei Einführung oder Überarbeitung der Grenzplankostenrechnung festgelegt werden. Hierzu zählen die Gliederung der Kostenträger, die Einteilung des Betriebes in Kostenstellen sowie die Bezugsgrößenwahl. Als planungsperiodisch zur Disposition stehendes Wesensmerkmal verbleibt die Wahl eines zweckmäßigen Kalkulationsverfahrens. Für die Grenzplankostenrechnung ist die unabhängig von urbildbedingten Einflußfaktoren der Kostenrechnungsgestaltung anwendbare Bezugsgrößenkalkulation als betriebsübergreifend zweckmäßiges Kalkulationsverfahren anzusehen,[282] da in der Grenzplankostenrechnung die Bezugsgrößen ohnehin für die Kostenplanung und kostenstellenweise Kostenkontrolle eingesetzt werden und daher auch für die Kalkulation genutzt werden können.

Ungeachtet der betriebsübergreifenden Anwendung der Bezugsgrößenkalkulation als primäres Kalkulationsverfahren kommen den verschiedenen Formen der Divisions-, Äquivalenz- und Kuppelkalkulation eine Bedeutung als sekundäre Verfahren zu, da sie als Spezialfälle im Rahmen der Bezugsgrößenkalkulation Anwendung finden.[283] Beispielsweise liegt in Kostenstellen mit einheitlicher Massenfertigung, bei der die Leistungsmengeneinheit als Bezugsgröße verwendet wird, eine einfache Divisionskalkulation in Bezug auf die Bezugsgrößeneinheit vor. In Kostenstellen mit Sortenfertigung, bei denen eine erzeugnismengenbezogene Bezugsgröße eines Einheitserzeugnisses zur Abbildung der Gemeinkosten eingesetzt wird, sind die Leistungsmengen der einzelnen Sorten mittels Äquivalenzziffern auf die Einheitsbezugsgröße umzurechnen. Des weiteren können in Kostenstellen mit Kuppelproduktion die verschiedenen Methoden der Kuppelkalkulation, z.B. die Restwertmethode oder die Verteilungsmethode nach dem Tragfähigkeitsprinzip,[284] zur Anwendung gelangen, um für Kalkulationszwecke oder für die Bestandsbewertung eine Aufteilung der verbundenen Kosten auf die Leistungsmengen der Kuppelprodukte zu erreichen. Die Zusammenhänge zwischen fertigungsorganisatorischen und -technischen Gegebenheiten der Betriebe und der Wahl zweckmäßiger Kalkulationsverfahren - Einflüsse auf die Art des Kalkulationsverfahrens ergeben sich insbesondere für die Art der Leistungswiederholung und die Art der fertigungstechnischen Verbundenheit der Erzeugnisse - lassen sich damit für die Grenzplankostenrechnung und der primär zur Anwendung kommenden Bezugs-

---

[282] Vgl. *Kilger*, Flexible Plankostenrechnung, S. 682 f.

[283] Vgl. *Kilger*, Flexible Plankostenrechnung, S. 683; *Haberstock*, Kostenrechnung II, S. 370.

[284] Zu den verschiedenen Bewertungsgrundlagen und Verfahren der Kuppelkalkulation vgl. *Schmalenbach*, Kostenrechnung, S. 249; *Beste*, Verrechnungspreise, S. 36 ff.; *Kilger*, Einführung, S. 356 ff.; *Mellerowicz*, Kostenrechnung, Bd. II, Zweiter Teil, S. 259 ff.

größenkalkulation weitgehend auf die Verhältnisse der Kostenstellen übertragen. Auf eine eingehende Auseinandersetzung mit diesem Problembereich wird in dieser Untersuchung aufgrund der ausführlichen Behandlung der betriebsspezifischen Wahl von Kalkulationsverfahren in der Literatur verzichtet.[285]

Mit der detaillierten, an den fertigungsorganisatorischen und -technischen Besonderheiten der Kostenstellen orientierten Ausgestaltung der Bezugsgrößenkalkulation sind die im Rahmen der planungsperiodischen Ablaufphase auftretenden Arbeiten zur konzeptionellen Verfeinerung der Grenzplankostenrechnung abgeschlossen. Im folgenden werden die abrechnungsperiodisch wiederkehrenden Ablaufelemente der Grenzplankostenrechnung daraufhin untersucht, inwiefern bei ihrer Gestaltung betriebsspezifische Gegebenheiten zu berücksichtigen sind.

III. Abrechnungsperiodisch festzulegende Gestaltungsmerkmale

Mit der Festlegung abrechnungsperiodisch auftretender Wesensmerkmale der Grenzplankostenrechnung wird die konzeptionelle Gestaltung der Grundrechnung abgeschlossen. Zu den abrechnungsperiodischen Ablaufbestandteilen der Grenzplankostenrechnung sind die laufende Verrechnung der Plankosten auf die Kostenträger, die Durchführung eines routinemäßigen Soll-Ist-Vergleichs zur Kostenkontrolle sowie die rechentechnische Behandlung entstehender Abweichungen zu zählen.

1. Gestaltung der laufenden Plankostenverrechnung

Die laufende Verrechnung der Plankosten auf die Kostenträger dient der Vorbereitung der Betriebsergebnisrechnung und ist daher unabhängig von betriebsspezifischen Besonderheiten fester Bestandteil der Grenzplankostenrechnung. Für Betriebe mit Produktion auf Bestellung ist die laufende kostenträgerweise Verrechnung der Plankosten zudem erforderlich, um endgültige Preisverhandlungen mit Hilfe von Selbstkostenkalkulationen auf Istkostenbasis führen und die Auftragsdurchführung anhand einer mitlaufenden oder abschließenden Auftragskalkulation kontrollieren zu können.[286]

---

[285] Für eine eingehende Auseinandersetzung sei verwiesen auf *Heber/Nowak*, S. 141 ff.; *Mellerowicz*, Kostenrechnung, Bd. II, Zweiter Teil, S. 247 ff.; *v. Kortzfleisch*, Divisionskalkulation, Sp. 420 ff.; *v. Kortzfleisch*, Äquivalenzziffernkalkulation, Sp. 45 ff.

[286] Vgl. *Milling*, Großanlagenbau, S. 73.

Das Wesen der laufenden kostenträgerbezogenen Plankostenverrechnung wird wesentlich durch die Art des gewählten Kalkulationsverfahrens - bei der Grenzplankostenrechnung durch die konkrete Ausgestaltung der Bezugsgrößenkalkulation -, durch die Art der verwendeten Bezugsgrößen sowie durch die Kostenträgergliederung bestimmt. Betriebsspezifische Besonderheiten der laufenden Abrechnung können damit zum Teil auf Besonderheiten dieser Wesensmerkmale, die bereits im Rahmen der Einführung oder grundlegenden Überarbeitung der Kostenrechnung oder im Zusammenhang mit planungsperiodisch auftretenden Ablaufelementen der Grenzplankostenrechnung festzulegen sind, zurückgeführt werden.[287] Das Wesen der laufenden Kostenverrechnung wird zudem durch rechnungsorganisatorische Maßnahmen bestimmt. Als Beispiele sind die Entscheidung für die buchhalterische oder die tabellarische Durchführung der Kostenrechnung, die organisatorische Eingliederung der Kostenrechnung in das betriebliche Rechnungswesen, insbesondere die Gestaltung der Beziehungen zur Finanzbuchhaltung, sowie die Wahl zwischen dem Umsatz- und dem Gesamtkostenverfahren zu nennen.[288] Dabei handelt es sich um Gestaltungsmaßnahmen, die in der Regel längerfristig Gültigkeit besitzen und nicht nur im Hinblick auf die Gestaltung der kostenrechnerischen Grundrechnung, sondern unter Berücksichtigung der Anforderungen von Sonderrechnungen sowie anderer Zweige und Instrumente des betrieblichen Rechnungswesens wie z.B. der Jahresabschlußrechnung zu treffen sind.

2. Gestaltung des routinemäßigen Soll-Ist-Vergleichs

Die abrechnungsperiodisch im Rahmen der Grundrechnung durchzuführende Kostenkontrolle kann in die Teilphasen Erfassung, Verrechnung und Auswertung untergliedert werden.

Zur Erstellung eines Soll-Ist-Vergleichs sind zunächst die Istkosten sowie die Istbezugsgrößen zu ermitteln. Dabei sind vor allem erfassungstechnische Gestaltungsaufgaben zu lösen, die durch den betriebsindividuellen Entwicklungsstand vorgelagerter Datenerfassungssysteme, beispielsweise durch die Qualität der Betriebsdatenerfassung und der Abgrenzungsrechnung zur Finanzbuchhaltung, wesentlich beeinflußt werden. Für die Istkostenermittlung sind in diesem Zusammenhang die Verfahren der Verbrauchsmengenerfassung und -bewertung auszuwählen, wobei weniger den betriebsspezifi-

[287] Vgl. hierzu die entsprechenden Ausführungen in den Kapiteln E.-I. und E.-II. dieser Untersuchung.

[288] Vgl. *Mellerowicz*, Plankostenrechnung, Bd. II, S. 300 ff.; *Käfer*, S. 366 ff.; *Götzinger/Michael*, S. 172 ff.

schen Besonderheiten des Betriebes, sondern vielmehr der zu erfassenden Kostenart ein Einfluß auf die Wahl des Verfahrens zuzusprechen ist.

Hinsichtlich der Istbezugsgrößenerfassung ist zwischen der retrograden und der direkten Erfassungsmethode zu entscheiden. Während die Istbezugsgrößen bei der retrograden Erfassung aus den erstellten Leistungseinheiten abgeleitet werden, ergeben sich die Istbezugsgrößen bei der direkten Methode unmittelbar durch die Messung der geleisteten Bezugsgrößeneinheiten.[289] Werden als Bezugsgrößen unmittelbar die Mengeneinheiten der erstellten Leistungen verwandt, wie z.B. in Kostenstellen mit homogener Kostenverursachung und gleichartiger Leistungserstellung, führen beide Verfahren zu demselben Ergebnis.[290] In Kostenstellen, die durch homogene Kostenverursachung bei verschiedenartiger Leistungserstellung oder durch heterogene Kostenverursachung gekennzeichnet sind, können die Verfahren zu unterschiedlichen Ergebnissen führen, da in den direkt ermittelten Bezugsgrößen Mehrverbrauchsmengen oder -zeiten enthalten sein können, die auf Unwirtschaftlichkeiten zurückzuführen sind. In diesen Fällen ist grundsätzlich die Durchführung der retrograden Methode zweckmäßig.[291] Ihre Anwendung erfordert allerdings die Meßbarkeit der erstellten Leistung, die in Hilfskostenstellen mit indirekten Bezugsgrößen nicht gegeben ist.[292] Die Verfahrenswahl der Istbezugsgrößenermittlung ist damit primär von der Art der Bezugsgröße abhängig. Betriebsspezifische Einflüsse auf die Verfahrenswahl lassen sich damit indirekt über die Art der zu wählenden Bezugsgröße, das Auftreten unterschiedlicher Ursachen homogener und heterogener Kostenverursachung sowie die Art der Kostenstelleneinteilung ableiten, so daß auf die vorangehenden Ausführungen verwiesen werden kann.[293]

Der Istkosten- und Istbezugsgrößenerfassung schließt sich die Ermittlung der Sollkosten je Kostenstelle, Bezugsgröße und Kostenart sowie die Errechnung standardmäßiger Soll-Istkosten-Abweichungen an. Dabei handelt es sich um rein rechentechnische Vorgänge, die nicht durch fertigungstechnische oder -organisatorische Besonderheiten des Betriebes, sondern in

---

[289] Vgl. *Kilger*, Flexible Plankostenrechnung, S. 598 f.; *Haberstock*, Kostenrechnung II, S. 298 f.

[290] Vgl. *Haberstock*, Kostenrechnung II, S. 300.

[291] Vgl. *Vormbaum/Rautenberg*, S. 223; *Haberstock*, Kostenrechnung II, S. 299 f.

[292] In diesen Fällen kommen spezielle Verfahren zur Anwendung, bei denen anhand bestimmter Ersatzgrößen, z.B. der Istbezugsgrößen der empfangenden Kostenstellen, die Istbezugsgrößen der Hilfskostenstellen abgeleitet werden. Vgl. *Kilger*, Flexible Plankostenrechnung, S. 599 f.

[293] Vgl. die entsprechenden Abschnitte in Kapitel E.-I. dieser Untersuchung.

erster Linie durch die betriebsspezifische Leistungsfähigkeit der Datenverarbeitung beeinflußt werden.

Mit dem Ausweis globaler Verbrauchs- und routinemäßig ermittelter Spezialabweichungen in der Grundrechnung ist die Basis für eine Abweichungsauswertung gegeben, bei der durch eine eingehende Untersuchung einzelner Abweichungen sowie durch die Ermittlung weiterer Spezialabweichungen im Rahmen von Sonderrechnungen eine Ursachenanalyse vorgenommen wird. In Kostendurchsprachen werden die Abweichungsursachen abschließend geklärt und Maßnahmen zur zukünftigen Vermeidung von Unwirtschaftlichkeiten festgelegt.[294] Auf die konkrete Durchführung der Abweichungsauswertung wird im folgenden nicht näher eingegangen, da die Abweichungsauswertung nicht Bestandteil der kostenrechnerischen Grundrechnung ist.

3. Gestaltung der Abweichungsverrechnung

Für die routinemäßige rechentechnische Behandlung der in der Grundrechnung ausgewiesenen Abweichungen stehen grundsätzlich drei Vorgehensweisen zur Auswahl: Es kann erstens eine vollständige erfolgswirksame Übernahme aller Abweichungen in die Betriebsergebnisrechnung erfolgen, zweitens können alle Abweichungen auf die Kostenträger zugerechnet und damit eine bestandsmäßige Abgrenzung der Abweichungen erreicht werden, und drittens kann sich die Kostenträgerzurechnung auf einen Teil der Abweichungen beschränken, während der Rest erfolgswirksam in die Betriebsergebnisrechnung geführt wird.[295] Die Entscheidung für eine dieser Verfahrensweisen wird vor allem durch die angestrebte Aussagefähigkeit und die Organisationsform der Betriebsergebnisrechnung bestimmt.[296] In der Literatur hat sich die Auffassung durchgesetzt, daß zur aussagefähigen Erfolgskontrolle und -analyse im Rahmen einer geschlossenen Kostenträgerrechnung Abweichungen, die auf Unwirtschaftlichkeiten zurückzuführen sind, ohne Bestandsabgrenzung unmittelbar der Periode ihrer Entstehung erfolgswirksam belastet werden sollten, während auftrags- und produktbedingte Abweichungen auf die Kostenträger zu verrechnen sind, um eine

---

[294] Vgl. hierzu *Plaut/Müller/Medicke*, S. 186 ff.; *Mellerowicz*, Plankostenrechnung, Bd. II, S. 247 ff.

[295] Vgl. *Beste*, Erfolgsrechnung, S. 454.

[296] Zur geschlossenen Kostenträgerrechnung und zur Artikelergebnisrechnung als Organisationsformen der Betriebsergebnisrechnung und der dabei stattfindenden unterschiedlichen Behandlung von Abweichungen vgl. *Kilger*, Flexible Plankostenrechnung, S. 759 ff.; *Medicke*, Kostenträgerrechnung, S. 37 ff.

richtige Periodisierung dieser Erfolgsbestandteile zu gewährleisten.[297] Die eindeutige Zurechenbarkeit von Abweichungen auf die Kostenträger wird dabei wesentlich durch die Abweichungsart und deren Einzel- oder Gemeinkostencharakter bestimmt.[298] Einflüsse betriebsspezifischer Besonderheiten auf die kostenträgerbezogene Zurechenbarkeit von Abweichungen lassen sich indessen kaum feststellen.

Über die Vorbereitung der Betriebsergebnisrechnung hinaus kann die Verrechnung von Abweichungen auch zur Erstellung von Nachkalkulationen erforderlich sein. Für Betriebe mit Produktion auf Bestellung, die zur Preisermittlung auf der Basis effektiver Selbstkosten oder zur Auftragsdurchführungskontrolle auf eine genaue Nachkalkulation auf Istkostenbasis angewiesen sind, ist es häufig zweckmäßig, alle entstandenen Abweichungen auf die Kostenträger und Aufträge zuzurechnen. Betriebe mit Produktion für den anonymen Markt benötigen dagegen in der Regel keine Nachkalkulation ihrer Erzeugnisse und können für diesen Zweck auf eine kostenträgerbezogene Abweichungsverrechnung verzichten.[299]

Eine Besonderheit der Abweichungsbehandlung kann sich insbesondere für Betriebe mit Fließfertigung dadurch ergeben, daß aufgrund der fertigungsorganisatorischen Verbundenheit und Abhängigkeit der Kostenstellen die für eine Kostenstelle ausgewiesenen Verbrauchsabweichungen durch vor- oder nachgelagerte Fertigungskostenstellen verursacht werden. Beispielsweise können Maschinenausfälle einer vorgelagerten Kostenstelle zu Störungen im Produktionsablauf nachfolgender Kostenstellen führen, die dort zur Entstehung von Verbrauchsabweichungen bei Arbeits- und Betriebsstoffkosten beitragen. Um feststellen zu können, welche Kostenabweichungen durch Unwirtschaftlichkeiten einer Kostenstelle gesamtbetrieblich anfallen, ist es denkbar, im Anschluß an die erste kostenstellenweise Abweichungsanalyse eine innerbetriebliche Abweichungsverrechnung durchzuführen und anschließend eine zweite, nunmehr auf die gesamtbetrieblichen Auswirkungen der in der Kostenstelle aufgetretenen Unwirtschaftlichkeiten gerichtete Abweichungsbeurteilung vorzunehmen.

Über die genannten betriebsspezifischen Besonderheiten hinaus kommt der Art der Abweichungsursache ein Einfluß auf die Art der Abweichungsverrechnung zu. Die Art der Abweichungsursache wird zum Teil durch fer-

---

[297] Vgl. hierzu *Beste*, Erfolgsrechnung, S. 298 u. S. 459; *Wille*, S. 148 ff.; *Heiner*, S. 195 ff. Nach *Plaut/Müller/Medicke* ist es in der Praxis üblich, sämtliche Verbrauchsabweichungen den Kostenträgern zuzurechnen. Vgl. *Plaut/Müller/Medicke*, S. 278.

[298] Vgl. hierzu *Plaut/Müller/Medicke*, S. 276 ff.; *Kilger*, Abweichungen, S. 503 ff.; *Heiner*, S. 198 f.

[299] Vgl. *Kilger*, Flexible Plankostenrechnung, S. 723 ff. u. S. 740 ff.

tigungstechnische und -organisatorische Besonderheiten des Betriebes und der Kostenstellen bestimmt. Spezialabweichungen wie z.B. Seriengrößen-, Bedienungsverhältnis-, Intensitäts- und Ausbeutegradabweichungen sind mit dem Auftreten verschiedener Formen heterogener Kostenverursachung verbunden, für die bereits ein entsprechender Zusammenhang zu betriebsspezifischen Besonderheiten im Fertigungsbereich aufgezeigt werden konnte.[300] Für Abweichungsursachen, die auf unwirtschaftliches Verhalten zurückzuführen sind, lassen sich indessen kaum Verbindungen zu betriebsspezifischen Merkmalen der Betriebe herstellen.

---

[300] Vgl. die Ausführungen in Kapitel E.-I.-4.-b)-bb) dieser Untersuchung.

F. Schlußbemerkung

Wie die vorliegende Untersuchung zeigt, stellt die Kostenrechnung nicht ein für alle betrieblichen Erscheinungsformen in gleicher Weise zu gestaltendes Informationsinstrument dar, sondern sie ist an die individuellen Gegebenheiten des Betriebes anzupassen, wenn sie die ihr zugewiesenen Zwecke erfüllen soll. Die Kenntnis der Zusammenhänge zwischen der betrieblichen Situation und den Wesensmerkmalen der Kostenrechnung ist daher eine wichtige Voraussetzung für die zweckmäßige Aufbau- und Ablaufgestaltung der Kostenrechnung. Mit der Systematisierung gestaltungsrelevanter Einflußfaktoren in informationsbedarfsbezogene Einflüsse, urbildbedingte Einflüsse und Rahmenbedingungen der Kostenrechnungsgestaltung wurde eine Grundlage geschaffen, die zur Beschreibung und Erklärung dieser Zusammenhänge beiträgt. Weiterhin konnte für die kostenrechnerische Grundrechnung der Industriebetriebe dargestellt werden, welche konkreten Auswirkungen sich für den Aufbau und den Ablauf der Kostenrechnung durch die Berücksichtigung betriebsspezifischer Besonderheiten ergeben.

Die vorliegende Untersuchung hat weiterhin gezeigt, daß die Kostenrechnungstheorie der Weiterentwicklung in Richtung einer situativen Betrachtung der Kostenrechnungsgestaltung bedarf, um differenzierte theoriegeleitete Handlungsempfehlungen für die Praxis geben zu können. Über die Vertiefung einzelner Aspekte des in dieser Arbeit behandelten Untersuchungsbereichs hinaus stellen die Auseinandersetzung mit der betriebsindividuellen Gestaltung von Sonderrechnungen, die Berücksichtigung von betrieblichen Erscheinungsformen außerhalb des industriellen Bereiches sowie die Überprüfung theoretischer Erkenntnisse durch empirische Untersuchungen wichtige Felder zukünftiger kostenrechnungstheoretischer Forschung dar.

Literaturverzeichnis

Abel, B.: Denken in theoretischen Modellen als Leitidee der Wirtschaftswissenschaften, in: Raffée, H./Abel, B. (Hrsg.): Wissenschaftstheoretische Grundfragen der Wirtschaftswissenschaften, München 1979, S. 138-160.

Abromeit, G.: Erzeugnisplanung und Produktionsprogramm im Lichte der Produktions-, Absatz- und Wettbewerbspolitik, Wiesbaden 1955.

Adam, D.: Entscheidungsorientierte Kostenbewertung, Wiesbaden 1970.

Agthe, K.: Kostenplanung und Kostenkontrolle im Industriebetrieb, Baden-Baden 1963.

- Stufenweise Fixkostendeckung im System des Direct Costing, in: ZfB, 29. Jg. 1959, S. 404-418.
- Zur stufenweisen Fixkostendeckung, in: ZfB, 29. Jg. 1959, S. 742-748.

Albach, H.: Innerbetriebliche Lenkpreise als Instrument dezentraler Unternehmensführung, in: ZfbF, 26. Jg. 1974, S. 216-242.

- Kosten, Transaktionen und externe Effekte im betrieblichen Rechnungswesen, in: ZfB, 58. Jg. 1988, S. 1143-1170.

Albert, H.: Modell-Platonismus, Der neoklassische Stil des ökonomischen Denkens in kritischer Beleuchtung, in: Karrenberg, F./Albert, H. (Hrsg.): Sozialwissenschaft und Gesellschaftsgestaltung, Festschrift für Gerhard Weisser, Berlin 1963, S. 45-76.

- Probleme der Theoriebildung; Entwicklung, Struktur und Anwendung sozialwissenschaftlicher Theorien, in: Albert, H. (Hrsg.): Theorie und Realität, Ausgewählte Aufsätze zur Wissenschaftslehre der Sozialwissenschaften, Tübingen 1964, S. 3-70.

Albrecht, K.: Verbundene Kosten, Diss., Berlin 1934.

Angermann, A.: Industrielle Planungsrechnung, Erster Band: Entscheidungsmodelle, Frankfurt a.M. 1963.

Arbeitskreis Diercks der Schmalenbach-Gesellschaft: Der Verrechnungspreis in der Plankostenrechnung, in: ZfbF, 16. Jg. 1964, S. 613-668.

Arbeitskreis Hax der Schmalenbach-Gesellschaft: Der Preis als Instrument der Absatzpolitik, in: ZfbF, 32. Jg. 1980, S. 701-720.

Backhaus, K.: Auftragsplanung im industriellen Anlagengeschäft, Stuttgart 1980.

Bauch, G./*Oestreicher*, A.: Handels- und Steuerbilanzen, Einschließlich der Systematik betrieblicher Ertrag- und Substanzsteuern und der Vermögensaufstellung, 5., neubearbeitete und erweiterte Auflage, Heidelberg 1993.

Baugut, G./*Krüger*, S.: Unternehmensführung, Modelle - Strategien - Techniken, Opladen 1976.

Becker, H.D.: Die Anforderungen der Preispolitik an die Gestaltung der Kostenrechnung, Diss., Frankfurt a.M. 1962.

Becker, H.P.: Verwendung und Gestaltung der Kosten- und Leistungsrechnung in mittelgroßen Industrieunternehmen, Darmstadt 1984.

Berger, K.-H.: Grundsätze und Richtlinien für das Rechnungswesen der Unternehmung, in: Kosiol, E./Chmielewicz, K./Schweitzer, M. (Hrsg.): HWR, 2., völlig neu gestaltete Auflage, Stuttgart 1981, Sp. 714-724.

- Organisationstypen der Produktion, in: Agthe, K./Blohm, H./Schnaufer, E. (Hrsg.): Industrielle Produktion, Baden-Baden/Bad Homburg v.d.H. 1967, S. 177-188.

Bergner, H.: Der Ersatz fixer Kosten durch variable Kosten, in: ZfbF, 19. Jg. 1967, S. 141-162.

- Die Planung des Zukunftserfolges bei der Bewertung der Unternehmung als Ganzem, in: Ries, J./v. Kortzfleisch, G. (Hrsg.): Betriebswirtschaftliche Planung in industriellen Unternehmungen, Festgabe für Professor Dr. Theodor Beste, Berlin 1959, S. 175-209.

- Leistungsverrechnung, innerbetriebliche, in: Grochla, E./Wittmann, W. (Hrsg.): HWB, 4., völlig neu gestaltete Auflage, Stuttgart 1975, Sp. 2483-2496.

- Sonderkosten, in: Kosiol, E. (Hrsg.): HWR, Stuttgart 1970, Sp. 1596-1603.

- Versuch einer Filmwirtschaftslehre, Bd. 1/III, Berlin 1966.

- Vorbereitung der Produktion, physische, in: Kern, W. (Hrsg.): HWProd, Stuttgart 1979, Sp. 2173-2186.

- Zum Modellcharakter des Kontenrahmens, in: Bergner, H. (Hrsg.): Planung und Rechnungswesen in der Betriebswirtschaftslehre, Festgabe für Gert v. Kortzfleisch zum 60. Geburtstag, Berlin 1981, S. 407-455.

- Zur betrieblichen Planung und ihrer frühen literarischen Behandlung, in: v. Kortzfleisch, G./Bergner, H. (Hrsg.): Betriebswirtschaftliche Unternehmensführung, Gedächtnisschrift für Theodor Beste, Berlin 1975, S. 1-56.

Bergner, H./*Schehl*, M.: Zur Ermittlung der Herstellungskosten in Handels- und Steuerbilanz aus der Kostenrechnung, in: Milling, P. (Hrsg.): Systemmanagement und Managementsysteme, Festgabe für Gert v. Kortzfleisch zum 70. Geburtstag, Berlin 1991, S. 299-342.

Berthel, J.: Informationsbedarf, in: Frese, E. (Hrsg.): HWO, 3., völlig neu gestaltete Auflage, Stuttgart 1992, Sp. 872-886.

- Modelle, allgemein, in: Kosiol, E. (Hrsg.): HWR, Stuttgart 1970, Sp. 1122-1129.

Bertsch, L.H.: Expertensystemgestützte Dienstleistungskostenrechnung, Diss., Stuttgart 1991.

Beste, Th.: Der Stand der betriebswirtschaftlichen Planung, in: ZfhF, 36. Jg. 1942, S. 117-136 u. S. 174-211.

- Die Kurzfristige Erfolgsrechnung, 2., erweiterte Auflage, Köln/Opladen 1962.

- Die optimale Betriebsgröße als betriebswirtschaftliches Problem, Leipzig 1933.

- Die Produktionsplanung, in: ZfhF, 32. Jg. 1938, S. 345-371.

- Die Verrechnungspreise in der Selbstkostenrechnung industrieller Betriebe, Berlin 1924.

- Fertigungsstufen, in: Seischab, H./Schwantag, K. (Hrsg.): HWB, 3., völlig neu bearbeitete Auflage, Bd. I, Stuttgart 1956, Sp. 1757-1762.

- Fertigungsverfahren, in: Seischab, H./Schwantag, K. (Hrsg.): HWB, 3., völlig neu bearbeitete Auflage, Bd. I, Stuttgart 1956, Sp. 1764-1774.

- Fertigungswirtschaft und Beschaffungswesen, in: Hax, K./Wessels, Th. (Hrsg.): Handbuch der Wirtschaftswissenschaften, Bd. 1, Betriebswirtschaft, 2., überarbeitete und erweiterte Auflage, Köln/Opladen 1966, S. 111-275.

- Größere Elastizität durch unternehmerische Planung vom Standpunkt der Wissenschaft, in: ZfhF, Neue Folge, 10. Jg. 1958, S. 75-106.

- Planung in der Unternehmung, in: Kongreß-Archiv 1938 des V. Internationalen Prüfungs- und Treuhand-Kongresses, Berlin 1938, Bd. B, Fachthema 2: Planung, S. 63-106.

- Verwaltungsaufbau und betriebliches Rechnungswesen, in: Festschrift für Eugen Schmalenbach, Dr. rer. pol., Dr. jur. h. c., Dr. oec. h. c., Professor der Betriebswirtschaftslehre Köln, gewidmet von Schülern und vom Verlage, Leipzig 1933, S. 97-140.

- Was ist Leistung in der Betriebswirtschaftslehre?, in: ZfhF, 38. Jg. 1944, S. 1-18.

Betriebswirtschaftlicher Ausschuß des Verbandes der Chemischen Industrie e.V. (Hrsg.): Kostenrechnung in der Chemischen Industrie, Wiesbaden 1962.

Bidlingmaier, J./*Schneider*, D.J.G.: Ziele, Zielsysteme und Zielkonflikte, in: Grochla, E./Wittmann, W. (Hrsg.): HWB, 4., völlig neu gestaltete Auflage, Stuttgart 1976, Sp. 4731-4740.

Binnewies, J.: Betriebswirtschaftliche Besonderheiten bei der Chargenfertigung unter besonderer Berücksichtigung der Kostenabhängigkeiten, Diss., Münster 1957.

Bleicher, K.: Führungsstile, Führungsformen und Organisationsformen, in: ZfO, 38. Jg. 1969, S. 31-40.

Bleicher, K./*Meyer*, E.: Führung in der Unternehmung, Formen und Modelle, Hamburg 1976.

Blohm, H./*Lüder*, K.: Investition, Schwachstellen im Investitionsbereich des Industriebetriebes und Wege zu ihrer Beseitigung, 6., überarbeitete und erweiterte Auflage, München 1988.

Böckel, J.-J./*Hoepfner*, F.G.: Moderne Kostenrechnung, lernpsychologisch aufbereitet, 2., verbesserte Auflage, Stuttgart/Berlin/Köln/Mainz 1974.

Böhm, H.-H./*Wille*, F.: Deckungsbeitragsrechnung, Grenzpreisrechnung und Optimierung, 5., neubearbeitete und erweiterte Auflage, München 1974.

Bohr, K.: Wirtschaftlichkeit, in: Kosiol, E./Chmielewicz, K./Schweitzer, M. (Hrsg.): HWR, 2., völlig neu gestaltete Auflage, Stuttgart 1981, Sp. 1795-1805.

- Zur Produktionstheorie der Mehrproduktunternehmung, Traditionelle Theorie und Lineare sowie Nichtlineare Programmierung, Köln/Opladen 1967.

Böhrs, H.: Arbeitsstudien in der Betriebswirtschaft, Wiesbaden 1967.

- Zeitstudie und Vorgabezeit, in: Böhrs, H./Bramesfeld, E./Euler, H./Pentzlin, K. (Hrsg.): Einführung in das Arbeits- und Zeitstudium, 2., überarbeitete Auflage, München 1954, S. 80-87.

Borchert, D.: § 275, in: Küting, K./Weber, C.-P. (Hrsg.): Handbuch der Rechnungslegung, Kommentar zur Bilanzierung und Prüfung, 3., grundlegend überarbeitete und wesentlich erweiterte Auflage, Stuttgart 1990, S. 1483-1575.

Börner, D.: Einzelkosten und ihre Verrechnung, in: Kosiol, E. (Hrsg.): HWR, Stuttgart 1970, Sp. 439-444.

- Gemeinkosten und ihre Verrechnung, in: Kosiol, E. (Hrsg.): HWR, Stuttgart 1970, Sp. 562-570.

- Grundprobleme des Rechnungswesens, in: WiSt, 2. Jg. 1973, S. 153-158 u. 205-210.

Brankamp, K.: Leitfaden zur Einführung einer Fertigungssteuerung, Methoden, Hilfsmittel, Fallstudien, Essen 1977.

Brecht, U.: Die Materialwirtschaft industrieller Unternehmungen, Kennzeichnung ihrer Aufgaben, Ziele und Rahmenbedingungen, Diss., Berlin 1993.

Brink, H.-J.: Die Bedeutung der Kostenrechnung für die Steuerung mehrstufiger Unternehmungen, in: DB, 23. Jg. 1970, S. 792-797 u. S. 843-846.

- Die Kosten- und Leistungsrechnung (KLR) als Element des betrieblichen Planungs- und Kontrollsystems in deutschen Unternehmungen, in: Dams, Th./Mizuno, M. (Hrsg.): Entscheidungsprozesse auf mikro- und makroökonomischer Ebene, dargestellt an ausgewählten Beispielen in Japan und in der Bundesrepublik Deutschland, Berlin 1985, S. 275-295.

- Die Kosten- und Leistungsrechnung im System der Unternehmungsrechnung, in: BFuP, 30. Jg. 1978, S. 565-576.

- Einflußfaktoren auf die Gestaltung der Kostenrechnungssysteme, in: Männel, W. (Hrsg.): Handbuch der Kostenrechnung, Wiesbaden 1992, S. 167-181.

- Kostenträger und Leistungsträger, in: Kosiol, E./Chmielewicz, K./Schweitzer, M. (Hrsg.): HWR, 2., völlig neu gestaltete Auflage, Stuttgart 1981, Sp. 1097-1105.

Brittinger, Th.: Betriebswirtschaftliche Aspekte des Industriebaues, Eine Analyse der baulichen Gestaltung industrieller Fertigungsstätten, Diss., Berlin 1992.

Brunner, M.: Planung in Saisonunternehmungen, Zeitliche Abstimmung zwischen Fertigungs- und Absatzvolumen bei saisonalen Absatzschwankungen, Köln/Opladen 1962.

Büchner, S.: Die Auswertung der Kostenrechnung in der Eisen schaffenden Industrie, Diss., Köln 1958.

Buddeberg, H.: Über die Vergleichbarkeit der Handelsbetriebe, Köln/Opladen 1955.

Bühner, R.: Personalentwicklung für neue Technologien in der Produktion, Stuttgart 1986.

Bundesverband der Deutschen Industrie e.V. (Hrsg.): Empfehlungen zur Kosten- und Leistungsrechnung, Bd. 1, Kosten- und Leistungsrechnung als Istrechnung, 2. Auflage, überarbeitet in Anpassung an die Neufassung '86 des Industriekontenrahmens, Köln/Bergisch Gladbach 1988.

Bundesverband deutscher Banken e.V. (Hrsg.): Fragen der Bankkostenrechnung, Arbeitspapiere der Kommission für Kostenrechnung des Bundesverbandes deutscher Banken, Köln 1977/1980.

Bürgin, U.O.: Der kooperative Führungsstil, Ansatz zu einem Führungsmodell, Bern/Stuttgart 1972.

Busse von Colbe, W.: Die Planung der Betriebsgröße, Wiesbaden 1964.

Chladek, G.: Fertigungstyp und Plankostenrechnung, Versuch einer Typenbildung innerhalb der Plankostenrechnung gemäß den unterschiedlichen Produktionsverhältnissen und vergleichende Untersuchung der Typen, Diss., Mannheim 1955.

Chmielewicz, K.: Anmerkungen zum Umsatzkostenverfahren, in: DBW, 47. Jg. 1987, S. 165-176.

- Forschungskonzeptionen der Wirtschaftswissenschaft, 2., überarbeitete und erweiterte Auflage, Stuttgart 1979.

Coenenberg, A.G.: Die Bedeutung fertigungswirtschaftlicher Lernvorgänge für Kostentheorie, Kostenrechnung und Bilanz, in: krp, o. Jg. 1970, S. 111-116.

- Die Kommunikation in der Unternehmung, Wiesbaden 1966.

- Kostenrechnung und Kostenanalyse, Landsberg am Lech 1992.

- Zur Bedeutung der Anspruchsniveau-Theorie für die Ermittlung von Vorgabekosten, in: DB, 23. Jg. 1970, S. 1137-1141.

Cyert, R.M./*March*, J.G.: A Behavioral Theory of Organizational Objectives, in: Haire, M. (Hrsg.): Modern Organization Theory, A Symposium of the Foundation for Research on Human Behavior, 4. Printing, New York/London/Sydney 1965, S. 76-90.

-/- A Behavioral Theory of the Firm, Englewood Cliffs, New Jersey 1963.

Däumler, K.-D./*Grabe*, J.: Kalkulationsvorschriften bei öffentlichen Aufträgen, Einführung und Wortlaut der wichtigsten Bestimmungen, Herne/Berlin 1984.

Dellmann, K.: Rechnungswesen, Systematik des, in: Kosiol, E./Chmielewicz, K./Schweitzer, M. (Hrsg.): HWR, 2., völlig neu gestaltete Auflage, Stuttgart 1981, Sp. 1415-1425.

- Zum Stand der betriebswirtschaftlichen Theorie der Kostenrechnung, in: ZfB, 49. Jg. 1979, S. 319-332.

Diehl, H.: Probleme der Preisfindung im industriellen Anlagengeschäft, in: Engelhardt, W.H./Laßmann, G. (Hrsg.): Anlagen-Marketing, ZfbF-Sonderheft 7/1977, Opladen 1977, S. 173-184.

Diercks, H./*Petzold*, F.: Betriebsüberwachung durch Plankostenrechnung, in: ZfhF, Neue Folge, 3. Jg. 1951, S. 490-501.

Dinkelbach, W.: Entscheidungstheorie, in: Wittmann, W. u.a. (Hrsg.): HWB, 5., völlig neu gestaltete Auflage, Teilband 1, Stuttgart 1993, Sp. 929-943.

- Modell - ein isomorphes Abbild der Wirklichkeit?, in: Grochla, E./Szyperski, N. (Hrsg.): Modell- und computer-gestützte Unternehmungsplanung, Wiesbaden 1973, S. 151-162.

Dorn, G.: Die Entwicklung der industriellen Kostenrechnung in Deutschland, Berlin 1961.

Drumm, H.J.: Automatisierung, Mechanisierung und, in: Kern, W. (Hrsg.): HWProd, Stuttgart 1979, Sp. 286-292.

Dyckhoff, H.: Entscheidungsrelevanz von Fixkosten im Rahmen operativer Planungsrechnungen - Ergänzungen zu den Überlegungen von Maltry, in: BFuP, 43. Jg. 1991, S. 254-261.

Ebisch, H./*Gottschalk*, J.: Preise und Preisprüfungen bei öffentlichen Aufträgen einschließlich Bauaufträge, Kommentar, 5., neubearbeitete Auflage, München 1987.

Egner, H.: Gegenüberstellung Gesamtkosten- und Umsatzkostenverfahren, in: Castan, E. u.a. (Hrsg.): Beck'sches Handbuch der Rechnungslegung, Bd. 1, Erg.Lief. 1, München 1987, B 310.

Ehrt, R.: Die Zurechenbarkeit von Kosten auf Leistungen auf der Grundlage kausaler und finaler Beziehungen, Stuttgart/Berlin/Köln/Mainz 1967.

Einkommensteuer-Richtlinien in der Fassung der Bekanntmachung vom 10. November 1990, BStBl. I, Sondernummer 4.

Eisfeld, C.: Zur Lehre von der Gestaltung der Unternehmung, in: ZfhF, Neue Folge, 3. Jg. 1951, S. 289-320.

Ellinger, Th.: Ablaufplanung, Grundfragen der Planung des zeitlichen Ablaufs der Fertigung im Rahmen der industriellen Produktionsplanung, Stuttgart 1959.

Elm, W.A.: Das Informationssystem als Mittel der Unternehmensführung, Diss., Berlin 1971.

Engel, K.H./*Bösherz*, F.: Die Automation und ihre Probleme, in: Agthe, K./Blohm, H./Schnaufer, E. (Hrsg.): Industrielle Produktion, Baden-Baden/Bad Homburg v.d.H. 1967, S. 201-225.

Erlaß des Reichs- und Preuß. Wirtschaftsministers und des Reichskommissars für die Preisbildung vom 11. November 1937: Richtlinien zur Organisation der Buchführung (Im Rahmen eines geordneten Rechnungswesens), abgedruckt in: Fischer, J./Heß, O./Seebauer, G. (Hrsg.): Buchführung und Kostenrechnung, Leipzig 1939, S. 383-385.

Erlaß des Reichswirtschaftsministers und des Reichskommissars für die Preisbildung vom 16. Januar 1939: Allgemeine Grundsätze der Kostenrechnung, abgedruckt in: Fischer, J./Heß, O./Seebauer, G. (Hrsg.): Buchführung und Kostenrechnung, Leipzig 1939, S. 415-421.

Eversheim, W./*Koch*, R.: Systematische Angebotsplanung in der Investitionsgüterindustrie, in: Backhaus, K. (Hrsg.): Planung im industriellen Anlagengeschäft, Düsseldorf 1984, S. 113-151.

Fassbender, W.: Betriebsindividuelle Kostenerfassung und Kostenauswertung, Eine Studie unter betriebsinternen Gesichtspunkten auf der Grundlage statistischer Methoden und ausschließlich direkter Kostenzuordnung, Diss., Frankfurt a.M. 1964.

Fell, F.: Überwachung überseeischer Bergbau-Beteiligungen mit Hilfe von Tageskostenrechnungen und monatlichen Erfolgsrechnungen, in: v. Kortzfleisch, G. (Hrsg.): Aus der Praxis der Kurzfristigen Erfolgsrechnung, Festgabe für Professor Dr. Dr. h. c. Theodor Beste, Berlin 1964, S. 19-33.

Felscher, K.: Krisenursachen und rechnungsgestützte Früherkennung, Die Eignung ausgewählter Subsysteme des Rechnungswesens zur Diagnose von Gefährdungstatbeständen, Diss., Pfaffenweiler 1988.

Feuerbaum, E.: Das Rechnungswesen in einem Unternehmen des Großanlagenbaus, Ein Beispiel integrierter elektronischer Datenverarbeitung, in: DB, 31. Jg. 1978, S. 993-998 u. S. 1041-1046.

Fischer, J./*Heß*, O./*Seebauer*, G.: Buchführung und Kostenrechnung, Leipzig 1939.

Fischer, K.-P.: Industrielle Vertriebskostenrechnung, Diss., Stuttgart 1963.

Fischer-Winkelmann, W.F.: Methodologie der Betriebswirtschaftslehre, München 1971.

Flechtner, H.-J.: Grundbegriffe der Kybernetik, Eine Einführung, Stuttgart 1966.

Franke, R.: Betriebsmodelle, Rechensysteme für Zwecke der kurzfristigen Planung, Kontrolle und Kalkulation, Düsseldorf 1972.

Franz, K.-P.: Die Prozeßkostenrechnung, Darstellung und Vergleich mit der Plankosten- und Deckungsbeitragsrechnung, in: Ahlert, D./Franz, K.-P./Göppl, H. (Hrsg.): Finanz- und Rechnungswesen als Führungsinstrument, Herbert Vormbaum zum 65. Geburtstag, Wiesbaden 1990, S. 109-136.

Franzen, W.: Entscheidungswirkungen von Kosteninformationen, Eine experimentelle Untersuchung zum Einfluß von Voll- und Teilkosteninformationen auf betriebswirtschaftliche Entscheidungen, Frankfurt a.M./Bern/New York 1985.

Freidank, C.-Ch.: Kostenrechnung, Einführung in die begrifflichen, theoretischen, verrechnungstechnischen sowie planungs- und kontrollorientierten Grundlagen des innerbetrieblichen Rechnungswesens, München/Wien 1986.

Frese, E.: Kontrolle und Rechnungswesen, in: Kosiol, E./Chmielewicz, K./Schweitzer, M. (Hrsg.): HWR, 2., völlig neu gestaltete Auflage, Stuttgart 1981, Sp. 915-923.

- Kontrolle und Unternehmungsführung, Entscheidungs- und organisationstheoretische Grundfragen, Wiesbaden 1968.
- Ziele als Führungsinstrumente - Kritische Anmerkungen zum "Management by Objektives" - , in: ZfO, 40. Jg. 1971, S. 227-238.

Frey, G.: Symbolische und ikonische Modelle, in: Freudenthal, H. (Hrsg.): The Concept and the Role of the Model in Mathematics and Natural and Social Sciences, Dordrecht 1961, S. 89-97.

Friedrich, E.: Die Wirtschaftlichkeit der Plankostenrechnung in der garnbearbeitenden Industrie, Diss., Darmstadt 1961.

Fuchs-Wegner, G.: Management by ... Eine kritische Betrachtung moderner Managementprinzipien und -konzeptionen, in: BFuP, 25. Jg. 1973, S. 678-692.

Gabler Wirtschaftslexikon: Stichwort: Auftrag, Bd. 1, 11., neubearbeitete Auflage, Wiesbaden 1983, S. 330-331.

Gans, K.: Die analytische Kostenplanung als Grundlage der Grenzplan-Kostenrechnung, in: Scheer, A.-W. (Hrsg.): Grenzplankostenrechnung, Stand und aktuelle Probleme, Hans Georg Plaut zum 70. Geburtstag, 2., durchgesehene Auflage, Wiesbaden 1991, S. 209-227.

Gaugler, E.: Elemente des kooperativen Führungsstils, in: Gaugler, E. (Hrsg.): Verantwortliche Betriebsführung, Stuttgart 1969, S. 114-128.

Ghemawat, P.: Dauerhafte Wettbewerbsvorteile aufbauen, in: Harvard Manager, 9. Jg. 1987, H. 2, S. 104-108.

Glaser, H.: Prozeßkostenrechnung - Darstellung und Kritik, in: ZfbF, 44. Jg. 1992, S. 275-288.

Götzinger, M.K./*Michael*, H.: Kosten- und Leistungsrechnung, Eine Einführung, 6., überarbeitete und erweiterte Auflage, Heidelberg 1993.

Grahl, F.-W.: Moderne Kostenrechnung und Kalkulation in der Holzindustrie, Mering bei Augsburg 1963.

Grochla, E.: Betrieb und Wirtschaftsordnung, Das Problem der Wirtschaftsordnung aus betriebswirtschaftlicher Sicht, Berlin 1954.
- Betrieb, Betriebswirtschaft und Unternehmung, in: Grochla, E./Wittmann, W. (Hrsg.): HWB, 4., völlig neu gestaltete Auflage, Stuttgart 1974, Sp. 541-557.
- Betriebliche Planung und Informationssysteme, Entwicklung und aktuelle Aspekte, Reinbek bei Hamburg 1975.
- Die Auswirkungen der Automatisierung auf das Rechnungswesen, in: Studienkreis Finanzpräsident Schröder (Hrsg.): Das Rechnungswesen bei automatisierter Datenverarbeitung, Ergebnisse eines Studienkreises des Betriebswirtschaftlichen Instituts für Organisation und Automation an der Universität zu Köln, Wiesbaden 1971, S. 13-26.
- Grundlagen der organisatorischen Gestaltung, Stuttgart 1982.
- Kostenrechnungsvorschriften, -richtlinien und -regeln, in: Seischab, H./Schwantag, K. (Hrsg.): HWB, 3., völlig neu bearbeitete Auflage, Bd. II, Stuttgart 1958, Sp. 3448-3460.
- Modelle als Instrumente der Unternehmungsführung, in: ZfbF, 21. Jg. 1969, S. 382-397.

Gröner, L.: Entwicklungsbegleitende Vorkalkulation, Berlin u.a. 1991.

Große-Oetringhaus, W.F.: Fertigungstypologie unter dem Gesichtspunkt der Fertigungsablaufplanung, Berlin 1974.

Gruber, H.: Grenzen der Plankostenrechnung für mittelfristige Planungs- und Entscheidungsrechnungen, in: Scheer, A.-W.(Hrsg.): Rechnungswesen und EDV, 10. Saarbrücker Arbeitstagung 1989, Rechnungswesen im Unternehmen der 90er Jahre, Heidelberg 1989, S. 106-129.

Grün, O.: Zielbildung, Prozesse der, in: Grochla, E./Wittmann, W. (Hrsg.): HWB, 4., völlig neu gestaltete Auflage, Stuttgart 1976, Sp. 4719-4730.

Gutenberg, E.: Grundlagen der Betriebswirtschaftslehre, Zweiter Band: Der Absatz, 17. Auflage, Berlin/Heidelberg/New York/Tokyo 1984.

- Grundlagen der Betriebswirtschaftslehre, Erster Band: Die Produktion, 24., unveränderte Auflage, Berlin/Heidelberg/New York 1983.

Haas, G.: Beitrag zur Gestaltung der Kosten in Theorie, Rechnung und Wirklichkeit, Diss., Mannheim 1950.

Haberstock, L.: Kostenrechnung I, Einführung, mit Fragen, Aufgaben und Lösungen, 8., durchgesehene Auflage, Hamburg 1987.

- Kostenrechnung II, (Grenz-)Plankostenrechnung, mit Fragen, Aufgaben und Lösungen, 7., durchgesehene Auflage, Hamburg 1986.

Haferkorn, G.: Die Plankostenrechnung in Maschinenbaubetrieben mit Einzelfertigung, Diss., Hannover 1953.

Hahn, D.: Führung des Systems Unternehmung, in: ZfO, 40. Jg. 1971, S.161-169.

- Industrielle Fertigungswirtschaft in entscheidungs- und systemtheoretischer Sicht, in: ZfO, 41. Jg. 1972, S. 269-278, S. 369-380 u. S. 427-439.

- Planungs- und Kontrollrechnung - PuK - Integrierte ergebnis- und liquiditätsorientierte Planungs- und Kontrollrechnung als Führungsinstrument in Industrieunternehmungen mit Massen- und Serienfertigung, Wiesbaden 1974.

Hahn, D./*Laßmann*, G.: Produktionswirtschaft - Controlling industrieller Produktion, Bd. 1, Grundlagen, Führung und Organisation, Produkte und Produktprogramm, Material und Dienstleistungen, 2., vollständig überarbeitete Auflage, Heidelberg 1990.

Haller, H.: Kostentheorie und Kostenrechnung, in: Zeitschrift für die gesamte Staatswissenschaft, 106. Bd. 1950, S. 492-511.

- Typus und Gesetz in der Nationalökonomie, Stuttgart/Köln 1950.

Haller-Wedel, E.: Die Einflußgrößenrechnung in Theorie und Praxis, Anwendung mehrdimensionaler statistischer Untersuchungsverfahren in Industrie, Wirtschaft und Verwaltung, München 1973.

Hammer, E.: Industriebetriebslehre, 2. Auflage, München 1977.

Handelsgesetzbuch in der Fassung der Bekanntmachung vom 10. Mai 1897, in: RGBl. S. 219, mit allen späteren Änderungen einschließlich der Änderungen durch das Rechtspflege-Vereinfachungsgesetz vom 17. Dezember 1990 (BGBl. I, S. 2847).

Hänichen, Th.: Die Erlösentstehung im Industriebetrieb und ihre Abbildung im internen Rechnungswesen, Anforderungen an die Gestaltung einer Planerlösrechnung und theoriegeleitete Vorschläge zu ihrer Umsetzung, Diss., Mannheim 1993.

Hänichen, Th./*Nagel*, Th.: Stellung und Aussagefähigkeit der Abweichungsanalyse im System der Kostenkontrolle, in: Milling, P. (Hrsg.): Systemmanagement und Managementsysteme, Festgabe für Gert v. Kortzfleisch zum 70. Geburtstag, Berlin 1991, S. 243-298.

Hasenack, W.: Veredelung und Veredelungsindustrie, in: Seischab, H./Schwantag, K. (Hrsg.): HWB, 3., völlig neu bearbeitete Auflage, Bd. IV, Stuttgart 1962, Sp. 5652-5672.

- Zum Begriff der Fließfertigung, in: ZfB, 46. Jg. 1976, S. 407-428.

Hauck, W.Ch.: Der Betriebsvergleich, Lehr- und Handbuch des Betriebsvergleichs für Theorie und Praxis, Erster Band: Betriebsvergleichslehre, Theorie und Methodik, Bühl-Baden 1933.

Häusler, J.: Führungsstile und Führungsverhalten, in: Grochla, E./Wittmann, W. (Hrsg.): HWB, 4., völlig neu gestaltete Auflage, Stuttgart 1974, Sp. 1577-1596.

Heber, A./*Nowak*, P.: Betriebstyp und Abrechnungstechnik in der Industrie, Ein Beitrag zur Branchenerforschung, in: Festschrift für Eugen Schmalenbach, Dr. rer. pol., Dr. jur. h. c., Dr. oec. h. c., Professor der Betriebswirtschaftslehre Köln, gewidmet von Schülern und vom Verlage, Leipzig 1933, S. 141-172.

Heinen, E.: Anpassungsprozesse und ihre kostenmäßigen Konsequenzen, dargestellt am Beispiel des Kokereibetriebes, Köln/Opladen 1957.

- Betriebswirtschaftliche Kostenlehre, Kostentheorie und Kostenentscheidungen, 6., verbesserte und erweiterte Auflage, Wiesbaden 1983.

- Grundlagen betriebswirtschaftlicher Entscheidungen, Das Zielsystem der Unternehmung, 3., durchgesehene Auflage, Wiesbaden 1976.

- Handelsbilanzen, 10., verbesserte und erweiterte Auflage, Wiesbaden 1982.

- Industriebetriebslehre als Entscheidungslehre, in: Heinen, E. (Hrsg.): Industriebetriebslehre, Entscheidungen im Industriebetrieb, 7., vollständig überarbeitete und erweiterte Auflage, Wiesbaden 1983, S. 1-75.

- Reformbedürftige Zuschlagskalkulation, in: ZfhF, Neue Folge, 10. Jg. 1958, S. 1-27.

Heinen, E./*Fahn*, E./*Wegenast*, C.: Informationswirtschaft, in: Heinen, E. (Hrsg.): Industriebetriebslehre, Entscheidungen im Industriebetrieb, Wiesbaden 1972, S. 679-798.

Heiner, H.-A.: Die Kurzfristige Erfolgsrechnung auf der Grundlage der Grenz-Plankostenrechnung, in: v. Kortzfleisch, G. (Hrsg.): Aus der Praxis der Kurzfristigen Erfolgsrechnung, Festgabe für Professor Dr. Dr. h. c. Theodor Beste, Berlin 1964, S. 179-207.

Heiser, H.C.: Budgetierung, Grundsätze und Praxis der betriebswirtschaftlichen Planung, Berlin 1964.

Hellwig, H.-J.: Die Grenz-Plankostenrechnung als Mittel der Betriebsüberwachung unter Berücksichtigung der Kabelindustrie, Diss., Hannover 1959.

Henzel, F.: Die Kostenrechnung, 4., erweiterte und veränderte Auflage, Essen 1964.

- Nachdenkliches zur Plankostenrechnung, in: ZfB, 23. Jg. 1953, S. 521-530.

Hilkert, O./*Krause*, W.: Controllingprobleme im langfristigen Anlagengeschäft, in: DB, 31. Jg. 1978, S. 1601-1605 u. S. 1653-1659.

Hill, W./*Fehlbaum*, R./*Ulrich*, P.: Organisationslehre 1, Ziele, Instrumente und Bedingungen der Organisation sozialer Systeme, 4., durchgesehene Auflage, Bern/Stuttgart 1989.

Hohenbild, R.: Das Verursachungsdenken in der betriebswirtschaftlichen Kostenlehre, Diss., Bern/Frankfurt a.M. 1974.

Hoitsch, H.-J.: Produktionswirtschaft, Grundlagen einer industriellen Betriebswirtschaftslehre, 2., völlig überarbeitete und erweiterte Auflage, München 1993.

Höller, H.: Verhaltenswirkungen betrieblicher Planungs- und Kontrollsysteme, Ein Beitrag zur verhaltensorientierten Weiterentwicklung des betrieblichen Rechnungswesens, Diss., München 1978.

Horváth, P./*Mayer*, R.: Prozeßkostenrechnung, Der neue Weg zu mehr Kostentransparenz und wirkungsvolleren Unternehmensstrategien, in: Controlling, 1. Jg. 1989, S. 214-219.

Huch, B.: Deckungsbeitragsrechnung - Verlustbegründungsrechnung, in: DB, 29. Jg. 1976, S. 1444-1446.

Hummel, S.: Die Forderung nach entscheidungsrelevanten Kosteninformationen, in: Männel, W. (Hrsg.): Handbuch der Kostenrechnung, Wiesbaden 1992, S. 76-83.

- Kosten, relevante, in: Kosiol, E./Chmielewicz, K./Schweitzer, M. (Hrsg.): HWR, 2., völlig neu gestaltete Auflage, Stuttgart 1981, Sp. 968-974.

- Produktion, verbundene, in: Grochla, E./Wittmann, W. (Hrsg.): HWB, 4., völlig neu gestaltete Auflage, Stuttgart 1975, Sp. 3081-3089.

- Wirklichkeitsnahe Kostenerfassung, Neue Erkenntnisse für eine eindeutige Kostenermittlung, Berlin 1970.

Hummel, S./*Männel*, W.: Kostenrechnung 1, Grundlagen, Aufbau und Anwendung, 4., völlig neu bearbeitete und erweiterte Auflage, Wiesbaden 1986.

Hürfeld, W.: Die Kurzfristige Erfolgsrechnung in einem mittelgroßen Unternehmen mit Einzelfertigung, in: v. Kortzfleisch, G. (Hrsg.): Aus der Praxis der Kurzfristigen Erfolgsrechnung, Festgabe für Professor Dr. Dr. h. c. Theodor Beste, Berlin 1964, S. 51-63.

Ihde, G.-B.: Lernprozesse in der betriebswirtschaftlichen Produktionstheorie, in: ZfB, 40. Jg. 1970, S. 451-468.

Illetschko, L.L.: Kostenrechnung, Theorie der, in: Kosiol, E. (Hrsg.): HWR, Stuttgart 1970, Sp. 957-967.

Jacob, H.: Marginalien des Herausgebers, in: Jacob, H. (Hrsg.): Neuere Entwicklungen in der Kostenrechnung (I), Schriften zur Unternehmensführung, Bd. 21, Wiesbaden 1976, S. 1-8.

- Preispolitik bei der Einführung neuer Erzeugnisse unter besonderer Beachtung dynamischer Aspekte, in: Koch, H. (Hrsg.): Zur Theorie des Absatzes, Festschrift zum 75. Geburtstag von Prof. Dr. Dr. h. c. mult. Erich Gutenberg am 13. Dezember 1972, Wiesbaden 1973, S. 131-173.

Jacobs, O.H.: Die Produktions- und Kostentheorie als theoretische Grundlage der industriellen Kostenrechnung unter Berücksichtigung der unternehmerischen Zielvorstellungen, Diss., Aachen 1966.

- Erfolgsrechnung und Erfolgsanalyse, in: Grochla, E./Wittmann, W. (Hrsg.): HWB, 4., völlig neu gestaltete Auflage, Stuttgart 1974, Sp. 1317-1328.

Käfer, K.: Standardkostenrechnung, Lehr- und Handbuch, 2., neubearbeitete und stark erweiterte Auflage, Stuttgart 1964.

Kaluza, B.: Erzeugniswechsel als unternehmenspolitische Aufgabe, Integrative Lösungen aus betriebswirtschaftlicher und ingenieurwissenschaftlicher Sicht, Berlin 1989.

- Flexibilität der Produktionsvorbereitung industrieller Unternehmen, in: v. Kortzfleisch, G./Kaluza, B. (Hrsg.): Internationale und nationale Problemfelder der Betriebswirtschaftslehre, Festgabe für Heinz Bergner zum 60. Geburtstag, Berlin 1984, S. 287-333.

- Kosten- und Erlösrechnung bei neuen Technologien, in: Milling, P. (Hrsg.): Systemmanagement und Managementsysteme, Festgabe für Gert v. Kortzfleisch zum 70. Geburtstag, Berlin 1991, S. 157-190.

Kalveram, W.: Industrielles Rechnungswesen, Doppelte Buchhaltung und Kontenrahmen - Betriebsabrechnung - Kostenrechnung, 6., überarbeitete Auflage, Wiesbaden 1968.

- Rationalisierung und Kostenplanung, Förderung der Wirtschaftlichkeit durch Plankostenrechnung, in: ZfB, 20. Jg. 1950, S. 385-391.

v. Kempski, J.: Zur Logik der Ordnungsbegriffe, besonders in den Sozialwissenschaften, in: Albert, H. (Hrsg.): Theorie und Realität, Ausgewählte Aufsätze zur Wissenschaftslehre der Sozialwissenschaften, Tübingen 1964, S. 209-232.

Kern, W.: Die Zeit als Dimension betriebswirtschaftlichen Denkens und Handelns, in: DBW, 52. Jg. 1992, S. 41-58.

- Industrielle Produktionswirtschaft, 3., völlig neu bearbeitete Auflage von Industriebetriebslehre, Grundlagen einer Lehre von der Erzeugungswirtschaft, Stuttgart 1980.

Kett, I.W./*Brink*, A.: Die Relevanz fixer Kosten in risikobehafteten Entscheidungssituationen - Ergänzungen zu Schneider in DB 1984 S. 2521 -, in: DB, 38. Jg. 1985, S. 1034-1037.

Kiebel, W.: Die Standardkostenrechnung in der Papierindustrie, Diss., Biberach a.d.R. 1940.

Kieser, A.: Der Situative Ansatz, in: Kieser, A. (Hrsg.): Organisationstheorien, Stuttgart/Berlin/Köln 1993, S. 161-191.

Kieser, A./*Kubicek*, H.: Organisation, 3., völlig neubearbeitete Auflage, Berlin/New York 1992.

Kilger, W.: Der theoretische Aufbau der Kostenkontrolle, Ein Beitrag zur Theorie der Plankostenrechnung, in: ZfB, 29. Jg. 1959, S. 457-468.

- Die Entstehung und Weiterentwicklung der Grenzplankostenrechnung als entscheidungsorientiertes System der Kostenrechnung, in: Jacob, H. (Hrsg.): Neuere Entwicklungen in der Kostenrechnung (I), Schriften zur Unternehmensführung, Bd. 21, Wiesbaden 1976, S. 9-39.

- Die Grenzplankosten- und Deckungsbeitragsrechnung als geschlossenes Planungsmodell, in: Mellwig, W./Kuhn, A./Standop, D./Strobel, W. (Hrsg.): Unternehmenstheorie und Unternehmensplanung, Helmut Koch zum 60. Geburtstag, Wiesbaden 1979, S. 69-94.

- Die Kostenträgerrechnung als leistungs- und kostenwirtschaftliches Spiegelbild des Produktions- und Absatzprogramms, in: Kilger, W./Scheer, A.-W. (Hrsg.): Rechnungswesen und EDV, 7. Saarbrücker Arbeitstagung 1986, Kostenträgerrechnung - Standardsoftware - Neue Bilanzrichtlinien - CIM, Heidelberg 1986, S. 3-53.

- Die Produktions- und Kostentheorie als theoretische Grundlage der Kostenrechnung, in: ZfhF, Neue Folge, 10. Jg. 1958, S. 553-564.

- Die Verrechnung von Material-, Verwaltungs- und Vertriebsgemeinkosten in Kalkulationen zur Bestimmung von Selbstkostenpreisen für Aufträge mit atypischer Kostenstruktur, in: ZfB, 39. Jg. 1969, S. 475-496.

- Die Verteilung der Abweichungen auf die Kostenträger innerhalb der Plankostenrechnung, in: ZfB, 22. Jg. 1952, S. 503-513.

- Einführung in die Kostenrechnung, 3., durchgesehene Auflage, Wiesbaden 1987.

- Flexible Plankostenrechnung und Deckungsbeitragsrechnung, bearbeitet durch K. Vikas, 10., vollständig überarbeitete und erweiterte Auflage, Wiesbaden 1993.
- Industriebetriebslehre, Bd. I, Wiesbaden 1986.
- Produktions- und Kostentheorie, Wiesbaden 1958.
- Schmalenbachs Beitrag zur Kostenlehre, in: ZfbF, 25. Jg. 1973, S. 522-540.

Klein, H.K.: Heuristische Entscheidungsmodelle, Neue Techniken des Programmierens und Entscheidens für das Management, Wiesbaden 1971.

Kleiner, F.: Kostenrechnung bei flexibler Automatisierung, Diss., München 1991.

Kloock, J.: Perspektiven der Kostenrechnung aus investitionstheoretischer und anwendungsorientierter Sicht, in: Gaugler, E./Meissner, H.G./Thom, N. (Hrsg.): Zukunftsaspekte der anwendungsorientierten Betriebswirtschaftslehre, Erwin Grochla zum 65. Geburtstag gewidmet, Stuttgart 1986, S. 289-302.
- Umweltkostenrechnung, in: Scheer, A.-W. (Hrsg.): Rechnungswesen und EDV, 11. Saarbrücker Arbeitstagung 1990, Wandel der Kalkulationsobjekte, Heidelberg 1990, S. 129-156.

Kloock, J./*Sieben*, G./*Schildbach*, Th.: Kosten- und Leistungsrechnung, 7., aktualisierte und erweiterte Auflage, Düsseldorf 1993.

Knoblich, H.: Die typologische Methode in der Betriebswirtschaftslehre, in: WiSt, 1. Jg. 1972, S. 141-147.

Knoop, J.: Prozeßorientierte Kostenrechnung - Ein Instrument zur Planung flexibler Fertigungssysteme, in: krp, o. Jg. 1987, S. 47-58.

Knop, W./*Küting*, K.: § 255, in: Küting, K./Weber, C.-P. (Hrsg.): Handbuch der Rechnungslegung, Kommentar zur Bilanzierung und Prüfung, 3., grundlegend überarbeitete und wesentlich erweiterte Auflage, Stuttgart 1990, S. 911-1041.

Koch, H.: Die Gemeinkostenrechnung als Gegenstand unternehmerischer Entscheidungen, in: ZfbF, 30. Jg. 1978, S. 366-392.
- Grundprobleme der Kostenrechnung, Köln/Opladen 1966.

Köhler, R.: Informationssysteme für die Unternehmensführung, Der allgemeine Bezugsrahmen und eine empirische Bestandsaufnahme, mit besonderer Berücksichtigung des Absatzsektors, in: ZfB, 41. Jg. 1971, S. 25-58.
- Modelle, in: Grochla, E./Wittmann, W. (Hrsg.): HWB, 4., völlig neu gestaltete Auflage, Stuttgart 1975, Sp. 2701-2716.

Koller, H.: Organisation der Plankostenrechnung, 2. Auflage, Wiesbaden 1973.

König, R.: Grundlagenprobleme der soziologischen Forschungsmethoden (Modelle, Theorien, Kategorien), in: Karrenberg, F./Albert, H. (Hrsg.): Sozialwissenschaft und Gesellschaftsgestaltung, Festschrift für Gerhard Weisser, Berlin 1963, S. 23-44.

v. *Kortzfleisch*, G.: Zum Wesen der betriebswirtschaftlichen Planung, in: Ries, J./v. Kortzfleisch, G. (Hrsg.): Betriebswirtschaftliche Planung in industriellen Unternehmungen, Festgabe für Professor Dr. Theodor Beste, Berlin 1959, S. 9-19.
- Anordnung, in: Grochla, E. (Hrsg.): HWO, Stuttgart 1969, Sp. 72-82.
- Äquivalenzziffernkalkulation, in: Kosiol, E. (Hrsg.): HWR, Stuttgart 1970, Sp. 41-50.
- Divisionskalkulation, in: Kosiol, E. (Hrsg.): HWR, Stuttgart 1970, Sp. 418-430.

- Entwicklungstendenzen der Kurzfristigen Erfolgsrechnung, in: v. Kortzfleisch, G. (Hrsg.): Aus der Praxis der Kurzfristigen Erfolgsrechnung, Festgabe für Professor Dr. Dr. h. c. Theodor Beste, Berlin 1964, S. 209-212.
- Industriebetriebe, in: Grochla, E./Wittmann, W. (Hrsg.): HWB, 4., völlig neu gestaltete Auflage, Stuttgart 1975, Sp. 1833-1849.
- Systematik der Produktionsmethoden, in: Jacob, H. (Hrsg.): Industriebetriebslehre, 2., überarbeitete und erweiterte Auflage, Wiesbaden 1983, S. 105-173.

Kosiol, E.: Betriebswirtschaftslehre und Unternehmensforschung, Eine Untersuchung ihrer Standorte und Beziehungen auf wissenschaftlicher Grundlage, in: ZfB, 34. Jg. 1964, S. 743-762.
- Die Plankostenrechnung als Mittel zur Messung der technischen Ergiebigkeit des Betriebsgeschehens (Standardkostenrechnung), in: Kosiol, E. (Hrsg.): Plankostenrechnung als Instrument moderner Unternehmungsführung, Erhebungen und Studien zur grundsätzlichen Problematik, 3. Auflage, Berlin 1975, S. 15-48.
- Einführung in die Betriebswirtschaftslehre, Die Unternehmung als wirtschaftliches Aktionszentrum, Wiesbaden 1968.
- Kalkulatorische Buchhaltung (Betriebsbuchhaltung), Systematische Darstellung der Betriebsabrechnung und der kurzfristigen Erfolgsrechnung, 5., durchgesehene Auflage, Wiesbaden 1953.
- Kontenrahmen und Kontenpläne der Unternehmungen, Essen 1962.
- Kostenrechnung der Unternehmung, 2., überarbeitete und ergänzte Auflage, Wiesbaden 1979.
- Kostenrechnung und Kalkulation, 2., überarbeitete Auflage, Berlin/New York 1972.
- Kritische Analyse der Wesensmerkmale des Kostenbegriffes, in: Kosiol, E./Schlieper, F. (Hrsg.): Betriebsökonomisierung durch Kostenanalyse, Absatzrationalisierung und Nachwuchserziehung, Festschrift für Professor Dr. Dr. h. c. Rudolf Seyffert zu seinem 65. Geburtstag, Köln/Opladen 1958, S. 7-37.
- Modellanalyse als Grundlage unternehmerischer Entscheidungen, in: ZfhF, Neue Folge, 13. Jg. 1961, S. 318-334.
- Organisation der Unternehmung, 2., durchgesehene Auflage, Wiesbaden 1976.
- Typologische Gegenüberstellung von standardisierender (technisch orientierter) und prognostizierender (ökonomisch ausgerichteter) Plankostenrechnung, in: Kosiol, E. (Hrsg.): Plankostenrechnung als Instrument moderner Unternehmungsführung, Erhebungen und Studien zur grundsätzlichen Problematik, 3. Auflage, Berlin 1975, S. 49-76.
- Unternehmung, Seischab, H./Schwantag, K. (Hrsg.): HWB, 3., völlig neu bearbeitete Auflage, Bd. IV, Stuttgart 1962, Sp. 5540-5545.
- Verfahren der Vorgabekostenrechnung, Untersuchungsbericht, in: Kosiol, E. (Hrsg.): Plankostenrechnung als Instrument moderner Unternehmungsführung, Erhebungen und Studien zur grundsätzlichen Problematik, 3. Auflage, Berlin 1975, S. 77-237.

Kraus, H.: Elementare Probleme betrieblicher Informationssysteme, in: Lechner, K. (Hrsg.): Analysen zur Unternehmenstheorie, Festgabe für Leopold L. Illetschko zum 70. Geburtstag, Berlin 1972, S. 149-161.

Krieg, W.: Kybernetische Grundlagen der Unternehmungsgestaltung, Bern/Stuttgart 1971. Kosiol, E.: Verfahren der Vorgabekostenrechnung, in: Kosiol, E. (Hrsg.): Plankostenrechnung als Instrument moderner Unternehmungsführung, Erhebungen und Studien zur grundsätzlichen Problematik, 3. Auflage, Berlin 1975, S. 77-237.

Krömmelbein, G.: Gemeinkosten und Gemeinerlös als Begriffe im entscheidungsorientierten Rechnungswesen, in: DB, 28. Jg. 1975, S. 460-462.

- Leistungsverbundenheit im Verkehrsbetrieb, Berlin 1967.

Krönung, H.-D.: Kostenrechnung und Unsicherheit, Ein entscheidungstheoretischer Beitrag zu einer Theorie der Kostenrechnung, Diss., Wiesbaden 1988.

Kube, V.: Die Grenzplankostenrechnung, Von der theoretischen Grundlegung zur praktischen EDV-Lösung, Wiesbaden 1974.

Kühnau, M.: Kontenrahmen und Kontenplan, in: Grochla, E./Wittmann, W. (Hrsg.): HWB, 4., völlig neu gestaltete Auflage, Stuttgart 1975, Sp. 2198-2218.

Kundt, J.: Mitbestimmung und Gewinnbeteiligung der Arbeitnehmer (eine betriebswirtschaftliche Untersuchung), Diss., Zürich 1970.

Küpper, H.-U.: Gegenstand und Ansätze einer dynamischen Theorie der Kostenrechnung, in: Hax., H./Kern, W./Schröder, H.-H. (Hrsg.): Zeitaspekte in betriebswirtschaftlicher Theorie und Praxis, 50. Wissenschaftliche Jahrestagung des Verbandes der Hochschullehrer für Betriebswirtschaftslehre e.V., Köln, 24.-28. Mai 1988, Stuttgart 1989, S. 43-59.

- Investitionstheoretische Fundierung der Kostenrechnung, in: ZfbF, 37. Jg. 1985, S. 26-46.

- Theoretische Grundlagen der Kostenrechnung, in: Männel, W. (Hrsg.): Handbuch der Kostenrechnung, Wiesbaden 1992, S. 38-53.

- Verknüpfung von Investitions- und Kostenrechnung als Kern einer umfassenden Planungs- und Kontrollrechnung, in: BFuP, 42. Jg. 1990, S. 253-267.

Kurrle, S.: Integration von Informations- und Produktionstechnologien im Industriebetrieb, Unter besonderer Berücksichtigung der Problematik in der Elektroindustrie, Diss., Pfaffenweiler 1988.

Küting, K.: Die Erfolgsspaltung - ein Instrument der Bilanzanalyse, Ein Vergleich der Erfolgsspaltung auf der Grundlage des Aktienrechts und des Bilanzrichtlinie-Gesetzes, in: BB, 36. Jg. 1981, S. 529-535.

Lackes, R.: EDV-orientiertes Kosteninformationssystem, Flexible Plankostenrechnung und neue Technologien, Wiesbaden 1989.

- Herausforderungen an ein fortschrittliches Kosteninformationssystem, in: krp, o. Jg. 1990, S. 327-338.

Laßmann, G.: Die Kosten- und Erlösrechnung als Instrument der Planung und Kontrolle in Industriebetrieben, Düsseldorf 1968.

- Einflußgrößenrechnung, in: Kosiol, E./Chmielewicz, K./Schweitzer, M. (Hrsg.): HWR, 2., völlig neu gestaltete Auflage, Stuttgart 1981, Sp. 427-438.

- Gestaltungsformen der Kosten- und Erlösrechnung im Hinblick auf Planungs- und Kontrollaufgaben, in: WPg, 26. Jg. 1973, S. 4-17.

- Kostenerfassung, Prinzipien und Technik, in: Kosiol, E./Chmielewicz, K./Schweitzer, M. (Hrsg.): HWR, 2., völlig neu gestaltete Auflage, Stuttgart 1981, Sp. 1020-1027.

Lattmann, Ch.: Die verhaltenswissenschaftlichen Grundlagen der Führung des Mitarbeiters, Bern/Stuttgart 1982.

- Führungsstil und Führungsrichtlinien, Bern/Stuttgart 1975.

Lechner, K.: Rechnungstheorie der Unternehmung, Kosiol, E./Chmielewicz, K./Schweitzer, M. (Hrsg.): HWR, 2., völlig neu gestaltete Auflage, Stuttgart 1981, Sp. 1407-1415.

Lederle, H.: Aktuelle Probleme der Kosten- und Erlösrechnung - dargestellt am Beispiel der Volkswagenwerk AG, in: Volkswagenwerk AG (Hrsg.): Wolfsburger Fachgespräche (WFG), Dialog zwischen Wissenschaft und Praxis über aktuelle Fragen des Finanzmanagements, Aktuelle Probleme der Kosten- und Erlösrechnung bei weitgehend automatisierter Serienfertigung, Dokumentation der Tagung am 25. und 26. Mai 1984, Wolfsburg 1985, S. 40-75.

Lehmann, H.: Typologie und Morphologie in der Betriebswirtschaftslehre, in: Grochla, E./Wittmann, W. (Hrsg.): HWB, 4., völlig neu gestaltete Auflage, Stuttgart 1976, Sp. 3941-3952.

Lehmann, M.R.: Die industrielle Kalkulation, Berlin/Wien 1925.

- Industrielle Betriebsvergleiche, Wiesbaden 1958.

Leitherer, E.: Die typologische Methode in der Betriebswirtschaftslehre - Versuch einer Übersicht, in: ZfbF, 17. Jg. 1965, S. 650-662.

Lewin, K./*Lippitt*, R./*White*, R.K.: Patterns of Aggressive Behavior in Experimentally Created "Social Climates", in: The Journal of Social Psychology, 10. Jg. 1939, S. 271-299.

Liebel, H.J.: Psychologie der Mitarbeiterführung - Aspekte, Ergebnisse und Perspektiven sozialer Interaktion -, in: Gabele, E./Oechsler, W.A./Liebel, H.J. (Hrsg.): Führungsgrundsätze und Mitarbeiterführung, Führungsprobleme erkennen und lösen, Wiesbaden 1992, S. 107-164.

Likert, R.: New Patterns of Management, New York/Toronto/London 1961.

Link, E.: Betriebsdatenerfassung, Grundlegende Kennzeichnung und Gestaltungsmerkmale im Rahmen der zeitlichen und qualitativen Lenkung der industriellen Produktion, Diss., Pfaffenweiler 1990.

Lücke, W.: Finanzplanung, in: Büschgen, H.E. (Hrsg.): HWF, Stuttgart 1976, Sp. 547-558.

- Fristigkeit der Pläne, in: Szyperski, N. (Hrsg.): HWPlan, Stuttgart 1989, Sp. 535-542.

- Produktions- und Kostentheorie, 3., unveränderte Auflage, Würzburg/Wien 1973.

Luczkowski, E.: Einführung einer Kosten- und Leistungsrechnung aus der Sicht der Unternehmensberatung, in: krp, o. Jg. 1989, S. 218-225.

Lutz, B.: Die Aussagefähigkeit des Rechnungswesens, Zürich/St. Gallen 1963.

Macharzina, K.: Die Bedeutung verhaltenstheoretischer Aussagen für kosten- und leistungsorientierte Planungs- und Kontrollrechnungen, in: Coenenberg, A.G. (Hrsg.): Unternehmensrechnung, München 1976, S. 324-344.

Mag, W.: Planungsstufen und Informationsteilprozesse, in: ZfbF, 23. Jg. 1971, S. 803-830.

- Zeitprobleme in der Unternehmungsplanung, in: WISU, 19. Jg. 1990, S. 694-699.

Maier, K.: Die Flexibilität betrieblicher Leistungsprozesse, Methodische und theoretische Grundlegung der Problemlösung, Diss., Thun/Frankfurt a.M. 1982.

Maltry, H.: Plankosten- und Prospektivkostenrechnung, Diss., Bergisch Gladbach/Köln 1989.

- Überlegungen zur Entscheidungsrelevanz von Fixkosten im Rahmen operativer Planungsrechnungen, in: BFuP, 42. Jg. 1990, S. 294-311.

Männel, W.: Anpassung der Kostenrechnung an moderne Unternehmensstrukturen, in: Männel, W. (Hrsg.): Handbuch der Kostenrechnung, Wiesbaden 1992, S. 105-137.

- Grundzüge einer Kosten- und Leistungsrechnung für Materialwirtschaft und Logistik, in: Gaugler, E./Meissner, H.G./Thom, N. (Hrsg.): Zukunftsaspekte der anwendungsorientierten Betriebswirtschaftslehre, Erwin Grochla zum 65. Geburtstag gewidmet, Stuttgart 1986, S. 317-334.

- Kann die Vollkostenrechnung durch den Ausweis "gesonderter Fixkostenbeträge" gerettet werden?, in: ZfB, 37. Jg. 1967, S. 759-782.

- Kostenrechnung für anlagenintensive Produktionsstrukturen, in: krp, o. Jg. 1990, S. 134-135.

- Stand und Weiterentwicklung der Kostenrechnung, in: krp, o. Jg. 1992, S. 38-49.

- Verbundwirtschaft, in: Kern, W. (Hrsg.): HWProd, Stuttgart 1979, Sp. 2077-2093.

Marek, O.: Die industrielle Plankostenrechnung in typologischer Sicht, Diss., Nürnberg 1969.

Martin, Th.A.: Operatives Forschungs- und Entwicklungscontrolling in Industriebetrieben, Eine betriebswirtschaftliche Untersuchung unter besonderer Berücksichtigung der Kosten- und Leistungsrechnung sowie anderer ausgewählter operativer Planungs- und Kontrollinstrumente, Diss., Pfaffenweiler 1992.

Mast, H.: Kalkulation und Kostenkontrolle im Bauindustriebetrieb, Diss., Berlin 1963.

Matz, A.: Planung und Kontrolle von Kosten und Gewinn, Handbuch der Planungsrechnung, Wiesbaden 1964.

Mayer, L./*Steurer*, R. u.a.: Die Selbstkostenrechnung in der Papier-, Zellstoff-, Holzstoff- und Pappenindustrie, Wiesbaden 1959.

Medicke, W.: Die Gemeinkosten in der Plankostenrechnung, Berlin 1956.

- Geschlossene Kostenträgerrechnung und Artikelergebnisrechnung in der Grenzplankostenrechnung, in: AGPLAN, Arbeitsgemeinschaft Planungsrechnung e.V. (Hrsg.): Unbewältigte Probleme der Planungsrechnung, 8. Plankostentagung in Frankfurt a.M., Wiesbaden 1964, S. 37-55.

Meffert, H.: Betriebswirtschaftliche Kosteninformationen, Ein Beitrag zur Theorie der Kostenrechnung, Wiesbaden 1968.

- Beziehungen zwischen der betriebswirtschaftlichen Kostentheorie und der Kostenrechnung, Diss., München 1964.

Meindl, U.: Überlegungen zur Informationsbedarfsanalyse bei der Entwicklung von Informationssystemen, München-Pullach/Berlin 1972.

Mellerowicz, K.: Betriebswirtschaftslehre der Industrie, Bd. I: Grundfragen und Führungsprobleme industrieller Betriebe, 7., neubearbeitete Auflage, Freiburg i.Br. 1981.

- Betriebswirtschaftslehre der Industrie, Bd. II: Die Funktionen des Industriebetriebes, 7., neubearbeitete Auflage, Freiburg i.Br. 1981.

- Kosten und Kostenrechnung, Bd. I: Theorie der Kosten, 5., durchgesehene und veränderte Auflage, Berlin/New York 1973.

- Kosten und Kostenrechnung, Bd. II: Verfahren, Erster Teil: Allgemeine Fragen der Kostenrechnung und Betriebsabrechnung, 5., durchgesehene Auflage, Berlin/New York 1974.
- Kosten und Kostenrechnung, Bd. II: Verfahren, Zweiter Teil: Kalkulation und Auswertung der Kostenrechnung und Betriebsabrechnung, 5., neubearbeitete Auflage, Berlin/New York 1980.
- Leistung, in: Seischab, H./Schwantag, K. (Hrsg.): HWB, 3., völlig neu bearbeitete Auflage, Bd. III, Stuttgart 1960, Sp. 3774-3776.
- Planung und Plankostenrechnung, Bd. I: Betriebliche Planung, 3., überarbeitete Auflage, Freiburg i.Br. 1979.
- Planung und Plankostenrechnung, Bd. II: Plankostenrechnung, Freiburg i.Br. 1972.
- Unternehmenspolitik, Bd. I: Grundlagen, 3. Auflage, Freiburg i.Br. 1976.

Menrad, S.: Die Problematik der Kostenzurechnung, in: WiSt, 1. Jg. 1972, S. 488-494.
- Kosten und Leistung, in: Grochla, E./Wittmann, W. (Hrsg.): HWB, 4., völlig neu gestaltete Auflage, Stuttgart 1975, Sp. 2280-2290.
- Rechnungswesen, Göttingen 1978.

Merian, J.R.: Die betriebswirtschaftliche Preisbildung der Kuppelprodukte, in: ZfhF, 25. Jg. 1931, S. 225-248 u. S. 289-308.

Mertens, P.: DV-Unterstützung der Kostenrechnung, in: Männel, W. (Hrsg.): Handbuch der Kostenrechnung, Wiesbaden 1992, S. 1199-1214.

Messmann, H.: Anschauliche Theorie der verbundenen Produktion, Diss., Mannheim 1952.

Meyer, A.: Einführung der Analytischen Kostenplanung in einer Produktionsstätte eines internationalen Konzerns, in: krp, o. Jg. 1988, Sonderheft 1/88, S. 53-60.

Meyers Enzyklopädisches Lexikon: Stichwort: Abstraktion, Bd. 1, 9., völlig neu bearbeitete Auflage, Mannheim/Wien/Zürich 1971, S. 175-177.
- Stichwort: Realität, Bd. 19, 9., völlig neu bearbeitete Auflage, Mannheim/Wien/Zürich 1977, S. 652.

Milling, P.: Kosten- und Erlössteuerung im Großanlagenbau, in: v. Kortzfleisch, G./Kaluza, B. (Hrsg.): Internationale und nationale Problemfelder der Betriebswirtschaftslehre, Festgabe für Heinz Bergner zum 60. Geburtstag, Berlin 1984, S. 65-83.
- Perspektiven für das betriebliche Rechnungswesen, in: Mannheimer Berichte aus Forschung und Lehre an der Universität Mannheim, H. 20, Oktober 1981, S. 578-584.

Modigliani, F.: The Measurement of Expectations, in: Econometrica, Vol. 20, 1952, S. 481-483.

Moews, D.: Zur Aussagefähigkeit neuerer Kostenrechnungsverfahren, Berlin 1969.

Moroff, G.: Werkzeugmaschinen in der industriellen Produktion, Kennzeichnung, Planung und Einsatz moderner Fertigungskonzepte aus betriebswirtschaftlicher Sicht, Diss., Berlin 1993.

Mrosek, D.: Zurechnungsprobleme in einer entscheidungsorientierten Kostenrechnung, Diss., München 1983.

Müller, A.: Allgemeine Regeln zur industriellen Kostenrechnung, herausgegeben von der Reichsgruppe Industrie (Berlin), Stuttgart 1942.

- Grundsätzliches zur Plan- und Normalkostenrechnung, Zur Frage der Kostennormalisierung, in: Stahl und Eisen, 69. Jg. 1949, S. 601-605.

- Istkosten-, Normalkosten- und Plankostenrechnung in vergleichender Betrachtung, in: DB, 5. Jg. 1952, S. 537-539 u. S. 559-561.

Müller, H.: Entwicklungstendenzen in der Grenzplankostenrechnung und in der Deckungsbeitragsrechnung, in: Seicht, G./Müller, H./Kagermann, H. (Hrsg.): Die Zukunft des Rechnungswesens, Wien 1990, S. 35-106.

- Plankostenrechnung und öffentliches Preisrecht, in: Scheer, A.-W. (Hrsg.): Rechnungswesen und EDV, 9. Saarbrücker Arbeitstagung 1988, Integrierte Informationsverarbeitung, Heidelberg 1988, S. 463-494.

Müller, P.: BDE oder UDE?, in: Fortschrittliche Betriebsführung und Industrial Engineering, 35. Jg. 1986, S. 194.

Müller, R.: Preisgestaltung bei Bundeswehraufträgen, Preisbildung, Preisprüfung, vertragliche Preisvereinbarungen, 2., neubearbeitete Auflage, Rheinbreitbach 1990.

Müller-Merbach, H.: Heuristische Verfahren und Entscheidungsbaumverfahren, in: Grochla, E./Wittmann, W. (Hrsg.): HWB, 4., völlig neu gestaltete Auflage, Stuttgart 1975, Sp. 1812-1826.

Nährig, W./*Ziegler*, H.: Kosten- und Leistungsrechnung bei langfristiger Einzelfertigung, Darstellung und kritische Betrachtung von Planungs-, Organisations- und Abrechnungsmethoden unter Anwendung lochkartentechnischer Hilfsmittel im Schwermaschinenbau, Wiesbaden 1961.

Nater, P.: Das Rechnungswesen als Informationssystem, Diss., St. Gallen 1977.

Neumayer, W.W.: "Voll-flexible" Plankostenrechnung zur Lösung der Kostenrechnungs- und Gewinnbeteiligungsprobleme, in: ZfB, 21. Jg. 1951, S. 397-409.

- Berücksichtigung des "Auftrags"- und "Verfahrens"- Wechsels in der Fertigung durch "doppelt-flexible" Plankostenrechnung, in: ZfB, 20. Jg. 1950, S. 403-411.

Nicklisch, H.: Die Betriebswirtschaft, 7. Auflage, Stuttgart 1932.

Niehus, R.J.: Die Gliederung der Ergebnisrechnung nach der 4. EG-Richtlinie bzw. nach dem Entwurf eines Bilanzrichtlinie-Gesetzes, in: DB, 35. Jg. 1982, S. 657-663.

Nieschlag, R./*Dichtl*, E./*Hörschgen*, H.: Marketing, 16., durchgesehene Auflage, Berlin 1991.

Nowak, P.: Betriebstyp und Kalkulationsverfahren, Ein Beitrag zur Vereinheitlichung der industriellen Selbstkostenrechnung, Diss., Wuppertal-Elberfeld 1936.

- Kostenrechnungssysteme in der Industrie, 2., ergänzte Auflage, Köln/Opladen 1961.

Ohse, H.: Wirtschaftliche Probleme industrieller Sortenfertigung, Bd. I, Köln/Opladen 1963.

Olfert, K.: Kostenrechnung, 8., überarbeitete und erweiterte Auflage, Ludwigshafen a.Rh. 1991.

Ortner, E.: Was ist eine Grundrechnung und was sind Sonderrechnungen?, in: ZfbF, 33. Jg. 1981, S. 140-143.

Patterson, F.-K.: Die Abweichungen innerhalb der Plankostenrechnung und ihre Verteilung auf die Kostenträger, in: ZfB, 25. Jg. 1955, S. 357-370.

- Die Ermittlung der Planzahlen für die Plankostenrechnung, Wiesbaden 1961.

Petzold, F.: Prinzipien der Plankostenrechnung und Ergänzungen zu Begriffsbestimmungen, in: ZfB, 20. Jg. 1950, S. 396-402.

Pfeiffer, P.: Die Grenzplankostenrechnung in der Einzelfertigung, Diss., München 1964.

Pfeiffer, W./*Dörrie*, U./*Stoll*, E.: Menschliche Arbeit in der industriellen Produktion, Göttingen 1977.

Pfeiffer, W./*Preißler*, P.: Zum Informationsgehalt "neuerer" Kostenrechnungsverfahren, in: WiSt, 2. Jg. 1973, S. 319-328.

Pfohl, H.-Ch.: Problemorientierte Entscheidungsfindung in Organisationen, Berlin/New York 1977.

Plaut, H.-G.: Die Grenz-Plankostenrechnung, in: ZfB, 23. Jg. 1953, S. 347-363 u. S. 402-413.

- Die Grenzplankostenrechnung, in: ZfB, 25. Jg. 1955, S. 25-39.
- Entwicklungsformen der Plankostenrechnung, Vom Standard-Cost-Accounting zur Grenzplankostenrechnung, in: Jacob, H. (Hrsg.): Neuere Entwicklungen in der Kostenrechnung (II), Schriften zur Unternehmensführung, Bd. 22, Wiesbaden 1976, S. 5-24.
- Grenzplankosten- und Deckungsbeitragsrechnung als modernes Kostenrechnungssystem, in: Männel, W. (Hrsg.): Handbuch der Kostenrechnung, Wiesbaden 1992, S. 203-225.
- Kostenkontrolle unter besonderer Berücksichtigung der Gemeinkosten und der Plankostenrechnung, in: Agthe, K./Blohm, H./Schnaufer, E. (Hrsg.): Industrielle Produktion, Baden-Baden/Bad Homburg v.d.H. 1967, S. 827-840.

Plaut, H.-G./*Müller*, H./*Medicke*, W.: Grenzplankostenrechnung und Datenverarbeitung, 2., völlig überarbeitete und erweiterte Auflage, München 1971.

Plinke, W.: Ansatzpunkte einer projektorientierten Kosten- und Leistungsrechnung im Unternehmen des langfristigen Anlagenbaus, in: Kilger, W./Scheer, A.-W. (Hrsg.): Rechnungswesen und EDV, 7. Saarbrücker Arbeitstagung 1986, Kostenträgerrechnung - Standardsoftware - Neue Bilanzrichtlinien - CIM, Heidelberg 1986, S. 601-615.

- Erlösplanung im industriellen Anlagengeschäft, Wiesbaden 1985.
- Kosten- und Erlösplanung im industriellen Anlagengeschäft auf der Grundlage eines projektorientierten Rechnungswesens, in: Backhaus, K. (Hrsg.): Planung im industriellen Anlagengeschäft, Düsseldorf 1984, S. 265-287.

Poensgen, O.H.: Profit Center, in: Kosiol, E./Chmielewicz, K./Schweitzer, M. (Hrsg.): HWR, 2., völlig neu gestaltete Auflage, Stuttgart 1981, Sp. 1378-1388.

Popper, K.R.: Das Elend des Historizismus, Tübingen 1965.

- Prognose und Prophetie in den Sozialwissenschaften, in: Topitsch, E. (Hrsg.): Logik der Sozialwissenschaften, 11. Auflage, Königstein i.Ts. 1984, S. 113-125.

Porter, M.E.: Wettbewerbsstrategie (Competitive Strategy), Methoden zur Analyse von Branchen und Konkurrenten, 7. Auflage, Frankfurt a.M. 1992.

Pressmar, D.B.: Kosten- und Leistungsanalyse im Industriebetrieb, Wiesbaden 1971.

Raffée, H.: Grundprobleme der Betriebswirtschaftslehre, Göttingen 1974.

Raffée, H./*Abel*, B.: Aufgaben und aktuelle Tendenzen der Wissenschaftstheorie in den Wirtschaftswissenschaften, in: Raffée, H./Abel, B. (Hrsg.): Wissenschaftstheoretische Grundfragen der Wirtschaftswissenschaften, München 1979, S. 1-10.

Rahn, H.-J.: Betriebliche Führung, 2., überarbeitete Auflage, Ludwigshafen a.Rh. 1992.

REFA - Verband für Arbeitsstudien und Betriebsorganisation e.V.: Methodenlehre der Planung und Steuerung, Teil 3, Steuerung, 2. Auflage, München 1975.

- Methodenlehre des Arbeitsstudiums, Teil 1, Grundlagen, 7. Auflage, München 1984.

- Methodenlehre des Arbeitsstudiums, Teil 2, Datenermittlung, 7. Auflage, München 1992.

Rehkugler, H./*Schindel*, V.: Entscheidungstheorie, Erklärung und Gestaltung betrieblicher Entscheidungen, 5. Auflage, München 1990.

Reichmann, Th./*Schwellnuß*, A.G./*Fröhling*, O.: Fixkostenmanagementorientierte Plankostenrechnung, Kostentransparenz und Entscheidungsrelevanz sicherstellen, in: Controlling, 2. Jg. 1990, S. 60-67.

Rein, M.: Konsolidierte Grenzplankostenrechnung, Instrument der Konzernplanung und -steuerung, Diss., Wiesbaden 1993.

Reisch, K.: Industriebetriebslehre, Wiesbaden 1979.

Riebel, P.: Das Rechnen mit Einzelkosten und Deckungsbeiträgen, in: ZfhF, Neue Folge, 11. Jg. 1959, S. 213-238.

- Die Fragwürdigkeit des Verursachungsprinzips im Rechnungswesen, in: Layer, M./Strebel, H. (Hrsg.): Rechnungswesen und Betriebswirtschaftspolitik, Festschrift für Gerhard Krüger zu seinem 65. Geburtstag, Berlin 1969, S. 49-64.

- Die Kuppelproduktion, Betriebs- und Marktprobleme, Köln/Opladen 1955.

- Die Preiskalkulation auf Grundlage von "Selbstkosten" oder von relativen Einzelkosten und Deckungsbeiträgen, in: ZfbF, 16. Jg. 1964, S. 549-612.

- Einzelkosten- und Deckungsbeitragsrechnung, Grundfragen einer markt- und entscheidungsorientierten Unternehmensrechnung, 6., wesentlich erweiterte Auflage, Wiesbaden 1990.

- Gestaltungsprobleme einer zweckneutralen Grundrechnung, in: ZfbF, 31. Jg. 1979, S. 863-893.

- Industrielle Erzeugungsverfahren in betriebswirtschaftlicher Sicht, Wiesbaden 1963.

- Kostengestaltung bei chargenweiser Produktion, in: Schulz, C.E. (Hrsg.): Der Industriebetrieb und sein Rechnungswesen, Professor Dr.-Ing. Dr. rer. pol. Max Rudolf Lehmann zum 70. Geburtstag von Freunden und Schülern, Wiesbaden 1956, S. 136-155.

- Richtigkeit, Genauigkeit und Wirtschaftlichkeit als Grenzen der Kostenrechnung, in: NB, 12. Jg. 1959, S. 41-45.

- Typen der Markt- und Kundenproduktion in produktions- und absatzwirtschaftlicher Sicht, in: ZfbF, 17. Jg. 1965, S. 663-685.

- Verbund-(Kuppel-)produktion, in: Seischab, H./Schwantag, K. (Hrsg.): HWB, 3., völlig neu bearbeitete Auflage, Bd. IV, Stuttgart 1962, Sp. 5642-5652.

- Zum Konzept einer zweckneutralen Grundrechnung, in: ZfbF, 31. Jg. 1979, S. 785-798.

Riedelbauch, H.: Partie- und Chargenfertigung in betriebswirtschaftlicher Sicht, in: ZfhF, Neue Folge, 9. Jg. 1957, S. 532-553.

Rodenstock, R.: Die Genauigkeit der Kostenrechnung industrieller Betriebe, München 1950.

Roschmann, K. u.a.: Betriebsdatenerfassung in Industrieunternehmen, Ein Leitfaden zur Einführung und Anwendung der Betriebsdatenerfassung, Arbeitsergebnis der Gemeinschaftsarbeit AWV - Fachausschuß Organisation und Datenverarbeitung - Arbeitskreis Datenerfassung - Projektgruppe Betriebsdatenerfassung, München 1979.

Rühli, E.: Beiträge zur Unternehmungsführung und Unternehmungspolitik, Bern/Stuttgart 1971.

- Unternehmungsführung und Unternehmungspolitik, Bd. I, 2., veränderte Auflage, Bern/Stuttgart 1985.

Rummel, K.: Einheitliche Kostenrechnung auf der Grundlage einer vorausgesetzten Proportionalität der Kosten zu betrieblichen Größen, 3., durchgesehene und erweiterte Auflage, Düsseldorf 1949.

Schäfer, E.: Der Industriebetrieb, Betriebswirtschaftslehre der Industrie auf typologischer Grundlage, 2., erweiterte Auflage, Wiesbaden 1978.

- Die Unternehmung, Einführung in die Betriebswirtschaftslehre, 9., durchgesehene Auflage, Wiesbaden 1978.

Schanz, G.: Einführung in die Methodologie der Betriebswirtschaftslehre, Köln 1975.

- Planung - Voraussage - Unsicherheit, in: v. Kortzfleisch, G./Bergner, H. (Hrsg.): Betriebswirtschaftliche Unternehmensführung, Gedächtnisschrift für Theodor Beste, Berlin 1975, S. 57-72.

Scheer, A.-W.: Das Rechnungswesen in den Integrationstrends der Datenverarbeitung, in: Scheer, A.-W. (Hrsg.): Rechnungswesen und EDV, 9. Saarbrücker Arbeitstagung 1988, Integrierte Informationsverarbeitung, Heidelberg 1988, S. 3-22.

- Einsatz von Datenbanksystemen im Rechnungswesen - Überblick und Entwicklungstendenzen, in: ZfbF, 33. Jg. 1981, S. 490-507.

Scheehl, M.: Die Kostenrechnung der Industrieunternehmen vor dem Hintergrund unternehmensexterner und -interner Strukturwandlungen, Eine theoretische und empirische Untersuchung, Diss., Berlin 1994.

Schmalenbach, E.: Buchführung und Kalkulation im Fabrikgeschäft, unveränderter Nachdruck aus der Deutschen Metallindustriezeitung, 15. Jg. 1899, Leipzig 1928.

- Der Kontenrahmen, in: ZfhF, 21. Jg. 1927, S. 385-402 u. S. 433-475.

- Die Betriebswirtschaftslehre an der Schwelle der neuen Wirtschaftsverfassung, Vortrag anläßlich der Tagung des Verbandes der Betriebswirtschaftler an deutschen Hochschulen am 31. Mai 1928 in Wien, abgedruckt in: ZfhF, 22. Jg. 1928, S. 241-251.

- Die Privatwirtschaftslehre als Kunstlehre, in: ZfhF, 6. Jg. 1911/12, S. 304-316, wiederabgedruckt in: ZfbF, 22. Jg. 1970, S. 490-498.

- Dynamische Bilanz, 13. Auflage, Köln/Opladen 1962.

- Kostenrechnung und Preispolitik, 8., erweiterte und verbesserte Auflage, bearbeitet von R. Bauer, Köln/Opladen 1963.

- Pretiale Wirtschaftslenkung, Bd. 2, Pretiale Lenkung des Betriebes, Bremen-Horn 1948.

- Selbstkostenrechnung und Preispolitik, 6., erweiterte Auflage, Leipzig 1934.

Schneider, D.: "Lernkurven" und ihre Bedeutung für Produktionsplanung und Kostentheorie, in: ZfbF, 17. Jg. 1965, S. 501-515.

- Entscheidungsrelevante fixe Kosten, Abschreibungen und Zinsen zur Substanzerhaltung - Zwei Beispiele von "Betriebsblindheit" in Kostentheorie und Kostenrechnung -, in: DB, 37. Jg. 1984, S. 2521-2528.

- Investition und Finanzierung, Lehrbuch der Investitions-, Finanzierungs- und Ungewißheitstheorie, 5., neu bearbeitete Auflage, Wiesbaden 1980.

- Kostentheorie und verursachungsgemäße Kostenrechnung, in: ZfhF, Neue Folge, 13. Jg. 1961, S. 677-707.

Schneider, E.: Bemerkungen zum Kalkulationsproblem bei verbundener Produktion, in: Nordisk Tidsskrift for Teknisk Økonomi, 4. Jg. 1938, H. 4, S. 21-35.

- Industrielles Rechnungswesen, Grundlagen und Grundfragen, 5. Auflage, Tübingen 1969.

Schnettler, A.: Betriebsvergleich, Grundlagen und Praxis zwischenbetrieblicher Vergleiche, 3., völlig neu bearbeitete Auflage, Stuttgart 1961.

Schönfeld, H.-M.: Grundlagen des Rechnungswesens, 2., neubearbeitete und erweiterte Auflage, Stuttgart 1969.

Schott, G.: Grundlagen des Betriebsvergleichs, Frankfurt a.M. 1950.

Schubert, W./*Hohenbild*, R.: Kostenverursachung, Prinzipien und Probleme, in: Grochla, E./Wittmann, W. (Hrsg.): HWB, 4., völlig neu gestaltete Auflage, Stuttgart 1975, Sp. 2360-2368.

Schulz, Th.: Die Anpassung der Kostenrechnung an das Wachstum des Unternehmens, Kostenrechnerische Gestaltungsalternativen und ihre organisatorische Realisierung in der Praxis, Diss., Berlin 1970.

Schulze, H.H.: Kostenrechnungsvorschriften, -richtlinien und -regeln, in: Grochla, E./Wittmann, W. (Hrsg.): HWB, 4., völlig neu gestaltete Auflage, Stuttgart 1975, Sp. 2331-2341.

ter Schüren, H./*Wartmann*, R.: Richtkosten- und Planungsrechnung mit Matrizen für den Hochofenbereich eines gemischten Hüttenwerkes, in: Jacob, H. (Hrsg.): Neuere Entwicklungen in der Kostenrechnung (I), Schriften zur Unternehmensführung, Bd. 21, Wiesbaden 1976, S. 141-162.

Schwantag, K.: Der heutige Stand der Plankostenrechnung in deutschen Unternehmungen, in: ZfB, 20. Jg. 1950, S. 391-395.

Schwarz, H.: Investition, in: Grochla, E./Wittmann, W. (Hrsg.): HWB, 4., völlig neu gestaltete Auflage, Stuttgart 1975, Sp. 1974-1978.

Schweitzer, M.: Industriebetriebslehre, Das Wirtschaften in Industrieunternehmungen, München 1990.

- Prinzipien der Kostenrechnung, in: WiSt, 6. Jg. 1977, S. 482-486.
- Profit-Center, in: Frese, E. (Hrsg.): HWO, 3., völlig neu gestaltete Auflage, Stuttgart 1992, Sp. 2078-2089.

Schweitzer, M./*Küpper*, H.-U.: Systeme der Kostenrechnung, 5. Auflage, Landsberg 1991.

Schweitzer, M./*Troßmann*, E.: Break-even-Analysen; Grundmodell, Varianten, Erweiterungen, Stuttgart 1986.

Seicht, G.: Die stufenweise Grenzkostenrechnung, Ein Beitrag zur Weiterentwicklung der Deckungsbeitragsrechnung, in: ZfB, 33. Jg. 1963, S. 693-709.

Sertl, W./*Kotek*, H.: Kosten, Einzel- und Gemein-, in: Kosiol, E./Chmielewicz, K./Schweitzer, M. (Hrsg.): HWR, 2., völlig neu gestaltete Auflage, Stuttgart 1981, Sp. 945-950.

Siegel, Th.: Zur Irrelevanz fixer Kosten bei Unsicherheit, in: DB, 38. Jg. 1985, S. 2157-2159.

Siegwart, H./*Raas*, F.: Anpassung der Kosten- und Leistungsrechnung an moderne Fertigungstechnologien, in: krp, o. Jg. 1989, S. 7-14.

Simon, H.: Preismanagement, Wiesbaden 1982.

Sinzig, W.: Datenbankorientiertes Rechnungswesen, Grundzüge einer EDV-gestützten Realisierung der Einzelkosten- und Deckungsbeitragsrechnung, 3. Auflage, Berlin u.a. 1990.

Sommer, K.: Kostenart, in: Kosiol, E. (Hrsg.): HWR, Stuttgart 1970, Sp. 929-933.

- Kostenträger, in: Kosiol, E. (Hrsg.): HWR, Stuttgart 1970, Sp. 978-982.

Stachowiak, H.: Allgemeine Modelltheorie, Wien/New York 1973.

- Gedanken zu einer allgemeinen Theorie der Modelle, in: Studium Generale, 18. Jg. 1965, S. 432-463.

v. Stackelberg, H.: Grundlagen einer reinen Kostentheorie, Wien 1932.

Staehle, W.H.: Management, Eine verhaltenswissenschaftliche Perspektive, 6., überarbeitete Auflage, München 1991.

- Organisation und Führung sozio-technischer Systeme, Grundlagen einer Situationstheorie, Stuttgart 1973.

Stählin, W.: Theoretische und technologische Forschung in der Betriebswirtschaftslehre, Stuttgart 1973.

Stein, H.-G.: Kostenführerschaft als strategische Erfolgsposition, in: Henzler, H.A. (Hrsg.): Handbuch Strategische Führung, Wiesbaden 1988, S. 397-426.

Streitferdt, L.: Entscheidungsregeln zur Abweichungsauswertung, Ein Beitrag zur betriebswirtschaftlichen Abweichungsanalyse, Würzburg/Wien 1983.

Studienkreis Prof. Dr. Meller: Grundlagen und organisatorische Möglichkeiten der Datenerfassung, Ergebnisse eines Studienkreises des Betriebswirtschaftlichen Instituts für Organisation und Automation an der Universität zu Köln, Wiesbaden 1972.

Swoboda, P.: Die betriebliche Anpassung als Problem des betrieblichen Rechnungswesens, Wiesbaden 1964.

Szyperski, N.: Rechnungswesen als Informationssystem, in: Kosiol, E./Chmielewicz, K./Schweitzer, M. (Hrsg.): HWR, 2., völlig neu gestaltete Auflage, Stuttgart 1981, Sp. 1425-1439.

Tannenbaum, R./*Schmidt*, W.H.: How to Choose a Leadership Pattern, in: Harvard Business Review, 36. Jg. 1958, H. 2, S. 95-101.

Tanski, J.: Kostenplanung und Kostenkontrolle im Forschungs- und Entwicklungsbereich industrieller Unternehmungen, Diss., Bern/Stuttgart 1984.

Teichmann, H.: Der optimale Planungshorizont, in: ZfB, 45. Jg. 1975, S. 295-312.

Tietz, B.: Bildung und Verwendung von Typen in der Betriebswirtschaftslehre, dargelegt am Beispiel der Typologie der Messen und Ausstellungen, Köln/Opladen 1960.

Tillmann, K.-H.: Die Bewertung von marktpreislosen Kuppelprodukten in der Kostenrechnung der chemischen Industrie, Diss., Köln 1952.

Traub, K.: Deckungsbeitragsrechnung in Gießereien, Düsseldorf 1977.

- Die Grenzplankostenrechnung in Gießereibetrieben, Diss., Saarbrücken 1964.

Turner, G.: Entscheidungsorientierte Kostenrechnungsdifferenzierung, Diss., Thun/Frankfurt a.M. 1980.

Ulrich, E./*Fluri*, P.: Management, 5., durchgesehene Auflage, Bern/Stuttgart 1988.

Ulrich, H.: Die Unternehmung als produktives soziales System, Grundlagen der allgemeinen Unternehmungslehre, 2., überarbeitete Auflage, Bern/Stuttgart 1970.

- Führungsphilosophie, in: Kieser, A./Reber, G./Wunderer, R. (Hrsg.): HWFü, Stuttgart 1987, Sp. 640-650.

Verordnung PR Nr. 1/72 über die Preise für Bauleistungen bei öffentlichen oder mit öffentlichen Mitteln finanzierten Aufträgen vom 6. März 1972, BGBl. I, S. 293.

Verordnung PR Nr. 30/53 über die Preise bei öffentlichen Aufträgen vom 21. November 1953, BAnz. Nr. 244, zuletzt geändert durch Verordnung PR Nr. 1/86 vom 15. April 1986, BGBl. I, S. 435.

Vershofen, W.: Die Marktentnahme als Kernstück der Wirtschaftsforschung, Neuausgabe des ersten Bandes des Handbuchs der Verbrauchsforschung, Berlin/Köln 1959.

Virkkunen, H.: Das Rechnungswesen im Dienste der Leitung, Systematisch-Theoretische Untersuchung der Bereiche, Zweige und Aufgaben des Rechnungswesens unter besonderer Beachtung der Leitungsfunktionen, Helsinki 1956.

Vormbaum, H.: Die Messung von Kapazitäten und Beschäftigungsgraden industrieller Betriebe, Diss., Hamburg 1951.

- Differenzierte Preise, Differenzierte Preisforderungen als Mittel der Betriebspolitik, Köln/Opladen 1960.

- Grundlagen des betrieblichen Rechnungswesens, Stuttgart/Berlin/Köln/Mainz 1977.

Vormbaum, H./*Rautenberg*, G.: Kostenrechnung III für Studium und Praxis, Plankostenrechnung, Baden-Baden/Bad Homburg v.d.H. 1985.

Vroom, V.H./*Jago*, A.G.: Flexible Führungsentscheidungen, Management der Partizipation in Organisationen, Stuttgart 1991.

Weber, H.K.: Betriebswirtschaftliches Rechnungswesen, Band 2: Kosten- und Leistungsrechnung, 3., neubearbeitete Auflage, München 1991.

- Betriebswirtschaftliches Rechnungswesen, München 1974.

- Betriebswirtschaftliches Rechnungswesen, Band 1: Bilanz und Erfolgsrechnung, 3., neubearbeitete Auflage, München 1988.

Weber, J.: Change-Management für die Kostenrechnung - Zur Notwendigkeit des beständigen Wandels der Kostenrechnung, in: Scheer, A.-W. (Hrsg.): Rechnungswesen und EDV, 10. Saarbrücker Arbeitstagung 1989, Rechnungswesen im Unternehmen der 90er Jahre, Heidelberg 1989, S. 30-47.

- Einführung in das Rechnungswesen: Kostenrechnung, Stuttgart 1990.

- Logistikkostenrechnung, Berlin u.a. 1987.

Weber, J./*Kalaitzis*, D.: Aufgaben, Zwecke und Grundanforderungen einer entscheidungsorientierten Kosten- und Leistungsrechnung, in: WISU, 13. Jg. 1984, S. 447-452.

Weblus, B.: Produktionseigenarten der chemischen Industrie, Ihr Einfluß auf Kalkulation und Programmgestaltung, Zugleich eine Studie für Vielprodukt-Betriebe, Berlin 1958.

Wedekind, H.: Strukturveränderung im Rechnungswesen unter dem Einfluß der Datenbanktechnologie, in: ZfB, 50. Jg. 1980, S. 662-677.

Weigand, Ch.: Entscheidungsorientierte Vertriebskostenrechnung, Diss., Wiesbaden 1989.

Welge, M.K.: Profit Center, in: Grochla, E./Wittmann, W. (Hrsg.): HWB, 4., völlig neu gestaltete Auflage, Stuttgart 1975, Sp. 3179-3188.

Wenz, E.: Kosten- und Leistungsrechnung mit einer Einführung in die Kostentheorie, Herne/Berlin 1992.

Wied-Nebbeling, S.: Das Preisverhalten in der Industrie - Ergebnisse einer erneuten Befragung -, Tübingen 1985.

Wild, J.: Betriebswirtschaftliche Führungslehre und Führungsmodelle, in: Wild, J. (Hrsg.): Unternehmungsführung, Festschrift für Erich Kosiol zu seinem 75. Geburtstag, Berlin 1974, S. 141-179.

- Management-Prozesse und Informationsverarbeitung, in: Datascope, 2. Jg. 1971, H. 4, S. 1-8.
- Methodenprobleme in der Betriebswirtschaftslehre, in: Grochla, E./Wittmann, W. (Hrsg.): HWB, 4., völlig neu gestaltete Auflage, Stuttgart 1975, Sp. 2654-2677.
- Probleme der theoretischen Deduktion von Prognosen, in: Zeitschrift für die gesamte Staatswissenschaft, 126. Bd. 1970, S. 553-576.
- Theorienbildung, betriebswirtschaftliche, in: Grochla, E./Wittmann, W. (Hrsg.): HWB, 4., völlig neu gestaltete Auflage, Stuttgart 1976, Sp. 3889-3910.

Wilhelm, H.: Produktdifferenzierung, in: Tietz, B. (Hrsg.): HWA, Stuttgart 1974, Sp. 1706-1716.

Wille, F.: Plan- und Standardkostenrechnung, 2. Auflage, Essen 1963.

Wirtschaftsvereinigung Eisen- und Stahlindustrie (Hrsg.): Richtlinien für das Betriebliche Rechnungswesen der Eisen- und Stahlindustrie, bearbeitet vom Betriebswirtschaftlichen Institut der Eisenhüttenindustrie, Düsseldorf 1976.

Witt, F.-J.: Deckungsbeitragsmanagement, München 1991.

Wittenbrink, H.: Kurzfristige Erfolgsplanung und Erfolgskontrolle mit Betriebsmodellen, Wiesbaden 1975.

Wittig, H.: Neue Gesichtspunkte der Plankostenrechnung, in: ZfB, 20. Jg. 1950, S. 435-443.

Wöhe, G.: Bilanzierung und Bilanzpolitik, Betriebswirtschaftlich - Handelsrechtlich - Steuerrechtlich, Mit einer Einführung in die verrechnungstechnischen Grundlagen, 8., völlig neubearbeitete und erweiterte Auflage, München 1992.

- Das betriebliche Rechnungswesen, München 1990.

Wollnik, M.: Einflußgrößen der Organisation, in: Grochla, E. (Hrsg.): HWO, 2., völlig neu gestaltete Auflage, Stuttgart 1980, Sp. 592-613.

Wunderer, R.: Führungsgrundsätze, in: Kieser, A./Reber, G./Wunderer, R. (Hrsg.): HWFü, Stuttgart 1987, Sp. 553-568.

Wunderer, R./*Grunwald*, W.: Führungslehre, Bd. I, Grundlagen der Führung, Berlin/New York 1980.

Zepf, G.: Kooperativer Führungsstil und Organisation, Zur Leistungsfähigkeit und organisatorischen Verwirklichung einer kooperativen Führung in Unternehmungen, Wiesbaden 1972.

Zettl, H.: Der Prozeß der Entwicklung und Einführung betriebswirtschaftlicher Informationssysteme, Diss., München 1969.

Zimmermann, H.: Probleme der kurzfristigen Erfolgsrechnung im Saisonbetrieb, Diss., Zürich 1973.

Zimmermann, W.: Modellanalytische Verfahren zur Bestimmung optimaler Fertigungsprogramme, Anwendungsmöglichkeiten und -grenzen der Operations-Research Verfahren im Bereich der Programmplanung, Berlin 1966.

Zschocke, D.: Betriebsökonometrie, Stochastische und technologische Aspekte bei der Bildung von Produktionsmodellen und Produktionsstrukturen, Würzburg/Wien 1974.

Zur, E.: Kalkulation im öffentlichen Auftragswesen, in: Männel, W. (Hrsg.): Handbuch der Kostenrechnung, Wiesbaden 1992, S. 605-617.

ABHANDLUNGEN AUS DEM INDUSTRIESEMINAR DER UNIVERSITÄT MANNHEIM

1 **Optionsanleihen.** Von H.-O. Linnhoff. Tab., 4 Ausschlagtafeln; 216 S. 1956 ⟨3-428-00930-4⟩ DM 31,20 / öS 244,– / sFr 32,–

2 **Die Zubringer- und die Montageindustrie.** Eine Form industrieller Arbeitsteilung. Von E. Feuerbaum. Tab., 7 Abb.; 195 S. 1956 ⟨3-428-00398-5⟩ DM 21,– / öS 164,– / sFr 21,–

3 **Die Einzelunternehmung im Erbgang.** Von R. Heintzenberg. 209 S. 1957 ⟨3-428-00597-X⟩ DM 23,80 / öS 186,– / sFr 24,–

4 **Der Unfallgefährdete und die Unfallverhütung im Ruhrbergbau.** Von C. Steinberg. 7 Abb.; 178 S. 1957 ⟨3-428-01461-8⟩ DM 22,40 / öS 175,– / sFr 23,–

5 **Die Grundlagen der Finanzplanung.** Von G. von Kortzfleisch. Tab.; 219 S. 1957 ⟨3-428-02429-X⟩ vergr.

6 **Der Standort industrieller Unternehmungen als betriebswirtschaftliches Problem.** Versuch einer betriebswirtschaftlichen Standortlehre. Von H. Rüschenpöhler. Tab., Abb.; 198 S. 1958 ⟨3-428-01266-6⟩ DM 26,80 / öS 210,– / sFr 27,–

7 **Die Besitz- und Betriebsgesellschaft.** Eine betriebswirtschaftliche und steuerliche Untersuchung. Von M. Neitzel. 225 S. 1958 ⟨3-428-01079-5⟩ DM 28,80 / öS 225,– / sFr 29,–

8 **Die Kleinaktie.** Von T. Fabri. Tab.; 276 S. 1959 ⟨3-428-00385-3⟩ DM 31,80 / öS 249,– / sFr 32,–

9 **Die Mehrstellenarbeit.** Von J. Ries. 32 Tab., 16 Abb.; 87 S. 1959 ⟨3-428-01243-7⟩ DM 16,80 / öS 132,– / sFr 17,–

10 **Betriebswirtschaftliche Planung in industriellen Unternehmungen.** Festgabe für Theodor Beste zum 65. Geburtstag. Hrsg. von J. Ries und G. von Kortzfleisch. Frontispiz, Tab., Abb.; 209 S. 1959 ⟨3-428-01159-7⟩ vergr.

11 **Die Globalaktie.** Von K. Stüdemann. 16 Tab., Abb.; 230 S. 1960 ⟨3-428-01514-2⟩ DM 29,80 / öS 233,– / sFr 30,–

12 **Die Arbeitszeitplanung in Industriebetrieben.** Ein Beitrag zur Diskussion über die Arbeitszeitverkürzung. Von G. Struckmann. Tab., Abb., 2 Ausschlagtafeln; 193 S. 1960 ⟨3-428-01484-7⟩ DM 28,80 / öS 225,– / sFr 29,–

13 **Der Straßenbaubetrieb.** Eine betriebswirtschaftliche Studie. Von W. Corsten. 51 Abb., 7 Ausschlagtafeln; 269 S. 1961 ⟨3-428-00302-0⟩ DM 41,80 / öS 327,– / sFr 42,–

14 **Die Rationalisierung des Förderwesens in Industriebetrieben.** Von H.-A. Heiner. 56 Tab., 129 Abb.; 392 S. 1961 ⟨3-428-00589-9⟩ DM 58,60 / öS 458,– / sFr 59,–

15 **Betriebswirtschaftliche Arbeitsvorbereitung.** Von G. v. Kortzfleisch. Abb.; 283 S. 1962 ⟨3-428-00817-0⟩ DM 44,– / öS 344,– / sFr 44,–

16 **Normung nach Normalzahlen.** Von C. Ries. Tab., 46 Abb.; 135 S. 1962 ⟨3-428-01242-9⟩ DM 23,80 / öS 186,– / sFr 24,–

17 **Nachfolge- und Bestandssicherung der Personalgesellschaften des Handelsrechts im Erbfall.** Von P. Römer. 249 S. 1963 ⟨3-428-01251-8⟩ DM 38,80 / öS 303,– / sFr 39,–

18 **Aus der Praxis der Kurzfristigen Erfolgsrechnung.** Festgabe für Theodor Beste zum 70. Geburtstag. Hrsg. von G. v. Kortzfleisch. Fontispiz, Tab., Abb.; 212 S. 1964 ⟨3-428-01178-3⟩ DM 39,80 / öS 311,– / sFr 40,–

19 **Die langfristige Produktionsplanung landwirtschaftlicher Betriebe.** Von H. Althoetmar. Tab., Abb.; 328 S. 1964 ⟨3-428-00014-5⟩ DM 53,80 / öS 420,– / sFr 54,–

20 **Die Grundlagen der Wirtschaftlichkeitsrechnung.** Von H. Sabel. 231 S. 1965 ⟨3-428-01273-9⟩ DM 38,80 / öS 303,– / sFr 39,–

21 **Die Bestimmung des Produktionsmittel-Standortes in Industriebetrieben.** Von F. Schmidt. 75 Abb., 22 Tab., 1 Bildtafel; 293 S. 1965 ⟨3-428-01305-0⟩ DM 58,60 / öS 458,– / sFr 59,–

22 **Der Effektenbestand in West-Deutschland als materielle Grundlage der allgemeinen Einführung von Bucheffekten.** Von K. Stüdemann. 41 Tab., 11 Ausschlagtafeln; 221 S. 1966 ⟨3-428-01515-0⟩ DM 66,80 / öS 522,– / sFr 67,–

23 **Die Auswertung der Kostenrechnung.** Von H. Kürpick. 33 Tab., Abb., 1 Ausschlagtafel; 303 S. 1966 ⟨3-428-00878-2⟩ DM 64,60 / öS 504,– / sFr 65,–

24 **Das Produktionsprogramm, seine Änderungen und Ergänzungen.** Von K. Grosche. Tab., Abb., 4 Ausschlagtafeln; 311 S. 1967 ⟨3-428-00527-9⟩ DM 72,– / öS 562,– / sFr 72,–

25 **Die Betriebswirtschaftslehre in der zweiten industriellen Evolution.** Festgabe für Theodor Beste zum 75. Geburtstag. Hrsg. von G. v. Kortzfleisch. Fontispiz, Tab, Abb., 1 Ausschlagtafel; VIII, 354 S. 1969 ⟨3-428-01801-X⟩ DM 66,60 / öS 520,– / sFr 67,–

26 **Rechnungswesen und Organisation.** Von A. Zybon. 33 Abb., 3 Ausschlagtafeln; 390 S. 1969 ⟨3-428-02282-3⟩ DM 66,– / öS 515,– / sFr 66,–

27 **Planung in Forstwirtschaftsbetrieben.** Von B. Refisch. Tab., Abb., 1 Ausschlagtafel; 346 S. 1972 ⟨3-428-02671-3⟩ DM 58,60 / öS 458,– / sFr 59,–

28 **Betriebswirtschaftliche Unternehmensführung.** Gedächtnisschrift für Theodor Beste. Hrsg. von G. v. Kortzfleisch und H. Bergner. Fontispiz, Tab., Abb., 5 Ausschlagtafeln; XVIII, 364 S. 1975 ⟨3-428-03376-0⟩ DM 98,– / öS 765,– / sFr 98,–

29 **Strategische Planung zur Steuerung der langfristigen Unternehmensentwicklung.** Grundlagen zu einer Theorie der Unternehmensplanung. Von E. Zahn. Abb.; 355 S. 1979 ⟨3-428-04518-1⟩ DM 81,– / öS 632,– / sFr 81,–

30 **Planung und Rechnungswesen in der Betriebswirtschaftslehre.** Festgabe für Gert v. Kortzfleisch zum 60. Geburtstag. Hrsg. von H. Bergner. 462 S. 1981 ⟨3-428-04946-2⟩ DM 168,– / öS 1.311,– / sFr 168,–

31 **Systemtheoretische Grundlagen zur Planung der Unternehmenspolitik.** Von P. Milling. 198 S. 1981 ⟨3-428-04931-4⟩ DM 68,– / öS 531,– / sFr 68,–

32 **Internationale und nationale Problemfelder der Betriebswirtschaftslehre.** Festgabe für Heinz Bergner zum 60. Geburtstag. Hrsg. von G. v. Kortzfleisch und B. Kaluza. 337 S. 1984 ⟨3-428-05696-5⟩ DM 136,– / öS 1.061,– / sFr 136,–